RICARDA GERHARDT

SLOWENIEN
mit ISTRIEN und TRIEST

REISE-HANDBUCH

IWANOWSKI'S REISEBUCHVERLAG

Im Internet:

www.iwanowski.de

Hier finden Sie aktuelle Infos
zu allen Titeln, interessante Links –
und vieles mehr!

Einfach anklicken!

2., aktualisierte Auflage **2005**

Salm-Reifferscheidt-Allee 37 • 41540 Dormagen
Telefon 0 21 33/2 60 311 • Fax 0 21 33/26 03 33
E-Mail: info@iwanowski.de
Internet: http://www.iwanowski.de

USA-Büro: POB 542, Inverness, FL 34450, Telefon/Fax 352 637 4852

Titelbild: *Log pod Mangartom, Triglav-Nationalpark*, Dr. Volkmar Janicke, München
Alle anderen Farb- und Schwarzweißabbildungen:
Ricarda Gerhardt, ausgenommen: Dirk Räppold:
S. 31, 41,42, 66, 81, 87, 275, 285, 367, 390 sowie
Umschlagklappe hinten; Slowenisches Fremdenverkehrsamt:
S. 302, 307, 308, 368, Umschlagklappe hinten
Redaktionelles Copyright, Konzeption und
dessen ständige Überarbeitung: Michael Iwanowski
Lektorat: Rüdiger Müller
Karten: Palsa-Graphik, Lohmar
Reisekarte: Mairs Geographischer Verlag
Titelgestaltung sowie Layout-Konzeption: Studio Schübel, München
Layout: Monika Golombek, Köln

Gesamtherstellung: B.o.s.s Druck und Medien, Kleve
Printed in Germany

ISBN 3-933041-17-1

Reiserouten

Reiserouten

Verzeichnis der weiterführenden Informationen zu Sport, Wandern, Aktivitäten im Reisegebiet

Verzeichnis der weiterführenden Informationen zu den Thermen im Reisegebiet

INFO Weiterführende Information zu folgenden Themen

Interessantes

Verzeichnis der Karten

Übersichtskarten zu den Kapiteln

Stadtpläne

Routenkarten

Hotelkarten

Allgemeine Übersichten

Interessantes

So gehts

Das Buch ist so aufgebaut, dass dem eigentlichen Reiseteil ein Einblick in Geschichte und Kultur vorausgeht, aber auch andere Aspekte des Reisezieles, ebenso allgemeine Tipps zur Planung und Ausführung einer Reise (Gelbe Seiten, Allgemeine Reisetipps von A-Z, S. 105ff, sowie Regionale Reisetipps für das Zielgebiet, S. 125ff). Im Anschluss folgt der Reiseteil, in dem auf alle wichtigen und wesentlichen Sehenswürdigkeiten eingegangen wird.

Ein ausführliches System der Seitenverweise erleichtert Ihnen das schnelle Zurechtfinden. Da wir unsere Bücher regelmäßig aktualisieren, kann es in den Gelben Seiten zu Verschiebungen kommen. Verweise auf diese Seiten geben wir daher nur in Form der ersten Seite des Gelben Teils (ⓘ S. 125). Ein ausführliches Register im Anhang gibt Ihnen die Möglichkeit, schnell und präzise den gesuchten Begriff zu finden. In den Grünen Seiten sind Preisbeispiele des Reiselandes angegeben.

Wir freuen uns über Kritik, Anregungen und Verbesserungsvorschläge: info@iwanowski.de

Legende

Autobahn/beschr.Route	Tanken
Fernstraße/beschr. Route	Parkplatz
Hauptstraße/beschr. Route	Busbahnhof
Nebenstraße/beschr. Route	Bahnhof
Ortschaften	Information
Sehenswürdigkeiten	Post
Berge	Bank
Aussichtspunkt	Einkaufen
Grenzübergang	Markt
Nat. Flughafen	Polizei
Fährverbindung	Krankenhaus
Hafen	wichtige Gebäude
Jachthafen	historische Gebäude/
Ausflugsboote	Palast/Villa
Seilbahn	Denkmal
Leuchtturm	Turm
Passstraße	Museum
Höhle	Theater
arch. Ausgrabungen	Gallerie
Ruinen	Bibliothek
Wasserfall	Burg/Ruine
Kinderspielplatz	Schloss/Ruine
Therme	Kirche
Strand	Kloster/Ruine
Bademöglichkeit	Kathedrale
Wassersport	Friedhof
Angeln	Weingut/Weinkeller
Fahrradtour	Café
Tennisplatz	Hotel
Eislaufbahn	Restaurant
Skigebiet	Bar/Club
Wandermöglichkeit	Pension/Herberge
Wanderhütte	Campingplatz

1. EINLEITUNG

Die schöne Unbekannte zwischen Alpen und Adria – trotz Unabhängigkeit und EU-Beitritt ist Slowenien immer noch ein weitgehend unbekanntes Land, das mit anderen Regionen in Osteuropa verwechselt wird. Doch zunehmend macht sich der kleine Staat mit seinen Naturschönheiten und seiner reichen Kultur bekannt, immerhin sind hier einige der schönsten Alpentäler mit Seen in traumhafter Lage zu finden – gleich hinter der österreichischen Grenze, nur zwei Autostunden von Salzburg entfernt.

Slowenien ist klein, gerade mal so groß wie Hessen, doch nirgendwo in Europa wird man auf so engem Raum eine so große landschaftliche und kulturelle Vielfalt finden: Berge, spektakuläre Höhlen, das Meer, Hunderte Burgen, mittelalterliche Städte, Barockpalais und experimentelle moderne Architektur wollen entdeckt werden. Die Hauptstadt Ljubljana ist eine Perle der Jugendstil-Architektur mit einer bezaubernden Altstadt. Und in den idyllischen Altstädten anderer Orte kann man eine Zeitreise ins Mittelalter erleben und zwischen gotischen und barocken Fassaden bummeln und shoppen. Oder in den venezianisch geprägten Küstenstädten stilvoll auf einer Piazza einen Cappuccino genießen.

In den Bergen wartet von Extremsport bis zu leichten Wanderungen und Radtouren ein breites Angebot auf Naturliebhaber und Aktiv-Urlauber. Bis in den November hinein sind Wanderungen möglich und im Winter bieten zahllose alpine und Skilanglauf-Pisten Schneevergnügen. Die Soča ist als Rafting- und Kajakzentrum berühmt, doch allein die bemerkenswerte Farbe dieses Alpenflusses, changierend zwischen tiefblau und türkis, fasziniert.

Unter der Karstlandschaft schließlich eröffnet sich eine spektakuläre Unterwelt: In Slowenien liegt bei Postojna eine der größten Tropfsteinhöhlen der Welt. Wer nach einer Bergtour Entspannung braucht, kann sich in einem der zahlreichen Thermalbäder Sloweniens verwöhnen lassen: Das heilsame Wasser der vielen Thermalquellen wird bereits seit der Antike genutzt und in hervorragend ausgestatteten Hotels kann man einen wunderbaren Wellness-Urlaub verbringen.

Slowenien ist nicht nur ein Ziel für Aktive, sondern auch für Genießer und Weinliebhaber: Die einheimische Küche wechselt zwischen deftigem bäuerlichem Einfluss und allem Guten, das die Mittelmeer-Küche zu bieten hat. Experimentierfreudige Spitzenköche lassen fast vergessene traditionelle Gerichte wiederaufleben, und die wunderschönen Weinstraßen und berühmten Weinkeller werden auch Kenner begeistern.

Wer sich nicht entscheiden kann, ob er lieber ans Meer oder in die Berge fährt, findet in Slowenien beides. Nach einer Bergwanderung in den Alpen kann man in nur zwei Stunden die Adria erreichen und noch ein paar Tage am Meer verbringen. Sloweniens kurze Küste ist für einen Badeurlaub durchaus geeignet, doch mehr Auswahl hat man etwas weiter südlich: Die wunderschöne Küste Istriens lockt mit sauberem Wasser in allen Türkis-Tönen. Und schließlich ist da noch das istrische Hinterland mit alten Burgstädten und romantischen Dörfern zu entdecken. Auch im Norden, Richtung Italien, liegt eine wenig bekannte Region: Die Stadt Triest ist eng mit der Geschichte und der Kultur der slowenischen Küsten-Region verflochten und ein ideales Ziel für einen Tagesausflug.

Für ihre Unterstützung möchte ich dem Slowenischen Fremdenverkehrsamt und seinem Direktor Janez RepanJek in München, allen Mitarbeitern der TIC-Büros in Slowenien und neben vielen anderen besonders Frau Barbara Štern und Karmen Majeric in Maribor, Janko Humar in Tolmin sowie Željko Cimprič vom Kobarid-Museum für wertvolle Hinweise danken. Frau Danijela Žula von der Deutsch-Slowenischen Gesellschaft möchte ich für viele Hinweise danken, ein ganz herzlicher Dank geht an Heidrun Brockmann und Dirk Räppold für die nette Reisebegleitung.

Hamburg, im März 2005

Ricarda Gerhardt

Slowenien auf einen Blick

Name	Republik Slowenien (Republika Slovenija)
Flagge	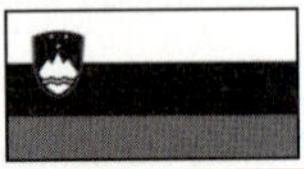 weiß-blau-rot, quer gestreift; Wappen mit schematisierter Darstellung dreier Bergspitzen (Triglav) und zwei Linien (Fluss und Meer), darüber drei Sterne
Sprache	Slowenisch; Minderheiten sprechen Italienisch und Ungarisch
Währung	Slowenischer Tolar (SIT)
Fläche	20.273 km²
Bevölkerung	ca. 1,97 Mio., 97 EW pro km²
Religion	römisch-katholisch (72 Prozent), Orthodoxe (2,4 Prozent), Protestanten (1 Prozent), Muslime (1 Prozent)
Hauptstadt	Ljubljana
Großstädte	Ljubljana (ca. 300.000 EW), Maribor (140.000 EW), Celje (41.000 EW), Kranj (37.000 EW)
Regierungsform	Parlamentarische Republik mit Gewaltenteilung: Zwei-Kammer-System (Staatsrat und Staatsversammlung) als gesetzgebende Gewalt, die Exekutive liegt bei der Regierung. Staatsoberhaupt ist der Präsident mit repräsentativer Funktion.
Gliederung	192 Gemeinden (davon 11 Stadtgemeinden), acht geografische Provinzen (plus Hauptstadt Ljubljana)
Küsten	47 km an der Adria zwischen Italien und Kroatien
Wirtschaft	Hauptsächlich Dienstleistungssektor, v. a. Handel, 9 Prozent Tourismus. Außerdem Industrie (auch Bergbau) v. a. in Velenje, Novo Mesto, Maribor, darunter in erster Linie Maschinenbau.
Tourismus	Wichtig sind Sport- und Aktiv-Tourismus in den Bergen, Kur- und Wellness-Besucher der Thermen und Badeurlauber an der Küste. Kultur-und-Städte-Tourismus nimmt mit der Renovierung von Burgen, Schlössern, Museen immer mehr zu. Hohes Bewusstsein für umweltschonenden Tourismus v. a. in den Alpenregionen, auf die Küste setzt dagegen im Sommer ein Massenansturm ein. Tourismus-Zentrum ist der Westen des Landes, der Osten ist noch weniger entdeckt und entwickelt.
Probleme	Die recht hohe Verschmutzung der Binnengewässer ist ein Erbe der sozialistischen Industriebetriebe, wird aber mit zunehmendem Erfolg bekämpft. Die Müllproduktion der Privathaushalte ist sprunghaft angestiegen. Außerdem hohe Arbeitslosigkeit.
Neueste politische Entwicklungen	Am 29. März 2004 ist Slowenien Mitglied der Nato geworden und am 1. Mai 2004 auch Mitglied der Europäischen Union. Die Einführung des Euro ist für 2007 geplant, zuvor muss die Inflationsrate von 3,8 Prozent gesenkt werden. Bei den Parlamentswahlen am 3. Oktober 2004 konnten die Bürgerlichen Parteien zulegen und die Mitte-Links-Regierung von Ministerpräsident Anton Rop ablösen.

2. Slowenien – ein junger Staat in Europa

Zeittafel der slowenischen Geschichte

Vor **ca. 250.000 Jahren** Sloweniens Höhlen werden von Hominiden bewohnt, die Steinwerkzeuge und viele Bärenknochen hinterlassen.

80.000-30.000 Jahre Slowenien wird von Jägern und Sammlern durchzogen, darunter Neanderthaler und Cromagnon-Menschen.

ca. 8.000-1.800 v. Chr. Im Neolithikum ist Slowenien wichtiges Durchzugsgebiet, auf dem technische Neuerungen wie Keramikherstellung und später Metallverarbeitung nach Italien und Nord-Europa gelangen.

Um etwa **2.000 v.** Chr. entstehen Pfahlbausiedlungen im Moorgebiet von Ljubljana.

Ab **1.200 v. Chr** wandern illyrische Völker ein und errichten Befestigungen auf Hügeln, in der Eisenzeit ab 900 v. Chr. kommt die Hallstatt-Kultur nach Slowenien: ihre Fürsten werden in reich ausgestatteten Gräbern beerdigt.

Ab **3. Jh.** wandern die keltischen Noriker ein und werden durch Eisenabbau reich und mächtig.

Um **16 v. Chr.** erobern die Römer das Königreich Norikum und machen es zu einem Teil ihrer Provinzen Noricum, Pannonia und Illyricum. In Slowenien entstehen römische Städte.

4. und 5. Jh. In der Völkerwanderungszeit ziehen verschiedene Völker auf dem Weg nach Italien durch Slowenien. Viele römische Städte werden zerstört.

Ab dem **6. Jh.** wandern slawische Stämme ein und besiedeln das Gebiet zwischen dem Friaul und der Donau. Sie errichten das Herzogtum Karantanija und werden von Bayern (Baiern) christianisiert.

788 wird Karantanija Teil des fränkischen Reiches unter Karl dem Großen. Es gehört fortan zum Herzogtum Bayern.

Ab dem **10. Jh.** bedrohen die Ungarn die Ostgrenze des Römischen Reiches. Slowenien wird in Markgrafschaften aufgeteilt, kolonisiert und teilweise „germanisiert". Die „Marken" werden befestigt und sollen ein Bollwerk nach Osten bilden.

Im **11. bis 14. Jh.** ist Slowenien unter kirchlichen und weltlichen Fürsten aufgeteilt. Die Bistümer Salzburg, Freising und Brixen sowie das Patriarchat Aquileia teilen sich die Macht mit Fürsten und Grafen wie denen von Andechs und Spanheim.

13. bis 15. Jh. Die Habsburger übernehmen die deutsche Königswürde und bringen einen Großteil der slowenischen Länder unter ihre Herrschaft.

Vom **15. bis 16. Jh.** überfallen türkische Heerscharen slowenische Städte und Dörfer. Es kommt immer wieder zu Bauernaufständen, da die Feudalherren die Bevölkerung nicht ausreichend schützen.

Im **16. Jh.** erlebt die slowenische Sprache durch die Reformation eine Blütezeit, die Grundlagen der modernen Schriftsprache entstehen. Die Gegenreformation ist erfolgreich: Slowenien wird wieder katholisch.

18. Jh. Die Türkenüberfälle sind zu Ende. Slowenien erlebt einen wirtschaftlichen Aufschwung durch Reformen unter Maria Theresia.

1808 bis 1814 Slowenien gehört mit Triest, Istrien und Dalmatien zu den Illyrischen Provinzen Napoleons. 1815 kommt es zu Österreich.

Im **19. Jh.** erwacht unter den Slowenen das Nationalbewusstsein. Sie streben die Einheit ihrer Länder an, wollen aber unter Österreichs Herrschaft bleiben.

1915-1917 werden in den Julischen Alpen an der Soča (Isonzo) die grausamsten Schlachten des Krieges geschlagen. In zwei Jahren kommen etwa 1 Mio. Menschen in dem Gebiet um.

1918 bricht die österreichisch-ungarische Monarchie zusammen. Slowenien vereinigt sich mit Serbien und Kroatien zum Königreich der Serben, Kroaten und Slowenen (SHS).

1920 fällt das slowenische Küstengebiet an Italien (Vertrag von Rapallo). Die Slowenen in Kärnten stimmen für Österreich. Etwa ein Viertel der slowenischen Bevölkerung lebt nicht mehr im Königreich SHS.

1929 König Aleksander ruft das Königreich Jugoslawien aus.

1941 wird Slowenien in Besatzungszonen zwischen Ungarn (Prekmurje), Italien (Küste und Ljubljana) und Deutschland (Štajerska, Koroška) aufgeteilt. In den nächsten Jahren wird ein Partisanenkrieg gegen die Besatzer geführt. Die Wehrmacht brennt als Vergeltung slowenische Dörfer nieder und erschießt Geiseln aus der Zivilbevölkerung.

1945 wird Slowenien Republik in der jugoslawischen Föderation. Das Küstenland und Istrien kommen zu Jugoslawien. Triest fällt 1954 an Italien.

1945-1980 Slowenien entwickelt sich zur wohlhabendsten der jugoslawischen Republiken mit der besten Wirtschaftsleistung.

1980 stirbt Josip Broz Tito und in Jugoslawien entsteht ein Machtvakuum. In Slowenien entwickelt sich eine breite Demokratiebewegung.

1990 werden erstmals Wahlen abgehalten und das Mehrparteinsystem eingeführt.

1991 erklären die Slowenen ihre Unabhängigkeit von Jugoslawien. Es kommt zum Krieg zwischen slowenischen Territorialeinheiten und der jugoslawischen Bundesarmee. Nach zehn Tagen kommt es zu einer Einigung und nach drei Monaten zieht sich die jugoslawische Armee endgültig zurück.

1997 wird Slowenien assoziiertes Mitglied der EU

2003 stimmen fast 90 Prozent der Slowenen für eine EU-Mitgliedschaft ab 2004.

2004 ab März wird Slowenien Mitglied der Nato und ab Mai Mitglied der EU

Historischer Überblick

Die Geschichte des unabhängigen Staates Slowenien beginnt im Sommer 1991 – also vor gerade mal etwas mehr als 10 Jahren. Slawische Völker sind zwar schon vor 1400 Jahren in das Gebiet des heutigen Sloweniens eingewandert, haben aber immer unter der Herrschaft anderer Völker gestanden.

Die Slowenen sprechen lieber von der **Geschichte ihrer Kultur**, die sie trotz Überlagerung durch dominante und weitaus zahlreichere Völker erhalten konnten, ohne „aufgesogen" oder „geschluckt" zu werden.

Jahrhunderte lange Fremdherrschaft

Ein historischer Überblick erzählt zugleich die Geschichte dieser anderen Völker, des Römischen Reiches, der Völkerwanderungszeit, des Habsburgerreiches und zweier jugoslawischer Staaten. Alle diese Epochen und durchziehenden Völker haben die Geschichte der Slowenen mit geprägt und ihren eigenen kulturellen Fußabdruck hinterlassen.

Die Zeiten, in denen es im Laufe der Geschichte zu einer zentralen Machtbildung auf slowenischem Territorium gekommen ist (das Herzogtum Karantanija, die mächtigen Grafen von Cilli), sind heute für Slowenien enorm identitätsstiftend.

Man versucht, daraus so etwas wie eine staatliche Tradition abzuleiten und in der slowenischen Geschichtsschreibung werden diese Fürstentümer als „selbstständige Reiche" besonders betont. Das hat Kritiker auf den Plan gerufen, und wer sich intensiver mit der slowenischen Geschichte beschäftigt, sollte das im Hinterkopf behalten.

Vor- und Frühgeschichte

Das Gebiet des heutigen Sloweniens ist seit etwa **250.000 v. Chr.** besiedelt, wie zahlreiche **paläolithische Fundplätze** beweisen. Ca. 50.000 v. Chr. zogen Neandertaler und dann Cromagnon-Menschen als Jäger durch den Karst. In vielen Höhlen sind ihre Feuerstellen und die Knochen erlegter Bären gefunden worden. Das Ljubljana-Becken bot eine natürliche Verkehrsverbindung zwischen dem pannonischen Becken und Italien, die auch in der Frühzeit genutzt wurde.

Pfahlbausiedlungen

Mit Beginn des 2. Jahrtausends v. Chr. entstanden in Slowenien **Pfahlbau-Siedlungen**. Die Menschen errichteten Häuser auf hölzernen Plattformen an Fluss- und Seeufern sowie in den großen **Moorgebieten** südlich von Ljubljana (*Ljubljansko barje*).

Diese frühen Siedler waren Ackerbauern und Rinderzüchter und unterhielten Handels-beziehungen zu den Regionen des heutigen Italien, nach Nordeuropa und auf den Balkan. Diese Pfahlbau-Siedlungen wurden um 1.300 v. Chr. zerstört. Ab **1.200 v. Chr.** entstanden neue Siedlungen in Höhenlagen, die durch **Ringwälle** geschützt wurden: die Hallstattzeit begann und damit ein intensiver Erzabbau.

In Slowenien erreichte die Hallstatt-Kultur zwischen **650** und **550 v. Chr.** ihren wirtschaftlichen und kulturellen Höhepunkt. Hauptsächliches Siedlungsgebiet waren die Dolenjska und die Bela Krajina, etwa zwischen Novo mesto und der Sava. Berühmtester Fund ist ein **Fürstengrab**, das in dem Dorf Vače in der Nähe von Litija entdeckt wurde. Es gibt durch seine Ausstattung mit Goldschmuck, Edelsteinen und eisernen Waffen einen Eindruck vom Reichtum der Hallstatt-Kultur in Slowenien.

Fürstengräber

Hallstatt-Kultur

Die Hallstatt-Kultur ist nach dem gleichnamigen Ort im Salzkammergut in Österreich benannt. Unter dem Begriff „Hallstattzeit" werden verschiedene metallverarbeitende Kulturen der jüngeren Bronzezeit und der Eisenzeit (ca. 1.150 bis 450 v. Chr.) zusammengefasst, die über fast ganz Europa verteilt waren. Die Bewohner dieser Region waren Bauern, aber auch Metallarbeiter und Krieger.
Charakteristisch für ihre Waffen und Geräte sind Eisen-Schwerter mit sehr harten Klingen und auffällige Bronze-Eimer, so genannte Situlae, mit geometrischen Verzierungen. Aus der Hallstattzeit stammen reich ausgestattete „Fürstengräber", man geht daher von einem „Kriegeradel" aus.

Illyrer und Kelten

Ab dem **3. Jh. v. Chr.** drangen illyrisch-keltische Stämme nach Slowenien ein, die sich teilweise auch mit der einheimischen Bevölkerung vermischten. Im 2. Jh. v. Chr. ist das **Königreich Noricum** belegt, dessen Zentrum nördlich der Karawanken im heutigen Österreich lag und sich in die heutigen Regionen Koroška und Štajerska erstreckte. Durch das Gebiet lief die **Bernsteinstraße** und die Noriker unterhielten Handelskontakte mit dem Römischen Reich und der gerade gegründeten **Kolonie Aquileia** (181 v. Chr.).

Römische Eroberung

Rom begann Mitte des 2. Jh. mit der Unterwerfung kriegerischer illyrischer Stämme an der Adriaküste. Diese machten als Piraten die nördliche Adria unsicher und waren teilweise mit den Griechen verbündet. Das Gebiet wurde nach und nach zur **römischen Provinz Illyricum**. Noricum, dessen Eisenlagerstätten für Rom interessant waren, wurde als Grenzregion von römischen Truppen besetzt. Zwischen 35 und 33 v. Chr. unterwarf *Octavian* in den Illyrischen Kriegen schließlich die illyrischen Stämme.

Römische Provinz

Die Römer unterteilten Illyricum schließlich in die Provinzen **Histria**, **Pannonia** und **Noricum**. Die römische Besetzung hinterließ einige entscheidende Prägungen in Slowenien. *Julius Caesar* besuchte Illyricum/Noricum, nach ihm sind die Julischen Alpen benannt. Wichtigste Maßnahme war der Ausbau eines **Straßennetzes**. Entlang der Römerstraße entstanden die größeren Siedlungen Emona (Ljubljana),

Celeia (Celje) und Poetovio (Ptuj) sowie viele kleinere Orte. Poetovio wurde als Verkehrsknotenpunkt die wichtigste römische Stadt auf slowenischem Gebiet: Hier begann die große römische Heeresstraße Via Militaris, die über den östlichen Balkan nach Adrianopel (Edirne in der Türkei) bzw. Konstantinopel führte.

An der Küste entstanden weitere Städte: Tergestum (Triest), Piranum (Piran), Parentium (Poreč) und Pietas Iulia (Pula), um nur einige zu nennen.

Römische Stadtmauer in Ljubljana

Slowenien war als Hinterland der Donaugrenze strategisch wichtig und wurde dementsprechend mit **Militärlagern** befestigt:
Emona war der Sitz der XV. Legion, weitere Legionen hatten ihre Lager im Savinja-Tal und in Poetovio. Ehemalige Legionäre erhielten Land in dem Gebiet, in dem sie gedient hatten, und in Slowenien entstanden viele **Villae rusticae** (Gutshöfe) sowie kleinere Ansiedlungen.

Im 3. Jh. n. Chr., als der Druck auf die Grenzen des Römischen Reiches durch germanische Stämme zunahm, wurde von Rijeka im heutigen Kroatien bis nach Österreich ein Verteidigungssystem, **Claustra Alpinum Iuliarum** (oder einfach „Italischer Limes"), aus Kastellen und Wehrtürmen eingerichtet.

Völkerwanderungszeit

Während der **Völkerwanderungszeit** ab dem **4. Jh.** war Slowenien Durchzugsgebiet verschiedener Völker, die auf dem Weg nach Italien durch Pannonien und das Ljubljana-Becken kamen und das Land leider meist mit Krieg überzogen. 379 plünderten die **Westgoten** Poetovio, Mitte des 5. Jh. zerstörten die **Hunnen** die Stadt und zogen in Richtung Aquileia weiter, das sie eroberten.

Krieg und Plünderung

Ende des 5. Jh. schlugen die **Ostgoten** unter ihrem König *Theoderich* den Germanenfürsten *Odoaker* in einer Schlacht nicht weit von der Soča.

Sowohl Italien als auch Slowenien erlebten unter den Ostgoten ein ruhiges halbes Jahrhundert und schließlich zogen die **Langobarden** durch das kleine Land. Die nächsten Einwanderer, die Slawen, blieben für längere Zeit.

Die slawische Einwanderung

Clane und Stämme

Im 6. Jh. n. Chr. begann die Einwanderung **slawischer Völker**. In mehreren Wellen wanderten wahrscheinlich aus der Ukraine und aus Weißrussland slawisch-sprechende Völker in Slowenien ein und folgten den Flüssen Mura, Drava und Sava als „Verkehrsadern". Sie stießen bis in den östlichen Alpenraum vor und besiedelten das Gebiet. Die bäuerlichen Slawen waren in Clane und Stämmen organisiert und kannten zunächst keine ausgeprägten politischen Autoritäten. Offenbar wurden nur in Notzeiten Führer gewählt.

Die Slawen selbst zogen unter dem Druck der **Invasion der Awaren**, eines kriegerischen mongolischen Volkes, westwärts. Die Slawen standen in einer Vasallen-ähnlichen Beziehung zu den Awaren, gingen zwar Bündnisse mit ihnen ein, wehrten sich aber auch gegen ihre Oberhoheit.

Etwa um 630 schlossen sich slawische Stämme zusammen und gründeten das **Herzogtum Karantanija** (Karantanien), um sich gegen die inzwischen geschwächten Awaren zu wehren.
Karantanija gilt als der **erste slawische Staat** und spielt für das heutige Nationalbewusstsein der Slowenen eine wichtige Rolle. Kernland war Kärnten (das von Karantanija seinen Namen hat) in Österreich mit dem Herrschersitz auf der Karnburg (*Krnski grad*) nördlich von Klagenfurt. Aber auch das slowenische Kärnten, Koroška, gehörte dazu. Zeitweise bestand ein Bündnis mit slawischen Stämmen in der Gegend des heutigen Mähren und Böhmen, so dass die slawische Einflusssphäre weit nach Norden reichte.

Einsetzung der Herzöge

Die Herzöge von Karantanija wurden von den Freien ihres Volkes gewählt und mussten bei ihrer Einsetzung geloben, in deren Interesse zu handeln. Bei der **Zeremonie** trat der zukünftige Herzog zunächst in Bauernkleidung vor die Edlen seines Volkes und legte sein Gelöbnis, „gerecht" zu sein, ab. Erst danach durfte er die Fürstenkleider anlegen, die er aus der Hand eines Bauern gereicht bekam. Diese geradezu demokratische Zeremonie zur Einsetzung der Herzöge von Karantanien hat sich bis Anfang des 15. Jh. erhalten, auch unter der späteren Oberhoheit der Franken und als die Herzogwürde erblich war. Die Zeremonie wird von Chronisten im Mittelalter immer wieder beschrieben.

Kolonisierung und Christianisierung

Die Slawen konnten allein nicht gegen die Awaren bestehen und stellten sich 745 unter bayerische Herrschaft, ab 788 gehörte die „Provinz Carenthania" zum **fränkischen Reich**. Karantanija bewahrte sich offenbar eine gewisse politische Eigenständigkeit und versuchte Anfang des 9. Jh. sogar einen Aufstand gegen die Franken, der niedergeschlagen wurde. Danach begann verstärkt die **Kolonisierung Sloweniens**: Deutsche Adlige stellten mit der Zeit die neue Oberschicht, während die slawisch-sprechende Bevölke-rung als Bauern das Land bearbeiteten. Außerdem wurde die **Christianisierung** fortgesetzt und die Grenzen der Provinz nach

Osten (Pannonien) erweitert. In den Jahren 869 bis 874 ist die Herrschaft eines Fürsten oder Königs *Kocelj* (auch *Chozil*) überliefert, der sich durch Kirchenpolitik von den Franken und dem Erzbistum Salzburg unabhängig zu machen versuchte, übrigens mit Unterstützung des Papstes: Er lud die Missionare *Cyrill* und *Methodius* an seinen Hof, um sie die slawische Liturgie verbreiten zu lassen. Die Missionare wirkten für zwei Jahre unter *Kocelj*, dessen Residenz am Plattensee gelegen haben soll. Allerdings blieb dieses „unabhängige Königreich Karantanija" mit einer eigenständigen Kirchenstruktur eine kurze Episode, die mit dem Tod des Fürsten endete. König Kocelj

Slowenien im Mittelalter

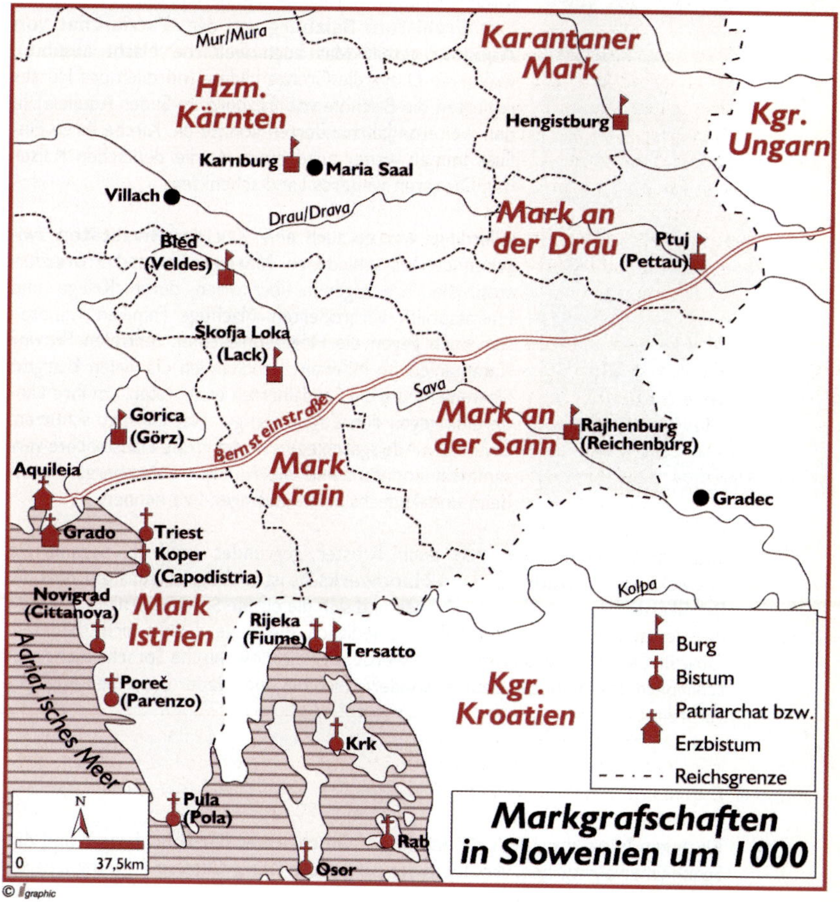

Das fränkische Reich, seit 951 das **Heilige Römische Reich**, war im Osten ständigen Angriffen der Magyaren ausgesetzt, die 955 besiegt wurden. Um das Grenzland zu sichern, wurde die Kolonisierung des heutigen Sloweniens vorangetrieben.

Kolonisierung

Das Land wurde in **Markgrafschaften** aufgeteilt, die an deutsche Adelige gingen. Das Herzogtum Karantanija bildete noch lange die zentrale politische Macht, von der die anderen Grafschaften abhingen.

Aus dieser Aufteilung entwickelten sich in den nächsten Jahrhunderten im Wesentlichen die slowenischen Provinzen Carniola (Kranjska/Krain), Carinthia (Koroška/Kärnten), Styria (Štajerska/Steiermark), Gorica (Goriška/Görz) und die Bela Krajina (Weiße Mark).

Slowenien hat viele mittelalterliche Burgen

Kirchenrechtlich war das Gebiet bereits seit 811 zwischen dem **Erzbistum Salzburg** und dem **Patriarchat von Aquileia** geteilt (das auch weltliche Macht ausübte), wobei die Drava die Grenze bildete (nördlich des Flusses regierten die Bischöfe von Salzburg, im Süden Aquileia). In den weiteren Jahrhunderten konnte die Kirche ihren Einfluss immer weiter ausdehnen, als die deutschen Kaiser den Diözesen weiteres Land schenkten.

Allerdings war es auch eine Zeit der **Rivalitäten** zwischen den verschiedenen **Markgrafen** und Provinzfürsten, die ihre eigenen Territorien durch Kriege und Heiratspolitk vergrößerten. Mächtige Familien wandten sich auch gegen die Hegemonie einer zentralen Provinz Karantanien. Im Mittelalter entstanden die vielen **Burgen** Sloweniens, die die Feudalherren errichteten, um ihre Ländereien gegen den Zugriff gieriger Nachbarn zu schützen. Unter den Adelsgeschlechtern, die große Hausmächte versammeln konnten, sind die Familien Babenberger, Spanheim und Andechs als herausragend zu nennen.

Aber im Mittelalter wurden auch Klöster gegründet und v.a. begann die Entwicklung der **Städte** und des **Handwerks**. Es ist wichtig, festzuhalten, dass die Bevölkerung slawisch/slowenisch blieb und sich die eigene Sprache erhielt, während die deutschen Grafen und Herzöge lediglich die neue Oberschicht bildeten. Obwohl Deutsch die Schriftsprache wurde, war die slowenische Sprache nicht ausschließlich das Idiom der Bauern, sondern auch hin und wieder unter den Adeligen verbreitet.

Expansion der Habsburger

Nachdem Mitte des 13. Jh. die mächtigen Geschlechter der Babenberger und der Spanheimer ausstarben, versuchte der böhmische König Ottokar I. Přemysl, deren

Besitz an sich zu bringen. Doch das Heilige Römische Reich verteidigte seine Ländereien, darunter die damaligen Herzogtümer Österreich, Kärnten und Krain.

Der Habsburger König *Rudolf I.* schlug *Ottokar* 1278 in der **Schlacht auf dem Marchfeld** bei Wien und gab die Markgrafschaften in Slowenien als Lehen an seine Söhne. Damit war die Hausmacht der Habsburger begründet.

Hauptsächlich durch Erbschaften fiel bis zum Ende des 14. Jh. fast das gesamte Territorium des heutigen Slowenien an die **Habsburger**, die bis zum Ende des Ersten Weltkriegs über das Gebiet herrschten (mit einer kurzen Unterbrechung während der Napoleonischen Kriege). Triest begab sich 1382 freiwillig unter habsburgischen Schutz, um nicht unter venezianische Herrschaft zu geraten.

Herrschaft der Habsburger

Das istrische Küstengebiet stand lange unter der Oberhoheit des Bistums Aquileia und kam Ende des 13. Jh. unter die **Herrschaft Venedigs**, wo es bis zum Sturz der Serenissima durch *Napoleon Bonaparte* 1797 blieb.

Die Küstenstädte nahmen damit kulturell eine andere Entwicklung als der habsburgisch-österreichisch geprägte Großteil Sloweniens (für genauere Informationen siehe die einzelnen Kapitel). Eine weitere Ausnahme bildete Prekmurje, das zeitweise zu Ungarn gehörte.

INFO Die Grafen von Cilli

Eine herausragende Stellung unter den Lehnsleuten der Habsburger nahmen die **Grafen von Cilli** (Celje) ein, die durch geschickte Heiratspolitik ihre Gebiete ständig vergrößern konnten. Ihre Macht wuchs so stark, dass sie 1436 zum reichsunmittelbaren Fürstentum wurden und damit dem deutschen Kaiser direkt unterstanden.

Die Fürsten betrieben durch komplizierte verwandtschafliche Beziehungen, die sie mit einer Vielzahl weiterer mächtiger Familien verbanden, eigene machtpolitische Ambitionen.

Die Burg der Grafen von Cilli

Allerdings starb das Geschlecht der Cilli aus, bevor sie eine unabhängige Macht werden konnten: Der letzte Graf Ulrich II. wurde 1456 ermordet.

Das Reich der Grafen von Cilli ist für das heutige Slowenien identitätsstiftend: Die drei Sterne auf blauem Grund im Wappen der slowenischen Nationalflagge gehen auf das **Familienwappen** der Cilli zurück.

Bauernaufstände

Die Herrschaft der Habsburger beendete zwar die Auseinandersetzungen zwischen den Markgrafen, doch seit Anfang des **15. Jh.** war das Land durch die Osmanen neuen Überfällen ausgesetzt. Die „**Türken-Gefahr**" machte den Bau weiterer Befestigungsanlagen und Wehrkirchen, *tabori*, nötig.

Frondienst

Diese Abwehrmaßnahmen und teure Kriege mit Venedig trieben den mittelalterlichen „Verteidigungshaushalt" in die Höhe: Die Bauern mussten immer neue Abgaben und Frondienste leisten, ohne dass ihnen wirksamer Schutz gegen die türkischen Überfälle gewährt wurde.

Es kam zu zahlreichen **Bauernaufständen**, die ihren Höhepunkt zwischen 1478 und 1573 erreichten. Insgesamt waren es bis zum 18. Jh. fast 200 Aufstände, mit denen die Bevölkerung gegen die Feudalherren protestierte und zumindest eine Senkung der Abgaben und unabhängige Gerichte forderte. Die Bauernschaften konnten zwar häufig die Burgen stürmen (und die Burgherren töten), doch das kaiserliche Militär schlug die Aufstände blutig nieder und danach wurden umso höhere Strafsteuern erhoben.

INFO Der Bauernführer Matija Gubec

Zu einer der größten Bauern-Erhebungen kam es **1573**: Der Kroate *Ambrož „Matija" Gubec* konnte eine Armee von 12.000 slowenischen und kroatischen Bauern versammeln und einen Aufstand lostreten, der fast das gesamte slowenische Gebiet ergriff.

Doch auch dieser Versuch, die Feudalherrschaft zu beenden, scheiterte: Etwa 3000 Bauern fanden den Tod in der Schlacht und Gubec selbst wurde gefangen genommen, gefoltert und gevierteilt. Die Bevölkerung feierte ihn jahrhundertelang als **Volksheld**, und zwar sowohl in Slowenien als auch in Kroatien. Heute erinnert man sich in Slowenien eher an seine kroatische Herkunft.

Reformation und Gegenreformation

Der **Protestantismus** wurde durch Adel, Bürgertum und auch die Geistlichen im 16. Jh. recht schnell in Slowenien verbreitet, die Zentren waren Krain und Ljubljana.

Die Bauernbevölkerung war tief religiös.

Allerdings blieb die neue Religion auf diese Schichten beschränkt und die bäuerliche

Bevölkerung kehrte im Zuge der **Gegenreformation** ab **1600** ebenso schnell zum Katholizismus zurück. Nach dem Grundsatz „Cuius regio eius religio", „wes des Land, des der Glaube", mussten die Bauern sich dem Glauben ihrer Herren anpassen (heute ist Slowenien zu fast 90 Prozent katholisch).

Rekatholisierung

Mit der katholischen Erneuerung durch Ferdinand II. zog erst einmal der **Absolutismus** in Slowenien ein, und die während der Reformation begonnenen Reformen stagnierten oder wurden teilweise sogar rückgängig gemacht.

Auf dem Weg zur Aufklärung

1683 wurden die Türken vor Wien geschlagen. Slowenien litt nicht länger unter den Überfällen des Osmanischen Reiches und der **wirtschaftliche Aufschwung** begann. In den Städten entstanden größere Manufakturen und der Handel, v.a. mit Tuch, blühte, aber auch landwirtschaftliche Produkte wurden nach Italien, nach Böhmen und nach Deutschland geliefert. Der Erzabbau wurde intensiviert.

Entscheidender Faktor für diesen Aufschwung war die habsburgische Kontrolle über die **Häfen Triest** und **Rijeka**: Der Weg von Wien an die Küste führte mitten durch Slowenien.

Aufhebung der Leibeigenschaft

Kaiserin *Maria Theresia* (1740-1780) leitete Reformen ein, darunter die Aufhebung der Zölle zwischen den einzelnen Provinzen des Reiches und eine allgemeine Grundschulpflicht. Ihr Sohn Joseph II. (1780-1790) führte diese Politik fort:

Mit den **Josephinischen Reformen** wurde 1781 die Leibeigenschaft abgeschafft, die Religionsfreiheit garantiert und viele der korrupten katholischen Klöster aufgelöst.

Der Geist der Aufklärung hatte Slowenien erfasst: Kunst und Kultur kamen zu neuer Blüte und das **slowenische Nationalbewusstsein** erwachte – die so genannte Nationale Wiedergeburt.

Napoleons Zwischenspiel: Die Illyrischen Provinzen

Bevor der Wiener Kongress zu einer Neuordnung Europas führte, gab *Napoleon Bonaparte* auch in Slowenien ein kurzes Zwischenspiel: Er erklärte die slowenischen Gebiete zu den „**Illyrischen Provinzen**" (Provences Illyriennes) mit Ljubljana als Hauptstadt. Neben Oberkärnten und Krain, Triest, Görz/Gorica gehörte auch Dalmatien dazu. Das Gebiet unterstand zwar französischer Verwaltung (durch französische Beamte), aber alles weitere, Sprache, Religion, Eigentumsverhältnisse, wurde nicht angetastet.

Die rechtliche Stellung der Bauern verbesserte sich und die Feudalherrschaft wurde zurückgedrängt. Eine der wichtigsten Maßnahmen war die Einführung der slowenischen Sprache in Grund- und weiterführenden Schulen (nicht in den Gymnasien) sowie als Amtssprache. *Napoleon* (bzw. die französische Verwaltung) garantierte den Slowenen ihre kulturelle Eigenständigkeit und erhielt besonders von den national gesinnten Intellektuellen viel Unterstützung. Die „napoleonische Phase" war nur von kurzer Dauer: 1813 wurde *Napoleon* bei Leipzig geschlagen und die Illyrischen Provinzen kamen zurück unter österreichische Verwaltung. Nach dem **Wiener Kongress 1815** stand Österreich und damit Slowenien unter dem konservativen Regime des *Fürsten von Metternich*, der das **feudale Herrschaftssystem** wieder einführte und nationale Bewegungen unterdrückte.

Slowenisch wird Schulsprache

Nationaler Aufbruch

Metternichs absolutistischer Polizeistaat konnte das **kulturelle und nationale Erwachen** nicht dauerhaft unterdrücken. Anfang des 19. Jh. wurde in intellektuellen Zirkeln über die Zukunft des Habsburgerreiches diskutiert und es wurde eifrig in slowenischer Sprache publiziert.

Die Begriffe „Slovenija" (Slowenien) und „slovenci" (Slowenen) entstanden. Der Bau der Eisenbahn zwischen Wien und Triest 1846 förderte die Industrialisierung und auch die Verkehrsverbindungen ins restliche Europa.

Eisenbahn durch Slowenien

Mit der Märzrevolution 1848 wurde das erste slowenische **Nationalprogramm** – *Zedinjena Slovenija* (Vereintes Slowenien) – formuliert: Die Slowenen forderten den Zusammenschluss ihrer Gebiete zu einer autonomen Einheit und einen demokratisch gewählten Landtag. Die radikale Forderung nach Unabhängigkeit blieb aus: Man wollte als **Kronland** unter den Habsburgern bleiben, jedoch mit slowenisch als Amtssprache.

Der politische Gewinn der Revolution war für die Slowenen gering: Das **Feudalsystem** wurde endgültig **abgeschafft** und Gesetze mussten künftig auch auf slowenisch veröffentlicht werden. Doch die Nationalbewegung war nicht mehr aufzuhalten: Immer häufiger und unter zunehmender Beteiligung der Bevölkerung wurden Versammlungen abgehalten und politische Vereine gegründet, aus denen sich bis zum Ende des 19. Jh. auch die **ersten Parteien** entwickelten.

Illyrismus

Die politische Idee des Illyrismus entwickelte sich etwa Mitte des 19. Jh. und griff das Konzept der Illyrischen Provinzen *Napoleons* auf. Gefordert wurde der Zusammenschluss aller südslawischen Völker, also der Slowenen, Serben und Kroaten, als autonome Einheit. In Slowenien war die Bewegung nicht wirklich populär, da man die Aufgabe der eigenen Sprache zu Gunsten eines dominanten Serbokroatisch fürchtete (undenkbar, nachdem *France Prešeren* die „Qualität" der slowenischen Sprache gerade erst bewiesen hatte). Die katholische Kirche stand außerdem den orthodoxen Serben skeptisch gegenüber.

Der Erste Weltkrieg

Während des Ersten Weltkriegs hielten die Slowenen dem österreichischen Kaiser *Karl* die Treue und kämpften gegen die Alliierten. Österreich-Ungarn verweigerte Slowenien aber immer noch die geforderte Autonomie.

Als klar war, dass die Donaumonarchie nicht fortbestehen würde, rief am 29. Oktober 1918 ein Nationalrat aller Südslawen in Zagreb den **Unabhängigen Staat** der Slowenen, Kroaten und Serben aus (slowenisch: *Država Slovencev, Hrvatov in Srbov*, oder kurz: SHS).

Zusammenbruch des Habsburger Reiches

Bereits einen Monat später, als Italien Ansprüche auf Istrien erhob und bei Kriegsende weit auf slowenisches Gebiet vordrang, schloss sich der Staat SHS mit Serbien und Montenegro zum Königreich der Serben, Kroaten und Slowenen (*Kraljevina SHS*) zusammen, dessen Hauptstadt Belgrad wurde.

Das Königreich der Serben, Kroaten und Slowenen

Mit dem Anschluss an das Königreich hoffte Slowenien, seine Gebietsverluste zu begrenzen, doch im **Vertrag von Rapallo** (12. 11. 1920) wurde Italien das slowenische Küstenland, Istrien und Rijeka zugesprochen. Teile Prekmurjes gingen an Ungarn und in Süd-Kärnten entschieden sich die slowenisch-sprachigen Einwohner (etwa 60 Prozent) in einer Volksabstimmung dafür, fortan zur Republik Österreich zu gehören.

kulturelle Autonomie

Ein bitteres Ergebnis: Ca. 350.000 Slowenen, etwa ein Viertel der slowenischen Bevölkerung, lebte damit nicht mehr im „Kernland", dessen Einheit die Nationalbewegung immer angestrebt hatte. Für die Slowenen wurden aber auch lang angestrebte Ziele endlich umgesetzt, so z.B. die Gründung einer **slowenischsprachigen Universität**, der ein Nationaltheater und -museum folgten. Diese kulturelle und sprachliche Autonomie innerhalb des Königreiches sowie der wirtschaftliche Aufschwung entschädigten die Slowenen dafür, dass sie nur eine kleine Provinz unter serbischer Kontrolle waren.

Das Nationalmuseum in Ljubljana

INFO Italienische Oberhoheit an der Küste

Nach dem Ersten Weltkrieg wurde Italien als Siegermacht im Rapallovertrag die slowenische Küste mit dem Hinterland, Istrien und Norddalmatien zugesprochen. Italien versuchte, das Gebiet systematisch zu „italienisieren": Unter dem Motto **miglioramento etnico** („ethnische Verbesserung") wurde alles Slowenische und Kroatische verboten. Die Bewohner durften ihre Muttersprachen nicht mehr sprechen und ihre Namen wurden italienisiert. Slowenische Schulen wurden geschlossen, ebenso Kultureinrichtungen und gesellschaftliche Verbände.
Wer sich widersetzte, wurde verfolgt und häufig in Lagern interniert. Angesichts dieser brutalen Unterdrückung ihrer Kultur wanderten viele Slowenen aus, mehr als 30.000 sollen damals die Küstenregion verlassen haben. Die italienische Regierung siedelte dafür Italiener an, hauptsächlich aus Süditalien.

1947, nach dem Zweiten Weltkrieg, wurden die Küstengebiete in die so genannte Zone A (Triest und Umgebung) und Zone B (Koper und Istrien) geteilt. Zone A blieb „frei" und kam unter UN-Verwaltung, Zone B zu Jugoslawien. Der Kampf um kulturelle Vorherrschaft fand nun in umgekehrter Richtung statt: Die Region wurde wieder „slawisiert". Viele Italiener verließen das Gebiet, bis Mitte der 1950er Jahre ca. 200.000 Menschen. Allerdings flohen die Einwohner diesmal auch vor den Kommunisten, nicht „nur" vor kultureller Unterdrückung, auch Slowenen und Kroaten verließen das Land.

1954 wurden die Gebietsansprüche geklärt. Slowenien erhielt seinen 47 Kilometer langen Küstenstreifen und das sonstige Istrien wurde Kroatien zugeschlagen. Triest kam 1956 zu Italien.

Der Streit um das erlittene Unrecht belastet die Beziehungen zwischen Slowenien und Italien bis in die jüngste Zeit: Italien zahlte Reparationen für das Unrecht an der slowenischen Bevölkerung während des Zweiten Weltkriegs. Jugoslawien verpflichtete sich erst 1983 zur **Entschädigung**, nach langer Diskussion, ob die italienischen Einwohner Sloweniens „vertrieben" wurden oder „freiwillig auswanderten". 1990 wurde die erste Rate gezahlt. Doch nach dem Zerfall Jugoslawiens begann Italien neu zu verhandeln, mit Hinweis darauf, dass die Abkommen mit einem kommunistischen Regime geschlossen worden seien.
1994, unter der Regierung von Silvio Berlusconi, wurden Forderungen nach **Rückgabe von Grundbesitz** (statt Entschädigung) laut. Italien blockierte sogar die EU-Assoziierung Sloweniens. Erst 1996 nahm Italien die Reparationszahlungen an und beendete damit den Streit.

Der Zweite Weltkrieg

Im Zweiten Weltkrieg versuchte **Jugoslawien** neutral zu bleiben, trat aber nach massivem Druck der Nationalsozialisten im März **1941** dem **Dreimächtepakt** zwischen Deutschland, Italien und Japan bei. Das Militär putschte und bemühte sich wieder um einen neutralen Kurs. Doch am 6. April 1941 flog die deutsche Luftwaffe einen verheerenden **Angriff auf Belgrad**, und die Wehrmacht begann die Invasion des Balkan bis nach Griechenland.

Einschusslöcher aus dem Zweiten Weltkrieg am Kloster Pleterje

Die jugoslawische Armee kapitulierte nach nur zwei Wochen, und Ende April waren die deutschen Invasoren über den Balkan bis nach Griechenland und Athen vorgedrungen.

Das besetzte Slowenien

Die Besatzungsmächte Italien und Deutschland teilten Slowenien auf: der Norden, (Gorenjska, Štajerska und Koroška) kamen zu Deutschland; der Süden und Ljubljana zu Italien, während Prekmurje an Ungarn ging. Die **deutsche Besatzungsmacht** errichtete ihr Hauptquartier in Maribor, von wo aus die Štajerska als „Untersteiermark" angegliedert und brutal „germanisiert" wurde. Alle kulturellen slowenischen Institutionen und Vereine wurden aufgelöst, die Slowenen mussten dem „Steirischen Heimatbund" beitreten und Deutsch lernen.

Deportationen

Wer sich widersetzte, wurde interniert und z.T. in KZ deportiert. Etwa 60.000 Slowenen wurden deportiert (meist nach Serbien und Kroatien), interniert, zur Zwangsarbeit herangezogen oder ermordet. Ein Großteil der Bevölkerung floh aus den besetzten Gebieten.
Die deutschsprachigen Bewohner Maribors empfingen die Besatzer übrigens mit offenen Armen und waren wesentlich an der Verfolgung patriotischer Slowenen, die sich gegen die Naziherrschaft wehrten, beteiligt.

Tief im Wald versteckt – das Partisanenlager Baza 20

Partisanenkampf

Bereits kurz nach der Besetzung Sloweniens im April 1941 regte sich der slowenische Widerstand. Verschiedene linke Gruppen bildeten die Befreiungsfront (*Osvobodilne Fronte*, OF) und schlossen sich den Kommunisten unter Führung von *Josip Broz*, besser bekannt als *Tito*, an. **Titos Partisanen** führten aus dem Schutz der dichten Wälder heraus und mit Unterstützung der Alliierten einen erfolgreichen Widerstandskampf gegen die deutsche Besatzungsmacht.

Die Deutschen ihrerseits versuchten die Partisanen mit **brutalen Repressionen** gegen die Zivilbevölkerung zu bekämpfen, wozu auch die Erschießung von Geiseln und das Niederbrennen ganzer Dörfer gehörten.

INFO Der Kampf der Domobranci

Das **konservativ-katholische Lager** war eher bereit, mit den Besatzungsmächten zusammenzuarbeiten: Der Kampf gegen die Kommunisten schien wichtiger als der Kampf gegen die Nazis.

Der bewaffnete Arm der Konservativen, die **Domobranci** (eigentlich „Heimwehr", aber häufig auch als „Weißgardisten" bezeichnet), kämpfte gegen die kommunistischen Partisanen aus dem eigenen Volk und im Süden Sloweniens kam es zu einem regelrechten Bürgerkrieg.

Viele dieser Widerständler wandten sich aber auch offen gegen die Nazis und wurden von ihnen verfolgt. Einige hochrangige Domobranci wurden im KZ Dachau inhaftiert.

Die britische Armee drang im Frühjahr 1945 nach Kärnten vor, marschierte aber nicht in Slowenien ein, wo die Kommunisten ihre Herrschaft festigten. Viele Domobranci flüchteten nach Österreich, wurden von den Briten im Juni 1945 aber in das nun kommunistische Slowenien zurückgeschickt.

Die Mitglieder der Heimwehr galten nun bei der siegreichen Partisanen-Armee als **Verräter**: Etwa 11.000 Domobranci wurden innerhalb weniger Wochen ermordet, die meisten im Süden Sloweniens, in den abgelegenen Karsthöhlen des Kočevski rog. Man machte keinen Unterschied: Auch den im KZ Dachau inhaftierten Domobranci warf man Kollaboration vor. In den so genannten „Dachauer Prozessen" wurden 1948/49 viele von den Nazis Verfolgte, Kommunisten ebenso wie Nicht-Kommunisten, zum Tode oder zu langen Haftstrafen verurteilt. Erst 1988 kam die offizielle Rehabilitierung dieser Verurteilten.

Obwohl die Domobranci auch in *Titos* Jugoslawien offiziell als Verräter galten, war der Umgang mit den Massenhinrichtungen alles andere als offen: Sie wurden lange Zeit verschwiegen und selbst führende Politiker wussten nicht darüber Bescheid.

Dieses Thema, sowohl die Hinrichtungen als auch die ambivalente Rolle der Domobranci, ist während der kommunistischen Ära weitgehend totgeschwiegen worden. Heute ist es eine der **ideologischen „Altlasten"** des kommunistischen Jugoslawien und in der slowenischen Gesellschaft hat die Diskussion darüber gerade erst begonnen.

Nachkriegszeit

Tito distanzierte sich zwar 1948 von *Stalin*, was ihn aber nicht hinderte, seine Macht mit Inhaftierungen, Schauprozessen, der Einrichtung von Konzentrationslagern und Hinrichtungen von „Volksfeinden" zu etablieren.

Schauprozesse

Betroffen waren alle, an deren Loyalität die Partei zweifelte, quer durch die Bevölkerungsschichten wurden Intellektuelle und Adlige, Unternehmer und Bauern in Haft genommen. Im Konzentrationslager Strnišče bei Ptuj (nicht das einzige Lager) waren bis zu 10.000 Personen inhaftiert, insgesamt wird die Zahl der Opfer in den Nachkriegsjahren mit etwa 15.000 angegeben.

Titos Jugoslawien

Am 29. November 1945 wurde das **Demokratische Föderative Jugoslawien** – *Demokratska Federativna Jugoslavija* – gegründet, das unter strikter Kontrolle *Titos* und der Kommunisten in Belgrad stand.

Tito als Graffito

Sloweniens Autonomie innerhalb Jugoslawiens blieb im Wesentlichen auf Sprache und Kultur beschränkt. Der eigentlich föderalistische Staat sollte sich als zentralistisch erweisen, mit der Hauptstadt Belgrad als absolutem Machtzentrum. Die offizielle Sprache war Serbokroatisch.

Die Industrie wurde verstaatlicht, privater Landbesitz auf 20 Hektar beschränkt und die Planwirtschaft eingeführt. Da die Märkte des Ostblocks Jugoslawien nicht offenstanden (*Tito* hatte sich ja von *Stalin* losgesagt), musste sich der Staat anders orientieren.

Marktwirtschaft „light"

Titos Jugoslawien beschritt den **Dritten Weg** (oder auch Titoismus): Die Kollektivierung der Landwirtschaft wurde bereits Anfang der 1950er Jahre wieder abgeschafft und marktwirtschaftliche Tendenzen zugelassen.

Ein wichtiges Merkmal des „Dritten Weges" war die **Arbeiterselbstverwaltung**, die der slowenische Politiker *Edvard Kardelj* (1910-1979) entwickelte. Es sah die weitgehende Mitbestimmung von Arbeitern in Betrieben vor, ausgehend vom Grundgedanken der „kollektiven Verantwortung".

„reiches Slowenien"

Für Slowenien begann eine Zeit des **wirtschaftlichen Aufschwungs**. Die Bevölkerung war besser ausgebildet als in den anderen jugoslawischen Staaten, auch Infrastruktur und Industrie waren besser entwickelt. Zeitweise erwirtschafteten die Slowenen ein Viertel des jugoslawischen Bruttosozialprodukts.

Das Land profitierte von den relativ **offenen Grenzen** und vom zunehmenden **Tourismus** in den 1960er Jahren. Nach einer Phase wirtschaftlicher Liberalisierung kam Anfang der 1970er Jahre jedoch ein Rückschlag: Reformansätze wurden von den Kommunisten unterbunden und es begann eine Phase der Stagnation, die in Slowenien die „Bleierne Zeit" genannt wird.

Nach Tito: Eine Oppositionsbewegung entsteht

Instabilität

Titos Tod am 4. Mai 1980 wird oft als Beginn des späteren Zerfalls von Jugoslawien angeführt. Tatsächlich hinterließ der „Präsident auf Lebenszeit" ein **Machtvakuum**. Das Staatspräsidium in Belgrad versuchte, die relative Unabhängigkeit der jugoslawischen Republiken einzuschränken. In der Folge brachen nationale und ethnische Gegensätze auf. Die wirtschaftliche Lage verschlechterte sich in den 1980er Jahren, der Gegensatz zwischen dem „reichen" Slowenien und dem schlechter gestellten restlichen Jugoslawien wurden immer schärfer. Die Slowenen sahen Rest-Jugoslawien als „Entwicklungshemmer" und suchten zunehmend die Orientierung nach Westen.

Im Februar 1987 erschienen in dem liberalen Magazin „Nova Revija" (Nr. 57) die „Beiträge zu einem Nationalprogramm". Slowenische Autoren und Intellektuelle setzten sich darin kritisch mit der Situation in Jugoslawien auseinander und entwarfen Richtlinien für mehr **Demokratie**.

Ljubljana, das Zentrum der Demokratiebewegung

Der Artikel war der Beginn eines gesellschaftlichen Wandels: In der Presse wurden zunehmend kontroverse innenpolitische Themen diskutiert, besonders das Verhältnis zur jugoslawischen Bundesarmee (ein wichtiger Kritikpunkt waren Waffenlieferungen an Äthiopien während der Hungersnot Anfang der 1980er Jahre). Eine **Oppositionsbewegung** entstand. Die slowenischen Kommunisten unter der Führung von *Milan Kučan* tolerierten diese Entwicklung: Sie steckten stillschweigend Rügen aus Belgrad ein, setzten die geforderten Verbote der Opposition in Slowenien aber nicht durch. Dieses „Stillhalten" bewerten heute viele als entscheidend dafür, dass es nicht zu einer Eskalation kam.

Verhaftung kritischer Journalisten

Im Juni **1988** wurden drei Journalisten, die für die kritische Zeitschrift „Mladina" („Jugend") arbeiteten, und ein Fähnrich der jugoslawischen Bundesarmee verhaftet, weil sie angeblich militärische Geheimnisse verraten hatten. Es kam zu **offenen Protesten**. Eine Welle der Solidarisierung mit den Verhafteten lief durch das Land, alle Bevölkerungsschichten beteiligten sich an Massenprotesten. Das slowenische Staatspräsidium solidarisierte sich mit den Demonstranten. Es kam zur Gründung verschiedener **Oppositionsparteien** (die erste war der Slowenische Bauernverband im Januar 1989), die bald darauf in der so genannten Mai-Deklaration einen souveränen slowenischen Staat (im jugoslawischen Verbund!) forderten.

Auf dem Weg in die Unabhängigkeit

Um den Erhalt Jugoslawiens ist auf politischer und juristischer Ebene gerungen worden, die wichtigsten Schritte zur Unabhängigkeit waren folgende Ereignisse:

Eine **Verfassungsänderung** im September 1989, mit der staatliche Souveränität, Demokratie, Menschenrechte und das Recht, aus dem jugoslawischen Staatsverbund auszutreten, festgeschrieben wurden. Slowenien wollte Teil Jugoslawiens bleiben, aber beispielsweise die enge wirtschaftliche Verknüpfung lösen. Außerdem fühlte sich Slowenien durch die Rücknahme der Autonomie für das Kosovo im Herbst 1988 in seiner staatlichen Souveränität bedroht.

Demokratie und Autonomie

Im April 1990 wurden die **ersten freien Wahlen** in Slowenien abgehalten, Sieger war das Oppositionsbündnis DEMOS (Demokratische Opposition Sloweniens, ein Bündnis aus fünf Parteien quer durch das politische Spektrum). Staatspräsident wurde *Milan Kučan*. Diese neue Regierung schlug eine Neugestaltung der Föderation vor, die aber abgelehnt wurde.

In einer **Volksabstimmung** am 23. Dezember 1990 sprachen sich knapp 90 Prozent der Slowenen für die Unabhängigkeit innerhalb der nächsten sechs Monate aus. Am 25. Juni **1991** erklärte Slowenien seinen Austritt aus der jugoslawischen Föderation und seine Unabhängigkeit.

Zehn Tage Krieg

Bisher war alles friedlich verlaufen. Die Führung in Belgrad hatte zwar versucht das nördlichste Bundesland „auf Linie" zu bringen, aber die Lage war nie eskaliert. Doch nun errichteten die Slowenen **Grenzposten** und zwei Tage nach der Unabhängigkeitserklärung, am 27. Juni 1991, griff die jugoslawische Bundesarmee Slowenien an. Sie traf auf heftigen Widerstand der so genannten **Territorialverteidigung**, die auch von der Zivilbevölkerung unterstützt wurde. Slowenien hatte bereits zuvor Waffen gehortet, um diese „Armee" aus Reservisten auszurüsten, aber auch Bauern mit Mistgabeln meldeten sich zur Verteidigung ihres Landes.

Kampf um die Unabhängigkeit

Der kurze Unabhängigkeits- oder **„Zehn-Tage-Krieg"** begann: Die Grenzen wurden gesperrt und blockiert, teilweise mit Müllwagen, LKW und Bussen. Die jugoslawische Luftwaffe flog Angriffe auf den Flughafen und auf die Konvois, die sich an den Grenzen gebildet hatten, darunter auch Urlauber und Fernfahrer. Luftangriffe auf Städte gab es nicht, obwohl Belgrad damit drohte, und Flugzeuge bereits über Ljubljana kreisten. Es kam zu Gefechten an den Grenzen. Die Angaben über die Kriegstoten schwanken zwischen 60 und 70. Die damalige Europäische Gemeinschaft (EG) übte massiven Druck auf die jugoslawische Führung aus, den Krieg zu beenden (obwohl auch die europäischen Staaten sich in ihrer Haltung zur Unabhängigkeit Sloweniens nicht einig waren).

Internationale Anerkennung

Durch Vermittlung der EG wurde schließlich die so genannte **Brioni-Deklaration** ausgehandelt, der Belgrad am 7. Juli zustimmte: Slowenien sollte für drei Monate auf alle weiteren Schritte verzichten, die die Unabhängigkeit festigen würden. Im Gegenzug sicherten die EG-Staaten die **Anerkennung Sloweniens** zu. Nach Ablauf dieses Moratoriums zog sich die jugoslawische Bundesarmee am 25. Oktober tatsächlich zurück. Der Weg in die Unabhängigkeit und die internationale Anerkennung war frei: Am 15. Januar 1992 wurde der Staat Slowenien formell von den EG-Staaten anerkannt.

Angesichts der späteren Kämpfe in Kroatien und Bosnien-Herzegowina wird viel darüber spekuliert, warum Slowenien, so vergleichsweise „glimpflich davongekommen" ist. Immerhin war die jugoslawische Bundesarmee damals die **drittstärkste Militärkraft** in Europa, während die slowenische Territorialverteidigung nur etwa 40.000 Mann zusammenbrachte, darunter viele kaum trainierte Zivilisten.

Das Vorrücken der Armee sollte eher eine **Machtdemonstration** sein, mit dem heftigen Widerstand der Slowenen wurde nicht gerechnet. Sehr wichtiger Punkt ist, dass in Slowenien keine serbischen oder kroatischen Minderheiten lebten, die mobilisiert werden konnten. Möglicherweise sah die serbische Führung es auch als wichtiger an, das Kosovo und die unmittelbaren Grenzregionen zu Serbien (in Kroatien) für ein Jugoslawien unter serbischer Vorherrschaft zu sichern. Viele der nicht besonders motivierten jugoslawischen Soldaten desertierten oder liefen zu den Slowenen über.

Auf dem Weg in die EU

Am 22. Mai **1992** wurde Slowenien **Mitglied der Vereinten Nationen**, ein Jahr später Mitglied des Europarats. Politische und wirtschaftliche Reformen sind inzwischen umgesetzt worden und der Lebensstandard kann sich heute mit dem von

EU-Ländern vergleichen. Viele Mitglieder der Kommunistischen Partei hatten (und haben) nach der Unabhängigkeit hohe politische Ämter inne, prominentestes Beispiel ist der erste Präsident *Kučan*. Trotz dieser Kontinuität ist Slowenien heute ein **demokratisches** Land mit Pressefreiheit und einer gut funktionierenden Zivilgesellschaft.

Innenpolitik

Der **Beitritt zur EU** war von Anfang an ein wichtiges Ziel aller Regierungen und eint selbst zerstrittene Politiker. Im Juni 1996 unterschrieb Slowenien das Assoziierungsabkommen, das im Februar 1999 in Kraft trat. Seitdem hat sich die Regierung mit Gesetzes- und sogar Verfassungsänderungen bemüht, alle Kriterien für einen EU-Beitritt zu erfüllen. Beispielsweise wurde 1997 Ausländern erlaubt, Grundbesitz in Slowenien zu erwerben. Das Spektrum reicht aber von wirtschaftlicher Liberalisierung, einer Reform des Sozial- und Rentensystems bis hin zum Umweltschutz. 1998 begannen die Verhandlungen über die Vollmitgliedschaft Sloweniens in der EU, die Regierung warb mit einer groß angelegten Werbekampagne dafür. Am 23. März 2003 votierten knapp 90 Prozent der slowenischen Bevölkerung in einem Referendum für den **EU-Beitritt**. Am 1. Mai 2004 wird Slowenien EU-Mitglied werden.

EU-Assoziierung

Ein weiteres wichtiges Anliegen spielte die Mitgliedschaft in der **NATO**. Slowenien stand in der Erweiterungsrunde 1999 an vierter Stelle (hinter Polen, Tschechien und Ungarn), was für große Enttäuschung sorgte. Für das kleine Land mit einer kleinen Armee (12.000 Mann) ist die Mitgliedschaft in dem sicherheitspolitischen Bündnis von großer, Existenz sichernder Bedeutung. Auch über die NATO-Mit-gliedschaft wurde in dem Referendum abgestimmt, wofür sich 66 Prozent der Bevölkerung aussprachen. Am 26. März 2003 wurde der Mitgliedsvertrag unterzeichnet.

Außenpolitik

Zu **Österreich**, das ein wichtiger Fürsprecher für Sloweniens Aufnahme in die EU war, sind die Beziehungen traditionell gut (wenn man von dem Streit um die Minderheiten-Rechte absieht, siehe Seite 37). Die meisten der Auslandsinvestoren in Slowenien kommen aus Österreich.
Wichtig ist die Arbeit des **Regionalverbandes** Arbeitsgemeinschaft Alpen-Adria, in dem neben Slowenien auch Friaul-Julisch Venetien, Kärnten, die Steiermark, Kroatien, Bayern u.a. Regionen vertreten sind.

Der Verband fördert die enge Zusammenarbeit auf verschiedenen Gebieten, darunter verkehrspolitische, wirtschaftliche, wissenschaftliche, umweltpolitische u.a. Höhepunkt war die gemeinsame Bewerbung Sloweniens mit Kärnten und Friaul-Julisch Venetien um die Austragung der Olympischen Winterspiele 2006.

Zu **Italien** bestehen sehr enge wirtschaftliche Beziehungen, aber auch hier spielten Diskussionen um Ansprüche aus der Zeit nach dem Zweiten Weltkrieg noch eine Rolle und belasteten die Beziehungen stark: Italien blockierte lange die Verhandlungen über eine EU-Assoziation Sloweniens, um bessere Rechte für die Italiener durchzusetzen, die Slowenien nach 1945 verlassen haben (in Italien gelten sie als „Flüchtlinge", siehe auch Infokasten Seite 30).

Internationale Beziehungen

Zu den meisten **ehemaligen Mitgliedern Ex-Jugoslawiens** muss Slowenien seine Beziehung neu definieren, natürlich ist man schon aus wirtschaftlichen Gründen an einer positiven Entwicklung interessiert. Im Kosovo-Konflikt übernahm Slowenien eine Vermittlerrolle und beteiligt sich aktiv an verschiedenen Projekten im Rahmen des Stabilitätspaktes in Bosnien und Herzegowina sowie an der Internationalen Stiftung zur Räumung von Landminen und zur Unterstützung von Minenopfern.

Mit **Kroatien** gibt es Streit um Hoheitsrechte in der Bucht von Piran und um das einzige Atomkraftwerk Ex-Jugoslawiens, das in Krško auf slowenischem Boden steht. Trotz gegenseitiger **Handelsabkommen** gibt es im täglichen Grenzverkehr immer noch viele Hindernisse.

Landschaftlicher Überblick

Geografie

Viele Reisende staunen über die geografische Vielfalt, die das kleine Land in sich vereint. Mit einer Gesamtfläche von nur **20.273 km²** ist Slowenien gerade so groß wie Hessen, doch die Landschaften reichen von Hochgebirgen bis zu Adria-Stränden, außerdem liegen geologisch interessante Gebiete wie der Karst innerhalb seiner Grenzen. Zu Recht wirbt der Fremdenverkehrsverband damit, dass in dem kleinen Land „die ganze Pracht Europas" angeboten werde. Slowenien liegt am Übergang von den Alpen zur Balkan-Halbinsel im Süden und zur pannonischen Tiefebene im Osten. Diese geografische Lage war, in Verbindung mit dem Ljubljana-Becken, auch in historischen Zeiten eine wichtige Verkehrsverbindung, besonders zwischen Pannonien und Italien.

Berge und Meer

Im Norden bilden die Alpen mit Gipfeln gut über 2.000 m die Grenze zu Österreich. Im Nordwesten der Alpenregion liegt außerdem die Grenze zu Italien (Dreiländereck), die sich im Westen durch die **Berglandschaft** nach Süden zur Küste zieht. Südlich des Hochgebirges läuft das Alpenvorland in die Karstlandschaft aus, die im Südwesten vom Meer bzw. der Halbinsel Istrien begrenzt wird. Im Süden und Südosten bildet der **Karst** die Grenze zu Kroatien, im Osten ist er noch reich bewaldet. Im Osten Sloweniens läuft die Alpenvorlandschaft in die pannonische Ebene aus, die sich in Ungarn fortsetzt.

Slowenien gliedert sich im Wesentlichen in folgende **geografische Landschaften**: Hochalpen, Alpenvorland, mediterrane Küste, dinarischer Karst und pannonische

Tiefebene. Verwaltungstechnisch ist das Land in 192 Bezirke oder Gemeinden unterteilt (*občine*), einfacher ist aber die Einteilung in **acht Regionen** oder Provinzen (*regije*), die teilweise historischen Bezeichnungen entsprechen: Gorenjska (Oberkrain), Primorska (Küstenland), Notranjska (Innerkrain), Dolenjska (Unterkrain), Bela Krajina (Weiße Mark), Štajerska (Steiermark), Koroška (das slowenische Kärnten) und Prekmurje (Übermurgebiet).

Die Hauptstadt Ljubljana ist eine eigene Region. Diese Provinzen stimmen nicht mit den geologisch/geografischen Gegebenheiten überein, was für Touristen oft verwirrend ist. So umfasst beispielsweise die Provinz Primorska die Alpen, das Alpenvorland, den Karst und die Küste. Oder andersherum: Die Julischen Alpen liegen zum Teil in der Region Gorenjska und zum Teil in der Primorska. Eine „griffige" Einteilung Sloweniens, die sowohl Geografie als auch Verwaltung gerecht würde, gibt es nicht.

Die Alpen

Zu den Alpenregionen Sloweniens gehören die **Julischen Alpen** (Julijske Alpe), die **Kamniker Alpen** (Kamniško-Savinjske Alpe) und die **Karawanken** (Karavanke), die aber genau auf der Grenze zu Österreich liegen.

Außerdem gehört das **Pohorje-Gebirge** (Bacher-Gebirge) in Mittelslowenien auch noch zu den Alpen, das aber mit Höhen von 1.200–1.300 m keine wirkliche Hochgebirgslandschaft mehr ist. Als erdgeschichtlich junges Gebirge bildeten die Alpen ihre Form erst im Quartär aus. Die Täler, Pässe und Seen entstanden durch Gletscherströme erst während und gegen Ende der letzten Eiszeit, also vor etwa 20.000 bis 30.000 Jahren. Der Bleder See ist beispielsweise mit dem Rückgang der Gletscher entstanden und ist erst etwa 12.000 Jahre alt.

Die **Julischen Alpen** sind ein Kalkstein- und Dolomit-Gebirge im Nordwesten Sloweniens. Hier liegt der mit 2.864 m höchste Gipfel Sloweniens, der Triglav, weitere Spitzenreiter sind der Škrlatica (2.740 m) und der Mangrt (2.679 m). Das Gebirge ist im Norden sehr schroff und fällt im Süden etwas sanfter in eine Voralpen-

In den Julischen Alpen

Gletscherseen

landschaft ab. In den Bergen liegen mehrere Plateaus in einer Höhe von mehr als 1.000 m. Zwei größere Flüsse entspringen in den „Juliern", die Soča im Westen, die nach Süden ins Meer fließt, und die Sava Bohinjka im Osten, die zwei spektakuläre Gebirgsseen bildet. Das Gebiet um diese Seen, Bohinjsko jezero (See von Bohinj) und Blejsko jezero (Bleder See), ist ein beliebtes Touristengebiet.

Die **Kamniker Alpen** erreichen nicht ganz die Höhe der Julier, ihre höchsten Gipfel sind Grintavec (2.558 m) und Skuta (2.533 m). Das Kalkstein-Gebirge liegt östlich der Julischen Alpen und südlich der Karawanken-Kette, seine Täler sind tief eingeschnitten und wirken sehr eng und unwirtlich. Die Gletscher haben nur wenige Kessel oder Hochflächen in die Berge geschnitten. Die Kamniker Alpen sind insgesamt unzugänglicher als die Julischen Alpen und haben nicht so „liebliche" Almen, daher sind sie auch touristisch nicht so gut erschlossen.

Eine Ausnahme bildet das beliebte **Logar-Tal** (Logarska dolina), eine Hochebene mitten in den Kamniker Alpen. In dem Gebirge entspringt die Savinja, ein Sava-Zufluss, die sich durch ein enges Tal bis in die offenere Landschaft bei Velenje und Celje windet. (Die Kamniker Alpen heißen auf deutsch korrekt **Steiner** oder **Sanntaler Alpen**, was aber leicht zu Verwirrungen mit dem slowenischen Namen Kamniško-Savinjske Alpe führt. Die Übersetzung als „Kamniker Alpen" ist zwar nicht ganz korrekt, setzt sich aber langsam durch.)

Stille Alpentäler

Die **Karawanken** liegen direkt auf der Grenze zu Österreich, wo auch die höchsten Gipfel dieses Gebirgszugs mit knapp über 2.000 m zu finden sind. Die Berge sind teilweise bis zum Gipfel mit **dichten Nadelwäldern** bewachsen und auf der slowenischen Seite nur dünn besiedelt. Die Abstände zwischen den Almhütten sind bis heute groß, eine Ausnahme bildet vielleicht die Umgebung des Touristenzentrums Kranjska Gora. Seit der Eröffnung des Straßentunnels durch die Karawanken 1991 (7.864 m lang) kann diese natürliche Grenze zwischen Nord und Süd innerhalb kurzer Zeit überwunden werden, aber auch einige Passstraßen führen hindurch.

Alpenvorland und Pannonisches Becken

Das **Alpenvorland** zieht sich halbmondförmig um die Alpen herum und bis tief nach Mittelslowenien hinein. In diesem „Halbmond" liegt das flache Ljubljana-Becken, das sich nördlich und südlich der Hauptstadt erstreckt, etwa bis Bled im N und bis Vhrnika im SW. In der Voralpenlandschaft sind sanfte Hügel zu finden, aber auch schroffe Kalkstein- und Dolomit-Felsen. Im W um die Orte Cerkno und Škofja Loka steigt das Gebirge auf Höhen über 1.000 m.

Östlich der Kamniker Alpen liegt das **Pohorje-Gebirge**, ein Mittelgebirge mit runden Hügeln und eher sanfter Landschaft. Es hat einige Gipfel über 1.000 m, der höchste ist die Velika Kopa mit 1.542 m. Im Pohorje ist das Ski fahren möglich, aber es ist, mit Ausnahme des Gebiets südlich von Maribor, touristisch nur wenig erschlossen.

Im Osten Sloweniens liegt die **pannonische Ebene**. Das Gebiet lässt sich nicht ganz klar abgrenzen, etwa östlich von Celje, Maribor und Novomesto geht die Voralpenlandschaft in sanfte Hügel über, die schließlich in Schotter- und Ton-Ebenen auslaufen. Besonders deutlich ist dieser Übergang im S im Krka-Tal zu beobachten, aber auch im Tal der Mura im NO. Nördlich der Mura, im Prekmurje, ist die Landschaft dann sehr flach.

Der Karst und die Küste

Der **Karst** schließt sich südlich an den Voralpenraum an, gegen den er nicht genau abgegrenzt werden kann, auch manche höher gelegenen Gebirgsregionen sind Karstgebirge. Im W beginnt er nördlich von Nova Gorica und erstreckt sich an die Küste, aber auch weit ins Inland hinein über Postojna nach Novo mesto und zur kroatischen Grenze (in die Regionen Notranjska und Dolenjska). Fast die Hälfte Sloweniens besteht aus Karstgebirge. Es besteht aus Kalkstein, der Hochplateaus bildet, die in mehreren Stufen bis zur Küste abfallen. Schroffe, helle Abbruchkanten machen das charakteristische Landschaftsbild des Karstes aus.

Typische Karstlandschaft (Škocjan)

Die meisten **Karst-Hochebenen** sind bewaldet, besonders dicht in der Dolenjska um den Kočevski rog. An der Küste, in der Primorska, ist der Karst „nackt", was aber nicht bedeutet, dass die Landschaft kahl ist, hier gedeiht eine eher niedrige Busch-Vegetation.
In der Küstengegend sind die Abbruchkanten besonders gut sichtbar, etwa die Steilwand bei dem Dorf Črni kal oder im Vipava-Tal. Der slowenische Karst ist das „Original", alle anderen Karstlandschaften der Welt wurden nach ihm benannt.

Der Karst zieht sich von Nova Gorica nach W über Postojna ins Innere Sloweniens bis nach Novo mesto und zur kroatischen Grenze im S. Teilweise steigen die Plateaus über 1.000 m an, nach Westen werden sie aber zunehmend flacher und gehen in die pannonische Ebene über. Man unterscheidet grob in den höhergelegenen Karst im Westen und tiefer gelegene Karstflächen in der Dolenjska. Im Süden, an der Grenze zu Kroatien, ist der slowenische Karst bereits Teil des **dinarischen Gebirges**, das sich in mehreren Höhenzügen über den Balkan bis nach Griechenland erstreckt. Auch die Umgebung von **Triest** und **Istrien** ist größtenteils Karstgebirge. Ein besonderes Phänomen sind die **Wasserläufe** und **Karstquellen**: Flüsse und Bäche entspringen unterirdisch im Karst, treten an die Oberfläche und verschwinden wieder unter der Erde, um an anderer Stellen unter anderem Namen wieder hervorzutreten. Die Ljubljanica beispielsweise, die durch die Hauptstadt fließt, hat vorher sechs verschiedene Namen.

Unterirdische Flussläufe

Unter dem Karst haben sich ausgedehnte, spektakuläre **Höhlensysteme** entwickelt, von denen viele besichtigt werden können (z.B. die Tropfsteinhöhlen von Postojna oder Škocjan). Ebenso wie die Flüsse versickern ganze Seen im Karst: Südlich von Postojna liegt der **Cerknica-See**, der in den regenreichen Jahreszeiten der größte slowenische See ist, im Sommer aber „austrocknet" bzw. zu einer Sumpflandschaft wird.

Die kurze **Küste** (47 km) wird von niedrigeren Karstplateaus dominiert, die direkt am Meer landschaftlich reizvolle Steilklippen bilden. Sie bestehen aus Kalkstein, in den Flysch, ein marines Sediment aus Sandstein und Schieferton, eingelagert ist. Doch nicht die ganze Küste ist steil, immer wieder gibt es flachere Küstenabschnitte, die allerdings auch felsig sind. Die Küste wird industriell (Hafen in Koper) und **touristisch** intensiv genutzt. Zur mediterran geprägten Küstenlandschaft wird auch das Hinterland der Adriaküste und nördlich bis nach Nova Gorica gezählt (Primorska).

Klima und Reisezeit

Sloweniens Lage zwischen Alpen und Adria lässt auch **mehrere Klima-Zonen** aufeinander treffen und macht es zu einem Übergangsgebiet zwischen Kontinental- und Mittelmeerklima. Unterschieden werden drei Klima-Zonen: alpines Klima in den Alpen, submediterranes Klima an der Küste und eine Übergangszone zwischen beiden im Inneren.

Im Hochgebirge können im Sommer hohe Temperaturen bis 28 Grad erreicht werden, aber es regnet auch im Juli/August häufig (1.600 bis 2.000 mm Jahresniederschlag). Die Winter sind kalt und i.d.R. schneereich. Die Schneegrenze in den Julischen Alpen liegt bei 2.700 m.

Sturmwind

An der Küste und im westlichen Hinterland (Primorska) wird das Klima vom Mittelmeer beeinflusst, aber durch kalte Luft in den Herbst- und Wintermonaten abgeschwächt, so dass kein typisch mediterranes Klima vorherrscht. Dann fegt die **Bora** (*burja*), ein starker, kalter Wind aus dem Landesinneren über die Küste, der schon im September einsetzen und für kühle Abende sorgen kann, wenn tagsüber noch Badewetter herrscht.

Die Bora kann **Sturmstärke** erreichen. Das gilt auch für ganz Istrien, im Winter können die Temperaturen sogar unter Null fallen. Das submediterrane Klima zieht sich aber auch recht weit ins Landesinnere und sorgt selbst in der nördlicher liegenden Gegend von Tolmin für mildes Klima.

Im **Landesinneren** herrscht **kontinentales Klima** vor, die Winter sind kalt und die Sommer heiß, das Frühjahr und der Herbst regenreich. Je weiter man nach NO kommt, desto heißer und trockener wird die Gegend (Jahresniederschlag nur 700 mm), auch der SO ist sehr trocken.

Die Temperaturen im Landesinneren hängen stark von der Höhenlage ab: In den Tälern und Becken des Alpenvorlandes bzw. des Karstes sammelt sich kalte Luft, die die Temperatur nachts sinken lässt und für Nebel sorgt. In den Höhenlagen ist es dagegen entsprechend wärmer.

Reisezeit

Slowenien ist eher ein Reiseziel für den Sommer, ausgenommen natürlich ausgesprochene Winterreisen für Skifahrer. Der Herbst und das Frühjahr sind aber für Städtereisen durchaus geeignet.

Für **Wanderungen** in den Alpen sind die Monate Juni bis Oktober geeignet, am schönsten ist es in den niedriger gelegenen Alpentälern im Mai, wenn alles blüht. Juli und August sind als wetterstabilste Monate zum Wandern am ehesten zu empfehlen.

Ferienstimmung an der Adria

Baden ist sowohl in Slowenien als auch in Kroatien ab Juni und bis Mitte/Ende September möglich, die Wassertemperatur beträgt in Piran im Sommer durchschnittlich 23 Grad. Das moderate Kontinental-Klima macht **Städte-Besichtigungen** im W Sloweni-ens auch in den heißen Sommermonaten Juli/August angenehm. Im NO, in Maribor oder Ptuj, kann es allerdings recht heiß werden. In Istrien steigt das Thermometer im Juli/August häufig über 30 Grad: Wer eine reine Besichtigungstour der Städte plant, sollte lieber im April oder Mai fahren und einige Regentage sowie kühle Abende in Kauf nehmen.

Gleiches sollte man auch bei sportlichen Unternehmungen wie Fahrradtouren oder Wanderungen durch das istrische Hinterland bedenken: Es wird im Sommer sehr heiß, im Frühjahr und Herbst kann die Bora abends für unangenehme Kühle sorgen.

Flora und Fauna

Die verschiedenen Klima-Zonen Sloweniens haben eine **reichhaltige Vegetation** hervorgebracht, die den Vergleich mit größeren Ländern nicht zu scheuen braucht: In Slowenien sind fast **3.000 Pflanzenarten** heimisch, mehr als 60 davon wurden hier erstmals beschrieben oder kommen nirgendwo anders vor.

Zauberhafte Alpenwiesen

Vor allem in den Alpen wachsen viele endemische Pflanzen, die im Triglav-Nationalpark ein gutes Schutzgebiet finden. Darunter sind die rosa Krainer Primel (*Primula carniolica*), der Julische Alpenmohn (*Papaver julicum*) und der Gelbe Enzian (*Gentiana lutea*) erwähnenswert. Auch die lila Zois-Glockenblume (*Campanula zoysii*) und das gelbe Zois-Veilchen (*Viola zoysii*), beide gefunden von und benannt nach dem Baron *Karel Zois*, sind zu den typischen einheimischen Pflanzen zu rechnen, kommen allerdings auch in den Grenzregionen zu Österreich und Italien vor.

Enzian im Arboretum Alpinum Juliana

Im Frühjahr sind die hochgelegenen **Alpenwiesen** voll von bunten Blumen, unter denen das Kohlröschen (*Nigritella*) und das Läusekraut (*Pedicularis*) sowie der stengellose Enzian (*Gentiana clusii*) mit am häufigsten vorkommen. Im Hochgebirge ist außerdem die Triglavrose (*Potentilla nitida*) mit einer fünfblättrigen, rosa Blüte zwischen Felsspalten zu finden. Leicht auszumachen ist außerdem der Himmelsherold (*Eritrichium nanum*), eine charakteristische blaue Alpenblume, der ebenfalls in hohen Lagen an offenen Stellen wächst. Einige Pflanzen, wie der Alpen-Mohn (*Papaver julicum*), das Alpen-Leinkraut (*Linaria alpina*) und die Dolomit-Nelke (*Dianthus sternbergii*) haben sich an beweglichen Untergrund angepasst. Sie wachsen auf den Geröllhalden im Hochgebirge, die langsam zum Tal hin abrutschen.

Dichte Wälder

Fast ganz Slowenien war einst mit dichten Wäldern bedeckt, die teilweise bereits in antiker Zeit und dann von den Venezianern, die Holz für ihre Schiffe brauchten (Küste), abgeholzt wurden.

Einen Eindruck von der einstigen **Walddichte** bekommt man heute bei einer Fahrt durch die Dolenjska, wo die reichen Eichen- und Weißbuchenbestände noch intakt sind. Der Kočevski rog im Südwesten Sloweniens ist heute das größte zusammenhängende Waldgebiet Europas.

Viele der landwirtschaftlichen Nutzflächen wurden im Zuge der Industrialisierung und der damit einhergehenden Landflucht aufgegeben und wachsen wieder zu. Inzwischen sind mehr als **50 Prozent des Landes mit Wald bedeckt**, was aber nicht bedeutet, dass Slowenien wieder „verwildert" oder nicht mit Umweltproblemen zu kämpfen hätte. An anderen Stellen wird durchaus auch kräftig abgeholzt. In den Alpengebieten herrschen Buchen- und Tannenwälder vor. In den höheren Lagen, bis zu einer Höhe von 1.600 m, wachsen Fichten, in den subalpinen Gebieten darüber Lärchen und Legföhren.

große Waldgebiete

An der **Küste** ist die Vegetation mediterran geprägt, es wachsen Zypressen, Pinien, Olivenbäume, Oleander und auch Palmen. Allerdings verhindern der Bora und das dadurch nur submediterrane Klima, dass sich eine typisch mediterrane Flora mit immergrünen Pflanzen entwickeln kann. Eine Besonderheit sind die Salinen von Sečovlje in der Bucht von Piran, in denen reiche Vorkommen von Salzpflanzen (*Halophyten*) verbreitet sind. Typische Halophyten sind der Queller (*Salicornia herbacea*), die Schmalblättrige Sandnelke (*Limonium angustifolium*) und der Meeresfenchel (*Crithmum maritimum*).

Fauna

In reicher Vegetation finden natürlich auch Tiere, die anderswo in Europa längst nicht mehr in freier Wildbahn vorkommen, ihren Platz. Vor allem die dichten geschlossenen Wälder im Südwesten sind wichtiger Lebensraum für **Braunbären**, **Wölfe** und **Luchse**. Außerdem leben auch Rehe und in den Alpen Steinböcke in freier Natur.

Ausgestopfter Bär im Trenta-Museum

Die Bärenpopulation muss i.d.R. durch Abschüsse stabilisiert werden, die Abschussquote liegt bei etwa 100 Tieren pro Jahr. Angaben über die Anzahl der Tiere, die hauptsächlich im Südwesten in den Waldgebieten um den Kočevski rog leben, schwanken: Einwohner und Jäger sprechen von 700 bis 900 Bären, Tierschützer von etwa 400 bis maximal 600 Stück. Tatsächlich kommt es immer wieder vor, dass Bären Schafe reißen. Die Bewohner fühlen sich bedroht und fordern höhere Abschussquoten, wogegen wiederum die Tierschützer protestieren.

Auch im Triglav-Nationalpark sollen noch Bären, Wölfe und Luchse leben, die offenbar immer wieder aus den südlichen Gebieten nach Norden wandern. Eines dieser Tiere auf einer Wanderung oder einem Spaziergang zu sehen kommt allerdings einem Sechser im Lotto gleich!

Vielfältige Tierwelt

Auch in der Tierwelt gibt es einige Besonderheiten: In der Soča kommt eine besondere **Forellen-Art** vor: Die **Marmorata** (*Salmo truttus marmoratus*), eine gefleckte, „marmorierte" Forelle, die bis zu 1 m lang werden kann. Leider sind die Bestände im Ersten Weltkrieg extrem dezimiert worden, nachdem Soldaten entlang der Isonzo-Front die Fische mit Granaten gejagt und beinahe ausgerottet haben. In der Soča wurden später Bachforellen angesiedelt. Inzwischen versucht man, die Marmorata zu züchten und wieder in der Soča anzusiedeln, allerdings mischen sich die ausgesetzten Tiere mit den Bachforellen.

Berühmt ist der blinde **Grottenolm** (*Proteus anguinus*), der in den unterirdischen Karst-Gewässern lebt. Der Olm ist eine Amphibie mit einem Flossen-artigen Schwanz, Kiemen und Lungen. Unter der Bauernbevölkerung war der Glaube verbreitet, die Olme seien die Kinder von Drachen, die in den Höhlen lebten. Auf Grund seiner nackten hellen Haut wurden die Grottenolme auch „Menschenfische" genannt (siehe Infokasten Seite 303).

Des Weiteren sind in Slowenien viele Vogelarten verbreitet. Die geografische Lage macht es zu einem wichtigen Gebiet für **Zugvögel**, die vom Norden auf den Balkan oder auf die Apennin-Halbinsel ziehen. Darunter sind Wildenten und Wildgänse, Regenpfeifer, Schnepfen und Seeschwalben. Die Salinen von Sečovlje bei Piran sind ein wichtiger Rastplatz für Zugvögel. Schließlich gibt es im Osten Sloweniens, in der pannonischen Ebene, **Störche**.

Umweltprobleme

Intakte Wälder

In Slowenien hat der Naturschutz eine lange Tradition, in Jugoslawien war das Umweltbewusstsein von offizieller Seite aber leider nur sehr mangelhaft ausgeprägt (wie in anderen ehemals sozialistischen Ländern auch). Es galt als wichtiger, die industrielle Entwicklung voranzutreiben als Landschaften zu schützen. Slowenien ist trotzdem erstaunlich intakt geblieben, es gibt keine wirklich großflächige Umweltzerstörung von Wäldern und Böden. Eine Ausnahme ist die relativ stark betroffene Industrieregion um Ravne na Koroškem (Koroška), traditionell ein Zentrum der Eisenverhüttung, wo Waldschäden entstanden sind.

Anders sieht es mit den Gewässern aus: Durch Abwässer und Chemikalien sind die **Binnen-Gewässer stark belastet**. Aber es hat sich Dank neuer Gesetze und v.a. durch Modernisierung der Industrieanlagen und den Einbau von Filteranlagen auch schon viel gebessert. Die Drava, einst durch Industriebetriebe bei Maribor einer der am stärksten verschmutzten Flüsse, ist wieder in recht gutem Zustand.

Handlungsbedarf besteht dagegen immer noch bei der Sava und an der Küste. Die Industriehäfen in Koper und Triest verschmutzen die gesamte Küstenregion Sloweniens.

Auch im Süden, in der Bucht von Piran, hat das Wasser nur mäßige Qualität (allerdings zum Baden geeignet). Die **alpinen Gewässer** sind dagegen außerordentlich klar und sauber.
Der **Luftverschmutzung** versucht man durch Modernisierung der Kohlekraftwerke beizukommen, besonders in der Küstenregion hat Saurer Regen bereits die Baumbestände angegriffen.

Klare Alpenseen

Ein langfristiges Problem sind auch viele **wilde Mülldeponien**, die das Trinkwasser belasten. Im Karst mit seinen vielen Höhlen ist viel Müll entsorgt worden und die Flüsse waschen nun Gifte und Chemikalien aus, die die Gewässer verschmutzen. Die slowenische Regierung ist diese Probleme in den letzten Jahren aber v.a. mit Bereitstellung finanzieller Mittel und schärferen Umweltgesetzen angegangen. Es wird aber auch kritisiert, dass viele gesetzlich beschlossene Maßnahmen nicht oder nur schleppend umgesetzt werden.

In der Bevölkerung ist das Umweltbewusstsein ganz gut ausgeprägt, und man versucht, die **steigende Abfallproduktion** in Privathaushalten durch Mülltrennung zu bewältigen. Der Stolz der Slowenen auf ihre Naturschönheiten bringt natürlich auch das Bewusstsein mit sich, dass diese geschützt werden müssen. Insgesamt ist man optimistisch, viele der Probleme in absehbarer Zeit in den Griff zu bekommen.

Naturschutzgebiete

Die slowenischen **Naturschutzgebiete** sind als National-, Regional- und Landschaftsparks geschützt. Außerdem gibt es eine große Anzahl von Naturdenkmälern, beispielsweise Quellen, Wasserfälle und viele der Karsthöhlen. Insgesamt steht etwa 8 Prozent des slowenischen Staatsgebietes unter Naturschutz, wovon fast die Hälfte (84.805 Hektar) auf den bisher einzigen Nationalpark, den Triglav-Nationalpark (TNP), entfallen.

Besonders geschützte Gebiete sind außerdem der Kozjanske-Regionalpark, die Kamniker Alpen mit dem Logar-Tal, Teile des Pohorje-Gebirge, der Karstlandschaft und des Kočevski rog. Es wird diskutiert, weitere Regional- und eventuell sogar Nationalparks einzurichten, die jeweilige Einstufung ist entscheidend für die wirtschaftliche Nutzung, die in den betroffenen Regionen zugelassen wird.

Besonders stolz ist Slowenien auf die Höhle Škocjanske jama im Karst, der 1986 der Titel eines **Unesco-Weltnaturerbes** verliehen wurde. Durch die beeindruckende Höhle zieht sich der größte Unterwasser-Canyon Europas.

Die slowenische Küste ist leider stark verschmutzt, aber in bzw. vor Piran ist das **Naturreservat Kap Madona** als Meeresschutzgebiet erwähnenswert. Auch die Halbinsel Strunjan ist ein Naturschutzgebiet. Die Schifffahrt ist hier stark eingeschränkt worden oder ganz verboten, man bemüht sich, die Wasserqualität zu verbessern und der Meeresfauna eine Chance zur Erholung zu geben. In **Kroatien** stehen die Brijuni-Inseln als Nationalpark unter besonderem Schutz.

Gesellschaftlicher Überblick

Verwaltung und Politik

„Heute dürfen wir träumen, morgen ist ein anderer Tag", sagte der erste slowenische Präsident *Milan Kučan* während der Unabhängigkeitsfeier auf dem Kongresni trg in Ljubljana. Da lagen der Krieg und alle Unsicherheiten der Ablösung von Jugoslawien noch vor Slowenien. Inzwischen ist der Traum von einem eigenen und **unabhängigen Staat** wahr geworden, Slowenien ist ein weltoffenes und international anerkanntes Land mit einer liberalen Verfassung.

Verfassung

Wesentliche Elemente eines demokratischen Staates, etwa das **Mehrparteiensystem** und sehr ausführlich die **Grund-** und **Menschenrechte**, aber auch das Bekenntnis zur **freien Marktwirtschaft**, wurden bereits vor der Unabhängigkeit in der Verfassungsrevision von 1987 festgeschrieben und in der Verfassung des unabhängigen Staates im Dezember 1991 bestätigt.
Einige wesentliche Änderungen gegenüber der jugoslawischen Verfassung sind die Aufhebung der Todesstrafe und das Recht auf Wehrdienstverweigerung (was aber bislang kaum eine Rolle spielt, da selten jemand den Wehrdienst verweigert). Sehr umstritten im katholischen Slowenien war der „Abtreibungsparagraf", der aber beibehalten wurde.

Auch nach freien Wahlen hat sich in der Politik eine erstaunliche **personelle Kontinuität** erwiesen: Die politischen Vertreter des ehemaligen jugoslawischen Staates, also Mitglieder der Kommunistischen Partei und sogar des jugoslawischen Staatspräsidiums, sind bis heute gewählte Volksvertreter. Dafür gibt es viel Kritik in den Medien und von den Intellektuellen, v.a. wenn wieder einmal Korruptionsskandale aufgedeckt werden, von denen es bereits einige gab.
Viele ältere Slowenen sind aber auch der Meinung, dass die Kommunisten beim Übergang zur Demokratie gute Arbeit geleistet haben und daher am besten für die weitere Führung des Landes geeignet seien. Schließlich hätten sie auch am meisten politische Erfahrung...

Universität in Ljubljana: Vom Balkon aus wurde die Unabhängigkeit verkündet

Slowenien ist heute eine **parlamentarische Republik**: Dem gesetzgebenden Parlament bzw. der Staatsversammlung (*državni zbor*) gehören 90 Abgeordnete an, die für vier Jahre gewählt werden. Zwei der Abgeordneten werden von den Minderheiten der Italiener und Ungarn gestellt. Im Staatsrat (*državni svet*) sind verschiedene soziale, wirtschaftliche oder regionale Interessengruppen vertreten, die beratende Funktion ausüben. Der Staatsrat hat 40 Mitglieder (22 direkt gewählte), die alle fünf Jahre neu gewählt werden.

Parlament und Regierung

Staatsoberhaupt und höchster Repräsentant des Landes ist der Präsident, dessen politische Macht beschränkt ist (repräsentative Pflichten), er ist aber der Oberbefehlshaber der Streitkräfte. Der Präsident wird für fünf Jahre gewählt, darf aber höchstens zweimal nacheinander das Amt innehaben. Erster Präsident Sloweniens war *Milan Kučan*, seit Dezember 2002 hat *Janez Drnovšek*, langjähriger Ministerpräsident, dieses Amt inne.

Regierungschef ist der Ministerpräsident, der einem Kabinett aus 15 Ministern vorsitzt, das die Exekutivgewalt innehat. Der Oberste Gerichtshof entscheidet unabhängig vom Präsidenten. Über die Einhaltung der Verfassung wacht der Verfassungsgerichtshof.

Verfassungsänderungen sind auf Vorschlag der Regierung, von mindestens 20 Parlamentsabgeordneten oder 30.000 Wählern möglich. Außerdem ist eine Zweidrittelmehrheit im Parlament nötig, um Änderungen durchzubringen. Ein Volksentscheid über eine Änderung muss durchgeführt werden, wenn mindestens 30 Abgeordnete das verlangen. Um die Bedingungen für die EU-Aufnahme zu erfüllen hat es bereits mehrere Verfassungsänderungen gegeben.

Politische Parteien

In den Jahren vor der Unabhängigkeit entwickelte sich in Slowenien eine Vielzahl von Parteien, die längst nicht mehr alle existieren. Die **Parteienlandschaft** ist aber immer noch **stark zersplittert** (200 Mitglieder reichen aus, um eine Partei zu gründen). Dadurch gibt es kaum klare Mehrheiten: Jede Regierung ist eine mal mehr oder mal weniger mühsam geschmiedete Koalition, die schnell kippen könnte, wenn eine der Parteien sich zurückzieht. Trotzdem sind die Regierungen einigermaßen stabil: Der jetzige Präsident *Janez Drnovšek* war seit 1992 Ministerpräsident von insgesamt vier Regierungen. Insgesamt ist die Politik in Slowenien stark personenbezogen, es gab diverse Wechsel sowohl von Politikern als auch von ganzen Parteien, die sich anderen Gruppierungen anschlossen.

Personenbezogene Politik

Inzwischen haben sich als **größte Parteien** die Liberale Demokratie Sloweniens (LDS), die Sozialdemokratische Partei Sloweniens (SDS), die Vereinigte Liste der Sozialdemokraten Sloweniens (ZLSD) und die Slowenische Volkspartei (SLS/SKD) herausgebildet. Einige Bedeutung hat auch die Demokratische Rentnerpartei (DESUS) gewonnen: Anfangs nicht ganz ernst genommen, ist sie inzwischen an der zweiten Regierungskoalition beteiligt. Außerdem gibt es regionale Vertretungen.

Seit Dezember 2002 regiert eine Koalition aus der liberalen LDS, den Reformkommunisten der ZLSD, der Mitte-rechts orientierten SLS und den „Rentnern" der DESUS. **Ministerpräsident** ist der ehemalige Finanzminister *Anton Rop* und neuer **Präsident** *Janez Drnovšek*. Hauptanliegen auch dieser Regierung ist es, Slowenien in die EU zu führen.

Die slowenische Gesellschaft

Minderheiten

Slowenien hat knapp 2 Mio. Einwohner, die **Geburtenrate** ist niedrig und die Bevölkerungszahl steigt kaum oder ist sogar leicht rückläufig. Statistisch gesehen leben in Slowenien 97 Menschen auf einem Quadratkilometer Land. Etwa 1,7 Mio. slowenische Staatsbürger sind ethnische Slowenen, der Rest gehört **verschiedenen Minderheiten** an. Schätzungen zufolge leben ca. 500.000 Slowenen im Ausland: Die slowenischen Minderheiten in Österreich, Italien und Ungarn und weltweit noch einmal um die 350.000 Auswanderer (in Ex-Jugoslawien, in Deutschland, Amerika etc.).

Bäuerin im Trenta-Tal

Stadt- und Landbevölkerung

Etwa 30 Prozent der slowenischen Bevölkerung leben in **Städten und Kleinstädten** mit mehr als 10.000 Einwohnern, der Rest in kleineren Ortschaften. Große Teile des Landes, wie die alpinen Hochgebirge und die Waldgebiete im Süden, sind wenig oder gar nicht besiedelt. Seit den 1960er Jahren haben viele Einwohner ländliche Regionen verlassen und sind in die Städte gezogen. Im ganzen Land finden sich zwar immer wieder verlassene Bauernhöfe, aber insgesamt ist Slowenien viel zu klein, als dass größere ausgestorbene Landstriche entstehen könnten. Unbestrittenes urbanes – und natürlich politisches und kulturelles – **Zentrum** ist Ljubljana und seine dicht besiedelte Umgebung (Kranj, Škofja Loka), weitere Zentren sind Maribor, Celje, Nova Gorica, Novo mesto und Koper.

Die **slowenische Gesellschaft** hat heute eine breite Mittelschicht, die nicht unbedingt in urbanen Zentren lebt. Viele Slowenen arbeiten in der Stadt, leben aber in ländlicher Umgebung, teils aus Liebe zum Land, teils, weil die Familie dort

Landbesitz hat. Das gilt auch für jüngere, hoch qualifizierte Leute. Wer es sich leisten kann, hat ein Wochenend-Häuschen an einem der Bergseen oder an der Adria. Die relativ kurzen Entfernungen sowie die gute Infrastruktur bilden ideale Bedingungen für Pendler.

Arbeitslosigkeit

Die Umstellung auf die freie Marktwirtschaft hat ihre Opfer gefordert, viele Slowenen sind nach dem Zerfall Jugoslawiens arbeitslos geworden. Das ist ohne Zweifel ein Problem, insgesamt funktioniert das **Sozialsystem** aber.

Bisher hat sich keine organisierte Kriminalität im großen Stil entwickelt (anders als in anderen ehemals sozialistischen Staaten).
Einzig in Ljubljana und Maribor soll es organisiertes Verbrechen geben („Mafiabor"), das aber Touristen nicht betrifft (lediglich ein Grund mehr, in den Städten keine Wertsachen im Auto liegen zu lassen...).

Fromm und fleißig?

Religiosität nimmt ab

Slowenien ist ein mehrheitlich **katholisches** Land, etwa 87 Prozent gehören dieser Konfession an. In der Statistik tauchen außerdem 1 Prozent Protestanten, die hauptsächlich in der Prekmurje leben, und 1 Prozent Muslime auf. Traditionell war die Bauernbevölkerung sehr religiös, wovon die vielen Wallfahrtskirchen und Kapellen zeugen. Die Kirchen sind heute voller als bei uns in der Bundesrepublik Deutschland, aber auch in Slowenien leben eher ältere Menschen ihre Religion. Für viele jüngere Leute hat die Kirche kaum noch eine Bedeutung.

Das religiöse Bekenntnis ist aber auch eine bewusste Abgrenzung zum Kommunismus. Hier spielt der Stadt-Land-Unterschied allerdings schon eine Rolle: Auf dem Land werden kirchliche Feiertage intensiver gefeiert als in der Stadt und ein starkes Bewusstsein für viele ursprünglich kirchliche Feste ist vorhanden.

Marienverehrung ist eher auf dem Land verbreitet

Das **Bildungsniveau** in Slowenien ist außerordentlich hoch. Auf eine gute Ausbildung wird viel Wert gelegt, die staatlichen Fördermaßnahmen für Studenten und auch Schüler sind gut.

Die meisten Slowenen sprechen mindestens eine **Fremdsprache**, bei den Älteren sind das Deutsch, Serbokroatisch und/oder Russisch, jüngere Leute sprechen Englisch. In den Grenzgebieten an der Küste kann man hören, wie Leute scheinbar mühelos zwischen Slowenisch, Italienisch, Deutsch und sogar Englisch hin und her wechseln.

Die meisten Slowenen sind begeisterte **Sportler**. Bergsport wird groß geschrieben, auch Rad fahren und Schwimmen sind beliebt, wofür die Natur beste Voraussetzungen bietet. Es gibt viele Sportvereine, darunter auch viele Segelflieger-clubs.

Das kleine Land hat eine beachtliche Liste von erfolgreichen **Spitzensportlern und Olympia-Siegern** hervorgebracht, v.a. bei alpinen Skirennen und im Skisprung.
Eine Legende ist der Turner *Leon Štukelj* (1898-1999), der in den 1920er Jahren zwei olympische Goldmedaillen und unzählige andere Wettbewerbe gewann. *Štukelj* war lange Zeit der älteste lebende Olympionike der Welt und Slowenien beging seinen 100. Geburtstag fast wie einen Nationalfeiertag.

Wein und Gesang

Das Image der „Preußen Jugoslawiens" passt gar nicht zur ausgiebigen **Feier- und Genussfreude** in Slowenien. Gutes Essen und guter Wein werden hoch geschätzt und gastfreundlich geteilt. Ebenso beliebt sind Tanz und Gesang, übrigens nicht nur im übertragenen Sinne, es wird viel gesungen!

Im krassen Gegensatz dazu stehen eine **tiefe Melancholie**, von manchen sogar als eine Art „Volkskrankheit" wahrgenommen und eine extrem hohe Selbstmordrate. Slowenien steht auf dem 2. Platz weltweit nach Ungarn! Die Zahl der Selbstmorde hat erst im 20. Jh. so stark zugenommen und Soziologen haben bisher keine Erklärung dafür. Kein Wunder, dass *France Prežeren* mit seinen melancholischen Gedichten zum Nationaldichter avancierte!

Stolz auf die Nation

Die Slowenen sind stolz auf ihren eigenen Staat und feiern ihre Nation mit viel Selbstbewusstsein, es wird aber auch bedauert, dass das Land relativ unbekannt ist.

Nationalstolz

Angesichts europäischer Integration und Globalisierung mag dieses **Nationalbewusstsein** manchmal befremdlich sein, letztlich wird man aber Sympathie empfinden. Vielleicht, weil die Slowenen ein so kleines Volk sind und ihr Nationalismus nichts Bedrohliches hat, vielleicht, weil man von slowenischer Gastfreundschaft und Offenheit eingenommen ist: Man kann sich eigentlich nur mit diesem Volk freuen!

Der Nationalismus treibt aber auch recht seltsame Blüten: Die slowenische Geschichtsschreibung z.B. bemüht sich darum, der Nation historische Tiefe zu verleihen, dabei kommt es leicht mal zur „Überinterpretation" der Bedeutung slowenischer Künstler oder historischer Episoden wie des Fürstentums Karantanija.

Trotzdem habe ich slowenischen Nationalismus nicht als laut und aufdringlich kennen gelernt, im Gegenteil, häufig wird er mit Sätzen wie „wir sind eben nur ein kleines Land und so unbekannt" relativiert. Man kann hier schlecht verallgemeinern, aber gerade junge Leute sind durchaus genervt von zu viel Nationalismus (aber genauso von dem Gejammer über das ‚kleine Land') und stehen dem kritisch gegenüber.

Die Kunst-Richtung der „Neuen Slowenischen Kunst" inklusive ihres programmatischen deutschen Titels und der Musikgruppe Laibach mit ihren Bühnenauftritten in faschistischen „Kostümen" sind letztlich Nationalismus-Kritik und nicht zufällig in den 1980er Jahren mit der Reformbewegung entstanden.

Für Besucher aus den ex-jugoslawischen Staaten mag sich der slowenische Nationalismus nicht so harmlos darstellen: Serbokroatisch, die Sprache Jugoslawiens, ist heute bestenfalls unpopulär und Kroaten sollen sich in Slowenien bitte anpassen ... auf die südlichen Nachbarn angesprochen, hört man immer wieder spitze Bemerkungen (was umgekehrt übrigens nicht viel anders ist)!

Stolz auf die Kulturhelden: Denkmal für den Dichter Simon Gregorčič

Sloweniens Orientierung nach Westen geht mit einer Abgrenzung gegenüber dem wirtschaftlich weniger erfolgreichen Kroatien einher und das macht die Slowenen bei ihren Nachbarn nicht beliebter. Die besserverdienenden Slowenen mit ihren dicken Autos und Wochenendhäuschen in Istrien gelten in Kroatien als überheblich.

Diskriminierung von Balkanflüchtlingen

Leider gibt es auch Berichte über **offen gezeigte Ablehnung** (bis hin zu Rassismus) gegenüber etwa bosnischen oder albanischen Flüchtlingen in Slowenien. Betuchte Touristen aus westeuropäischen Ländern sind natürlich gern gesehen, da sie viel Geld da lassen, Touristen aus osteuropäischen Ländern sind schon weniger beliebt.

Es muss sich hier zeigen, ob Slowenien eine wirklich tolerante Gesellschaft aufbauen kann, die auch bereit ist, ihre Randgruppen zu integrieren! Die meisten Slowenen freuen sich, wenn Urlauber ihr Land besuchen und Interesse an ihrer Kultur zeigen. Es ist aber kein Muss! Was die Sprache angeht: Meistens wird mit Verständnis reagiert, wenn Touristen nicht slowenisch sprechen, Slowenien ist eben nur ein kleines Land...

In einem Punkt hört das Verständnis auf: Slowenien kämpft mindestens seit seiner Unabhängigkeit gegen das **schlechte Image eines „Balkan-Staates"** an. Aus Unkenntnis der Verhältnisse, häufig überhaupt der geografischen Lage, wird Slowenien immer noch mit den anderen Staaten des ehemaligen Jugoslawien in einen Topf geworfen oder sogar verwechselt. Bilder von Krieg und Chaos, „balkanischen Verhältnissen", werden mit Slowenien in Zusammenhang gebracht und haben doch so gar nichts mit dem geordneten Land zu tun. Slowenien orientiert sich mehr denn je nach Europa und Slowenen mögen es gar nicht, wenn man sie als „Balkan-Volk" bezeichnet.

Minderheiten in Slowenien

Die Rechte der in Slowenien lebenden **ungarischen** und **italienischen Minderheiten** sind gesetzlich garantiert. Sie sind im Parlament mit je einem Abgeordneten repräsentiert, und in ihren Regionen sind Ungarisch und Italienisch als Amtssprachen anerkannt. Es gibt zweisprachigen Schulunterricht. Die meisten ungarisch-stämmigen Slowenen (ca. 8.500) leben im Prekmurje im äußersten Nord-Osten Sloweniens.

Die Mehrzahl der italienisch-stämmigen Slowenen lebt an der Küste, etwas mehr als 3.000 sind statistisch erfasst. In der Küstenregion sprechen aber noch wesentlich mehr Menschen italienisch, da das Gebiet nach dem Ersten Weltkrieg und bis 1945 zu Italien gehörte. Obwohl hier die slowenische Sprache verboten und Italiener angesiedelt wurden, war Italienisch nicht so unbeliebt wie Deutsch.

INFO Deutsche Sprache in Slowenien

Die deutsche Sprache ist in Slowenien sehr verbreitet, v.a. ältere Slowenen sprechen sehr gut deutsch. Viele haben, über Generationen zurückreichend, deutschsprachige Vorfahren.

Jahrzehntelang war die Sprache jedoch negativ besetzt: Deutsch galt als Sprache der Aristokratie, als Sprache der habsburgischen Feudalherrschaft. Außerdem machte die schlechte Erinnerung an die **deutsche Besatzungszeit** im Zweiten Weltkrieg das Deutsche unpopulär: Die Nazis verschleppten einen Teil der Bevölkerung und führten Deutsch als Amtssprache ein.

Nach dem Krieg war es nicht ungefährlich, deutsch zu sprechen: Jeder, der die Sprache der Besatzer verstand, war ein potenzieller Kollaborateur (obwohl die Bevölkerung zwangsweise deutsch lernen musste). Die Nazis siedelten bereits während des Krieges die deutschsprachige **Minderheit der Gotscheer** um, die seit dem Mittelalter in der Gegend von Kočevje siedelte. Bei Kriegsende flohen viele deutschsprachige Einwohner nach Deutschland bzw. Österreich oder wurden vertrieben.

Es gibt eine **kleine deutschsprachige Minderheit** in Slowenien, ca. 1.500 Einwohner, die aber nicht als nationale Minderheit anerkannt ist und offenbar auch kein ausgeprägtes „deutsches" bzw. „österreichisches" Nationalgefühl mehr hat. Im gesellschaftspolitischen Leben spielen sie so gut wie keine Rolle mehr.

Außerdem leben in Slowenien zwischen 2.300 und 5.000 **Roma** (oder sogar noch mehr, es gibt keine verlässlichen Zahlen), die meisten entlang der Grenze zu Kroatien im Raum Novo mesto und in der Gegend von Murska Sobota an der ungarischen Grenze. Die Roma werden nicht als nationale Minderheit anerkannt. Sie fordern zwar einige kulturelle Fördermaßnahmen, wie beispielsweise Grundschulunterricht in ihrer Sprache, haben aber wenig Chancen, diese Forderungen durchzusetzen.

Roma-Minderheit

Wie in anderen europäischen Ländern auch, leben die Roma in Slowenien am **Rande der Gesellschaft** und die Einstellung der restlichen Bevölkerung ihnen gegenüber ist leider ähnlich ablehnend und diskriminierend.

Etwa 220.000 **Gastarbeiter und Flüchtlinge** aus den ex-jugoslawischen Staaten leben in Slowenien, also mehr als 10 Prozent der Bevölkerung. Viele sind bereits seit Jahrzehnten in Slowenien ansässig, haben aber noch starke Familienbindungen in ihre Heimatregionen. Kurz nach der Unabhängigkeit, im Sommer 1991, konnte jeder, der einen festen Wohnsitz in Slowenien hatte, die Staatsbürgerschaft beantragen, wovon viele Gebrauch machten.

Gastarbeiter aus Serbien und Kroatien

Die rechtliche Stellung von Kroaten, Serben und Albanern, die nicht slowenische Staatsbürger geworden sind, aber nach wie vor in Slowenien leben, ist nicht eindeutig geklärt. Eine Initiative, die Mitte der 1990er Jahre ihre Ausweisung anstrebte, ist vom Verfassungsgericht abgewiesen worden. Ohne verallgemeinern zu wollen: Auch diese Gruppen werden in Slowenien im Alltag häufig diskriminiert, wobei an letzter Stelle der „Hierarchie" die Flüchtlinge aus dem Kosovo stehen.

INFO Slowenische Minderheiten in anderen Ländern

Bei knapp bei 2 Mio. Einwohnern zählt jeder Einzelne und so werden im Ausland ansässige Slowenen in Statistiken immer mitgezählt. Slowenische Minderheiten leben in **Österreich**, **Ungarn und Italien**.

Kleinste dieser Gruppen sind die bis zu 5.000 Slowenen im ländlichen Grenzgebiet zu Ungarn. In Italien (um die 80.000) und Österreich (offiziell 14.000 Slowenen) sind die slowenischen Gemeinden gut organisiert: Es gibt eigene Schulen mit zweisprachigem Unterricht und eine Kulturszene.

Triest war einst das urbane Zentrum der Slowenen an der Küste, wo auch Bürgerschicht und Adel slowenisch sprachen, heute treten die Slowenen dort aber kaum in Erscheinung. In Österreich ist Klagenfurt in Kärnten das slowenische Zentrum, hier sind einige Verlage ansässig.

In Slowenien hat man ein gespaltenes Verhältnis zu den Kärntner-Slowenen: Man unterstützt sie bei ihren Forderungen nach Minderheitenschutz, andererseits wird nicht vergessen, dass sie 1920 gegen Jugoslawien und für den Verbleib in Österreich gestimmt haben. Wäre diese Abstimung damals anders ausgegangen, könnte Slowenien heute um einiges größer sein!

Während der Kriege in Bosnien und im Kosovo hat die slowenische Regierung aber auch schnell und unbürokratisch Flüchtlinge aufgenommen und den illegal in Slowenien lebenden Kosovoalbanern Aufenthaltsrechte gewährt. Inzwischen ist das Gros der Flüchtlinge in ihre Heimat zurückgekehrt.

Typisch Slowenien

Wie in Österreich!

Das kleine unbekannte Land südlich von Österreich, immer noch gern verwechselt mit der Slowakei oder Slawonien (einer Region in Kroatien): Zu Slowenien fällt vielen Europäern nichts „Typisches" ein, es existieren **keine Klischees**, die man mit der **schönen Unbekannten** namens Slowenien verbindet. Und wer von Norden in das Land hineinfährt, etwa durch den Karawankentunnel, der fragt sich, ob und wann er Österreich verlassen hat, so wenig ändern sich Landschaft und Architektur südlich der Alpen. Doch damit wird man dem Land nicht gerecht, schließlich fallen bald hinter der Grenze in der Gorenjska entlang der Straße die großen Heuharfen, *kozolci*, auf: Sie sind ein erstes, untrügliches Zeichen dafür, dass hier Slowenien beginnt.

Jeder, der nicht nur hindurchrast, sondern länger bleibt, zollt der **Vielfalt** Sloweniens Respekt, der Vielfalt eines reichen kulturellen Erbes mit mittelalterlichen Städten und barocker Architektur, atemberaubenden Naturerscheinungen wie den Karsthöhlen und dem mediterranen Küstenland.

Natürlich haben auch die Nachbarländer Einfluss auf Slowenien genommen und sorgen für eine spannende Mischung. Um das „typisch Slowenische" zu finden, muss man vielleicht etwas genauer hinschauen, doch dann kann man die sehr eigenen, liebenswerten und nicht zuletzt die köstlichen kulinarischen Seiten des Landes entdecken.

Bunte Einflugschneisen: Bienenstock-Brettchen

Die Bienenzucht ist in Slowenien sehr beliebt

In Slowenien begegnet man ihnen wieder und wieder – wenn auch heute fast nur noch in Souvenirläden: Kleinen Brettchen mit bunter Bemalung (*panjske končnice*), die über den **Einfluglöchern von Bienenstöcken** angebracht wurden. Die Bienenkorb-Brettchen sind mit Darstellungen aus dem ländlichen Leben, mit religiösen und historischen Szenen bemalt, auch viele Geschichten aus der Volksdichtung wurden abgebildet. Es gibt mehrere volkskundliche Interpretationen für die ursprüngliche Bedeutung der Tafeln, entweder stellten sie eine quasi „religiöse Schutzmaßnahme" für die Bienen dar oder sollten diese mit ihrer bunten Bemalung einfach nur anlocken. Die kleinen Tafeln sind eher im Westen Sloweniens verbreitet, besonders in Gorenjska und Koroška, sie sind ein einmaliges slowenisches Phänomen, das es nirgendwo sonst gibt.

Typisch sind Brettchen mit **naiven historischen Motiven**, von denen Replika in fast allen Souvenirläden des Landes verkauft werden. Es gibt auch moderne Motive und die Malerei wird heute durchaus noch betrieben. Bemalte Bienenstöcke in Benutzung sind aber sehr selten und können ziemlich kitschig ausfallen. Sie sind aber weiterhin das typischste slowenische Souvenir...

Soldatenfiguren als Bienenstöcke

Slowenische Imker kannten auch ganz ungewöhnliche Bienenstöcke, nämlich in Form von teils mannshohen **Figuren**, z.B. französische oder türkische Soldaten, mit dem Einflugloch auf der Brust, sowie Löwen oder Schweinsköpfe. Im Imkerei-Museum in Radovljica und im Nationalmuseum in Ljubljana sind große Sammlungen der Bienen-Brettchen ausgestellt, die hauptsächlich im 18. und 19. Jh., aber auch noch nach dem Zweiten Weltkrieg, hergestellt wurden.

Honig- und Wachsprodukte hat Slowenien zwar nicht für sich allein gepachtet, aber wenig bekannt ist, dass ein slowenischer Wissenschaftler und Imker als der „Vater" der modernen Bienenzucht gilt: *Anton Janša* (1734-1773) betrieb extensive Bienenforschung und empfahl u.a. auch den Einsatz von Bienenwachs in der Medizin.

Verzierte Häuschen für das Heu

Aus dem ländlichen Slowenien sind sie nicht wegzudenken: Die überdachten Gerüste auf den Feldern, über die **Heu zum Trocknen** gebreitet wird. Da die Böden in den Alpen feucht sind, wird das Heu in den Wind gehängt. Die *kozolci* (Singular: *kozolec*) sind mal prächtig doppelreihig aus Holz (*toplarji*) mit Schnitzereien am Giebel verziert und mit gebrannten Dachschindeln gedeckt, mal schnöde schmucklos aus einfachen Betonstreben errichtet. Besonders prächtige Exemplare sieht man in Dolenjska, wo sie zweistöckig gebaut werden, aber auch in der Gegend von Bohinj, z.B. in Studor, wo die **traditionelle Almwirtschaft** hochgehalten wird. Früher galt die Faustregel: Je größer und prächtiger der *kozolec*, desto reicher der Bauer. Auch heute werden reich verzierte *kozolci* gebaut, aber häufig überwiegt der Pragmatismus: Auf den Feldern stehen

Kozolec: Unten trocknet das Heu, oben der Mais

viele Beton-Gerüste in endlosen Reihen. Die großen kozolec sind fast wie eine Scheune, die Bauern parken ganz pragmatisch ihre Autos oder landwirtschaftlichen Maschinen unter dem Dach...

Klopotec – die klappernde „Vogelscheuche"

Windrad zur Weinlese

Auch eine weitere typisch slowenische Erscheinung stammt aus der Landwirtschaft, diesmal aber aus dem Weinbau: *Klopotci* heißen die Windräder, die im Herbst in die Weinberge gestellt werden und durch ihr Klappern die Vögel von den fast reifen Beeren fernhalten sollen. An jedem *klopotec* (von *klapotati* = klappern) sind zwei oder mehr **Holzschlegel** befestigt, die mit jeder Drehung des Rades über einen Holzbalken gezogen werden und dabei geräuschvoll klappern. Idealerweise werden verschiedene Hölzer verwendet, die einen unterschiedlichen „Sound" abgeben, so dass die *klopotci* mehrstimmig klappern. Das Windrad wird erst ab etwa Mitte August, nicht lange vor der Weinernte, auf eine Stange gesteckt, im November wieder eingesammelt und für den Rest des Jahres eingemottet.
Die *klopotci* zeigen heute auch an, dass die **Weingüter** die Bewirtungssaison eröffnet haben und Gäste empfangen. Die „Vogelscheuchen" sind v.a. im Osten verbreitet, in der Region Prlekija um Ljutomer und Jeruzalem, aber auch in anderen Weinbaugebieten um Maribor und Ptuj.

Kurenten-Lauf – Fasching in Ptuj

Slowenien hat eine **spektakuläre Faschingstradition bewahrt** – die allerdings immer mehr zum Touristenspektakel wird: Der Lauf der Kurenten (*kurentovanje*) in Ptuj und in den umliegenden Dörfern am Karnevalssamstag und -sonntag. Zentrale Figur ist der Kurent, der das Vergnügen und die Fruchtbarkeit symbolisiert und den Winter vertreibt, es gibt nicht nur einen, sondern viele Kurenten bzw. viele junge Männer, die dieses Kostüm tragen.

Furcht erregende Masken

Das aufwändige **Kurenten-Kostüm** besteht aus einem Schaffell, einer Furcht erregenden Ledermaske und einem Kopfputz, an den Äste oder Hörner gesteckt werden, die wiederum mit bunten Bändern geschmückt sind. Um den Hals oder am Gürtel trägt der Kurent große Kuhglocken und aus dem Mund der Maske hängt eine lange, rote Zunge bis auf die Brust. Junge Männer in

Kurenten-Maske

Kurenten-Kostümen ziehen in Gruppen durch die Stadt und schwingen ihre Knüppel, um den Winter auszutreiben, während junge Mädchen ihnen ihre Taschentücher zustecken. Traditionell nähten die jungen Männer die Kostüme selbst, auch die Masken, die aber inzwischen in einer Werkstatt hergestellt werden.

heidnischer Brauch

Unbekannt ist, wie alt diese Tradition ist; sie soll mindestens aus **vorchristlicher Zeit** stammen und ein heidnisch-slawischer Brauch sein, vielleicht sogar aus einer noch früheren Zeit stammen. In der Region von Ptuj hat fast jedes Dorf seine ganz eigene Faschingstradition und früher waren auch noch andere Figuren bei dem Lauf dabei. Heute wird der Kurenten-Lauf eher als ein Karnevalsumzug mit dem Hauptfest in Ptuj gefeiert. Aber natürlich finden auch auf den Dörfern noch in kleinerem Rahmen Kurenten-Läufe statt, die ganze Region feiert für etwa 10 Tage. Im Regionalmuseum in Ptuj (auf der Burg) zeigt eine Ausstellung verschiedene Kurenten-Masken.

Slowenische Spezialitäten: Deftige Raffinesse

Die slowenische Küche ist zwar **deftig** und kalorienreich, Fleisch oder Fisch gehören zu einem Hauptgericht dazu, aber sie hat auch einige raffinierte Besonderheiten vorzuweisen. Dazu gehört z.B. der **Schinken** (*pršut*) aus dem Karst, die **Forellen** aus den Alpenseen und -flüssen sowie viele verschiedene Arten von „Štruklji"-Gerichten (Strudeln).

In Slowenien werden exzellente Weine angebaut

Die Gastronomen sind dabei, traditionelle Gerichte wieder zu entdecken und „bäuerliche" Speisen, wie Buchweizensterz, die lange aus der Spitzen-Gastronomie verbannt waren, zu verfeinern. Dabei kommen reizvolle Mischungen mit z.B. einer „bäuerlichen Basis" und von moderner Küche inspirierten, raffinierten Saucen heraus. In Landgasthöfen bekommt man weiterhin ganz deftige, nach Großmutters Rezept zubereitete Gerichte.

Anleihen werden in allen Nachbarländern gemacht und so bereichern **Einflüsse** aus Österreich (Wiener Schnitzel), aus Ungarn (Gulasch), Italien (Nudelgerichte) und den südlichen Nachbarländern die Kochtöpfe in Slowenien.

Glücklicherweise haben sich Fast-food-Restaurants bisher nicht auf breiter Basis durchsetzen können, es gibt nur wenige McDonald's-Filialen in Slowenien. Eher sind **Pizzerien** verbreitet, und zwar sehr gute, Italien ist schließlich nicht weit. Für einen schnellen Imbiss gibt es zumindest in den Städten überall *burek*, mit Fleisch oder Käse gefüllte Teigtaschen, die man entweder im Straßenverkauf oder in Bäckereien bekommt. Auf vielen Speisekarten v.a. in den Touristenzentren, stehen die als „typisch jugoslawisch" bekannten Gerichte ževapčiči (Fleischröllchen), Rašniči (Fleischspieße) und Pljeskavica, der „jugoslawische Hamburger". Alle diese Speisen stammen aber aus Südjugoslawien und nicht aus der traditionell slowenischen Küche.

Vegetarier

Slowenien ist nicht gerade ein Paradies für Vegetarier, aber die meisten Restaurants bieten mindestens ein oder zwei vegetarische Gerichte an. Sehr verbreitet ist ein panierter und frittierter Käse sowie Omelettes. Vegetarier müssen auch auf traditionelle Gerichte nicht verzichten, *štruklji* beispielsweise und manchmal *žlikrofi* (eine Art Maultaschen oder Ravioli) gibt es mit vegetarischen Füllungen.

Istrien ist Trüffel-Gegend (*tartufi*), die klassische Region für die kostbaren Pilze liegt hinter der Grenze in Kroatien um Buzet, aber auch im slowenischen Teil sind leckere Trüffel-Gerichte verbreitet, besonders Pasta mit Trüffel-Saucen.

leckerer Honig

Eine besondere Erwähnung verdient auch der **Honig**, der in Slowenien meistens von ausgesuchter Qualität ist. Viele Bauern, die eigene Bienenstöcke haben, verkaufen ihre Produkte auch und hängen einfach ein Schild an die Straße: Honig heißt *med* und es lohnt sich, anzuhalten und ein Glas mitzunehmen. Achtung: Nicht jedes Gasthaus auf dem Land bietet automatisch tatsächlich traditionelle slowenische Gerichte an, die guten Gasthöfe haben einen weithin bekannten Ruf und die Gäste nehmen lange Anfahrten in Kauf.

Ebenfalls in ständiger Verbesserung, wenn auch bei uns weitgehend unbekannt, sind die **slowenischen Weine**, die in drei großen Weinbauregionen angebaut werden. Am bekanntesten sind der rote Cviček aus der Dolenjska und der weiße Malvazija von der Küste, doch auch andere Tropfen wie Teran und Refošk sollte man sich nicht entgehen lassen.

Kleines kulinarisches Glossar

jedilni list	**Speisekarte**
Predjed	**Vorspeise**
(gobova) juha	(Pilz-) Suppe
dnevna juha	Tagessuppe
(kraški) pršut	(Karst-) Schinken
polži	Schnecken
žlikrofi	Nudeltaschen
solata	Salat
kruh	Brot

Suppen und Eintöpfe

Die slowenische Küche kennt eine Vielzahl von verschiedenen **Suppen** (*juhe*) und **Eintöpfen** mit Gemüse (*enolončnice*), natürlich in regional unterschiedlichen Varianten. Typisch sind klare Brühen mit einer Fleisch- und/oder Nudeleinlage und *jota*, ein Eintopf aus Kraut und dicken weißen Bohnen und Kartoffeln, der mit einer Einlage aus Speck oder Wurst serviert wird. Die *jota* ist in Primorska sehr verbreitet, man bekommt sie auch als zünftige Mahlzeit in den meisten Berghütten. Die klaren Suppen sind als *kokošja* mit Huhn oder als Rindfleischsuppe mit Nudeln (*goveja juha z rezanci*) beliebte Vorspeisen. Sehr verbreitet sind außerdem Kartoffelsuppe (*krompirjeva juha*), Bohnensuppe (*fižolova juha*) und in Istrien die *mineštra* (Gemüseeintopf oder Minestrone).

Sehr beliebt und reichhaltig ist der **Graupen-Eintopf** (*ješprenj*) mit Rauchfleisch, aus der Region um Idrija kommt die *smukavc*, eine Kohl-Kartoffelsuppe. Regionale Spezialitäten sind außerdem die Saure Suppe aus dem Pohorje-Gebirge und *bograč*, ein Gulasch-Eintopf mit verschiedenen Fleischsorten, Kartoffeln und sehr viel Zwiebeln aus Prekmurje. Wer im Herbst in Slowenien unterwegs ist, sollte die verschiedenen Pilzsuppen versuchen, besonders die Steinpilzsuppe (*gobova juha*).

Pilze

Kraški pršut – guter Schinken braucht Zeit

Der luftgetrocknete **Karst-Schinken** (*kraški pršut*) ist eine besondere slowenische Spezialität. Wie der Name sagt wird der Schinken im Karst-Gebiet und in Istrien hergestellt, denn der originale *kraški pršut* muss für mehrere Monate im scharfen Bora-Wind trocknen. Er wird frisch aus dem Stück geschnitten und mit Oliven serviert. Richtiger *kraški pršut* ist ein saftiger Schinken mit einem feinen würzigen Geschmack, eine Besonderheit, die ihren Preis hat.

Auf dem Markt

Auf vielen Speisekarten wird einfach *pršut*, Schinken, angeboten, der nicht luftgetrocknet ist.

Karst-Schinken ist ein **Qualitätserzeugnis**. Gute Restaurants bieten in der Regel auch guten Schinken an, den sie von ausgewählten Bauernhöfen beziehen. *Pršut* ist in jedem Fall eine beliebte Vorspeise in Slowenien, der Schinken wird aber auch gern als Imbiss zwischendurch gegessen, besonders natürlich im Karst.

Als weitere **Vorspeisen** werden in Slowenien verschiedene **Käse** (*sir*) aus der Almwirtschaft angeboten, auch aus Schaf- und Ziegenmilch. Ungewöhnlich ist *zaseka*, fetter Schweinespeck, der kleingehackt oder gleich durch den Wolf gedreht wird und eigentlich schon fast Schmalzqualität hat. Diese Kalorienbombe ist ein Erbe der harten Zeiten in den Bergen.

Käse und Speck

Wer es leichter liebt, bekommt fast überall **frische Salate**, darunter auch viel Ruccola und Radicchio.

Recht verbreitet – und günstiger als bei uns – sind **Weinberg-Schnecken**, auch in Slowenien eine Delikatesse. Eine außerordentlich köstliche Vorspeise ist eine **Salami** aus dem Savinja-Tal (*savinjske želodec*), die in einen Saumagen gestopft wird (lassen Sie sich nicht schrecken). Leider auch fast nur im Savinja-Tal zu bekommen!

glavna jed	Hauptgericht
meso (na žaru)	Fleisch (vom Grill)
klobasa	Wurst
svinska pečenka	Schweinebraten
Dunajski zrezek	Wiener Schnitzel
perutnina	Geflügel
piščanec	Hähnchen
puran	Truthahn
koline	Schlachtplatte
jota	Sauerkrauteintopf
enolončnica	Gemüseeintopf

Fleisch und Würste

Ein Stück Fleisch gehört heute zu einem slowenischen Essen dazu, und zwar meist vom Schwein, außerdem von Rind, Fasan oder Ente und Gans. Huhn ist gar nicht so verbreitet, auch Lamm findet man traditionell eher im Süden Sloweniens. Meist wird das Fleisch als **Braten** und z.B. mit einer **Pilzsauce** serviert, viele Restaurants bieten aber auch Fleisch vom Grill an, z.B. Spanferkel. *Svinjski file z gobami* (Schweinefilet mit Pilzsauce) und *Ljubljanski zrezek*, ein mit rohem Schinken und Käse gefülltes Schnitzel, sind Standardgerichte, die fast in jedem Restaurant zu bekommen sind. Natürlich ist auch klassisches Gulasch (*golaš*) sehr verbreitet.

Würste

Es gibt aber auch **raffiniertere Spezialitäten**: Gefüllte Rindsrouladen (*zvitki*) sind eine Spezialität aus Gorenjska. Der Braten kann auch durch Wurst (*klobasa*) ersetzt werden, es gibt sehr viele regional unterschiedliche Arten, Würste zuzubereiten. Unbedingt probieren sollte man die geräucherte *Kranjska klobasa*, Krainer Wurst, die mit Sauerkraut und Kartoffeln oder Polenta serviert wird und eine der bekanntesten slowenischen Spezialitäten ist.

Eine weitere Besonderheit ist die in Slowenien mit Graupen hergestellte Blutwurst (*krvavica*), die ebenfalls gebraten mit Sauerkraut und Kartoffeln gegessen wird.

Im Herbst ist auch in Slowenien Wildsaison, v.a. Reh (*srna*) und Hirsch (*jelen*) werden angeboten, aber auch Hase, Wildschwein und sogar Bärenfleisch. Das Wild wird z.B. als Braten oder Gulasch zubereitet, und auch weitere Schlachterzeugnisse wie Würste und Innereien stehen auf den Speisekarten.

priloge	Beilagen
krompir	Kartoffeln
prašen krompir	Bratkartoffeln
pomfri	Pommes frites
štruklji	Strudel
(ajdovi) žganci	(Buchweizen-) Sterz
rezanci/testenine	Nudeln
riž	Reis

Sterz und Strudel – köstliche Beilagen

Wichtigste **Beilagen** zum Fleisch sind *žganci*, Mehlspeisen oder Sterze, wobei neben Weizengries auch das klassische Maismehl (*polenta*) verwendet wird. *Žganci* können aber auch kleine Klöße aus einer Mischung aus Kartoffeln und Mehl sein, fast wie italienische Gnocchi. *Ajdovi žganci*, Sterz aus **Buchweizenmehl**, ist die traditionelle und typische slowenische Beilage – man sollte besser sagen: war es. Die gräuliche Beilage galt nicht gerade als Gourmet-Speise.

Buchweizensterz

Heute bekommt man den Sterz wieder in ausgesuchten Restaurants, er gilt dann als Qualitätsmerkmal für die Küche, und man kann sicher sein, dass hier wirklich traditionelle slowenische Gerichte gereicht werden. Da sich die traditionelle Küche auf dem Vormarsch befindet, wird Buchweizensterz in Zukunft sicher häufiger zu finden sein. Er wird übrigens mit heißer Butter oder Schmalz übergossen serviert.

Eine weitere Beilage, die aber auch als Hauptgericht gegessen wird, sind **Žlikrofi**, kleine Teigtaschen aus Weizenmehl, deren Form und Größe irgendwo zwischen Gnocchi, Maultaschen und Ravioli liegt. *Žlikrofi* sind eine Spezialität aus der Region von Idrija, eine der klassischen Füllungen ist eine Mischung aus Kartoffeln, Speck, Zwiebeln und/oder Petersilie. Lammhack ist ebenfalls eine typische *žlikrofi*-Füllung.

Nussstrudel – beinahe eine nationale Institution

Mit *štruklji*, **Strudeln**, hat Österreich Slowenien bereichert.
Klassisch wird der Strudel mit Quark gefüllt und als **Beilage oder Vorspeise** mit heißem Fett serviert.

Es gibt aber unzählige regionale Varianten der Strudelzubereitung, beliebt sind auch Fleisch- oder Estragonfüllungen sowie Ziegenkäse, der Phantasie der Köche sind keine Grenzen gesetzt. Estragon (*pehtran*) ist ein beliebtes Gewürz, das auch für Hefeteiggerichte verwendet wird. *Štruklji* können übrigens auch aus Buchweizenmehl hergestellt werden und natürlich sind sie, wie in Österreich, eine beliebte Nachspeise. Übrigens: Wer sich nicht auf kulinarische Experimente einlassen will, findet immer auch Kartoffeln, Reis oder Pommes frites als Beilagen auf den Speisekarten.

Fisch und Meeresfrüchte

Slowenien hat zahlreiche Gewässer und so ist es nicht verwunderlich, dass auch **Fisch** (*riba*) ein fester Bestandteil der traditionellen Küche ist. An erster Stelle sind natürlich die Forellen (*postrvi*) zu nennen, die man am besten in der Gegend von Bohinj und Bled aus der Sava Bohinjka oder im Soča-Tal isst.

riba	Fisch
postrv	Forelle
kalamari	Tintenfisch
ribja plošča	Fischplatte
školjke	Muscheln
potočji rak	Flusskrebs

Eine köstliche Spezialität sind gegrillte oder gebratene Forellen, die mit viel Knoblauch serviert werden. Eine Besonderheit sind Forellen im Teigmantel.
Seltener, aber in Spezialitäten-Restaurants durchaus zu bekommen, sind andere Süßwasserfische wie Karpfen (*krap*), Wels (*som*) und Hecht (*ščuka*). Eine slowenische Spezialität sind auch Flusskrebse, die heute allerdings nur noch ausgesuchte Restaurants anbieten, die sich der traditionellen slowenischen Küche verschrieben haben: Bereits Ende des 19. Jh. hat eine Seuche die Flusskrebse fast ausgerottet.

vielfältige Fischgerichte

Natürlich ist die Küste ein **Meeresfrüchteparadies**: Scampis und Langusten, Tintenfische und Muscheln sind beliebt und werden in den vielen Fischrestaurants nach dem ganz besonderen Rezept des jeweiligen Kochs serviert. Der Einfluss Italiens ist hier nicht zu übersehen. Eine Spezialität sind mit Schinken oder Käse gefüllte **Tintenfische** (*polnjeni lignji*). Unbedingt probieren sollte man auch die in Istrien verbreiteten „Buzara"-Gerichte: In einem Topf mit Öl, Wein, Knoblauch und Gewürzen werden Fisch oder Meeresfrüchte gekocht, dafür wird häufig der beliebte Drachenkopf (*škarpen*) verwendet. Eine weitere Küstenspezialität (Vorspeise) sind in Salz eingelegte Fische (*riba v soli*), wofür i.d.R. rohe Sardinen in eine Mischung aus Öl, Essig, Gewürzen und natürlich viel Salz eingelegt werden.

Potica und gibanica: süßer Abschluss

Leckere Kalorienbombe: gibanica

Auf der Dessert-Karte stehen in Slowenien zwei traditionelle Speisen: *potica* und *gibanica*.
Potica ist fast schon das kulinarische Wahrzeichen Sloweniens, sie wird aus Hefeteig gebacken, in den eine Masse aus klein gehackten Nüssen eingerollt wird, und sieht eher aus wie ein Kuchen als eine Süßspeise. Man isst die *potica* nicht nur

als Dessert, sondern auch zum Kaffee. Nüsse sind die klassische Füllung, *potica* kann aber auch mit Mohn, Quark oder Äpfeln, oder in der salzigen Variante mit Speck und/oder Estragon gefüllt und mit Schmalz gebacken werden. Letzteres ist ein Festtagsgericht, das man kaum in Restaurants finden wird.

Auch *gibanica* aus dem Nordosten ist eine slowenische Institution, ein absolut **reichhaltiges Dessert**, für das Mürbeteig und Strudelteig in mehreren Schichten mit Quark, Nüssen, Mohn und Äpfeln gefüllt und gebacken wird. Die *gibanica* wird häufig mit Zimt verfeinert und dann mit Sahne oder einer Frucht- bzw. Vanille-Sauce serviert. Es gibt zwei regionale Varianten, im Pohorje-Gebirge wird *gibanica* aus Hefeteig und Quark gebacken, in der Region Prlekija aus Blätterteig und Quark.

sladica	Dessert
(orehova) potica	(Nuss-) Kuchen
gibanica	slow. Spezialität (Strudel mit Nüssen und Quark)
palačinke	Pfannkuchen
sladoled	Eis
sadje	Obst

Neben diesen aufwändigeren Desserts werden auch einfach *štruklji* mit einer Quark-, Nuss-, Mohn- oder Frucht-Füllung als Nachspeise angeboten. Auch Sterze werden gesüßt als Dessert gegessen (selten in Restaurants). Natürlich sind in Slowenien die **Palatschinken** (*palačinke*) sehr verbreitet, die berühmten dünnen Pfannkuchen oder Crepes, die mit Schokolade, Nüssen oder Marmelade gefüllt werden. Außerdem bekommt man auch überall Eis als Nachspeise. Auf ihre Kosten kommen auch Fans von Kuchen und Torten: hier haben die Zuckerbäcker der K.u.k.-Monarchie ihren Einfluss hinterlassen. Berühmt ist die **Cremeschnitte** aus Bled (*kremšnite*), eine Sahne-Vanille-Schnitte, für die auch die Slowenen an den Alpensee pilgern.

Weine aus Slowenien: edle, unbekannte Tropfen

Kenner und Liebhaber wissen schon seit langem die Erzeugnisse slowenischer Winzer, die inzwischen viele **Auszeichnungen** erhielten, zu schätzen. Schließlich hat der Weinbau in Slowenien eine lange Tradition, die mit den Römern begann. Die Zeiten jugoslawischer Billigweine (man erinnere sich an den Amselfelder!!) gehören jedenfalls längst der Vergangenheit an.

Nur einer von vielen Traditionsweinen...

In Slowenien gibt es **drei Anbaugebiete**, Podravje im Nordosten (um die Drava), Posavje im Südosten (um die Sava) und die Anbaugebiete in der Primorska.

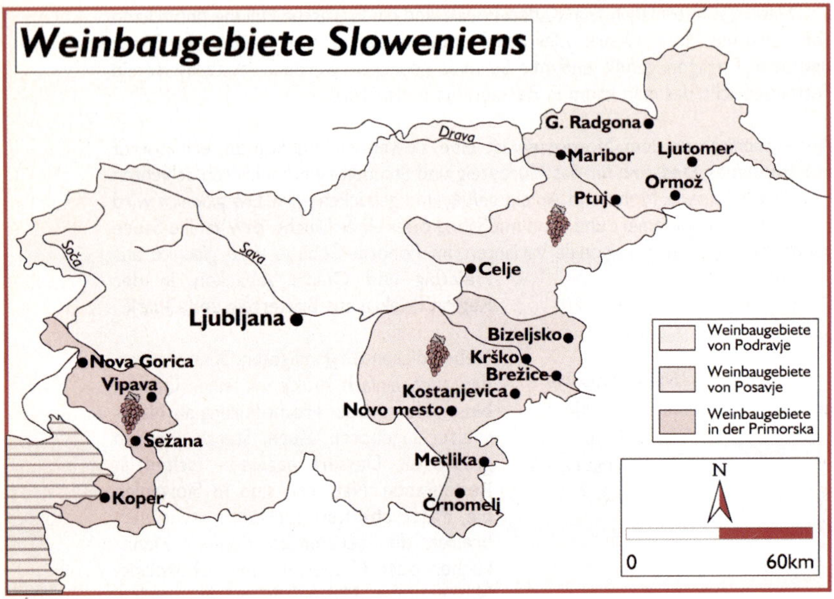

Entlang der „Weinstraßen" öffnen die Winzer zur Erntezeit im Herbst ihre *pušenšank* (Buschenschänke oder Straußenwirtschaft) und servieren auch Imbisse. Und natürlich gibt es große Abfüller, deren imposante Weinkeller (*vinska klet*) man auch besichtigen kann.

pijače	Getränke
pivo	Bier
vino	Wein
weiß / rot / rose	belo / črno / rose
mineralna voda	Mineralwasser
sok	Saft
kava	Kaffee
žganje/šnops	Schnaps
na zdravje!	Prost!
dober tek!	Guten Appetit!
račun	Rechnung

In Slowenien werden die meisten gängigen Rebsorten wie Cabernet Sauvignon, Chardonnay, Merlot, Riesling, Blauer und Grauer Burgunder usw. angebaut. Der bekannteste Wein Sloweniens ist der **Cviček**, ein heller, sehr säurehaltiger Rotwein, der gekühlt getrunken wird. Der Cviček ist eine Mischung verschiedener Trauben, häufig werden weiße und rote gemischt, so dass auch mal Rosé-Qualität dabei herauskommt, und er wird i.d.R. offen ausgeschenkt. Im Süden, in der Dolenjska, ist er überall anzutreffen.

Exzellente **Weißweine** kommen aus dem Podravje-Weinbaugebiet, hier werden v.a. Riesling, Grüner Sylvaner, Weiß- und Grauburgunder, Chardonnay und Sauvignon angebaut und regelmäßig preisgekrönt.

Als eine der besten **Weinkellereien** gilt die von Ormož, aber auch die von Maribor und Ptuj werden sehr geschätzt. Wer hier näher einsteigen will: Auch landschaftlich sehr schön sind die Weinstraßen des Haloze und von Jeruzalem (zwischen Ljutomer und Ormož), hier lohnen Fahrten nicht nur für den Weinkauf. Im Karst und an der Küste im Hinterland von Koper wachsen v.a. rote Weine.

> Ihr Freunde hebt die Gläser,
> gefüllt mit neuem Rebensaft,
> der unsern Adern Leben,
> der Herz und Auge Klarheit schafft,
> der ertränkt, was uns kränkt,
> bedrückter Brust die Hoffnung schenkt!
> Von *France Prešeren*

Herausragend ist der **Teran** aus der Refošk-Rebe (italienisch *refosco*), ein eher säurehaltiger Wein, der durch die rote, eisenhaltige Erde im Karst und das harte Klima, für das die Bora sorgt, seinen besonderen Geschmack erhält. Im submediterranen Klima um Koper herum gedeiht auch die weiße **Malvazija-Rebe**, aus der der gleichnamige Wein gekeltert wird.

Wirtschaftlicher Überblick

Allgemeines

Slowenien war das **reichste Land** des ehemaligen Jugoslawien mit der am besten ausgebildeten Bevölkerung. Mit Grenzen zu Österreich und Italien waren die Kontakte zum Westen gut und man orientierte sich an der freien Marktwirtschaft. Die Slowenen galten als die „Preußen Jugoslawiens", was aber von den anderen Föderationsstaaten nicht als Kompliment gemeint war, es schwang viel Neid mit auf die wohlhabenderen Mitbürger aus dem Norden! Zeitweise erwirtschaftete Slowenien bis zu 20 Prozent des jugoslawischen Bruttosozialprodukts (1990: 16 Prozent), während die slowenische Bevölkerung gerade mal 8 Prozent des Vielvölkerstaats ausmachte. Slowenien „subventionierte" ärmere, schwach entwickelte Regionen wie z.B. das Kosovo. Slowenische Steuergelder flossen nach Belgrad, ohne dass sie in Form von Investitionen in das Land zurückkamen. Letztlich war es einer der Gründe für die Loslösung Sloweniens aus der jugoslawischen Föderation: Die anderen Republiken wurden als hinderlich bei der eigenen wirtschaftlichen Entwicklung empfunden.

reicher Norden

Nach der Unabhängigkeit gab es zunächst schmerzhafte **Einschnitte**: Die jugoslawischen Märkte, über die Slowenien bis zu 30 Prozent seines Außenhandels abwickelte, brachen weg und Inflation und Arbeitslosigkeit stiegen stark an. Nach der Unabhängigkeit lag die Inflationsrate bei bis zu 200 Prozent.

Die **Privatisierungsmaßnahmen** liefen zunächst nur **schleppend** und sehr viel langsamer als in anderen ehemals sozialistischen Ländern, wofür Slowenien viel Kritik einstecken musste (und muss). Es war schwierig, unprofitable, veraltete „Monster-Fabriken" zu privatisieren. Wie in der Politik blieb auch das wirtschaftli-

Monsterfabriken

che Führungspersonal auf seinen Posten und damit erhielten sich auch die alten Management-Strukturen: Es wurde nicht in dem Maße rationalisiert und umstrukturiert, als nötig gewesen wäre, denn Slowenien war immer noch wohlhabend. Problematisch war auch die schleppende Reform des Finanz- und Kapitalmarktes, die freie Kapitalströme z.B. aus dem Ausland blockierten. Erst die Verhandlungen über den Beitritt zur EU ab 1998 sorgten für den nötigen Druck, natürlich flossen auch EU-Mittel nach Slowenien. Inzwischen sind zumindest viele der kleineren und mittleren Betriebe über Mitarbeiter-Beteiligungen privatisiert worden, was auch dem Aktienhandel Auftrieb gegeben hat. Ljubljana hat eine Börse, die aber international keine Rolle spielt.

Fabrik in Umag (Kroatien)

Alles in allem konnte Slowenien seine **Erfolgsgeschichte** fortsetzen: Innerhalb von weniger als 10 Jahren gelang es, die Wirtschaft zu liberalisieren und zu stabilisieren. Inzwischen wurden die zunächst sprunghaft gestiegenen Lohnkosten und die Arbeitslosigkeit stabilisiert und das Steuer- und Sozialsystem modernisiert.

Viele Unternehmen sind mittlerweile in privater Hand, weil es nach der Unabhängigkeit zu zahlreichen **Neugründungen** (eben eher als zur Privatisierung bestehender Betriebe) v.a. im Dienstleistungsbereich kam. Inzwischen steigt das Wirtschaftswachstum, der Haushalt ist ausgeglichen und das Bruttosozialprodukt (BIP) stabil. Gern herangezogener Vergleich ist das BIP Portugals und Griechenlands: Das Pro-Kopf-Einkommen des EU-Aspiranten Slowenien lag schon Mitte der 1990er Jahre in etwa bei dem der beiden EU-Länder (9.451 USD im Jahre 2001). Der Durchschnittslohn der Slowenen liegt bei ca. 900 bis 1000 Euro brutto im Monat.

Durchschnittslohn

Unter den so genannten Transformationsstaaten, die den Übergang von sozialistischer zu freier Marktwirtschaft zu bewältigen haben, ist Slowenien einer der erfolgreichsten. Berichte der Weltbank und des Internationalen Währungsfonds sind positiv und bescheinigen Slowenien eine geordnete Wirtschaftspolitik. Seit Februar 1999 ist Slowenien assoziiertes Mitglied der EU, 2004 wird es Vollmitglied werden.

Weitere Maßnahmen zur **Erfüllung der Beitrittskriterien**, wie die Privatisierung einiger Betriebe, die sich noch in staatlicher Hand befinden (Banken, Versicherungen) und eine Reduzierung staatlicher Fördermittel sind als strategische Wirt-

schaftsziele formuliert, wobei der Finanzsektor immer noch reformbedürftig ist. Slowenien ist wirtschaftlich bereits eng mit der EU verbunden: Wichtigste **Handelspartner** sind Deutschland, Frankreich, Italien und Österreich. 2002 machten die Exporte in EU-Länder fast 60 Prozent aus, während 68 Prozent der Warenimporte aus der Wirtschaftsunion kamen.
Damit ist Slowenien jedoch auch abhängig von der konjunkturellen Entwicklung in den EU-Ländern. Die südeuropäischen Märkte, besonders des ehemaligen Jugoslawien, gewinnen für den Außenhandel aber immer mehr an Bedeutung. Hemmschuh für Auslandsinvestitionen waren auch die Kriege in Bosnien und im Kosovo: Slowenien wird trotz aller Orientierung nach Europa immer noch mit Krieg und Risiko-Investitionen in Verbindung gebracht.

Industrie

Bei der Fahrt durch Slowenien nimmt man ländliche Idylle wahr, umso überraschender ist es, dass nur etwa 5 Prozent des Bruttosozialprodukts in der Landwirtschaft erarbeitet werden. Zwar existierten auch vor dem Zweiten Weltkrieg schon metallverarbeitende Betriebe sowie Textil- und Holzindustrie, doch noch 1960 arbeiteten etwa die Hälfte aller Slowenen im Agrarbereich. Danach folgte eine schnelle Entwicklung v.a. der **Verarbeitungsindustrie**, die sich zur modernsten des ehemaligen Jugoslawien entwickelte. Die Rohstoffe, die Slowenien fehlen, kamen aus Bosnien und Serbien (Eisen, Stahl, Buntmetalle) und wurden im Norden weiterverarbeitet. Mit dem Wegfall der Zulieferer aus Jugoslawien sank der Anteil der Verarbeitungsindustrie am BIP.

wenig Rohstoffe

Sloweniens Wirtschaft basiert heute zu etwa 55 Prozent auf dem **Dienstleistungssektor** und zu 40 Prozent auf **industrieller Produktion**. Die Qualität der produzierten Waren ist gut, bereits vor der Unabhängigkeit wurden slowenische Produkte auch in EU-Länder exportiert. Wichtige Zweige sind die Textil-, die Holz- und die Metallindustrie. Slowenische Unternehmen füllen erfolgreich einige Nischenproduktionen aus, z.B. in der Papier- sowie Ski- und Sportindustrie (Elan- und Alpina-Ski). Wichtig sind natürlich **ausländische Investoren**: Die Textilbranche produziert für große internationale Modehäuser, der slowenische Telekommunikationsanbieter Iskratel gehört zu Siemens. Ein wichtiges Standbein ist die Elektrotechnik: Der Gerätehersteller Gorenje mit Sitz in Velenje, bereits in Jugoslawien Hersteller von Qualitäts-Küchenherden, produziert heute für z.B. deutsche und britische Firmen. Schließlich lässt der französische Autohersteller Renault seine Wagen in der Fabrik Revoz in Novo mesto zusammenbauen, was das hohe Vorkommen dieser Automarke auf Sloweniens Straßen erklärt.

Renault

Dienstleistung

Im **Dienstleistungssektor** waren nach der Unabhängigkeit viele Neugründungen zu verzeichnen, vom kleinen Gastronomiebetrieb über Versicherungs- und Beraterfirmen bis zu Banken. Viele Slowenen haben mit Energie und Know-how eigene Unternehmen gegründet, ohne Scheu vor marktwirtschaftlichem Denken. Kleine Handelsunternehmen machen heute den überwiegenden Teil der slowenischen Betriebe aus. Die Tourismus- und die Gastronomie-Branche sind die Boomsektoren des Dienstleistungsbereiches:

Tourismus

Die **Besucherzahlen** haben sich, nach Einbrüchen während der Kriege nach der Unabhängigkeit, in Bosnien und während des Kosovo-Krieges, wieder erholt.
Etwa 1,3 Millionen Auslandstouristen besuchen Slowenien jährlich (Tendenz steigend), die meisten kommen aus Italien, Österreich und der Bundesrepublik Deutschland sowie Kroatien. Auch immer mehr russische Gäste entdecken die Wellness- und Kureinrichtungen. Viele Slowenen verdienen saisonal durch die Vermietung von Privatzimmern dazu. Inzwischen macht der Tourismus 9 Prozent des BIP aus. Leider ist Slowenien immer noch eher ein Durchreiseland. Ein starker Wirtschaftszweig, der aber mit Dienstleistung und Tourismus zusammenhängt ist das Bauwesen. Nach einer Renovierungs- und Bauphase für Hotels, Restaurants usw. nimmt aber auch der Wohnungs- und Hausbau wieder zu.

Buntes Angebot auf Sloweniens Gemüsemärkten

In den letzten Jahren hatte auch der Strassenbau der Bau-Branche Auftrieb verliehen. In der Tourismus-Branche bemüht man sich um sowohl ökologisches Gleichgewicht als auch um Qualität. Unter den Hotelneu- und Umbauten sind viele moderne architektonische Experimente zu finden und man versucht die Bausünden des sozialistischen Jugoslawiens auszubügeln. Häufig sind von außen nichtssagende Gebäude im typischen 1970er-Jahre-Stil mit viel Kreativität in den Innenräumen umgestaltet worden. Mit Betonkomplexen in ansonsten schöner Landschaft muss man sich aber immer wieder abfinden. In Slowenien ist es aber nicht so schlimm wie in Kroatien, wo an der Küste im Zuge des Massentourismus in den 1960er Jahren viel Landschaft verschandelt worden ist.

Bausünden

Landwirtschaft

Das kleine Slowenien kann sich nicht selbst ernähren und muss Nahrungsmittel importieren. Zwar sind fast 40 Prozent des Landes agrarische Nutzflächen, die meisten aber sind nur kleine landwirtschaftliche Betriebe von weniger als 10 Hektar

Größe. Nicht zu vergessen: Durch die Höhenlagen sind viele der Agrarflächen nur eingeschränkt nutzbar. Die Firmen und Höfe sind, von einigen wenigen Ausnahmen abgesehen, in privater Hand. Die Verstaatlichung von Agrarbetrieben war im kommunistischen Jugoslawien nie völlig durchgesetzt und sogar nach wenigen Jahren wieder rückgängig gemacht worden.

„Hobby-Bauern"

Wichtigste **landwirtschaftliche Erzeugnisse** sind Weizen, Mais und Gerste, außerdem werden Futtermais, Zuckerrüben, Kartoffeln und Luzerne angebaut. Weniger bedeutend ist der Obstanbau, hauptsächlich werden Äpfel und Birnen produziert. Etwa ein Viertel aller Slowenen bearbeiten für den Eigenbedarf Kleingärten oder kleine Felder, entweder als Nebengeschäft oder als Hobby. Beliebt ist auch die Imkerei. In der **Viehzucht** spielen Rinder, Schweine und Schafe die größte Rolle.

Kultureller Überblick

Allgemeines

Sprache – Kern der slowenischen Kultur

Die Slowenen haben so lange unter der Oberhoheit anderer Völker und Reiche gelebt, dass es erstaunlich ist, dass sie sich ihre **eigene Kultur und Sprache** erhalten konnten. Immer wieder in ihrer Geschichte war für die Slowenen die Gefahr gegeben, von einer dominanten Kultur aufgesogen zu werden und trotzdem haben sie es geschafft, ihre Sprache zu „retten". Dieser Umstand wird heute, im Status eines unabhängigen Nationalstaats, regelrecht „gefeiert" und da die Geschichte dieses Staates ja nur so kurz ist, erzählt man lieber die „Geschichte der Kultur der Slowenen".

Tatsächlich ist es in erster Linie eine **bäuerliche Kultur**, die z.B. mit den Bienenstockbrettchen einige ungewöhnliche, nur in Slowenien vorkommende Erscheinungen hervorgebracht hat.
Der Besucher verbindet zunächst einmal nicht viel mit „slowenischer Kultur", es sei denn ein unbestimmtes Bild von **barocken Städten** und Ortschaften, wie sie auch in Österreich und Süddeutschland existieren. In kirchlicher und weltlicher Architektur hat sich der Einfluss auch deutlich niedergeschlagen: Slowenien war als Teil des Habsburgerreiches und der Donaumonarchie auch Teil dessen Geschichte und alle kulturhistorischen Stile, die Europa prägten, haben auch in dem kleinen Land südlich der Alpen ihre Spuren hinterlassen, wenn auch immer wieder mit zeitlicher Verzögerung.

Es ist nicht so sehr die bildende Kunst als die **slowenische Sprache**, die als entscheidend für den Erhalt der kulturellen Eigenständigkeit gilt. Für die Slowenen ist ihre Sprache bis heute extrem identitätsstiftend. Literatur spielt dabei natürlich eine große Rolle. Nicht umsonst wird der erste große Dichter, *France Prešeren*, heute noch wie ein Nationalheld verehrt. Und auch anderen **Kulturschaffenden**,

Historikern, Dichtern und Sprachwissenschaftlern, wurden und werden Denkmäler errichtet. Nicht zuletzt waren es Veröffentlichungen und die Verhaftung von Journalisten, die den Anstoß für die Reformbewegung in den 1980er Jahren gaben. Und die Verhaftung von Journalisten, also die Einschränkung der Pressefreiheit, löste die Massenproteste aus, die letztlich zur Unabhängigkeit führten.

Frühe Siedler

Erste Spuren menschlicher Besiedlung, einfache Steinwerkzeuge, wurden in Slowenien auf ein Alter von etwa 250.000 Jahre datiert.
Paläolithische Jäger und Sammler haben außer Knochen und Feuerstellen, meistens in Höhlen oder deren Nähe, nicht viel hinterlassen.
Bemerkenswert ist eine **Flöte aus Knochen**, die mit einem Alter, das irgendwo zwischen 45.000 und 80.000 Jahren liegt, das älteste Musikinstrument der Welt ist. Der Fund soll einmal im Museum von Cerkno ausgestellt werden. Im Nationalmuseum von Ljubljana sind die Reste bronzezeitlicher Pfahlbausiedlungen (ca. 2000 bis 1300 v. Chr.) zu sehen, die in der sumpfigen Gegend um Ljubljana errichtet wurden. Aus dieser Kultur stammen die Reste eines erst vor kurzem gefundenen **Holzrades**, das 5.300 Jahre alt ist und mit dem Slowenien das älteste bekannte Rad der Menschheitsgeschichte sein eigen nennen kann.

ältestes Holzrad

In der Altsteinzeit schlugen die Jäger in Höhlen ihre Lager auf

Die ersten hochkulturlichen Zeugnisse in Slowenien stammen aus der **jüngeren Bronzezeit** (1200 v.Chr.) und aus der **Eisenzeit** (ca. 900 bis 300 v. Chr.): Die Menschen errichteten ihre Siedlungen auf Höhenzügen und schützten sie mit Ringwällen. Bei Vače (Nähe Litija) wurde eine solche Siedlung ausgegraben. In dem zugehörigen Gräberfeld wurden reiche Grabbeigaben wie Waffen und Schmuck gefunden.

Spektakulärstes Fundstück ist die **Situla von Vače**, ein knapp 24 cm hohes Gefäß aus Bronze, das in das ausgehende 6. Jh. v. Chr. datiert wurde. In das Metall sind Darstellungen von Menschen, Tieren und u.a. Kampfwagen eingetrieben, die eine Vorstellung von einer reichen, durchaus kriegerischen Kultur geben. Die Situla steht heute im Nationalmuseum in Ljubljana.

Detail der Situla von Vače

Eine weitere große **eisenzeitliche Siedlung** bestand bei Most na Soči im westlichen Voralpenland. Teile der Funde sind in Wien und Triest ausgestellt, da erste Ausgrabungen noch unter österreichischer Herrschaft durchgeführt wurden.

Krieger-kultur

Aber auch im Museum in Nova Gorica sind Funde späterer Grabungskampagnien aus Most na Soči zu sehen. In vielen kleinen Regionalmuseen wird man auch auf weniger spektakuläre eisenzeitliche Fundstücke treffen. Die eisenzeitlichen Siedlungen, die der Hallstatt- und der La-Tène-Kultur zugerechnet werden, wurden um 300 v. Chr. von neuen Eroberern verdrängt. Wahrscheinlich handelte es sich dabei um **keltische Stämme**, möglicherweise auch illyrische.

Die **Griechen** begannen etwa ab dem 5. Jh. die nördliche Adria zu besiedeln, allerdings drangen sie nicht in das Hinterland vor, sondern beschränkten sich auf die Errichtung von Stützpunkten an der Küste. **Koper** ist mit hoher Wahrscheinlichkeit die **griechische Siedlung Aegida** (ca. 300 v. Chr.). Die griechischen Siedler haben in Slowenien keine Bauwerke hinterlassen. Aber sie trieben Handel mit den illyrischen und keltischen Stämmen im Hinterland.

Die römischen Provinzen

Die Römer eroberten das Gebiet der nördlichen Adria bis zur Donau und machten es zu den Provinzen Illyricum, Histria und Pannonia. Landwirtschaftlicher Anbau, v.a. von Wein und Oliven wurde betrieben, der Handel über die neu erbauten Straßen blühte und Städte und Villae rusticae entstanden. Obwohl einige der großen Städte (Ljubljana, Celje, Ptuj) römische Gründungen waren, finden sich heute keine großen Ruinenfelder der Siedlungen oder Tempel in Slowenien.

Handel mit Wein und Oliven

Römische Reste sind aber überall zu sehen: In Ljubljana ein Stück der **römischen Stadtmauer**, westlich von Celje die **Nekropole von Šempeter**, in Ajdovščina die Reste eines Kastells, in Ptuj die **Mithräen** (Tempel für den Gott Mithras), um nur einige zu nennen. Die Verehrung des Gottes Mithras war im Römischen Reich zeitweise verboten, so dass der Kult heimlich ausgeübt wurde. Bei Žrnomelj ist ein Mithräum erhalten, das eindrucksvoll in einer Erdmulde versteckt wurde. Das Bildnis des Gottes ist hier einfach in einen Felsblock in natürlicher Lage geschlagen worden.

Auch die weiteren Trümmer des einstigen Weltreichs sind gesammelt worden und können in vielen Städten als **Lapidarien** vor Burgen, Klöstern und Kirchen besichtigt werden. An der Küste und besonders in Istrien ist am meisten übrig geblieben:

Vor Izola liegen die Reste der Kaimauer des römischen Hafens **Heliatanaeum**, in Poreč (Kroatien) säumen antike Ruinen das Stadtbild und Pula (ebenfalls Kroatien) ist berühmt für sein Amphitheater.

Grabmal einer römischen Familie in Šempeter

Die frühen Slawen

Nach dem Untergang des Römischen Reiches und den Wirren der Völkerwanderungszeit kamen ab dem **6. Jh. die Slawen** als neue Siedler nach Slowenien, indem sie den großen Flüssen Mura, Drava und Sava folgten.

Die Slawen selbst flohen vor der Invasion der Awaren, eines kriegerischen mongolischen Volkes, mit denen sie sich teilweise verbündeten. Insgesamt sollen die Slawen jedoch weniger kriegerisch gewesen sein, als etwa die Hunnen oder die Awaren. An der Küste in Istrien zogen sich die einheimischen, romanisierten Bewohner, ursprünglich Illyrer und Kelten, immer mehr in die Städte zurück.

Der **Gegensatz** zwischen romanisierten Städtern und slawischer Landbevölkerung hielt sich in diesen Regionen noch bis in das Mittelalter hinein: In einigen Küstenstädten gab es verschiedene politische Vertreter für die Interessen der Slawen und die der Stadtbewohner.

INFO Die Ur-Slowenen

Es ist dem jungen Staat Slowenien ein existenzielles Anliegen, seine Traditionen so weit als möglich in die Geschichte zurückzuverfolgen: Man versucht, in den ersten slawischen Siedlern die „**Urväter**" der modernen Slowenen zu sehen, die bereits wichtige Traditionen und die Sprache mitgebracht haben sollen, zumindest deren Ur-Formen.

Die Slawen werden in mittelalterlichen Schriftquellen als *Sclaveni* oder Sclavi bezeichnet (was nichts mit dem Wort Sklaven zu tun hat). Eine Trennung in „Slowenen", „Slowaken", „Kroaten" und andere Völker gab es damals noch nicht. Erst mit der deutschen Kolonisierung im 10. Jh. begann die getrennte Entwicklung der einzelnen Völker. Der Begriff Slowenen, *Slovenci*, entstand erst sehr viel später im Zuge der Nationalbewegung im 19. Jh.

Die Christianisierung der Slawen

Als das Fürstentum Karantanija sich **745** unter bayerisch-fränkische Oberhoheit stellte, begann die systematische **Christianisierung** des Gebietes. Die Karantaner mussten Mitglieder ihrer Adelsfamilien als Geiseln nach Bayern entsenden, wo sie christlich erzogen wurden, so dass die Religion sich in der Oberschicht ausbreitete. Die Mission, unter Beteiligung irischer Mönche, wurde maßgeblich von den Diözesen in Salzburg und Aquileia aus gesteuert. Allerdings gab es auch Widerstand: Es kam im 8. Jh. zu mehreren Aufständen der Bevölkerung gegen die neue Religion.

INFO Die glagolitische Schrift

Wirklichen Erfolg hatte die **Slawenmission** erst, als die Liturgie in einer Sprache verbreitet wurde, die die Menschen verstanden: Die griechischen Mönche *Kyrill (Konstantin)* und *Methodius* übersetzten etwa Mitte des 9. Jh. die christlichen Schriften sowie liturgische Texte ins Slawische. Sie entwickelten dazu die **glagolitische Schrift** (*Glagolica*), die sich als Kirchen- und auch Literatursprache in Kroatien durchsetzte.

Die glagolitische Schrift

In dem Dorf Hum im kroatischen Istrien ist die Schrift noch bis ins 20. Jh. hinein verwendet worden, viele Kirchen und Grabsteine in dieser Gegend haben glagolitische Inschriften. Der ganzen Schrift ist ein Denkmal errichtet worden: Entlang der Straße nach Hum stehen Skulpturen mit den einzelnen Buchstaben, die so genannte **„Glagoliter-Allee"**. *Methodius* wirkte zwar noch einige Jahre als Erzbischof von Sirmium (Pannonien), doch Bayern verhinderte letztlich die Entwicklung einer unabhängigen slawischen Kirche. Die slowenische Bevölkerung blieb eng an die römische Kirche gebunden.

Slowenische Kultur unter deutscher Feudalherrschaft

Der Sieg des deutschen Königs *Otto I.* über die Ungarn 955 brachte eine neue Epoche für Slowenien. Das Herzogtum Kärnten wurde als Vasallenstaat in das deutsche Reich eingegliedert (976), die Länder in **Markgrafschaften** aufgeteilt. Deutsche Adlige stellten die feudale Oberschicht und die bäuerliche, slowenisch-sprachige Bevölkerung geriet in Leibeigenschaft und damit fast sklavische Abhängigkeit. Die Gefahr, von einer dominierenden Kultur aufgesogen zu werden, war für die Slowenen nie so groß wie in den folgenden Jahrhunderten. Deutsch, Latein und

bäuerliche Kultur

Italienisch waren die **Schrift- und auch Handelssprachen** des Mittelalters und Slowenisch wurde zur „Bauernsprache" degradiert. Trotzdem behielten die Slowenen ihre eigene Sprache und entwickelten sie weiter. Es wird spekuliert, dass es schon früh eine Art verbindlicher gemeinsamer Sprache gab, die an die nächste Generation weitergegeben wurde (im Slowenischen gibt es bis heute viele verschiedene Dialekte).

Zwar blieb die **bäuerliche Gesellschaft** regional begrenzt, einige Wissenschaftler argumentieren aber, dass man sie schlicht unterschätzt. Bäuerliche Kultur sei weitaus „stärker", flexibler und aufnahmefähiger, als man allgemein annimmt. Jedenfalls gibt es eine **reiche mündliche Volksdichtung**, in die viele fremde Einflüsse aufgenommen wurden, ohne dass die eigene Sprache darin „unterging".

In den folgenden Jahrhunderten entwickelten sich jedenfalls typisch slowenische Erscheinungen wie die Bienenstockbrettchen (die Löwen und Türken als Motive kennen) und die Heuharfen (*kozolci*). Die vielen kleinen, liebevoll eingerichteten Bauernmuseen, auf die man in ganz Slowenien immer wieder trifft, beweisen bis heute die kulturstiftende Bedeutung der Landwirtschaft Es ist auch überliefert, dass viele Adlige slowenisch sprachen, so dass die Sprache keineswegs nur auf die Bauern beschränkt blieb. Möglicherweise war das Verhältnis zwischen **Bauern und Adel** weitaus komplexer und nicht nur eines von streng getrennten „Herren und Dienern".

Bäuerliche Kultur im Museum in Trenta

Zwar sprechen die vielen Bauernaufstände für eine in erster Linie unterdrückerische Politik der Herrschenden, aber sie zeigen auch, dass die Bauern-Bevölkerung sich zu organisieren und zu wehren wusste.

Das Land der Burgen

Das Mittelalter hat Slowenien **Hunderte von Burgen** hinterlassen, mit denen die deutschen Feudalherren ihre Güter gegen Raubritter schützten, lange bevor die Türken den Balkan eroberten. Häufig wurde zunächst ein Wehrturm errichtet, der eine Furt oder ein Tal schützen sollte, und dieser mit der Zeit zu einer Befestigungsanlage oder Burg ausgebaut. Mit der türkischen Bedrohung ab dem 15. Jh. nahm der „Bauboom" noch einmal zu.

In die Burgmauern wurden viele ältere Elemente eingebaut

Ganze Städte (z.B. Škofja Loka) wurden befestigt und die Bauern errichteten so genannte **Tabori**, Fliehburgen, die meistens um Kirchen errichtet wurden. Die Kirche in Hrastovlje ist ein gutes Beispiel, die Landbevölkerung konnte sich bei einem Überfall schnell hinter die starken Wehrmauern flüchten. Durch die Umbauten, häufig über Jahrhunderte hinweg, sind in vielen Burganlagen Elemente verschiedener Baustile zu finden.

Die Burgen sind heute ein zwar schönes, aber auch belastendes Erbe: Ihre Renovierung und ihr Erhalt sind **teuer**. Auch Ruinen müssen gesichert werden, wenn man das Gelände nicht absperren will. In Slowenien werden Sie immer wieder auf das Schild „Stari grad", alte Burg, stoßen, das zu einem Besuch einlädt. Manchmal geht die Fahrt in kilometerlangen Serpentinen einen Burgberg hinauf und oben sind kaum mehr als ein paar verfallene Mauerreste zu sehen. Auch große Komplexe mit intakten Dächern sind häufig in beklagenswertem Zustand.

Verfallene Burgen

Viele der Burgen wurden bereits in der frühen Neuzeit aufgegeben, als ihre Schutzfunktion nicht mehr gebraucht wurde, die Besitzer-Familien ausstarben oder verarmten. Im kommunistischen Jugoslawien galten die Burgen als Symbol für die unterdrückerische Feudalherrschaft und man ließ sie mit wenigen Ausnahmen absichtlich verfallen. Einige Burgen oder Schlösser wurden als Krankenhäuser oder psychiatrische Anstalten genutzt. Seit der Unabhängigkeit bemüht sich Slowenien um die Renovierung und möglichst kommerzielle Nutzung seiner Burgen, womit die Gemeinden finanziell schlicht überfordert sind. Die „Vereinigung der Burgen und Schlösser in Slowenien" (slowenisch: *Združenje gradov na slovenskem*) koordiniert die Bemühungen.

Die Höhlenburg von Predjama

Das Wasserschloss Otočec in der Krka, einst Parteifunktionären vorbehalten, und das Schloss von Mokrice sind heute exklusive Hotels.

Luxushotel auf der Burg

Viele Burgen werden von den Gemeinden für **kulturelle Veranstaltungen**, als Tagungsstätten und Museen genutzt. Sehr beliebt sind Hochzeiten und Taufen in den alten Gemäuern. Vorbildlich renoviert sind die Burgen von Podsreda, Velenje, Bled und die berühmte Höhlenburg von Predjama, die halb in einen Fels gebaut ist. Auch in Ptuj ist man auf gutem Wege, die Gemeinde versucht, jedes Jahr ein Zimmer mehr zu renovieren. Es bleibt aber noch viel zu tun!

Romanik, Gotik und Renaissance

Romanik

Romanische Kunstwerke sind in Slowenien so gut wie nicht erhalten. Aber der Bau vieler Burgen und Kirchen fiel in die romanische Stilepoche (11./ 12. Jh.): Viele der älteren Bauwerke sind ursprünglich romanisch und durch spätere Umbauten stark verändert, regelrecht „überbaut" worden. Hinter Barock-Fassaden sind manche früheren Stilelemente regelrecht verschwunden. Ein Musterbeispiel für diese Mischung ist Sloweniens ältestes Kloster in Stična, das romanische, gotische und Renaisssance-Elemente vereint, v.a. aber überbordenden Barock. Und eine Ausnahme ist die etwa 1200 errichtete Burg von Podsreda, die fast unverändert blieb und eine schöne **romanische Kapelle** hat. Vielleicht die schönsten Beispiele romanischer Sakral-Architektur in Slowenien sind die Kirche der Heiligen Dreifaltigkeit in Hrastovlje und die Kirche Johannes des Täufers in Ribčev laz am Bohinjer See.

Die gotische Kirche des Klosters Pleterje

Die **Gotik** kam erst spät in Slowenien an (frühestes Bauwerk war das Minoritenkloster in Ptuj von 1260), dafür sind aber viele Werke erhalten. Anfangs wurden Gebäude nur umgestaltet und mit **gotischen Stilelementen** versehen. Erst im 15. Jh. wurden auch mehrschiffige Kirchen errichtet, die als wuchtige Bauten die Macht der Kirche demonstrierten.

Zerstörungen

Das **Erdbeben von 1511** hat zahlreiche Städte zerstört (Škofja Loka war eine „gotische" Stadt), so dass viele Bauwerke nach dieser Zeit entstanden und der Spätgotik zuzuordnen sind. Dafür sind v.a. in den Kirchen prächtige Ausschmückungen erhalten, die zum Teil von reichen Bürgern gestiftet wurden, wie z.B. in der Danielskirche in Celje. Eindrucksvolles Beispiel für frühe gotische Architektur ist die Dreifaltigkeits-Kirche des Klosters Pleterje im Krka-Tal und für die spätgotische Phase die Wallfahrtskirche in Ptujska Gora, in der sich auch einer der **schönsten gotischen Altäre** mit der so genannten „Schutzmantel-Madonna" befindet. Erwähnenswert sind außerdem die **gotischen Fresken** in den bereits erwähnten Kirchen in Hrastovlje und Ribčev laz sowie an der Außenwand der Kirche in Crngrob (Ende des 15. Jh.). Die Crngrob-Fresken stammen aus der Werkstatt des *Johannes von Laibaco*, eines der wichtigsten Maler dieser Zeit.

Schutzmantel-Madonna

Gotische Fresken in Kranj

Herausragend sind außerdem die Fresken der Kirche Sveti Peter in Begunje, gemalt von *Jernej von Loka*. Schöne Architekturbeispiele für den venezianisch-gotischen Stil finden sich auch in den Küstenstädten Piran und Koper (Loggia). Wie die Gotik erreichte auch die Renaissance Slowenien spät, nach dem Erdbeben 1511 wurde zunächst im gotischen Stil wieder aufgebaut. Typisch für die Zeit ist eine **Mischform**, ein langsamer Übergang von **Spätgotik zu Renaissance**, z.B. an den Bürgerhäusern in Škofja Loka oder am Prätoren-Palast in Koper: Die Grundformen sind noch gotisch, Fenster und Portale aber mit **Renaissance-Elementen** geschmückt.

Renaissance verdrängte Gotik

In Radovljica zeigt das Šivec-Haus mit seiner Renaissance-Fassade vor einem gotischen Kernbau sehr anschaulich, wie der neue Stil die Gotik verdrängte. Etwas schneller setzte sich die Renaissance erst gegen Ende des Jahrhunderts durch, als man in Italien, v.a. im Friaul, Architekten anwarb, um Befestigungsanlagen auf- oder auszubauen. Die Bedrohung durch die Türken hatte einen ihrer Höhepunkte erreicht, was leider kein günstiges Klima für die künstlerische Entfaltung bedeutete. Stärker von der Renaissance beeinflusst sind allerdings die damals zu Venedig gehörigen **Küstenstädte**. Hier findet man unter den Bürgerhäusern und Palazzi reine Renaissance-Bauten.

Deckenmalerei in der alten Apotheke in Olimje

Barock

Der **Barock** hat Slowenien stärker geprägt als alle anderen Stile. Die Türken waren besiegt, Slowenien hatte nicht mehr unter regelmäßigen Überfällen zu leiden und mit dem wirtschaftlichen Aufschwung blühten auch die Künste, die Bildhauerei und die Malerei, auf. Viele Städte wurden renoviert. Zwischen Wien und dem Hafen Triest lief ein reger Handelsverkehr durch Slowenien hindurch. In Ljubljana war außerdem die Gesellschaft *Academia Operosorum Labacensium* gegründet worden, ein Zusammenschluss verschiedener Wissenschaftler und Würdenträger, die die barocke Umgestaltung Ljubljanas vorantrieben. Ljubljana erhielt ein völlig neues Gesicht – das bela Ljubljana, das „weiße Laibach", entstand.

Blütezeit

barocker Glanz

Kirchen und Schlösser wurden neu gebaut oder mit **Barock-Fassaden** versehen (barockisiert). Doch wie alle Stile zuvor erreichte auch der Barock Slowenien spät, die meisten Bauten entstanden erst ab Mitte des

INFO

Unterschiedliche Barock-Stile

In Westslowenien und Ljubljana ist die Barock-Architektur von **strengeren Formen** geprägt, wie z.B. der Dom in Ljubljana, gebaut nach Enwürfen des italienischen Architekten *Andrea Pozzi* (Anfang 18. Jh.). Auch der Brunnen der drei Flüsse auf dem Mestni trg vor dem Rathaus von Ljubljana, entworfen von *Francesco Robba* aus Venedig, ist ein Beispiel für diesen Stil. Im Osten Sloweniens dominierte dagegen der Einfluss aus Österreich: Die Formen sind weicher, auch überladener, so wie man sie aus Süddeutschland kennt.

Wichtiger Bildhauer war *Jožef Straub* aus Maribor, der den östlichen, **„steirischen" Barock** entscheidend mitprägte. Typisch sind überbordende Altäre mit vergoldeten Holzschnitzereien, während in Ljubljana eher hohe, strengere Marmoraltäre zu finden sind. Unter den Schlössern ist Dornava bei Ptuj das mit der reinsten barocken Ausprägung und einer entsprechenden Gartenanlage. Die Schlösser wurden reich mit Barock-Malereien ausgeschmückt, wie etwa die Decken-Malereien des Schlosses in Slovenska Bistrica.

18. Jh., während der Stil im sonstigen Europa fast 100 Jahre früher verbreitet war. Die zahllosen **Barock-Kirchen** wurden von slowenischen, aber auch italienischen und österreichischen Malern ausgestattet, die auch weltliche Bilder schufen. Einer der bekanntesten war *Giulio Quaglia* aus der Lombardei, der das Dom-Gewölbe (1706) und die Seminarbibliothek in Ljubljana (1723) ausmalte. Aber auch *Franc Jelovšek*, *Valentin Metzinger* und der Porträtmaler *Fortunat Bregant* sind zu erwähnen. Im Dom von Gornji Grad hängen Bilder des Österreichers *Johann Kremser-Schmidt* (eigent lich *Johann Schmidt* aus Krems).

Barock-maler

Klassizistischer Pavillon im Kurort Rogaška Slatina

Der Barock hielt sich lange in Slowenien: Bis Mitte des 19. Jh. wurde v.a. auf dem Land noch in diesem Stil gebaut, daher hat der **Klassizismus** kaum Spuren hinterlassen.

Einige der wenigen Ausnahmen sind die klassizistischen Anlagen im Kurort Rogaška Slatina und das Kazina-Ballhaus am Kongresni Trg in Ljubljana (1837), außerdem die Biedermeier-Architektur vieler Bürgerhäuser in Ljubljana.

Man kann aber nicht wirklich von einer ausgeprägten klassizistischen Architektur-Periode in Slowenien sprechen. In der Malerei entstanden **romantische Landschaftsbilder** und **Porträts**: Wichtige Vertreter sind *Franc Kavčič*, *Josip Tominc* und *Matevž Langus*, außerdem *Janez Wolf*.

Jugendstil und Moderne

Jugendstil in Ljubljana: die ehemalige Volksdarlehenskasse

Dafür drückte der **Jugendstil** dem Land seinen Stempel auf, hauptsächlich in der Hauptstadt, dort aber mindestens ebenso nachhaltig wie der Barock. Voraussetzung war eine Katastrophe: 1895 wurde Ljubljana erneut durch ein **Erdbeben** zerstört. Die Stunde der modernen Stadtplanung schlug: Der slowenische Architekt *Maks Fabiani* wurde mit der **Neugestaltung** beauftragt und gab, gemeinsam mit seinem Kollegen *Ivan Vurnik*, dem Viertel westlich der Ljubljanica ein völlig neues Gesicht: Die geraden Straßenzüge und viele der typischen Jugendstil-Häuser gehen auf Fabiani, Vurnik und andere slowenische und österreichische Architekten zurück. Die schönsten und bekanntesten Jugendstil-Gebäude sind das Kaufhaus Urbanc und das Šmalč-Gebäude am Prešernov Trg sowie das Hotel Union und die Drachenbrücke. Nach dem Ersten Weltkrieg wurde die begonnene Neugestaltung Ljubljanas fortgeführt, und zwar maßgeblich von *Jože Plečnik* (1872-1957), der ganze Stadtviertel prägte. Der Architekt begann, seine ganz eigenwilligen Formen auch in Slowenien zu verbreiten. Plečnik gestaltete 1922 zunächst das Ljubljanica-Ufer um und entwarf die „Drei Brücken" (Tromostovje), dazu kamen die Nationalbibliothek und der Friedhof Žale („Plečniks Ljubljana", siehe auch Infokasten Seite 228). Typische Merkmale in *Plečniks* Architektur sind Säulen und Kapitelle. Er wirkte nicht nur in Ljubljana, im ganzen Land wird man immer wieder auf Kirchen und andere Bauten stoßen, die von *Plečnik* entworfen oder umgestaltet wurden, z.B. die Kirche Christi Himmelfahrt in Bogojina im Prekmurje oder die Innengestaltung der Kirche Šentjakob in Škofja Loka. Schließlich wurde Ljubljanas Wolkenkratzer, *Nebotičnik*, von dem *Plečnik*-Schüler *Vladimir Šubic* entworfen.

Maks Fabiani

Jože Plečnik

Malerei und Plastik

In der Malerei setzte sich ab Mitte des 19. Jh. in Slowenien der **Realismus** durch, wichtige Vertreter waren *Ivana Kobilica* und die Brüder *Janez* und *Jurij Šubic*. Ende des 19. Jh. hatte der **Impressionismus** entscheidenden Einfluss auf slowenische Maler wie *Rihard Jakopič*, *Ivan Grohar*, *Matija Jama* und *Matej Sternen*. Ihre Werke waren 1890 in der ersten Ausstellung moderner Kunst in Ljubljana zu sehen. Auch **Expressionismus** und **Symbolismus** erreichten Slowenien, so dass man nicht von einem „reinen" Impressionismus sprechen kann. *Jakopič* ist als eine der wichtigsten Persönlichkeiten der slowenischen Malerei zu nennen: Er gründete die erste Kunstschule Ljubljanas und auch die erste Kunstgalerie der Stadt. Erwähnenswert sind außerdem Expressionisten wie *Božidar Jakac* und die Brüder *France* und *Tone Kralj*. In der **Bildhauerei** entstanden als Ausdruck des erwachenden Nationalbewusst-

Rihard Jakopič

seins viele Plastiken berühmter Slowenen: *Ivan Zajc* entwarf das **Prešeren-Denkmal** auf dem Prešernov Trg in Ljubljana, *Alojz Gangl* das **Valvasor-Denkmal** vor dem Nationalmuseum und das **Vodnikov-Denkmal** auf dem gleichnamigen Platz. Außerdem ist *Lojze Dolinar* zu nennen, der nach dem Ersten Weltkrieg zu einem wichtigen Vertreter der expressionistisch-symbolistischen Bildhauerei wurde.

Lojze Dolinar

Nach dem Zweiten Weltkrieg dominierte sowohl in der Architektur als auch in der Bildenden Kunst der **soziale Realismus**, es entstanden Monumentaldenkmäler, die die Arbeiter und den Befreiungskampf heroisierten. Obwohl viele von ihnen sozialistische Auftragsarbeiten durchführten, bewahrten sich die slowenischen Künstler alles in allem aber ihre künstlerische Eigenständigkeit, darunter sind die Bildhauer *Lojze Dolinar*, *Karel Putrih* und *Jakob Savinšek*, sowie die Maler *France Mihelič*, *Gojmir Anton Kos* und *Marij Pregelj* zu nennen. Auch auf dem Gebiet der **Grafik** hat sich in Slowenien ein eigener Stil entwickelt, die Grafik-Schule der Kunstakademie in Ljubljana hat einen ausgezeichneten internationalen Ruf. Seit 1955 wird in Ljubljana eine **Grafik-Biennale** abgehalten, die von *Jakac* initiiert wurde, und weltweit eine der größten Grafik-Ausstellungen überhaupt ist. Eine zweite Biennale für Grafik findet in Novo mesto statt.

Forma Viva

Skulpturenpark

Eine Besonderheit sind die **Forma-Viva-Parks**, in denen große Skulpturen unter freiem Himmel stehen: In den 1960er Jahren wurden internationale Bildhauer zu Workshops eingeladen, wo diese Kunstwerke ent standen.

Skulpturen im Forma-Viva-Park in Kostanjevica

Die Künstler konn ten thematisch und technisch völlig frei arbeiten, nur das Material war durch die jeweilige Region vorgegeben. Die Kunstwerke gingen nach Ende des Workshops in den Be- sitz der Organisatoren über, dafür wurden Aufenthalt, Kost und Logis sowie das Material bezahlt. So entstanden Skulpturen-Parks in Kostanjevica im Krka-Tal, in Seča bei Portorož, in Ravne in der Koroška und in Maribor.

Die Idee stammte eigentlich aus Österreich und wurde von slowenischen Künstlern „importiert". Heute sind die Forma-Viva-Skulpturen im Park des ehemaligen Klosters in Kostanjevica sehr sehenswert.

Postmoderne

Die neuere slowenische Kunst wird seit Anfang der 1980er Jahre von einer Gruppe, oder besser Richtung, dominiert, die verschiedene Künstler und Kunstformen vereint: Die **Neue Slowenische Kunst**, kurz **NSK**, an der Musiker, bildende Künstler und Theatergruppen beteiligt sind. Die Künstler haben mit teilweise spektakulären Aktionen und Happenings auf sich aufmerksam gemacht. Sie setzen z. B. bewusst faschistische und stalinistische Symbole ein, um zu provozieren, auch der deutsche Name NSK ist im nationalen Slowenien als Provokation gemeint. Eine bekannte Aktion im Rahmen von Konzerten oder Kunstmessen ist die Proklamation eines „NSK-Staates" (z.B. in Berlin und im belagerten Sarajevo), für den Pässe und Briefmarken gedruckt wurden. Auch die Namen der Teilnehmer sind provokatives Programm: New Collectivism, Department of Pure and Applied Philosophy, IRWIN für eine Maler-Kooperative. Bekanntester Vertreter der NSK ist die **Punkrock-Gruppe Laibach**, die sich bereits 1980 gründete und im ehemaligen Jugoslawien zeitweise verboten war. In der Galerija Škuc in Ljubljana oder im Internet unter www.laibach.nsk.si kann man sich über die neuesten Pläne und Akti -nen der NSK informieren.

NSK

Punkrock als Kunst

Die Galerija Škuc in Ljubljana

Sprache und Literatur

In der Sprache wird ein Schlüsselelement für den Erhalt der **kulturellen Identität** der Slowenen gesehen. Die südslawische Sprache Slowenisch entwickelte sich gegen die Dominanz des Deutschen, obwohl sie heute von kaum mehr als 2 Millionen Menschen gesprochen wird, und die Sprachgruppe in der Vergangenheit noch wesentlich kleiner war. Bemerkenswert ist die Vielfalt von mindestens 40 Dialekten, die heute gesprochen werden, und in denen sich viele alte Wörter erhalten haben. Ein älteres Sprachelement ist auch der Dual, ein eigener Numerus für die Zweizahl (gewissermaßen zwischen Singular und Plural). Die ältesten Schriftstücke in slowenischer Sprache sind die **Freisinger Sprachdenkmäler** (*Brižinski spomeniki*), die im bayerischen Freising gefunden wurden. Die drei Texte werden auf etwa 970 datiert, sie enthalten Gebete, eine Predigt über die Sünde und Anweisungen für die Beichte. Es sind zugleich die ältesten Schriftstücke in einer slawischen Sprache überhaupt. In den folgenden Jahrhunderten entstanden nur wenige religiöse Texte, die für die Sprachentwicklung keine Bedeutung hatten. Erst im Zuge der **Reformation** erschien das erste Buch in slowenischer Sprache: Der Pfarrer und Reformator *Primož Trubar* (*Primus Trubar*, 1508-1586) veröffentlichte 1550 einen Katechismus und übersetzte das Neue Testament.

viele Dialekte

erste slowenische Bücher

INFO Valvasor und die „Ehre des Herzogthums"

1689 erschien ein besonderes Buch: Der Adlige *Janez Vajkard Valvasor* (oder auf deutsch *Johannes Weikhard Valvasor*) veröffentlichte sein Lebenswerk, „Die Ehre des Herzog- thums Crain". In vier Bänden gab er eine genaue geografische und ethnografische Beschreibung der slowenischen Länder und ihrer Kultur. Das Buch ist eine Art erster Bestandsaufnahme des Slowenentums – geschrieben in Deutsch!

Valvasors Schloss Bogenšperk

Valvasor war ein Universal-Gelehrter und früher Kosmopolit: Geboren 1641 in Ljubljana, reiste er als junger Mann durch ganz Europa und Nord-Afrika. Er stellte fest, dass seine Heimat, das Herzogtum Krain, außerhalb des habsburgischen Reiches weitgehend unbekannt war und begann, sein großes Buch zu planen. 1672 kaufte **Valvasor** das **Schloss Bogenšperk**, auf dem die „Ehre" geschrieben wurde, und richtete dort die erste Druckerei Sloweniens ein. Valvasor arbeitete umfassend und nahm Informationen aus allen Lebens bereichen in sein Werk auf: Er beschrieb Städte und Landschaften, Burgen und Klöster ebenso wie lokale Brauchtümer und geologische Besonderheiten, Flora und Fauna. Dabei kam ihm die Kenntnis der slowenischen Sprache zu gute, v.a. bei den Forschungen über die bäuerliche Kultur. Die vier Bände wurden **Prachtexemplare** und *Valvasor* ein Gelehrter von internationalem Ruf, aber er ruinierte sich mit dem Projekt. Zwar nahm ihn die Royal Society in London auf, nachdem er den temporären Cerknica-See beschrieben hatte, doch *Valvasor* musste sein Schloss verkaufen und starb 1692 verarmt in Krško.

Gedruckt wurden die Bücher aber in Tübingen! 1584 erschien die vollständige **Bibelübersetzung** von *Jurij Dalmatin* (um 1547-1589) und im selben Jahr eine erste slowenische Grammatik von *Adam Bohorič*. Damit waren wichtige Schritte für eine verbindliche, gemeinsame Sprache getan, deren Grundlage die in der Gorenjska und Dolenjska gesprochenen slowenischen Dialekte waren. Während der **Gegenreformation** wurden, wie anderswo in Europa auch, viele slowenische Bücher als ketzerische Werke vernichtet. Die *Dalmatin*-Bibel überlebte zwar die Gegenreformation, doch in den nächsten Jahren wurden in Slowenien wieder nur deutsche und lateinische Bücher publiziert.

Aufklärung

Mit dem Beginn der **Aufklärung** entstand ein geistiges Klima im Habsburgerreich, in dem sich auch die slowenische Schriftsprache weiterentwickeln konnte. Dann allerdings auch mit aller Macht: Die Grundschulpflicht wurde eingeführt und die Leibeigenschaft aufgehoben (Teil der Josephinischen Reformen) und in geradezu liberaler Umgebung blühten slowenische Sprache und Literatur auf. Wesentlichen Anteil an dieser Entwicklung hatte der Eisenmagnat und Philanthrop Baron *Žigan Zois* (1747-1819), der Schriftsteller und Intellektuelle um sich scharte und förderte. Darunter ist besonders der erste slowenische Dramatiker *Anton Tomaž Linhart* (1756-1795) zu nennen, der auch begann, eine slowenische Universalgeschichte zu schreiben (die nicht beendet wurde). 1768 gab *Marko Pohlin* eine slowenische Grammatik heraus, die erste, modernere Basis für das Slowenische seit der *Bohorič*-Grammatik fast 200 Jahre zuvor. Zu den ersten slowenischen Kulturhelden gehörte auch der Dichter *Valentin Vodnik*, der die 1797 die erste Zeitung in slowenischer Sprache, die „Lublanske Novice", herausgab.

Reformen und Bildung

Die Romantik und France Prešeren

Prešeren-Denkmal in Kranj

Ihren ersten unbestrittenen Höhepunkt erreichte die slowenische Literatur mit der Romantik: **France Prešeren, Sloweniens Nationaldichter**, hinterließ ein poetisches Werk, das sowohl literarische Maßstäbe setzte als auch später die Nationalbewegung beeinflusste. Er verfasste melancholische und satirische Gedichte, Sonette, Epen und den Text der heutigen Nationalhymne.

der größte Dichter Sloweniens

Prešeren schrieb gegen die dominierende Literatur-Sprache Deutsch an (obwohl manchmal auch auf Deutsch), und **nationale Themen** bilden in seiner Dichtung die zentralen Motive. Er erlangte im poetischen Ausdruck eine Qualität, die viele bis heute in der slowenischen Sprache für unerreicht halten. Durch die Niederschrift von volkstümlichen Motiven erhielten die slowenische Sprache und Literatur ein **Selbstbewusstsein**, das für die Zukunft wegweisend war. Das Slowenische hatte seine literarische Eigenständigkeit bewiesen und stand nicht länger im Schatten des Deutschen.

Die um 1840 aufkeimende Bewegung des „Illy-rismus", die eine einheitliche Sprache aller südslawischen Völker forderte (dem politischen Gedanken der „Illyrischen Provinzen" *Napoleons* folgend), hatte bei den Slowenen keine Chance. Stattdessen orientierten sich slowenische Schriftsteller und Intellektuelle nach Wien und am Naturalismus.

INFO Der Nationaldichter France Prešeren

Der **größte slowenische Dichter** wurde im Jahre 1800 in dem kleinen Dorf Vrba in der Nähe von Bled geboren. Er stammte aus einfachen Verhältnissen, konnte aber in Ljubljana und Wien Jura studieren. Fast sein ganzes Leben lang arbeitete er als Angestellter in einer Kanzlei in Ljubljana. Erst 1846, kurz vor seinem Tod eröffnete er eine eigene Kanzlei in Kranj, allerdings war er da schon von Krankheit gezeichnet und offenbar auch ohne Lebensenergie. Seinen Lebensstil würde man heute als unkonventionell bezeichnen und nach bürgerlichen Maßstäben seiner Zeit war *Prešeren* gescheitert: Ein melacholischer Dichter, der seine Chancen nicht genutzt und sich lieber dem Alkohol hingegeben hatte. Die große Verehrung, die seine Landsleute ihm heute entgegenbringen, begann erst nach seinem Tod.

Zwei Ereignisse prägten den Lebensweg *Prešerens*, denen er seine künstlerische Inspiration verdanken dürfte: Der Tod seines Freundes und Mentors Matija Čop, selbst ein Literat und Historiker, und die **unglückliche Liebe** zu *Julija Primic*, einer reichen Erbin, die später einen anderen heiratete. Die Trauer soll *Prešeren* an den Rand des Selbstmords gebracht haben, jedenfalls stürzte der Verlust der beiden Menschen ihn in Alkohol und Melancholie – und er versuchte sein Unglück in seinen Gedichten zu verarbeiten. Prešeren hatte lange Jahre eine Beziehung zu einer sehr viel jüngeren Frau, Ana Jelovšek, mit der er mehrere uneheliche Kinder zeugte, damals natürlich ein **Skandal**.

Mit seinen links-nationalistischen Gedichten stand er überdies in Opposition zur absolutistischen Herrschaft *Metternichs*. Gesellschaftlich war *Prešeren* bestenfalls das Enfant terrible der Literaturszene, realistischer betrachtet wohl eher eine Art Ausgestoßener, was er aber stoisch ertragen haben soll. Es macht ihn heute zu einer umso romantischeren Figur. 1848 erschien sein Gedichtband „*Poezije*", die einzige Buchveröffentlichung des größten Dichters seines Landes, 1849 starb er an Leberzirrhose. Kurz danach setzte eine beispiellose Verehrung ein, die bis heute anhält.

Zu *Prešerens* wichtigsten Werken, die in Zeitschriften veröffentlicht wurden, zählen die Sammlung „*Sonetni Venec*" (wörtlich: „Ein Kranz Sonette", 1834), das Versepos „*Krst pri Savici*" („Die Taufe bei der Savica", 1836), das mythologische Motive der Christianisierung der Slawen aufnimmt, und das Versgedicht „*Lepa Vida*" („Schöne Vida"), in das volkstümliche Themen einflossen. Außerdem dichtete er das „*Zdravljica*", den „Trinkspruch" (oder „Trinklied"), dessen siebte Strophe heute die slowenische Nationalhymne ist. An seinem Todestag, dem 8. Februar, wird der slowenische Kulturfeiertag begangen.

Prešeren war ein romantischer Dichter, und in dieser Tradition steht auch *Fran Levstik*, der volkstümliche Geschichten um einen Schmuggler namens „Martin Krpan" sammelte und veröffentlichte. Die Figur ist eine Art slowenischer Robin Hood mit übermenschlichen Kräften, der immer wieder den Häschern des Kaisers entkommt. Als er doch geschnappt wird, kann er den Kaiser mit seiner Kraft beeindrucken, indem er ein ganzes Pferd hochhebt. Der Schmuggler kämpft schließlich im kaiserlichen Auftrag gegen den Bösewicht Berdovs, eine Personifikation der Türken, und besiegt ihn mit seiner Zauber-Axt, wofür er reich belohnt wird.

Naturalismus und Moderne

Ivan Cankar

Wichtigster Schriftsteller der **Moderne** ist *Ivan Cankar* (1876-1918), der neben Gedichten auch Prosa und Dramen schrieb. Noch mehr als *Prešeren* war *Cankar* ein politischer Autor, der sich für sozialistische Ideen und die Arbeiterbewegung einsetzte. In seinen Werken beschäftigte er sich mit der Rolle Sloweniens im österreichisch-ungarischen Kaiserreich: In einer seiner berühmtesten Geschichten kämpft der treue Knecht Jernej gegen eine Ungerechtigkeit seines Herrn und (erfolglos) um die Anerkennung seiner Rechte – eine Parabel für die „Domestiken-Stellung" Sloweniens innerhalb der Donaumonarchie („*Hlapec Jernej in njegova pravica*", 1907).
Seine sozialkritischen Geschichten über die einfachen, unterdrückten Menschen bescherten *Cankar* im späteren sozialistischen Jugoslawien große Popularität. Wichtig sind auch seine autobiografischen Erzählungen „*Moja Njiva*" („Mein Feld") und „*Moja Življenje*" („Mein Leben"). *Cankar* starb 1918 an der Spanischen Grippe. Außerdem ist als früher moderner Autor *Oton Župančič* (1878-1949) zu nennen, der neben Gedichten v.a. für das Theater schrieb. Župančič übersetzte Shakespeare ins Slowenische.

Nationale Themen blieben für slowenische Autoren auch in den nächsten Jahrzehnten bestimmend, während die Literatur umgekehrt in Slowenien wichtig für die kulturelle Identität blieb. *Srečko Kosovel* (1904-1926) schrieb Gedichte über den Karst und das harte Leben seiner Bewohner, *Župančič* und *Edvard Kocbek* (1904-1981) unterstützten während des Zweiten Weltkriegs die Partisanen.

Slowenische Literatur in Jugoslawien

Während der *Tito*-Ära standen Kunst und Literatur zunächst offiziell im Dienste des „**sozialistischen Realismus**" und sollten der „Erziehung zum sozialistischen Menschen" (bzw. der sozialistischen Gesellschaft) dienen. Sozialkritische Themen und die Idealisierung des Partisanenkampfes waren gern gesehen. 1952 wies der jugoslawische Schriftsteller-Kongress in Ljubljana den sozialistischen Realismus zurück und versuchte, ein freieres Kunstverständnis ohne politische Vereinnahmung durchzusetzen.

Edvard Kocbek

Doch in Jugoslawien wurden kritische Schriftsteller verfolgt. Prominentester Fall ist *Edvard Kocbek* (1904-1981), einer der wichtigsten neueren Schriftsteller: *Kocbek* hatte selbst zu den Partisanen gehört, doch nach Veröffentlichung seiner kritischen Erzählungen „Angst und Mut" („*Strah in pogum*", 1952) erhielt er Publikationsverbot. Er wurde sein Leben lang vom Geheimdienst beobachtet und verleumdet. Andere kritische Schriftsteller wie z.B. *Žarko Petan* landeten sogar im Gefängnis oder mussten, wie die Gedichte *Tomaž Šalamuns*, heimlich verlegt werden.

Verbotene Schriftsteller

Durch die relative Öffnung nach Westen war Slowenien aber nie „geistig isoliert", internationale Autoren wurden gelesen. Gesellschaftliche Strömungen wie z.B. die Studenten-, Friedens- und Ökologie-Bewegung fanden auch in Slowenien statt.

Eine lebendige Literaturszene

Nach *Titos* Tod 1980 und dem Ende der „bleiernen Jahre" begann in Slowenien eine intensive Publikationstätigkeit mit kritischen Diskussionen. Herausragend waren die Zeitschriften „**Nova Revija**", in der 1987 das Nationalprogramm veröffentlicht wurde, und „**Mladina**", die eine Mischung aus politischer Berichterstattung, Diskussionsforum, Satire und Provokation bot und von der Bevölkerung jede Woche mit Spannung erwartet wurde.

Politische Opposition fand zu einem großen Teil in der Literatur statt. Und schließlich war es die Inhaftierung von Journalisten und Intellektuellen, die das Volk mobilisierte und die Massenproteste auslöste, die Slowenien letztlich zur Demokratie führten.

Auch die **heutige slowenische Literaturszene** ist sehr lebendig und die Slowenen sind eifrige Leser: Das Land hat sehr viele Verlage, obwohl Bücher in Slowenien teuer sind. Die 2 Millionen Einwohner leihen sich etwa 17 Millionen Bücher pro Jahr aus 60 Bibliotheken aus. Unter den **modernen Schriftstellern** ist v.a. *Drago Jančar* zu nennen, dessen Romane auch ins Deutsche übersetzt wurden, außerdem *Boris A. Novak*, *Niko Grafenauer*, *Maja Vidmak* und *Aleš Debeljak*, um nur noch einige zu erwähnen. Es gibt viele weitere, auch viele junge, provokative Schriftsteller.

Leider spielt die slowenische Literatur international so gut wie keine Rolle. Kaum jemand außerhalb Sloweniens spricht die Sprache, das Publikum bleibt dadurch eingeschränkt. Obwohl die Zahl der Übersetzungen aus dem Slowenischen ins Deutsche seit 1990 sprunghaft angestiegen ist, sind nicht alle der erwähnten Titel auf Deutsch erschienen. Österreichische Verlage mit Sitz im kärnterslowenischen Zentrum Klagenfurt machen sich aber sehr um die slowenische Literatur verdient.

Rege Publikationstätigkeit

In **Kärnten** hat sich eine „grenzübergreifende" Literaturszene entwickelt, mit Autoren, die sowohl slowenisch als auch deutsch schreiben bzw. publizieren und sich auch speziell mit „kärntnerslowenischen" Themen auseinander setzen. Einer der wichtigsten Vertreter ist *Florjan Lipuš*, außerdem *Gustav Januš* und *Janko Messner*.

Zwar sind es keine Werke in der Landessprache, aber „Slowenien in der Literatur" ist mit am besten durch die Werke *Peter Handkes* bekannt, dessen Mutter Slowenin war. Er hat sich allerdings in Slowenien (und nicht nur dort) durch seine Parteinahme für *Slobodan Milosevic* und „Groß-Serbien" diskreditiert. Dem deutschsprachigen Lese-Publikum gut zugänglich sind auch die Geschichten von *Paul Parin* über Slowenien vor und während des Zweiten Weltkriegs.

Musik

A-cappella-Stücke

Traditionelle slowenische Volksmusik wird mit Ziehharmonika, Blasinstrumenten und Panflöte gespielt. Sie vereint Elemente alpiner Musiktraditionen wie Jodler und auch Zither mit Einflüssen vom Balkan. Viele **Volkslieder** sind A-cappella-Stücke, werden also ohne Instrumental-Begleitung gesungen. Slowenien kennt die Tradition, Gedichte zu singen: *pesem* heißt sowohl Lied als auch Gedicht.

Manche Verse von *France Prešeren* sind als „Gesangsgedichte" mit eingängigen Reimen geschrieben worden, auch die slowenische Nationalhymne ist ein „Trinklied". Volksmusik-Fans in Deutschland und Österreich ist die Volksmusikgruppe „Original Oberkrainer" der Brüder Avsenik aus Begunje bekannt.

Zitherspielerin

Allerdings ist diese Musik eine Art „Verpoppung" der traditionellen Volksweisen, mit viel Polka-Klängen, Klarinette und Horn.
Die Brüder Slavko und Vilko Avsenik starteten jedenfalls aus ihren musikalischen Anfängen in der Gaststätte ihrer Eltern in Begunje mit Zwi- schenstation beim Radio eine internationale Karriere. Häufig wird slowenische Folklore-Musik mit dieser „leichten Volksmusik" gleichgesetzt, in Slowenien selbst waren die „Oberkrainer" allerdings nicht ganz so erfolgreich wie in Deutschland.

Auf dem Gebiet der **klassischen Musik** hat Slowenien nur eine kurze Tradition: Ein Meister der katholischen Kirchenmusik, *Jakob Handl* (oder *Jakob Petelin-Gallus*, 1550-1591), stammt zwar aus Ribnica, hat aber kaum Einfluss auf die Musiktradition seiner Heimat genommen.

Gleiches gilt für **Giuseppe Tartini** (1692-1770), der als so genannter „Teufelsgeiger" und Komponist der Teufelsthriller-Sonate große Berühmtheit erlangte, aber in Italien wirkte.

Teufelsgeiger

Tartini stammte aus Piran, das er als junger Mann verließ, da er sich von seiner Familie nicht in ein geistliches Amt drängen lassen wollte. Mit seinem virtuosen Geigenspiel machte er schnell Karriere und gründete schließlich in Padua eine Musikakademie. Seine außerordentliche Fingerfertigkeit brachte ihm den Spitznamen „Teufelsgeiger" ein – man vermutete, er habe einen Pakt mit dem Teufel geschlossen, um derart virtuos spielen zu können.

Trotz dieser nur kurzen Geschichte der Musik: Die Slowenen sind **ausgesprochene Musikliebhaber**, die zahlreichen Musikfestivals in allen Orten und Landes-

Musik-Festivals

teilen sprechen für sich. Es gibt in Ljubljana zwei klassische Orchester, die Philharmonie und das renommierte Radiosymphonieorchester, ein Opernhaus und mehrere Kammerorchester. Maribor hat ein weiteres Philharmonieorchester. Im Openair-Theater Križanke in Ljubljana finden auch Konzerte statt.

Jazz-Fans sollten in Ljubljana den Gajo-Club besuchen, der eine eigene Band hat. Auch in anderen Clubs wird häufig Live-Musik gemacht. Die Punkrock-Gruppe „Laibach" mit ihren provokativen Bühnen-Darbietungen ist bereits erwähnt worden, sehr populär ist auch der Liedermacher *Vlado Kreslin*.

In den Julischen und den Kamniker Alpen trifft man immer wieder auf malerische Wasserfälle. Nationaldichter France Prešeren wies dem ***Savica-Wasserfall*** *eine besondere Rolle zu: In einem Epos des Dichters ließ der slawische Fürst Çrtomir sich hier taufen und die Slawen wurden Christen.*

Die Weiden neigen sich tief über die **Ljubljanica**, den Fluss der Hauptstadt: Ljubljana vereint ein pulsierendes kulturelles Zentrum, Altstadt-Flair und ruhige Idylle.

Im geschichts-trächtigen **Ljubljana** gehen Mittelalter und Jugendstil eine enge Verbindung ein: Fast jedes Gebäude erzählt eine Geschichte. Die Philharmonie hat einen vorzüglichen Ruf, und über allem thront die Burg.

Das **National-museum** in Ljubljana wurde 1885 erbaut und ist Ausdruck der kulturellen Identität einer lange unterdrückten Nation. Das Deckenbild im Foyer ist eine beeindruckende Allegorie des Landes.

Von der Burg aus hat man einen Blick auf das **Gassengewirr der Altstadt** von Ljubljana. Im Mittelpunkt liegt der Kongresni trg, auf dem die Massenkundgebungen stattfanden, mit denen sich Slowenien seine Unabhängigkeit erstritt.

In barocker Pracht strahlt das Portal des **Schlosses Kostanjevica** im Krka-Tal. Eigentlich ein Kloster, beherbergt es heute eine schöne Kunstsammlung, im Garten stehen Forma-Viva-Holzskulpturen.

Die Arkadeninnenhöfe sind typische Merkmale der slowenischen Schlösser und Burgen. Das Schloss Kostanjevica hat den **größten Arkadeninnenhof** in Slowenien – schön renoviert.

*Die **Burg Bizeljsko** liegt im Südosten Sloweniens, in der Nähe von Titos Geburtsort. Der malerische Innenhof täuscht: Das Gebäude verfällt, aber so eindrucksvoll, dass es schon wieder sehenswert ist.*

*Alt und Jung und reich und arm - Gevatter Tod macht keinen Unterschied: **Das Totentanz-Fresko** in der Kirche von Hrastovlje gehört zu den kostbarsten Kunstschätzen des Landes.*

Ptuj, die älteste Stadt Sloweniens, war in römischer Zeit ein wichtiger Verkehrsknotenpunkt. Wahrzeichen ist der Stadtturm, in den auch römische Reliefsteine eingemauert sind.

Das Wahrzeichen Maribors an der Drava ist die Brücke **Stari most** von 1913. Die „Alte Brücke" verbindet die Altstadt mit den Neubauvierteln im Süden des Flusses.

Ptuj hat eine berühmte Faschingstraditon, den ***Kurentenlauf****. Mit Furcht erregenden Masken ziehen junge Männer durch die Stadt und vertreiben den Winter. Das Ritual ist uralt und das Museum auf der Burg zeigt eine Ausstellung mit Masken und Kostümen der Kurenten.*

Das Hribarice-Hochplateau war einst ein Zauberreich, sagt die Legende. Doch als ein Jäger auf den Steinbock Zlatorog schoss, verließen die Feen ihren blühenden Garten und die Gegend verödete: Im faszinierenden Felsenmeer im ***Triglav-Nationalpark****.*

Auf dem Weg zum Gipfel sind schmale Grate zu überwinden und manchmal verschwindet der Pfad in den Wolken: Für eine ***Triglav-Besteigung*** *sollte man trittsicher und schwindelfrei sein.*

Tief in den Bergen ist ein Schatz versteckt, den der legendäre ***Steinbock Zlatorog*** *mit den goldenen Hörnern bewachte. Zlatorog lebt nicht mehr in den Julischen Alpen, doch am Jasna-See bei Kranjska Gora steht sein Denkmal – fast ein Wahrzeichen Sloweniens.*

Das ***Logar-Tal*** *in den Kamniker-Alpen ist ein Paradies für Radfahrer und Wanderer. Das Gletschertal ist nur 9 km lang und 500 m breit, und über den grünen Wiesen erheben sich die Alpen.*

Der schönste Fluss der Alpen: Wie ein Band aus Smaragd zieht sich die ***Soça*** *durch die Berge und verbindet die Alpen mit der Adria. Ihre unglaubliche Farbe muss man mit eigenen Augen sehen.*

Der ***See von Bohinj*** *ist der größte permanente Gletschersee Sloweniens in den Julischen Alpen. Die ruhige Gegend lädt zum Wandern und zum Baden ein.*

Die Straße über den ***Vršič-Pass*** *wurde den Bergen abgerungen – heute ist die Serpentinenreiche Passstraße eine Herausforderung für Radfahrer. Die Ausblicke auf die Alpenwelt sind phantastisch.*

Der natürliche Eingang zur ***Höhle von Škocjan*** *liegt in einem eingestürzten Karsttrichter. In der Höhle eröffnet sich ein tief eingeschnittenes Flusstal – eine wildromantische Unterwelt.*

In der Gegend von **Bohinj** werden die Almen intensiv bewirtschaftet. Wanderer hören immer wieder den Klang der Kuhglocken und manche Almwirte bieten Erfrischungen an.

Legendenumwobene Stimmung: Die Insel im **See von Bled** in der Abenddämmerung. Es ist einer der schönsten Flecken des Landes und wie für die Fotografen geschaffen.

*Ob traditionelle Volksfeste, Musikfestivals oder Hochzeiten – eigentlich wird immer irgendwo gefeiert: Hier sorgt ein Leierkastenmann auf einem Stadtfest in **Ptuj** für Stimmung.*

Die berühmteste Hinterlassenschaft der Römer in Istrien: ***Das Amphitheater in Pula*** *hat Kaiser* ***Vespasian*** *gebaut – angeblich um einer seiner Geliebten einen Gefallen zu tun.*

Die istrische Ostküste ist noch sehr ruhig, hier kann man viele kleine Buchten entdecken. Im Bild ist ein versteckter kleiner Hafen auf der Landzunge ***Crna Punta*** *südlich von Rabac zu sehen.*

Volkstanzvorführungen werden in Kroatien nicht nur für die Touristen inszeniert: Die Tradition ist lebendig und in ***Rovinj*** *führen auch internationale Gruppen in farbenfrohen Kostümen ihr Können vor.*

Rovinj *schiebt sich auf einer Landzunge ins Meer und sein Wahrzeichen, der Campanile der Euphemia-Kathedrale, ist weithin sichtbar. Die Stadt lag einst auf einer Insel, die im 18. Jh. mit dem Festland verbunden wurde.*

Auf ihrem Weg ins Meer windet sich die ***Soça*** *meist durch enge Schluchten, nur selten öffnet sich die Landschaft. Der Fluss ist ein Paradies für Kajak-Fahrer und in Bovec liegt ein bekanntes Rafting-Center.*

3. Slowenien als Reiseziel

Allgemeine Reisetipps von A-Z

Benutzerhinweis

Die Gelben Seiten werden regelmäßig aktualisiert, so dass sie stets auf dem neuesten Stand sind. In den ***Allgemeinen Reisetipps*** *(S. 105ff) finden Sie – alphabetisch geordnet – reisepraktische Hinweise für die Vorbereitung Ihrer Reise und Ihren Aufenthalt in Slowenien. Die* ***Regionalen Reisetipps*** *(S. 125ff) geben Auskunft über Infostellen, Sehenswürdigkeiten, Unterkünfte, Restaurants etc. in den – ebenfalls alphabetisch aufgelisteten – wichtigsten Städten und Ortschaften der Insel.*

A

Angeln

Angeln ist in vielen Flüssen Sloweniens möglich. Besonders das Forellen-Fischen im Soča-Tal ist berühmt, aber auch in der Sava Bohinjka in der Gegend von Bled findet man viele Angelmöglichkeiten. Die Wasserqualität der Kolpa und der Krka im Süden des Landes gelten als hervorragend. Angelscheine werden in Hotels oder bei den Touristeninformationen verkauft. In manchen Gewässern ist nur das Fliegenfischen erlaubt.

Informationen gibt es auch bei der Fischereianstalt Ljubljana (*Zavod za ribištvo Ljubljana*), Župančičeva 9, 1000 Ljubljana, ☏ (01) 426 20 19, 🖷 (01) 426 51 85, 💻 www.zzrs.si, E-mail: zzrs-info@siol.nets

Anreise

MIT DEM AUTO
Flüge nach Slowenien und Mietwagen im Land sind vergleichsweise teuer, daher ist die Anfahrt mit dem eigenen Wagen die günstigste Möglichkeit nach Slowenien zu reisen. Die Straßen und die Sicherheitslage sind gut, es ist eher selten, dass Autos aufgebrochen oder gar gestohlen werden, kommt aber vor.

In Slowenien gilt aber, wie anderswo auch: Keine Wertsachen offen im Wagen liegen lassen. Slowenien ist das Durchreiseland nach Kroatien und im Juli/August kommt es v. a. am Wochenende auf der Strecke Ljubljana bis Portorož immer wieder zu regionalen Staus. Wenn Sie es einrichten können, fahren Sie nicht am Wochenende, da auch viele Slowenen sich dann in Richtung Küste aufmachen.

Anreise über Österreich
Aus Deutschland ist die Anfahrt über Salzburg und Villach die schnellste Verbindung. Die Strecke führt durch verschiedene Tunnel, auch hier gilt: Staugefahr in der Hochsaison!

In Österreich sind die Autobahnen und Schnellstraßen gebührenpflichtig:
- Eine Vignette kostet für 10 Tage 7,60 €, für zwei Monate 21,80 €, die Jahresvignette 72,60 €. Für Motorräder 29,00/10,90/4,30 €, zusätzlich fallen Mautgebühren an.
- Im Tauerntunnel müssen 10 € Gebühr entrichtet werden. Der meist befahrene Grenzübergang zwischen Slowenien und Österreich ist im Westen der Karawanken-Tunnel (7 €, Grenzkontrollen jeweils vor dem Tunnel). Alternativ ist die Fahrt über den Wurzenpass westlich von Villach möglich, der aber für Wohnmobile gesperrt ist. Aus Richtung Klagenfurt kann man auch den Loibl-Pass nehmen, was zeitaufwändiger ist.

Anreise über Italien
- Alternativ ist die Anfahrt über die Brennerautobahn, über Vicenza, Venedig und Triest möglich. Für Reisende aus der Schweiz ist die Fahrt durch Norditalien günstiger. Rund um Triest liegen mehrere internationale Grenzübergänge.

MIT DEM BUS

Regelmäßige Verbindungen mit Linienbussen bietet die Deutsche Touring Gesellschaft in Frankfurt an, Buchungen über ☏ (069) 7903 219, E-mail: service@deutsche-touring.com, 💻 www.deutsche-touring.com. Verschiedene Veranstalter bieten Pauschalreisen mit dem Bus nach Slowenien an.

MIT DEM ZUG

Tägliche Verbindungen über München, Villach (Österreich) und Jesenice nach Ljubljana. Autoreisezüge mit Liege- oder Schlafwagen fahren ab Hamburg, Berlin, Köln und Frankfurt nach Villach, dort umsteigen nach Jesenice und Ljubljana.

MIT DEM FLUGZEUG

Die slowenische Fluggesellschaft *Adria Airways* fliegt von Frankfurt und München aus mehrmals täglich direkt nach Ljubljana. Außerdem steuern die Airlines *Ryanair* von Frankfurt aus und *Easyjet* von Berlin aus Ljubljana mit Direktflügen an. Der internationale Flughafen von Ljubljana liegt 30 km nördlich der Hauptstadt in Brnik. Weitere Flughäfen liegen in Maribor und Portorož, werden aber kaum von internationalen Gesellschaften angeflogen.

Am Flughafen Ljubljana

⇨ Apotheke

ⓘ Stichwort „Notfall"

⇨ Auskunft

Vor Reiseantritt sind Informationen über die slowenischen Fremdenverkehrszentralen in Deutschland erhältlich. Die Bestellung von allgemeinem Informationsmaterial ist über die mehrsprachige Internetseite, per Fax oder Telefon möglich. Broschüren wie „Städtereisen" oder „Heilbäder in Slowenien" geben einen guten ersten Überblick; Informationen im Internet unter www.slovenia-tourism.si.

DEUTSCHLAND

- **Slowenisches Fremdenverkehrsamt**, Maximiliansplatz 12a, 80333 München, ☏ 089/ 29 16 12 02, 🖷 089/29 16 12 73, E-mail: slowenien.fva@t-online.de

ÖSTERREICH

- **Slowenisches Tourismusbüro**, Hilton Center, Landstrasser Hauptstr.2, 1030 Wien, 01/ 715 40 10, 🖷 01/713 81 77, E-mail: slowenien.info@xpoint.at

IN DER SCHWEIZ
• **Slowenisches Verkehrsbüro**, Löwenstr. 54, 8001 Zürich, ☎ 01/212 63 94, 🖷 01/212 52 66, E-mail: adria.slo@bluewin.ch

IN SLOWENIEN
• **Slovenska turistična organizacija**, Dunajska 156, 1000 Ljubljana, ☎ 01/589 18 40, 🖷 01/589 18 41, E-mail: info@slovenia-tourism.si

In Slowenien gibt es in allen größeren Orten Informationsstellen: **Turistično Informacijski Center** (TIC) oder Vereinigungen – **Turistično društvo** – , die bei der Zimmersuche helfen und über Aktivitäten und Sehenswürdigkeiten in der Region informieren. Die Adressen finden Sie in den entsprechenden Ortsbeschreibungen.

⇨ Auto fahren/Verkehrsregeln

• In Slowenien wird ziemlich gerast! Vor allem auf den Landstraßen wird Tempo gemacht und so ist die Unfallstatistik eine der höchsten in Europa. Verkehrskontrollen sind häufig (Radar) und auch Touristen werden unbarmherzig zur Kasse gebeten. Allerdings wird nicht so aggressiv gefahren wie beispielsweise in Italien. In geschlossenen Ortschaften gilt eine Geschwindigkeitsbegrenzung von **50 km/h**, auf Landstraßen **90 km/h**, auf Schnellstraßen **100 km/h** und auf Autobahnen **130 km/h**.

• In Slowenien muss auch **tagsüber mit Abblendlicht** gefahren werden! Es ist Pflicht, einen Satz Ersatz-Glühbirnen mitzuführen.

• Es besteht **Gurtpflicht**. Die Alkoholgrenze liegt bei 0,5 Promille (für Auto- und Radfahrer). Die Schilder und Verkehrsregeln unterscheiden sich ansonsten nicht von denen in Deutschland. Eine grüne Versicherungskarte ist für EU-Bürger weder in Slowenien noch in Kroatien notwendig.

• Der **Straßenzustand** ist allgemein gut und entspricht westeuropäischem Standard, auch auf den serpentinenreichen Bergstrecken. Unbefestigte Straßen sind die Ausnahme und nur noch auf z. B. abgelegenen Hochebenen zu finden. Aber gerade die Bergstrecken werden häufig ausgebessert, hier kann man bei wenig Verkehr unvermittelt vor einer Baustelle stehen. Die Passstraßen über die Alpen sind mit einem Ampelsystem ausgestattet, das im Tal anzeigt, ob der Pass geöffnet ist.

• Die **Autobahnen** sind noch im Ausbau, so dass man immer wieder Teilstücke über Landstraßen fahren muss. Die Autobahnen in Slowenien sind mautpflichtig, die Preise sind niedrig (Ljubljana – Maribor 1.050 SIT).

• ADAC-Partner in Slowenien ist **AMZS** – Slowenische Automobilvereinigung, Dunajska 128, 1000 Ljubljana, ☎ (01) 534 13 41

• Die **Pannenhilfe** ist in Slowenien und Kroatien unter **987** zu erreichen (Funktelefon **01-987**). Bei Unfällen mit größeren Sach- oder gar Personenschäden sollte man unbedingt die Polizei dazu ziehen.

Autoverleih

ⓘ Stichwort „Mietwagen"

B

Baden

Über Leitern kommt man ins Meer

• An der kurzen slowenischen Küste ist Baden möglich, die Wasserqualität ist jedoch nicht die beste. Ein ausgesprochener Badeort ist Portorož, aber auch in allen anderen Küstenstädten gibt es Bademöglichkeiten. Sehr gut sind dagegen die Bademöglichkeiten in Seen und Flüssen: Die Seen von Bled, Bohinj und Cerknica sind sauber und haben angenehme Temperaturen. In den Flüssen Kolpa und Krka kann man ebenfalls baden. In der Soča kann man an vielen Stellen gerade mal untertauchen und nicht wirlich Schwimmzüge machen.

• Für einen klassischen Badeurlaub empfiehlt es sich, nach Kroatien weiterzufahren, die istrische Küste hat sehr sauberes Wasser. Die Küste ist felsig oder besteht aus Kiesstränden. Teilweise führen Leitern ins Wasser. Teilweise ist zwischen die Felsen Beton gegossen, um Liegeflächen zu schaffen. Zum Baden sind Gummi-Sandalen zu empfehlen. Wer am Strand liegen möchte, sollte eine Luftmatratze mitnehmen, in den Badeorten werden feste Matten verkauft, mit denen man sich zwischen die Felsen und auf Kies legen kann.

Banken

• Öffnungszeiten: Mo-Fr 8-12 oder 12.30, 14-16.30 Uhr, Sa 8-12 Uhr

Berghütten

Mehr als 150 Berghütten werden vom Slowenischen Alpenverein (*Planinska Zveza Slovenije*, PZS) betrieben. Die Ausstattung ist sehr unterschiedlich: die meisten Hütten (*koča* oder *dom*) werden von Juni-September betrieben, im Mai und Oktober nur an den Wochenenden. Hier bekommt man eine Unterkunft in Mehrbettzimmern oder Schlafsälen und Verpflegung. Die meisten Hütten in der Nähe des Triglav-Gipfels haben fließendes Wasser, einige sogar Duschen. Ein *bivak* ist eine einfache Schutzhütte ohne Strom.

- Die Preise für Übernachtungen und Verpflegung sind festgelegt, höher gelegene Hütten sind etwas teurer. Für ein Bett in einem Schlafsaal muss man 7-10 € rechnen, in einem 4-Bett-Zimmer 10-15 €, für Mitglieder des Alpenvereins gelten günstigere Tarife. Das Essen ist einfach und deftig: Die Sauerkrautsuppe *Jota*, Spaghetti, Gulasch. Die Preise liegen etwa bei 800 SIT. In den Hütten werden Getränke verkauft, neben Mineralwasser auch Bier.

- Wer spät in einer voll belegten Berghütte ankommt, kann i. d. R. auf Matten auf dem Gang übernachten. Es wird im Sommer voll: An den Wochenenden von Mitte Juli bis Anfang September sollte man vorausbuchen! Auf den Rückseiten der Wanderkarten des Alpenvereins sind Beschreibungen und die Telefonnummern der Berghütten abgedruckt. Eine vollständige Liste bekommt man beim Alpenverein und teilweise auch bei den Touristeninformationen in den Wandergebieten.

⇨ Botschaften und diplomatische Vertretungen

IN DEUTSCHLAND
- **Slowenische Botschaft**
  Hausvogteiplatz 3-4, 10117 Berlin, ☏ 030-206 14 50, 🖷 030-20 61 45 70
- **Generalkonsulat der Republik Slowenien**
  Lindwurmstr. 14, 80045 München, ☏ 089-543 98 19, 🖷 089-543 94 83
  Weitere Konsulate in Hamburg, Bremerhaven, Saarbrücken, Potsdam.
- **Kroatische Botschaft**
  Ahornstr. 4, 10787 Berlin, ☏ 030-21 91 55 14, 🖷 030-23 62 89 51
- **Generalkonsulate** in Hamburg, Frankfurt, Stuttgart, München.

IN ÖSTERREICH
- **Slowenische Botschaft**
  Nibelungengasse 13, 1010 Wien, ☏ 01-586 13 09, 🖷 01-586 12 65
- **Generalkonsulate** auch in Klagenfurt, Graz und Innbruck
- **Kroatische Botschaft**
  Haubergasse 10, 1170 Wien, ☏ 01-4802083, 🖷 01-4802942

IN DER SCHWEIZ
- **Slowenische Botschaft**
  Schwanengasse 9/II, 3011 Bern, ☏ 031-3129009, 🖷 031-3124414
- **Diplomatische Vertretung** auch in Genf
- **Kroatische Botschaft**
  Thunstr. 45, 3005 Bern, ☏ 031-952 66 59, 🖷 031-952 66 93
- **Generalkonsulat** in Zürich.

IN SLOWENIEN
- **Deutsche Botschaft**
  Prešernova cesta 27, 1000 Ljubljana, ☏ 01-251 61 66, 🖷 01-425 08 99
- **Österreichische Botschaft**
  Prešernova cesta 23, 1000 Ljubljana, ☏ 01-479 07 00, 🖷 01-252 17 17
- **Schweizer Botschaft**
  Trg republike 3/VI, 1000 Ljubljana, ☏ 01-200 86 40, 🖷 01-200 86 69

IN KROATIEN

- **Deutsche Botschaft**
  Avenija Vukovar 64, 10000 Zagreb, ☏ 01-615 81 05, 🖷 01-615 81 03
- **Österreichische Botschaft**
  Jabukovac 39, 10000 Zagreb, ☏ 01-488 10 50, 🖷 01-483 44 66
- **Schweizer Botschaft**
  Bogovičeva 3, 10000 Zagreb, ☏ 01-487 88 00, 🖷 01-481 08 90

➪ Burgen/Schlösser

- Slowenien hat zahlreiche Burgen aus dem Mittelalter, und eine ganze Reihe wunderschöner Renaissance- und Barock-Schlösser. Viele der Burgen (*grad*) liegen seit langem in Ruinen (*stari grad*), die meisten Schlösser wurden während und nach dem Zweiten Weltkrieg geplündert, so dass von der einstigen Ausstattung nichts mehr übrig ist.

- Viele der Schlösser sind sehr heruntergekommen, Fenster fehlen, Galerien und Arkaden-Gänge stehen kurz vor dem Zusammenbruch, Schimmel kriecht die Wände herauf und greift Deckenfresken und Wandmalereien an, von der Bausubstanz ganz zu schweigen. Die meisten Gemeinden sind mit der Renovierung finanziell überfordert.

- Die Vereinigung der Burgen und Schlösser in Slowenien (*Združenje gradov na slovenskem*) bemüht sich um die Restaurierung und den Erhalt der historischen Gebäude. Auf vielen der Burgen werden kulturelle Veranstaltungen wie Theateraufführungen und Konzerte abgehalten, einige sind zu Luxushotels umgebaut worden. Ein Problem sind die vielen leeren Zimmer: eine Schlossbesichtigung ohne Einrichtung wie in Slovenska Bistrica ist merkwürdig. Alternativ versucht man, die Schlösser mit z. B. volkskundlichen Ausstellungen, technischen und archäologischen Museen oder Kunstausstellungen zu füllen, vereinzelt werden auch wieder Möbel angeschafft. Eine Ausnahme ist das Schloss Snežnik in der Notranjska, das von den Kriegen verschont geblieben ist und noch die Original-Ausstattung aus dem 18. und 19. Jh. hat.

- Sehr gut renoviert sind die Burgen in Ljubljana, Bled und Podsreda, auch Ptuj und Brežice sind ihrer Burgen wegen besuchenswert. Eines der berühmtesten Gebäude Sloweniens ist die „Höhlenburg" Predjama bei Postojna, die halb in den Felsen hineingebaut wurde.

- Bei einigen Burgen, wie in Škofja Loka oder Celje, lädt eher die spektakuläre oder malerische Lage über einem Fluss oder einer Stadt zum einem Besuch ein. Eine der Aufsehen erregendsten Ruinen ist die Burg Kamen in Begunje.

➪ Busse

Die Expressverbindungen zwischen den größeren Städten sind gut und günstig. Verbindungen in kleinere Orte sind unregelmäßig, manchmal fahren nur zwei Busse pro Tag (morgens und abends). Abgelegene Dörfer oder Sehenswürdigkeiten wie z. B. Burgen erreicht man nur mit dem eigenen Wagen oder Fahrrad.

C

Camping

- Die Campingplätze in Slowenien sind zahlreich, die Slowenen sind begeisterte Camper und man ist nie weit vom nächsten Platz entfernt. Die Plätze sind meist klein, im Durchschnitt 200-300 Plätze. (Anders in Kroatien, das riesige Anlagen mit bis zu 8000 Plätzen hat.)

- Die Ausstattung ist sehr unterschiedlich, auf einigen Plätzen sind die sanitären Anlagen schön renoviert, viele schleppen sich mit teils sehr alter Ausstattung durch. Die Kategorisierung entspricht nicht unbedingt der in Deutschland üblichen: Die meisten Plätze sind etwas weniger gut ausgestattet, als die Anzahl der Sterne vermuten lässt. Drei Sterne bedeuten Luxus-Klasse, was meist auch zutrifft, hier gibt es in jedem Fall Waschmaschinen. Ein Platz mit einem Stern ist sehr einfach ausgestattet, die sanitären Anlagen veraltet. Eine warme Dusche muss auf vielen Plätzen extra bezahlt werden.

- Wildes Campen ist in ganz Slowenien verboten und wird mit Geldstrafen geahndet. Auf gar keinen Fall sollte man im Triglav-Nationalpark zelten! Der Park ist Naturschutzgebiet und Wildcamper können nicht auf Verständnis hoffen, weder bei Parkwächtern noch bei anderen Besuchern.

Canyoning

ⓘ Stichwort „Kajak/Kanu fahren"

E

Einkaufen/Souvenirs

- In Slowenien bemüht man sich um die Wiederbelebung der **traditionellen Handwerkskunst**. Die meisten Touristeninformationen verkaufen eine begrenzte Auswahl von mehr oder weniger brauchbaren Holzprodukten. In den größeren Städten gibt es gut sortierte Souvenirläden, die eine breite Palette von qualitativ gutem Kunsthandwerk anbieten, auch hier machen kleine Artikel aus Holz oder Korbwaren (*suha roba*) den größten Teil aus.

- Sehr lohnend ist es **Wein** mitzubringen – slowenischer Wein ist in Deutschland selten zu bekommen. Am besten kauft man ihn natürlich direkt von den großen Weinkellereien, stilecht nach einer Weinprobe – oder ganz profan im Supermarkt, wo das Angebot i. d. R. gut ist. Auch der Pflaumenschnaps Slivovitz (*slivovka*) und verschiedene Obstbrände lohnen die Mitnahme.

- Manche Bauern verkaufen selbst gebrannte **Obstbrände** und **Schnäpse** (*šnops*). Wenn Sie beispielsweise auf einem Bauernhof übernachtet haben und dort ein leckerer Obstbrand serviert wurde, nehmen Sie gleich eine Flasche mit! Gleiches gilt für **Honig** und **Öl**, v. a. schwarzes Kürbiskernöl aus der Bela Krajina.

- **Klöster** verkaufen traditionelle Erzeugnisse wie Gewürze, Tees und Öle, aber auch Heil-Tinkturen. Es ist nicht nur touristisches Spektakel, die Produkte haben ausgezeichnete Qualität! Preisgekrönte Weine verkaufen die Mönche des Klosters Pleterje, die ihre Produkte auch alle selbst produzieren. Der Birnenschnaps *Pleterska hruška* mit einer in der Flasche gewachsenen Birne (*hruška*) ist legendär.

- **Imkereiprodukte** dürfen auf der Liste der Mitbringsel nicht fehlen. Slowenischer Honig (*med*) ist hervorragend, da i.d.R. naturbelassen, und preiswert. Sehr gut kann man ihn bei Bauern kaufen, achten Sie einfach auf die Schilder an der Straße! Auch weitere Produkte wie Gelee Royal und Propolis, werden angeboten. Natürlich kommen dazu Kerzen in allen Formen aus echtem Bienenwachs.

- Eines der typischsten Souvenire sind die **Bienenkorbbrettchen** aus Holz, Reproduktionen traditioneller Motive mit naiver Malerei, die sich beispielsweise als Wandschmuck verwenden lassen.

- Wer hochwertige **Klöppel-Spitze** mag: In der Region von Idrija wird die Tradition bis heute gepflegt. Die größte Auswahl gibt es in Idrija selbst, wo Geschäfte ganze Tischdecken und Kleidungsstücke aus Spitze verkaufen, aber auch in Škofja Loka gibt es einen schönen Laden. In den Souvenirgeschäften in anderen Landesteilen bekommt man meist nur kleinere Stücke aus Spitze, schon mit Rahmen versehen. Natürlich haben die Stücke ihren Preis: Es steckt ein ungeheurer Arbeitsaufwand dahinter!

- In Slowenien wird in Tržišče bei Rogaška Slatina **Bleikristall** produziert, in ganz ähnlichen „klassischen" Schliffen wie böhmisches Kristall, aber auch in glatten, moderneren Variationen. Am günstigsten bekommt man das Bleikristall in fabrikeigenen Geschäften in Tržišče, aber auch sonst im Land zu guten Preisen.

- Auch **Keramikprodukte** gehören zum traditionellen slowenischen Kunsthandwerk, meist sind es weiße Krüge und Töpfe mit bunter Bemalung, die zwar aus dem bäuerlichen Inventar stammen mögen, aber recht kitschig wirken. Doch auch rostbraune, Terrakotta-ähnliche Produkte sind in verschiedenen Formen im Angebot. Aus dem Prekmurje kommt schwarz lasierte Keramik, die aber nur noch selten zu finden ist.

- Aus der Bela Krajina kommen schließlich **Hühnereier** mit feinen floralen Mustern. Die Eier werden im Zwiebelsud fast schwarz, dann wird die Färbung abgekratzt, so dass helle Muster auf dem dunklen Hintergrund entstehen.

- Wer eher **Kunst** als Kunsthandwerk sucht, sollte sich in Izola umsehen. Im Sommer ziehen Künstler in die Stadt und öffnen ihre Ateliers für Besucher. In diesen „art shops" kann man moderne Kunst gleich von der Straße weg kaufen. Ähnlich ist es in den kroatischen Städten Grožnjan und Rovinj, diese sind aber sehr touristisiert und es wird viel Kitsch angeboten. Grožnjan ist noch eher ein Garant für schönes Kunsthandwerk.

Einreisebestimmungen

Besucher aus Deutschland, Österreich und der Schweiz benötigen lediglich einen Personalausweis für die Einreise. Wer länger als 30 Tage bleiben will, sollte einen Reisepass besitzen. Kinder unter 16 Jahren brauchen einen Kinderausweis oder müssen in den Pass der Eltern eingetragen sein.

Eisenbahn

Das Schienennetz läuft von Ljubljana sternförmig in alle Landesteile und man kann alle größeren Städte erreichen. Es gibt schnellere Expressverbindungen mit Intercity-Zügen und langsamere Regionalbahnen. Zugfahrten sind recht günstig, z. B. ca. 10 € für die Strecke Ljubljana – Maribor. In kleinere Orte muss man mit dem Bus weiterfahren.

ENTFERNUNGEN			
München	–	Ljubljana	430 km
Frankfurt	–	Ljubljana	610 km
Berlin	–	Ljubljana	1020 km
Hamburg	–	Ljubljana	1225 km
Wien	–	Ljubljana	385 km
Salzburg	–	Ljubljana	290 km
Zürich	–	Ljubljana	725 km

Essen und Trinken

ⓘ S.57ff.

F

Fahrrad fahren

- Slowenien ist zum Fahrrad fahren sehr geeignet, auf den ruhigen Nebenstrecken und durch die Weinbaugebiete führen herrliche Touren. Während das Mountain-Bike-Fahren im Triglav-Nationalpark verboten ist, führen schöne Touren durch das Pohorje-Gebirge.

- Optimal für Radtouren sind auch das Krka-Tal, die Gegend von Bohinj und das Prekmurje-Gebiet sowie der Karst. Fahrradverleihe finden man in den meisten Touristenorten oder bei größeren Hotels.

- Slowenien ist ideal dafür, seinen ganzen Urlaub mit dem Fahrrad zu planen. Die Entfernungen sind nicht groß, man kann in relativ kurzer Zeit in viele Landesteile kommen. Die Bergpässe bieten eine Herausforderung auch für erfahrene Touren-Fahrer. Fahrräder können in Slowenien im Zug transportiert werden.

Feste/Veranstaltungen

FEIERTAGE

• **Neujahr**	1./ 2. Januar
• **Kulturfeiertag**	8. Februar („Prešeren-Tag")
• **Tag des Widerstands**	27. April
• **Ostermontag**	
• **Tag der Arbeit**	1./2. Mai
• **Nationalfeiertag**	25. Juni
• **Mariä Himmelfahrt**	15. August
• **Reformationstag**	31. Oktober
• **Allerheiligen**	1. November
• **Weihnachten**	25./26 Dezember
• der **26. Dezember** ist auch der	**Unabhängigkeitstag**

VERANSTALTUNGEN

- Die einzelnen Regionen in Slowenien kennen viele traditionelle Faschingsfeste, herausragend sind der **Kurenten-Lauf** (*kurentovanje*) in Ptuj und das **Laufarija-Fest** in Cerkno (siehe auch S. 291). Umzüge finden i. d. R. am Rosenmontag oder am Wochenende davor statt.
- Im Sommer veranstalten die einzelnen Regionen **Sommerfestivals** mit Konzerten, Ritterspielen und Sportveranstaltungen. Hochkarätige Veranstaltungen finden im Juli/August in Ljubljana und in den Küstenstädten statt.
- Für Ethno- und Weltmusik-Fans ist ein Besuch des **Lent-Festivals** in Maribor Ende Juni lohnenswert, das Fest geht eigentlich auf die Tradition der Flößertaufe zurück.
- Unter den Ritterspielen ist das **Erasmus-Turnier** auf der Burg Predjamski grad Ende August herausragend. Die einzelnen Regionen geben Programmübersichten heraus, die Konzerte, Sonderausstellungen, Theateraufführungen etc. auflisten.

Fotografieren

Filme sind in Slowenien etwa genauso teuer wie in Deutschland, man bekommt in größeren Orten die gängigen Farb- und Diafilme. In den Tropfstein-Höhlen ist das Fotografieren mit Blitzlicht verboten. Die meisten Museen haben dagegen keine entsprechenden Verbote.

➪ Fremdenverkehrsämter

ⓘ Stichwort „Auskunft"

G

➪ Geldangelegenheiten

ⓘ Stichwort „Währung"

➪ Gesundheit

ⓘ Stichwort „Notfall"

➪ Golf

Slowenien hat insgesamt acht Golfplätze, darunter drei mit 18 Löchern. Als schönste und beste Golfanlage gilt der Platz in Bled (18 Löcher), dort ist ein weiterer Platz geplant.

H

➪ Höhlen

Slowenien hat einige spektakuläre Tropfsteinhöhlen wie in Postojna und Škocjan. Doch es gibt in der Karst-Region noch eine Vielzahl weiterer Höhlen, die nur mit erfahrenen Höhlen-Führern und entsprechender Ausrüstung besucht werden können.

Weitere Informationen hat der **Geschäftsverband für touristische Höhlen Slowenien** *Postojnska jama turizem*, Jamska cesta 30, 6230 Postojna, ☏ (05) 700 01 00, 🖷 (05) 700 01 30, E-mail: postojnska.jama@siol.net, 💻 www.postojnska-jama.si

➪ Hotels/Unterkunft

Für Hotels und Pensionen gelten die internationalen Kategorien von 1 bis 5 Sternen. Hotels der Luxus-Kategorie sind im Durchschnitt günstiger als in Deutschland. Viele Hotels wurden in den letzten Jahren renoviert, einige wirken ein wenig steril. Es gibt aber auch sehr gelungene architektonische Experimente, bei denen modernste Materialien in alten Häusern verbaut wurden.

- Die **Preiskategorien** der im Buch vorgeschlagenen Hotels, Pensionen und Bauernhöfe beziehen sich immer auf eine Übernachtung für 2 Personen im Doppelzimmer mit Bad und Frühstück.

- **Privatzimmer** (*sobe*) sind sehr verbreitet und die günstigste Übernachtungsmöglichkeit in Slowenien, manchmal sind es eigentlich kleine Pensionen. Die Touristeninformationen vermitteln Privatzimmer, ausgenommen sind einige Touristenzentren wie die Küstenregion, dort gibt es private Agenturen, die Privatzimmer vermitteln (ebenso in Kroatien). Es ist üblich, bei den Sobe-Schildern an der Straße anzuhalten und nach einer Unterkunft zu fragen. Die meisten Privatzimmer und auch Bauernhöfe nehmen einen bis zu 30prozentigen Aufschlag, wenn man weniger als 3 Nächte bleibt.

i Kategorien

€	bis 30 €
€€	bis 70 €
€€€	80-120 €
€€€€	120-160 €
€€€€€	mehr als 160 €

- Auf privater Basis werden auch Ferienwohnungen, **Apartma**, vermietet, es entstehen immer mehr „Ferien-Siedlungen" mit Apartments und Bungalows.

- **Bauernhöfe** (*Turistična kmetija*) sind in Slowenien als Urlaubsunterkünfte sehr beliebt und verbreitet. Meist werden nur 3-4 Zimmer vermietet, man kann auf den Höfen essen. Die gute Hausmannskost wird geschätzt. Das Ambiente ist rustikal-ländlich, aber die Zimmer sind i. d. R. gut ausgestattet, manchmal sogar mit Fernsehen. Auf vielen Bauernhöfen gibt es Pferde oder Ponys. Die Kategorisierung läuft über „Äpfel", es werden bis zu 4 Äpfel für gut ausgestattete Zimmer vergeben.

- **Jugendherbergen** werden im Sommer in Ljubljana in den Studentenwohnheimen eingerichtet. Es gibt auch Einzel- und Doppelzimmer, aber die Unterkünfte mit Gemeinschaftsbädern auf dem Gang sind sehr einfach. Ein besseres Preis-Leistungsverhältnis hat man bei Privatzimmern.

An den Straßen weisen Schilder auf die Bauernhöfe hin.

Haustiere

Für mitreisende Haustiere wie Hunde und Katzen wird ein internationaler Impfpass und ein Gesundheitszeugnis gefordert, das nicht älter als zehn Tage sein darf. Tollwutimpfungen sind Pflicht, sie müssen mindestens 30 Tage zurückliegen, aber nicht älter als 6 Monate sein.

I

Internet

In sehr vielen Informationsbüros des Tourismusverbands wird ein kostenloser Internetservice angeboten, man soll die Rechner aber nicht länger als 15 Minuten „blockieren". Die größeren Hotels bieten kostenlose Internetbenutzung für ihre Gäste an, meist an einem Computer in der Hotellobby, auch viele kleinere Hotels haben diesen Service eingerichtet. In den größeren Städten wie Ljubljana und Maribor gibt es Internet-Cafés.

K

Kajak und Kanu fahren

- Slowenien ist ein exzellentes Kajak- und Kanugebiet. Unbestrittenes Zentrum ist das **Soča-Tal**, besonders Bovec. Dort sind anspruchsvolle Wildwasser-Touren und auch Canyoning und Rafting möglich.
- **Bovec** gilt als eines der besten Rafting-Zentren Europas. Auch auf der Sava Bohinjka bei Bled sind Rafting-Touren möglich.
- Die **Krka** und die **Kolpa** im Süden Sloweniens sind sehr gute Kanuwandergebiete, dort kann man gemächlicher paddeln. Im oberen Flusslauf der Krka (nördlich von Novo mesto) liegen Tuffsteinschwellen, die auch geübten Kajak-Fahrern Spaß bringen werden.
- Auf der Kolpa gibt es in Sdrenji Radenci, bei dem Ort Stari trg, eine Schlucht mit etwas rasanteren „Stromschnellen". Ein weitere Kanu/Kajak-Gebiet liegt im **Oberen Savinja-Tal**.

Karten

Neben der diesem Buch beiliegenden Reisekarte erhalten Sie bei der Touristeninformation sehr gute Stadtpläne und Regionalkarten mit Wander- oder Radwegen. Für längere Wanderungen empfehlen sich spezielle Wanderkarten. Der Alpenverein und das Geodätische Institut geben detaillierte Karten im Maßstab 1:50.000 heraus, die man in den Bergregionen überall kaufen kann (im TIC, in Sportgeschäften etc.) Für die einzelnen Weinstraßen in Slowenien gibt es ebenfalls Karten bei den Informationszentren.

Kinder

Slowenien ist ein sehr kinderfreundliches Land und ideal für einen Familienurlaub. Die meisten Unterkünfte und Restaurants sind auf Gäste mit Kindern eingestellt (Kinderportionen, entsprechende Stühle etc.). Optimal für Kinder ist ein Aufenthalt auf einem Bauernhof. Einige Thermalbäder haben familienfreundliche Schwimmbäder mit großen Wasserrutschen und Spielbereichen für die Kleinen.

M

Mietwagen

Die großen Firmen wie *Avis*, *Hertz*, *Europcar* haben Filialen in den größeren Städten und am Flughafen Brnik. Mietwagen spielen in Slowenien und an der kroatischen Adria keine große Rolle, es gibt kaum günstige Pauschalangebote.

Museen

Im ganzen Land gibt es schön gestaltete Bauernmuseen

Viele Museen sind montags geschlossen, ansonsten gibt es keine einheitlichen Öffnungszeiten. Manche Museen öffnen nach einer Mittagspause erneut. Fast jede Region in Slowenien hat ein Regionalmuseum (*Pokrajinski muzej*), meist in einem Schloss. Die Qualität ist unterschiedlich, viele Ausstellungen wurden lange nicht modernisiert, manchmal ist das Gebäude die eigentliche Sehenswürdigkeit. Renovierte Museen sind i. d. R. sehenswert. Fast jedes Museum hat eine volkskundliche Ausstellung und zollt damit der bäuerlichen Kultur Sloweniens Respekt.

N

Notfall

Wichtige Notrufnummern	
Notruf	**112**
Polizei	**113**
Feuerwehr	**112**

In jedem größeren Ort gibt es eine **Apotheke** (*lekarna*) mit Nachtdienst und/ oder ein **Krankenhaus** (*bolnišnica/bolnica*). Krankenhäuser haben einen 24-Stunden-Notfalldienst, der Standard in den Kliniken ist gut. Am einfachsten ist es, eine **Reisekrankenversicherung** abzuschließen, etwaige Behandlungskosten selbst zu begleichen und sich das Geld später wiederzuholen. Theoretisch kann man Kosten auch über die gesetzlichen Krankenkassen mit einem Auslandskrankenschein *E111* abrechnen, es gibt entsprechende Abkommen zwischen Slowenien und Deutschland sowie Österreich. Tatsächlich akzeptieren Ärzte und Krankenhäuser den *E111* aber nicht, man muss ihn erst bei einer slowenischen Krankenkasse in einen slowenischen Krankenschein umtauschen, was trotz des

Abkommens problematisch und bürokratisch ist. In Notfällen, die Krankenhausaufenthalte nach sich ziehen, ist es aber in jedem Fall gut, einen Auslandskrankenschein dabei zu haben.

Notfallnummern für Italien und Kroatien			
Italien		**Kroatien**	
Polizei	112	Polizei	92
Feuerwehr	115	Feuerwehr	93
Notruf	113	Notruf	94

O

Öffnungszeiten

Die **Kernöffnungszeiten** der Geschäfte sind Mo-Fr 8-19 Uhr, Sa 8-13 Uhr. Manche Geschäfte machen eine Mittagspause zwischen 12.30 und 14.30 Uhr, in Touristenzentren haben einige Läden auch abends und am Sonntag geöffnet. **Behörden** und **Ämter** öffnen um 8 oder 9 Uhr und schließen um 15 Uhr.

P

Post

- **Briefmarken** sind in den Postämtern (*pošta*) oder in Trafika-Läden (Tabak- und Zeitungsläden) erhältlich. Auch die meisten Anbieter von Postkarten verkaufen Briefmarken. Das **Porto** beträgt 80 SIT für eine Postkarte und 90 SIT für einen Brief.
- **Kernöffnungszeiten** der Postämter: Mo-Fr 8-18 Uhr, Sa 8-12 Uhr.

R

Rafting

ⓘ Stichwort „Kajak/Kanu fahren"

Reisezeit

- Für **Wanderungen** in den Hoch- und Mittelgebirgen ist die Zeit von Mai bis Oktober geeignet, in den höheren Lagen der Alpen sind Wanderungen erst ab Ende Juni möglich. Im Karst dagegen ist es von Mai bis Anfang November angenehm mild.

- Für **Kajak- und Kanu-Fahrten** ist das Frühjahr im Mai und Juni die beste Zeit, wenn die Flüsse nach der Schneeschmelze viel Wasser führen. Allerdings sind Touren zu dieser Jahreszeit nur erfahrenen Kanuten zu empfehlen.
- **Städtereisen** sind in der Gorenjska und in der Gegend von Ljubljana auch im Sommer angenehm, an der Küste und in Ostslowenien ist es im Sommer heiß, so dass Besichtigungstouren um die Mittagszeit anstrengend werden können.
- **Baden** in den Alpen-Seen ist etwa ab Mitte Juni möglich, der Bleder See ist wärmer als der See von Bohinj.
- An der **Küste** ist ab Ende Mai Badesaison, bereits im September kann es durch die Bora abends empfindlich kühl werden, obwohl man tagsüber noch baden kann. Wellness-Reisen in die Thermalbäder sind das ganze Jahr über zu empfehlen.
- **Wintersport** ist von Dezember bis März möglich.

⇨ Reiten

Es gibt im ganzen Land ausgezeichnete Gestüte und Reitzentren, viele Bauernhöfe haben Pferde oder Ponys und können Ausflüge organisieren. Berühmtestes Gestüt ist Lipica, wo einst die Lipizzaner der Wiener Hofreitschule trainiert wurden, und man heute noch auf den schneeweißen Pferden ausreiten kann.

⇨ Restaurant

In Slowenien wird zeitig gegessen, zwischen 18 und 19 Uhr füllen sich i. d. R. die Restaurants. Auf dem Land kann es schwierig sein, nach 21 Uhr noch etwas zu bekommen. Es gibt verschiedene Bezeichnungen für Gaststätten, Unterscheidungen sind aber minimal, z. B.:

- Die im Buch angegebenen **Preise** sind die durchschnittlichen Preise für ein Hauptgericht ohne Getränke, angegeben in slowenischen Tolar. Besondere Spezialitäten wie Meeresfrüchte oder Fischplatten sind teurer.
- **Restavracija** ist ein gehobenes Restaurant mit internationaler oder verfeinerter slowenischer Küche, die Ausstattung ist eher elegant.
- **Gostilna** (oder *Gostišče*) ist ein eher rustikales Landgasthaus mit bodenständiger Küche, einige Gasthäuser sind für bestimmte Spezialitäten oder für traditionell slowenisches Essen überregional bekannt. Eine *Gostilna* muss aber nicht immer urig sein, sondern kann auch die Bezeichnung für ein Restaurant sein.
- **Bife** ist eine Art Imbiss, mit Fastfood wie z. B. Würstchen, eine *okrepčevalnica* hat sehr einfaches Essen und ist nicht sonderlich empfehlenswert. *Samopostrežna restavracija* ist ein Selbstbedienungsrestaurant.
- **Kavarna** ist ein Café, hier gibt es Kuchen und Gebäck. Viele Cafés haben auch alkoholische Getränke und sind besonders von jungen Leuten auch abends frequentiert. Zum Bier-Trinken geht man sonst in eine Kneipe, **Pivnica**.
- **Vinoteka** ist eine Weinhandlung, in der man Weinproben machen kann. Manchmal werden Imbisse serviert, wie Käsehappen oder *pršut*.
- In Slowenien servieren viele **Bauernhöfe** auch für Nicht-Übernachtungsgäste Essen, meistens muss man sich anmelden.

S

Sprache

Die meisten Leute in Slowenien sprechen eine Fremdsprache wie Deutsch oder Englisch. Es ist aber keine Regel! Man sollte Sprachkenntnisse nicht einfach voraussetzen, sondern erst fragen, welche Sprache gesprochen wird.

Strom

Üblich sind 220 Volt/50Hertz. Es sind keine Adapter notwendig, die deutschen Stecker passen auch in die slowenischen Steckdosen. Gleiches gilt für Kroatien.

T

Telefonieren

Bei Telefonaten nach Slowenien müssen Sie nach der Ländervorwahl **00386** die 0 für die Ortsvorwahl weglassen. Ländervorwahlnummern aus Slowenien sind: nach Deutschland **0049**, nach Österreich **0043**, in die Schweiz **0041** – ebenfalls die 0 der Ortsvorwahl weglassen. Die Ländervorwahl für Kroatien ist **00385**, auch hier entfällt die Ortsvorwahl. Nach Italien muss **0039** vorgewählt werden, die Ortsvorwahl ist hier fester Bestandteil der Telefonnummer und muss immer mitgewählt werden.

Telefonkarten für öffentliche Telefone gibt es in den Tabakläden **Trafika** oder bei den Postämtern. **Mobiltelefone** funktionieren überall gut.

Thermalbäder

Sloweniens **Thermalbäder** (*toplice*) haben eine lange Tradition, viele waren während der K.u.k-Zeit berühmte Heilbäder, in denen gekrönte Häupter kurten. Viele Thermen sind inzwischen renoviert und bieten höchsten Komfort sowohl bei der medizinischen Betreuung als auch bei Wellness-Einrichtungen. Das Preisniveau liegt immer noch 20 bis 30 Prozent unter dem in Deutschland.

Berühmt sind die Kurorte **Rogaška Slatina**, **Radenci** und **Dolenjske toplice** (alle drei haben Kuranlagen und/oder Hotels in schönen klassizistischen Gebäuden), auch Bled war berühmt. Eine der schönsten Thermen ist die Terme Palace in Portorož. Informationen gibt es auch beim *Verband der Slowenischen Heilbäder und Kurorte*:

- **Skupnost slovenskih naravnih zdravilišč**, Ljubljanska 14, 3000 Celje, ☏ 03/544 21 11, 🖷 03/544 28 19; E-mail: ssnz@siol.net, 🖳 www.terme-giz.si

➪ Trinkgeld

Trinkgelder sind nicht im Preis inbegriffen. Wenn man mit dem Service zufrieden war, sind 5 bis 10 Prozent üblich, in größeren Hotels oder für besondere Leistungen auch mehr.

V

➪ Veranstaltungen

ⓘ Stichwort „Feste und Veranstaltungen"

➪ Verkehrsregeln

ⓘ Stichwort „Auto fahren"

➪ Versicherungen

Reisebüros und Automobilclubs bieten Reiseversicherungen an. Für Reisen mit dem Auto bietet sich ein Schutzbrief an, der den Heimtransport von Personen und Fahrzeug, Versandkosten für Ersatzteile oder ggf. die Verschrottung, Übernachtungskosten u. a. Unkosten erstattet. Nicht alle Reisegepäckversicherungen übernehmen die vollen Kosten bei Verlust des Fotoapparats.

W

➪ Wandern

Das Wandern gehört zu den beliebtesten Freizeitbeschäftigungen in Slowenien, es gibt etwa 7.000 km Wanderwege. Die beliebtesten Wandergebiete sind die Julischen Alpen, die Kamniker-Savinjer Alpen und das Pohorje-Gebirge. Die Pfade sind gut markiert und auch in weniger bergigen Regionen gibt es ein gutes Netz von Spazierwegen.

- Der **Slowenische Bergwanderweg Nr. 1** führt von den Julischen Alpen an die Küste nach Koper. Durch Slowenien laufen die Europawanderwege **E6** (Nord nach Süd) und **E7** (Westen nach Osten).
- Der **slowenische Fernwanderweg** führt von Maribor über das Pohorje, die Kamniker-Savinjer Alpen, Karawanken, Julischen Alpen und durch den Karst nach Ankaran an die Küste und streift damit alle wichtigen Wandergebiete.

Bergführer und geführte Wanderungen können über die Touristeninformationen in den entsprechenden Regionen organisiert werden.

Informationen gibt es auch beim

- **Slowenischen Alpenverein** *(Planinska Zveza Slovenije)*, Dvoržakova ulica 9, 1000 Ljubljana, ☏ (01) 434 30 22, 🖷 432 21 40, E-mail: info@pzs.sii

Währung

Die slowenische Währung ist der **Slovenski Tolar**, abgekürzt SIT. Der Tolar ist unterteilt in 100 Stotin. Es gibt Banknoten zu 10, 20, 50, 100, 200, 500, 1.000, 5.000 und 10.000 Tolar und als Münzen 1, 2 und 5-Tolar-Stücke. Außerdem sind Stotin-Münzen im Wert von 10, 20 und 50 im Umlauf (Aluminiummünzen).

Mit einer EC-Karte und Geheimnummer erhält man Bargeld an Bankautomaten (Bankomat). Es gibt in fast allen Ortschaften Automaten. Gängige Kreditkarten *(VISA-, Eurocard)* werden allgemein akzeptiert und sind auch für kleinere Beträge z. B. in Supermärkten üblich. Auf Wanderungen sollte man für Übernachtungen in Berghütten und Verpflegung Bargeld mitführen. Auch auf Bauernhöfen muss man die Rechnung i. d. R. bar begleichen.

Wintersport

Sloweniens größtes **Skigebiet** ist mit 64 Pistenkilometern das Mariborsko Pohorje-Gebirge bei Maribor. Am bekanntesten ist Kranjska Gora an der italienischen Grenze mit 30 Pisten-Kilometern, außerdem das Skigebiet in Bohinj. Weitere Skigebiete liegen im zentralen Pohorje (Rogla), in Cerkno, Snežnik und Kravavec. Alpine Skifahrer werden in Slowenien nicht auf herausfordernde Pisten treffen, für Anfänger sind die Ski-Gebiete geradezu ideal. **Skiwanderungen** mit Langlaufskiern sind in allen Skigebieten möglich und besonders schön in Bohinj, im Logar-Tal und im Pohorje.

Z

Zollbestimmungen bei der Rückreise

Urlauber werden an den Grenzen eher stichprobenartig kontrolliert. Die **Einfuhrbegrenzungen** liegen bei 1 Liter hochprozentigem Alkohol und 200 Zigaretten. Gegenstände des persönlichen Gebrauchs unterliegen keinen Beschränkungen bei der Ein- und Ausfuhr.

Für Anschaffungen über 15.000 Tolar (in einem Geschäft bzw. für ein Objekt) kann man sich die Mehrwertsteuer von 19 Prozent rückerstatten lassen. Dazu braucht man die Quittung für den Einkauf und muss an der Grenze in „Global Refund"-Büros ein Formular ausfüllen. Seit dem EU-Beitritt Sloweniens gibt es keine Duty-Free-Läden mehr, Geschäfte, die sich so nennen, bieten die Rückerstattung der Mehrwertsteuer an, was man aber sowieso wahrnehmen kann.

Regionale Reisetipps von A-Z

Hinweis

Die Preiskategorien der in den Regionalen Reisetipps angegebenen Hotels, Pensionen und Privatunterkünfte beziehen sich immer auf eine Übernachtung für 2 Personen im Doppelzimmer mit Frühstück. Fast alle angegebenen Preise für Hotels unterliegen saisonalen Schwankungen von bis zu 25 Prozent. Für weniger als 3 Übernachtungen wird ein Zuschlag von bis zu 30 Prozent erhoben. Bei den Restaurantempfehlungen handelt es sich um Preisrichtlinien für ein Hauptgericht (ohne Getränke). Sie dienen lediglich als Orientierungshilfe. Bei z. B. teuren Fischgerichten kann die Rechnung höher ausfallen.

Es wird ausdrücklich darauf hingewiesen, dass alle Angaben über Preise, Telefonnummern, Fax, Öffnungszeiten u. s. w. nur zum Zeitpunkt der Drucklegung gültig waren. Sie sind oft Änderungen unterworfen. Wir freuen uns über Hinweise auf Änderungen: info@iwanowski.de

Hotel-Kategorien

€	bis 30 €	€€€€	120-160 €
€-€€	bis 70 €	€€€€€	mehr als 160 €
€€€	80-120 €		

A

Ankaran (S. 367)

Information

• **TIC Ankaran**, *Regentova ulica 2a, 6280 Ankaran, ☏ 652 05 60, 🖷 652 05 61, E-mail: td.ankaran@siol.net*

Vorwahl 05

Unterkunft

• **Vila Andor**, €€, *Vinogradiška pot 9, ☏ 615 50 00, 🖷 615 50 17, nette Pension mit gut ausgestatteten Zimmern in einer restaurierten Villa. Erste Wahl in Ankaran!*

• *Nicht zu verwechseln mit dem größeren* **Hotel Andor** €€, *Jadranska cesta 86a, ☏ 652 60 55, 🖷 652 60 58*

• **Adria**, *Jadranska cesta 25, ☏ 652 60 55, 🖷 652 83 21, große Ferienanlage mit dem an ein Geschäftshotel erinnernden* **Hotel Convent** € € € *sowie einfacheren Zimmern und* **Appartements** €€. *Liegt in unmittelbarer Nähe des Sandstrands. Bemerkenswert: Das Hotel Convent ist ein umgebautes Benediktiner-Kloster, allerdings ist die Integration der alten Klostermauern in die neue Fassade des Hotels gelungener als das etwas sterile Ambiente im Innern.*

• **Privatunterkünfte** *vermittelt das* **TIC**, *ca. 6800 SIT (30 €) für ein Doppelzimmer.*

CAMPING

• **Adria**, *Jadranska cesta 25, 652 83 23, 🖷 652 83 22, gute Ausstattung, 450 Plätze unter Bäumen direkt am Meer mit Tennisplatz und Swimmingpool, liegt gleich neben dem ehemaligen Kloster. Um 23 h fällt die Schranke, wer danach kommt, muss sein Auto draußen parken. Vom 1.5.-30.09. geöffnet*

• **Avtokamp Študent**, *Jadranska cesta 88, ☏ 652 80 45, kleiner Platz mit einfacher Ausstattung, liegt hinter der eigentlichen Ortschaft. Geöffnet vom 15.06.-31.8.*

Essen und Trinken

• *Im begrenzten gastronomischen Angebot Ankarans ist das* **Restaurant in der Vila Andor** *führend (s. Unterkunft) mit Fischspezialitäten und istrischen Trüffelgerichten, auch etwas hochpreisiger (ca. 3.500 SIT)*

• **Stara Konoba**, *Vinogradniška pot 24, ☏ 652 63 49; leckere Fischgerichte, auch vom Grill, istrische Spezialitäten (1.800-2.800 SIT)*

• *Nicht schlecht ist auch das Restaurant im* **Hotel Convent** *(s. Unterkunft) mit leckerer Pizza (um 1.500 SIT)*

Bootsverleih

• **Adria Kajak Kanu Klub**, *Jadranska cesta 66, ☏ 628 20 78; vermietet Kanus, Kajaks und weitere Ausrüstung.*

Begunje (S. 262)

Sehenswertes

• **Grad Kamen** *(Burgruine), am nordöstlichen Ortsende von Begunje; 250 SIT, um auf die Ruine aufsteigen zu dürfen, bis zur Dämmerung geöffnet*

• **Muzej talcev** *(Museum zum Gedenken an Gestapo-Geiseln), Begunje na Gorenjskem 55, im Schloss Katzenstein in Begunje, Juli-August Di-So 13-17, Mai, Juni, September, Oktober Di-Fr 9-14 und Sa-So 13-17 Uhr*

Essen und Trinken

• **Gostilna Avsenik**, *Begunje 21, ☏ (04) 530 70 30; eher deftige Küche, Grillplatten, Spanferkel. Im Sommer ab 19 Uhr regelmäßig mittwochs und freitags Live-Volksmusik mit Tanz, manchmal auch sonntags und samstags. Das Essen ist gut, aber man kommt der Stimmung wegen hierher. Tanz! Kein lauschiges romantisches Lokal! Die Gostilna ist der Ursprung der Avsenik-Brüder, ein kleines „Museum" über die „Original Oberkrainer" ist eingerichtet.*

Bela Krajina (S. 344)

Information

• **Turistično Informacijski Center** *(TIC), Mestni trg 1, 8330 Metlika, ☏ 363 54 70, 🖷 363 54 71*

• *In Črnomelj gibt es eine* **Informationsstelle im Schloss**, *Trg Svobode 3, 8340 Črnomelj, ☏ 306 11 142, E-mail: turizem@crnomelj.si*

Vorwahl 07

Sehenswertes

• **Bela Krajina muzej** *(im Schloss in Metlika), Trg svobode 4, Metlika, Mo-Sa17 Uhr, So 9-12 Uhr, 300 SIT*

• **Črnomeljski grad** *(Schloss mit kleinem Museum in Črnomelj), Trg Svobode 3, Mo-Fr 9-15 Uhr, 200 SIT*

• **Feuerwehrmuseum** *(beim Schloss in Metlika), Trg Svobode 5, Metlika, Mo-Sa 9-13 Uhr, So 9-12 Uhr, Eintritt frei*

• **Kirchen Tri fare** *in Rosalnice, tagsüber geöffnet, Eintritt frei*

• **Mitrej** *(Mithräum), in der Nähe von Črnomelj in einem Waldstück beim Dorf Rožanec*

B

Unterkunft

• **Gostilna Müller** €, *Ločka cesta 6, 8340 Črnomelj, ☏ 356 72 00, moderne Zimmer südlich der Altstadt*

FERIEN AUF DEM BAUERNHOF

• **Raztresen**, *Jankoviči-Rim 16-18, 8341 Adlešiči, ☏ 307 05 16, 🖷 307 05 18, E-mail: rim@siol.net, schöner Bauernhof, nördlich von Adlešići gelegen und überregional bekannt: Boris Raztresen ist ein Kenner der lokalen Bräuche und hat hier ein kleines Volkskunde-Museum aufgebaut. Auf dem Hof kann man im Heu schlafen, campen oder in „normalen" Zimmern wohnen. Auf dem Hof wird traditionelles Handwerk hochgehalten, z. B. Ostereiermalen, Korbbinden, Flachsweben. Man kann mitmachen.*

• **Ob Izviru Krupe** €, *Krupa 9, 8333 Semič, ☏/🖷 306 80 12, ☏mobil (041) 41 81 62, liegt in der Nähe der Krupa Quelle und des Ortes Semič, westlich von Metlika*

CAMPING

Mehrere Campingplätze liegen entlang der Kolpa, entweder direkt am Fluss oder in der Nähe. Die meisten Plätze sind klein und für Kanu-Fahrer ausgerichtet, alle sind von Mai-September geöffnet. Größere Campingplätze liegen in Primostek, Podzemelj, Vinica und Srednji Radenci.

Essen und Trinken

Spezialitäten der Bela Krajina sind **Spanferkel** *und* **Lamm**, *das sonst in Slowenien eher weniger verbreitet ist. Am besten isst man auf einem* **Bauernhof.**

• **Raztresen**, *(siehe Unterkunft), hervorragende traditionell-slowenische Küche*

• **Veselič**, *Podzemelj 17, Gradac, ☏ 306 91 56, schönes Restaurant, leckere regionale Küche, Lamm, auch Fisch (um die 2.000 SIT)*

• **Kapušin**, *Krasineč 55, 8332 Gradac, ☏ 369 91 50, Gostilna mit regionalen Spezialitäten, zwischen Metlika und Črnomelj gelegen*

• **Gostilna Müller**, *in Črnomelj (siehe Unterkunft) serviert slowenische Spezialitäten, darunter auch žlikrofi (um die 1.500 SIT)*

• **Bajuk**, *Radovica 54a, 8330 Metlika, ☏ 363 57 00, ☏mobil (041) 36 50 54, Hausmannskost auf einem Bauernhof nordöstlich von Metlika (2.000-3.000 SIT für ein Menü), bitte mit Voranmeldung*

Bootsverleih

• **Kanus** *und* **Kajaks** *kann man in* **Vinica**, **Adelšiči** *und* **Srednji Radenci** *leihen.*

• *In* **Vinica** *liegt das* **„Zentrum"** *des* **Kanusports** *in der Bela Krajina Srd.*

• **Radenci** *mit Stromschnellen ist das Gebiet für* **erfahrene Kanuten**

Feste und Veranstaltungen

• *Das* **Jurjevanje-Fest** *in Črnomelj gilt als das „ursprünglichste" Folklore-Festival in Slowenien, in der Stadt treffen sich Foklore-Sänger und -Tänzer aus der Region. Jurjevanje wird Mitte Juni gefeiert, Höhepunkt ist meist an einem Wochenende zwischen dem 10. und 20. Juni (um Mittsommer).*

Bled (S. 256)

Information

• Turistično Informacijski Center (TIC), *Cesta svobode 15, 4260 Bled ☏ (04) 574 11 22 oder 574 14 09, 🖷 (04) 574 15 55, E-mail: td-bled@g-kabel.si.*
• Triglav Nationalparkverwaltung, *Kidričeva 2, ☏ 578 02 00, 🖷 578 02 01*

ⓘ im Internet www.bled.si

Vorwahl 04

Sehenswertes

• **Blejski grad** *(Burg von Bled), Sommer 9-20, Winter 9-17 Uhr, 700 SIT, Besuch des Museums inbegriffen (gleiche Öffnungszeiten), die Druckerei ist durchgehend von 9-19 Uhr geöffnet, der Weinkeller von 10-13 und von 16-19 Uhr.*
• **Blejski otok** *(Bleder Insel), im Sommer fahren die Pletna-Boote in der Regel, solange es hell ist. Für die Hin- und Rückfahrt mit Besichtigung der* **Kirche Mariä Himmelfahrt** *müssen etwa 1,5 Stunden gerechnet werden. Die Kirche öffnet um 8 Uhr und schließt in der Dämmerung*
• **Prešeren-Geburtshaus**, *liegt in dem kleinen Ort Vrba, ca. 3 km nordöstlich von Bled und östlich der 211. Di-Fr 9-16, Sa-So 10-16 Uhr*

Touren/Ausflüge

• **Vintgar-Klamm**, *April bis Oktober 8-20 Uhr, 400 SIT; liegt ca. 4 km nordwestlich von Bled. Ein gut ausgeschilderter Fußweg führt über Podhom zur Schlucht.*
• **Fahrt mit dem historischen Dampfzug**, *Juni-Sept jeden Donnerstag von Jesenice, Bled und Bohinjska Bistrica nach Most na Soči und zurück, Buchungen bis spätestens Mittwoch im TIC oder am Bahnhof selbst. 7.900 SIT. Die Fahrt wird auch als Paket mit einem Besichtigungsprogramm angeboten, das eine Busfahrt in die Schlucht von Tolmin und ins Museum in Kobarid, sowie eine Bootsfahrt auf dem See in Most na Soči mit Mittagessen einschließt, 12.900 SIT. Die Mitnahme von Fahrrädern im Zug ist möglich.*

Unterkunft

Das Angebot an **Übernachtungsmöglichkeiten** *in und um Bled ist mit mehr als 3.000 Betten sehr groß, in der Nähe des Sees sind vor allem erstklassige Hotels zu finden.*

• **Hotel Golf €€€-€€€€**, *Cankarjeva 4, ☏ 579 20 00, 🖷 574 17 68, großes, modernes Hotel, Beauty/Wellness-Bereich, Thermalwasser im Hallen- und Freibad, auch Apartmentvermietung in einem Haus im alpenländischen Stil; E-mail: info@gp-hoteli-bled.si*
• *Hervorzuheben ist die* **Vila Prešeren €€€-€€€€**, *Kidričeva 1, ☏ 574 16 08, 🖷 576 73 11, schönes altes Haus, direkt am See gelegen. Wer den Trubel in den großen Hotels scheut und*

B

ein eher feines als luxuriöses Ambiente sucht, ist hier richtig aufgehoben. Nur 14 Zimmer, rechtzeitige Reservierung ist angeraten; E-mail: vila.preseren@siol.net.

• *Direkt am See und sehr zentral liegt das Wein-umrankte* **Grand Hotel Toplice €€€-€€€€**, *Cesta Svobode 12, ☏ 579 10 00, 🖷 574 18 41, mit Wellness- und Thermal-Bereich (toplice = Thermalbad). Es gibt zwei etwas günstigere Dependancen, die gleich nebenan liegen, das* **Jadran €€€**, *Cesta Svobode 23, und das* **Trst €€€**, *Cesta svobode 19, beide ☏ 579 10 00, 🖷 574 18 41, bieten gut ausgestattete Komfort-Zimmer und hauseigene Hallenbäder. Das* **Jadran** *liegt etwas netter auf einem Hügel, die vorderen Zimmer haben Seeblick. Das* **Trst** *dagegen liegt direkt an der Durchgangsstraße und wirkt weniger mondän; 💻 www.hotel-toplice.si*

• **Vila Bled €€€**, *Cesta Svobode 26, p.o. Box 53, ☏ 579 15 00, 🖷 574 13 20, luxuriöse Zimmer in einer schönen Villa. Hier nächtigten schon die jugoslawische Königsfamilie sowie Tito. Das Hotel liegt in Mlino in einer schönen Parkanlage, etwas vom Wasser zurückgesetzt, aber es gibt einen privaten See-Zugang für die Gäste; E-mail: vilabled@robas.de*

• **Pension Mlino €€**, *Cesta svobode 45, ☏ 574 14 04, 🖷 574 15 06, E-mail: mlino@siol.net, familiäre Atmosphäre, liegt etwas ab vom Zentrum im Ortsteil Mlino, die Zimmer zur Straße sind tagsüber und am Abend laut, wenn im Restaurant viel los ist.*

• **Alp Penzion €€**, *Cankarjeva 20 a, ☏ 574 16 14, 🖷 574 45 90, E-mail: alp.penzion@siol.net; die unschöne Anfahrtsstraße mag abschrecken, doch das Haus selbst liegt ruhig, abseits des Zentrums und bietet nette Zimmer mit einem angeschlossenen Tennisplatz. Wer gut zu Fuß ist, kann ins Ortszentrum laufen (ca. 1,5 km).*

• **Penzion Bledec (Jugendherberge) €**, *Grajska cesta 17, ☏ 574 52 50, 🖷 574 52 51; günstige zentrale Unterkunft, auch Doppelzimmer werden vermietet, einfach!*

Außerhalb von Bled *liegen günstige und ruhige Übernachtungsmöglichkeiten in den hübschen Orten* **Ribno** *und* **Selo** *südlich von Bled, die ideale Ausgangspunkte für Wanderungen und andere sportliche Aktivitäten sind. Auch im Norden in* **Zasip** *und in den etwas größeren Ortschaften* **Spodnje Gorje** *und* **Zgornje Gorje** *gibt es private Unterkünfte.*

Privatzimmer *und* **Ferienwohnungen** *vermitteln folgenden* **Agenturen**:

• **Kompas**, *Ljubljanska 4, ☏ (04) 574 15 15, ☏ (04) 574 15 18, E-mail: kompas.bled @siol.net*

• **Globtour**, *Ljubljanska 7, (04) 574 18 21, 🖷 (04) 574 41 85, E-mail: globtour.bled@g-kabel.si, 💻 www.bled.globtour.si*

• **ATS**, *p.p. 5, ☏ (04) 574 17 36, ☏ (04) 572 53 58, ☏mobil 00 38 641/67 80 07, E-mail: Ats@ats.si, 💻 www.ats.si*

• *Die* **Preise** *liegen in der Hochsaison zwischen ca. 25 und 45* **€** *für ein Doppelzimmer und bei 30 bis 50* **€** *für eine Ferienwohnung für 2 Personen. Nicht alle angebotenen Privatzimmer werden von den Agenturen geführt, es lohnt sich, bei einem „Sobe"-Schild einfach anzuhalten und nach einer Unterkunft zu fragen.*

• *Auch hier gilt, je weiter vom See entfernt ein Zimmer liegt, desto günstiger wird es.*

• *Wer nur eine Übernachtung für ein oder zwei Nächte sucht, muss mit einem Aufschlag von 30 Prozent rechnen.*

• *Außerdem bieten einige* **Bauernhöfe** *rund um Bled Zimmer an. Ausführliche Listen und Informationen hält das TIC bereit.*

In der Umgebung sei besonders hingewiesen auf:

- **Hotel Ribno €€€**, *Izletniška 44, ☏ 574 13 21, 574 11 84, E-mail: hotelribno@hotel-ribno.si; größeres Hotel (120 Betten) mit reichhaltigem Sportangebot (Tennis, Reiten, Mountain-Biking, Rafting), das aber sehr ruhig in einem Waldgebiet südöstlich von Bled liegt*
- **Penzion Krek €€**, *Ribno, Savska 5, ☏ 574 17 01, 🖷 574 54 05, E-mail: krek@krek.si; einfache, ruhig gelegene Pension in Ribno, 2 km von Bled. 15 Zimmer mit Bad*
- **Bauernhof Pavovec-Lukanc €**, *Selo 27, 4260 Bled, ☏ (04) 574 17 02 oder 576 52 10, 🖷 574 17 02, E-mail: gtz@siol.net; sehr schönes Haus im alpenländischen Stil mit gut ausgestatteten Zimmern. Die Besitzer sprechen Deutsch.*
- **Pr' Stojan €**, *Selo 20, 4260 Bled, ☏ 574 46 17 oder 041/47 64 67, E-mail: Mulej@etrendi.com*

CAMPING

- **Camping Bled**, *Kidričeva Cesta 10c, 575 20 00, 🖷 575 20 02, E-mail: campingbled@s5.net; schöner Platz am westlichen Ende des Sees mit 350 Plätzen. Zwar läuft die Bahnlinie direkt daran vorbei, sie wird aber nur ein paar Mal am Tag befahren. Vom 1.4.-15.10. geöffnet*
- **Šobec**, *Šobčeva cesta 25, 42248 Lesce, ☏ 53 53 700, 🖷 53 53 701; größter Campingplatz Sloweniens (450 Plätze), in der Hochsaison abends Animation. 6 km von Bled entfernt Richtung Lesce, idyllisch an einem kleinen Badesee und an einer Sava-Schleife gelegen, auf Grund der Lage vielleicht der schönste Platz des Landes mit genau der richtigen Mischung aus Schatten und Sonne. Vom 15.4.-30-9. geöffnet.*

Essen und Trinken

Ebenso **reichhaltig** *wie die Unterkunftsmöglichkeiten ist das* **gastronomische Angebot** *in Bled. Die Hotel-Restaurants bieten meist erstklassige Küche, oft wirkt die Atmosphäre dort aber etwas unterkühlt. Bled sollte man nicht verlassen, ohne die lokale Spezialität, die Cremeschnitte (kremna rezina, kremsšnita), probiert zu haben, eine Süßigkeit aus feinem Blätterteig, Vanille-Creme und Sahne. Die Cremeschnitten im Hotel Park gelten als die Originale, doch inzwischen empfehlen Einheimische auch die Schnittchen in den anderen Cafés rund um den See. Einen der schönsten Blicke hat man vom Panorama-Restaurant bzw. der Café-Terrasse des Grand Hotel Toplice aus.*

- **Penzion Mayer**, *Želeška cesta 7, ☏ 576 57 40; erstklassiges Restaurant, das in rustikalem Ambiente slowenische Spezialitäten, darunter auch Forelle und Strudel-Gerichte, serviert. (2.500-4.000 SIT)*
- **Okarina**, *Riklijeva cesta 9, ☏ 574 14 58; gilt als das beste Restaurant in Bled, bekommt aber zunehmend Konkurrenz. Vorzügliche slowenische und auch indische Spezialitäten (aus dem Tandoori-Ofen) auf einer schönen Terrasse, großes vegetarisches Angebot. Innen sitzt man in kleineren separaten Zimmern, die mit Musik-Instrumenten dekoriert sind. Diese Inneneinrichtung nimmt Bezug auf den Namen: „Okarina" (italien.) heißt eine kleine Tonflöte, ein Bleder Musikfestival ist danach benannt. (1.900-4.000 SIT)*
- **Topolino**, *Ljubljanska cesta 26, ☏ 5741 781; gutes Restaurant mit slowenischen Spezialitäten, von Einheimischen gelobt, allerdings etwas gewöhnungsbedürftiges Ambiente in Rosa. Nette Terrasse, liegt aber an der Hauptstraße. (1.800-2.500 SIT)*
- **Restaurant Blejski Grad**, *☏ 574 16 07; serviert slowenische Gerichte mit französischer Inspiration. Wer in historischer Atmosphäre auf der Burg essen will, muss vorher reservieren, auch tagsüber. Die Qualität ist leider schwankend! Geöffnet ist das Restaurant bis 22 Uhr (1.400-4.000 SIT)*

- **Gostilna pri Planincu**, *Grajska cesta 8, ☏ 574 16 13; innen rustikales, Kneipen-ähnliches Ambiente, im Sommer einige wenige Plätze unter freiem Himmel, die aber direkt an der Straße liegen. Haus mit langer Tradition (seit 1903), entsprechend gute Küche zu günstigen Preisen, leckeres Gulasch (800-1.500 SIT).*
- **Ribič**, *Cesta Svobode 27, ☏ 574 39 38; sehr gutes Fischrestaurant, besonders die Forellen sind zu empfehlen. Der Service ist allerdings verbesserungswürdig. Liegt am südlichen Seeufer. (1.500-2200 SIT)*

Nachtleben

- *In Bled gibt es zwar viele Abend-Veranstaltungen, das eigentliche „Nachtleben" jedoch ist eher bescheiden und findet hauptsächlich im* **Casino** *statt, wo übrigens auch ein Restaurant noch bis kurz nach Mitternacht Speisen serviert.*
- *Im Sommer ist abends auf der* **Terasa Kavarna** *des Hotels Park und auf der* **Terrasse des Grand Hotel Toplice** *viel los.*
- *Das Hotel Park hat eine wenig bemerkenswerte* **Diskothek**.
- *Für junge Leute hat sich das* **Eiscafè Slaščičarna Šmon** *als Treffpunkt etabliert, außerdem die Cafés im Shopping-Center.*

Feste und Veranstaltungen

- *Im Sommer ist in Bled eigentlich immer etwas los, auf der Promenade, in dem kleinen Kurpark und der Festhalle finden meistens montags und freitags* **klassische** *oder* **Volksmusik-Konzerte** *statt. Beim TIC bekommt man einen Veranstaltungskalender für den ganzen Sommer.*
- *Herausragend ist das* **Okarina-Musikfestival**, *i. d. R. in der zweiten Juli-Woche. Auf der Burg findet währenddessen ein mittelalterliches* **Bogenschieß-Turnier** *statt.*
- *Empfehlenswert sind* **Konzerte in der Kirche Sv. Martin**, *die eine sehr gute Orgel besitzt.*

Einkaufen

Im Ort gibt es ein kleines Shopping-Center, in dem einige Sportgeschäfte hauptsächlich Kleidung führen. Wer noch Mängel in seiner Wander-Ausrüstung feststellt, kann diese bei

- **ProMontana**, *Ljubljanska cesta 1 beheben. Der gut sortierte Trekkingladen ist gleichzeitig Informationsbörse für Wanderungen in den Triglav-Nationalpark, hier bekommt man auch gute Wanderkarten.*
- **Keser**, *Cesta Svobode 4a, ☏ 574 32 20 verkauft Holzschnitzereien und andere Souvenirs; auch das TIC verkauft Mitbringsel und Wanderkarten.*
- *An den Wochenenden findet auf der Promenade eine hübsche* **Kunsthandwerkmesse** *statt.*
- **Internationale Presse** *ist an einem Zeitungskiosk beim TIC zu bekommen.*
- *In dem Vorort Grimšče ist in einem kleinen Schloss ein Laden eingerichtet, der* **handgestrickte Arbeiten**, *v. a. Pullover, von Bäuerinnen aus der Region anbietet.*

Bootsverleih

- **Ruderboote** *werden in Mlino bei der Gostilna Pletna (auch Kajaks) an der Südseite des Sees beim Campingplatz oder im Osten beim „Schlossbad" verliehen. Ca. 1.500 SIT/Stunde*
- **Pletna-Boote** *können beim Casino gemietet werden, am Kurpark oder ebenfalls in Mlino. Ab sechs Personen (1 Boot fasst 18 Pers.), ca. 1.800 SIT; wenn die Boote voll sind, kann man auch handeln.*

Sport

BERGSPORT

• **ProMontana** *in der Ljubljanska cesta 1, ☏ 578 06 62, organisiert fast alle Arten von Abenteuersport rund um Bled: Berg- und Klettertouren, Freeclimbing, Canyoning, Rafting- und Kajakausflüge, Moutainbike-Touren, auch Skiwanderungen. Verleih von Ausrüstungen und Mountain-Bikes.*

• **Bled Rafting**, *Finzgarjeva cesta 19, ☏mobil (041) 67 80 08, E-mail: info@bled-rafting.si; kleine Agentur, die im Sommer und bei entsprechendem Wasserstand morgens und nachmittags je eine Tour anbietet.*

WINTERSPORT

• *Um Bled stehen 15 km* **Langlauf-Loipen** *zur Verfügung. Eine kurze Ski-Abfahrt ist vom Straža Bled (634 m) möglich, hier gibt es einen Sessellift. Anspruchsvolle Skitouren kann man im Pokljuka-Gebirge nördlich des Ortes machen, es gibt auch einige Schlepplifte, das Gebiet ist aber nur für Anfänger geeignet.*

• **Eislaufen**: *Die Eislaufhalle ist von Juli bis März an den Wochenenden und an Feiertagen geöffnet, wenn der See zufriert, kann man auch darauf Eis laufen.*

SONSTIGE AKTIVITÄTEN

• **Angeln**: *Im Bleder See darf geangelt werden, Angelkarten verkauft das TIC.*

• **Fliegen**: *In Lesce liegt ein kleiner* **Sportflughafen**, *Begunjska cesta 10, 4248 Lesce, ☏ 532 01 00, 🖷 532 01 05, der Rundflüge organisiert. Ein (wirklich atemberaubender) Panoramaflug über den Triglav dauert 45 Minuten und kostet etwa 140 €. Außerdem gibt es eine Flugschule und die Möglichkeit für Fallschirmsprünge.*

• **Golf**: **Golf und Country Club Bled**, *Kidričeva cesta 10, ☏ 537 77 00, 🖷 571 82 25, E-mail: golf-bled@s5.net; ausgesprochen schöner Platz (18-Loch- und 9-Loch-Platz)*

• **Rad fahren**: *Mountain-Bikes vermietet* **ProMontana**, *„normale" Räder die Agenturen* **ATS**, *Karjuhova cesta 1,* **Globtour** *oder* **Kompas**, *sonst bei den Hotels. Die Tagesmiete liegt bei ca. 10 €, es gibt günstigere Pauschalen für mehrere Tage.*

• **Reiten**: *Das* **Hotel Ribno** *in dem gleichnamigen Dorf hat einen Reitstall und organisiert Ausritte. Weitere Reitställe liegen im Tal von Bohinj.*

Bohinj (S. 265)

Information

• **Turistično društvo Bohinj**, *Ribčev laz, 4265 Bohinjsko jezero, ☏ 574 60 10, 🖷 572 33 30, E-mail: tdbohinj@bohinj.si; offizielle Touristeninformation, die Privatzimmer und Apartments vermittelt und eine reiche Auswahl an Informationsmaterial hat, tägl. 8-21 geöffnet.*

ⓘ *im Internet www.bohinj.si*

B

Vorwahl 04

Sehenswertes

• **Planšarski Muzej** *(Sennerei-Museum), Stara Fužina 181, Juli/Aug tägl. außer Mo 11-19, sonst Di-So 10-12, 16-18, Nov/Dez geschlossen, 400 SIT*

• **Kirche Sv. Janeza**, *Ribčev laz, Jul/Aug 9-12, 16-19, Juni 10-16, im September je nach Wetterlage und Besucherinteresse. In den Sommermonaten regelmäßig geöffnet und es werden symbolische 100 SIT Eintritt erhoben. Die Touristeninformation verwahrt einen Schlüssel, den Gruppen sich dort auch außerhalb der Öffnungszeiten geben lassen können.*

• **Oplenova Hiša** *(Oplen-Haus), Studor 16, 4267 Srednja vas, Juli/Aug Di-So 11-19, sonst 10-12, 16-18, Nov/Dez und montags geschlossen, 400 SIT*

Touren/Ausflüge

• **Slap Savica** *(Savica-Wasserfall), einstündige leichte Wanderung von Ukanc oder Fahrt zum Parkplatz an der Koča pri Savici (gebührenpflichtig), dann knapp 20 min Fußweg. Eintrittsgebühr für den Triglav-Nationalpark!*

• **Seilbahn-Fahrt auf den Vogel**, *Mitte Juli und im August täglich jede halbe Stunde zwischen 7.30 und 20.00 Uhr, sonst täglich bis 18 Uhr. Die Gondel fährt nur zur Station am Skihotel Vogel, danach geht es mit zwei Sesselliften auf 1.800 m unterhalb des Šija-Gipfels. Aufstieg auf den Vogel in etwa 1 Stunde. Von der Bergstation am Skihotel ist der Aufstieg in 2,5 Stunden zu schaffen.*

Unterkunft

Rund um den Bohinjsko jezero werden viele **Privatzimmer** *vermietet, die Preise liegen zwischen 2100 und ca. 4.000 SIT, für weniger als drei Nächte kommt ein Aufschlag von 30 Prozent dazu, außerdem muss eine Kurtaxe von ca. 10 Prozent gezahlt werden.* **Ferienwohnungen** *kosten je nach Ausstattung 6500 bis 8000 SIT (ca. 28-36 €) für zwei Personen.*

• **Hotel & Vila Zlatorog €€-€€€**, *Ukanc 65, 4265 Bohinjsko jezero, ☎ 572 33 81, 🖷 572 33 84, 💻 www.bohinj.si/alpinum/zlatorog; traditionsreiches Hotel, trotz modernerer Bauten immer noch das erste Haus am Platz in der Bohinj-Region. Hübsche Zimmer in einer Villa und einem größeren Hotel-Komplex; kleines Hallenbad, Tennis. Am westlichen Ende des Sees gelegen.*

• **Jezero €€€**, *Ribčev laz 51, 4265 Bohinjsko jezero, ☎/🖷 572 33 75, E-mail: hotel.jezero@cc-line.si; liegt bei der alten Steinbrücke am östlichen See-Anfang, zum Schwimmen muss man nur die Straße überqueren. Modernstes Hotel der Gegend mit kleinem Hallenbad, sofern der Bohinjsko jezero ein Zentrum hat, liegt das Jezero mitten drin, es gibt sogar eine Diskothek.*

• **Bellevue €€**, *Ribčev laz 65, ☎ 572 33 31, 🖷 572 36 84; sehr ruhig und romantisch im Wald über dem See gelegen, gut ausgestattete Zimmer in einem schönen Haus im alpenländischen Stil oder in einem Neubau, der Dependance Savica. Zufahrt über die Straße hinter dem Jezero den Berg hinauf.*

• **Penzion Kristal €€**, *Ribčev laz 4a, ☎ 572 33 42; nette Pension am Ortsbeginn, familiäre Atmosphäre, auch gutes Restaurant*

CAMPING

• **Zlatorog**, *Ukanc 2, 4265 Bohinjsko jezero, ☏/🖷 572 34 82, E-mail: bohinj@eunet.si; romantisch unter Nadelbäumen direkt am Ufer des westlichen See-Endes gelegen. Gute Ausstattung, Duschmarken. Direkt bei einer Bootsanlegestelle und einem Kiesstrand. In der Hochsaison wird es eng, trotzdem bleibt es ruhig (170 Plätze). Geöffnet vom 1.5.-30.9.*

Essen und Trinken

Die Küche in Bohinj ist bäuerlich-deftig, Alm-Produkte wie Käse und Sauermilch spielen eine große Rolle. Spezialitäten sind Eintöpfe (besonders Kalbseintopf), Pilzsuppe, hausgemachte Würste, Buchweizentaschen und Forellen aus der Sava.

• **Francka „Pri Hrvatu"**, *Srednja vas 76, ☏ 572 33 09; traditionsreiches hübsches Gasthaus in dem Dorf Srednja vas, typische Bohinjer Küche wie Quarkstrudel, Buchweizentaschen, gute Wildspezialitäten (1.200-3.000 SIT)*

• **Rupa**, *Srednja vas 87, ☏ 572 34 01; traditionelle Spezialitäten aus der Region, leckere kalte Platte mit Käse und Wurstspezialitäten, schöne Terrasse, innen urige Holztäfelung (1.000-2.200 SIT)*

• **Mihovc**, *Stara Fužina 118, ☏ 572 33 90; bäuerlich-urige Gostilna mitten in Stara Fužina, zwischen Heuharfen und Landmaschinen. Gute, deftige Hausmannskost, Würste, Braten, Eintopf (800-1.500 SIT)*

• **Planšar** *Stara Fužina 179, ☏ 572 30 95; reizendes kleines Lokal neben dem Sennereimuseum, serviert werden traditionelle Kleinigkeiten aus der Region wie Graupensuppe, Topfenstrudel und andere Gerichte aus Käse und Sauermilch. Es wird auch Käse verkauft (Gerichte um die 1.000 SIT).*

• *Unverändert gut ist auch seit Jahren das Essen in der* **Penzion Kristal** *in Ribčev laz.*

Einkaufen

• *In der Ladenzeile bei der Touristeninformation in Ribčev laz ist ein größerer* **Supermarkt**, *außerdem gibt es in Ukanc einen kleineren Laden.*

• *Gute* **Einkaufsmöglichkeiten** *gibt es in Bohinjska Bistrica, dort steht auch die einzige* **Tankstelle** *der Gegend.*

Sport/Outdoor

ALPINE SPORTARTEN

Berg- *und* **Klettertouren**, *geführte* **Kajak-**, **Kanu-** *und* **Rafting-Touren** *sowie* **Hydrospeed-Boot-Fahrten** *auf der Sava Bohinjka,* **Canyoning** *in der Mostnica-Schlucht, außerdem* **Gleitschirmflüge** *über den See von Bohinj organisieren folgende Sport-Agenturen:*

• **Alpinum**, *Ribčev laz 50, 4265 Bohinjsko jezero, ☏ 577 80 00 oder ☏ 572 34 46; Büro in der Ladenzeile am Parkplatz. Kletterschule, Skischule*

• **Alpinsport Bohinjsko jezero d.o.o.**, *Ribčev laz 53, 4265 Bohinjsko jezero, ☏/🖷 572 34 86 oder ☏ 572 34 44, vermittelt Unterkünfte, Bergführungen, Canyoning und Kajak-Touren. Skischule, Ski-Verleih*

• **Pac sports**, *Ribčev laz 50, 4265 Bohinjsko jezero, ☏mobil 041/69 85 23, E-mail: info@pac-sports.com*

ANGELN

• **Sportfischen** *ist im See von Bohinj möglich, in der Sava Bohinjska ist nur das* **Fliegenfischen** *(mit Haken ohne Widerhaken) erlaubt.* **Angelscheine** *sind bei der Touristeninformation und bei den Sport-Agenturen erhältlich.*

BOOTSVERLEIH

Beim Bootshaus des Hotels Jezero im Osten des Sees und am Westende beim Campingplatz Zlatorog (keine Motorboote auf dem See!). Einige Pensionen haben eigene Boote auf dem See liegen, die an Gäste verliehen werden. Nett ist außerdem eine Fahrt mit dem elektrisch betriebenen Ausflugsboot (im Sommer Paket-Angebote, mit anschließendem Konzert oder Abendessen), Buchungen über die Touristeninformation

MOUNTAIN-BIKING

• *Fahrradverleih über die Agenturen* **Alpinum**, **Alpinsport** *und* **Pac sports** *oder bei den* **Hotels Kompas**, *☎ 572 34 71,* **Zlatorog** *und* **Camping Zlatorog** *sowie in Bohinjska Bistrica über* **LD-Turizem**. *Auch geführte Touren sind möglich.*

REITEN

• **Ranč Mrcina**, *Studor ☎mobil 041/790 297; Reitschule für die ganze Familie im rustikalen Western-Stil, organisiert Ausritte (auch mehrtägig), Island-Ponys für Kinder*

WINTERSPORT

In den Tälern von Bohinj liegen die Skigebiete **Kobla** *(1.499 m) und* **Vogel** *(Abfahrten eigentlich von der Šija von 1.800 m Höhe). Gesamtlänge der Pisten 65 km, auf der Abfahrten aller Schwierigkeitsgrade möglich sind. Das* **Skicenter Kobla** *ist von Bohinjska Bistrica aus zu erreichen, der* **Vogel** *über die Seilbahn in Ukanc. Die Skigebiete sind v.a. für Familien geeignet, doch auch erfahrene Alpin-Skiläufer können durchaus auf ihre Kosten kommen. Gute Möglichkeiten für Ski-Wanderungen!*

Für **Skilangläufer** *stehen Loipen von insgesamt 75 km Länge rund um den See zur Verfügung. Skiausrüstungen können über die Agenturen* **Alpinsport** *und den auf Wintersport spezialisierten* **Šport Servis Podlipnik**, *Savica 4, ☎ 572 31 26, ☎mobil: 041/72 41 05 in Bohinjska Bistrica geliehen werden.*

Feste und Veranstaltungen

• **Kmeška ohcet** *(Bauernhochzeit), am ersten August-Wochenende. Zweitägiges Spektakel mit Volksmusik, Trachten- und Folklore-Vorführungen. Gefeiert wird auf dem Veranstaltungsgelände Pod skalco in Ribčev laz*

• **Kresna noč** *(Mittsommernachtsfest), am zweiten Sonntagabend im August, Boote mit Fackeln fahren über den See (sehr schöne Atmosphäre!), auf dem Pod skalco spielen Volksmusikgruppen zum Tanz auf.*

- **Kravji bal** („Kuhball", Fest zum Almabtrieb), in der Regel am zweiten Sonntag im September, beim Hotel Zlatorog. Jahrmarkt, auf dem Almerzeugnisse angeboten werden, Folklore-Vorführungen. Abends großer Ball
- **Musiksommer**, Klassische Konzerte in der Martinskirche in Srednja vas

Post

In Ribčev laz bei der Ladenzeile

Bohinjska Bistrica (S. 265)

Information

- **LTO Bohinj** *Triglavska cesta 45, 4264 Bohinjska Bistrica, ☏ 574 75 90, 🖷 574 75 91; kleines Büro an der 209 in Bohinjska Bistrica, Privatzimmervermittlung, Verkauf von Angelscheinen*
- **LD-Turizem** *Darja Lazar s.p., Letoviška 2, 4264 Bohinjska Bistrica, ☏ 574 76 00, 🖷 574 76 01, E-mail: darja.lazar@siol.net; vermittelt auch Privatzimmer und Apartments in und um Bohinjska Bistrica*

Sehenswertes

- **Muzej Tomaža Godca** *(Tomaž Godec Museum), Zoisova 15, Bohinjska Bistrica, Mai-Okt Di-So 10-12, 16-18, Jan-Apr Mi,Sa,So 10-12, 16-18, Nov-Dez und montags geschlossen, 300 SIT.*

Unterkunft

- **Tripič €€**, *Triglavska 13, 4264 Bohinjska Bistrica, ☏ 572 12 82; Familien-Pension mit Komfort-Zimmern. Sauna, Solarium und Konferenzraum im Haus; E-mail: pension.tripic@bohinj.si.*

CAMPING

- **Danica**, *Triglavska 60, 4264 Bohinjska Bistrica, ☏ 572 10 55 oder 572 17 02; 160 Plätze, in einem Wäldchen an der Sava Bohinjka gelegen, ideal für Angler und Kajaker. Liegt an der 209 direkt westlich hinter der Ortsausfahrt von Bohinjska Bistrica. Öffnet zu den Osterfeiertagen, schließt Ende September; E-mail: td.bohinj@bohinj.si, bohinj.si/camping-danica.*

Essen und Trinken

- **Zoisov Grad**, *Grajska 14, ☏ 572 16 86; die ehemalige Burg des Barons Zois beherbergt heute ein eher einfaches Restaurant, die Küche bietet internationale und slowenische Gerichte, auch Pizza (1.200-2.000 SIT).*
- *Recht gut ist das Restaurant der* **Pension Tripič**.

B

Bovec (S. 283)

Information

• **Turistično Informacijski Center (TIC)**, *Trg Golobarskih žrtev 8, 5230 Bovec, ☏ 384 19 19, 🖷 384 19 15, E-mail: info.lto@bovec.si,*
• **Avrigo**, *Trg Golobarskih žrtev 47, ☏/🖷 389 60 23 (vermittelt Unterkünfte)*

ⓘ ***im Internet www.bovec.si, www.kanin.si, www.arctur.si***

Vorwahl 05

Unterkunft

• **Kanin €€-€€€**, *Ledina 9, ☏ 388 60 21, 🖷 388 60 21, E-mail: hoteli.bovec@eunet.si; großes, modernes Sporthotel, zentral, aber ruhig gelegen. Schwimmbad, Sauna*
• **Alp €€-€€€**, *Trg 48, ☏ 538 60 40, 🖷 538 63 87, E-mail: hotelalp1@siol.net; großes Komforthotel mitten im Zentrum, leider etwas viel Beton. Gehört zur selben Gruppe wie das Kanin, wird aber privat geführt.*

Beide Hotels, die einzigen größeren direkt in Bovec, kann man sich unter der Internetadresse 💻 www.sontius.com ansehen.

• *Außerhalb, in Richtung Predel-Pass, liegt das moderne* **Motel Encijan €**, *Log pod Mangrtom 31, 5231 Log pod Mangrtom, ☏/🖷 388 62 60, E-mail: penzion.encijan@email.si.*

In Bovec selbst gibt es eine ganze Reihe an **Privatzimmern**, *die meist wie Pensionen geführt werden, außerdem Apartments, die das TIC vermittelt. Sowohl Zimmer als auch Wohnungen haben eine weitgehend standardisierte Ausstattung. Ein privates Doppelzimmer kostet ca. 5.000 SIT/22 € pro Nacht, eine* **Ferienwohnung** *für 2 Personen um die 6.000 SIT/26 €.*

APARTMENTS

• **Jager €**, *Rupa 5, ☏ 388 62 83; nett und ruhig in einer Nebenstraße gelegen, gleich beim Hotel Kanin.*
• **Kaninska vas €**, *Kaninska vas 7, ☏ 388 68 11, 🖷 389 55 88, E-mail: tusi@siol.net; große, moderne Ferienanlage im Stil eines Skihotels. Nördlich des Zentrums (ca. 400 m zu Fuß), nicht unbedingt schön, aber die Zimmer sind recht gemütlich. Tennisplatz*
• **Kenda €**, *Dvor 56, ☏ 388 67 50; im Ortsteil Dvor Richtung Kobarid, nicht direkt im Zentrum*
• **Mrakic €**, *Dvor 53, ☏ 389 63 60, 🖷 389 63 61; recht gute Ausstattung*

PRIVATZIMMER

• **Tatjana Wojčicki**, *Dvor 410, ☏ 388 67 37; vermietet auch Wohnungen, liegt etwas abseits des Zentrums im Ortsteil Dvor*
• **Rozika Kravanja**, *Brdo 40, ☏ 388 65 67*
• **Branko Hoznar**, *Kot 57, ☏ 388 62 87*

CAMPING

• **Kajak Toni**, *Vodenca 1, ☏ 388 64 54, 🖷 388 64 54, E-mail: kajakkamptoni@siol.net. kleiner Platz (70 Plätze) mit einfacher Ausstattung, aber in schöner Lage, etwa 1,5 km außerhalb von Bovec Richtung Trenta. Wie der Name sagt ideal für Kajak-Fahrer. Geöffnet 1.4.-31.10.*

Direkt daneben liegen noch drei kleinere Plätze:

• **Kovač**, *☏ 388 68 31, und*

• **Liza**, *☏ 389 63 70, E-mail: campliza@siol.net*

• **Polovnik**, *☏ 288 60 69, am Ortsrand von Bovec, ist ein wenig schöner Platz mit einfachster Ausstattung, dessen einziger Vorteil die Nähe zum Ort ist.*

Essen und Trinken

• **Martinov hram** *Trg Golobarskih žrtev 24, ☏ 388 62 14; serviert lokale Spezialitäten wie Čompe (Pellkartoffeln mit Schafskäsequark und Salat) oder Jota, aber auch Wild und Forelle. Selbst gebackenes Brot und Pasta aus eigener Herstellung. 1. Wahl im Zentrum von Bovec, im Sommer Plätze unter einer Wein-umrankten Terrasse. (1.800-3.500 SIT)*

• **Sovdat** *Trg Golobarskih žrtev 28, ☏ 388 60 27; deftige slowenische Küche (Suppen, Braten). Gemütliche Gaststube. (1.400-3.500 SIT)*

• **Mangrt** *Log pod Mangrtom 57, ☏ 384 51 40; kleine, feine Auswahl lokaler Spezialitäten: Forelle, Gulasch, Eintöpfe. Sehr gemütliche, wenn auch mit Kriegsüberbleibseln gestaltete Gaststube. Liegt kurz vor dem Predel-Pass. (1.200-3.000 SIT)*

• *Mitten im Zentrum liegt das auch bei den Einheimischen sehr beliebte* **Café Letni vrt** *mit einer schönen Terrasse. Neben Torten wird hier auch ein gutes Frühstück und Pizza serviert. Das Café ist ein beliebter Abend-Treffpunkt, denn im rückwärtigen Teil liegt eine Diskothek.*

• *Auch im* **Hotel Alp** *gibt es ein Café.*

Sport

• *In Sloweniens beliebtestem Rafting-Zentrum steht natürlich der* **Wassersport** *auf der Soča im Mittelpunkt. Eine ganze Reihe von Veranstaltern organisieren* **Rafting-** *und* **Kajak-/Kanu-Touren**, *auch die individuelle Ausleihe von Booten mit und ohne Führer ist möglich. Der Fluss darf von Mitte April bis Ende Oktober befahren werden, der Ein- und Ausstieg ist nur an bezeichneten Stellen erlaubt (viele davon liegen an den Campingplätzen). Die Soča kann reißend werden, ortsunkundige Anfänger sollten sich nicht allein aufs Wasser wagen!*

• *Die* **Sportagenturen** *organisieren auch* **Kajak-Kurse**. *Bei Rafting-Touren sitzt man mit 6 bis 8 weiteren Personen in einem großen Schlauchboot, der Sport gilt gegenüber Kajaking als „gemütlich", obwohl i. d. R. einige „schnelle" Stellen des Flusses passiert werden. Touren beginnen um 10 und 14 Uhr, im Juli/August wird je nach Nachfrage eine Tour am späteren Nachmittag gestartet. Man sollte sich einen Tag vorher anmelden, doch für ein oder zwei Personen gibt es häufig auch noch am selben Tag Restplätze. Die Ausrüstung (Neopren-Anzug, Helm, Schwimmweste) stellen die Veranstalter (i. d. R. auch wenn man sich ein Kajak/Kanu leiht). Häufig ist eine Unfall-Versicherung miteingeschlossen. Die meisten Touren starten südlich von Bovec in der Nähe des Boka-Wasserfalls.*

• *Fast alle Veranstalter bieten auch* **Canyoning-Touren** *an. Die größten Veranstalter sind* **Soa Rafting** *(in Richtung Kirche, ca. 30m hinter der Post),* **Bovec Rafting** *(Kiosk gegenüber dem Martinov hram) und* **Sport Mix** *(schräg gegenüber dem TIC).*

B

Einige **Agenturen** *betreiben kleine Kioske im Zentrum am Trg Golobarskih žrtev, hilfreich ist auch das kleine Büro* **Alpkomerc** *☏ 388 63 70 im Hotel Kanin.*
- **Soča Rafting**, *pp 31, ☏ 389 62 00, 🖷 389 62 02, E-mail: soca.rafting@arctur.si*
- **Bovec Rafting Team**, *Mala vas 106, ☏ 388 61 28, 🖷 389 63 74, E-mail: bovec.rafting.team @siol.net*
- **Sport Mix**, *Trg Golobarskih žrtev 18, ☏ 389 61 60, 🖷 389 61 61, E-mail: traft@siol.net*
- **Top Extreme**, *Trg Golobarskih žrtev 19, ☏/🖷 330 00 90, E-mail: info@top.siPrijon*
- **Kajak Center**, *Čezsoča 12b, ☏ 388 67 20; im Ortsteil Čezsoča, auf der anderen Flussseite*

ANGELN
ist zwischen April und Oktober in der Soča möglich. Angelscheine sind bei den Agenturen **Alpkomerc** *und* **Avrigo** *erhältlich. Im unteren Bereich der Soča, im Rafting-Gebiet, ist es billiger.*

FLIEGEN
Bovec hat einen Sportflughafen, von dem Rundflüge für Touristen starten (45 Minuten über den Triglav-Nationalpark kosten 31.000 SIT/140 €). Informationen im TIC oder am Flughafen selbst (liegt südlich vom Ort, an der Straße nach Čezsoča).

PARAGLIDING
*(***Tandem-Flüge***) organisiert Soča Rafting, Start ist an den Hängen des Kanin (in ca. 2.000 m Höhe).*

RAD FAHREN
Tourenkarte im TIC erhältlich, in der Gegend sind recht herausfordernde Tageestouren möglich. Räder verleihen die **Agenturen Sport Mix** *und* **Top Extreme.**

SKI FAHREN
ist auf dem Kanin (2.587 m) nordwestlich von Bovec möglich, das Skigebiet liegt in 2.200 m Höhe und ist bis in den April hinein schneesicher. Hier sind auf 14 km teils anspruchsvolle Abfahrten möglich (3 Sessel-, 2 Schlepplifte). Die Talstation der Gondelbahn, die ins Skigebiet hinauffährt, liegt knapp 600 m außerhalb des Ortes Richtung Kobarid. Einen Skiverleih betreibt das **Hotel Alp.** *Ski-Kurse bietet die Skischule* **Ten Ski**, *Ledina 4, ☏ 388 60 42, an. Für alle Fragen im Zusammenhang mit Wintersport:*
- **ATC Kanin**, *Dvor 43, 5230 Bovec, ☏ 389 63 10, 🖷 388 69 30.*

WANDERN
In der Umgebung von Bovec sind viele leichte Wanderungen möglich, im TIC ist eine gute Karte im Maßstab 1:25.000 erhältlich. Auch im Sommer fährt die Gondelbahn auf den Kanin (2587 m), für den Aufstieg auf den Gipfel sollte man klettern können. **Geführte Wanderungen** *organisiert das* **Hotel Alp.**

Brežice und Čatež (S. 345)

Vorwahl 07

B

Information

• Turistično Informacijski Center (TIC) *Topliška cesta 45, 8251 Čatež ob Savi, ☏ 493 67 77 (liegt in Čatež bei der Therme)*

ⓘ *im Internet www.posavski-muzej.si, www.terme-catez.si*

Sehenswertes

• **Posavski muzej** *(im Schloss), Cesta prvih borcev 1, ☏ 496 12 71, Mo-Sa 8-14.30 Uhr, So 9-12 Uhr, 300 SIT*

Unterkunft

• **Grad Mokrice**, **€€€-€€€€**, *Rajec 4, 8261 Jesenice na Dolenjskem, Golfhotel in einem renovierten Schloss, teilweise mit Antiquitäten eingerichtet, eines der schönsten Hotels in Slowenien. Liegt ca. 11 km südöstlich von Brežice*

• **Toplice €€**, **Terme €€** *und* **Zdravilišće €€**, *Topliška cesta 35, ☏ 493 50 00, 🖷 493 50 09, E-mail: info@terme-catez.si, werden zentral vermarktet und sind modernisierte Mittelklasse-Hotels, die direkt bei dem Thermalbad in Čatež liegen. Das Zdraviliščе liegt beim medizinischen Bereich und ist ideal für Rehabilitation.*

Čateške toplice – die Terme Čatež

• **Budič €**, *Zagrebška cesta 9, ☏ 499 04 50, 🖷 499 04 51, kleine Pension in Čatež an der Sava, Ruderboot- und Kanuverleih*

• **Štirn €**, *Izgnancev 7, ☏ 496 56 13, hübsche kleine Pension auf der Hauptstraße in Brežice*

• *Beim Thermalbad gibt es auch eine* **Bungalow-Siedlung**, *außerdem werden Ferienwohnungen vermietet.*

CAMPING

• **Čatež**, *Topliška cesta 35, ☏ 493 60 00, 🖷 496 22 29, E-mail: camp@terme-catez.si, großer, gut ausgestatteter Campingplatz direkt beim Schwimm- und Thermalbad, Benutzung eingeschlossen. Geöffnet 30.3.-3.11.*

Essen und Trinken

• **Les**, *Rimska cesta 31, ☏ 496 11 00, freundliches kleines Restaurant in Čatež (1.500 SIT)*

• **Pri Martinovih**, *Globočice 8, ☏ 496 10 57, serviert leckere Hausmannskost, Spezialität ist Spanferkel. Schöner Bauernhof südlich von Čatež im Dörfchen Globočice (1.500-2.000 SIT)*

• *Lecker ist auch das Essen in der* **Pension Štirn** *(siehe Unterkunft), im Angebot sind u. a. Fisch und Meeresfrüchte (1.200-2.000 SIT).*

• *Die* **Vinoteka Bizeljska klet**, *Bizeljska ulica 10, in Brežice, es werden Kleinigkeiten serviert.*

• *Die Pizzeria* **Santa Lucia** *auf der Hauptstraße in Brežice hat gute Pizzas, man hat einen tollen Ausblick.*

B

C

Sport

• **Angeln** *ist in der Krka und in der Sava möglich, Angelscheine werden in den Hotels und Pensionen verkauft.*
• **Golf**: *Ein 18-Loch-Golfplatz liegt im Park des* **Hotels Mokrice**, *man spielt quasi um das Schloss herum.*
• **Kanuverleih: Jamnik rent-a-Kanu** ☏ *496 29 56, 496 31 79 oder ☏mobil (041) 68 98 61, liegt westlich von Čatež Richtung Krška vas, es gibt mehrere Ein- oder Ausstiegspunkte entlang der Krka bis Kostanjevica (22 km). Die* **Pension Budič** *(siehe Unterkunft) verleiht Kanus- und Ruderboote, auch die Gostilna Štirn kann Touren organisieren.*
• **Reiten Zevnik**, *Rimska cesta 22,* **Reitclub** *in Brežice,* ☏ *496 29 46*
• **Thermalbad Terme Čatež**, *Topliška cesta 35, Čatež ob Savi,* ☏ *493 50 00, beim Thermalbad liegt ein sehr großes Familien-Schwimmbad.*

Post

Levstikova ulica 2, in Brežice in einer Seitenstraße der Hauptstraße

Celje (S. 314)

Information

• **TIC** *Trg Celjskih knezov 9, 3000 Celje, ☏/🖷 492 50 80, E-mail: tic@celje.si*

Vorwahl: 03

Sehenswertes

• **Abteikirche Sveti Danijel**, *Slomškov trg, tagsüber geöffnet*
• **Kunstsalon** *(im Narodni dom), Trg Celjskih knezov 9, Di-Fr 10-13, 16-19 Uhr, Sa 10-12*
• **Moderne Galerie**, *Trg Celjskih knezov 8, Di-Fr 10-13, 16-19 Uhr, Sa 10-12*
• **Museum für Neuere Geschichte**, *Prešernova ulica 17, Di-Fr 10-18 Uhr, Sa 9-12 Uhr So 14-18 Uhr, 500 SIT*
• **Pokrajinski muzej/Stara grofija** *(Regionalmuseum/Alte Grafei), Muzejski trg 1, Di-So 10-18 Uhr, 600 SIT*

IN DER UMGEBUNG
• **Nekropola** *in Šempeter 12 km westlich von Celje, So tägl. 9-15 Uhr, Winter tägl. 9-17 Uhr, 700 SIT*

Unterkunft

• **Štorman €€€**, *Mariborska cesta 3,* ☏ *426 04 26,* 🖷 *426 03 95; Geschäftshotel in modernem Hochhaus; E-mail: celje@storman-gos.si.*
• **Evropa €€**, *Krekov trg 4,* ☏ *544 34 00,* 🖷 *544 34 34, liegt neben dem gleichnamigen Traditionscafé in einem Neubau, die Zimmer könnten eine Renovierung gebrauchen*
• **Turška Mačka €€**, *Gledališka ulica 7,* ☏ *548 46 11,* 🖷 *544 29 08, nettes Mittelklassehotel, erste Wahl in Celje, zentral gelegen mit einem urigen Restaurant*

Essen und Trinken

• **Istrska Konoba** *im Hotel* **Turška Mačka**, *das netteste Restaurant der Stadt mit guter istrischer Fisch-Küche und istrischen Weinen. Die Inneneinrichtung wurde von dem Künstler Lojze Spacal gestaltet. (2.000-3.8000 SIT)*

• **Grad Tabor**, *in Laško auf der Burg, ☎ 573 16 00, stilvolles Feinschmecker-Restaurant, lohnt die Fahrt. Gehobene Preisklasse*

• **Puccini**, *Glavni trg 12, ☎ 492 46 96, guter Italiener im Herzen der Stadt (2.000 SIT)*

• *Gute Küche hat auch das* **Restaurant im Hotel Štorman**.

• *Das* **Café im Hotel Evropa** *ist ein traditionelles Kaffehaus im Stil des 19. Jh. Weitere Cafés liegen am Krekov trg und am Glavni trg.*

Einkaufen

• **Etnogalerija**, *Celeana Slomškov trg 4, hat wirklich schöne Souvenirs in Kunsthandwerk-Qualität.*

• **Kili**, *Keramik-Porzellan-Fabrikverkauf, in Liboje, etwa 7 km südwestlich von Celje. Schöne moderne Haushaltwaren zu guten Preisen; 💻 www.kili-liboje.si*

• *Celje war im 19. Jh. für die* **Schütz-Keramik** *(benannt nach dem Erfinder Ludwig Schütz) berühmt, das bekannteste Modell ist die „Feldflasche". In der Kili-Fabrik werden auch diese traditionellen Stücke hergestellt.*

Cerknica (S. 298)

Information

• **Turistično Informacijski Center (TIC)**, *Cesta 4. Maja 51, 1380 Cerknica, ☎ 709 36 36, geöffnet Mo-Fr 7.30 bis 15 Uhr, Sa 8-12 Uhr*

Vorwahl 01

Sehenswertes

• **Křižna jama** *(Křižna-Höhle), Besichtigung nur nach Voranmeldung bei dem Höhlen-Führer Alojz Troha, ☎ 709 82 94, Mobil 041-63 21 53, ab 900 SIT (warme Kleidung!)*

• **Grad Snežnik** *(Schloss Snežnik), 15. April-Okt Mi-Fr 10-13, 15-18 Uhr, Sa/So 10-18 Uhr, 700 SIT*

Unterkunft

• **Bauernhof Logar €**, *Žerovnica 16, 1384 Grahovo, ☎ 709 20 71, ☎mobil 031-78 42 32, 🖷 709 20 71; hat nur 2 gut ausgestattete Doppelzimmer, liegt südöstlich von Cerknica in dem Dörfchen Žerovnica*

• **Dom na Slivnici €**, *Berghütte auf dem Slivnica, ☎ 709 41 40, ☎mobil 041-518108, März-Okt, im Winter an den Wochenenden geöffnet, phantastischer Ausblick*
• **TeLiCo Lodge €**, *Brestova 9, ☎ 709 41 18; einfache Unterkunft im Ort*

Essen und Trinken

• **Rakov Škocjan** *im Naturpark, ☎ 709 41 32; erste Wahl in der Gegend, leckere bäuerliche Küche mit italienischen Einflüssen, nur Fr-So (3.000 SIT)*
• **Bauernhof Levar**, *Dolenje jezero 33, ☎ 709 19 14, ☎mobil 041-50 43 75; Hausmannskost, am See südlich von Cerknica (2.000-3.000 SIT/Menü)*
• *In Cerknica selbst bietet der* **Valvasorjev hram**, *Partizanska cesta 1, ☎ 709 37 88, zwar keine überragende Küche, aber hat eine gute Weinkarte, das Restaurant liegt zentral gegenüber dem TIC, untere Preisklasse*

Sport

• *Das* **TIC** *und das* **Naturschutzzentrum** *im selben Gebäude sind die Anlaufstellen für* **Angler** *sowie für den* **Boots**- *und* **Fahrradverleih**. *Die Gegend ist ideal für Radwanderungen.*
• **Reiten** *kann man auf dem* **Bauernhof Kontrabantar**, *Dolenja vas 72, ☎ 709 22 53, geöffnet Do-Fr, hier werden auch geführte Reitausflüge in die Umgebung oder Touren mit dem Pferdewagen organisiert.*
• **Wanderungen** *führen auf den Slivnica, eine Rundtour durch die Berge um den See dauert zwei Tage. Eine Wanderkarte 1:25.000 wird im TIC verkauft.*

Cerkno (S. 291)

Vorwahl 05

Sehenswertes

• **Bolnišnica Franja** *(Partisanen-Krankenhaus Franja), Dolenji Novaki bei Cerkno, ☎ 327 31 80, April-Sept. tägl. 9-18 Uhr, März, Okt., Nov. 9-17 Uhr, Dez, Jan., Feb. Sa/So 9-16 Uhr, 500 SIT*
• **Cerkljanski muzej** *(Cerkno-Museum, Ausstellung zum 2. Weltkrieg), Bevkova 12, 65282 Cerkno, ☎ 372 31 80; Mitte Mai–Mitte Okt. Di-So 10–13, 14–18 Uhr, 400 SIT*

Unterkunft

• **Cerkno €€**, *Sedejev trg 8, ☎ 374 34 00, 🖷 374 34 33, E-mail: hotel.cerkno@siol.net; großes, modernes Sporthotel (Hallenbad, Tennisplätze, Fahrradverleih). Ideal für Ski-Langläufer oder Mountain-Bike-Fahrer*

Essen und Trinken

• **Gačnk v Logu**, ☏ *372 40 05 oder ☏mobil 041/75 35 24; leckere Hausmannskost, wunderschöne Lage in den Hügeln 3 km hinter Cerkno in Richtung Skigebiet. Auch kleine* **Pension** *mit gut ausgestatteten Zimmern (1.200-2.300 SIT).*

Sport

WINTERSPORT

• *Etwa 10 km nordöstlich von Cerkno liegt an den Hängen des Črni Vrh (1.290 m) ein kleines* **Skizentrum** *(15 Pistenkilometer) mit 5 Sessel- und 2 Schleppliften. Skifahrer mit alpiner Erfahrung werden hier allerdings keine herausfordernden Abfahrten finden.*

• *Außerdem stehen etwa 5 km* **Langlauf-Loipen** *und eine* **Rodelbahn** *zur Verfügung.*

• *Es verkehrt ein* **Skibus** *zwischen Cerkno und dem Ski-Gebiet.*

Feste

• *Das* **Laufarija-Fest** *findet Ende Februar o. Anfang März am Sonntag vor Rosenmontag statt.*

Dobrna (S. 322)

Vorwahl 03

Information

• **Toplice Dobrna d.d.** *(Thermalbad), Dobrna 50, 83204 Dobrna, ☏ 780 80 00 oder 780 81 10, 🖷 780 81 11*

ⓘ ***im Internet www.Toplice-dobrna.si***

Unterkunft

• **Vila Higeia €€-€€€**, *stilvoll eingerichtete Zimmer in einer klassizistischen Villa*

• **Vita €-€€**, *ist ein Neubau mit 222 Betten, der direkt bei der Therme liegt*

• **Park €-€€**, *renoviertes altes Gebäude, für Familien geeignet*

Alle Hotels können zentral über die Therme gebucht werden (siehe Information).

Idrija (S. 292)

Information

• **Turistično Informacijski Center (TIC)**, *Lapajnetova ulica 7, 5280 Idrija, ☏/🖷 377 38 98, E-mail: obctz@s5net*

ⓘ ***im Internet www.rzs-idrija,si, www.muzej-idrija-cerkno.si***

Vorwahl 05

Sehenswertes

• **Antonijev Rov** *(Antoniusstollen), Kosovelova 3, ☎/📠 377 11 42, nur mit Führung im Sommer Mo-Fr 10 und 16 Uhr, Sa/So 10, 15 und 16 Uhr, Winter nur Sa/So 10, 15 und 16 Uhr, 800 SIT*
• **Frančiške Rov** *(Franziskusstollen, technisches Museum) tägl. 16-18 Uhr, 600 SIT*
• **Mestni Muzej** *(Stadtmuseum im Schloss) Prelovčeva 9, täglich 9-18 Uhr, 600 SIT*
• **Ausflüge: Kamšt** *(Wasserpumpe) und* **Divje jezero** *(Wilder See) im Südosten der Stadt, erreichbar über einen Wanderweg oder die 102, freier Eintritt*
• **Partizanska tiskarna Slovenija** *(Partisanen-Druckerei) bei Vojsko, 15.April-15. Okt. tägl. 9-16 Uhr, 300 SIT*

Unterkunft

• **Kendov Dvorec €€€-€€€€**, *Na griču 2, Spodnja Idrija, ☎ 372 51 00, 📠 375 64 75, E-mail: kendov-dvorec@s5.net, 💻 www.kendov-dvorec.com; kleines Luxushotel (Relais & Chateaux) in einem alten Herrenhaus, teilweise mit antiken Möbeln ausgestattet, romantische Lage über der Idrijca in Spodnja*
• **Idrija Barbara €€**, *Kosovelova ulica 3, ☎/📠 377 11 62; eigentlich ein Restaurant mit einer kleinen Pension (6 Zimmer) über dem Antoniusstollen*
• **Kmećki Hram Fortuna €-€€**, *Idršek 1a, Razpotje, 5281 Spodnja Idrija, ☎/📠 377 91 49, ☎mobil 040/853 742, E-mail: kmecki.hram@siol.net; Bauernhof-Pension mit hellen, modernen Zimmern in ruhiger (geradezu abgeschiedener) Lage im Weiler Razpotje. Zu erreichen über eine Serpentinen-Straße zwischen Spodnja Idrija und Idrija.*

Essen und Trinken

• **Kos**, *Tomišičeva 4, ☎ 372 20 30, kleines Restaurant, das berühmt für seine Žlikrofi ist. Liegt nicht direkt im Zentrum, sondern am Zusammenfluss von Idrija und Nikova (2.000–3.000 SIT)*
• **Pri Škarfarju**, *Ulica Svete Barbare 9, ☎/📠 377 32 40; rustikales Restaurant im Zentrum, gute Pizzeria, (1.000-2.200 SIT)*
• *Außerdem ist das Essen in der* **Gostiče Barbara** *(s. Unterkunft) zu empfehlen (Žlikrofi und Hausmannskost), und das* **Restaurant im Hotel Kendov Dvorec** *ist erstklassig.*

Einkaufen

• *In Idrija ist* **Spitze** *in aller nur erdenklicher Form zu bekommen, neben Tischdeckchen oder eingefassten Taschentüchern kann man ganze Kleidungsstücke aus dem edlen Knüpfmaterial erwerben. Ein schönes und einigermaßen erschwingliches Souvenir sind kleinere Stücke, die in einem Rahmen verkauft werden.*
• *Schöne Spitze bekommt man in einer kleinen Ladenwerkstatt im Schloss Gewerkenegg und im* **Studio čipka**, *Mestni Trg 17, sowie im* **Studio Koder**, *Mestni Trg 16; auch wer nicht kaufen will: Die Stücke hier sind einen Blick wert.*
• *Aber auch andere Geschäfte in der Stadt verkaufen* **hochwertige Klöppelarbeiten**.

Feste und Veranstaltungen

• *In Idrija findet alljährlich in der letzten Augustwoche das* **Internationale Klöppel-Festival** *statt, das die ganze Stadt zum Anlass für Festivitäten nimmt: Neben einem Wettbewerb der Klöpplerinnen sowie natürlich großen* **Verkaufsausstellungen** *finden* **Märkte mit weiterem Kunsthandwerk** *statt. Genaue Informationen über die Termine und die im Rahmen des Festivals geplanten Veranstaltungen erhält man über das TIC.*

Izola (S. 369)

Information

• **TIC Izola**, *Sončno nabrežje 4, ☎ 640 10 50, 🖷 640 10 52, E-mail: tic.izola@izola.si*
• **Turist Biro**, *Simonov zaliv Morova 6a, ☎ 660 31 00 oder 641 87 25, 🖷 641 84 02, E-mail: simonov.zaliv@htp-simonov-zaliv.si, 💻 www.htp-simonov-zaliv.si*
• **Beleskale**, *Cankarjev drevored 2, ☎ 640 35 55, 🖷 641 81 00, E-mail: beleskale@siol.net*
• **Laguna**, *Istrska vrata 7, ☎/🖷 641 65 53, E-mail: laguna@siol.net; 💻 www.sigov.si/izola*

Vorwahl 05

Sehenswertes

• **Museum Parenzana** *(Eisenbahnmuseum), Ulica Alme Vivoda 3, tgl. 9-12, 16-20*

Unterkunft

Privatunterkünfte *werden über das* **TIC** *oder die privaten Agenturen* **Beleskale** *oder* **Laguna** *vermittelt.*

• **Marina** €€€, *Veliki trg 11, ☎ 660 41 00, 🖷 660 44 99, E-mail: belve@siol.net; gute Standard-Zimmer, der braune moderne Bau wirkt von außen ziemlich abstoßend, innen aber recht gute Ausstattung. Die zentrale Lage am Hafen macht das Hotel zur ersten Wahl in Izola.*
• **Delfin** €€€, *Tomažičeva 10, ☎ 660 70 00, 🖷 660 74 20, E-mail: delfin.recepcija@siol.net; modernes Urlaubshotel auf einem kleinen Hügel gegenüber dem Jachthafen (ca. 1 km von der Altstadt entfernt), in guter Laufweite zur Simonov zaliv (etwa 200 m bis zur ersten Badestelle), Hallenbad.*
• **Simonov zaliv** €€-€€€, *Morova 6a, ☎ 660 31 00, 🖷 641 84 02; Feriensiedlung mit Hotel und Apartments in hübscher Lage gleich neben der Badestelle in der Bucht Simonov zaliv. 1970er-Ambiente, aber die Ferienwohnungen sind renoviert; E-mail: simonov.zaliv@htp-simonov-zaliv.si*
• **Belvedere** €€-€€€, *Dobrava 1a, ☎ 660 51 00, 🖷 660 51 71, E-mail: belve@siol.net; recht nette Anlage in schöner Lage auf dem Hügel Richtung Piran hoch über der Küste, neben einem Hotel auch Apartments und Campingplatz. Die Ferienwohnungen werden im Sommer nur für mindestens eine Woche vermietet. Wird viel von Pauschal- und Gruppenreiseveranstaltern gebucht.*

I

• **Kmetija Medljan** €€, *Cetore 29, 6310 Izola, ☏/🖷 642 00 81, E-mail: medljan@atnet.si; hübsche Zimmer und Apartments etwa 5 km südlich von Izola. Eigenwilliges Sportangebot: Reiterhof (mit Reitunterricht), Bogenschießen, Mountain-Bike-Verleih. Ruhiger hübscher Bauernhof, es wird leckere Hausmannskost serviert.*

• **Riviera** €, *Prekomorskih brigad 7, ☏ 641 87 29, 🖷 641 54 95; einfache Zimmer an der Hafenpromenade, nicht schlecht, wenn man zentral und günstig wohnen möchte. Eigentlich ist das Haus die Fachschule für Tourismus und Gastronomie, in der die Studenten auch wohnen. Nur von Mitte Juni bis Ende August werden die Zimmer vermietet; E-mail: brankomiklobusec@guest.arnes.si*

CAMPING

• **Jadranka**, *Polje 8, ☏ 640 23 00, 🖷 641 83 58; kleiner Platz westlich von Izola, liegt auf einem ziemlich schmalen Grünstreifen zwischen der Haupteinfallstraße nach Izola und dem Meer. Einfache Ausstattung und laut!*

• **Belvedere**, *gut ausgestatteter Platz in schöner Lage, der zur Belvedere-Anlage gehört (siehe Unterkunft). Ca. 200 Plätze, geöffnet vom 1.4. bis 30.9.*

Essen und Trinken

Als Stadt, die von der Fischverarbeitung lebt, hat Izola zwar eine ganze Reihe an Restaurants, aber nicht alle sind wirklich empfehlenswert. Trotzdem kann man sehr gut essen. Fisch, der per Dezigramm verkauft wird, ist allgemein etwas teurer.

• **Parangal**, *Sončno nabrežje 20, ☏ 641 74 40; fangfrischer Fisch in einem beliebten Restaurant in bester Lage am Wasser, zwischen Trg Republike und altem Hafen (1.500-2800 SIT)*

• **Ribič**, *Veliki trg 3, ☏ 641 83 13; auch hier Fisch frisch aus den Netzen und vom Grill (1.500-3.000 SIT)*

• **Kavrečič**, *Dobrava 4, ☏ 640 40 50; exzellente Fischküche, hausgemachte Pasta und selbst gebackenes Brot, auf Vorbestellung auch istrische Spezialitäten aus dem Tontopf. Hervorragendes Essen in schöner Lage mit Blick über ein grünes Tal. Etwas versteckt außerhalb Izolas am Hang der Dobrava-Anhöhe, nach Westen Richtung Belvedere fahren und dann den Schildern folgen (um 3.000 SIT).*

• **Canova Verdi**, *Verdijeva ulica 10, ☏ 641 60 44; hier überzeugt eher die Pasta, im Herzen der Altstadt mit Sitzplätzen auf dem Manziolijev trg (1.200-2.500 SIT)*

Nachtleben

• *In Izola liegt in einer umgebauten Fabrikhalle der an der ganzen Küste legendäre* **Rave-Club Ambasada Gavioli**. *Im Juli und August jeden Freitag und Samstag geöffnet, in den sonstigen Monaten finden nur an manchen Wochenenden spezielle Events statt.*

• *Außerdem hat das* **Hotel Belvedere** *eine* **Diskothek**, *in der im Sommer durchaus rauschend gefeiert wird. Abendliche Animation gibt es auch im Hotel Delfin.*

Einkaufen

• *Die* **Künstler-Ateliers** *und* **-Werkstätten** *sind in der Ljubljanska ulica und in der Koprska ulica zu finden, die beide mitten durch die Altstadt führen (nur im Sommer geöffnet). In den beiden Straßen liegen mit Atelje Kaligula und Galerija Art auch Läden, die moderne Kunst ausstellen und gleichzeitig Kunsthandwerk verkaufen.*

• **Arka**, *Gregorčičeva ulica 6, hat ungewöhnlichen Schmuck aus bemalten Steinen.*
• *Die* **Galerija Insula**, *Smrekarjeva 20, und die* **Galerija Alga**, *Kristanov trg 1, stellen anspruchsvolle moderne Kunst aus.*

Veranstaltungen

• *Unter dem Motto* **Mediteran Festival** *finden im Juli und August, meist an den Wochenenden, Open-Air-Konzerte statt, v. a. Jazz- und Weltmusik; außerdem gibt es im Sommer Theateraufführungen und Folklore-Darbietungen unter freiem Himmel; ein genaues Programm-Heft bekommt man im TIC.*
• *Am letzten Wochenende im August feiert Izola mit Essensständen, Musik und Tanz das* **Fischerfest**, *das die Saison beschließt.*

Sport

• *Die* **Buchten Simonov zaliv** *im Westen (Kiesstrand) und* **Zaliv Viližan** *im Osten sind die beiden* **Badebuchten**, *die in direkter Nähe zur Stadt liegen. Auch nördlich der Stadt hinter dem alten Hafen kann man von den Felsen ins Wasser steigen.*

Izola hat zwei **Segelclubs**, *die Kurse anbieten und Boote verleihen:*
• **Olimpic**, *Veliki trg 1, ☎ 640 00 11, 🖷 640 00 15, E-mail: mandrac@s-net.net*
• **Burja** *,Dantejeva ulica 22, ☎/🖷 641 63 30, E-mail: bojan.gale@kiss.uni-lj.si*

• *Die Agentur* **Beleskale** *verleiht* **Fahrräder**. *Das Gebiet südlich von Izola eignet sich sehr gut für Mountain-Bike- und Radtouren sowie für kürzere Wanderungen.*

Verkehrsverbindungen

• *An Wochentagen fahren alle 20 Minuten* **Busse** *nach Koper, Strunjan, Piran und Portorož, am Wochenende alle 40 Minuten. Es gibt gute Busverbindungen nach Ljubljana und nach Triest. Alle Busse halten am Trg Republike.*

• *Sehr praktisch ist der* **Minibus**, *der tagsüber regelmäßig zwischen dem Campingplatz Jadranka im Osten von Izola und dem Hotel Belvedere hin und her fährt, mit Stopps am Trg Republike und der Simonov zaliv, ideal, wenn man zum Baden in die Bucht fahren möchte.*

• *Die* **Fähren** *„Big Red" und „Big Blue" fahren von April bis Oktober tägl. um 11.05, 15.05, 18.05 Uhr in Richtung Portorož; um 9.55, 13.55, 16.55 in Richtung Ankaran. Knapp 1 Stunde Fahrtzeit von Izola nach Portorož.*

• **Tagesausflüge** *nach Venedig sind mit der „Prince of Venice" möglich, einer großen* **Katamaran-Fähre**. *Von 30. März bis Ende Oktober jeden Samstag, im Juli/August auch Dienstag, Freitag, Samstag und Sonntag, Abfahrt um 8 Uhr, Ankunft in Venedig ca. 10.30, Rückfahrt um 17.30, Ankunft in Izola ca. 20 Uhr. Buchungen sind in den meisten Reisebüros möglich.*

HAFEN
• **Marina Izola**, *Tomažičeva 10, 6310 Izola, ☎ 640 02 50, 🖷 641 83 46; moderner Hafen mit 900 Liegeplätzen; E-mail: info@marinaizola.com, 💻 www.marinaizola.com.*

K

Kamnik (S. 248)

Information

• **Turistično Informacijske Center**, *Tomšičeva 23, 1240 Kamnik, ☎ (01) 839 14 70, 🖷 (01) 831 74 43, E-mail: infocenter.kamnik@siol.net*

• **Planinsko društvo** *(Büro des Alpenvereins), Šutna 42, ☎ (01) 839 13 45*

ⓘ *im Internet www.kamnik.si*

Sehenswertes

• **Arboretum**, *Volčji Potok 3a, 1235 Radomlje, Sommer 8-20, Winter 8-18, 800 SIT*

• **Galerie Miha Maleš**, *Glavni trg 1, Di-Sa 9-12, 16-18, frei*

• **Grad Zaprice** *(Museum von Kamnik), Muzejska pot 3, Mai-Sept. Di-Sa 9-12, 16-18, So10-13, 16-18, So 10-13, 500 SIT*

• **Franziskaner-Kloster** *(Frančiskanski samostan), Samostanski trg 2, ☎ (01) 831 80 30, nur nach Voranmeldung und für Gruppen ab fünf Personen*

• **Mali Grad**, *im Sommer jeden Tag 9-12 Uhr, 15-19, 300 SIT*

• **Sammlung Sadnikar**, *Šutna 33, ☎ (01) 839 13 62, nach Voranmeldung, 300 SIT*

Unterkunft

Kamnik ist (noch) kein touristisches Zentrum mit Hotelneubauten und die Unterkunftsmöglichkeiten in der Stadt selbst sind beschränkt. Außerdem wird es viel von Tagesgästen aus Ljubljana besucht, die nicht hier übernachten. Privatunterkünfte gibt es aber in der Umgebung, besonders Richtung Kamniška Bistrica. Vermittlung über das **TIC**, *die Preise liegen zwischen 6.500 und 10.000 SIT.*

• **Kamrica €**, *Trg svobode 2, ☎ 831 77 07, 🖷 831 77 06, kleine Pension, eigentlich eine Bar, in sehr zentraler Lage. Bestes Preis-Leistungsverhältnis in Kamnik*

• **Pri Cesarju €**, *Tunjiška cesta 1, ☎ 839 29 17; an ein Restaurant angeschlossenes Pension-Hotel mit hellen, modernisierten Zimmern, in denen aber keine rechte Gemütlichkeit aufkommen will. Nördlich des Franziskaner-Klosters, knapp 400 m vom Glavni Trg entfernt*

CAMPING

• **Resnik**, *Maistrova 15, ☎ 831 73 14; sehr einfache Ausstattung, aber es gibt Tennisplätze. 200 Plätze, 1 km vom Zentrum in Richtung Celje. 1.5.-30.9. geöffnet.*

Verkehrsverbindungen

Kamnik ist von Ljubljana aus gut zu erreichen und daher ideal für einen Tagesausflug mit öffentlichen Verkehrsmitteln; halbstündliche Busverbindung nach Lubljana.

• **Busbahnhof**, *Maistrova 18, ☎ 839 20 28.*

• **Zugverbindungen**, *während der Woche stündlich, keine Verbindung am Wochenende, Bahnhof: Krajska 4, ☎ 839 40 90. In Kamnik endet der Zug, wer auf die Velika Planina oder nach Kamniška Bistrica fahren möchte, muss den Bus nehmen.*

Essen und Trinken

• *Auf der Šutna liegen einige* **Cafés**, *die im Sommer auch Tische nach draußen stellen.*

• *Schönstes Café ist wohl die* **Kavarna Veronika** *am Übergang vom Glavni Trg zur Šutna, hier werden auch Frühstück und Snacks serviert.*

• *Nett ist auch die* **Pivnica pri Podkvi**, *eher eine Kneipe unter Bäumen am nördlichen Anfang der Šutna unterhalb der „kleinen Burg" gelegen, hier kann man die für Kamnik typischen Brezeln probieren.*

• **De Cecco**, *Šutna 68, ☎ 831 74 47; exzellente Küche, allerdings nicht slowenisch: Die Besitzerin Antonija de Cecco hat lange in der Schweiz gelebt und serviert Käse- und Pasta-Spezialitäten. Wer zur Abwechslung mal Fondue und Raclette essen möchte, ist hier richtig, die Gerichte sind vorwiegend vegetarisch. Gleich unterhalb des Schlosses Zaprice gelegen (Pasta um die 1.200 SIT, Raclette 1.500 SIT)*

• **Šlakar**, *Maistrova 11; sehr rustikales Brauerei-Restaurant, es gibt deftige Würste und Braten vom Grill, dazu Bratkartoffeln und natürlich selbst gebrautes Bier. Keine Speisekarte (600-1.700 SIT)*

• **Pod Skalo**, *Maistrova 32, ☎ 839 26 93; traditionsreiches Haus mit guter slowenischer Küche, bei Einheimischen beliebt, liegt etwa 1 km nordöstlich beim Campingplatz (1.000-2.000 SIT)*

• *Durchaus empfehlenswert ist auch die* **Pizzeria Napoli**, *Sadnikarjeva 5, ☎ 83 92 74.*

• *Für den schnellen Hunger gibt es am Busbahnhof zwei* **Snack-Bars**.

Einkaufen

• *Die für die Kamniker Gegend* **typischen**, *mit Stempeln verzierten* **Gipskugeln** *bekommt man bei* **Majolka**, *Maistrova 11, wo neben anderen Hand gearbeiteten Souvenirs auch Antiquitäten angeboten werden.*

Feste und Veranstaltungen

• **Mittelalter-Festivals** *zweites Wochenende im Juni, Musik, Tanz, Jahrmarkt und Essens-Stände in der Altstadt.*

• *Ähnlich wird das* **Kostüm-Festival** *(***Dnevi Narodnih Noš***) mit Vorführungen der National-Trachten am zweiten September-Wochenende gefeiert.*

• *Ende April/Anfang Mai und im September finden im Arboretum sehenswerte* **Blumenausstellungen** *statt.*

Kamniška Bistrica (S. 253)

Unterkunft

Im Tal von Kamniška Bistrica werden in den kleineren Orten einige **Privatunterkünfte** *vermietet, die man über das TIC buchen kann. Wer im Sommer mehrtägige Wanderungen plant, sollte ein Bett in einer der* **Berghütten** *reservieren. Die Preise für eine Schlafgelegenheit im Mehrbettzimmer liegen zwischen 3.000 und 5.000 SIT.*

• **Dom v Kamniški Bistrici**, *☎ 01-832 55 44, am Ende des Tales auf 600 m gelegen, ganzjährig geöffnet*

K

• **Cojzova koča**, *☏mobil 050/63 55 49, in 1.793 m Höhe auf dem Kokrško sedlo gelegen, geöffnet Mitte Juni bis Mitte Oktober*
• **Kamniška koča**, *☏ mobil 050/61 13 67, liegt 1.864 m hoch auf dem Kamniško sedlo, geöffnet von Mitte Juni bis Mitte Oktober*

Essen und Trinken

• **Pri Gamsu**, *Stahovica 31, ☏ 01-832 55 88; kleine Gostišče kurz hinter Stahovica Richtung Kamniška Bistrica (liegt direkt an der Straße, man fährt leicht dran vorbei). Wildspezialitäten mit Knödeln, auch das Pohorska Omleta (eine süße Spezialität) ist sehr gut. Der familiär geführte Betrieb bietet auch Zimmer an (Gerichte um die 2.000 SIT)*
• **Pri planinskem orlu**, *Stahovica 20, ☏ 01-832 54 10; Hausmannskost, Wildspezialitäten (1.500-3.000 SIT). Vermietet auch eher einfache Zimmer mit Dusche und WC (DZ um die 10.000 SIT)*

Kobarid (S. 285)

Vorwahl 05

Information

In Kobarid gibt es keine Touristeninformation, Auskünfte erhält man im **Museum**, *dort werden auch Zimmer vermittelt.*

ⓘ im Internet www.kobariski-muzej.si

Sehenswertes

• **Kobariški Muzej** *(Kobarid Museum, „Kriegsmuseum"), Gregorčičeva ulica 10, ☏ 389 00 00, 🖷 389 00 02, E-mail: info@kobariski-muzej.si, April-Oktober Mo-So 9-18 Uhr, Nov.-März Mo-Fr 10-17, Sa/So 9-18 Uhr, 700 SIT*

Unterkunft

• **Hvala €€-€€€**, *Trg svobode 1, ☏ 389 93 00, 🖷 388 53 22, E-mail: topli.val@siol.net, ist das einzige Hotel in der Stadt. Das moderne Gebäude wirkt zwar eher wie ein Geschäftshotel, liegt aber zentral und ist wirklich empfehlenswert*
• *Außerdem vermieten die Betreiber der* **Restaurants Kotlar**, **Franko** *und* **Pri Jazbecu** *ein paar Zimmer.*

CAMPING

• **Trnovo**, *Trnovo ob Soči 51, 5224 Srpenica, ☏ 384 55 83; ein kleiner Platz zwischen Bovec und Kobarid an der Soča gelegen. 15.4.-15.9. geöffnet*

• **Koren**, *Deržniške Ravne 33, ☏ 389 13 11, 🖷 389 13 10; liegt sehr idyllisch an der Soča, gerade außerhalb von Kobarid in der Nähe der Napoleon-Brücke, für Kajak-Fahrer absolut empfehlenswert!*

• *Außerdem* **Camping Nadiža** *am gleichnamigen Flüsschen, ☏ 384 91 10, in Podbela (Straße Richtung Robič, in Staro selo rechts abbiegen, ausgeschildert).*

Essen und Trinken

Kobarid hat eine **vorzügliche Gastronomie** *und ist für seine* **Fischspezialitäten** *und* **Meeresfrüchte** *bekannt, die drei zuerst genannten Restaurants gehören zu den besten der Region. Viele Italiener kommen extra zum Essen hierher, die Küche ist auch stark italienisch beeinflusst.*

• **Kotlar**, *Trg svobode 11, ☏ 389 11 10; exzellente Küche, frischer Fisch und Meeresfrüchte, auch lokale Spezialitäten und Pasta. Guter Service. Sehr schönes Restaurant in einem alten Gebäude mitten im Zentrum. Di und Mi Ruhetag! (ab 2.500-5.000 SIT).*

• **Franko**, *Staro selo 1, ☏ 389 41 20, 389 41 29; sehr gutes Restaurant, serviert lokale Spezialitäten und Wild, die „slow food"-Bewegung garantiert die Verwendung frischer Zutaten. Die Einheimischen geraten ins Schwärmen! Liegt etwas außerhalb am Rande des Dörfchens Staro selo in Richtung Grenzübergang Robič (um 5.000 SIT).*

• **Topli Val**, *Restaurant im Hotel Hvala, ☏ 389 93 00; Fisch- und Meeresfrüchte, Spezialität sind Flusskrebse, aber auch Wild und hervorragende Pasta-Gerichte werden serviert. (2.000-4.500 SIT*

• **Pri Jazbecu**, *Idrsko 7a, ☏ 388 53 85 oder 389 14 01, 🖷 389 14 02, E-mail: info@jazbec-sp.si; gute Hausmannskost, Forellen und auch Wild (1.200-2.200 SIT).*

Sport

Auch in Kobarid bzw. der Umgebung kann man **Soča-Trips** *buchen.*

Die **Agenturen**:

• **X-Point**, *Sresova 1, ☏mobil 041-69 22 90 und*

• **Alpin Action**, *Trnovo ob Soči 35, 5224 Srpenica, ☏ 388 50 22, organisieren die üblichen Wassersportarten (Rafting, Kajak/Kanu-Fahrten, Canyoning, auch Hydrospeed-Bootfahrten, Mountain-Biking).*

Kočevje und Ribnica (S. 356)

Sehenswertes

• **Pokrajinski muzej Kočevje**, *Prešernova ulica 11, 1330 Kočevje, Mo-Fr 8-15 Uhr, Mi auch 16-18 Uhr, Sa 9-12 Uhr, 400 SIT*

• **Kirche Sveti Štefan** *in Ribnica, von Star-Architekt Jože Plečnik gestaltet*

K

Koper (S. 362)

Information

• **Turistični informativni center (TIC)**, *Titov trg 3, 6000 Koper, ☏ 664 64 03, 🖷 664 64 06, E-mail: tic@koper.si*
• **Planinsko društvo (Alpenverein)**, *Gortanov trg 15, ☏ 627 30 60*
• **Kompas Turizem**, *Pristaniška ulica 17, ☏ 663 05 81*

ⓘ *im Internet www.koper.si*

Vorwahl 05

Sehenswertes

• **Etnološka zbirka (Ethnologische Sammlung)**, *Gramšijev trg 4, Juli/August Mo-Fr 9-13, 18-20, Sa 9-12, sonst Mo-Fr 9-13, Sa 9-12, 500 SIT*
• **Mestni Stolp (Stadtturm)**, *Titov trg, Mo-Fr 9.30-12.30, 16.30-19.30; So 15.30-19.30, frei*
• **Pokrajinski muzej (Regionalmuseum)**, *Kidričeva ulica 19, gleiche Öffnungszeiten wie die Ethnologische Sammlung, 700 SIT*

Unterkunft

Wer in der Altstadt Kopers wohnen möchte, sollte eine **private Unterkunft** *mieten (direkt im Altstadtkern gibt es bisher kein Hotel), die das* **TIC** *oder die* **Kompas-Agentur** *vermitteln. Zwar liegt der größte Teil der Privatzimmer in den neuen Stadtvierteln, aber auch in der Altstadt steigt die Zahl ständig.*
• *Besonders nett ist es bei Doris Bozic, deren „***Bife Museum***" am Muzejski trg 6 eine Institution ist, ☏mobil 041/50 44 66 oder einfach im „Bife" nach einem Zimmer fragen (ca. 3.000-4.000 SIT).*
• **Hotel Koper €€€-€€€€**, *Pristaniška cesta 3, ☏ 610 05 00, 🖷 610 05 94; E-mail: info@terme-catez.si; 🖳 www.terme-catez.si Komfortzimmer in einem renovierten Haus im ehemaligen Altstadtring (modernes mehrstöckiges Gebäude), liegt in unmittelbarer Nähe zum Yachthafen.*
• **Žusterna €€€**, *Istrska cesta 67, ☏ 663 80 00, 🖷 663 80 10, 🖳www.terme-catez.si; modernes Wellness-Hotel mit großem Aquapark und gut ausgestatteten Zimmern im gleichnamigen Stadtteil, gehört zum selben Betreiber wie das Hotel Koper, familienfreundlich*
• **Pristan €€€**, *Ferrarska 30, ☏ 614 40 00, 🖷 614 40 40, E-mail: hotel@luka-kp.si; Garni-Hotel in einem modernen Bau in Form eines Schiffes am Rand der Altstadt. Die Modernität des Gebäudes entspricht zwar nicht der romantischen Altstadt Kopers, aber die Zimmer sind gut ausgestattet. Eher für kurze Aufenthalte.*
• **Bio-Motel Vodišek €€**, *Vanganelska cesta 2, ☏ 625 88 85, 🖷 625 88 84; familiär geführtes Haus mit eher einfachen Zimmern Richtung Ankaran*

Essen und Trinken

Noch hat sich keine „Fressmeile" am Hafen entwickelt, durch die sich allabendlich die Touristenmassen schieben, es fehlen aber auch kleine, beschauliche Hafen-Restaurants. Kaffee trinkt man wohl am stilvollsten im **Café Loggia** *im gleichnamigen Gebäude am Titov Trg, außerdem stellt der* **Carpaccio Pub** *am Carpacciov Trg im Sommer auch Tische nach draußen.*

• **Za Gradom/Rodica**, *Kraljeva 10, ☎ 628 45 50, sehr gutes Fischrestaurant, auch istrische Spezialitäten wie Trüffel-Ravioli; liegt im Vorort Semedela gegenüber der Altstadt (2.500-5.000 SIT)*

• **Skipper**, *Kopališko nabrežje 3, ☎ 626 18 10; eher italienische als slowenische Küche, Fischgerichte. Terrasse mit Meerblick direkt über dem Hafen, leider 70er Jahre Beton-Ästhetik (die allerdings der Ausblick vergessen macht) (1.500-2.800 SIT)*

• **Marina**, *Kopališko nabrežje 2, ☎ 627 19 82; bei den Jugendlichen Kopers beliebte Pizzeria, leicht schäbig, aber gleichzeitig kultig, gewissermaßen das jugendliche Gegenstück zum Skipper, auch gleich nebenan gelegen (1.200-3.000 SIT)*

• **Istrska klet**, *Župančičeva ulica 39, ☎ 627 67 29; kleines, uriges Lokal im Palazzo Carli mitten in der Altstadt. Fischgerichte und istrische Spezialitäten, der Istrska klet (= istrischer Keller) ist auch ein Weinlokal, das Erzeugnisse lokaler Winzer anbietet (1.000-2.500 SIT)*

• *Nicht ganz so urig, aber auch sehr nett ist der* **Slovenski Hram**, *Ulica talcev 8, ☎ 626 27 01; Kleinigkeiten zum Wein oder Speisen á la carte.*

IN DER UMGEBUNG

• **Grad Socerb**, *Socerb 7, ☎ 659 23 03; erstklassiges Restaurant in der Burg Socerb bei dem Ort Črni Kal, 20 km nordöstlich von Koper. Serviert werden lokale Spezialitäten wie Wild- und Fisch, Ravioli und natürlich Karstschinken. Schönster Blick über die Adria! Rechnen Sie mit 5.000 SIT und mehr für ein Menü (es lohnt sich!). Reservierung erbeten!*

• **Škrgat**, *Hrastovlje 49, 6275 Črni Kal, ☎ 659 24 60; Bauernhof im Dorf Hrastovlje, serviert Kleinigkeiten wie Pršut und Käse. Ideal für einen Imbiss auf einem Ausflug in das Umland von Koper; ebenso die* **Gostilna Švab**, *Hrastovlje 53, ☎ 659 23 24. (1.200-2.800 SIT)*

Nachtleben

Beliebter Treffpunkt für die frühabendliche **Passegiata**, *die man wie in Italien auch in Koper pflegt, ist das* **Forum Café** *am Shoppingcenter an der Pristaniška ulica, aber auch der* **Carpaccio Pub** *und die gleich daneben liegende* **Diskothek „Elite"** *haben sich etabliert.*

Einkaufen

• *In der Hauptgeschäftsstraße Čevljarska ulica sind einige* **Juwelierläden zu finden.**

• *Hübsche Geschäfte sind der* **Souvenirladen Kamra** *in der Župančičeva ulica 26 und* **Keramika Art** *in der Župančičeva 41a.*

• *An der Pristaniška ulica südlich des Yachthafens liegt der lokale* **Markt** *mit Fischhalle, der vormittags abgehalten wird.*

• **Vinoteka Brenta**, *Gortanov trg 10; edle Weine aus Istrien und anderen Regionen Sloweniens, auch Verkauf von Kunsthandwerk aus der Region.*

• **Vinakoper**, *Šmarska cesta 1, ☎ 663 01 00; Verkauf von Refošk und Malvazija, Degustation nach Voranmeldung*

GALERIEN

• **Loža**, *Titov trg 1, ☎ 627 41 71; die schöne Galerie mitten im Zentrum Kopers stellt hauptsächlich slowenische Moderne und Avantgarde aus.*

• **Meduza**, *Čevljarska ulica 34, ☎ 627 48 37; zeigt v. a. neuere Grafik.*

Feste und Veranstaltungen

• *Unter dem Motto* **Primorski poletni Festival** *(etwa: Sommerfestival des Küstenlandes) finden im Juli und August in allen Küstenorten* **Konzerte**, **Tanz-** *und* **Theateraufführungen** *unter freiem Himmel statt. Bei der Touristeninformation bekommt man ausführliche Programme.*
• *Hervorzuheben ist das Stadtfest* **Koprska noč**, *die* „**Nacht von Koper**“, *das i. d. R. am letzten Wochenende im Juli mit Ständen, Musik und einem großen Feuerwerk in der ganzen Stadt gefeiert wird.*

Sport

• *In Koper gibt es* **Bademöglichkeiten**, *die Wasserqualität ist aber nicht gut. Wer trotzdem nach einem Stadtrundgang ins Wasser springen möchte, kann das im* **Schwimmbad an der Kopališko nabrežje** *gleich neben dem Jachthafen oder auf der anderen Seite der Altstadt im Stadtteil Žusterna im gleichnamigen Schwimmbad tun.*
• *Zur Entspannung sei der* **Wellness-Bereich im Aquapark des Hotels Žusterna** *mit verschiedenen großen Pools empfohlen.*
• *Der* **Bade-** *und* **Wochenendausflugsort** *Kopers ist* **Ankaran** *im Norden der Stadt.*
• *Nördlich von Koper liegt am Karstabbruch ein beliebtes* **Klettergebiet**, *das verschiedene Schwierigkeitsgrade anbietet, das Klettergebiet liegt in Blickweite des Meeres.*

Verkehrsverbindungen

• **Bus** – *täglich alle 20 Minuten gibt es eine Verbindung Richtung Portorož, mit Stopps in Izola, Strunjan und Piran, am Wochenende alle 40 Minuten.*
• **Expressbusse** *nach Ljubljana. Die Busse fahren am Bahnhof, Kolodvorska cesta 11, ab, dort werden auch die Tickets verkauft.*
• *Koper kann mit dem* **Zug** *erreicht werden, allerdings ist es eine unbedeutende Nebenstrecke, nur etwa 3x täglich fährt eine Bahn nach Ljubljana.*
• **Schiff** – *schnelle* **Fähren** *(„Big Red“ und „Big Blue“) verbinden im Sommerhalbjahr die Küstenorte miteinander (Ankaran, Koper, Izola, Strunjan, Piran, Bernardin, Portorož und zurück). April bis Oktober*

ABFAHRTEN			
Richtung Portorož	10.45	14.45	17.45 Uhr
Richtung Ankaran	10.15	14.15	17.15 Uhr

Die Fähre braucht von Koper bis Portorož ca. 1,15 Stunden, es ist nicht die schnellste, aber eine bequeme Möglichkeit, die Küste entlang zu fahren und gleichzeitig einen netten Bootsausflug zu machen. Informationen über **Aquamarine**, ☏*mobil 041/63 63 71.*

• *Außerdem gibt es* **Fährverbindungen nach Kroatien** *(Pula, Kali, Lošinj, Silba, Zadar, insgesamt 24 h Fahrt), Informationen unter* ☏ *664 51 00 oder im TIC.*

HAFEN

• **Marina Koper doo.**, *Kopališko nabrežje 5, 6000 Koper,* ☏ *627 21 20,* 🖷 *627 23 70, E-mail: info@marina-koper.si,* 💻 *www.marina-koper.si, wird eher seltener von Touristen angelaufen, schöner sind die Häfen in Izola und Portorož.*

Kostanjevica na Krki (S. 347)

Information

• Turistično Informacijski Center (TIC), *Ulica talcev 20, 8311 Kostanjevica na Krki, ☏/🖷 498 71 08*

ⓘ im Internet www.galerija-bj.si/

Vorwahl 07

Sehenswertes

• **Galerie Božidar Jakac** *(im Schloss Kostanjevica), Grajska cesta 45, Juli/August Mo-Fr 9-13, 18-20, Sa 9-12 Uhr, sonst Mo-Fr 9-13, Sa 9-12 Uhr*
• **Kostanjeviška jama** *(Höhle), Im Sommer tägl. 10-18 Uhr halbstündlich Führungen, 700 SIT*
• **Kunstsalon Lamut**, *Oražnova ulica 5, ☏ 498 70 08, nach Vereinbarung*

Unterkunft

• **Žolnir €**, *Krška cesta 4, ☏ 498 71 33, 🖷 498 73 59, kleine Pension, liegt direkt nördlich der Insel*

Essen und Trinken

• **Žolnir** *(siehe Unterkunft), serviert Spezialitäten der Region, Lamm und Spanferkel und Ente*
• **Kmečki Hram**, *Oražnova 11, ☏ 498 70 78, hat eine außergewöhnlich schöne Terrasse unter Weinreben und serviert slowenische Spezialitäten wie Ente, Forelle und Lamm.*

Einkaufen

• *Der* **Laden im Kloster Pleterje** *ist bekannt für den Birnenschnaps mit der Frucht in der Flasche, außerdem gibt es hier* **Cviček**, **Kräuter** *und andere* **Klostererzeugnisse**.

Sport/Aktivitäten

WASSERSPORT

• **Bootsverleih**, **Kanuverleih** *am Südende der Stadt bei einem kleinen Eisladen.*

REITEN

• **Bauernhof Colarič**, *Jablance 17, ☏ 498 75 04, ☏mobil (041) 32 29 00, liegt südöstlich der Stadt (Richtung Höhle, dann links)*
• **Bauernhof Hosta**, *Sela 6, Šentjernej, ☏mobil: (041) 69 00 66, zwischen Šentjernej und Kloster Pleterje, auf dem Hof gibt es Lipizzaner!*

K

Kranj (S. 243)

Information

• Turistično Informacijski Center (TIC), *Koroška 29, 4000 Kranj, ☎ (04) 236 30 30, 🖷 (04) 236 30 31, E-mail: td.kranj@siol.net*

im Internet www.turisticnodrustvo-kranj.si

Sehenswertes

• **Grad Khislstein** *(Burg Khislstein), Tomšičeva ulica 44, ☎ 201 39 50; nach vorheriger Anmeldung Mo-Fr 7-15 oder vor Veranstaltungen, freier Eintritt*
• **Mestna Hiša** (Rathaus/Museum), *Glavni trg 4, Di-So 10-18 Uhr*
• **Prešernova Hiša** *(Prešeren Museum), Prešernova 7, Di-So 10-18 Uhr, 500 SIT*
• **Schloss Brdo**, *Predoslje; für Tagesgäste ca. 9 Uhr morgens bis zur Dämmerung, Angeln und Reiten auch für Gäste, die nicht im Hotel Brdo wohnen (gegen Gebühr). 500 SIT Eintritt in den Park*

Unterkunft

• *Das* TIC *vermittelt* **Privatzimmer** *in der Umgebung, in Kranj selbst stehen nur wenige Privatunterkünfte zur Verfügung.*
• *Wer ein großzügiges Budget hat, dem sei eine Übernachtung im luxuriösen Ambiente des* **Schlosses Brdo** *empfohlen, das nicht nur Staatsgästen Unterkunft bietet. Allerdings muss man knapp über 1.000 € für eine Nacht hinblättern. Buchen kann man die Zimmer in der Luxus-Herberge über Protokolarni servis Brdo, Predoslje 39 in 4000 Kranj, ☎ 260 10 00, 🖷 202 15 51.*
• **Bellevue €€-€€€**, *Šmarjetna gora 6, ☎ 270 00 00, 🖷 270 00 20, E-mail: Bellevue@bellevue.si; helle Zimmer mit TV und Minibar in einem modernen Haus. Bestechende Lage auf einem Hügel über der Stadt (nicht im Zentrum) und gleich neben einer kleinen Kirche, gutes Restaurant*
• **Creina €-€€**, *Koroška cesta 5, ☎ 202 45 50, 🖷 202 24 83, E-mail: hotel.creina@siol.net; Komforthotel mit recht hübschen Zimmern mitten im Zentrum von Kranj in einem merkwürdigen Betonbau, eher ein Geschäftshotel für Messebesucher*
• **Apartmaji Boltez €-€€**, *Oldhamska 10a, ☎ 201 40 70, 🖷 201 40 71; geräumige, modern ausgestattete Apartments und Studios, eher für Geschäftsleute gedacht, die aber eine Alternative zum Hotel Creina sind, wenn man nicht außerhalb von Kranj übernachten möchte*
• **Penzion Zaplata €**, *Tupaliče 32, ☎ 25 56 02 50, 🖷 255 16 11; nette Pension mit gut ausgestatteten Zimmern, ca. 7 km außerhalb kurz vor Preddvor im Dorf Tupaliče*
• *Neben dem Schloss Brdo liegen das* **Hotel Kokra** *und die* **Dependance Zoisova**, *wo man schon ab 18.000 SIT ein Doppelzimmer bekommt und trotzdem den schönen Park und das Sportangebot des Schlosses in unmittelbarer Nähe hat (Buchungen ebenfalls über den Protokoll-Service).*

Essen und Trinken

• *Entlang der Hauptstraße in Kranj liegen einige kleine* **Cafès**, *besonders hübsch sind das* **Carniola** *und* **The old House** *hinter dem Maistrov Trg. Im historischen* **Zollhaus Mitniča** *befindet sich eine Bar.*

• **Kot**, *Maistrov Trg 4,* ☏ *202 61 05; gute Gostilna in einem schönen alten Haus am Nordrand der Altstadt, leckere Braten (1.000-2.200 SIT)*
• **Mayr**, *Glavni Trg,* ☏*mobil 064/22 21 97; gute slowenische Fleischspezialitäten wie Braten und Würste, die Salate konnten nicht überzeugen. Traditionsreiches Restaurant schräg gegenüber vom Rathaus mit einer Terrasse im Hof (1.200-2.200 SIT)*
• **Pr' Matičku**, *Jezerska cesta 41,* ☏ *234 33 60, E-mail: pr.maticku@email.si; gute Wildspezialitäten, Gibanica, auch Pizza. Sehr rustikales Gasthaus, liegt etwas außerhalb der Altstadt (1.200-2.300 SIT)*
• **Pr' bizjak**, *Zgornja bela 20,* ☏ *255 56 00; ca. 8 km nordöstlich von Kranj bei Preddvor. Traditionsreiches Gasthaus, hier ist richtig, wer typisch slowenische Spezialitäten wie Strudel, Pilzsuppe und Sterz probieren möchte (1.300-2.700 SIT)*

Nachtleben und Veranstaltungen

• *Das Nachtleben in Kranj vibriert zwar nicht gerade, aber es gibt einige Möglichkeiten, den Abend zu verbringen: Im* **Hof des Schlosses Khislstein** *finden im Sommer* **Konzerte** *statt. und wer slowenisch spricht, dem sei ein Besuch des* **Prešeren-Theaters** *empfohlen.*
• *Eine ungewöhnliche Kneipe mit einer Galerie ist das* **Kavka**, *im Haus Nr. 8 auf dem Maistrov Trg.*
• *Eine weitere Bar/Kneipe befindet sich im historischen* **Zollhaus Mitniča**.
• *Das* **Hotel Creina** *hat eine* **Discothek**, *doch besseres Clubleben bietet der* **No Ordinary Club**, *in einer kleinen Nebenstraße der Vodopivčeva ul., unterhalb der Altstadt am Fuße der von Plečnik gestalteten Treppe.*

Einkaufen

• *Hauptsächlich* **Modegeschäfte** *befinden sich auf der Tavčarjeva ulica, die im Osten parallel zur Prešernova verläuft.*
• *Der nette* **Antiquitätenladen Restavratorstvo** *bietet in der Tavčarjeva 7 alles von alten Möbeln bis zu schönen Dingen aus den 50er und 60er Jahren an.*
• *Im Museum im Rathaus befindet sich ein liebevoll gestalteter kleiner* **Souvenirladen**, *der Nachbildungen archäologischer Fundstücke und Bilder lokaler Künstler verkauft und sich von dem zwar edlen, aber doch standardisierten Angebot in den sonstigen Souvenirgeschäften abhebt.*

Kranjska Gora (S. 274)

Information

• **Turistično društvo (TIC)**, *Tičarjeva ulica 2, 4280 Kranjska Gora,* ☏ *588 17 68,* 🖷 *588 11 25, E-mail: turisticno.drustvo.kg@siol.net,*
• **Julijana turizem**, *Borovška cesta 61,* ☏ *588 13 25,* 🖷 *582 03 18, E-mail: julijan@siol.net,* 💻 *www.sednjek.si*
• **Skipass Travel**, *Borovška cesta 95,* ☏ *582 10 00,* 🖷 *582 10 14, E-mail: skipass-travel@g-kabel.si*
• **Planinsko društvo Mojstrana (Alpenverein)**, *Savska cesta 1,* ☏ *589 51 00 oder 589 10 35*

K

Weitere **Info-Büros des Tourismusverbands** *gibt es in Rateče und in Mojstrana:*
- **TIC**, *Rateče 22, 4283 Rateče-Planica, ☎ 587 60 41, 🖷 587 40 61*
- **TIC**, *Savska cesta 1, 4281 Mojstrana, ☎/🖷 589 13 20, E-mail: td.mojstrana@g-kabel.si;*

ⓘ *im Internet www.kranjska-gora.si, www.mojstrana.com*

Vorwahl 04

Sehenswertes

- **Liznjekova hiša** *(Bauernmuseum), Borovska cesta 63, Di-Fr 10-17 Uhr, Sa/So 10-16 Uhr, geschlossen in den Monaten November und April*
- **Triglavska muzejska zbirka** *(Triglav-Museum), Triglavska cesta 50, 4281 Mojstrana, ☎ 589 10 35, Mai-Sept. Di-So 10-12, 14-17 Uhr*

Unterkunft

- **Hit €€€-€€€€**, *Vršiška 23, ☎ 587 80 00, 🖷 588 11 84, E-mail: marija.falak@hit.si, 💻 www.hit.si, großes, modernes Hotel am Ortsrand, gute Komfortzimmer, aber eher kühles Ambiente. Reger Casinobetrieb, das Hotel wird am ehesten Spieler ansprechen*
- **Lek €€€-€€€€**, *Vršiška ulica 38, ☎ 588 15 20, 🖷 588 13 43, E-mail: hotel@lek.si; modernes, aber alpenländisch-schönes Haus am Ortsrand Richtung Jasna-See, gute, komfortable Zimmer, Swimmingpool (Hallenbad)*
- **Kotnik €€€**, *Borovška 75, ☎ 588 15 64, 🖷 588 18 59; E-mail: kotnik@siol.net; gut ausgestattete Zimmer im Bauernstil in einem schönen alten Haus mitten im alten Kern von Kranjska Gora. Mit 15 Zimmern ein eher kleinerer, feiner Pensionsbetrieb. Gutes Preis-Leistungsverhältnis, erste Wahl in Kranjska Gora!*
- **Vila Triglav €€€**, *Ivana Krivca 6, ☎ 588 14 87, 🖷 588 12 26, E-mail: vilatriglav@g-kabel.si; gut ausgestattete Zimmer, die eher skandinavisch als alpenländisch anmuten. Nur 8 Zimmer in ruhiger Lage am Jasna-See. Kleiner Wellness-Bereich mit Pool, Sauna, Massage, Fitnessraum*
- **Langerholz €€-€€€**, *Naselje I. Krivca 22, ☎ 582 04 00, 🖷 582 04 18; Pension mit hellen, eher kleinen Zimmern*
- **Apartmaji Rožle €€-€€€**, *Tičarjeva ulica 14, ☎ 588 13 74, 🖷 588 12 25, E-mail: rozle@g-kabel.si, 💻 www.rozle-gm.si ; gut ausgestattete Zimmer an mehreren Standorten*
- **Lipa €-€€**, *Koroška cesta 14, ☎ 588 00 00, 🖷 582 00 25, E-mail: perkolic@g-kabel.si; nette Pension mit hübschen Zimmern, unter den günstigeren Übernachtungsmöglichkeiten die erste Wahl*

IN DER UMGEBUNG

- **Špik €€-€€€**, *Jezerci 21, 4282 Gozd Martuljek, ☎ 588 01 20, 🖷 588 01 15, E-mail: hotel.spik@petrol.si: großes Hotel am Ortsende von Gozd Martuljek, kein schöner Komplex, aber die Zimmer sind komfortabel und das Sportangebot ist nicht zu schlagen: Tennisplätze, Kletterwand, Bogenschießen, Basketball, Beach-Volleyball, Freibad.*
- *Groß und praktisch, wenn auch nicht heimelig ist das* **Hotel Kompas €-€€€**, *Borovška 100, ☎ 588 16 61 oder 588 50 00, 🖷 588 11 76, E-mail: info@hoteli-kompas.si, das direkt an den Skiliften liegt und viele Sportarten organisiert.*

• **Apartmaji Triglav** €€, *Dovje 98, 4281 Mojstrana, ☏mobil 041/74 35 43, 🖷 589 50 02, marko.oasis@siol.net; ruhige Standardzimmer in einem kleinen Dorf am Eingang zum Vrata-Tal*
• *Außerdem gibt es ein großes Angebot an* **Privatunterkünften**, *die das TIC oder die privaten Agenturen vermitteln. Viele der angebotenen Privatzimmer liegen östlich des alten Dorfkerns in einem Neubauviertel. Eine Übernachtung mit Frühstück kostet ca. 17-24 € (3.900-5.200 SIT), wer weniger als drei Nächte bleiben will, zahlt 20 Prozent Aufschlag.*
• *Wer Kranjska Gora zu rummelig findet, dem seien die* **umliegenden Dörfer** – **Rateče, Podkoren, Gozd Martuljek** – *als „Basis" empfohlen.*

CAMPING
• **Špik** *liegt neben dem Hotel Špik in Gozd Martuljek, Adresse u. Tel-Nr. s. dort; gut ausgestatteter Platz in einem Kiefernwäldchen, Benutzung des Freibads (Pool in guter Größe auf dem Camping-Gelände) inbegriffen. Die grandiose Kulisse der Špik-Gruppe zeichnet diesen Platz aus. Ganzjährig geöffnet, 250 Plätze.*
• **Kamne**, *Dovje 9, 4281 Mojstrana, ☏/🖷 589 11 05; kleiner Platz (60 Plätze) mit einfacher Ausstattung, etwas außerhalb des Dorfes Dovje. Ganzjährig geöffnet.*

Essen und Trinken

• **Pri Martinu**, *Borovška cesta 61, ☏ 582 03 00; erste Adresse für Wild und Forelle! Empfehlenswert sind auch die Innereien („vampi"), eine Spezialität der Region. (1.500-3.000 SIT)*
• **Kotnik**, *(siehe Unterkunft) sehr gutes Restaurant im gleichnamigen Hotel, ist für seine Grillspezialitäten berühmt, besonders das Pfeffersteak. Schöne alpenländische Einrichtung! Gleich nebenan ist auch eine Pizzeria (1.200-2.800 SIT).*
• **Domačija Šerc**, *Podkoren 18, ☏ 588 56 30; hier wird die traditionell-bäuerliche Küche wiederbelebt, darunter Bärenschinken und Rindszunge. Nach Voranmeldung wird die Schwarzküche befeuert und die dort zubereiteten Gerichte serviert. Das Gasthaus ist etwas Besonderes! Liegt außerhalb von Kranjska Gora in Podkoren (2.000-3.500 SIT).*
• **Milka**, *Vrišiška cesta 45, ☏ 588 17 82; sehr gute Küche, v. a. Wild und Fisch, am Jasna-See (neben Vila Triglav). Nicht billig! (2.300-5.000 SIT)*
• **Lipa**, *Koroška cesta 14, ☏ 588 00 00; hübsches Café-Restaurant, in dem man leckere Pizzen bekommt (900-1.800 SIT).*
• **Cvitar**, *Borovška cesta 83, ☏ 588 36 00; Braten, Würste, auch Wild, serviert wird gute, deftige Küche mitten im Herzen Kranjska Goras. Es werden auch Zimmer vermietet (1.500-2.500 SIT).*
• *Direkt am Jasna-See liegt die* **Gostišče Jasna**, *Vršiška cesta 41, ☏ 588 57 00, die Wild, Forelle und slowenische Grillspezialitäten serviert (1.200-2.800 SIT).*
• *Snacks (Sandwiches) gibt es im* **Café Papa Joe Razor**, *Borovška cesta 86, gegenüber dem TIC.*

Internetcafé

• **Gostilna Frida**, *Koroška cesta 14a, ☏ 588 19 31; Mo Ruhetag; E-mail: info@gostilnafrida.com, 💻 www.gostilnafrida.com*

Nachtleben

• *Auf der Borovška cesta, in der Nähe des TIC liegen mehrere* **Kneipen-Cafés**, *die abendlicher Treffpunkt sind. Eines der beliebtesten ist das Papa Joe Razor, das bis Mitternacht geöffnet hat.*

• *Im Sommer gibt es auf dem Platz beim Restaurant Cvitar jeden Montag ca. ab 20h ein* **Zither-Konzert**.
• *Viel los ist auch in den* **Casinos** *bei den* **Hotels Hit** *und* **Larix**, *Borovška 99.*

Einkaufen

• **Šport Bernik**, *Borovška cesta 88, gegenüber Hotel Prisank, hat ein gutes Angebot an Sportkleidung und einen Skiverleih.*
• *Ausrüstungsgegenstände wie etwa Schlafsäcke bekommt man bei* **Slovenijašport**, *Naselje S. Černeta 34 (aus Richtung Gozd Martuljek kommend am Ortseingang links).*

Sport

ANGELN

• **Angelkarten** *bekommt man im* **TIC**, *in der* **Gostišče Jasna**, *im* **Hotel Špik** *in Gozd Martuljek oder im* **Kamp Kamne** *in Dovje. In der Sava ist ein* **Maximum von drei Fischen** *täglich festgelegt.*

RAD FAHREN

• **Fahrradverleih** *bei* **Šport Bernik**, **Julijana turizem** *und in den* **Hotels Kompas**, **Špik** *und* **Alpina**, *Vitranška 12, ☏ 588 13 41, sowie im* **Kamp Kamne**. *Im TIC wird eine Radwanderkarte verkauft.*

REITEN

• **Rasinger** (**Reitschule**), *Podkoren 63, ☏ 588 31 00 oder bei der* **Gostišče Psnak**, *Zgornja Radovna 18, ☏ 589 11 51 in Mojstrana*

OUTDOOR

• *Outdoor-Sportarten wie* **Rafting**, **Kajaking**, **Canyoning** *und* **Canoeing** *organisiert* **Julijana turizem** *oder das* **Reisebüro im Hotel Kompas**, *☏ 278 784, dort kann man auch* **Paragliding-Flüge** *buchen. Informationen über* **geführte Wanderungen** *im* **TIC.**

WINTERSPORT

• **Ski laufen**: *In und um Kranjska Gora stehen ca.* **30 km Pisten** *zur Verfügung (5 Sessellifte, 18 Schlepplifte). Die meisten Lifte liegen unmittelbar am westlichen Ortsrand von Kranjska Gora, weitere in Richtung Podkoren. Die höchstgelegene Abfahrt beginnt auf 1.200 m.*
• *Das Gebiet ist exzellent für* **Skilanglauf**: *40 km Loipen liegen zwischen dem Planica-Tal und Gozd Martuljek, wenn genug Schnee liegt, kann man eine Tour durch fast das ganze Tal machen. Schneetelefon: ☏ 040/94 01 02.*
• **Skiwanderungen** *organisiert* **Pehta**, *Podkoren 73, 4280 Kranjska Gora, ☏ 588 16 55, 🖷 588 16 55, E-mail: mitja.mertel@g-kabel.si oder über Julijana turizem*
• **Skischulen**: **Smučarska šola** *Gorejnka, Borovška cesta 99, ☏ 588 4478, E-mail: info@htp-gorenjka.si oder* **Smučarska šol**, *Borovšska cesta 99a, ☏ 588 53 02, E-mail: ask@kranjska-gora.si.*
• **Snowboard-Kurse** *kann man über* **Fun Sports** *☏ 01-510 49 40, E-mail: funsports@siol.net buchen.*
• **Motorschlitten-Touren** *organisiert* **Julijana turizem.**
• *Außerdem gibt es die Möglichkeit, am Peričnik-Wasserfall im Vrata-Tel eine* **Eiskletter-Tour** *zu machen, wenn der Wasserfall im Winter gefriert, Informationen bei* **Pavel Skumavc** *☏ 589 18 89, Mojstrana.*

Verkehrsverbindungen

• *Die* **Busstation** *liegt in der Koroška ulica, neben der Gostilna Frida. Wochentags gibt es stündliche Verbindungen nach Ljubljana oder Jesenice.*
• *Zwischen Rateče und Kranjska Gora verkehren stündlich mindestens zwei Busse.*
• *Ende Juni bis August und an den Wochenenden im September gibt es mehrmals täglich Bus-Verbindungen zwischen Kranjska Gora und Bovec über den Vršič-Pass.*

Lipica (S. 306)

Vorwahl 05

Information

• **Turistično društvo** *am Eingang zum Gestüt, ☏ 739 15 80, 🖷 734 63 70, E-mail: lipica@siol.net*

ⓘ im Internet www.lipica.org

Sehenswertes

• **Gestüt: Besichtigung nur mit Führung**, *April-Okt 10, 11 Uhr, ab 13 Uhr stündlich bis 17 Uhr; am Wochenende eine zusätzliche Führung um 9 Uhr. Im Juli/August Führungen stündlich 9-11 Uhr, 13-18 Uhr. Im März Mo-Fr 11 Uhr, 13, 14, 15 Uhr, Sa/So 10, 11 Uhr, 13-16 Uhr stündlich. Nov-Feb täglich 11, 13, 14, 15 Uhr (4-5 €, je nach Saison)*
• **Dressur-Vorführungen** *von Mai-Sept nur Di, Fr, Sa jeweils 15 Uhr; April und Okt nur Fr und Sa 15 Uhr (10 €, inklusive Besichtigung des Gestüts)*
• *Die Möglichkeit* **beim Training zuzusehen** *gibt es Mi und Do um 12 Uhr.*

Unterkunft

• *Bei dem Gestüt liegen zwei Hotels,* **Maestoso €€-€€€**, *Lipica 5, ☏ 739 15 80, 🖷 734 63 70, und* **Klub €€-€€€**, *☏ 739 15 70, sonst gleiche Adresse. Das* **Klub** *liegt direkt neben dem Gestüt und dem Casino, beide Hotels sind wenig schöne Betonbauten, die aber renoviert werden. Das* **Maestoso** *liegt ca. 300 m hinter dem Gestüt, etwas abseits des Rummels bei Casino und Zentralparkplatz. Das Maestoso ist in besserem Zustand, hat aber kleinere Zimmer. Hier liegen gute Sporteinrichtungen wie Hallenbad, Tennisplätze und Fahrradverleih. Beide Hotels räumen Sonderpreise für einwöchige Aufenthalte ein und wenn man einen Reitkurs macht.*

Essen und Trinken

• *Beim Gestüt selbst ist das* **Restaurant Lipica** *im* **Hotel Maestoso** *mit sehr gutem Weinkeller nicht schlecht, es lohnt sich aber, zum Essen in eines der umliegenden Karstdörfer, etwa nach* **Dutovlje** *(siehe unter Štanjel) oder nach* **Sežana**, *zu fahren.*
• **Grgič**, *Orleška 8, 6210 Sežana, ☏ 734 46 20; Deftiges aus dem Karst und italienische Köstlichkeiten wie Pasta-Gerichte in allen Variationen (2.000-3.000 SIT)*

L

Sport

REITEN

• **Organisierte Reitausflüge** *für fortgeschrittene Reiter (keine Kinder!) werden von April-Sept. um 8.30, 9.30, 14.30 und 15.30 angeboten (15 €).* **Reitkurse** *oder* **Einzelunterricht** *werden für Anfänger und Fortgeschrittene angeboten, man kann auch* **Unterricht im Dressurreiten** *nehmen (ab ca. 20 € für Gruppenunterricht, Einzelstunde Dressur um die 56 €). Für Kinder unter 10 Jahren gibt es* **Shetland-Ponys.** *Außerdem werden* **Kutschfahrten** *organisiert.*

SONSTIGES

• *Bei dem Gestüt liegt ein* **Golfplatz** *mit 9 Löchern, zu dem Hotel Maestoso gehören* **Tennisplätze.**

Ljubljana (S. 217)

Information

• **TIC Ljubljana**, *Stritarjeva, 1000 Ljubljana, ☎ 306 12 15, Fax 306 12 04,* **Sommer** *(Jun-Sept.) Mo-Fr 8-20, Sa/So 10-18 Uhr,* **Winter** *(Okt.-Mai) Mo-Fr 8-19 Uhr, Sa/So 10-18 Uhr. Das große Büro gegenüber vom Prešernov Trg ist besser sortiert und hat mehr Mitarbeiter als die kleinere Info-Stelle am Bahnhof; E-mail: tic@ljubljana-tourism.si.*

• **TIC Bahnhof**, *Trg Osvobodilne fronte 6, ☎ 433 94 75, im* **Sommer** *tgl. 8-22 Uhr geöffnet, im* **Winter** *Mo-Fr 10-19. Auch Spätankommende finden hier im Sommer noch Hilfe bei der Zimmersuche.*

ⓘ im Internet www.ljubljana-tourism.si

Vorwahl 01

Sehenswertes

• **Burg von Ljubljana** *(Ljubljanski grad): das Burg-Gelände ist täglich von 10 Uhr bis zur Dämmerung geöffnet, in dieser Zeit kann man auch auf den Aussichtsturm steigen, 700 SIT inklusive Besuch des „virtuellen Museums". Das* **Schlossmuseum** *ist im Sommer tägl. 10-21 Uhr geöffnet, im Winter tägl. 10-19 Uhr, Eintritt frei.*

• **Dom** *(***Stolnica***), Pogarčarjev trg, 12-15 Uhr geschlossen*

• **Ursulinenkirche**, *Kongresni trg, täglich 7.30-9.30 Uhr, 10.30-16.30 Uhr geöffnet*

• **Franziskanerkirche**, *Prešernov trg, tagsüber geöffnet, bitte Messzeiten beachten (Aushang)*

• **Bibliothek im Priesterseminar**, *Besichtigung nur nach Voranmeldung über das TIC*

MUSEEN s. Infokasten S. 234

• **Architekturmuseum** *(Arhitekturni muzej), eine Außenstelle zu Jože Plečnik (Plečnik-Sammlung) in der Karunova ulica 4, Di und Do 10-14 Uhr, 500 SIT;*

• **Brauerei-Museum** *(Pivovarski muzej), Pivovarniška ulica 2 (Brauerei Union), jeden ersten Dienstag im Monat von 8-13 Uhr*

• **Eisenbahn-Museum** *(Železniški muzej), Parmova ulica 35, Mo-Do 9-13 Uhr, Winter Do 9-16 Uhr, 400 SIT*
• **Ethnografisches Museum** *(Slovenski etnografski muzej), Metelkova ulica 2, Di-So 10-18 Uhr, 500 SIT*
• **Filmmuseum** *(Slovenski Filmski muzej), Kinoteka, Miklošičeva cesta 28*
• **Moderne Galerie** *(Moderna Galerija), Cankarjeva 15, Di-Sa 10-18 Uhr, So 10-13 Uhr, 500 SIT*
• **Museum für Neuere Geschichte** *(Muzej novejše zgodovine), im Cekin-Schloss im Tivoli-Park, Celovška cesta 23, Di-So 10-18 Uhr, 500 SIT*
• **Nationalgalerie** *(Narodna galerija), Cankarjeva ulica 20, Di-So 10-18 Uhr, 500 SIT, samstags freier Eintritt*
• **Nationalmuseum** *(Narodni muzej), Muzejska ulica 1, Di-So 10-18 Uhr, Do10-20 Uhr, 500 SIT, das Museum wird zurzeit renoviert, nur ein Teil der Ausstellung ist zugänglich*
• **Stadtmuseum** *(Mestni muzej), Gosposka ulica 15, Mo-Fr 9-18 Uhr, Sa/So 9-15 Uhr, 600 SIT*
• **Schulmuseum** *(Slovenski Šolski muzej), Plečnikov trg 1, Mo-Fr 9-13 Uhr, 15.7. bis 15.8. geschlossen, 300 SIT*
• **Theater-Museum** *(Slovenski Gledališki muzej), Mestni trg 17, Mo-Fr 10-13 Uhr, 400 SIT*
• **Internationales Zentrum für Kunst-Grafik** *im Tivoli-Schloss (Tivolski grad) im Tivoli-Park, Pod turnom 3, Di-So 11-18 Uhr*

AUßERHALB
• **Technisches Museum Bistra** *(Tehniški muzej Slovenije), Bistra, 1353 Borovnica, Di-Fr 8-16 Uhr, Sa 9-17 Uhr, So 10-18 Uhr, 600 SIT*

GALERIEN
• **Stadtgalerie** *(Mestna Galerija), Mestni trg 5, Di-Sa 10-19 Uhr, So 10-13 Uhr, Eintritt frei*
• **Jakopič-Galerie** *(Jakopičeva Galerija), Slovenska cesta 9, Mo-Sa 10-18 Uhr, So 10-13 Uhr, 300 SIT*
• **Galerie Bežigrad**, *Dunajska cesta 31, Di-Sa 10-18 Uhr, Eintritt frei*
• **Galerie Škuc**, *Stari trg 21, Di-So 12-20 Uhr, Eintritt frei*
• **Galerija Equrna**, *Gregorčičeva ulica 3, Mo-Fr 10-14, 17-19 Uhr, Sa 10-13 Uhr, Eintritt frei*
• **Mala Galerija** *(Kleine Galerie), Slovenska cesta 35, Die-Sa 10-18 Uhr, So 10-13 Uhr, Eintritt frei*
• **Dessa**, *Architekturzentrum, Židovska steza 4, Mo-Fr 10-15 Uhr, Eintritt frei*

GEFÜHRTE STADTRUNDGÄNGE
• **Zweistündige Stadtrundgänge** *beginnen vor dem Rathaus, Juni-September täglich 17 Uhr, im Juni und September auch freitags, samstags und sonntags um 11 Uhr (englisch/slowenisch).*
• **Im Winter Stadtrundgänge** *sonntags um 11 Uhr (englisch/slowenisch).*
• *Das TIC organisiert* **Rundgänge auf deutsch.**

Unterkunft

In Ljubljana **fehlen** *leider* **günstige kleine Pensionen** *im Zentrum, es werden zwar* **Privatzimmer** *angeboten, die aber nicht unbedingt direkt in der Altstadt liegen. Im Sommer besonders an den Wochenenden in den Mittelklassehotels* **rechtzeitig reservieren**!
• **Union €€€€-€€€€€**, *Miklošičeva 1, ☏ 308 12 70, 🖷 308 10 15; eines der besten Hotels in Ljubljana in einem alten, schön renovierten Gebäude mit Jugendstil-Ausstattung und architektonisch sehr gelungenem neuen Anbau; E-mail: hotel.union@gh-union.si*

• **Lev Inter-Continental** €€€€€, *Vošnjakova 1, ☏ 433 21 55, 🖷 434 33 50; Luxushotel mit allen Annehmlichkeiten in einem modernen Hochhaus; E-mail: ljubljana@interconti.com*

• **Austrotel** €€€€, *Miklošičeva 9, ☏ 308 43 00, 🖷 230 11 81; angenehmes Komforthotel in einem Betonbau, knapp 10 min. Fußweg ins Zentrum und gleich neben dem Casino; E-mail: austrotel@magistrat.kompas.si.*

• **Slon Best Western** €€€-€€€€, *Slovenska cesta 34, ☏ 470 11 00, 🖷 251 71 64; schöne Zimmer in einem großen Hotel mitten in der Stadt. Das neu gestaltete Haus hat als „Hotel*

Elephant" eine mehr als 400-jährige Tradition. Die Zimmer an der Slovenska sind laut! E-mail: sales@h-slon-bw.si

• **City** €€-€€€, *Dalmatinova 15,* ☎ *234 91 30,* 🖷 *234 91 40, info@cityhotel.si; gut ausgestattete Zimmer in einem renovierten Gebäude, nahe dem Prešernov trg, durch das gute Preis-Leistungsverhältnis erste Wahl im Zentrum (ehemals Hotel Turist)*

• **M Hotel** €€€, *Derčeva ulica 4,* ☎*. 513 70 00,* 🖷 *519 30 48, E-mail: info@m-hotel.si; großes, renoviertes Hotel (154 Zimmer) mit gut ausgestatteten Zimmern (TV, Dusche) 2 km nördlich des Zentrums nahe der Einfallstraße Celovška cesta*

• **Pri Mraku** €€, *Rimska 4,* ☎ *421 96 00,* 🖷 *421 96 55, E-mail: mrak@daj-dam.si; Pension (30 Zimmer), in der Nähe des Trg francoske revolucije und des Križanke Theaters, einigermaßen ruhig und doch mitten im Zentrum.*

• **Bit Center** €€, *Litijska 57,* ☎ *548 00 55,* 🖷 *548 00 56,E-mail: hotel@bit-center.net; ca. 2,5 km östlich des Zentrums. Sehr einfache Zimmer mit TV, die Badezimmer wirken wie eine Astronauten-Waschzelle, aber es ist nicht die schlechteste Wahl für eine günstige Bleibe in der Nähe des Zentrums*

• **Park** €-€€, *Tabor 9,* ☎ *300 25 00,* 🖷 *433 05 46, E-mail: tabor@siol.net; einfaches, aber günstiges Hotel, zu Fuß etwa 15 min. vom Prešernov Trg entfernt. 120 Zimmer mit und ohne Bad*

JUGENDHERBERGE

• **Celica Youth Hostel**, *Metelkova 8,* ☎ *230 97 00,* 🖷 *230 97 12,* 🖳 *www.souhostel.si, wahrscheinlich das ungewöhnlichste Jugendhotel in Europa, in einem ehemaligen Gefängnis. Alle Zimmer (Zellen) sind individuell von verschiedenen Künstlern bzw. Architekten gestaltet, aber sehr klein, Es gibt auch Doppelzimmer. Man ist direkt in der „Szene" auf dem Metelkova-Gelände.*

• **Dijaški dom Tabor** €, *Vidovdanska ulica 7,* ☎ *232 10 67,* 🖷 *232 10 60, Studentenwohnheim, das im Sommer als Jugendherberge genutzt wird. Auch Einzelzimmer, aber mit Gemeinschaftsbad. Einfach, aber günstig; E-mail: ssljddta1s@guest.arnes.si*

CAMPING

• **Ježica**, *Dunajska cesta 270,* ☎ *568 39 13,* 🖷 *232 10 60; liegt ca. 6 km nördlich des Zentrums, es gibt Sportmöglichkeiten (Freibad, Tennis, Fitness), in der Nähe befindet sich auch ein Reitstall.*

Essen und Trinken

In Ljubljana finden Sie eine **Vielzahl von erstklassigen Restaurants**, *die typisch slowenisches Essen oder internationale Küche servieren und auch in der Ausstattung ist von rustikal-urig bis zu eleganten Szene-Lokalitäten alles zu finden. Einige Restaurants liegen mitten in der Altstadt entlang des Mestni und Stari Trg sowie in der Verlängerung Gornji Trg, im Sommer werden Tische auf die Straße gestellt. Bei einem Stadtbummel kann man hier schon mal die Speisekarten für das Abendmenü studieren. Viele Restaurants bieten aber auch Mittagsmenüs um die 1.500 SIT an.*

• **Marilyn Monroe**, *Miklošičeva 28,* ☎ *432 61 23; der Name mag nach Fastfood klingen, aber dahinter verbirgt sich ein elegantes „slow food"-Restaurant mit bester slowenischer Küche, Fisch, Meeresfrüchte, Wild sind vom Feinsten. Liegt gegenüber vom Hotel Austrotel (2.000-5.000 SIT)*

• **Pri sv. Florijanu**, *Gornji trg 20,* ☎ *251 22 14; erstklassige Küche in elegantem Ambiente, slowenische Spezialitäten modern verfeinert, aber auch internationale Gerichte werden angeboten. (2.000-5.000 SIT)*

• **Rotovž**, *Mestni trg 3,* ☎ *251 28 39; elegantes Restaurant neben dem Rathaus, die Küche orientiert sich an typisch slowenischen Gerichten, aber mit deutlichem Einfluss der Nouvelle Cuisine und aus Italien (1.500-3.800 SIT).*

• **AS**, Knafljev prehod, ☎ 425 88 22; sehr gute Küche, bekannt für seine Fischspezialitäten und Meeresfrüchte. Es gibt auch ein Bistro, in dem hauptsächlich Pasta und Salate serviert werden. Nicht ganz billig! (Gerichte ab 1.500 SIT, rechnen Sie mit 5.000 SIT für ein Menü)
• **Smrekarjev Hram**, Nazorjeva ulica 2, ☎ 308 19 07; im Jugendstil gehaltenes sehr gutes Restaurant, wird vom Grand Hotel Union betrieben und ist recht teuer (um die 6.000 SIT).
• **Sokol**, Trg Ciril Metodov 18, ☎ 439 68 55 oder 430 01 16; Vinoteka mit rustikalem Restaurant, das alle typischen Spezialitäten serviert, Würste, Jota, Wild, Štruklji, Gibanica (aber auch Pizza). Hat bisher seinen Ruf als uriges, „typisch slowenisches" Restaurant gegen alle Touristenanstürme bewahren können und ist auch bei den Einheimischen sehr beliebt. Ausgesuchte Weinkarte! (ca. 900-3.000 SIT)
• **Zlata Ribica**, Cankarjevo nabežje 5, ☎ 241 06 90, Fischgerichte und Salate, im Sommer mit Terrasse zur Ljubljanica hin (1.000-2.000 SIT)
• **Julija**, Mestni trg, leicht szeniges Bar-Restaurant, gute Pasta und leckere Salate (1.300-3.000 SIT)
• **Šestica**, Slovenska cesta 40, ☎ 251 95 75; traditionsreiches Gasthaus mit typisch slowenischer Küche (Würste, Gulasch, Štruklji), nette Terasse. (1.000-2.000 SIT).
• Die Pension **Pri Mraku** (s.o.) hat ein erstklassiges Restaurant, manche sagen, es sei eines der besten in der Stadt, hier kann man auch ein Slow-food-Menü bestellen.

Cafès sind v. a. auf beiden Seiten der Ljubljanica zu finden und bieten meist kleine Snacks wie Sandwiches oder auch Salate an. Ohne ausgesprochen teure „Touristenfallen" zu sein, sind viele in Ausstattung und Angebot doch recht beliebig.
• Sehr beliebt, v. a. bei jungen Leuten, sind das **Café Maček** auf der Ostseite des Flusses und die **Kavarna Pločnik** am Prešernov Trg.
• Eines der hübschesten Cafés ist der Studenten-Treff **Le Petit Café** am Trg francoske revolucije.
• Auf dem Stari trg liegen drei ungewöhnliche Cafés, **Nostalgija**, **Antico** und **Julija**, auch diese Straße ist im Sommer ein großes Kaffeehaus.
• Teeliebhaber finden hier im **Cajna Hiša** (Chinesisches Haus) eine große Auswahl an Tees aus aller Welt.

Eine wirklich klassisch-österreichische **Kaffeehaus-Szene** gibt es in Ljubljana trotz aller K.u.k.-Traditionen nicht, den Vorbildern in Wien kommen aber die **Kavarna Evropa**, Gosposvetska cesta 2, und die **Kavarna Union** (im Grand Hotel Union) sehr nahe. Und auch das **Art Café** im Hotel Slon Best Western knüpft an diese Traditionen an.

Nachtleben

• Im Sommer ist am meisten auf und um den **Prešernov trg** los, hier werden **Live-Konzerte** ganz unterschiedlicher Musikart veranstaltet, denen man vom Kavarna Pločnik aus zuhören kann.
• Die **Altstadt** und besonders das **Ufer der Ljubljanica** sind eine einzige **Open-air-Bar**, man kann sich wunderbar treiben lassen.
• Etwas ruhiger geht es im **Cutty Sark Pub** zu, der im Durchgang, eigentlich einem kleinen Hof, zwischen Wolfova ulica und Slovenska cesta liegt.
• Einer der beliebtesten Treffpunkte ist und bleibt das **Café Maček**.
• Wer spät unterwegs ist, kann den **Salon**, Trubarjeva cesta 23, **Patrick's Irish Pub**, Prečna ulica 6, und den **Holidays Pub**, Slovenska cesta 36, aufsuchen.
• Eine der beliebtesten Kneipen Ljubljanas überhaupt ist der **Sax Pub** in der Eipprova ulica 7 in Trnovo.

• *Jazz-Liebhaber sollten den* **Gajo Jazz Club** *in der Beethovnova ulica 8 besuchen, der eine eigene Live-Band hat. Das* **Birdland**, *Trubarjeva cesta 50, hat zwar noch nicht so eine lange Tradition, wird aber auch empfohlen. Auch im* **Sax Pub** *wird unregelmäßig live gejammt.*
• *Südöstlich des Bahnhofs liegt die* **Metelkova mesto**, *ein ehemaliges Fabrikgelände, in dem viele Künstler Ateliers haben. Hier hat sich eine* **„Underground-Szene"** *mit unterschiedlichsten* **Veranstaltungen** *und* **Ausstellungen etabliert**, *außerdem gibt es einige Clubs, die sehr kurzlebig sein können, macht ein Laden zu, öffnet schnell ein neuer.*
• **Salsa-Fans** *sind im* **Cuban Room**, *Celovška cesta 54a, richtig.*
• *Unter den* **Diskotheken** *sind das* **Papillon**, *Nazorjeva ulica 6, und der* **Klub Central**, *Dalmatinova ulica 15, neben dem Hotel Turist, Dauerbrenner. Hier ist richtig, wer gern zur Musik der aktuellen Charts tanzt.*

Feste und Veranstaltungen

• *Herausragendes kulturelles Event ist das* **Internationale Sommer Festival** *im Juli und August, es gibt verschiedene sehr gute* **Theater-** *und* **Musikveranstaltungen**, *ein Programm bekommt man beim TIC oder Informationen auf der Internetseite www.festival-lj.si. Fast jeden Abend ist irgendetwas los.*
• *Besonders lohnenswert sind die* **Konzerte** *und* **Aufführungen** *im* **Freilufttheater Križanke.**
• *Ebenfalls im Juli und August finden im Rahmen des* **„Altstadt-Sommers"** *verschiedene* **Performances, Aufführungen** *und* **Konzerte** *auf den Straßen und Plätzen statt.*
• *Weitere Musikfestivals sind das* **Druga-godba-Weltmusikfestival** *Anfang Juni und ein* **Jazz-Festival** *Ende Juni, beide im Križanke.*

Bootsverleih

• **Veslaški Club Ljubljana** *(Ruderclub), Velika žolnarska ulica 20, in Trnovo verleiht Ruderboote*
• **Kajak Kanu Club**, *Livada 31, am anderen Flussufer gegenüber dem Ruderclub, verleiht Kanus/Kajaks und organisiert Fahrten auf der Ljubljanica.*

Einkaufen

• **Schöne kleine Läden, Antiquitätengeschäfte und Boutiquen**, *liegen in der Altstadt auf dem* **Mestni trg** *und dem* **Stari trg** *und auch an beiden* **Ufern der Ljubljanica** *und in der* **Wolfova ulica.**
• **Größere Warenhäuser** *und* **Filialen europäischer Konfektionshersteller** *sind in den Hauptgeschäftsstraßen* **žopova ulica** *zwischen* **Prešernov trg und Slovenska cesta** *zu finden sowie an der* **Slovenska** *selbst.*

BÜCHER

• **Antikvariat Tizian**, *Ključavničarska ulica 3, liegt in einer Nebengasse des Mestni trg und ist das herausragende Antiquariat in Ljubljana*
• **Antikvariat Trubarjev**, *Mestni trg 25, verkauft auch neuere Bücher aus zweiter Hand*
• **Vale Novak**, *Wolfova 8, hat eine gute Auswahl deutscher, englischer und französischer Bücher.*

KARTEN

• **Kod & Kam**, *Trg francoske revolucije 7, ist eine geografische Fachhandlung und der beste Karten-Laden des Landes. Hier gibt es alle Karten für Wanderungen und Rundfahrten durch Slowenien.*

MÄRKTE

• *Entlang der Ljubljanica zwischen Dreibrücke und Schusterbrücke (Cankarjevo nabrežje) findet jeden Sonntagvormittag ein* **Flohmarkt** *statt.*

• *Jeden zweiten Samstag im Monat gibt es einen* **Markt mit Keramik.**

• *Nett ist ein Gang über den* **täglichen Gemüsemarkt** *am Vodnikov trg hinter dem Dom und durch die* **Markthallen** *am Pogarčatev trg. In den Kolonnaden gibt es kleine* **Imbissstände.**

SCHUHE

• **Butanoga**, *Levstikov trg 8, hat außergewöhnliche Hand gearbeitete Schuhe zu guten Preisen, jedes Paar ist ein Einzelstück und ein kleines Kunstwerk – auch andere Lederarbeiten wie Gürtel sind dort zu bekommen.*

• **Peko**, *žopova ulica 1 und Miklošičeva 12, bieten Schuhe aus slowenischer Produktion an (in Tržič nordwestlich von Ljubljana gibt es eine größere Schuhfabrik).*

WEIN

• **Vinoteka Movja**, *Mestni trg 1, ist ein schöner Weinladen neben dem Rathaus und hat erstklassige Weine. Außerdem* **Vino Boutique** *Slovenska cesta 38.*

• **Vinoteka Simon Bradeško**, *Dunajska cesta 18, auf dem Messegelände hinter dem Bahnhof ist der größte Weinhandel in Ljubljana (Mo-Fr 10-19 Uhr, Sa 9-13 Uhr).*

Post

• **Hauptpost**, *Slovenska cesta 32, Mo-Fr 7-20 Uhr, Sa 7-13 Uhr*

Verkehrsverbindungen

TAXI

• *Zu bestellen unter ☎ 9700 oder 9709*

• **Taxistände** *am Bahnhof, an der Dreibrücke und am Rathaus.*

AUTOVERMIETUNG

• **Avis**, *Čurfarjeva 2,* ☎ 430 80 10, 🖷 430 80 14

• **Budget**, *Miklošičeva 3,* ☎ 421 73 40, 🖷 421 73 44

• **Ines**, *Mestni trg 9,* ☎ 422 29 60, 🖷 422 29 65

• **Hertz**, *Dunajska 122,* ☎ 530 53 80, 🖷 530 54 08

BUS UND ZUG

• *Der* **Zugbahnhof** *und der* **Busbahnhof** *liegen nördlich der Innenstadt am Osvoboldilne fronte. Es gibt* **Express-Busverbindungen** *in alle größeren Städte Sloweniens, Information im Bahnhof, 5.30-21 Uhr geöffnet*

• **Stadtbusse** *wird man kaum brauchen, da die Entfernungen nicht groß sind. Nach Trnovo fährt Bus Nr. 9, zwischen Bahnhof und Mestni trg verkehrt die Linie Nr. 2. Zum Flughafen fährt Linie Nr. 28.*

• *Für eine* **Busfahrt** *sollte man sich am Bahnhof, in Zeitungsläden oder bei der Post Plastik-Jetons (žetons) besorgen, die Fahrer geben kein Kleingeld heraus.*

Maribor (S. 324)

Vorwahl 02

Information

• Turistični informativni center Maribor (MATIC), *Partizanska 47, ☎ 234 66 11, 🖷 234 66 13, E-mail: matic@maribor.si*

○ *im Internet www.maribor.si*

Sehenswertes

• **Domkirche Sveti Janez Krstnik**, *Slomškov trg, tagsüber geöffnet, freier Eintritt*
• **Pokrajinski muzej** *(Regionalmuseum), Grajska ulica 2 (im Stadtschloss), Di-Sa 9-17 Uhr, So 10-14 Uhr Jan, Feb, März geschlossen, 300 SIT*
• **Umetnostna Galerija** *(Kunstgalerie), Strossmayerjeva ulica 6, Di-Sa 9-13, 15–18 Uhr, So 9-13 Uhr, 200 SIT*
• **Vinska klet**, *Trg svobode 3, ☎ 220 81 14 oder 220 81 49, Besichtigung nach Voranmeldung*

Internet-Café

• **Kibela Cyber-Café**, *eigentlich eine Studenteninitiative im Narodni Dom, Ulica Kneza Koclja 9, ☎ 229 40 22*

Unterkunft

In Maribor gibt es wenige **Privatzimmer**, *die im Süden der Stadt in der Nähe der Seilbahnstation ins Pohorje vermietet werden. Dort wohnt man angenehm ruhig und fast schon ländlich.*
• **Habakuk €€€€**, *Pohorska ulica 59, ☎ 300 81 00, 🖷 300 81 28, E-mail: habakuk@termemb.si, großes Luxus- und Geschäftshotel mit angeschlossenem Konferenzzentrum, liegt direkt neben der Seilbahnstation*
• **Piramida €€-€€€**, *Ulica Heroja Šlandra 10, ☎ 234 44 00, 🖷 234 43 60, zentrumsnahes Geschäftshotel, gut ausgestattete Standardzimmer, liegt in angenehmer Laufweite zur Stadtmitte*
• **Orel €€-€€€**, *Grajski trg 3a, ☎ 250 67 00, 🖷 251 84 97, schöne Zimmer im Herzen Maribors, das etwas schäbige Äußere täuscht, das Hotel ist renoviert*
• **Milena €€-€€€**, *Pohorska ulica 49, ☎ 613 20 96, E-mail: hlebcek@siol.net, nettes Hotel bei der Seilbahnstation und beim Habakuk*

FERIEN AUF DEM BAUERNHOF

• **Štern €**, *Planica 9, 2313 Fram, ☎ 601 54 00, renovierte Zimmer auf einem schönen Bauernhof mit teils alter Ausstattung. Nette Familie, die leckere Hausmannskost serviert. Liegt am Rande des Pohorje in dem Dörfchen Fram*

Im Mariborsko Pohorje

• **Areh €€**, *Lobnica 62, 2342 Lobnica, ☎ 220 88 41, Hotel in Blockhütten-Optik, liegt 6 km von der Bergstation der Seilbahn und etwas abseits vom touristischen Zentrum, ruhig und schön*

• **Bellevue €**, *Na Slemenu 35, 2208 Pohorje ☎ 220 88 41, liegt direkt bei der Seilbahn-Station, eher einfache Zimmer*
• **Aparthotel Pohorje €**, *Hočko Pohorje 37, 2208 Pohorje, ☎ 603 67 00, 🖷 603 67 41, 💻 www.aparthotel-pohorje.com; Standard-Appartments für 2-4 Personen in einem modernen Gebäude, eher praktisch als schön*
• **Apartmenthiše Bolfenk €**, *Na Slemenu 35, 2208 Pohorje ☎ 220 88 41, 🖷 220 88 49, 💻 www.pohorje.org; nahe bei der Seilbahn-Station, nette Standard-Apartments*
• **Penzion Martin €**, *☎ 220 88 41, 🖷 220 88 49, E-mail: info@sc-pohorje.si, komfortable Apartments, ideal für Radfahrer: Reparaturservice und Rad-Verleih im Haus, 300 m von der oberen Seilbahnstation entfernt*

BERGHÜTTEN
• **Hočka koča**, *Hočko Pohorje 48, 2208 Pohorje, ☎ 603 28 31*
• **Mariborska koča**, *Slivniško Pohorje 40, 2208 Pohorje, ☎ 603 27 31*
• **Ruška koča pri Areh**, *Frajhajm 42, 2315 Šmartno na Pohorju, ☎ 603 50 46*

Essen und Trinken

• **Toti Rotovž**, *Rotovžki trg 9, ☎ 228 76 50; regionale Spezialitäten, z. B. gefüllter Fasan, im schönen Rathaus-Gewölbe, gute Weinkarte. 1.800-2.500 SIT*
• **Zimski vrt Zamorc**, *Grajski trg 3, ☎ 251 271 7, sehr gutes Restaurant, mit verfeinerter Regionalküche, bisschen kühles Ambiente. 2.500 SIT*
• **Pri treh ribnikih**, *Ribniška ul. 3, ☎ 234 41 70; angenehmes Gasthaus mit Wildspezialitäten und einer sehr schönen Terasse, im Stadtpark bei den drei Teichen gelegen 2.200 SIT*
• **Anderlič**, *Za Kalvarijo 10, ☎ 234 36 50; deftige Küche in einem netten ländlichen Gasthaus, Braten und Schlachtplatte besonders zuempfehlen. Auch Zimmervermietung. 2500 SIT*
• **Villa Rustika**, *Majcigerjeva ul. 36, ☎ 420 51 72; italienisches Restaurant südlich der Stadtmitte bei den römischen Ausgrabungen, mit Blick auf das Pohorje. 1.200-1.700 SIT*
• **Tako's**, *Mesarski prehod 3, ☎ 252 71 50; das In-Lokal Maribors, mexikanische Speisen, in einer engen Gasse im Lent-Viertel, schön im Sommer, wenn man draußen sitzen kann. Ca.1.500 SIT*
• *Deftige Küche und Bier in uriger Atmosphäre gibt es auch bei* **Cadus**, *Splavarski Prehod 5, im Lent-Viertel fast an der Drava.*

Feste und Veranstaltungen

• *Das* **Lent-Festival**, *ein international bekanntes* **Musik-** *und* **Kulturfestival**, *findet zwei Wochen lang Ende Juni, Anfang Juli statt, die Stadt wird dann zur Bühne, mit* **Folklore-** *und Performance-Darbietungen. Im Rahmen des Lent-Festivals finden auch ein* **Jazz-Festival** *und das* **Flößer-Fest** *statt, wenn der alten Tradition der Stadt folgend, Flöße zu Wasser gelassen werden.*
• *Am ersten Sonntag im Oktober beginnt die* **Weinlese**, *dann werden in einer Zeremonie die Trauben der Stara trta (alte Weinrebe) an der Drava gepflückt.*

Einkaufen

• *Hauptgeschäftsstraße ist die* **Gosposka ulica**, *mit vielen Läden hinter Barock-Fassaden.*
• *Der sehr schöne* **Souvenirladen Dekor** *in der Vetrinjska ulica 30, liegt etwas zurückgesetzt in einem Hinterhof und bietet eine* **Mischung aus Kunsthandwerk und Antiquitäten** *an.* **Suha roba** *schräg gegenüber in der Hausnummer 13 hat eher* **konventionelle Holzwaren.**

• *Maribor hat zwei schöne* **Vinotheken**: *Am Trg svobode 3 über dem großen Weinkeller liegt das* **Vinag-Geschäft**, *und an der Drava die* **Vinothek Vodni Stolp**, *Usnjarska 10 (im alten Turm), hier kann man auch abends Wein probieren und kaufen (tägl. 14-22 Uhr).*

Sport und Aktivitäten

• *Im Sommer werden* **Floßfahrten auf der Drava angeboten** *(ca. 1,5 h durch die Stadt), inklusive Imbiss, Musik und „Taufe". Die Touristeninformation vermittelt die Touren, die bei einer Mindestteilnehmerzahl von 20 Personen starten.*

• *In der* **Terme Maribor** *im* **Hotel Habakuk** *sind auch Tagesgäste willkommen, die luxuriöse Therme hat vielfältige Wellness-Einrichtungen. In der* **Terme Fontana**, *Koroška cesta 172, am Westende der Stadt, ist man eher medizinisch orientiert, auch hier Sauna und Fitness-Studio.*

• *Reichhaltiges Freizeitangebot finden* **Wanderer**, **Rad-** *und* **Skifahrer** *im Mariborsko Pohorje südlich der Stadt. Bei der Bergstation der Seilbahn gibt es einen* **Fahrradverleih**.

Post

Die **Hauptpost** *liegt in der Partizanska cesta 54 neben dem Bahnhof, zentraler ist die Post in der Partizanska cesta 1 gleich am Trg svobode oder am Slomškov trg 10 gelegen.*

Verkehrsverbindungen

ZUG

• *Der* **Bahnhof** *liegt in der Partizanska cesta, gegenüber der Touristeninformation. Fast stündliche* **Expressverbindung** *nach* **Ljubljana** *(1,5 h), Verbindungen nach* **Ormož**, **Graz** *und* **Wien**.

BUS

• **Busbahnhof** *in der Mlinska ulica, südlich vom Zugbahnhof, Verbindungen in alle großen Städte. Es gibt auch* **Regionalbusse** *ins Pohorje-Gebirge.*

TAXI

• **Taxistände** *am Bahnhof und am Trg svobode. Oder unter ☎ 080-11 12 oder 080-12 22*

AUTOVERMIETUNG

• **Avis**, *Partizanska cesta 24, ☎ 228 79 10, 🖷 234 06 48*

Nova Gorica (S. 311)

Information

• **Turistično Informacijski Center (TIC)**, *Bevkov trg 4, 5000 Nova Gorica, ☎ 330 46 00, 🖷 330 46 06, E-mail: tzticng@siol.net*

○ ***im Internet www.nova-gorica.si, www.hit.si***

N

Vorwahl: 05

Sehenswertes

• **Bourbonengruft** *(im Kloster Kostanjevica), südöstlich der Stadt auf einem Hügel, Mo-Sa 9-12, 14-17 Uhr, So 15-17 Uhr, freier Eintritt*
• **Goriška muzej** *(Gorica-Museum im Schloss Kromberk), Mo-Fr 8-14 Uhr, So 13-17 Uhr*
• **Isonzo-Front-Museum** *(auf der Sveta Gora),* **Sommer** *Mi/Do 12-17 Uhr, Sa/So 11-18 Uhr,* **Winter** *Sa/So 11-16 Uhr, 300 SIT*
• **Wallfahrtskirche auf der Sveta Gora**, *geöffnet Mi-Fr 12-17 Uhr, Sa/So 11-16 Uhr, freier Eintritt*

Unterkunft

In Nova Gorica gibt es **zwei moderne Hotels**, *in denen sich alles auf die Casinos ausrichtet. Das TIC vermittelt* **Privatzimmer** *in der Umgebung.*

• **Perla €€€-€€€€**, *Kidričeva ulica 7, ☎ 336 30 00, 🖷 302 88 86, E-mail: hotel.perla@hit.si; modernes, großes Hotel in Glasarchitektur, sehr gute Wellness- und Fitness-Einrichtungen (Hallenbad), hauseigenes Casino. Gut ausgestattete Zimmer, es wirkt alles aber etwas unterkühlt und unpersönlich.*
• **Park €€€-€€€€**, *Delpinova ulica 5, ☎ 336 20 00, 🖷 302 23 81, E-mail: hotel.park@hit.si; das zweite große Hotel in Nova Gorica, ebenfalls mit Casino*
• **Sabotin €€**, *Cesta IX korpusa 35, ☎ 30 054 24, 🖷 300 54 25; E-mail: info@hit.si; kleineres Mittelklasse-Hotel in einem Barock-Palais, im Stadtteil Solkan*

FERIEN AUF DEM BAUERNHOF

• **Pri Lukovih €**, *Gornje Cerovo 60, ☎/🖷 304 40 00, E-mail: ivan.zagozen@seng.si; hübsches Weingut in der Brda, im Weiler Gornje Cerevo, südlich von Hum, Zimmer und Ferienwohnungen*

Essen und Trinken

• **Grajska klet**, *(im Schloss Kromberk), Grijska cesta 1, ☎ 302 71 60, Mi, Do geschlossen; eines der Restaurants, für das die Leute weit fahren. Soča-Forelle, Meeresfrüchte, Karstküche (2.500-4.000 SIT)*
• **Pikol**, *Vipavska cesta 94, ☎ 302 25 62, Di u. Mi geschlossen; erstklassiges Restaurant, liegt schön in einem Holzhaus auf Pfählen an einem kleinen See, Spezialitäten sind Fisch und Meeresfrüchte (3.000-4.000 SIT)*
• **Pri Hrastu**, *Kromberška cesta 2, ☎ 302 72 10; traditionsreiche Gaststätte, schöne Terasse, deftige slowenische Küche. Liegt an der Straße Richtung Kromberk (um die 2.000 SIT)*
• *Auch die Restaurants in den* **Hotels Perla** *und* **Park** *werden empfohlen.*

Verkehrsverbindungen

ZUG

• *Der* **Bahnhof** *liegt im Westen der Stadt an der italienischen Grenze. Gute Verbindungen nach Jesenice (die landschaftlich schöne Strecke über Most na Soči) und nach Sežana, von dort Verbindungen nach Ljubljana.*

BUS

• **Busbahnhof** *in der Kidričeva ulica, gegenüber der Post. Stündliche Verbindungen nach Ajdovščina, Ljubljana, Postojna und Tolmin. Regionalbusse fahren nach Dobrovo, Branik und Komen.*

TAXI

• **Taxiruf** *unter ☏ 302 23 00 oder ☏mobil (041)-632 428*

Novo mesto (S. 350)

Information

• **Turistično Informacijski Center** (TIC), *Novi trg 6, 8000 Novo mesto, ☏ 393 92 63, 🖷 393 92 08*

im Internet: www.novomesto.si/de

Vorwahl 07

Sehenswertes

• **Kirche Sveti Nikolaj mit Tintoretto-Gemälde** – *falls geschlossen, bekommt man den Schlüssel in der Propstei nebenan*

• **Dolenjski muzej**, *Muzejska ulica 7,* **Sommer** *Di-Fr 8-17 Uhr, Sa 10-17 Uhr,* **Winter** *Di-Fr 8-16 Uhr, Sa 10-13 Uhr, 300 SIT, 500 SIT inklusive* **Božidar Jakac Haus**

• **Božidar Jakac Haus**, *Sokolska ulica 1, Öffnungszeiten siehe Dolenjski muzej*

• **Baza 20**, *Partisanenlager im Wald südwestlich von Novo mesto Richtung Črnomelj, Eintritt frei*

Unterkunft

• *In Novo mesto selbst gibt es ein Hotel,* **Krka €€€**, *Novi trg 1, ☏ 394 21 00, 🖷 331 30 00, das für Geschäftsleute ausgerichtet ist. Netter wohnt man in der Umgebung.*

IN OTOČEC

• **Grad Otočec €€€€€**, *Grajska cesta 2, 8222 Otočec ob Krki, ☏ 307 51 68, 🖷 307 54 60, E-mail: otocec@krka-zdryvilisca.si, Luxushotel in einem schönen Wasserschloss, das wie eine Festung wirkt. 7 km nordöstlich von Novo mesto. Idyllischste Lage, perfekter Service, eines der besten Hotels in Slowenien*

• **Šport €€€**, *Grajska cesta 2, 8222 Otočec ob Krki, ☏ 307 51 67, 🖷 307 54 20, Neubau aus Beton und Glas, der die idyllische Umgebung etwas zerreißt. Aber guter Mittelklasse-Standard und optimaler Ausgangspunkt für sportliche Aktivitäten auf der Krka.*

IN ŠMARJESKE TOPLICE

• **Šmarjeta €€€-€€€€**, *Brezovica 1, 8220 Šmarješke toplice, ☏ 384 34 00, 🖷 307 31 07, E-mail: booking.smarjeske@krka-zdravilisca.si, luxuriöses modernes Kurhotel*

• *Außerdem liegen hier noch zwei günstigere ältere* **Hotels Krka I** *und* **Krka II**, *die zentral über die Adresse des Šmarjeta gebucht werden können.*

IN DOLENJSKE TOPLICE

• **Vital** €€€-€€€€ *und* **Kristal** €€€-€€€€, *Zdraviliški trg 11, 8350 Dolenjske toplice, ☎ 391 95 00, 🖷 306 56 62, E-mail: dolenjske.marketing@krka-zdravilisca.si; sind luxuriöse Kurhotels in renovierten klassizistischen Häusern aus dem 19. Jh.*

• **Kolesar** €-€€, *Doljene Sušice 22, ☎ 306 50 03, 🖷 306 50 03, Pension knapp 2 km südlich von Dolenjske toplice*

FERIEN AUF DEM BAUERNHOF

• **Šeruga** €-€€, *Sela pri Ratežu 15, 8222 Otočec, ☎ 335 62 00, 🖷 335 62 01, netter Bauernhof südlich von Otočec, sehr ruhig gelegen, idyllisch, familiär, die beste Wahl in der Gegend von Novo mesto, gute Küche*

• **Domen** €, *Držinska vas 1, 8220 Šmarješke toplice, ☎ 384 30 10, 🖷 384 30 11, liegt knapp 3 km nordöstlich von Otočec*

CAMPING

• *Campingplätze liegen in* **Dolenjske toplice** *in angenehmer Entfernung zum Thermalbad und bei* **Otočec** *(hinter dem Schloss).*

Essen und Trinken

• **Breg**, *Cvelbarjeva ulica 7, Novo mesto, ☎ 332 12 69, traditionsreiche Gaststätte, die deftige bäuerliche Küche serviert (1.300-2.000 SIT)*

• **Vovko**, *Ratež 48, 8321 Brusnice, ☎ 308 56 03, slowenische Spezialitäten, defitg, Würste, Braten, liegt südlich von Otočec (1.500-2.500 SIT)*

• **Pod Klančkom**, *Sela pri Ratežu, 8321 Brusnice, berühmt für sein Spanferkel mit Kraut, liegt in der Nähe des Vovko (1.500-2.500 SIT)*

Sport

ANGELN

• *Die Krka ist ein beliebtes* **Angelgebiet**. *Angelscheine verkaufen die Hotels in den Kurorten und das Hotel Otočec*

BOOTSVERLEIH

• **Kanus**, **Kajaks** *und* **Ruderboote** *für Touren auf der Krka beim Campingplatz in Otočec, ☎ 307 57 00*

RAD FAHREN

• **Fahrradverleih** *(auch Moutainbikes) beim Hotel Šport*

REITEN

• **Reitzentrum Struga**, *Otočec, ☎ 307 56 27, 🖷 307 54 60, liegt etwa 1,5 km nordöstlich von Otočec südlich der Krka*

TENNIS

• **Tenniscenter** *beim Hotel Šport in Otočec, außerdem* **Tennisplätze** *in Šmarješke toplice und in Dolenjske toplice*

WELLNESS

• **Thermalbäder** *in Smarješke toplice und in Dolenjske toplice, siehe auch Unterkunft; Informationen im Internet unter www.krka-zdravilisca.si.*

Oberes Krka-Tal (S. 354)

Sehenswertes

• **Josip Jurčič Geburtshaus**, *Muljava 11, 1295 Muljava, März-Nov Di-So 8-12 und 13-17 Uhr, 500 SIT*

• **Kloster Stična**, *1295 Stična, ☏ 01-787 75 70, Besichtigung täglich außer Mo. Führungen werden um 8.30, 10, 14 und 16 Uhr angeboten, So nur 12 und 14 Uhr, Eintritt 700 SIT*

Kanu/Kajak-Verleih

• **Carpe Diem**, *Krka 27, 1301 Krka, ☏ 01/780 60 11*

• **ŽuŽemberk Kajak & Rafting**, *8360 Žužemberk, ☏ 07/308 70 55*

• **Rafting Club Gimpex**, *Na Žago 6, Straža, ☏ 07/384 75 36*

Oberes Savinja-Tal/Logar-Tal (S. 254)

Information

• *Zentrale Informationsstelle im Logar-Tal ist ein* **Info-Büro** *im Hotel Plesnik, ☏ 584 71 11, 🖷 838 90 03, E-mail: logarska@siol.net*

• *Weitere Informationsstellen gibt es in 3335* **Solčava**, *☏ 584 71 11, 🖷 838 90 03 und in* **Luče ob Savinji**.

○ *im Internet www.logarska-dolina.si, www.plesnik.si*

Vorwahl 03

Sehenswertes

• **Eishöhle Snežna jama**, *☏ 572 32 11, Besichtigung am Wochenende*

Unterkunft

• **Plesnik** €€€, *Logarska dolina 10, 3335 Solčava, ☎ 839 23 00, 🖷 839 23 12, E-mail: plesnik.doo@siol.net, ist das einzige Hotel (64 Betten), ein schönes Gebäude mitten im Tal, das mit Swimmingpool und Sauna einen angenehmen Komfort bietet*

• **Palenk** €€-€€€, *Logarska dolina 9, 3335 Solčava, ☎/🖷 wie Hotel Plesnik, ist günstiger, aber hat auch nicht so viel Charme*

FERIEN AUF DEM BAUERNHOF

• **Plesnik** €, *Logarska dolina 13, 3335 Solčava, ☎ 838 90 09*

• **Jerovčnik** €, *Krnica 52, 3334 Luče ob Savinji, ☎ 584 40 87*

• *Im Info-Büro werden auch Privatzimmer und weitere Bauernhöfe vermittelt, sehr schön ist es auch in* **Robanov kot**.

CAMPING

• **Avtokamp Šmica**, *Luče 4, 3334 Luče, ☎ 584 43 30, 🖷 584 43 33, geöffnet 1.5. bis 30.10.*

• *Auch im* **Logar-Tal** *selbst gibt es einen Campingplatz.*

Essen und Trinken

• **Raduha**, *Luče 67, 3334 Luče ob Savinji, ☎ 838 40 00, köstliche Spezialitäten der Region, raffinierte Feinschmeckerküche, darunter den berühmten Saumagen. Beste Forellen! Spezialität des Hauses sind Weinbergschnecken. Exoten wie Apfelsuppe und Kohlrübenpudding. Man kann das Essen nicht genug loben! Mitglied bei Slow food. Das Haus ist etwas unscheinbar, hat aber eine schöne Terasse. Preis äußerst angemessen, um 5.000 SIT für 3 Gänge plus Wein.*

• *Auch das* **Hotel Plesnik** *hat ein ausgezeichnetes Restaurant und auf den Bauernhöfen bekommt man bodenständige Hausmannskost.*

Aktivitäten

• **Kanu-** *und* **Kajakverleih** *beim Campingplatz Šmica, alle weiteren Sportangebote vermittelt das Info-Büro im Plesnik, darunter* **Paragliding, Reiten, Rafting, Tennis, Fahrradverleih.**

• *Auch wer nicht im Hotel wohnt, kann gegen Gebühr das* **Schwimmbad** *benutzen.*

Piran (S. 372)

Information

• **Turistično Informacijski Center (TIC)**, *Tartinijev trg 2, 6330 Piran, ☎ 673 02 20, 🖷 673 02 21, E-mail: ticpi@portoroz.si*

• **Maona Tourist Agency**, *Cankarjevo nabrežje 7, ☎ 674 03 63, 🖷 674 64 23; vermittelt Apartments (mindestens 3 Nächte) und Zimmer in Piran und Fiesa, im Juli/August 9-20 geöffnet; E-mail: maona@siol.net, 💻 www.maona.si*

• **Turist Biro**, *Tomažičeva 3, ☎ 673 25 09, 🖷 673 25 07, E-mail: info@turistbiro-ag.si, 💻 www.turistbiro-ag.si*

Vorwahl 05

Sehenswertes

• **Aquarium**, *Kidričevo nabrežje 4; 15. März bis 15. Juni 10-12, 14-19 Uhr, 16. Juni bis 30. August 9-22 Uhr, 1. Sept. bis 15. Okt. 10-12, 14-19 Uhr, 300 SIT*
• **Mestna Galerija** *(Stadtgalerie), Tartinijev trg 3,* ☎ *673 33 81,* **Juli/August** *Di-Sa 10-13, 17-20, So 10-13,* **Winter** *Di-Sa 10-13, 16-19, So 10-12, frei*
• **Minoritenkloster und Pinakothek**, *Bolniška ulica, das Kloster ist i.d.R. tagsüber geöffnet, die Pinakothek im Sommer täglich 9-12, 17-20, Eintritt frei*
• **Seefahrtmuseum Sergej Mašera**, *Cankarjevo nabrežje 3,* ☎ *673 27 55,* **Sommer** *9-12, 18-21 Uhr,* **Winter** *9-12, 15-18 Uhr, Mo geschlossen, 400 SIT*
• **Tartinijeva hiša** *(Tartini-Haus), Kajuhova 12,* ☎ *663 35 70 oder 663 35 77; Besichtigung nur nach Voranmeldung*

Unterkunft

• **Tartini €€€**, *Tartinijev trg 1,* ☎ *671 10 00,* 🖷 *671 16 01; gut ausgestattete Zimmer im Herzen der Stadt. Die Architektur ist bemerkenswert, in einem alten Haus ist ein sehr moderner Gebäudekern entstanden. Hinter einer typisch mediterran-patinierten Fassade verbirgt sich experimentelle Architektur; E-mail: info@hotel-tartini-piran.com*
• **Piran €€€**, *Kidričevo nabrežje,* ☎ *676 25 02,* 🖷 *676 25 20, E-mail: marketing@hoteli-piran.si,* 💻 *www.hoteli-piran.si; etwas gesichtslose, aber komfortable Zimmer in einem schönen Palast direkt am Meer. Die Atmosphäre ist etwas unterkühlt, was daran liegen mag, dass es auch ein Geschäftshotel mit Konferenzräumen ist*
• **Val €**, *Gregorčičeva ulica 38a,* ☎ *673 25 55,* 🖷 *673 25 56; sympathische kleine Pension mitten in Piran (Punta), unter familiärer, unaufdringlicher Führung*

Wer nicht direkt in Piran wohnen möchte, dem sei der ruhige kleine Ort **Fiesa** *östlich von Piran empfohlen. Die Preise für Privatzimmer liegen zwischen 14-17* **€**, *für ein Doppelzimmer und 28-34* **€** *für ein Apartment.*
• **Barbara Fiesa €€-€€€**, *Fiesa 68,* ☎ *617 90 00,* 🖷 *617 91 00; ruhig in einem Pinienwäldchen direkt am Meer gelegen, beste Wahl, wenn man an der kurzen Küste Ruhe sucht. Die besten Tage des kleinen Hotels sind allerdings vorbei!*
• **Fiesa €€**, *Fiesa 57,* ☎ *671 22 00,* 🖷 *671 22 23,* 💻 *www.hotel-fiesa.com; angenehmes, nicht zu großes Urlaubshotel (22 Zimmer) in der Nähe des Campingplatzes. Gutes Restaurant.*

CAMPING
• **Jezero Fiesa**, ☎ *674 62 30, in Fiesa, nett an zwei Bade-Seen (Süßwasser) und am Strand gelegen. Ca. 300 Plätze, geöffnet 1. Juni-30. September*

Essen und Trinken

• **Pri Mari**, *Dantejeva 17,* ☎ *673 47 35, E-mail: info@pri-mari.com,* 💻 *www.pri-mari.com; exzellente Küche, Spezialität ist die Fischplatte, aber auch istrisches Schweinesteak, Risotto und hausgemachte Gnocchi sind himmlisch. Bester Karstschinken! Hier stimmt einfach alles, stilvolles, warmes Ambiente, netter Service und phantastische Küche. Liegt im Stadtteil Marčana an der Uferstraße (1.500-3.000 SIT).*

In Piran selbst liegen entlang der Promenade am Meer einige **Fisch-Restaurants**. *Hervorzuheben sind:*

• **Pavel**, *Gregorčičeva 3, ☎ 674 71 01, und Pavel 2, Kosovelova ulica 1, ☎ 674 71 02, servieren seit Jahren gleichbleibend guten Fisch und Meeresfrüchte. Allerdings werden beide Restaurants häufig von Gruppen besucht, es ist nicht unbedingt ruhig und gemütlich. (1.500-3.500 SIT)*

• *Auch* **Delfin**, *Kosovelova ulica 4 ☎ 673 24 48, und* **Verdi**, *Verdijeva 18, ☎ 673 27 37 bieten leckeren Fisch sowie Pasta und Risotto, beide liegen ruhiger in der Stadt, damit allerdings auch nicht direkt am Meer (2.000-5.000 SIT).*

• **Mario**, *Kajuhova 6, ☎ 673 30 99; kleine Trattoria, am Tartini-Platz (etwas zurückgesetzt, schräg hinter dem Tartini-Haus). Fisch und Meeresfrüchte, eher einfach, aber lecker, beste Wahl unter den günstigeren Fischlokalen. (1.000-2.300 SIT)*

• **Cantina**, *Trg 1. Maja 10, ☎ 673 32 75; Weinstube, in der man Refošk und Malvazija probieren kann, serviert werden auch Kleinigkeiten wie istrianischer Schinken und Schafskäse. (600-1.200 SIT)*

Veranstaltungen und Nachtleben

• *Im Juli und August finden jeden Freitagabend im Kreuzgang des Minoritenklosters die* **Piraner Musikabende** *mit klassischen Konzerten (Kammermusik) statt.*

• *Auf dem Trg 1. maja, dem Tartini-Platz und im renovierten Tartini-Theater, Kidričevo nabrežje, ☎ 673 44 78, gibt es v. a. an den Wochenenden* **Musik-** *und* **Folkloredarbietungen**. *Das genaue Programm ist im TIC erhältlich.*

• *Das sonstige „Nachtleben" spielt sich überwiegend auf der* **Ufer-Promenade** *ab, empfehlenswert für einen Drink vor dem Essen ist die Bar* **Da Noi**, *Prvomajski trg 4, mit Blick auf die Uferpromenade, wo man die abendliche Passeggiata und den Sonnenuntergang beobachten kann.*

• *Beliebt sind auch die* **Café-Bar des Theaters** *und die* **Pri Benečanki Bar** *hinter dem Venezianischen Haus.*

Baden und Sport

• *Eigentlich kann man überall entlang der Uferpromenade um die Halbinsel herum* **ins Wasser springen**, *hauptsächlich legen sich hier aber die Einheimischen zum Sonnen zwischen die Felsen. Nicht allein, aber etwas geschützter vor den neugierigen Blicken der Restaurant-Gäste ist man nur am äußersten Ende der Landzunge.*

• **Weitere Bademöglichkeiten** *gibt es in entlang der Nordostseite der Landzunge und in Richtung Fiesa. Der kleine Ort kann von Piran aus bequem in einem Spaziergang entlang des Meeres (ca. 1,5 km) erreicht werden, er hat einen schönen, aber nur schmalen (und vollen) Strand. Die Wasserqualität ist hier sehr gut, da der Schiffsverkehr in die Bucht von Strunjan sehr eingeschränkt ist.*

• *In Fiesa gibt es einen* **Kanu/Kajak-Verleih**.

• *Vor dem Kap Madona befindet sich ein* **Meeresschutzgebiet**, *das sich zu einem beliebten Tauchrevier entwickelt. Informationen bei Club Dufa, Strunjan Salinera p.p. 83, 6330 Piran, ☎ mobil 041/77 12 07.*

Verkehrsverbindungen

• *Zwischen Piran, Portorož und Lucija fährt ganzjährig alle 15 Minuten ein* **Minibus**.

• *Die* **„Big Red"-Fähre** *fährt um 9.20, 13.20, 16.20 Uhr in Richtung Ankaran, um 11.40, 15.40 und 18.40 in Richtung Portorož.*

• **Tagesausflüge auf die Brijuni-Inseln** *oder nach* **Rovinj in Kroatien** *sind mit der MS Marconi möglich. Buchung über die Agentur Maona. Preis: nach Rovinj 6.000 SIT, nach Brioni 12.000 SIT.*

Podčetrtek (S. 337)

Information

• **Turistična Informajski Center** (**TIC**) *Zdraviliška cesta 24, 3254 Podčetrtek, ☏/🖷 829 78 96, E-mail: tic@pocetrtek.si (Info-Büro im Hotel Breza), in Podčetrtek gibt es außerdem eine* **Information beim Supermarkt**, *☏/🖷 582 94 50; im Internet 💻 www.terme-olimia.de*

Vorwahl 03

Sehenswertes

• **Kloster Olimje**, *Olimje 82, Kirche und alte Apotheke sind von 10-18 Uhr geöffnet bzw. werden geöffnet, wenn Besucher kommen. Zwischen 12-13 Uhr geschlossen, Eintritt 300 SIT*
• **Burg Podsreda**, *Podsreda im Kozjanke-Park, Sommer Di-So 10-18 Uhr, im Winter nur bis 16 Uhr, 300 SIT*

Unterkunft

• **Breza €€€**, *Zradviliška cesta 24, ☏ 829 70 00, 🖷 582 90 24; modernes, sehr gut ausgestattetes Hotel, liegt direkt bei der Therme; E-mail: info@terme-olimia.com.*
• *Über die gleiche Adresse kann man Wohnungen im* **Aparthotel Rosa €€** *und in der Bungalowsiedlung* **Vas Lipa €€** *buchen, beide liegen ebenfalls beim Thermalbereich.*

FERIEN AUF DEM BAUERNOF

• **Jelenov greben**, *Olimje 90, ☏ 582 90 46, 🖷 582 92 91, E-mail: jelenov.greben@siol.net, renovierter, ein wenig kühler Bauernhof, aber in phantastischer Lage auf einem Hügel über dem Kloster Olimje, ca. 2,5 km bis zum Thermalbereich.*

CAMPING

• **Kamp Natura**, *☏ 829 78 33, liegt ca. 500 m nördlich des Thermal-Komplexes, 21.4.-30.9. geöffnet, 40 Plätze*

Essen und Trinken

• **Amon**, *Olimje 23, ☏ 582 90 42, rustikale, beliebte Gostilna, Spezialität Lungenfilet, Kalbs- und Schweinefilet, zwischen Podčetrtek und dem Kloster Olimje (1.600-3.300 SIT)*
• **Jelenov greben**, *(siehe Unterkunft) ist für seine Wildspezialitäten berühmt, der Bauernhof betreibt eine eigene Rotwild- und Mufflonzucht, (2.000 SIT)*
• **Haler**, *Olimje 6, ☏ 829 25 00, ist vornehmlich eine urige Brauerei, die deftige Speisen serviert (1.200 SIT).*

Sport/Aktivitäten

WELLNESS

• **Terme Olimia** *(Adresse siehe Hotel Breza), Kuraufenthalte, der Schwerpunkt liegt aber auf den Wellness-Einrichtungen*

P

ANGELN
• *In der* **Sotla**, *die die Grenze zu Kroatien bildet, kann geangelt werden, Angelscheine in den Hotels oder beim TIC*

GOLF
• **Golf Podčetrtek** *Olimje 24, ☏ 810 90 66, 9-Loch-Platz, liegt bei der Gostilna Amon*

RAD FAHREN
• **Fahrradverleih** *beim* **Sportpark Gaj** *☏ 829 70 00, gegenüber dem Thermal-Komplex. Das TIC hat Radwanderkarten, besonders schön sind die Touren durch den Kozjanske Park. Moutainbiker wird es in die Rudnica-Hügel nördlich von Podčetrtek ziehen.*

REITEN
• **Reitzentrum Amon** *(siehe Essen und Trinken),* **Reit-Ausflüge** *in die Umgebung*

WANDERN
• **Spaziergänge von 1 Stunde** *und* **ganztägige Wanderungen** *sind in der Umgebung möglich, Karten beim TIC*

Prekmurje-Region (S. 340)

Information
• **Turistična Informajski Center**, *Kranjčeva ulica 3, 9226 Moravske Toplice, ☏ 538 15 20, 🖷 538 15 02, E-mail: tic.moravci@siol.net, hier erhält man Informationen zur ganzen Region. Weitere Informationsbüros befinden sich in Lendava und in Murska Sobota.*

Vorwahl 02

Sehenswertes
• **Kirche Sveti Martin**, *in Martjanci (Fresken), tagsüber geöffnet*
• **Kirche in Turnišče** *(Fresken), tagsüber geöffnet*
• **Museum Lendava**, *Kovačeva ulica 28,* **Sommer** *Di-Sa 9-17 Uhr, So 10-14 Uhr,* **Winter** *Di-Sa 9-17 Uhr, So 10-14 Uhr, 300 SIT*
• **Plečnik-Kirche**, *in Bogojina, tagsüber geöffnet*
• **Pokrajinski muzej** *(Regionalmuseum), Trubarjev drevored 4, im Schloss in Murska Sobota, Di-Fr 10-17 Uhr, Sa/So 10-13 Uhr, 400 SIT*

Unterkunft
IN MORAVSKE TOPLICE
• **Ajda €€€** *und* **Termal €€**, *Kranjčeva ulica 12, 9226 Moravske toplice, ☏ 512 22 00, 🖷 548 16 07, E-mail: info@zdrav-moravci.si, neue, gut ausgestattete Hotels beim Thermalbad*

IN RADENCI

• **Izvir** *und* **Radin** €€€-€€€€, *Zradviliško naselje 12, 9252 Radenci, ☏ 520 27 22, 🖷 520 27 23, E-mail: marja.srakassadl@radenska.si, Vier-Sterne-Hotels mit allen Komfort und Wellness-Einrichtungen.*

• **Miral** €€€, *gleiche Adresse, ist etwas günstiger.*

IN BANOVCI

• **Zeleni Gaj** €€, *Terme Banovci, 9241 Veržej, ☏. 513 14 00, 🖷 587 17 03; mittelmäßiges Hotel und komfortable neue Bungalow-Siedlung; E-mail: dejan.beric@radenska.si*

IN LENDAVA

• **Lipa** €€-€€€, *Tomšičeva 2a, 9220 Lendava, ☏ 577 44 40, 🖷 577 44 12; E-mail: terme.lendava@terme-lendava.si*

CAMPING

• *Campingplätze liegen in* **Moravske toplice** *(ganzjährig geöffnet) und in* **Banovci** *(geöffnet 1.04.-15.10., auch FKK).*

Essen und Trinken

• **Rajh**, *Soboška ulica 32, in Bakovci südöstlich von Murska Sobota, regionale Spezialitäten, Spanferkel, guter Weinkeller (1.200-2.200 SIT)*

• **Bükes Csarda**, *Dolgovaške gorice 255, ☏ 577 12 68, 9220 Lendava, ungarische Küche (der Name verrät es), darunter auch der typische Fleisch-Zwiebel-Eintopf Bograč (1.200-2.000 SIT)*

• **Trije Izviri**, *Kranjčeva ulica 34a, ☏ 578 87 33, Spezialitäten der Region, Gulasch, liegt mitten in Lendava (1.200-2.000 SIT)*

• *Sehr gutes Essen bekommt man auf den* **Bauernhöfen der Region** *und im Herbst in den* **Buchenschänken**, *Informationen und Adressenlisten gibt es bei der Information in Moravske toplice.*

Einkaufen

• **Schwarzgebrannte Töpferwaren** *in Filovci*

Sport/Aktivitäten

WELLNESS

• **Zdravilišče Radenci**, *Zdraviliško naselje 12, 9502 Radenci, ☏ 520 10 00, 🖷 520 27 E-mail: rezervacije.zdravilisce@radenska.si, 🖳 www.radenska.si, Heilbad für „ernsthafte" Kuraufenthalte*

• **Terme 3000**, *Kranjčeva 12, 9226 Moravske toplice, ☏ 512 22 00, 🖷 548 16 07, E-mail: info@zdrav-moravci.si, 🖳 www.zdrav-moravci.si*

• **Terme Banovci**, *9241 Veržej, Adresse siehe Unterkunft, eher Sport und Wellness als Kuraufenthalte*

• **Terme Lendava**, *Tomšičeva 2a, ☏ 574 10 04*

FAHRRADVERLEIH

• *bei den Hotels in Moravske toplice und Radenci*

REITEN
- **Reitzentrum Rakičan**, *Lendavska 28, Rakičan,* ☎ *530 04 70,* **Reitzentrum** *bei Murska Sobota.*

TENNIS
- *In Radenci, Moravske toplice, Banovci*

Prlekija-Region (S. 339)

Information
- **Lokalna turistična organizacija**, *Jureša Cirila 4, 9240 Ljutomer,* ☎ *584 83 33,* 🖷 *584 83 34, E-mail: lto-ljutomer@siol.net.*

Vorwahl 02

Sehenswertes
- **Burg in Velika Nedelja**, *Grad 9, 2274 Velika Nedelja, Di-Fr 10-16, Sa 10-17, S0 10-13 Uhr, 400 SIT*
- **Museum Ljutomer**, *Glavni trg 2, Mo-Fr 8-15 Uhr, Sa 8-12 Uhr, 400 SIT*
- **Weinkellerei in Ormož**, *Kolodvorska cesta 11,* ☎ *741 57 00, Besichtigung Mo-Sa, am besten nach Voranmeldung*

Portorož (S. 378)

Information
- **Turistična Informajski Center** *(TÍC), Obala 16, 6320 Portorož,* ☎ *674 22 20,* 🖷 *674 82 61, E-mail: ticpo@portoroz.si, im Sommer 9-21 Uhr geöffnet*

In Portorož gibt es viele **private Agenturen** *bzw.* **Reisebüros**, *die Zimmer vermitteln und Ausflüge organisieren. Die meisten Büros liegen entlang der Strandstraße Obala. Eine Auswahl:*
- **Atlas Express**, *Obala 55,* ☎ *674 67 72,* 🖷 *674 55 97, E-mail: atlas.portorož@siol.net*
- **Kompas**, *Obala 41,* ☎ *617 80 00,* 🖷 *617 80 01, E-mail: kompas.turizem.portorož@siol.net*
- **Maestral**, *Obala 123,* ☎ *677 92 80 oder 674 65 01,* 🖷 *677 92 81 E-mail: info@maestral.si,* 💻 *www.maestral.si*
- **Maona**, *Obala 14 b,* ☎ *674 03 63,* 🖷 *674 64 23, E-mail: maona@siol.net,* 💻 *www.maona.si*
- **Turist Biro**, *Obala 57,* ☎ *674 10 55,* 🖷 *674 10 56, E-mail: info@turistbiro-ag.si,* 💻 *www.turistbiro-ag.silm*

◯ ***im Internet www.portoroz.si, www.metropolgroup.si, www.hoteli-palace.si, www.h-bernadin.si***

Vorwahl 05

Post
In der K Stari cesta 1, neben dem Palace-Hotel.

Sehenswertes
• **Forma Viva**, *Skulpturensammlung auf der Seča-Halbinsel südlich von Portorož*
• **Solinarski Muzej** *(Salinenmuseum), Sečovlje, an der slowenisch-kroatischen Grenze. 9-12, 16-19 Uhr, Mo geschlossen, 400 SIT.*
• **Tonina hiša** *(Tonas Haus, Bauernmuseum), Goreli bei Sveti Peter,* **Juli/August** *9-12, 18-21 Uhr,* **Winter** *9-12, 15-18 Uhr, Mo geschlossen, 200 SIT*

Unterkunft
Nach Portorož fährt man im Sommer, im Winter schließen viele der kleineren Hotels und die Preise können bereits ab 1. September um ein Viertel fallen. Wer im Zentrum, also in Meernähe, wohnt, kann dem Lärm von der Straße und dem Nachtleben an der Uferpromenade nicht entfliehen, die Hotels und Pensionen am Hang sind ruhiger. Je weiter eine Unterkunft vom Meer weg liegt, desto günstiger wird sie. Gleiches gilt für die Privatunterkünfte, die von den Agenturen vermittelt werden. Ein Apartment für 2 Personen kostet zwischen 27 und 35 €, ein privates Doppelzimmer 22 bis 36 €. Im Sommer werden Zimmer und Wohnungen i. d. R. nur für mindestens drei Tage vermietet. Die hier angegebenen Preise beziehen sich auf die Hochsaison im Juli und August.

• **Metropol €€€€-€€€€€**, *Obala 77, Luxus-Hotel mit Frei- und Hallenbad, Casino, Nachtclub, auf einem kleinen Hügel Richtung Lucija gelegen.*
• *Zur selben Gruppe gehören die* **Hotels Roža €€€€** *und* **Barbara €€€**, *gleich hinter dem* **Metropol Lucija €€€**, *etwas südlich an der Obala gelegen. Alle Hotels können gebucht werden unter ☏ 690 10 00, 🖷 690 19 00, E-mail: sales@metropolgroup.si. Für Gäste dieser Häuser ist die Nutzung der Metropol-Pools sowie der Eintritt ins Casino und den Nachtclub im Preis inbegriffen.*
• **Grand Hotel Palace €€€-€€€€**, *Obala 43, ☏ 696 90 01, 696 90 02, 🖷 696 90 03, E-mail: marketing@hoteli-palace.si, luxuriöses Hotel in einem modernen Hochhaus-Bau mitten im Herzen der Stadt, gleich neben dem altehrwürdigen Palace Hotel. Die Therme ist dem Komplex angeschlossen. Gutes Restaurant!*
• *Zur Palace-Gruppe unter deutscher Leitung gehören auch die Hotels* **Mirna €€€**, **Neptun** *und* **Apollo €€-€€€**, *die alle gut ausgestattete Standard-Zimmer mit Telefon und Satelliten-TV bieten. Bis auf das frisch renovierte Mirna sind alle Hotels durch Gänge mit der Therme verbunden, deren Benutzung für Gäste im Preis inbegriffen ist.*
• **Hotelkomplex Bernardin**, *Obala 2, ☏ 695 51 04, 🖷 674 64 10; die dritte große Kraft unter den Hotels in Portorož. Der Komplex liegt eigentlich außerhalb des Ortes in Richtung Piran auf dem Gelände eines ehemaligen Benediktinerklosters, von dem noch der Glockenturm und die Ruine einer Kirche erhalten sind. Der Komplex bietet Unterkünfte verschiedener Preisklassen, ist autofrei und daher verhältnismäßig ruhig. Ein „Wasserpark" mit Hallenbädern und Außenpools sowie Tennis-, Basketball- und Beachvolleyballplätze machen das Bernardin für Sportler attraktiv. Es gibt auch eine Tauchschule.*

Portorož
Portoroški Zaliv
Lucija
Obala
Senčna pot
Bazoviška ulica
Šolska ul.
Podvozna cesta
Koprska cesta
Stara cesta
Šentjane
Belokriška cesta
Lepa cesta
Vilfanova ul.
Dantejeva ulica
Fornače
Avditorij
Maona-Reisebüro
Casino
Marina Portorož
Marina-recepcija
Avtokamp Lucija
Forma Viva
nach Koper, Piran, Izola
0
200m
N
Hotels und Restaurants
1 Emona
2 Bernardin (Hotelkomplex)
3 Vile Park / Vila Barka
4 Histrion
5 Miranda
6 Marko
7 Mirna
8 Neptun
9 Palace
10 Apollo
11 Tomi
12 Maygut
13 G.H. Metropol
14 Roža
15 Barbara
16 Lucija
17 Laguna

Folgende Hotels gehören zum Komplex:

• *An der Steilwand über dem Meer klebt das* **Grand Hotel Emona €€€€€**, *das zweite 5-Sterne-Hotel in Portorož, der Preis der superben Lage ist die Beton-Ästhetik, dafür haben alle Zimmer Meerblick.*

• *Südlich davon liegt auf einer Ausbuchtung der Halbinsel der noch unschönere Komplex des* **Hotels Histrion €€€-€€€€**.

• *Ganz hübsch und Familien-geeignet sind die Bungalow-Siedlung* **Vile Park €€-€€€** *und die Apartments* **Vila Barka €€€-€€€€**. *Alle Hotels können über eine zentrale Telefon- und Fax-Nummer gebucht werden (s. oben)*

• **Marko €€€**, *Obala 28, ☎ 617 40 00, 🖷 617 40 11, E-mail: hotel.marko@amis.net; komfortable Zimmer in einem stilvollen Haus direkt am Meer. Hier ist richtig, wer Komfort sucht, aber die lebhaften Anlagen meiden möchte. Sehr empfehlenswert ist auch das Restaurant.*

• **Maygut €€-€€€**, *Letoviška pot 11, 674 70 58, oder 674 70 57, 🖷 674 70 59; Privatzimmer und 12 Ferienwohnungen in einem netten Haus in ruhiger Lage, moderne, helle Zimmer, liegt nicht weit vom Tomi.*

• **Tomi €€**, *Letoviška pot 1, ☎ 674 40 04, 🖷 674 72 85; eine zwar nicht ganz kleine, aber familiär geführte Pension. Kleiner Swimmingpool und Whirlpoolanlage. In schöner Lage am Hang direkt über dem Hotel Palace, ca. 500 m vom Zentrum. Gute Küche!*

• **Božiček €€**, *Seča 80, ☎ 677 22 70; nette Apartments in ruhiger Lage hinter Lucija, es werden nur 3 Wohnungen vermietet, man bleibt unter sich.*

• **Forma Viva €**, *Seča 159, ☎. 677 07 89, E-mail: jercom@siol.net; einfache, aber nette Pension im Stil eines Jugendhotels, sehr ruhig im Grünen auf der Seča-Halbinsel über den Salinen gelegen. Hinter dem Skulpturengarten Forma Viva links.*

CAMPING

• **Lucija**, *Cesta Solinarjev, ☎ 690 60 00; auf einem schmalen Stück Grün südlich der Marina in Lucija, gute Ausstattung, ca. 200 Plätze. Mit Bademöglichkeit, allerdings direkt neben dem Hafen. 1.7.-30.9. geöffnet*

Essen und Trinken

Portorož hat ein **großes gastronomisches Angebot** *für alle Geschmacksrichtungen. Viele Restaurants liegen an der Uferstraße Obala, dort bekommt man Fast food oder kann schnell eine Pizza essen.*

Doch auch **exzellente Fischrestaurants** *sind zu finden:*

• *Sehr empfehlenswert ist das* **Restaurant im Hotel Palace**, *das italienisch inspirierte Fischspezialitäten serviert, und auch das* **Restaurant im Hotel Marko** *hat leckere Fischgerichte.*

• **Tomi**, *(s. Unterkunft) ist ein Dauerbrenner für frischen Fisch und Deftiges vom Grill. Das der gleichnamigen Pension angeschlossene Restaurant ist auch bei Einheimischen sehr beliebt. (1.500-2.800 SIT)*

• **Miranda**, *Vilfanova 10, ☎ 674 68 31, sehr gute Küche in stilvollem Ambiente, Spezialität sind Meeresfrüchte, Fisch und auch slowenische Gerichte. Beste Lage mit Blick über die Bucht auf dem Hügel zwischen Piran und Portorož. (1.800-4.000 SIT)*

• **Laguna**, *Cesta Solinarjev 8, ☎ 677 66 20; gute Fischgerichte und guter Service in einem etwas gehobeneren Restaurant. Liegt mitten im Jachthafen von Lucija, nette Atmosphäre mit den Segelbooten gleich vor dem Fenster und überdachter Terrasse (2.000-5.000 SIT).*

- **Ribič**, *Seča 143, ☎ 677 07 90; leckerer Fisch und Meeresfrüchte in einem schönen Haus direkt am Meer. Hier stimmen Lage und Qualität der Küche für einen romantischen Abend. Liegt unterhalb des Skulpturenparks Forma Viva auf der Spitze der Seča-Landzunge, Anfahrt am besten über das Dorf Paderno. (2.000-3.500 SIT)*

Nachtleben

- *Die* **Obala** *und die* **Uferpromenade** *sind an Sommerabenden die Zentren des Nachtlebens.*
- *Die* **Geschäfte auf der Obala** *haben bis spät geöffnet, am Strand gibt es* **ungezählte Bars** *und* **Cafés**, *in denen es hoch hergeht.*
- *Das* **Grand Hotel Palace** *hat mit dem* **Tivoli Club** *eine Diskothek, außerdem gibt es den* **Nightclub Portorož** *(liegt unterhalb des Hotels Riviera).*
- *Das* **Casino Portorož**, *Obala 75a, ☎ 676 03 73, liegt beim Hotel Metropol und ist bei italienischen Touristen sehr beliebt.*

Ausflüge

- *Die* **Salinen** *oder alternativ das* **Salinenmuseum von Sečovlje** *können auf einem Bootsausflug besucht werden (Dauer ca. 2-3 Stunden). Abfahrt Mi, Do, Fr im Bernardin-Komplex, um 10 Uhr (Museum) oder 16 Uhr (nur Salinen). Informationen unter ☎mobil 041/62 84 91*
- *Nett ist ein Ausflug mit einem* **Glasboden-Boot**, *das vom Bernardin-Komplex in die Bucht von Strunjan fährt (10, 14, 16.15, 18.30 Uhr), ☎ 641 83 01 oder ☎mobil 041/63 63 71.*
- *Außerdem werden zahlreiche* **Bootsausflüge** *nach Kroatien,* **nächtliche Bootsfahrten** *oder einfach* **Bootsfahrten entlang der Küste**, *Essen an Bord inklusive, angeboten. Informationen über die Touristen-Agenturen.*
- *Wer nicht auf eigene Faust im Land unterwegs sein möchte, kann über die Touristen-Agenturen* **Bus-Exkursionen buchen**: *Postojna, Lipica, Triest, Venedig, sogar Ljubljana und die Plitvicer-Seen (Kroatien) werden als Tagesausflüge angeboten.*

Weingüter und -verkauf (Umgebung von Portorož)

- **Istrska klet**, *Pomjan 17, 6274 Šmarje, ☎ (05) 656 95 20, Mo, Mi Ruhetag; serviert auch Imbisse (pršut, Käse)*
- **Simeon**, *Šmarje 32a, 6274 Šmarje, ☎ 656 04 19*
- **Felda Klavdij**, *Korte 90, 6310 Izola, ☎mobil 040/20 82 21*

Baden und Sport

- *Entlang fast der ganzen Bucht von Portorož gibt es* **Bademöglichkeiten**, *im Zentrum sogar an einem aufgeschütteten Sandstrand, sonst ist alles betoniert, mit Liegewiesen zwischen der Straße und dem Wasser. Überall in der Bucht wird Eintritt verlangt, dafür stehen Strandliegen, Sonnenschirme und Duschen bereit.*
- *Die* **Terme Palace**, *eine der modernsten und am besten ausgestatteten Thermen in Slowenien, ist bekannt für ihre Thalassotherapie. Neben dem medizinischen Bereich, in dem Rheuma, Osteoporose und Atemwegserkrankungen behandelt werden, gibt es auch einen schön gestalteten Wellness-Bereich mit Beauty-Center.*

• **Sharky Dive Center** ☏ *mobil 041/63 57 63, verleiht Tauch-Ausrüstungen und organisiert Bootsausflüge mit Tauchgang. Auch eintägige Schnupperkurse für Anfänger. Liegt am Strand etwa gegenüber dem Hotel Riviera, zwischen 9-10 Uhr ist jemand anwesend. Auch im Bernadin-Hotelkomplex gibt es ein Tauch-Center.*

Verkehrsverbindungen

• *Beste Verbindung innerhalb von Portorož ist ein* **Minibus**, *der etwa im 15-Minuten-Takt zwischen Lucija (Campingplatz) und Piran verkehrt (mehrere Stopps im Zentrum von Portorož).*
• *Parkplätze sind rar und außerdem gebührenpflichtig (1.200 SIT/Tag).*
• *Es fahren regelmäßig* **Linienbusse**, *die die Küstenstädte miteinander verbinden. Der Busbahnhof liegt in der Postajališka ulica.*
• **Die Küsten-Fähre** *(„Big Red") fährt um 9, 13 und 16 Uhr in Richtung Koper/Ankaran.*

AUTOVERMIETUNG
• *Gut und günstig ist* **F-Rent-a-Car** *in der Maona-Agentur.*
• *Auch über fast alle anderen Agenturen kann man Autos leihen, die großen Anbieter wie* **Avis** *und* **Hertz** *sind mit Büros auf der Obala vertreten.*
• **Motor-Roller**, *eine Alternative zum Minibus für Fahrten in die nähere Umgebung, vermieten die Agenturen* **Atlas** *und* **Rosetour**, *Bernardinska reber 2,* ☏ *674 91 70.*

HAFEN
• **Marina Portorož**, *Cesta solinarjev 8,* ☏ *676 11 00,* 🖷 *676 12 10, E-mail: marina.portorož@marina.si,* 💻 *www.marinap.si*

FLUGHAFEN
• **OLCP**, *6333 Sečovlje,* ☏ *05/672 25 31 oder 05/672 25 39,* 🖷 *05/672 00 81, bietet* **Panoramaflüge** *(entlang der Küste, nach Venedig, Triglav-Nationalpark) vom* **Aerodrom Portorož** *aus an.*

Postojna (S. 300)

Information

• **Turistično Informacijski Center**, *Ljubljanska cesta 4, 6230 Postojna,* ☏ *728 07 87,* 🖷 *728 07 80, E-mail: zzt.postojna@studioproteus.si*
• *Eine* **Touristeninformation** *befindet sich im* **Hotel Jama** ☏ *726 51 82,* 🖷 *720 16 10.*
• **Kompas**, *Titov trg 2a,* ☏ *726 42 81; die Agentur vermittelt Privatzimmer in und um Postojna, auf dem Titov trg, mitten im Stadtzentrum ist außerdem ein* **Info-Kiosk** *eingerichtet, wo ebenfalls Zimmer vermittelt werden.*

○ ***im Internet www.postojna-cave.si***

Vorwahl 05

Sehenswertes

• *Für die* **Besichtigungen aller Höhlen** *gibt es Informationen:* **Psotojnska jama turizem** *Jamska cesta 30, 6230 Postojna, ☎ 700 01 00, 🖷 700 01 30; E-mail: sales.dpt@postojnska-jama.si.*

• **Postojnska jama** *(Höhle von Postojna), 1,5 km nördlich von Postojna,* **Mai-Sept** *Führungen täglich jeweils zur vollen Stunde von 9-18 Uhr,* **März, April, Okt** *Führungen täglich um 10, 12, 14, 16 Uhr;* **Okt** *Sa/So 11, 13, 15, 17 Uhr,* **Nov-Feb** *Führungen täglich um 10 und 14 Uhr, Sa/So auch 12 und 14 Uhr, 2.100 SIT*

• **Pivka und Črna, jama Juni-Sept** *Führungen um 9, 13, 15 Uhr, sonst nach Vereinbarung, 1.000 SIT*

• **Otoška jama** *nur nach Vereinbarung, 1.000 SIT*

• **Planinska jama** *,ca. 12 km nordöstlich von Postojna,* **Juni-Sept Führungen** *um 15 und 17 Uhr täglich, Sa/So auch 11 und 13 Uhr, im* **Winter** *nach Vereinbarung, 1.000 SIT*

• **Predjamski Grad** *(Burg von Predjama),* **Juni-Aug** *täglich 9-19 Uhr,* **alle anderen Monate** *täglich 10-16, Sa/So 10-17 Uhr, 700 SIT, Höhlenbesichtigung (kurze Tour durch den vorderen Bereich)* **Mai-Sept** *täglich um 11, 13, 15, 17 Uhr, 1.200 SIT , ohne Burgbesichtigung 700 SIT, längere Touren durch die Höhle nur nach Voranmeldung, 4.500 SIT*

Unterkunft

Privatzimmer *sind auch in dem Gebiet südlich von Postojna zu bekommen, in der Umgebung von Pivka. Infos bei der* **Touristeninformation** *in Postojna.*

• **Jama €€,** *Jamska cesta 28, ☎ 728 24 00, 🖷 700 01 30; renoviertes Hotel mit Schwimmbad und Fitness-Einrichtungen, liegt direkt neben dem Höhleneingang*

• **Kras €€,** *Tržaška cesta 1, ☎ 726 40 71, 🖷 726 42 25; hat bessere Tage gesehen, liegt mitten im Zentrum von Postojna*

• **Erazem €€,** *Belsko 1, ☎ 751 54 45, Mittelklasse-Motel, liegt in der Nähe der Burg Predjama, ca. 6 km nördlich von Postojna bei dem Dorf Belsko und ein bisschen im Nirgendwo.*

• **Apartman Grad Prestranek €€,** *Na Gradu 9, 6230 Postojna, ☎ 754 25 95, 🖷 754 27 10; neue Standard-Ferienwohnungen*

• **Apartman Pivka jama €-€€,** *siehe Camping, einfache 4-Bett-Zimmer, ideal für Gruppen*

FERIEN AUF DEM BAUERNHOF

• **Hudičevec,** *Razdrto 1, 6225 Hruševje, ☎ 703 03 00, 🖷 703 03 20, E-mail: hudicevec@siol.net*

• **Dolenčevi,** *Sajevcˇe 8, 6225 Hruševje, ☎ 7562 021, 🖷 756 20 22*

CAMPING

• **Pivka jama,** *Veliki Otok, 6230 Postojna; ☎ 720 39 93, 🖷 726 53 48; ganzjährig geöffnet, 600 Plätze, der Campingplatz ist das touristische Freizeitzentrum der Region, angeschlossen sind ein Freibad und Tennisplätze, sehr praktisch ist ein Fahrradverleih. Es werden auch Apartments angeboten; E-mail: avtokamp.pivka.jama@siol.net*

Essen und Trinken

In Postojna reihen sich **nicht unbedingt gute Restaurants** *aneinander, beim Höhleneingang gibt es viele Imbisse und Restaurants, die die Massen abfertigen.*

• *Bei Einheimischen beliebt sind die* **Pizzeria Minutka,** *Ljubljanska cesta 14 (im Zentrum) und die* **Pizzeria Čuk,** *Pot k Pivki 4, beim Sportzentrum.*

• Die **Ribiška Koča**, *Tržaška cesta 88, ☏ 726 17 58, hat Fischgerichte, die Küche ist ok. Etwas mehr kulinairsche Abwechslung hat man in der Umgebung.*

• **Požar**, *Predjama 2, ☏ 751 52 52; einfaches Restaurant mit bäuerlicher Küche und einer Terrasse mit Blick auf die Burg Predjama (1.500-2.500 SIT)*

• **Pri Andrejevih**, *Narin 107, ☏mobil (041) 53 60 94; Bauernhof mit traditioneller Küche der Region, leckerer Schinken, ist nur am Wochenende geöffnet (Fr-So), auch dann sollte man sich anmelden; liegt südlich des Ortes Pivka beim Dorf Narin (für ein Menü mit Wein muss man etwa 4.000-5.000 SIT zahlen).*

Sport

REITEN

• **Reitzentrum Kaval**, *Na gradu 9, 6230 Prestanek, ☏ 754 25 95, 🖷 754 27 10; sehr guter, traditionsreicher Reitstall, liegt knapp 7 km südlich von Postojna beim Schloss Prestanek, im Sommer täglich geöffnet von 9-11, 16-20 Uhr.*

• **Posestvo Plana**, *Selce 66, 6275 Pivka, ☏ 757 09 00, 🖷 757 09 01, E-mail: posestvo.plana@siol.net; größeres Reitzentrum, kinder- und familienorientiert (Ponys), auch Vermietung von Ferienwohnungen*

ANGELN

• *Besonders die Gegend um Planina ist ein beliebtes* **Angelzentrum**, *Angelscheine sind in der Gostilna Ribiška koča erhältlich*

Feste und Veranstaltungen

• *In der Höhle von Postojna werden im Sommer regelmäßig* **Konzerte** *abgehalten, Infos im TIC.*

• *Zu Weihnachten werden in der Höhle lebende* **Krippenbilder** *dargestellt.*

• *Am dritten Sonntag im August findet bei der Burg Predjama das* **Erasmus-Ritterturnier** *statt.*

Verkehrsverbindungen

• **Stündliche Bus-** *und* **Zugverbindungen** *nach Ljubljana und an die Küste. Der* **Busbahnhof** *liegt in der Titova cesta, südwestlich des zentralen Titov trg, der* **Zugbahnhof** *im Südosten der Stadt in der Kolodvorska cesta.*

TAXI

Ein Taxi kann man unter ☏ 726 30 02 oder ☏mobil 040-21 71 69 bestellen.

Ptuj (S. 330)

Information

• **Turistično Informajski Center (TIC)**, *Slovenski trg 14, 2250 Ptuj, ☏ 771 56 91, 🖷 787 62 31*

○ ***im Internet www.ptuj.si***

P

Vorwahl 02

Sehenswertes

• **Dominikaner-Kloster** *(Archäologisches Museum), Sommer täglich 19-18 Uhr, von Dez-Mitte April geschlossen (nur Gruppen nach Voranmeldung), 600 SIT (inklusive Eintritt ins Regionalmuseum)*
• **Kirche Sveti Jurij**, *Mestni trg, tagsüber geöffnet, Eintritt frei*
• **Miheličeva galerija** *(im alten Wasserturm), Di-Fr 10-13, 16-19 Uhr, Eintritt frei*
• **Minoriten-Kloster**, *Minoritski trg, keine regulären Öffnungszeiten, man muss klingeln und um eine Besichtigung bitten*
• **Mithräum I und III** *liegen auf dem anderen Drava-Ufer Richtung Maribor, zum Mithräum III etwa 300 m nach der Brücke scharf rechts in die Nebenstraße K mitreju, dann bis zum Ende der Straße. Mithräum I liegt in Spodnja Hajdina, ca. 1,5 km Richtung Ptujska gora, links in eine kleine Siedlung reinfahren, nach ca. 400 m wieder links, das Mithräum liegt hinter einem Schweinestall. Beide Mithräen sind in kleinen Häuschen untergebracht, die Schlüssel werden von Familien in der Nachbarschaft verwahrt (Adresse hängt aus), aber es ist besser eine Besichtigung über das TIC zu arrangieren, Eintritt jeweils 200 SIT*
• **Pokrajinski muzej** *(Regionalmuseum auf der Burg), Muzejski trg 1, Sommer täglich 9-18 Uhr, Juli/August Sa/So 9-20 Uhr, Winter 9-17 Uhr, 600 SIT, inklusive Besuch des Dominikaner-Klosters*
Vinska klet, *Vinarski trg 1, ☏ 787 98 10, 🖷 787 98 13, E-mail: boris.zajko@kk-ptuj.si, Besichtigung nur nach Voranmeldung Mo-Fr 8-20 Uhr, im Sommer hat man gute Chancen, sich ohne Voranmeldung Gruppen anschließen zu können 600 SIT, mit Degustation 1.800 SIT*

AUSFLÜGE
• *Zur* **Wallfahrtskirche** *in Ptujska gora*
• **Schloss Štatenberg**, *☏ 082/803 02 16*
• *Fahrt durch das* **Weinbaugebiet Haloze**

Unterkunft

• **Mitra €€-€€€**, *Prešernova 6, ☏/🖷 774 21 01, recht schönes Mitteklassehotel mitten in der Stadt.*
• *Bei der Terme werden* **Bungalows €-€€** *und* **Apartments €** *vermietet, siehe unter Aktivitäten.*

CAMPING
• **Terme Ptuj**, *Pot v toplice 9, ☏ 783 79 41, 20.4. bis 30.9. geöffnet*

Essen und Trinken

• **Ribič**, *Dravska ulica 9, ☏ 787 75 60, ist das beste Restaurant in Ptuj, Spezialität sind Forellen, liegt phantastisch am Fluss (1.300-2.500 SIT)*
• **Amadeus**, *Prešernova ulica 36, ☏ 771 70 51, hat gute slowenische Küche (štruklji) und eine schönen Terasse (1.100-2.000 SIT).*
• *Auf der Prešernova ulica liegen einige* **Cafés** *und eine* **Pizzeria**.
• *In Ptuj gibt es ein* **chinesisches Restaurant**, *das keine schlechten Kritiken bekommt:* **Kitajski vrt** , *Dravska ulica 7.*

Einkaufen

• *Wer nicht den* **Weinkeller** *besichtigt, kann Wein im dazugehörigen Laden kaufen, der ein paar Meter weiter südlich liegt (Trstenjakova ulica). Herausragende Weine der Region sind Šipon und Laški Riezling aus dem Haloze.*

• *Eine schöne* **Kunstgalerie, Galerija Drava**, *liegt in der Vošnjakova ulica 2.*

Feste und Veranstaltungen

• **Kurentovanje** *(***Kurentenlauf***): spektakuläres Faschingsfest, bei dem maskierte junge Männer durch die Stadt laufen und den Winter vertreiben. In den Dörfern um Ptuj finden weitere Kurentenläufe statt.*

Aktivitäten

• **Terme Ptuj**, *Pot v toplice 9, ☏ 782 78 21, 🖷 783 77 71, 💻 www.terme-ptuj.si, gerade renoviertes Wellnessbad mit Tennisplätzen, hier liegt auch ein 18-Loch-Golfplatz.*

Radovljica (S. 263)

Information

• **Turistično društvo**, *Kranjska cesta 13, ☏ 531 53 00, E-mail: tradovljica@s5.net*

Sehenswertes

• **Čebelarski muzej** *(***Bienenzucht-Museum***), Linhartov trg 1, Mai-Okt Tägl. 10-13, 15-18, März/April, Nov/Dez Mi/Sa/So 10-12, 15-17 Uhr, Mo. geschl., Jan/Feb geschlossen*

• **Šivčeva Hiša** *(***Šivec-Haus***), Linhartov trg 22, schräg gegenüber dem Thurn-Palast, Juli/Aug. 10-12, 18-20, Juni/Sept. 10-12, 17-19, Okt-Mai 10-12, 16-18, montags geschlossen*

• **Kovaški muzej** *(***Schmiedemuseum***), Kropa 10, 4245 Kropa; Sommer 10-13, 15-18, Winter Mi, Sa, So 10-12, 15-17, im Januar, Februar und jeden Montag geschlossen*

Unterkunft

Radovljica bietet eine **ruhige Übernachtungs-Alternative zu Bled**, *ist aber vom Sportangebot und den Aktivitäten her nicht so interessant.* **Privatzimmer**, **Ferienwohnungen** *und* **Übernachtungen auf Bauernhöfen** *vermittelt die Touristeninformation.*

• **Sport Penzion Manca €€-€€€**, *Gradnikova cesta 2, ☏ 531 41 20, 🖷 531 41 40, E-mail: info@manca-sp.si; moderne kleine Anlage, familiäre Atmosphäre, liegt gegenüber der Altstadt, Tennisplätze, Schwimmbad*

• **Grad Podvin €€-€€€**, *Mošnje 1, 4240 Radovljica, ☏ 532 52 00, 🖷 532 52 50; Vier-Sterne-Hotel in einem kleinen Schloss, ca. 2 km südlich von Radovljica in dem Dorf Mošnje, am*

R

besten über die 211 zu erreichen (ausgeschildert). Stilvolles Ambiente, sehr gutes Restaurant mit französischer und italienischer Küche. Tennisplätze, Schwimmbad, gleich neben dem Schloss liegt ein Reiterhof.

• **Grajski Dvor €€**, *Kranjska cesta 2, ☏ 531 55 85, 🖷 531 58 78; günstigere Alternative, aber ziemlich heruntergekommener 70er-Jahre-Stil; E-mail: info@hotel-grajski-dvor.si*

CAMPING

• *Ein kleiner hübscher* **Campingplatz** *liegt am Ortsrand beim Schwimmbad, Kopališka ulica 9, ☏/🖷 531 57 70, E-mail: pkrad@plavalniklub-radovljica.si, 1.6.-15.9. geöffnet*

Essen und Trinken

Das gastronomische Angebot ist **klein, aber fein**, *es lohnt sich, auch etwa von Bled aus abends einen Abstecher zu machen, um in Radovljica oder Kropa zu essen.*

• **Lectar**, *Linhartov trg 2, ☏ 537 48 00, in einem schönen alten Gebäude gleich neben dem Barock-Palast, mit liebevoller Bauern-Dekoration und einer Terrasse. Slowenische Spezialitäten wie Strudel, Braten, Würste (1.500-2.500 SIT)*

• **Avgustin**, *Linhartov trg 14, ☏ 531 41 63; bietet slowenische Standard-Gerichte wie Braten und Gulasch an, die Küche kann nicht ganz mit dem Lectar mithalten. Allerdings liegt die Terrasse über dem Sava-Tal und bietet einen spektakulären Ausblick auf den Fluss und die Alpen (800-2.000 SIT)*

• **Kunstelj**, *Gorenjska cesta 9, ☏ 531 51 78, liegt zwar nicht direkt in der Altstadt, hat aber eine schöne Kastanien-bestandene Terrasse über dem Sava-Tal. Sehr gute slowenische Spezialitäten (Buchweizensterz, Strudel, leckere Eintöpfe), bemerkenswert auch die Weinauswahl (1.200-2.200 SIT)*

• **Pr' Kovač**, *Kropa 30 ☏ 533 63 20; absolut empfehlenswertes Restaurant in Kropa, gilt als das beste der Region. Traditionelle slowenische Gerichte (Strudel, Gibanica), serviert in einer urigen Gaststube oder an rustikalen Tischen und Bänken direkt am Fluss (1.500-2.500 SIT)*

Einkaufen

• **Vinothek Sodček** *Linhartov trg 8, hübscher Laden mit guten Weinen aus verschiedenen Anbaugebieten Sloweniens.*

• *Im* **Čebelarski muzej** *werden auch* **Souvenirs** *verkauft, natürlich v. a.* **Honig** *und* **Bienenwachs-Produkte.**

Rogaška Slatina (S. 336)

Information

• **Turistično Informajski Center (TIC)**, *Zdravilišče trg 1, 3250 Rogaška Slatina, ☏ 581 44 14, 🖷 58 11 57 30*

Vorwahl 03

Sehenswertes

• **Grafik-Museum**, *Zdravilišče trg 4, Di, Do, Sa 10-12 und 16-18 Uhr, 300 SIT*

R

Unterkunft

Rogaška Slatina hat wundervolle klassizistische **Kuranlagen** *und* **Hotelbauten**, *die direkt bei der Trinkhalle und den medizinischen Einrichtungen liegen, allerdings sind die Häuser noch nicht oder nur teilweise renoviert.*

• **Donat** €€€€, *Zdraviliški trg 10, ☏ 811 30 00, 🖷 811 37 32, E-mail: h.donat@terme-rogaska.si, 💻 www.terme-rogaska.si; Neubau mit allem Komfort, absolut empfehlenswert für ein Wellness-Wochenende;*

• **Sava** €€€, *Zdraviliški trg 6, ☏ 811 40 00, 🖷 811 47 32, E-mail: h.sava@terme rogaska.si, liegt gegenüber dem Donat und ist ähnlich komfortabel, aber nicht so schön*

• **Aparthotel Slatina** €€, *Celjska cesta 6, ☏ 818 27 00, 🖷 818 27 49, E-mail: zerak@siol.net, gut ausgestattete Apartments in einem schönen alten Gebäude*

• **Slovenija** €€, *Celjska cesta 1, ☏ 811 50 00, 🖷 81157 32, ist eine günstigere Alternative zu den großen Hotels, etwas einfachere Ausstattung, aber komfortabel*

• **Zdravilišče dom** €-€€, *Zdraviliški trg 14, ☏ 811 20, 🖷 811 20 00, unrenoviert, darum günstiger, andere Kurhotels sind unter E-mail: hoteli.rogaska@siol.net zu buchen.*

Essen und Trinken

• **Bellevue**, *☏ 581 48 70, liegt auf dem Hügel nördlich von Rogaska Slatina und gilt als das beste Restaurant des Ortes. Serviert werden slowenische Spezialitäten (1.800-3.000 SIT)*

• **Bohor**, *Kidričeva ulica 23, ☏ 581 41 00, serviert Gegrilltes und Pizzas, auch Fisch, (800-2.000 SIT)*

• **La Gondola**, *im Aparthotel Slatina, ist ein nettes kleines italienisches Restaurant, der Italiener Sonce, Celjska cesta 9, serviert auch Meeresfrüchte und Fisch*

Aktivitäten

• **Kurzentrum Zdravilišče Rogaška**, *Zdraviliški trg 9, ☏ 811 70 10, 🖷 811 7011, E-mail: info@rogaska-medical.com, 💻 www,rogaska-medical.com; in Rogaška Slatina liegt der Schwerpunkt auf Trinkkuren, aber auch die Wellness-Einrichtungen sind gut.*

• *Die* **Termalna Riviera** *ist ein Badekomplex mit Außenpools und liegt im Zentrum Rogaška Slatinas.*

• *Ein* **Sportcenter** *liegt etwas abseits vom Kurkomplex, hier gibt es* **Tennisplätze**, **Squash**, **Bogenschießen**.

• *Ein kleiner* **Trainingsgolfplatz** *steht zur Verfügung.*

Einkaufen

• *Rogaška Slatina ist berühmt für sein* **Bleikristall**, *das man günstig im Fabrikverkauf (2. Wahl mit kleinen Fehlern), 2 km südlich von Rogaška Slatina, bekommt, Mo-Fr 8-19 Uhr, Sa 8-13 Uhr.*

• **Schöne Läden** *gibt es auch im Ort und im Hotel Donat.*

Alter Kurpavillon in Rogaška Slatina

Veranstaltungen

• *Das Kurhaus hat einen wunderschönen (renovierten)* **Kristallsaal**, *hier finden regelmäßig Konzerte statt.*

S

Škocjanske jame (S. 305)

Besichtigung

• Škocjanske jame *(Škocjan-Höhlen), Besichtigung* **Juni-Sept** *Führungen um 10, 11.30 Uhr, ab 13 Uhr stündlich, letzte Führung 17 Uhr. Im* **April, Mai** *und* **Oktober** *Führungen um 10, 13, 15.30 Uhr.* **Nov-März** *Besichtigung nur am Wochenende und an Feiertagen um 10 und So15 Uhr. Eine Führung dauert etwa 1,5 Stunden und wird in verschiedenen Sprachen, darunter Deutsch, angeboten. 1700 SIT*

• **Vilenica jama** *(Vilenica-Höhle), Besichtigung nur So 15 Uhr oder nach Vereinbarung. Informationen unter ☏ 05-734 42 95, am Empfang der Škocjanske jame oder in Lipica.*

• **Divaška jama** *(Divača Höhle), nur nach Voranmeldung, Informationen siehe Vilenica jama*

Unterkunft

Am besten in **Lipica, Štanjel** *oder* **Postojna**.

Škofja Loka (S. 238)

Information

• **Turistično Informacijski Center**, *Mestni trg 5, 4220 Škofja Loka, ☏/🖷 512 02 68, im Sommer von 8.30-19.30 geöffnet, Sa/So 9.30-12.30, 17-19.30*

Vorwahl 04

○ *im Internet www.skofjaloka.si*

Sehenswertes

• **Galerie France Mihelič** *(im Kašča, Getreidespeicher), Spodnji trg 1, Di-So 12-17, frei*

• **Kapuziner-Kloster** *(Bibliothek) nur nach Voranmeldung im TIC oder unter ☏ 512 09 70*

• **Loški Muzej** *(Museum in der Burg) Grajska pot 13, Apr-Okt Di-So 9-18, Nov-März Di-So 9-17, 600 SIT*

• **Wallfahrtskirche Maria Verkündigung**, *Crngrob, keine festen Öffnungszeiten, im Sommer i.d.R. tagsüber geöffnet, sonst Schlüssel im Haus Nr.10 neben der Kirche.*

Unterkunft

In Škofja Loka werden einige wenige **private Unterkünfte** *angeboten, die über das TIC gebucht werden können und auch das Hotel-Angebot ist nicht sehr reichhaltig. Das nächste touristische Zentrum befindet sich in Poljane, dort gibt es v. a.* **Bauernhöfe**, *die Übernachtungen anbieten.*

• **Mini-Hotel €€**, *Vincarje 47, ☎ 515 05 40, 📠 515 05 42; familiär geführtes kleines Hotel mit hellen, geräumigen und modern ausgestatteten Zimmern (TV und Minibar). Vorhanden sind Tennisplätze, ein kleiner Außen-Pool, ein Fitnessstudio und ein Squash-Court, alles in charmanter Mini-Ausführung (etwas vollmundig als „Sport-Center" angepriesen). Nicht leicht zu finden im Stadtteil Vincarje: Hinter der Kapuziner-Brücke rechts, außen an der Stadtmauer entlang und dann immer der Vorfahrt folgen. Das Hotel liegt auf einem kleinen Hügel, leider mit Blick auf die Hochhäuser der Stadt.*

• **Transturist €-€€**, *Kapucinski trg 9, ☎ 512 40 26, 📠 512 40 96, akzeptable Zimmer in einem hässlichen grauen Betonblock, Vorteil: zentral gelegen*

• **Pri Marku €**, *Crngrob 5, 4209 Žabnica, ☎ (04) 513 16 26; schöne Zimmer in ruhiger Lage gleich unterhalb der Wallfahrtskirche in Crngrob (ca. 6 km von Škofja Loka), Reitmöglichkeit. Der familiär geführte Bauernhof bietet 10 Betten an, hier kann man für sich sein oder andere Gäste treffen, ideale Lage für Fahrten sowohl in Richtung Ljubljana als auch nach Bled.*

CAMPING

• **Smlednik**, *Dragočajna 14a, 1216 Smledik, ☎ (01) 362 70 02; 11 km östlich von Škofja Loka an zwei kleinen Seen gelegen. 100 Plätze, auch FKK-Strand. Einfache Ausstattung. 1.5.-15.10. geöffnet; E-mail: camp@dm-campsmlednik.si, 💻 www.dm-campsmlednik.si*

Essen und Trinken

• **Krona**, *Mestni trg 32, ☎ 512 79 10; steht seit Jahren für gute slow. Küche im Herzen Škofja Lokas, Spezialität sind Truthahnrouladen und Roastbeef Poljaner Art. Auch leckeres Gulasch. Die etwas kahle Gaststube wirkt nicht so gemütlich, aber hier wird gutes Essen serviert (1.500-2.200 SIT)*

• **Kašča**, *Spodnji trg 1, ☎ 512 43 00; eigentlich eine Vinothek, die auch Spezialitäten aus der Region anbietet. Das ungewöhnlichste Restaurant Škofja Lokas mit einer schönen Terrasse, abseits des Rummels auf dem Mestni Trg (um die 2.000 SIT)*

• **Homan**, *Mestni trg 2, ☎ 512 30 47; Café und Gostišče im historischen Homan-Haus, eher „internationale" Küche, die bäuerliche Gerichte auf ungewöhnliche Art zu verfeinern sucht, auch Pizza. Ende 2002 renoviert, evtl. ändert sich die Karte ab Sommer 2003 (1.800-3.000 SIT)*

• **Pri Danilu**, *Reteče 48, ☎ 515 34 44; eines der besten Restaurants der Gegend, serviert neben traditionellen Gerichten wie Loška smojka (mit Hirse gefüllte Rübe) oder marinierten Forellen. Mitglied von „slow food". Südöstlich von Škofja Loka Richtung Medvo0de/Ljubljana gelegen. Die Fahrt lohnt sich! (2.500-5.000 SIT)*

• **Pri Boštjanu**, *Križna Gora 8a, w 510 33 20; gutes Restaurant mit lokalen Spezialitäten, Strudel und den Ravioli-artigen Žlikrofi. (1.600-3.000 SIT)*

• *Außerdem bietet* **Pr' Starman**, *Stara Loka 22, ☎ 512 64 90 gute Hausmannskost und Gerichte aus dem Bauernofen. Liegt in Stara Loka, aber in guter Laufweite der Altstadt, ca. 300 m hinter der Kapuziner-Brücke (1.500-2.000 SIT)*

• **Premetovc**, *Log 15, 4220 Škofja Loka, ☎ 518 60 00; traditionsreicher Familienbetrieb (seit 1820), der verfeinerte lokale Spezialitäten anbietet, v. a. Wild. In dem schön renovierten Haus werden auch Zimmer vermietet (4 Betten,* **€€€**). *Liegt in Log, direkt nach der Einfahrt ins Poljane-Tal hinter Škofja Loka (1.800-2.800 SIT)*

• **Lipan**, *Hotavlje 5, 4224 Gorenja vas, ☎ 518 14 89; sehr gutes Restaurant, Spezialitäten sind Wild und Forelle, liegt im Poljane-Tal. (1.500-2.500 SIT)*

Einkaufen

• *Das TIC hat eine gar nicht schlechte Auswahl der* **üblichen Souvenirs**, **Weine** *verkauft das* **Kašča** *(siehe Essen und Trinken).*

• **Čipke Mojca**, *Blaževa ulica 2; der kleine Laden verkauft* **Erzeugnisse aus Spitze** *und fördert damit eine alte Handwerkstradition aus Škofja Loka. Hier kann man einen Blick auf auch ungewöhnliche Dinge aus Spitze werfen*

Feste und Veranstaltungen

• **„Passionsspiele"**: *Aufwändige Inszenierung der „Passion von Škofja Loka", des ersten dramaturgischens Textes in slowenischer Sprache. Wird auf dem Mestni Trg im März/April aufgeführt, aber leider nur alle vier Jahre*

• **Venusfest**: *Ende Juni*

• **Mittelalter-Markt**, *Stände mit Kunsthandwerkerzeugnissen und Essen aus dem Mittelalter. Die Teilnehmer sind entsprechend kostümiert.*

• *Im Sommer finden i. d. R. freitags* **unterschiedliche Musikveranstaltungen** *auf dem Mestni Trg statt.*

Slovenska Bistrica (S. 322)

Sehenswertes

• **Grad Bistrica** *Grajska ulica 11, Sommer Mo-Fr 8-19, Sa/So 11-17 Uhr, Winter 8-18 Uhr, Sa/So 11-15 Uhr, 600 SIT*

Slovenske Konjice (S. 320)

Vorwahl 03

Sehenswertes

• **Galerie Riemer**, *Stari trg 15, Mo-Fr 10-12, 16-18 Uhr, Sa 10-12 Uhr, Eintritt 300 SIT*

• **Kartause Žiče** *(Žička Kartuzija), südwestlich von Slovenske Konjice bei dem Ort Špitalič, im* **Sommer** *Mo-So10-17 Uhr, Sa/So 9-17 Uhr, im* **Winter** *nur Fr, Sa, So 10-17 Uhr, 350 SIT*

Unterkunft

• **Dravinja** €€, *Mestni trg 2, ☎/🖷 575 38 10, E-mail: hotel.dravinja@siol.net; nettes, modernisiertes Mittelklassehotel, liegt am Nordende der Altstadt am Dravinja-Ufer*

Essen und Trinken

• **Gastuž**, *beim Kloster Žiče ☎ 758 03 66; Weinstube und gutes Restaurant (um 2.000 SIT)*

Einkaufen

• **Trebnik**, *Kunsthandwerksladen im Schloss Trebnik, Mo-Sa 8-16 Uhr, Sa 9-12 Uhr, Wachsprodukte, Keramik, Kräuter, Öle*

Štanjel und das Vipava-Tal (S. 308)

Vorwahl 05

Information

• **TIC Štanjel**, *Štanjel 3 (im Schloss) 6222 Štanjel, ☎ 769 00 56, E-mail: tic.stanjel@komen.si*

○ *im Internet www.komen.si*

Sehenswertes

• **Schloss mit Galerija Lojze Spacal**, **Kraška hiša** *(Karsthaus) und* **renovierte Turm-Galerie**, *Informationen im Schloss oder unter ☎ 769 01 97, E-mail: stefan.svagelj@guest.arnes.si, i. d. R. im Sommer von 10 Uhr bis zur Dämmerung geöffnet*
• **Galerija Pilon**, *Prešernova ulica, 6500 Ajdovščina, ☎ 368 91 77, Di-Fr 10-12, 14-16 Uhr*
• **Grad Rihemberk**, *Cesta IX. korpusa 46, 5250 Solkan, ☎ 333 43 10, nur am Wochenende*

Unterkunft

Das TIC vermittelt **Zimmer** *und* **Ferienwohnungen** *im alten Ortskern von Štanjel und in den umliegenden Dörfern.*

• *Auf dem* **Gutshof Grča** *(siehe Essen und Trinken) gibt es auch Übernachtungsmöglichkeiten.*
• *In Ajdovščina gibt es das moderne* **Hotel Planika €€**, *Goriška cesta 25, 5270 Ajdovščina, ☎ (05) 366 38 38, ℻ (05) 366 32 11, das aber in einem unschönen sozialistischen Bau liegt.*

PRIVATZIMMER

• **Fratnik**, *Kobdilj 5c, ☎ 769 01 16*
• **Nassa desella d.o.o.**, *Jože und Marija Švagelj, Štanjel 6a, ☎ 769 00 18*

FERIEN AUF DEM BAUERNHOF

• **Pri Tavčarjevih €**, *Hruševica 44, 6222 Štanjel, ☏ 769 01 36; im kleinen Weiler Hruševica südlich von Štanjel, familiär, freundlich.*

• **Škerlj €**, *Tomaj 53, 6221 Dutovlje, ☏ (05) 764 06 73; in dem kleinen Ort Tomaj nördlich von Dutovlje*

• **Na Hribu €**, *Slap 93, 5271 Vipava, ☏ (05) 364 57 08, Mobil 031-72 48 10; südwestlich von Vipava im Dörfchen Slap, mit Blick auf das Nanos-Plateau; E-mail: zpetra@siol.net.*

Essen und Trinken

In den umliegenden **Karstdörfern** *gibt es einige ausgezeichnete* **Restaurants**, *die traditionelle Gerichte aus dem Karst servieren, in Štanjel selbst gibt es eine kleine* **Konoba**, *in der Wein verkauft und Kleinigkeiten (Schinken) serviert werden. Im Schloss ist ein kleines* **Café**.

• **Pri Lojzetu**, *Dvorec Zemono, 5271 Vipava, ☏ 368 70 07; exzellentes Restaurant im Schloss Zemono bei Vipava, manche schwärmen davon als dem besten des Landes! Slowenische Karst-Küche mit italienischem Einfluss, äußerst kreative Küche!. Um Voranmeldung wird gebeten (2.000-4.500 SIT)*

• **Grča**, *Hruševica 6, Hruševica ☏ 769 02 24; hervorragende bäuerliche Küche, Karstschinken, Braten, Štruklji; Gutshof, der ca. 1 km südlich von Štanjel Richtung Komen liegt. Nur Do-So geöffnet. (2.500-3.500 SIT)*

• **Ravbar**, *Dol pri Vogljah, 6221 Dutovlje, ☏ 734 61 80; charmanter Familienbetrieb, die Küche bietet die perfekte Verbindung zwischen Italien und Slowenien: Karstschinken, Lasagne und Štruklji, Žlikrofi mit Quark, gefülltes Kaninchen. Selbst gekelterter Wein. (2.500 SIT)*

Strunjan (S. 372)

Vorwahl 05

Unterkunft

In Strunjan selbst gibt es keine Touristeninformation, **Unterkünfte**, *auch* **Privatzimmer**, *vermitteln die* **Agenturen** *in* **Izola** *oder in* **Piran**.

• **Svoboda €€€€**, *Strunjan 148, ☏ 676 41 00, 🖷 678 20 36, 💻 www.krka-zdravilisca.si; sehr gut ausgestattete Zimmer in einem renovierten Hotel, das seine ehemalige Beton-Ästhetik fast verloren hat. Preisgünstiger ist die Dependance:*

• **Vile Svobode €€**, *die kleine Bungalows mit Ferienwohnungen vermietet. Beide gehören zur Kur- und Ferienanlage Zdravilišče Strunjan mit großem Kur- und Wellnessangebot (u. a. Thalassotherapie), die malerisch und ruhig in einem Pinienwald liegt.*

• **Laguna €€€**, *Strunjan 128, ☏ 678 20 28, 🖷 678 23 01, E-mail: hotel.laguna@siol.net; schönes, modernisiertes Hotel in Strandnähe, ideal für Ruhesuchende*

• **Salinera** €€, *Strunjan 14, ☏ 676 31 00, 🖷 673 24 67, E-mail: salinera.strunjan@siol.net; einfach ausgestattete Bungalows im Süden der Bucht von Strunjan, gegenüber dem großen Ferien-Komplex auf der eigentlichen Halbinsel. Hat zwar eine Bademöglichkeit, aber attraktiver ist es auf der anderen Seite der Bucht.*

CAMPING

• **Avtokamp Strunjan**, *Strunjan 23, ☏ 678 20 76, 🖷 678 23 44; kleinerer, wenig schöner Platz direkt an der Küstenstraße neben den Salinen, keine direkte Bademöglichkeit. Ganzjährig geöffnet*

Essen und Trinken

• **Primorka**, *☏ 678 00 00 oder 678 00 01; sehr gute Küche, Fisch- und Wild-spezialitäten. Exzellente Weinkarte. Die Betreiber sind Anhänger der „Slow food"-Bewegung. Liegt ein Stück vor dem Hotel Svoboda. (2.000-4.000 SIT).*

Tolmin (S.288)

Information

• TIC, *Petra Skalarja 4, 5220 Tolmin, ☏ 380 04 80, 🖷 380 04 83, E-mail: info@lto-sotocje.si; kostenloser Internet-Service*

im Internet www.lto-sotocje-tolmin.si

Vorwahl 05

Sehenwertes

• Tolminski Muzej *(Museum Tolmin), Mestni Trg 4, Mo-Fr 9-16, Sa/So 13-17 Uhr*

Unterkunft

• **Krn** €€-€€€, *Mestni trg 3, ☏ 388 19 11, 🖷 388 10 61; akzeptables Mittelklasse-Hotel, das die alte Grandeur der Fassade nicht einlöst, die Zimmer sind eher einfach. Liegt dafür mitten im Zentrum; E-mail: hotel.krn@siol.net, 💻 www.hotel-krn.com.*

• **Rutar** €€, *Mestni trg, ☏ 380 05 00, 🖷 380 05 04, E-mail: pension.rutar@siol.net; gut ausgestattete Zimmer in einem schönen, stilvollen Haus, liegt gegenüber vom Hotel Krn*

IN MOST NA SOČI

• **Lucija**, €€-€€€, *Most na Soči 57, 5216 Most na Soči, ☏ 388 74 70, 🖷 381 31 77; Hotel mit 20 gut ausgestatteten Zimmern in schöner Lage am See. Kleiner Wellnessbereich (Sauna, Fitness), eigenes Bootshaus.*

T

• **Šterk**, €€, *Most na Soči 55, 5216 Most na Soči, ☏ 388 70 65, 🖷 388 70 65, E-mail: penzion.sterk@siol.net; nette Pension mit großem Restaurant, dadurch manchmal etwas laut*

Essen und Trinken

Sehr gut sind die Restaurants des **Hotels Krn** *und der* **Pension Rutar**, *die* **lokale Spezialitäten** *aus der Region wie Soča-Forellen, Tolminer Saumagen und Topf-Gerichte anbieten. Im Krn sitzt man schön in einem rustikalen Gewölbekeller.*

Außerdem gibt es einige **empfehlenswerte Restaurants** *in der* **Umgebung**:

• **Martin**, *Čiginj 25, ☏mobil 065/83 180, serviert Grillspezialitäten, Meeresfrüchte und auch Pizza. Liegt an der Straße Richtung Nova Gorica, schöne Terrasse. (1.300-2.500 SIT)*

• **Pri Štefanu**, *Postaja 3, Most na Soči, ☏ 388 71 95, hat Hausmannskost, Grill- und Wildspezialitäten. (1.200-2.300 SIT)*

Sport

WASSERSPORT

• **Angelscheine** *sind im Hotel Krn erhältlich oder über den Anglerverein Tolmin, Trg 1. maja 7, ☏ 381 17 10.*

• **Alle gängigen Wassersportarten** *(Rafting-, Kanu/Kajak-Touren, Canyoning) organisiert die* **Agentur Maya** *Ulica Padlih borcev 1, ☏ 381 00 60, 🖷 381 00 61 (gegenüber vom Hotel Krn).*

BERGSPORT

• *Bei der o. g. Agentur kann man außerdem* **Mountain-Bike**- *und* **Kletter-Touren**, **Ausritte** *und* **Höhlenbesuche** *buchen.*

SONSTIGES

• *Die Thermik in dem Gebiet ist für* **Gleitschirmflüge** *günstig, die östlich des Ortes auf der Kobala (1.080 m) starten. Informationen bei:* **Parataxi** *Brunov drevored 39, ☏ 388 14 31 oder bei der Touristeninformation.*

• **Boote für Fahrten auf dem See in Most na Soči** *kann man bei der Pension Šterk ausleihen. Beliebt sind Fahrten mit dem Raddampfer „Lucija", Tickets werden bei der Anlegestelle verkauft.*

Einkaufen

• **Sveta Lucija Keramik**, *Most na Soči 51a, verkauft* **Reproduktionen eisenzeitlicher Keramik** *und andere hübsche Produkte. Man kann den Handwerkern über die Schulter sehen.*

Verkehrsverbindungen/Zug

• *In Most na Soči endet die Fahrt mit dem* **Museumszug** *von Bled (siehe dort). Informationen gibt es bei der Agentur Club, Postaja 11, ☏ 381 30 50 (Büro im Bahnhof).*

• *Auch „***normale***"* **Züge** *und v. a. ein* **Autoreisezug** *verbinden Most na Soči mit der Gorenjska um Norden und Nova Gorica/Triest im Süden. Wer nach Norden will, spart sich lange Umwege über Cerkno/Škofja Loka.*

• *Ideal ist die Zugverbindung auch für* **Radfahrer**, *die sich die anspruchsvolle Strecke über Podbrdo nach Bohinjska Bistrica nicht zutrauen.*

Trenta (Soča-Tal) (S. 283)

Information

• **Dom Trenta**, *Na Logu v Trenti, 5232 Soča, ☏/🖷 388 93 30, modernes Informationszentrum zum Triglav-Nationalpark, hier bekommt man alle Auskünfte, auch Privatzimmer werden vermittelt. Die nächste Touristeninformation liegt in Bovec oder Kranjska Gora; E-mail: dom-tnp.trenta@tnp.gov.si;*

im Internet www.sigov.si/tnp

Vorwahl 05

Sehenswertes

• **Alpinum Juliana**, *Trenta 40; Mai-Sept. 8.30-18.30 Uhr, 500 SIT; liegt gut 1 km südlich hinter der Abzweigung zur Soča-Quelle, kurz vor der Ortschaft Pri Cerkvi auf das Hinweisschild an der Straße achten*

• **Trenta-Museum**, *im Dom Trenta Informationszentrum, täglich geöffnet vom 27. April bis 31. Oktober, 10-18 Uhr, 700 SIT*

Unterkunft

Im Trenta-Tal gibt es (noch) keine großen Hotels oder Ferienanlagen, **Privatunterkünfte** *sind aber durchaus zu haben und werden vom TIC in Bovec oder vom Dom Trenta Info Center vermittelt, das auch komfortable* **Ferienwohnungen** *anbietet.*

• **Pristava Lepena €€-€€€**, *Lepena 2 5232 Soča ☏ 388 99 00, 🖷 388 99 01, E-mail: pristava.lepena@siol.net; komfortable Apartments, südöstlich von Soča. Die hübschen, im typischen Trenta-Stil gebauten Häuschen vermarkten sich als „Hotel-Dörfchen", drum herum gibt es mehrere Sporteinrichtungen: Reiten, Bogenschießen, kleines Schwimmbad, der Bergsport steht natürlich im Vordergrund.*

FERIEN AUF DEM BAUERNHOF

• **Pri Plajerju €**, *Trenta 8, 5232 Soča, ☏ 388 93 64 oder ☏mobil 041/60 05 90, 🖷 388 92 09; auch Apartments für 4-5 Leute, liegt nicht weit südlich von Trenta*

• **Jelinčic €**, *Soča 50, 5232 Soča, ☏ 388 95 10, 🖷 388 95 11; in schöner Lage östlich vom Weiler Soča Richtung Trenta. Leckere Hausmannskost; E-mail: kmecki.turizem.jelincic@siol.net*

CAMPING

Im Trenta-Tal liegen eine ganze Reihe **kleinerer Campingplätze** *(um die 50 Stellplätze), die meist eigene Badestellen und Kajak-Möglichkeiten haben. Die Ausstattung ist eher einfach, am besten fährt man die Strecke ab und sucht sich den Ort aus, der einem gut gefällt.*

• **Soča**, *Soča 8, 5232 Soča, ☏/🖷 388 93 18, E-mail: kamp.soca@siol.net; mit 160 Plätzen das größte Camp im Soča-Tal. 1.4. bis 31.10. geöffnet.*

• **Trenta**, *Trenta 60a, 5232 Soča, ☏mobil 041/ 61 59 66, Mai bis Oktober geöffnet*

T V

- **Triglav** *Trenta 18, 5232 Soča, ☏ 388 93 62, ☏mobil 041/78 12 61. Mai bis Oktober*
- **Korita** *Soča 38, 5232 Soča, ☏ 388 93 38, Mai bis Oktober.*
- **Klin** *Lepena 1, 5232 Soča, ☏ 388 95 13, 🖷 388 95 14, ganzjährig geöffnet.*

Essen und Trinken

- **Lovec** *☏ 388 93 05; liegt zwischen den Dörfern Trenta und Soča an der Straße, Fisch (Forelle, Karpfen), Wild, auch der für die Region typische Quark aus Schafskäse werden serviert. (1.200-2.200 SIT)*
- *Auch in der* **Penzion Julius**, *Soča 31, ☏ 388 93 55 bekommt man gute Hausmannskost. (1.000-2.000 SIT)*

Triglav-Nationalpark (S. 269)

Berghütten *(Auswahl)*

• Aljažev dom v Vratih ▸	1.015 m	☏ *031/38 40 11, 031-38 40 13, vom 21.4.-21.10 geöffnet.*
• Dom Planika ▸	2.401 m	☏ *050/61 47 73*
• Dom Valentina Staniča pod Triglavom ▸	2.332 m	☏ *05/61 47 72*
• Erjačeva koča na Vršiču ▸	1.525 m	☏ *050/61 00 31*
• Koča pri izviru Soče ▸	886 m	☏ *04/586 60 70*
• Koča pri Savici ▸	653 m	☏ *050/62 26 95, ganzjährig*
• Koča pri Triglavskih jezerih ▸	1.685 m	☏ *050/61 52 35*
• Mihov dom na Vršiču ▸	1.085 m	☏ *041/71 73 96*
• Triglavski dom na Kredarici ▸	2.515 m	☏ *04/202 31 81*
• Tržaška koča na Doliču ▸	2.151 m	☏ *050-61 47 80*

Velika Planina (Kamniška Bistrica) (S. 252)

Vorwahl 01

Unterkunft

Auf der Velika Planina bieten **Berghütten** *Übernachtungsmöglichkeiten in Mehrbett-Zimmern an, im Juli/August sollte man sich auf jeden Fall ein Bett reservieren (auch über den Alpenverein in Kamnik möglich). Die meisten Berghütten sind von Mai bis September geöffnet, einige auch im Winter an den Wochenenden. Es ist auch möglich, eine* **Almhütte** *zu mieten, Informationen beim TIC in Kamnik.*

BERGHÜTTEN

- Domžalski dom na veliki Planin,i ☏*mobil 050/64 75 23*
- Črnučski dom na Mali planini, ☏*mobil 041/84 31 72*
- Jarški dom na Mali planini, ☏*mobil 041/67 62 54*
- Šimnovec, ☏ *831 11 15;* **Restaurant und Gasthaus** *an der Gondelstation auf 1.400 m. Einfache Zimmer, auch Mehrbettzimmer (DZ 9.000 SIT)*

Essen und Trinken

Bei den Berghütten bekommt man auch **warme Mahlzeiten**, *die übliche deftige Bergsteiger-Nahrung: Eintopf, Würste, Gulasch. Schön sitzt man auf Bänken mit herrlicher Aussicht in bzw. bei der Gostišče Zeleni Rob, ein Stück unterhalb der letzten Sesselliftstation.*

Seilbahn

- *Die Gondel fährt im* **Sommer** *(Mitte Juni bis Ende September) halbstündlich von 8-18 Uhr, Fr-So von 8-20 Uhr.*
- *Von* **Mitte Dezember bis März** *wird die Gondel von 8-18 Uhr betrieben und fährt je nach Schneelage und Bedarf stündlich oder öfter.*
- *Im* **Frühjahr und Herbst** *gibt es Mo-Do Fahrten um 8, 8.30, 12, 12.30, 16.30 und 17 Uhr, Fr-So von 8-19 Uhr immer zur vollen Stunde, Rückfahrtkarte 1.800 SIT, Kinder 1.200 SIT (Fahrtzeit 5-6 Minuten)*

Sport

- *Auf der Velika Planina liegt ein zwar kleines, aber beliebtes* **Skigebiet**. *Auf den etwa 6 Pisten-Kilometern wird man allerdings keine herausfordernden Abfahrten finden.*
- *Außerdem hat sich das Gebiet unter* **Gleitschirmfliegern** *einen Namen gemacht. Wer einen Flug über die Almhütten probieren möchte, dem hilft das TIC in Kamnik weiter*

Zentrales Pohorje-Gebirge (Zrečsko Pohorje) (S. 321)

Vorwahl 03

Information

- TIC, *Tržnica Zreče, 3214 Zreče,* ☏ *759 04 70,* 🖷 *759 04 71, E-mail: obcina-zrece@siol.net*

○ ***im Internet www.zrece.si***

Unterkunft

- **Dobrava €€€**, *Cesta na roglo 15,* ☏ *757 60 00,* 🖷 *576 26 91, modernes Kurhotel in Zreče beim Thermalbad; E-mail: breda.einfalt@unior.si*

• **Hotel Planja** €€-€€€, *auf der Rogla,* ☎ *03-757 71 00,* 🖷 *03-576 24 46, Sporthotel auf der Rogla mit allem Komfort; E-mail: turizem@unior.si,* 💻 *www.unior.si*
• **Smogavc** €€, *Slomškova 4,* ☎ *757 66 00,* 🖷 *757 66 10, angenehm familiäres Hotel, quasi gleich gegenüber dem Thermalbad*
• **Vile Terme** €-€€, *Cesta na roglo 15,* ☎ *757 60 00,* 🖷 *576 26 91, E-mail: breda.einfalt@unior.si, Ferienwohnungen in einer kleinen Siedlung bei der Therme*

FERIEN AUF DEM BAUERNHOF
• **UrŠka** €, *Križevec 11a, 3206 Stranice,* ☎ *759 04 10,* 🖷 *576 21 80, E-mail: tk.urska@siol.net, liegt südlich von Zreče*

Essen und Trinken

• *Das Restaurant des* **Hotel Smogavc** *wird für seine Wildgerichte gelobt (1.600 SIT).*
• *Im* **Hotel Planja** *gibt es ein Restaurant, außerdem einige kleinere Pizzerien und eher rustikale Skifahrer-Verpflegung.*

Aktivitäten

• **Terme Zreče**, *Cesta na roglo 15,* ☎ *757 60 00,* 🖷 *576 24 46*
• **Skiverleih** *und* **Fahrradverleih** *im Hotel Planja, außerdem* **Schwimmbad**, **Squash**, **Badminton**, **Basketball**, **Volleyball.**
• **Wandermöglichkeiten** *im ganzen Gebiet zwischen Zreče und Rogla.*
• **Reitzentrum Rogla**, ☎ *577 52 10, liegt 3 km nordöstlich vom Rogla-Zentrum. Im Winter* **Schlitten-Kutsch-Fahrten.**

Triest (Italien) (S. 381)

Information

• **A.P.T., Azienda di Promozione Turistica di Triest**, *Piazza dell'Unitq d'Italia 4/B,* ☎ *040 347 83 12,* 🖷 *040 437 83 80, E-mail: aptour@libero.it*

Vorwahl 0039 *für Italien*
Vorwahl 040 *– die Vorwahl muss auch in der Stadt immer mitgewählt werden!*

Sehenswertes

• **Antiquarium**, *Via Donota, Do 10-12 Uhr, oder nach Voranmeldung unter* ☎ *040/43631, Eintritt frei*
• ***Acquario Marino***, *Riva Nazario Sauro 1, Sommer Di-So 9-19 Uhr, Winter Di-So 9-13 Uhr, Eintritt 2,60 €*
• ***Casa Carsica***, *Rupingrande 31, nur So 11-12.30, 15-18 Uhr Eintritt frei*

- ***Grotta Gigante***, *Sgonico, täglich geöffnet, Führungen: Apr-Sep jede halbe Stunde 10-18 Uhr, März, Okt stündlich 10-16 Uhr, Nov-Feb stündlich 10-12, 14-16, 6,70 €*
- **Kathedrale San Giusto**, *Piazza della Cattedrale, tagsüber geöffnet, Eintritt frei*
- **Miramare**, *Apr-Sept 9-18 Uhr, März, Okt 9-17 Uhr, Nov-Feb 9-18 Uhr, 4 €*
- **Museo Civico d'Arte Orientale**, *Via San Sebastiano 1, Di, Do-So 9-13 Uhr, Mi 9-19 Uhr, Eintritt 2,60 €*
- **Museo del Castello di San Giusto** *(Museum im Kastell), Piazza della Cattedrale 3, täglich 9-13 Uhr, das Kastell ist von 9-17 Uhr geöffnet, im Sommer 9-19 Uhr, Eintritt 1,55 €*
- **Museo della Risiera di San Sabba**, *Ratto della Pileria 43, Sommer Mo-Fr 9-18 Uhr, Sa/So 9-13 Uhr, Winter So 9-13 Uhr, Eintritt frei*
- **Museo Revoltella**, *Via Diaz 27, Sommer Mi-Mo 10-13, 15-24 Uhr, So nur 10-13, im Winter abends nur bis 20 Uhr, Di geschlossen, Eintritt 6,20 €*
- **Museo Sartorio**, *Largo Papa Giovanni XXIII 1, Di-So 9-13, Eintritt 2,60 €*
- **Museo di Storia d' Arte** *(Archäologisches Museum), Piazza della Cattedrale 1, Di- So 9-13 Uhr, Mi 9-19 Uhr geöffnet, Eintritt 1,55 €*
- **Museo Sveviano**, *Piazza Hortis 4, Di-So 10-13 Uhr, Eintritt frei*

Unterkunft

- **Grand Hotel Duchi d'Aosta €€€€**, *Piazza Unitą d'Italia 2, ☏ 040 760 00 11, 🖷 366 092, elegantes Luxushotel mitten im Zentrum*
- **Continentale €€€**, *Via San Nicolė 25, ☏ 040 63 17 17, 🖷 040 368 816 Mittelklassehotel, das ruhig im Zentrum liegt*
- **Nuovo Albergo Centro €€**, *Via Roma 13, ☏ 040 347 87 90, 🖷 040 347 52 58 einfache, aber nette Zimmer ohne Bad, mitten im Theresianischen Viertel*
- **Ostello Tergeste €**, *Viale Miramare 331, ☏/🖷 040 224 102, sehr begehrte Jugendherberge, da günstig; liegt schön in der Nähe des Miramare-Schlosses direkt am Meer*
- *In Triest werden* **camere afitte** *vermietet, eigentlich Privatzimmer, die aber mehr wie eine Pension mit Gemeinschaftsbad funktionieren. Bei der Touristeninformation gibt es Listen, man muss selbst anrufen.*
- *Große, saubere und sehr zentrale Zimmer gibt es bei* **Berzi Patrik**, *Via Roma 13, 2. Stock, ☏ 040 63 62 49, es liegt gleich über der Nuovo Albergo Centro.*

Essen und Trinken

- **Antica Trattoria Suban**, *Via Comici 2, ☏ 040 543 68, gilt als das beste (und typischste) Restaurant der Stadt, raffinierte Karstküche. Etwas weg vom Zentrum im Stadtteil San Giovanni westlich des Theresianischen Viertels (Bus Nr. 35 oder Nr. 6) (um die 30 €)*
- **Hostaria al Cantuccio**, *Via Cardona 14, ☏ 040 30 01 31, schöne gehobene Osteria, westlich des Burg-Hügels, gute Pasta und exzellente Weine (14 €)*
- **Antico Panada**, *Via Rossini 8d, ☏ 040 347 62 86, eine Art eleganter Osteria am Canale Grande gelegen, Pasta und Fleischgerichte (10-15 €)*
- **Loggia della Maga**, *Via del pane 2, ☏ 040 36 40 23, Fischspezialitäten in einem urigen Restaurant im jüdischen Viertel (15 €)*
- *Wer einfach nur eine Pizza essen möchte, ist in der urigen* **Osteria da Marino**, *Via del Ponte 5, ☏ 040 36 65 96 oder in der* **Pizzeria Al Barattolo**, *Piazza San Antonio Nuovo 2, ☏ 040 63 14 80 bestens bedient.*

BUFFETS

Triest ist bekannt für seine **Buffet-Kultur**: *In einfachen Steh-Restaurants bekommt man einen vorbereiteten Mittagstisch für 5 bis 10 € – besonders zu empfehlen, wenn man nur einen Tagesausflug in die Stadt macht. Allerdings ist das Essen deftig (Eintöpfe) und es wird viel Fleisch gereicht, gern gesotten (bolliti) und mit Meerrettichraspeln und Kraut oder Polenta serviert. Es gibt aber auch z. B. Gnocchi mit Käsefüllung im Angebot. Das Fleisch kann man sich auch zum Mitnehmen in einem Brötchen geben lassen. Dazu wird ganz zünftig ein Bier getrunken.*

- **Da Pepi**, *Via Cassa di Risparmio 3, ☏ 040 36 68 58, ist das bekannteste Buffet der Stadt (neben der Piazza della Borsa)*
- **Buffet da Siora Rosa**, *Piazza Hortis 3, ☏ 040 30 14 60, ist ebenfalls sehr beliebt.*

KAFFEHÄUSER

Triest hat eine Kaffeehauskultur im K.u.k-Stil bewahrt.

- *Das Antico* **Caffè San Marco**, *Via Cesare Battista, ist das schönste und berühmteste Café der Stadt, elegant und gemütlich.*
- *Das* **Caffè degli Specchi**, *Piazza Unitą d'Italia 7, verströmt Gandeur und liegt mit wunderbarem Ausblick im Herzen der Stadt, erreicht aber einfach nicht den Charme des San Marco.*
- *Netter ist das* **Caffé Tommaseo** *gleich um die Ecke an der Riva III Novembre.*

Nachtleben

- *Wer abends losziehen möchte, sollte sich westlich der* **Piazza Unitą d'Italia** *halten.*
- *Einige Bars liegen in der* **Via San Sebastiano**, *in einer Seitenstraße (Via dei Capitelli) findet man das* **Caffe de la Musica**, *den In-Treff von Triest.*
- *Ein weiteres* **Kneipenviertel** *liegt etwas abseits um das Ospedale Maggiore (Via Ginnastica).*

Post

Post *Piazza Vittorio Veneto 1, Mo-Sa 8-19 Uhr*

Verkehrsmittel

MIETWAGEN

- **Avis**, *Centro Congressi, ☏/🖷 300 820, am Hafen*
- **Maggiore**, *Stazione FFSS, ☏ 040 42 13 23, am Bahnhof*

Istrien (Kroatien) (S.389)

Allgemeine Reisetipps

Vorwahl

Für ganz Istrien gilt die Vorwahl 052, Vorwahl Kroatien 00 3 85

○ *im Internet* 🖳 *www.istra.com*

Unterkunft

• *In Kroatien werden* Ferienwohnungen *und* Privatzimmer *von privaten Agenturen vermittelt, die eine Kommission kassieren. In den Touristenzentren, also praktisch in allen Küstenstädten, haben die* Agenturen *ihre Büros im* Stadtzentrum *oder an der* Küstenstraße *selbst und sind i. d. R. auch spät abends noch geöffnet.*

• *Es gibt auch ein* breites Angebot von Privatzimmern *im Landesinnern, dort werden die Unterkünfte günstiger, man ist aber auch auf ein Auto angewiesen, um zur Küste zu kommen.*

• *Die Agenturen organisieren auch* Bootsfahrten *und* Ausflüge *in die Umgebung.*

• *In Istrien werden* Ferien auf dem Bauernhof *immer beliebter, Informationen bekommt man bei der Touristeninformation.*

Währung

• *Die kroatische Währung heißt* Kuna *(1 Kuna = 100 Lipa). Es sind Geldscheine im Wert von 5, 10, 20, 50, 100, 200, 500 und 1000 Kuna im Umlauf*

Brijuni-Inseln (S.402)

Unterkunft

Auf den Inseln gibt es drei Hotels:

• **Neptun-Istra** €€€-€€€€, **Karmen** €€€-€€€€ *und* **Jurina** €€, *alle* ☎ *52 58 06,* 🖷 *52 13 67, E-mail: np-brijuni@pu.tel.hr.* **Neptun-Istra** *und* **Karmen** *sind sehr gut ausgestattete Mittelklasse-Hotels. Alle drei Bauten sind moderne Anlagen ohne architektonischen Charme und liegen auf der größten Insel Veli Brijun. Es werden auch Villen vermietet.*

Anfahrt

• **Tagesausflüge** *auf die Brijuni-Inseln können in Rovinj, Pula und bei fast allen Agenturen entlang der Küste gebucht werden.*

• *Die* **Fähre** *legt in dem Ort Fažana gegenüber den Inseln ab.*

• *Wer individuell reisen will, sollte sich im Hochsommer rechtzeitig anmelden, die* **Fähren** *sind schnell ausgebucht.*

ABFAHRTSZEITEN IN FAŽANA			
• 6.45 Uhr • 17.15 Uhr	• 9 Uhr • 18.50 Uhr	• 11.30 Uhr • 21.45 Uhr	• 14.30 Uhr

• **Individualtouristen** *müssen sich einer* **Gruppenbesichtigung** *anschließen, um auf den Inseln herumzukommen.*

Sport/Aktivitäten

• *Auf der Insel gibt es* **Tennisplätze**, *einen* **9-Loch-Golfplatz** *(ganzjährig geöffnet),* **Surfbrett-Vermietung** *und* **Fahrrad-Verleih**.

• *Die Insel ist sehr grün und bestens für* **Spaziergänge** *geeignet.*

• *Das* **Baden** *ist in vielen Buchten möglich, von denen die meisten tatsächlich noch abgeschieden sind.*

Istrien

Grožnjan (S. 397)

Information

• TIC, *Gorjan 3, ☎/🖷 77 61 31, 52429 Grožnjan, vermittelt auch Privatzimmer und informiert über Konzerte, die von der Musikschule veranstaltet werden.*

Einkaufen

• **Kunst und Kunsthandwerk** *in mehr als 20 Atelier-Werkstätten in dem reizvollen mittelalterlichen Städtchen*

Motovun (S. 397)

Unterkunft

• **Kaštel €€**, *Trg Andrea Antico 7, ☎ 68 16 07, 🖷 68 16 52, in einem alten, renovierten Gebäude, verspricht mehr, als es hält, die Zimmer sind eher einfach.*

Essen und Trinken

• **Enoteca Barbacan**, *Barbacan I, ☎ 68179, in einem schön eingerichteten kleinen Restaurant werden gute Weine serviert und feine Trüffelgerichte angeboten, auch Zimmervermietung (70 Kuna)*

• **Pod Voltom**, *Šetalište V. Nazora, ☎ 68 19 23, uriges Restaurant im Durchgang des alten Stadttores (70 Kuna)*

Novigrad (S. 393)

Unterkunft

• **Cittar €€€**, *☎ 75 77 37, 🖷 75 73 40, 52466 Novigrad, E-mail: scitar@pu.tel.hr, recht luxuriöses Hotel, architektonisch interessant in die alte Stadtmauer integriert*

• **Rotonda €€-€€€**, *Rivarella, 52466 Novigrad, ☎ 75 77 36, 🖷 75 74 68, gut ausgestattetes Komforthotel, im S der Altstadt direkt an der Uferpromenade, ins Meer integrierte Schwimmbecken*

Essen und Trinken

• **Damir**, *Ulica Zidine 5, ☎ 75 81 34, ist ein sehr gutes Feinschmeckerrestaurant (Fisch) mit nur begrenztem Platzangebot, es empfiehlt sich, ein paar Tage vorher zu reservieren (Menü 340 Kuna)*

• *Unter den Restaurants an der Uferpromenade sticht das* **Bonazza** *schon durch seine urige Ausstattung hervor, die Fischplatte ist ausgezeichnet.*

Poreč (S. 394)

Information

• TIC, *Zagrebačka 11*, ☎ *45 12 93*, 🖷 *45 16 65, E-mail: tzg-porec@pu.hinet.hr. Agenturen an der Uferpromenade und um den Narodni trg.*

Sehenswertes

• **Euphrasius Basilika** *in einer Nebengasse der Eufrazijeva, täglich 7-22 Uhr, Eintritt frei, Turmbesteigung 10 K*

• **Museum im Bischofspalast** *tägl. 10-20 Uhr, Eintritt 10 K*

• **Poreština-Museum**, *Decumanus 9, Mo-Fr 10-13 Uhr, 18-22 Uhr, Eintritt 10 K*

Unterkunft

• **Fortuna €€€** *und* **Miramar €€**, *Otok Sv. Nikola, 52440 Poreč,* ☎ *40 60 00,* 🖷 *45 11 19, liegen auf der Poreč vorgelagerten Insel Sv. Nikola und sind exklusiv abgeschieden*

• **Jadran €€**, *Obala M Tita,* ☎ *43 12 36, Mittelklassezimmer mit guter Ausstattung, direkt an der Uferpromenade*

• *Auf der Landzunge Lanterna nördlich von Poreč ist es ruhig und nicht so zugebaut.* **Zentrale Buchung von Apartments** *unter* ☎ *40 20 00,* 🖷 *44 33 03, E-mail: riviera@riviera.hr, z. B.* **Apartments Lanterna €€.**

• *Südlich von Poreč liegen viele* **große Hotels**, *teilweise in unschönen Beton-Hochhäusern. Dafür ist das* **Sportangebot** *überragend.*

CAMPING

• *Zwei Campingplätze in Lanterna, darunter der FKK-Platz* **Solaris.**

• *Zwischen Lanterna und Poreč liegt der* **FKK-Campingplatz Ulika**, *weitere Campingplätze südlich von Poreč in Zelena Laguna.*

Essen und Trinken

• **Peterokutna Kula**, *Dekumanus 1,* ☎ *45 13 78, Fisch, Meeresfrüchte, Trüffelspezialitäten, schöne Architektur in einem Turm, der zur Stadtbefestigung gehörtre (70-120 Kuna)*

• **Istra**, *Milanovica 30,* ☎ *43 46 36, gemütlich und bodenständige, gute Küche (35-80 Kuna)*

• **Barilla**, *Eufrazijeva 26,* ☎ *45 27 42, hat ausgezeichnete Pizzas (30-60 Kuna)*

• **Rialto**, *Ljudevita Gaja 3, hat gute Pizzas und liegt v. a. phantastisch an der nördlichen Uferpromenade, man sitzt direkt am Meer (um die 40 Kuna)*

Feste und Veranstaltungen

• *Sehr empfehlenswert sind die* **Konzerte in der Basilika**, *v. a. der schönen Atmosphäre wegen. Informationen über die Termine beim TIC.*

Sport/Aktivitäten

• *In den Hotels südlich von Poreč auf den Landzungen Plava Laguna und Zelena Laguna gibt es diverse* **Sportzentren**. *Im Angebot sind* **Tennis, Windsurfen, Rudern, Tauchen, Reiten, Gleitschirmfliegen, Segeln, Basketball, Volleyball, Boots-** *und* **Fahrradverleih.**

• *Ein weiteres* **Reitzentrum** *befindet sich auch auf der ruhigeren Lanterna-Landzunge im Norden von Poreč.*

BADEN

• *Die* **Strände**, *auch bei den großen Hotels, sind allgemein zugänglich.*

Häfen

• **Anlegestellen** *befinden sich im Zentrum von Poreč, in Zelena Laguna und in Červar Porat nördlich von Poreč.*

Ausflüge

• **Tropfsteinhöhle Baredine** *Juli/August 9.30-19 Uhr, Mai, Juni, Sept, Okt 10-17 Uhr, 40 Kuna*

• **Limski-Kanal** *Bootfahrten in den Kanal können in den privaten Agenturen oder einfach am Hafen bei den Skippern selbst gechartert werden*

Premantura (S. 406)

Information

• **TIC**, *Centar 120, ☏ 57 55 93 und private Agenturen im Ort*

Unterkunft

• *Nur in* **Privatzimmern** *bzw. in Apartments über die* **Agenturen**

CAMPING

• **Drei Campingplätze** *liegen an der Ostseite der Landzunge.*

Sport/Aktivitäten

• **Sehr schöne Badegebiete** *im Kamenjak-Regionalpark (gebührenpflichtig, 15 Kuna mit Auto), kleine Buchten, man kann (noch) allein sein.*

• *Bei den Campingplätzen gibt es einen* **Fahrrad-** *und* **Surfbrett-Verleih**, *außerdem Tennisplätze.*

• **Der Regionalpark ist schön für Radtouren**, *die Straßen sind allerdings nicht asphaltiert.*

Pula (S. 403)

Information

• **TIC** *Forum 3, ☏ 21 91 97, 🖷 21 19 55, E-mail: tz-pula@pu.hinet.hr*

Sehenswertes

• **Amphitheater**, *Flavijevska ulica, Juli/August tägl. 8-21 Uhr, sonst 8-16.30, Eintritt 14 Kuna*
• **Kathedrale**, *Kandlerova ulica, tägl. 9-12, 16-19 Uhr, Eintritt 5 Kuna*
• **Archäologisches Museum**, *Ulica Carrarina 3, Juli/August Mo-Sa 9-20 Uhr, So 10-13 Uhr, sonst Mo-Fr 9-14 Uhr, Eintritt 12 Kuna*
• **Historisches Museum** *(Kastell), Sommer täglich 8-17 Uhr, Winter Mo-Fr 9-17 Uhr, Eintritt 7 Kuna*

Unterkunft

• **Histria €€€**, *Verudela, ☎ 59 00 00, 🖷 21 41 75, E-mail: marketing@arenaturist.hr, ist ein luxuröses Hotel auf der Verudela-Landzunge südlich von Pula. Stadtnah und doch in der Natur, der allerdings ist der Komplex mit mehr als 400 Betten nicht gerade lauschig.*
• **Scaletta €€-€€€**, *Flavijeska 26, ☎ 54 10 25, 🖷 54 15 99, gut ausgestattetes Mittelklasse-Hotel in einem schönen renovierten Gebäude, liegt etwas nördlich des Amphitheaters und damit sehr zentrumsnah, erste Wahl, um in Pula direkt zu wohnen.*

Auf der **Verudela-Landzunge** *liegen weitere Hotels, die aber weniger attraktiv als das Histria sind. Im Süden von Pula schließt sich der Ferienort* **Medulin** *an, hier findet man eine große Auswahl an Hotels und Apartments.*

CAMPING
• *Campingplätze in* **Medulin** *und* **Verudela**

Essen und Trinken

• **Valsabbion**, *Pješčana uvala IX/26, ☎ 21 80 33, gilt als eines der besten Restaurants des Landes, italienische Nouvelle Cuisine, Trüffel-Spezialitäten. Liegt südlich von Pula in Medulin (70-200 Kuna)*
• **Scaletta**, *siehe Unterkunft, hat einen ausgezeichneten Ruf für Trüffel-Pasta-Gerichte, es gibt auch Fisch und Meeresfrüchte (um die 70 Kuna)*
• **Jupiter**, *Castropola 38, ☎ 21 43 33, günstige, sehr leckere Pizza in einem kleinen Restaurant. Liegt auf dem Weg zum Kastello (25-70 Kuna)*

Einkaufen

• *Einen* **sehr hübschen und ungewöhnlichen Laden** *betreibt Boris Nemeš auf der Carrarina bei den Giardini: gleichzeitig* **Galerie**, **Plattenladen** *und* **Antiquariat**, *die Mischung ist sehenswert. Es gibt auch deutsche Bücher.*

Sport/Aktivitäten

• *Die nächste* **Bademöglichkeit** *befindet sich in Verudela, wobei die Ostseite hübscher ist.*
• *Bei den großen Hotels gibt es ein* **Sportcenter**, *angeboten werden u. a.* **Tauchen**, **Wasserski**, **Parasailing**.

Istrien

Rabac/Labin (S. 406)

Information

• TIC *Ulica Alda Negrija 20, 52220 Labin,* ☎/🖷 *85 55 60*

Unterkunft

Alle Unterkünfte liegen in Rabac, dort gibt es ein kaum überschaubares Angebot an **Privatzimmern, Bungalows** *und* **Ferienwohnungen**. *Die meisten Apartments und Privatzimmer liegen am Hügel über der Bucht. Direkt am Meer stehen unschöne sozialistische Betonbauten, nach Osten hin werden die Anlagen schöner und liegen teilweise in einem Wäldchen.*

• **Neptun** €€-€€€, ☎ *86 25 20,* 🖷 *87 25 69, ist ein gutes Mitteklassehotel ganz im Osten von Rabac*

CAMPINGPLATZ

• **Oliva** *liegt zwar direkt am Badestrand, aber gleich neben den Beton-Hotels.*

Essen und Trinken

• **Vale vista**, *Obala M. Tita 11,* ☎ *87 26 12, ist das beste Restaurant in Rabac, leider, leider nicht am Meer gelegen. Fisch, Fleisch und Pasta (35-90 Kuna)*

• **Weitere Restaurants** *liegen an der Uferpromenade, aber sie können trotz Lage am Wasser dem Vergleich nicht standhalten!*

Sport/Aktivitäten

• **Die meisten Angebote für Wasserski, Jet-Ski, Paragliding** etc. *finden sich in der zentralen Badebucht bei den großen Hotels.*

• *Beim Campingplatz liegt das* **Sportzentrum Oliva** *mit* **Tennisplätzen** *und* **Beachvolleyball.**

• *Die* **schönsten ruhigen Badebuchten** *mit kristallklarem Wasser und Kiesstränden liegen südlich und östlich von Rabac.*

Rovinj (S. 398)

Information

• **Turistička Zajednica**, *Obala Pina Budicina 12, 52210 Rovinj* ☎ *81 15 66,* 🖷 *81 60 07, E-mail: tzg-rovinj@ou.tel.hr*

Sehenswertes

• **Euphemia-Kathedrale**, *im Sommer täglich 10-14, 15-19 Uhr*

• **Regionalmuseum**, *Trg Maršala Tita, Mo-Sa 9.30-12.30, 18-21.30 Uhr, Eintritt 10 Kuna*

Unterkunft

• **Villa Angelo d'Oro** €€€, *Via Švalba 38-42, ☏ 84 05 02, 🖷 84 01 11, stilvoller kann man vielleicht in ganz Istrien nicht wohnen: Mit Stilmöbeln eingerichtetes Hotel in einer renovierten Stadtvilla; E-mail: hotel.angelo@vip.hr.*

• **Sol Adriatic** €€€, *Obala Pina Budicina 2, ☏ 81 50 88, 🖷 81 35 73, renovierte Zimmer in einem älteren Gebäude, liegt direkt an der Hafenpromenade*

• **Katarina** €€, *☏ 804 100, E-mail: info@hotelinsel-katarina.com, auf der Insel Katarina, der Stadt vorgelagert, entsprechend ruhig trotz 300 Betten*

• **Weitere Ferienanlagen** *liegen v. a. südlich von Rovinj, das Angebot ist nicht so groß wie in Poreč.*

Essen und Trinken

• **Cantinon**, *Obala Alzo Rismondo 18, ☏ 81 19 70, ist ein uriges Restaurant ohne Touristen-Schnickschnack und daher auch bei den Einheimischen beliebt. Gute, günstige Fischgerichte, liegt beim Jachthafen (20-50 Kuna)*

• **Veli Jože**, *Svetoga Križa 1, ☏ 81 63 37, istrische Gerichte, auch Lamm, Fisch, Meeresfrüchte, ähnlich beliebt wie das Cantinon (30-50 Kuna)*

• **Sidro**, *Alzo Rismondo 14, ☏ 81 34 71, Fisch und Fleisch in einem schönen Familienbetrieb, gute Weinauswahl (35-80 Kuna)*

Am Hafen von Rovinj

Feste und Veranstaltungen

• *Am 16. September wird das* **Fest der Stadtheiligen Euphemia** *gefeiert.*

• *Im August und September finden mehrere* **Segel-Regatten** *statt.*

Einkaufen

Souvenirs, Kitsch und Kunst in der **Grisia**, *der Künstlergasse in Rovinj*

Umag/Savudrija (S. 392)

Information

• **TIC**, *Obala Tita 3/II, 52470 Umag, ☏ 74 13 63, 🖷 74 16 49, E-mail: tz-grada-umaga@pu.tel.hr*

• **Agenturen** *liegen in der Haupteinkaufsstraße Giuseppea Garibaldija und an der Küstenstraße.*

Sehenswertes

• **Museum**, *Obala Sv. Pelegrin, Umag (in der Altstadt), Sommer 10-14, 19-20 Uhr, Eintritt 6 Kuna*

Unterkunft

• **Kristal €€€-€€€€**, *Obala M. Tita, ☎ 70 00 00, 🖷 70 04 99; neues Komforthotel am Rand der Altstadt von Umag, gute Fitnesseinrichtungen, Frei- und Hallenbad; 💻 www.hotel-kristal.com*

Das **Hotelangebot** *zwischen Umag und Savudrija ist sehr groß, das Gebiet wird von* **zwei riesigen Ferienanlagen** *beherrscht:*

• **TN Stella Maris**, *☎ 71 00 00, und* **TN Sol Polynesia**, *☎ 71 80 00, bieten Unterkünfte in Hotels und Bungalows sowie ein reichhaltiges Sportangebot. Die Stella-Maris-Bungalows liegen recht schön am Wasser.*

Ruhiger ist es in **Savudrija**:

• **Aparthotel Savudrija €€€**, *Svjetioničarska 18, 52475 Savudrija, ☎ 75 99 04, 🖷 75 99 07, Apartments verschiedener Größen in zwei Häusern direkt am Meer*

CAMPING

• **Campingplätze** *in großer Zahl nördlich und südlich von Umag. Hervorzuheben sind* **Pineta**, *☎ 75 95 18, am Kap Savudrija, der zwar nicht die neueste Ausstattung hat, aber sehr schön in einem Wäldchen liegt, und* **Finida**, *südlich von Umag, ebenfalls unter Bäumen am Meer gelegen.*

• *Südlich von Umag haben einige große Plätze weniger Schatten.*

• *Am Kap liegt das* **FKK-Camp Kanegra** *(wenig Schatten).*

Essen und Trinken

Großes Angebot an **Fischrestaurants** *in Umag, auf beiden Seiten der Altstadt-Landzunge. Die Konkurrenz ist groß und die Qualität daher auch gut, aber nicht überragend. Am nettesten sitzt man im Osten der Altstadt.*

• *Sehr gut ist das* **Restaurant Allegro** *im* **Hotel Kristal** *(80-200 Kuna)*

Sport

• *Fast alle Sportarten werden in den Feriensiedlungen angeboten.*

• *Hervorzuheben ist das* **Reitzentrum** *im Sol Stella Maris, dort gibt es auch ein großes* **Tenniszentrum**, *außerdem eine* **Go-Kart-Bahn** *(abends geöffnet).*

Verkehrsverbindungen

• *Eine kleine* **Eisenbahn** *verbindet Umag und das Kap Katoro (Feriensiedlung Polynesia) und fährt im Halbstundentakt bis 24 Uhr.*

IWANOWSKI'S
Das kostet Sie Slowenien

Stand: März 2005

Alle Angaben sind als Richtlinien zu verstehen

Akueller Kurs: 1 € = 244, 55 SIT (Slowenischer Tolar)

Aktivitäten

• Rafting-Touren, z. B. auf der Soča, kosten zwischen 20-35 €, je nach Länge und Schwierigkeitsgrad der Tour – inklusive Neopren-Anzug.
• Die Tagesmiete für ein Kajak liegt um die 16 €, ebenso für ein Kanu.

Beförderungskosten

FLÜGE
• Ein Direktflug von Frankfurt nach Ljubljana (1,5 h) mit **Adria Airways** kostet ab 320 €, es gibt kaum Sondertarife, auch keine nennenswerten Unterschiede zwischen Haupt- und Nebensaison.
• Die tschechische Airline **CSA** fliegt via Prag schon ab 145 €. Die Billigfluglinie **Ryanair** fliegt von Frankfurt nach Klagenfurt und nach Venedig, von dort kommt man bequem mit dem Zug weiter.

EISENBAHN
• Seit der Einführung des neuen Preissystems der Deutschen Bahn sind die Preise sehr unterschiedlich, je nachdem wie früh gebucht wird und wie viele Personen reisen.
• Der Durchschnittspreis für eine Bahnfahrt von Frankfurt bis Ljubljana liegt für eine Hin- und Rückfahrt bei etwa 160-220 €, wenn man einige der angebotenen Vergünstigungen (Frühbuchen, fahren zu zweit) in Anspruch nehmen kann. Eine Zugfahrt von Frankfurt nach Ljubljana dauert 9 bis 10 Stunden.
• Zug fahren in Slowenien ist günstig, eine Zugfahrt von Ljubljana nach Maribor kostet um 10 €.
• Ein Zugticket von Ljubljana bis zur deutschen Grenze (Salzburg) kostet um 35 €.
• Bei internationalen Anschlüssen kann es billiger sein, in Slowenien bis zur Grenze zu fahren und dort ein Ticket für die Weiterfahrt zu kaufen (i. d. R. zeitaufwändig).

BUSSE

• Eine Fahrkarte für einen Linienbus von Frankfurt nach Ljubljana kostet 122 € für eine Hin- und Rückfahrt (Deutsche Touring Gesellschaft).

• Busfahrkarten in Slowenien sind etwas teurer als Zug-Tickets, dafür fahren die Busse zwischen größeren Städten häufiger und sind i. d. R. sogar schneller.

• Eine Busfahrt von Ljubljana nach Maribor kostet etwa 12 €, nach Koper etwa 10 €.

Übernachten

CAMPINGPLÄTZE

• Die Preise für Campingplätze sind je nach Ausstattung sehr unterschiedlich: Auf gut ausgestatteten Campingplätzen kostet eine Übernachtung in der Hochsaison (Juli/August) 10 € oder mehr, auf kleineren Campingplätzen (ohne spezielle Einrichtungen wie z. B. Sportanlagen) zahlt man um 5 € und auf Plätzen mit einer veralteten Ausstattung noch weniger.

• In Kroatien ist Camping etwas günstiger: auf gut ausgestatteten Zeltplätzen mit modernisierten sanitären Analgen kostet eine Übernachtung für eine Person im Zelt etwa 6-10 €.

HOTELS

• In Slowenien kostet eine Übernachtung im 3-Sterne-Hotel etwa 70-90 € für ein Doppelzimmer mit Frühstück. Viele größere Hotels bieten günstige Wochenend-Pauschalen und Feiertagspakete an.

• In der Vor- und Nachsaison fallen die Hotelpreise bis zu einem Viertel, v. a. an der Küste. Hotels der oberen Kategorien sind teilweise ab 100 € pro Nacht und Person im Doppelzimmer zu bekommen, für die Fünf-Sterne-Kategorie muss man 140 € und mehr zahlen.

• Für touristische oder urbane Zentren wie Bled und Ljubljana gelten eher die höheren Preise. Für Privatzimmer und Bauernhöfe muss ein 20- bis 30-prozentiger Aufschlag gezahlt werden, wenn man weniger als drei Tage bleibt.

ÜBERNACHTEN AUF DEM BAUERNHOF

• Eine Übernachtung auf dem Bauernhof kostet ungefähr 23-40 €, je nach Ausstattung (die Kategorien werden mit „Äpfeln" ausgewiesen), es gibt günstige Halbpensionspauschalen. Privatzimmer kosten zwischen 18 € (einfache Ausstattung mit Gemeinschaftsbad) und 40 € (gute Ausstattung mit eigenem Bad, Pensionsqualität).

• In Istrien kostet ein gut ausgestattetes Standard-Apartment für 2 Personen zwischen 20 und 40 €, je nach Lage und Ausstattung.

• Die Hotelpreise steigen im Hochsommer sprunghaft an, ein Mittelklasse-Hotel kann in der Hochsaison bis zu 100 € kosten.

Lebensmittelpreise

• Die Preise für Lebensmittel liegen etwas unter dem Niveau in Deutschland. Gemüse ist bis zu 20 Prozent billiger, viele der sonstigen Lebensmittelprodukte sind Importwaren, für die die gleichen Preise wie in Deutschland verlangt werden.

• Weine sind dagegen etwas günstiger, nicht verwunderlich bei einem Land mit so vielen Weinbaugebieten.
• In Restaurants ist das Preisniveau deutlich niedriger, bereits ab 20 € bekommt man ein Menü in einem Restaurant mit Feinschmecker-Qualität, teilweise sogar inklusive Getränke.
• Ein Kaffee oder Cappuccino kostet um 1 €, ein Bier etwa 1,50 €.

Benzin

• 1 Liter Normal-Benzin kostet in Slowenien ungefährt 0,90 €, in Kroatien 1 €.
1 Liter Diesel kostet ungefähr 0,80 € in Slowenien und 0,90 € in Kroatien.
• Die Preise für Benzin unterliegen starken Schwankungen!

Telefonkosten

• Pro Minute kostet ein internationales Gespräch (Deutschland, Österreich, Schweiz) knapp 0,30 €.
• Der Freizeittarif zwischen 19 und 7 Uhr ist mit ca. 0,20 € etwas günstiger.
• In Restaurants und Hotels wird ein Aufschlag von bis zu 0,30 € (oder noch mehr) verlangt.
• Die Telefonzellen sind inzwischen fast alle auf Telefonkarten umgestellt, Telefonkarten sind bei Postämtern oder in Trafika-Läden (Tabakläden) erhältlich und werden zum Preis von 700, 1.000, 1.700 und 3.500 SIT verkauft.

Thermalbäder

• Die Eintrittspreise für die Thermalbäder sind im Preis inbegriffen, wenn man in einem der angeschlossenen (meist relativ teuren) Hotels wohnt. Der Eintritt für Tagesgäste in den Wellnessbereich kostet zwischen 5 und 13 €, je nach Ausstattung und Wochentag.

• Auch die Preise für Extra-Leistungen variieren, einige Beispiele:

Eine **Trinkkur** kostet etwa	5 € pro Tag
eine 40-minütige **Massage** kostet zwischen	20 und 30 €
eine **Akupunkturbehandlung** kostet	ab 10 €

• Die meisten Thermalbäder bieten Pauschalen mit bestimmten Leistungen an. Günstig können Wochenend- oder sogar Wochen-„Pakete" mit medizinischen und/oder Wellness-Leistungen sowie Halbpension sein.

4. Reiserouten durch Slowenien

Ljubljana – Hauptstadt in Barock und Jugendstil

ⓘ S. 125

Ljubljana ist mit etwa 300.000 Einwohnern die größte Stadt Sloweniens und das kulturelle, politische und wirtschaftliche Zentrum des Landes, aber es ist keine große Stadt. Der **Altstadtkern** mit seinen barocken Häusern in verwinkelten Gässchen wirkt wie eine Puppenstube und erinnert viele Besucher an Prag. Tatsächlich kann man schnell durch Ljubljana (deutsch Laibach) hindurchlaufen, auch durch die neueren Viertel westlich und nördlich der Ljubljanica, aber man sollte sich mehr Zeit nehmen, damit sich der Charme der Stadt entfalten kann – immerhin bedeutet der Name Ljubljana so viel wie „geliebt".

© graphic

Die Hauptstadt ist eine junge Stadt, ungefähr 35.000 Studenten studieren an der **Universität** und geben Ljubljana ein besonderes Flair, im Frühling und Sommer belagern junge Leute aus der ganzen Welt die Cafés um das von Weiden bestandene Flussufer. Außerdem zieht die pulsierende **Kunstszene** viele junge Künstler nach Ljubljana, die Stadt ist voll von kleinen und großen Galerien, die teils radikale Kunst präsentieren. Hier wird Ljubljana zur Weltstadt – mit Kleinstadt-Flair.

Kunstszene

Vor allem der Name eines Mannes ist mit der Hauptstadt verbunden: Der **Architekt Jože Plečnik**, ein Sohn der Stadt, transformierte – fast im Alleingang – ganze Straßen und Stadtviertel. In der gesamten Stadt trifft man auf seine Gebäude in einem eigenen **Art-deco-Stil**. Ljubljana hat in puncto Architektur heute alles zu bieten: Einen mittelalterlichen Kern, Barock, klassizistische Palais, Gebäude im Wiener

Redaktions-Tipps

• Das **Sommerfestival Ljubljana** ist eine Institution, von Juni bis September läuft ein Marathon an Konzerten, Opern, Ausstellungen, Performances usw. Besonders stilvoll sind die Veranstaltungen im Freilufttheater Križanke oder auf der Burg. Und wer im Herbst kommt, kann erstklassige Konzerte in der Filharmonija hören. (S. 226)

• Die **Stadtteile Krakovo und Trnovo** südlich der Altstadt liegen etwas abseits und werden oft „vergessen", man sollte aber auf keinen Fall einen Bummel durch die kleinen Gassen verpassen. Immerhin traf hier Nationaldichter France Prešeren seine Angebetete Julija. (S. 233)

• Die Galerie Škuc auf dem Stari trg zeigt, was in Ljubljanas lebendiger **Kunstszene los** ist. Und wer es noch ausgefallener mag, der macht einen Ausflug auf das ehemalige Kasernengelände Metelkova, wo sich viele Künstler angesiedelt haben und Ausstellungen organisieren. Hier findet man auch abends Konzerte, Performances und eine Club-Szene.

• Wer gern Schuhe kauft, sollte das **ungewöhnlichste Schuhgeschäft** Ljubljanas besuchen: Butanoga auf dem Levstikov trg hat handgefertigte Schuhe (jedes Paar ist ein Kunstwerk), die zu durchaus erschwinglichen Preisen angeboten werden.

Sezessionsstil und mit *Plečniks* Bauten das Erbe einen visionären Architekten, der der Stadt ein einmaliges Gesicht gegeben hat.

Ljubljana liegt in einem Becken und wurde auf einem trocken gelegten Sumpfgebiet erbaut (die Slowenen ärgern die Hauptstädter scherzhaft heute noch damit, nach ihren „Schwimmhäuten" zu fragen). In den kälteren Jahreszeiten sammelt sich morgens feiner Nebel über der Stadt. Im Süden liegt bis heute ein großes Moorgebiet (*Ljubljansko Barje*), nach Westen begrenzt das Voralpenland die Stadt. Ljubljana wächst nach Norden und ist von Schlafstädten und Industrievierteln mit häss - lichen Beton-Hochhäusern umgeben. Vor allem in Richtung Kranj zieht sich eine urbanisierte, industrialisierte Region und wer aus dieser Richtung in die Stadt hineinfährt, bekommt keinen guten ersten Eindruck. Doch damit tut man der Stadt Unrecht und auch wer nur auf dem Weg nach Süden ist, sollte sich die Zeit für einen Stopp nehmen, um eine Perle unter den europäischen Hauptstädten zu entdecken.

Geschichte

Die Gegend um Ljubljana ist etwa seit 3000 v. Chr. besiedelt, erste Einwohner waren Menschen, die in der sumpfigen Gegend südlich der Stadt auf Pfahlhäusern lebten (Pfahlbauer-Kultur). Sie wurden von den Illyrern und etwa 400 v. Chr. von den Kelten abgelöst. Im ersten Jahrhundert v. Chr. gründeten die **Römer ein Lager**, das bald zur **Siedlung Emona** heranwuchs, die auf der strategisch wichtigen Verbindung zwischen dem Mittelmeerraum und den pannonischen Gebieten im Osten lag. Während der Völkerwanderungszeit war das Becken von Ljubljana denn auch Durchzugsgebiet verschiedener Völker und Emona immer wieder Angriffen ausgesetzt. Die Stadt bestand bis zum 5. Jh., als die Hunnen die Einwohner vertrieben und Emona zerstörten.

Eine **slawische Besiedlung** etwa ab dem 6. Jahrhundert ist durch Grabfunde belegt, frühe Siedlungszeugnisse fehlen jedoch. **1144** wird Ljubljana mit seinem deutschen Namen **Laibach** erstmals schriftlich erwähnt, es war bereits eine befestigte städtische Siedlung, die von den Herzögen von Karantanien beherrscht wurde.

Ein Stück der römischen Mauer in Ljubljana

Im 12. Jh. wurde Ljubljana/Laibach zunächst die Hauptstadt des Herzogtums Krain und kam **1335** schließlich unter die **Herrschaft der Habsburger**, die mit einer nur kurzen Unterbrechung bis zum Ende des Ersten Weltkriegs die Geschicke der Stadt lenkten.

frühe Hauptstadt

Unter den Habsburgern begann die Blütezeit: Ljubljana wurde bedeutender **Handelsplatz** und **Bischofssitz**, später Zentrum der Reformationsbewegung in Slowenien. Die starke Befestigung der Stadt und ihrer Burg zahlte sich aus: Die türkische Invasion konnte erfolgreich abgewehrt werden, allerdings zerstörte das große **Erdbeben** von **1511** Teile von Ljubljana.

Der Aufbau begann im gotischen Stil, erst später erhielt die Stadt ihren **Barockcharakter**, der ihr den Spitznamen „weißes Ljubljana" (*bela Ljubljana*) einbrachte. Durch die Lage an der wichtigen Verkehrs- und Handelsverbindung Wien – Triest und politische Reformen im 18. Jh. kam der wirtschaftliche Aufschwung. Die Stadtmauern wurden abgerissen, die Sumpfgegend im Süden trocken gelegt und der Lauf der Ljubljanica durch den Bau des **Gruber-Kanals** (1780, benannt nach seinem Architekten *Gabriel Gruber*) reguliert, um Überschwemmungen zu vermeiden. Von 1809 bis 1813 war Ljubljana die Hauptstadt der „Illyrischen Provinzen" *Napoleons*, kam dann aber wieder unter habsburgische Herrschaft.

weißes Ljubljana

Allerdings wurde die Stadt zu einem **Zentrum der Nationalbewegung**, hier versammelten sich Intellektuelle und Schriftsteller und begannen, politische und kulturelle Vereine zu gründen und erste Pläne für eine eigenständige Zukunft Sloweniens zu schmieden. Auch der spätere Nationaldichter *France Prešeren* lebte in Ljubljana.

1895 zerstörte abermals ein **Erdbeben** Teile der Stadt und diese wurden systematisch im **Jugendstil** wieder aufgebaut und später wesentlich von dem Architekten *Jože Plečnik* geprägt. Nach dem **Ersten Weltkrieg** wurde Ljubljana slowenische Hauptstadt im Königreich der Serben, Kroaten und Slowenen.
Während des **Zweiten Weltkriegs** besetzten zunächst die Italiener (1941-43), dann die Deutschen Ljubljana. Der Widerstand war heftig und die Besatzungsmächte sicherten die

In der Altstadt

Stadt schwer: Um Ljubljana wurde ein 30 km langer Ring aus Bunkern und Stacheldraht gezogen, der heute ein Wanderweg ist. Die Stadt wurde entsprechend spät befreit: Erst am 9. Mai 1945 gelang es *Titos* Partisanen, Ljubljana unter ihre Kontrolle zu bringen. Ljubljana wurde nun die Hauptstadt der Republik Slowenien innerhalb der jugoslawischen Föderation. Seit 1991 ist es die **Hauptstadt des unabhängigen Slowenien**.

Orientierung

Ljubljana ist von einem **Autobahn-Ring** umgeben, von dem nur noch ein Teilstück im NW fehlt. Vier große Ausfallstraßen führen in die Stadt hinein bzw. hinaus: Die Celovška cesta im NW Richtung Kranj, die Tržaška cesta nach S Richtung Koper, die Dolenjska cesta nach SO Richtung Novo Mesto und die Dunajska cesta zunächst nach N, dann auf die Autobahn nach O Richtung Celje.

Wer aus dem N, von Kranj kommend, nach S fährt, wird ein Stück über die Celovška durch die Stadt geleitet. Um die Innenstadt führt in einem Halbkreis von N nach S eine **Verbindungsstraße**, die mehrmals ihren Namen wechselt (Masarykova, Tivolska, Aškerčeva, Karlovška cesta). Im Osten ist die Resljeva cesta eine große Verbindungsstraße in Nord-Süd-Richtung.

Tunnel unter der Burg

Am besten ist es, sich mit dem Auto auf diesen Straßen um die Innenstadt herumzubewegen. In der Innenstadt wird es nur im SO etwas unübersichtlich, wo ein Tunnel unter dem Burgberg hindurchführt. Die Altstadt und Teile der Neustadt sind autofrei.

Parkplätze sind knapp, aber die Situation ist nicht so verzweifelt wie in anderen europäischen Hauptstädten: Im ganzen Bereich westlich und der Neustadt sowie südlich des Bahnhofs findet man immer noch einen Platz, allerdings kostenpflichtig (blaue Streifen), abends ist es sogar recht einfach, einen Parkplatz zu finden.

Tagsüber wird es allerdings eng, wer sich eine lange Suche und einen längeren Fußweg ersparen will, fährt am besten gleich in eines der vielen Parkhäuser z.B. in dem Viertel südlich des Bahnhofs. Ein großer Parkplatz liegt hinter dem Bahnhof.

Ljubljanas Innenstadt teilt sich in etwa in eine **Altstadt** im S und SO und eine

1 Franziskanerkirche
2 Hotel Union
3 Volksdarlehens-/Genossenschaftsbank
4 Plečnik-Colonnaden
5 Domkirche Sv. Nikolaj
6 Rathaus/Stadtgalerie
7 Tranča
8 Burg
9 Herkulesbrunnen/Galerie Škuc
10 Jakobskirche
11 Florianskirche
12 Stadtmuseum
13 Križanke
14 Universitätsbibliothek
15 Philharmonie
16 Ursulinenkirche
17 Nationalmuseum
18 Oper
19 Moderne Galerie
20 Nationalgalerie
21 Cankarjev dom
22 Jakopič-Galerie
23 Römische Mauer

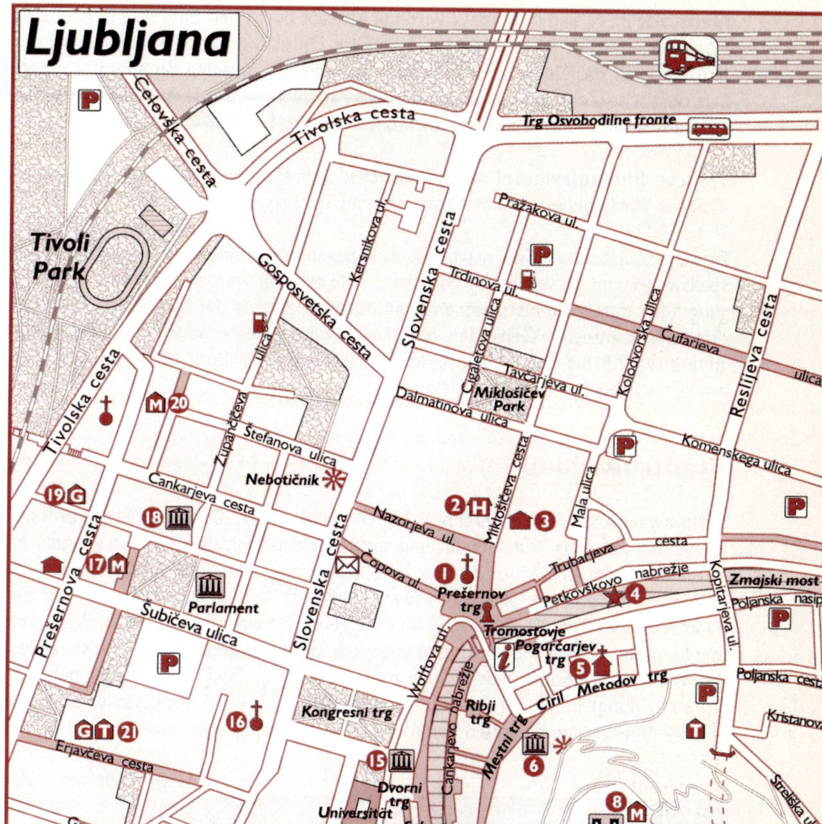

Ljubljana
Celovška cesta
Tivolska cesta
Trg Osvobodilne fronte
Tivoli Park
Gosposvetska cesta
Kersnikova ul.
Slovenska cesta
Pražakova ul.
Trdinova ul.
Cigaletova ulica
Kolodvorska ulica
Čufarjeva
Resljeva cesta
ulica
Tavčarjeva ul.
Miklošičev Park
Dalmatinova ulica
Župančičeva
Štefanova ulica
Nebotičnik
Komenskega ulica
Mala ulica
Miklošičeva cesta
Cankarjeva cesta
Nazorjeva ul.
Trubarjeva
cesta
Petkovškovo nabrežje
Zmajski most
Poljanska nasip
Kopitarjeva ul.
Prešernova cesta
Čopova ul.
Prešernov trg
Parlament
Šubičeva ulica
Tromostovje
Pogačarjev trg
Wolfova ul.
Ciril Metodov trg
Poljanska cesta
Kristanova
Kongresni trg
Ribji trg
Mestni trg
Cankarjevo nabrežje
Erjavčeva cesta
Dvorni trg
Universität
Schuster Brücke
Streliška ulica
Gregorčičeva ulica
Rimska cesta
Slovenska cesta
Vegova ulica
Gosposka
Stari trg
Trg francoske revolucije
Emonska c.
Breg
Križevniška
Gallusovo nabrežje
Aškerčeva cesta
Gornji trg
Levstikov trg
Zoisova cesta
Karlovška cesta
Mirje
Barjanska cesta
Krakovski nasip
Krakovska ulica
Emonska cesta
Krakovo
Grudnova nabrežje
Finžgarjeva ul.
Gradaška
Gradaščica-Kanal
ulica
Trnovo
N
0
200m
1 2 3 4 5 6 7 8 9 10 11 12 13 14 15 16 17 18 19 20 21 22 23
P H M G T i

© graphic

Neustadt im N und NW. Im O wird die Altstadt durch den Burgberg begrenzt, im W, schon in der Neustadt, liegt der Tivoli-Park. Durch die Stadt fließt die Ljubljanica, entlang derer das Zentrum der Altstadt liegt, die sich um den Burgberg schmiegt. Das politische Zentrum der Stadt mit dem Parlamentsgebäude und dem Kongresszentrum befindet sich etwas westlich davon am Trg Republike.

Typische **Einkaufsviertel** liegen westlich des Prešernov trg in der Čopova und Wolfova ulica sowie auf dem Mestni trg und Stari trg in der Altstadt.

kurze Entfernungen

Fast alle touristischen Sehenswürdigkeiten liegen in der Innenstadt und können beispielsweise vom Prešernov trg bequem zu Fuß erreicht werden. Der folgende Rundgang führt durch die historischen Altstadtviertel entlang der Ljubljanica, vorbei an den interessantesten Gebäuden. Mit einigen kurzen Abstechern dauert der Rundgang etwa 2,5 bis 3 Stunden, für die Besichtigung der Burg oder des Nationalmuseums braucht man natürlich länger.

Stadtrundgang

Ausgangspunkt ist der **Prešernov trg** (Prešeren-Platz). Der Platz liegt gewissermaßen am „Eingang" zur Altstadt und verbindet diese mit den neueren Vierteln. Im Sommer ist der Prešernov trg der Mittelpunkt der Stadt, jedenfalls sicherlich das touristische Zentrum. Dominiert wird der Platz von der barocken Front der **Franziskaner-Kirche** (von 1660 im N (eigentlich Kirche Mariä Verkündigung, *cerkev Marijinega oznanjenja*) und dem angeschlossenen **Franziskaner-Kloster**, dessen wertvolle Bibliothek auch Bände aus dem 13. Jh. umfasst (Besichtigung nur nach Voranmeldung). In der Kirche sind ein Hochaltar (1736) von *Francesco Robba* sowie Wand- und Deckenmalereien von *Matej Sternen* (19. Jh.) sehenswert.

Auf dem Prešernov trg

Gegenüber am südlichen Rand des Platzes steht ein 1905 errichtetes **Denkmal des Nationaldichters France Prešeren** mit Muse (*das* Prešeren-Denkmal in einem Land, in dem fast jede Stadt eine Straße nach dem Dichter benannt hat und mit dem sich offenbar jeder Slowene mindestens einmal im Leben fotografieren lassen muss). Das Denkmal gestaltete der Bildhauer *I. Zajec*, den Sockel der Architekt *Maks Fabiani*, der die Stadtplanung nach dem Erdbeben 1895 übernahm. Ganz in der Nähe, in der Wolfova ulica im SW des Platzes ist am Haus Nr. 4 eine kleine Terrakotta-Figur angebracht, die *Prešerens* unglücklich Angebetete *Julija Primic* darstellen soll, die zu dem Dichter hinüberblickt. Sie wohnte in dieser Straße.

prächtiger Jugendstil

Der Platz wird von schönen **Jugendstil-Gebäuden** flankiert: Im NO rechts neben der Franziskaner-Kirche das etwas zurückgesetzte **Kaufhaus Urbanc** von 1903 mit einer Statue des Gottes Merkur auf dem Dach (innen ziemlich scheußlich gestaltet), gleich rechts daneben die Zentral-Apotheke, ein ehemals berühmtes Kaffeehaus, und im Westen des Platzes das Šmalc-Gebäude (wegen der Werbung auch ura, Uhr, genannt). Schräg davor steht ein Modell der Stadt aus Bronze.

Im S des Prešernov Trg führt die berühmte **Dreierbrücke** (*Tromostovje*) in die eigentliche Altstadt. Die mittlere Brücke wurde 1842 anstelle einer älteren gebaut, die beiden äußeren Fußgängerbrücken fügte Ende der 1930er Jahre *Jože Plečnik* hinzu, als das Ufer der Ljubljanica neu gestaltet wurde, darunter auch die so genannten Gerber-Treppen, die zum Fluss hinunterführen.

Auf der Südostseite des Flusses, liegen zwei schöne Jugendstil-Palais, links das **Palais Kresija**, in dem die Touristeninformation untergebracht ist, und auf der anderen Seite das nach seinem ehemaligen Besitzer *Filip Schreyer* benannte Palais. Von der Brücke hat man außerdem einen guten Blick auf die von Plečnik in den 1940er Jahren gestalteten **Markthallen** im Osten direkt am Flussufer, hier ist man mitten in „Plečniks Ljubljana", das sich entlang der Ljubljanica bis zum Kanal Gradaščica nach S zieht.

Um die Domkirche

Hinter den Brücken links liegt ein kleiner Platz, der Pogačarjev trg, hier beginnen die überdachten Markthallen, nach Südosten hin wird der Platz von der **Domkirche St. Nikolai** (*Stolnica Sveti Nikolaja*) begrenzt. Gebaut wurde der in üppigem Barock ausgestattete Dom Anfang des 18. Jh. nach Plänen des italienischen Architekten *Angelo Pozzo*, das Vorbild ist die Kirche Il Gesù in Rom. Schön sind die Fresken des illusionistischen Malers *Giulio Quaglio*, mit Szenen aus der Nikolaus-Legende sowie einer Madonnen-Figur. Die Madonna ist das älteste Stück in der Kirche, das aus dem Vorgängerbau hinübergerettet wurde und darum in einer Glasvitrine steht. Anlässlich des Papst-Besuches in Slowenien 1996 wurden die beiden Bronzeportale hinzugefügt, das Hauptportal (von *Johannes Paul II.* gesegnet) symbolisiert 1250 Jahre Christentum in Slowenien, das Seitenportal zeigt die Geschichte des Bistums Ljubljana.

Blick auf den Dom

Im O des Platzes neben dem Dom liegt das **Priesterseminar** (*Semenišče*) mit einem barocken Portal, das zwei Herkulesfiguren flankieren. Das Gebäude beherbergt die **älteste öffentliche Bibliothek Ljubljanas**, deren Originalausstattung aus dem 17. Jh. stammt (Besichtigung nach Voranmeldung). Im Süden schließlich begrenzt das **Bischofspalais** (*Škofijski dvorec*) aus dem 15. Jh. den Marktplatz (mit dem Dom durch einen Arkaden-Gang verbunden). Sehenswert ist der Innenhof mit außergewöhnlich schönen Arkaden, hier nächtigten Größen wie *Napoleon*, Zar *Alexander I.* und andere gekrönte Häupter.

Wappentier

Bevor der Rundgang in der Altstadt fortgesetzt wird, sollte man einen Schlenker nach O einlegen und ein Stück weit den Markthallen folgen: Hier schließt sich auf dem Vodnikov trg ein bunter Markt an, und am Ende der Markthallen liegt die beeindruckende **Drachenbrücke** (*Zmajski most*), eines der Wahrzeichen der Stadt. Die Brücke wurde im Jahre 1901 erbaut. Der Drache ist das Wappentier von Ljubljana, der Legende nach soll der Argonaut Jason auf seiner Flucht mit dem Goldenen Vlies vom Schwarzen Meer auf die Donau, dann auf die Sava und schließlich an die Quelle der Ljubljanica geraten sein, wo er einen Drachen erschlug. Es bietet sich an, zum Pogarčarjev Trg zurückzugehen und den Rundgang durch die Altstadt fortzusetzen.

Altstadtkern: Mestni trg (Marktplatz) und Stari trg (Alter Platz)

Dominierendes Gebäude auf dem Mestni trg ist das **Rathaus** (*Rotovž* oder *Mestna Hiša*), das mit seiner Loggia und dem charakteristischen Uhrturm aus den Barockfassaden hervorsticht. Das Gebäude wurde bereits im 15. Jh. errichtet, 1718 aber völlig umgestaltet. Das Rathaus ist heute der Sitz des Stadtparlaments und nicht für Besucher geöffnet, mit etwas Glück kann man aber einen Blick auf den schönen Arkadenhof erhaschen. Auf dem Mestni trg steht der **Robba-Brunnen** mit einem Obelisken in der Mitte, ein Meisterwerk barocker Bildhauerkunst, 1752 von *Francesco Robba* entworfen. Die drei „Wassermänner" symbolisieren die drei Flüsse der Provinz Kranj, die Ljubljanica, die Sava und die Krka. Am Mestni trg lohnt sich ein Blick in die **Stadtgalerie** (*Mestna Galerija*), in der die Werke führender zeitgenössischer slowenischer, aber auch

Barock-Brunnen

Das Rathaus von Ljubljana

internationaler Künstler sowie eine kleine grafische Ausstellung gezeigt werden. Gegenüber dem Rathaus liegt das slowenische **Theatermuseum**. Nach W in Richtung Fluss führt eine kleine Gasse auf den charmanten **Ribji trg** an der Ljubljanica, auf dem ein Brunnen mit einer Frauenstatue steht. An dem kleinen Platz steht das wahrscheinlich älteste Haus der Stadt, das **Posch-Haus** (Nr. 2), mit einem Wappen mit der Jahreszahl 1528. Mestni trg und Flussufer sind in diesem Bereich durch mehrere kleine Gassen verbunden, die alle Handwerker-Namen tragen: Ribji trg ist der Fischmarkt, Krojaška die Schneidergasse, Ključavničarska ist die Schlossergasse – das alte Handwerkerviertel.

altes Handwerkerviertel

Zur Fortsetzung des Rundgangs geht es zurück auf den Mestni trg, der im S in den Stari trg (Alter Platz) übergeht. Stari trg ist eher eine Straße als ein Platz, die sogar sehr eng wird und sich um den Burgberg windet. Hier liegt das eigentliche **Zentrum der Altstadt** mit Geschäften, Restaurants und Cafés hinter barocken Fassaden, teils mit schönen Holzeinfassungen aus dem vorletzten Jahrhundert. Beim Haus Nr. 4, der **Tranča**, befand sich das alte Stadttor, das auch Mestni und Stari trg trennte, das Gebäude wurde später als Gefängnis benutzt.
Unter den Gebäuden auf dem Stari trg ist das **Schweiger-Haus** (Nr. 11a) mit einer Rokoko-Fassade bemerkenswert. Über dem Portal schwebt eine Atlas-Figur, die den Balkon trägt und den Finger an die Lippen legt – Symbol für den Namen des Besitzers. Links neben dem Eingang steht eine Büste der Dichterin *L. Novy*, die in dem Haus wohnte.

Die Ljubljanica

Ein weiterer Abstecher zum Fluss führt durch die kleine Gasse Pod Trančo zur **Schuster-Brücke** (*Čevljarski most*). Auch diese Brücke ist ein Werk Plečniks mit den für den Architekten charakteristischen Säulen, doch bereits seit dem 13. Jh. führte an dieser Stelle eine Holzbrücke über den Fluss.
Im Mittelalter war die Brücke ein wichtiger Zugang zur Stadt, auf dem reger Handel getrieben wurde: Sie lag gerade außerhalb der Stadtgrenze, wer hier arbeitete und handelte, musste keine Stadtsteuern zahlen. Die südliche Verlängerung des Stari trg ist der Levstikov trg, der von *Plečnik* umgestaltet wurde.

Eingefasst wird er von dem **Gruber-Palais** und der **Jakobskirche**, auf dem Platz steht die Kopie eines Herkules-Brunnens. Das Marienbild auf der Säule vor der Kirche wurde 1682 von dem Universal-Gelehrten *Johann Weichard Valvasor* entworfen und später von *Plečnik* hier platziert. In der Anfang des 17. Jh. erbauten Kirche sind der **Altar** von *Robba* (1732) und eine Seitenkapelle des heiligen Franz Xaver sehenswert. In der von *Jacopo Contieri* gestalteten Kapelle (1669) fallen die Statuen einer weißen Königin und eines schwarzen Königs auf. Das barocke Gruber-Palais (*Gruberjeva Palača*), wurde nach Plänen des Architekten Gabriel Gruber errichtet,

südlich des Stari trg

der den gleichnamigen Kanal zur Regulierung der Ljubljanica baute. Das große Barock-Palais weist schon klassizistische Merkmale auf, es beherbergt heute das **Staatsarchiv** (*Arhiv Slovenije*). Nach SO geht der Stari trg in den **Gornji trg** (Oberer Platz) über, hier kommt man aus dem barocken Ljubljana in das mittelalterliche: Die Häuser sind niedriger, einige stehen nach mittelalterlicher Bauart mit dem Giebel zur Straße. Es ist einer der ältesten Teile der Stadt. Am Gornji trg steht die **Florianskirche** (*Sveti Florijan*), die ebenfalls von *Plečnik* umgestaltet wurde (Treppenaufgang). Die Nepomuk-Statue stammt einmal mehr von *Francesco Robba*. Das Ende des Gornji trg markiert auch das südliche Ende des Altstadtkerns, für den weiteren Rundgang überquert man die Šentjakobbrücke über die Ljubljanica und kommt auf die Zoisova cesta, eine ganze Straße, die von Plečnik gestaltet wurde. Auf der anderen Seite wird der Rundgang flussabwärts Richtung N fortgesetzt.

mittelalterliche Bauweise

Križanke und Trg francoske revolucije

Der Innenhof des Freilufttheaters Križanke

Auf der anderen Flussseite folgt man nun der Ljubljanica wieder nach N. Hier lag der **alte Hafen** Ljubljanas, das Ufer Breg wird schon im 14. Jh. erwähnt.
Hier steht das **Zois-Palais**, in dem sich Ende des 18. und Anfang des 19. Jh. der Kreis von Intellektuellen und Schriftstellern um den Philantropen Baron *Žigan Zois* traf.
Die kleine Pyramide vor dem Haus wurde zu Ehren des Barons errichtet. Am besten geht man durch die Križevniška ulica nach W, weg vom Flussufer, dann ein kleines Stück durch die Gosposka nach N bis zur nächsten Querstraße links, die schon zum Trg francoske revolucije gehört. An dieser Ecke (Gosposka 15) ist in einem Barockpalais, das ehemals der Familie Auersperg gehörte, das renovierte **Stadtmuseum** (*Mestni muzej*) untergebracht, das eine sehr umfangreiche Möbelsammlung sowie eine archäologische Ausstellung zeigt.

Križanke

Schräg gegenüber im W liegt der **Trg francoske revolucije**. An diesem sehr netten, ruhigen Platz liegt im S etwas zurückgesetzt das berühmte **Freilufttheater Križanke** mit einem schönen Innenhof und reich verzierten Arkaden. Der Name Križanke geht auf den Kreuzritterorden zurück, der spätestens Anfang des 13. Jh. hier ein Kloster gründete. Der Klosterkomplex wurde nach diversen Aus- und Umbauten durch die Jahrhunderte Anfang der 1950er Jahre von *Plečnik* zum Theater umgestaltet, in dem auch Konzerte und v.a. die Sommerfestspiele von Ljubljana stattfinden. Der Name Križanke bezieht sich heute nicht nur auf das Theater, sondern den ganzen Komplex zwischen Zoisova, Emonska und Goposka cesta, der sich im Besitz des Kreuzritterordens befand.

Auf dem Trg francoske revolucije steht außerdem die so genannte **Illyrische Säule**, ebenfalls von *Plečnik* gestaltet. Sie ist ein Denkmal für die kurze Zeit da Slowenien zu den Illyrischen Provinzen unter der Herrschaft *Napoleons* gehörte und eine kulturelle Blütezeit erlebte. Die Säule trägt ein Porträt des Kaisers der Franzosen. Im N des Platzes steht eine Büste des Dichters *Simon Gregorčič*.

Gleich dahinter schließt sich der große Komplex der **National- und Universitätsbibliothek** (*Narodna in Univerzitetna Knjižnica*) mit den charakteristischen roten Steinen an, davor stehen Büsten bekannter slowenischer Künstler und Wissenschaftler. Die Bibliothek ist eines der bekanntesten von *Plečnik* gestalteten Gebäude, sein Meisterwerk, und wurde in den Jahren 1936-41 erbaut. Es lohnt sich, einen Blick ins Innere zu werfen (Zugang über die Turjaška ulica): Der monumentale Treppenaufgang ist aus schwarzem Marmor und der Besucher steigt symbolisch aus dem Dunkel der Unwissenheit hinauf in den Lesesaal und damit ins Licht der Erkenntnis. Der Turjaška cesta wieder in Richtung Fluss folgend kommt man auf den **Novi Trg** (Neuen Platz), der von schönen Barock-Palais eingerahmt wird, die einst den ersten Adelsfamilien Ljubljanas gehörten. Das **Lontovž**, Palais der Landstände, Nr. 3 im S, beherbergt heute die **Slowenische Akademie der Wissenschaften und der Künste** (*Slovenska Akademija znanosti in umetnosti*), früher war es der Sitz der habsburgischen Landstände. Nördlich des Novi trg führt eine enge Gasse in das ehemalige **jüdische Viertel**, wo früher auch eine Synagoge stand. Heute erinnert der Straßenname Židovska ulica (Judengasse) daran. Richtung N über den kleinen Dvorni trg kommt man schließlich auf den Kongresni trg.

Universitätsbibliothek

Kongresni trg (Kongressplatz)

Der **Kongressplatz** ist ein geradezu ruhiger, von Bäumen beschatteter Platz, der, obwohl ein zentraler Platz der Stadt, meist wenig von dem pulsierenden Leben des Prešernov trg hat.
Benannt ist er nach dem Kongress der Heiligen Allianz zwischen Österreich, Preußen, Russland und Neapel, die 1821 in Ljubljana tagte. Im SO und S liegen die **Philharmonie** (*Filharmonija*) und die **Universität**. Das slowenische Philharmonie-Orchester wurde bereits 1701 gegründet, es ist

Die Philharmonie und die Burg

goldene Statue

eines der ältesten der Welt. *Gustav Mahler* dirigierte es 1881/82 für kurze Zeit, außerdem waren Größen der Musikgeschichte wie *Joseph Haydn*, *Ludwig van Beethoven* und *Johannes Brahms* seine Ehrenmitglieder. Das Orchester genießt bis heute einen ausgezeichneten Ruf. Vom Balkon der Universität verkündete der erste slowenische Präsident *Milan Kučan* 1991 die Unabhängigkeit Sloweniens. An der Westseite des Kongressplatzes findet sich ein weiteres Wahrzeichen Ljubljanas, zumindest eine Kopie davon: Zwischen den römischen Mauerresten steht auf einer Säule vor der Unterführung die goldene Statue des „**Bürgers von Emona**". Die Figur stammt aus dem 4. Jh. nach Chr. und wurde 1836 an dieser Stelle gefunden.

INFO Jože Plečnik: Der Architekt des modernen Ljubljana

Jože Plečnik wurde 1872 in Ljubljana geboren. Seine Ausbildung erhielt er zunächst in Graz und in Wien, wo er Schüler von *Otto Wagner* war. Er wirkte in Prag, wo er zwischen 1911 und 1921 lebte und an der Renovierung der Prager Burg, des Hradschin, beteiligt war. Ab 1921 setzte er die nach dem Erdbeben 1895 von *Maks Fabiani* begonnene **Neugestaltung Ljubljanas** fort. In der Folge transformierte *Plečnik* die Hauptstadt wie kein anderer Architekt, er gestaltete ganze Straßen, das Flussufer, den Tivoli-Park, die Nationalbibliothek, den Friedhof Žale. Man spricht heute auch von „**Plečniks Ljubljana**", womit v.a. das Flussufer von der Drachenbrücke bis zum Gradaščica-Kanal gemeint ist.

Typisch für seine Architektur sind **klare Formen**, die Anleihen in der **Antike** suchen, aber auch folkloristische Elemente einbeziehen können: Wichtigstes Vorbild *Plečniks* war der Architekt *Gottfried Semper* (1803-1879), der bereits die Rückkehr zu archaischen Elementen in der Architektur gefordert hatte. So sind **Säulen und Kapitelle** *vorherrschende Merkmale der typischen* Plečnik-Architektur.

Plečnik wirkte nicht nur in Ljubljana, im ganzen Land wird man immer wieder auf Kirchen und andere Bauten stoßen, die von ihm entworfen oder zumindest umgestaltet wurden, z.B. die Kirche Christi Himmelfahrt in Bogojina im Prekmurje oder der Treppenaufgang in Kranj. *Plečnik* war tief religiös, darum findet man seine Formen auch immer wieder in Kirchen, für die er häufig liturgisches Gerät entwarf (sehr charakteristisch sind **Kandelaber** wie in der Kirche Šentjakob in Škofja Loka). *Plečniks* neue Formen wurden nur zögernd akzeptiert, auch weil er seiner Ästhetik häufig die Funktion unterordnete.

Vielleicht war man auch noch nicht bereit für den umfassenden Anspruch, ganze Stadtbereiche zu gestalten und damit ein **architektonisches Gesamtkunstwerk** zu schaffen. *Plečnik* wirkte bis zu seinem Tod im Jahre 1957 in Slowenien und versammelte eine Gruppe von Schülern um sich. Ljubljanas „Wolkenkratzer", der Nebotičnik, wurde von seinem Schüler *Vladimir Šubic* entworfen und nach dem Zweiten Weltkrieg war der Bau eines von *Plečnik* entworfenen Parlaments auf dem Burghügel geplant. Man sah aber von dem Projekt ab, da es die Zentrale in Belgrad hätte provozieren können.
Trotzdem geriet *Plečnik* für mindestens zwei Jahrzehnte in Vergessenheit. Erst in jüngerer Zeit, auch durch internationale Anerkennung, entsinnt man sich in Slowenien des großen Architekten.

Zunächst hielt man sie für eine Statue Kaiser *Konstantins*, sie stellt aber wohl einen reichen Patrizier dar. Wahrscheinlich befand sich an der Stelle eine römische Nekropole. Das Original kann man im Nationalmuseum von Ljubljana betrachten, es ist aus vergoldeter Bronze.

Im W des Kongresni trg steht die **Ursulinenkirche** (*Uršulinska cerkev*), die als das schönste Barockgebäude Ljubljanas gilt. Erbaut wurde sie 1718-1726, die Architektur mit den strengen Halbsäulen zeugt vom Einfluss der italienischen Palladio-Schule. Der Treppenaufgang ist ein Entwurf *Plečniks*. Im Inneren der Kirche steht ein **riesiger Hochaltar** aus verschieden farbigem Marmor mit Allegorien der Liebe, des Glaubens und der Hoffnung, wiederum gestaltet von *Robba*. Vor der Kirche steht die **Dreifaltigkeitssäule** (Kopie, Original im Stadtmuseum), ursprünglich als Dank zum Schutz vor der Pest errichtet. Im N schließt ein mächtiges klassizistisches Gebäude den Kongresni trg ab, das ehemalige Kasino (*Kazina*). Heute sind in dem Gebäude verschiedene Geschäfte und ein Universitätsinstitut untergebracht. Über die Wolfova ulica kommt man zurück zum Prešernov trg, womit der Rundgang beendet ist.

Ursulinenkirche

Ljubljanski Grad (Burg von Ljubljana)

Die Burg von Ljubljana

Der Besuch der **Burg** ist einer der **Höhepunkte der Stadtbesichtigung**, schon wegen des Blicks auf die Stadt. Zu erreichen ist die Burg am besten mit dem Auto, aber auch zu Fuß vom Stari trg über die Reber ulica, wo ein Treppenaufgang beginnt. Vom Gornji trg führt ein Fußweg (Ulica na gradu, hinter der Florianskirche) hinauf, der Weg dauert etwa 20 min. Außerdem fährt vom Prešernov trg eine Touristenbahn auf den Burgberg. Man sollte den Besuch am Vormittag einplanen, wenn die Sonne noch im O hinter dem Burgberg steht.

Der Burgberg war bereits in der Antike befestigt, die Römer errichteten einen Wehrturm, später stand eine **Ringburg** auf dem Berg, deren Grundriss noch heute erkennbar ist. **1144** wurde die **Festung erstmals schriftlich erwähnt**, sie war der Sitz der Spanheimer. Allerdings wurden alle Gebäude im Laufe der Jahrhunderte

Aussichts-turm

fast vollständig wieder abgetragen und die heutige Burg entstand erst im 16. und 17. Jh. Bis Anfang des 17. Jh. war sie der Sitz des Landeshauptmanns, danach wurde die Burg als militärische Anlage und als **Gefängnis** genutzt. Der Aussichtsturm wurde 1848 errichtet, später war auch *Plečnik* an Umbauarbeiten beteiligt. Die Burg gehört seit Anfang des 20. Jh. der Stadt Ljubljana. Sie ist ein beliebter Ort für Gesellschaften und Hochzeiten, zwei Räume sind als „Trausäle" eingerichtet.

Sehenswert sind neben den **Wehranlagen** die sorgfältig restaurierte Kapelle mit allen Wappen der Landeshauptmänner des Herzogtums Krain und der Aussichtsturm, auf den eine interessante Spiraltreppe hinaufführt. Vom Turm hat man einen schönen Ausblick auf die Stadt, außerdem wird hier eine Diashow zur Stadtgeschichte („virtuelles Museum") gezeigt, die aber wenig Informationen bietet und eher eine PR-Maßnahme ist. Bemerkenswert ist außerdem ein **fünfeckiger Wehrturm** im S der Burganlage. Im **Schlossmuseum** gibt es eine kleine Ausstellung zur Geschichte der Burg und der Stadt, es werden auch wechselnde Ausstellungen gezeigt.

Nördlich des Prešernov trg

Die ehemalige Genossenschaftsbank

In dem Viertel zwischen dem Prešernov trg und dem Bahnhof liegen hauptsächlich Banken, einige Hotels und Geschäfte. Sehenswert ist dieses Viertel Ljubljanas wegen einiger schöner Gebäude entlang der **Miklošičeva cesta**, die direkt auf den Bahnhof zuführt. Das prächtige Jugendstil-Gebäude der Volksdarlehensbank (Haus Nr. 4, rechts im O) stammt aus dem Jahre 1908, die zwei Figuren halten einen Bienenkorb und einen Geldsack in der Hand, beides Symbole für Reichtum. In der Straße liegt auch das prächtige **Hotel Union**, das traditionsreichste Hotel der Stadt (im W auf der rechten Straßenseite), und gegenüber das Gebäude der ehemaligen Genossenschaftsbank (Haus Nr. 8), deren bunte Fassade von *Helena Vurnik* in den Farben der slowenischen Flagge bemalt wurde. Ihr Mann, der Architekt *Ivan Vurnik*, entwarf das Gebäude im Jahre 1922. Am Ende des Häuserblocks liegt im NW der kleine **Miklošičev Park**, der von *Maks Fabiani* ganz im Jugendstil gestaltet wurde. Der Park ist nach dem Sprachwissenschaftler *Fran Miklošič* benannt, an den ein Denkmal erinnert. Rund um den Park stehen schöne Art-Deco-Häuser, teilweise ebenfalls von Fabiani (Ausnahme ist das Gebäude im S).

Weiter westlich, an der Ecke Slovenska cesta und Štefanova ulica steht der **Nebotičnik**, der „Wolkenkratzer" und lange Zeit Ljubljanas höchstes Gebäude. Er wurde 1933 von dem Architekten und *Plečnik*-Schüler *Vladimir Šubic* im Art-Deco-Stil gebaut.

Zwischen Kongresni trg und Tivoli-Park

Westlich des Kongresni trg schließt sich der Trg Republike (Platz der Republik) an, ein ziemlich hässlicher, von Neubauten umstandener Parkplatz. Im N steht das **Parlamentsgebäude** (gebaut 1959), das den Platz auch nicht schöner macht. Südlich des Platzes liegt der **Cankarjev dom**, Ljubljanas Kongress- und Kulturzentrum, in dem wechselnde Kunst-, Archäologie- oder andere Ausstellungen stattfinden. *Kulturzentrum*

Südlich des Kongresszentrums an der Erjavčeca cesta liegen einige **römische Ruinen**, darunter die Reste eines Baptisteriums und eines Mosaiks aus dem 5. Jh. n. Chr., die eine schönere Präsentation verdient hätten. Das Stadtviertel wird in erster Linie wegen der Museen besucht: Nordwestlich des Platzes liegen das **Nationalmuseum**, die **Nationalgalerie** und das **Museum für moderne Kunst** – die drei wichtigsten Museen der Stadt – nahe beieinander.

Nationalmuseum

Im **Nationalmuseum** (*Narodni Muzej*), einem 1885 errichteten Neorenaissancebau, sind archäologische und naturgeschichtliche Sammlungen untergebracht.

Das Nationalmuseum

Wichtigste Exponate sind die **Situla von Vače**, ein Bronzegefäss aus dem 6. Jh. v. Chr., das in einem keltischen Gräberfeld nahe Litija gefunden wurde, und das Original des „Bürgers von Emona", der Goldstatue auf dem Kongresni trg. Berühmt sind außerdem das Mammutskelett, bronzezeitliche Funde aus dem Moorgebiet um Ljubljana sowie römische Fundstücke wie Schmuck und Münzen, außerdem die Münzsammlung des Barons *Žigan Zois*. Ferner sind eine Bibliothek und eine grafische Sammlung in dem Gebäude untergebracht.

Einen Blick sollte man auf das **Decken-Fresko** im Eingangsbereich werfen, mit einer Allegorie der Provinz Krain, umgeben von berühmten Slowenen. Im Park vor dem Eingang steht ein Denkmal *Johann Weikhard Valvasors*. Im Norden des Parks, auf der anderen Straßenseite steht Ljubljanas **Opernhaus**, ursprünglich ein Theater. *Deckenmalerei*

Moderne Galerie

Westlich davon liegt die **Moderne Galerie** (*Moderna Galerija*, Zugang über die Cankarjeva ulica), Ljubljanas Museum für moderne Kunst, das zwischen 1939 und 1947 erbaut wurde. Es zeigt slowenische Kunst des 20. Jh. seit dem Beginn der Moderne sowie in wechselnden Ausstellungen die Werke zeitgenössischer Künstler. Im Museum findet auch die internationale Grafik-Biennale statt.

Nationalgalerie

kunsthistorische Sammlung

Einen Block nördlich der Modernen Galerie liegt auf der anderen Straßenseite der Cankarjeva die **Nationalgalerie** (*Narodna Galerija*), die slowenische Kunst vom Mittelalter bis zum Beginn der Moderne zeigt, außerdem eine Sammlung von Werken anderer europäischer Künstler. Bemerkenswert ist eine schöne **Sammlung gotischer Skulpturen**.

Das Museum gibt aber v.a. einen guten Überblick über die **Kunst der klassischen Moderne** in Slowenien, hier sind die Werke solch bedeutender impressionistischer Künstler wie *Rihard Jakopič* und *Jurij Šubic* oder der Malerin *Ivana Kobilca* untergebracht.

Tivoli-Park

Der beliebte **Freizeit-Park** liegt im Westen der Innenstadt und ist am besten durch eine Unterführung von der Cankarjeva ulica aus (südwestlich der Nationalgalerie) zu erreichen. Durch die Unterführung kommt man auf die Hauptachse des Parks, die **Jakopič-Promenade** (*Jakopičevo sprehajališče*), die von *Plečnik* mit Kandelabern geschmückt wurde. Die Allee führt direkt auf das Tivoli-Schloss (*Tivolski Grad*) aus dem 17. Jh. zu, in dem sich das **Internationale Kunstgrafik-Zentrum** (*Mednarodni grafični Likovni Center*) befindet.

Ljubljana aus der Vogelperspektive

Im Norden des Parks ist im kleinen Cekin-Schloss das sehr sehenswerte Museum für neuere Geschichte (Muzej Novejše

Zgodovine) untergebracht. Eine moderne Ausstellung mit multimedialem Konzept informiert unterhaltsam über die Geschichte Sloweniens im 20 Jh., ein Schwerpunkt ist die Geschichte des Partisanenkampfs. Ein leichter Spaziergang führt im SW des Parks auf den **Hügel Rožnik** (394 m), auf dem eine kleine Barockkirche steht und von dem man einen schönen Blick auf die Stadt hat. Südlich des Hügels liegt übrigens der Zoologische Garten Ljubljanas. Nördlich der Jakopič-Promenade befindet sich das **Sport- und Erholungszentrum** Ljubljanas mit Fitnesscenter, Hallen-bad, Kegelbahnen und Eislauf- bzw. Rollschuhbahn. *Spaziergang*

Die Stadtteile Krakovo und Trnovo

Die Viertel **Krakovo** und **Trnovo** schließen sich südlich an die Altstadt an, es sind Ljubljanas älteste „Vorstädte" – im Mittelalter lagen sie außerhalb der Stadtbefestigung – und haben sich einen fast dörflichen Charakter erhalten. Zu diesem Eindruck tragen die niedrigen Häuser und verwinkelten Gassen bei. Krakovo galt als das „Montmatre" Ljubljanas, hier wohnten viele Künstler, heute ist es zum Ausgehen bei Studenten beliebt, zumindest in der Eipprova ulica am Gradaščica Kanal, sonst ist das Viertel eher ruhig.

Wichtigste Sehenswürdigkeit ist der **Rest der römischen Stadtmauer** westlich der Barjanska cesta, die beeindruckendste bauliche Hinterlassenschaft der Römer in Ljubljana. Nach der Mauer heißen die Straße und das Wohnviertel südlich davon „**Mirje**". Die Pyramide in der Mitte der Mauer wurde von *Plečnik* gestaltet, der auch die Parkanlage nördlich davon entwarf. Südöstlich der Mauer, Mirje Nr. 4, liegt der **Jakopič-Garten**, benannt nach dem impressionistischen Maler *Rihard Jakopič*, der in dem Haus lebte und arbeitete. In dem Garten werden noch mehr archäologische Fundstücke präsentiert. *römische Ruinen*

Südlich davon trennt eine kleine Brücke über den Kanal Krakovo im N von Trnovo im S, die Brücke ist ein Entwurf *Plečniks*. Südlich der Brücke an der Karunova ulica steht eine **Kirche** (gebaut Anfang des 18. Jh.), die mit einer besonderen Geschichte verbunden ist: Hier lernte Nationaldichter *France Prešeren* seine große Liebe *Julija Primic* kennen.
Folgt man der Karunova ulica noch ein wenig weiter nach S, kommt man zu einer **Außenstelle des Architektur-Museums** (Nr. 4). In diesem Haus lebte und arbeitete Sloweniens größter Architekt *Jože Plečnik* die meiste Zeit seines Lebens, die Ausstellung gibt eine Einführung in sein Leben und Werk.

Südöstlich von Trnovo liegt der **Botanische Garten** (*Botanični Vrt*), der bereits 1801 angelegt wurde. Dort wachsen mehr als 4.500 verschiedene Pflanzenarten aus allen Teilen Europas. Der kleine Garten eignet sich wunderbar zum Spazierengehen, leider ist er etwas aus dem Weg. Von Trnovo aus erreicht man ihn über eine Brücke über die Ljubljanica (*Opekarska cesta*) und über eine zweite Brücke über den Gruber-Kanal (eine Verlängerung der Karlovška cesta, die vom Gornji trg aus nach SO führt). Außerdem fährt die Buslinie 3 zum Botanischen Garten, aussteigen bei der Haltestelle Strelišče. *Botanischer Garten*

INFO Weitere Museen

Ljubljana hat eine Reihe weiterer Museen, die sich mit speziellen Themengebieten beschäftigen. Herausragend ist das **Ethnografische Museum** (*Slovenski Etnografski Muzej*), wo v.a. eine große Sammlung zu slowenischer Volkskunst, Kunsthandwerk und dem bäuerlichen Leben ausgestellt wird. Das **Architekturmuseum** (*Arhitekturni muzej*) ist im Renaissance-Schloss **Fužine** aus dem 16. Jh. untergebracht, es liegt im gleichnamigen Vorort Ljubljanas im Osten der Stadt. Im Schloss werden wechselnde Ausstellungen gezeigt, außerdem gibt es Außenstellen wie das Plečnik-Haus im Stadtteil Trnovo und die Jakopič-Galerie.

Für sehr spezielle Interessen sind die folgenden Museen eingerichtet, die teilweise nur für einige Stunden am Tag öffnen: Das **Eisenbahn-Museum** (*Železniški muzej*) zeigt einige alte Lokomotiven, die Liebhaber begeistern werden. Es liegt in direkter Nähe des Bahnhofs, in nordwestlicher Richtung in der Parmova ulica.

Das **Brauerei-Museum** (*Pivovarski muzej*) auf dem Gelände der Brauerei Union (liegt an der Einfallsstraße Celovška cesta), mit „Bier-Probe" und Besichtigung eines Teils der Brauerei, ist nur jeden ersten Dienstag im Monat geöffnet. Das **Filmmuseum** (*Slovenski Filmski muzej*) Kinoteka liegt zentral an der Miklošičeva cesta zwischen Prešernov trg und Bahnhof, ebenso das **Theater-Museum** (*Slovenski Gledališki muzej*) am Mestni trg in der Altstadt und das **Schul-Museum** (*Slovenski Šolski muzej*) am Plečnikov trg, gleich neben dem Kongresni trg. Für den Besuch dieser drei Museen ist es von Vorteil, slowenisch zu sprechen.

Galerien

Ljubljana hat eine Vielzahl kleiner und größerer Galerien, die exzellente Wechselausstellungen zeigen. Die **Jakopič-Galerie** (*Jakopičeva Galerija*) ist eigentlich eine Außenstelle des Architektur-Museums und legt einen Schwerpunkt auf grafische Arbeiten. Die **Stadtgalerie** (*Mestna Galerija*) mit Arbeiten wichtiger slowenischer Künstler wird im Rundgang beschrieben, die Außenstelle **Galerie Bežigrad** gibt jüngeren, unbekannten Künstlern ein Forum. In der **Galerie Škuc** präsentieren (teils) radikale Künstler der NSK ihre Werke, es ist einer der ungewöhnlichsten Ausstellungsräume Ljubljanas. Außerdem sehenswert sind die **Galerija Equrna**, die **Mala Galerija** (*Kleine Galerie*) und das Architekturzentrum **Dessa**. Ausführlichere Informationen entnehmen Sie bitte dem Teil „Regionale Reisetipps".

In der Umgebung

• Friedhof Žale

Der **Friedhof Žale** (*Pokopališče Žale*) liegt etwa drei Kilometer außerhalb des Zentrums im NO Ljubljanas und wurde von Plečnik in den Jahren 1938-1940 gestaltet, es ist ein lohnendes Ziel für Fans des Architekten. Beeindruckend ist bereits der Eingang mit typischen zweistöckigen Arkaden, dahinter folgen Kapellen verschiedener Schutzheiliger. Auf dem Friedhof sind viele berühmte slowenische Künstler beerdigt, darunter auch sein Erbauer *Plečnik* selbst.

• Šmarna Gora

Der Hügel (669 m) liegt 12 km außerhalb im N der Stadt, er ist ein beliebtes Ausflugsziel, gewissermaßen Ljubljanas „Hausberg" und v.a. einer der besten Startplätze für Drachenflieger in der unmittelbaren Umgebung der Stadt. Wer sich nicht in die Lüfte schwingen möchte, kann den Hügel auf Wanderwegen erklimmen, auf der Kuppe ist eine Wallfahrtskirche aus dem 18. Jh. zu besichtigen. Der Hügel ist ein alter **Wallfahrtsort**, und es führen verschiedene Wege auf den Gipfel, die von 1 bis zu 3 Stunden in Anspruch nehmen.

Ausflugsziel

In der Nähe, Richtung Medvode, liegt auch der **See Zbilje**, ein beliebtes Ausflugsziel mit einem Badesee und der **Smlednik**, ein 345 m hoher Hügel, auf dem sich die Ruinen einer Burg aus dem 12. Jh. befinden, die einst den Grafen von Andeck gehörte.

• Ljubljansko barje – das Moorgebiet im Süden

Wer sich einen Eindruck von der Moorlandschaft machen möchte, auf der Ljubljana (*Ljubljansko barje*) gebaut wurde, dem sei die Fahrt in das südliche Umland empfohlen. Lohnendes Ziel ist das **Dorf Črna vas** (gehört noch zu Ljubljana), in dem eine von *Plečnik* entworfene Kirche steht. Das Gebiet ist bekannt für seine vielen Vogelarten. Weiter südlich, etwa 17 km von Ljubljana entfernt, liegt das malerische Tal des Flusses **Iška** (*Iška vintgar*), man fährt zunächst bis zur Ortschaft Ig, dann Richtung Iška.

• Technisches Museum im Schloss Bistra

Etwa 22 km südlich von Ljubljana am Karstrand liegt das ehemalige **Kartäuserkloster Bistra**, in dem das größte **Technische Museum Sloweniens** (*Tehniške Muzej Slovenije*) untergebracht ist. Das Kloster selbst stammt aus dem 13. Jh. und wurde im 18. Jh. säkularisiert, danach zum Schloss umgebaut. Das Museum zeigt eine große Ausstellung zur Entwicklung von Technik und Handwerk, bemerkenswert sind traditionelle Tischler- und Schmiede-Werkstätten, in denen Handwerker Vorführungen zeigen. Herausragend ist außerdem die Ausstellung zum Verkehr, die einige Fahr-zeuge aus der Zeit vor dem Zweiten Weltkrieg zeigt.

Technikmuseum

Das Museum ist über die Autobahn, Abfahrt Vrhnika und den Ort Bistra zu erreichen, für die Besichtigung des Museums inklusive Anfahrt aus Ljubljana sollte man einen halben Tag einplanen.

Durch mittelalterliche Städte in die Alpen: Von Ljubljana nach Bled

© graphic

Auf diesem Streckenabschnitt, der durch die Region Gorenjska führt, liegen einige der schönsten Städte Sloweniens, eine spektakuläre **Bergwelt** und klare Alpenseen. Hat man die industrialisierte Zone um Ljubljana und Kranj hinter sich gelassen, kommt man in ein zwar recht dicht besiedeltes, aber ländliches Gebiet, überall an der Straße stehen die typischen Heuharfen, *kozolci*. In der Gorenjska liegt der größte Teil der Julischen Alpen und der **Triglav-Nationalpark**, mit Gipfeln bis zu 2.864 m und einsamen Bergseen. Die **Gorenjska** ist eines der schönsten Wandergebiete Sloweniens, vielleicht eines des schönsten der Alpen: Die Slowenen sind selbst begeisterte Bergsteiger und auf einem der gut markierten Wege findet man schnell Kontakt. Ein Abstecher führt in die Region Štajerska, die slowenische Steiermark. Dort liegt in den raueren Kamniker-Savinjer Alpen das abgeschiedene und liebliche Logar-Tal, das Wanderer und Bergsteiger gleichermaßen begeistern wird.

Redaktions-Tipps

- Das ehemalige Schmiededorf **Stara Fužina** beim See von Bohinj ist ruhig, ursprünglich und ein guter Ausgangspunkt für Wanderungen in den Triglav Nationalpark. (S. 268)
- **Škofja Loka** ist die bekannteste der mittelalterlichen Städte in der Gorenjska, doch genauso lohnend ist ein Ausflug nach Kranj, das hinter seinen Industrievororten eine schöne Altstadt verbirgt. (S. 243)
- Eine Wanderung im Tal der **Triglav-Seen** (oder Tal der sieben Seen) führt über liebliche Almwiesen in eine schroffe, faszinierende Felslandschaft, besonders schön ist es im Frühjahr, wenn alles blüht oder im Herbst, wenn die Blätter sich färben. (S. 269)
- Die wenig bekannte **Velika Planina** ist eine Alm auf einer Hochebene in den Kamniker-Savinjer Alpen.Eine Gondelbahn oder Wanderwege führen auf das grüne Plateau und eröffnen einen atemberaubenden Rundblick auf die Alpen. (S. 252)

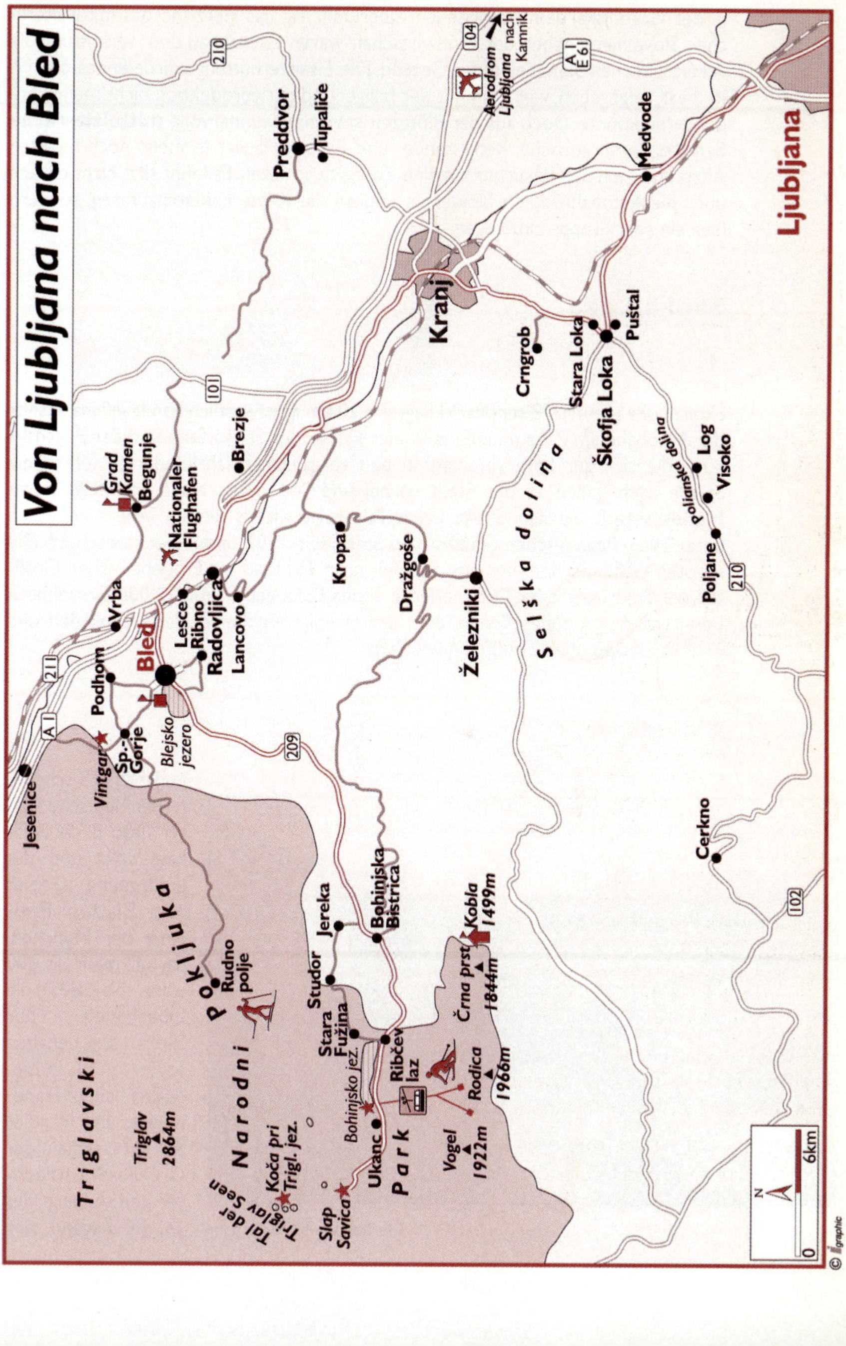
Von Ljubljana nach Bled
Jesenice
Vintgar
Sp.-Gorje
Podhom
Bled
Blejsko jezero
Vrba
Lesce
Ribno
Radovljica
Lancovo
Nationaler Flughafen
Grad Kamen
Begunje
Brezje
Kropa
Dražgoše
Železniki
Selška dolina
Kranj
Crngrob
Stara Loka
Škofja Loka
Puštal
Medvode
Ljubljana
Preddvor
Tupaliče
Aerodrom Ljubljana
nach Kamnik
104
A1
E61
210
101
211
A1
209
Triglavski Narodni Park
Pokljuka
Rudno polje
Triglav 2864m
Tal der Triglav Seen
Koča pri Trigl. jez.
Slap Savica
Ukanc
Bohinjsko jez.
Stara Fužina
Studor
Jereka
Bohinjska Bistrica
Ribčev laz
Vogel 1922m
Rodica 1966m
Črna prst 1844m
Kobla 1499m
Cerkno
102
Poljane
210
Visoko
Log
Poljanska dolina
N
0
6km
© graphic

In der Gorenjska, dem historischen Oberkrain, lag das Herzland des mittelalterlichen Sloweniens, neben der Landwirtschaft waren Eisenabbau und -verhüttung die wirtschaftlichen Standbeine der Gegend. Die Eisenverhüttung wurde Endes des 19. Jh. zwar aufgegeben, weil man mit der billigen Industrieproduktion nicht mehr konkurrieren konnte. Doch aus der Blütezeit stammen wundervolle **mittelalterliche Städte**, deren gotische, Renaissance- und Barock-Häuser in meist noch intakten Altstadtkernen den Besucher auf eine Zeitreise schicken. Es lohnt sich, nicht einfach über die Autobahn durch Slowenien und an die Küste hindurchzurasen, sondern hier ein paar Stopps einzulegen.

Škofja Loka

ⓘ S. 125

Altstadt unter Denkmalschutz

Škofja Loka (deutsch Bischoflack) liegt gut 20 km nordwestlich von Ljubljana abseits der Autobahn am Zusammenfluss zweier Flüsse, der Selška Sora und der Poljanska Sora, die sich zur Sora vereinen. In den vergangenen Jahrhunderten führte die Straße nach Italien an der Stadt vorbei und ließ sie zu einer **wohlhabenden Handelsstadt** werden. Škofja Lokas **Altstadt** gilt als die am besten erhaltene unter allen slowenischen Städten und steht seit 1987 unter Denkmalschutz. Die meisten Gebäude stammen aus der Zeit nach 1511, als ein Erdbeben einen Großteil der Stadt zerstörte. Das moderne Škofja Loka gehört mit 12.000 Einwohnern bereits zu den mittelgroßen Städten in Slowenien (inklusive aller Gemeinden sind es sogar knapp über 22.000 Einwohner).

Geschichte

Die Altstadt von Škofja Loka

Im Jahre 973 schenkte der deutsche Kaiser Otto II. die Siedlung Loka und das umliegende Gebiet dem **Bistum Freising** bei München, das für mehr als 800 Jahre (bis 1803) die Oberhoheit über Škofja Loka behalten sollte. Im 13. Jh. siedelten sich Handwerker und Händler an, 1274 erhielt der Ort die **Stadtrechte** und Anfang des 14. Jh. begann der

Bau der Stadtmauer mit insgesamt fünf Toren. Die Stadt prosperierte, neben Schmieden bot die Wasserkraft der Sora auch optimale Bedingungen für beispielsweise Müller und Gerber. Die **Handwerkerzünfte** wurden zu einem wichtigen Träger wirtschaftlicher Macht in Škofja Loka, die daraus hervorgegangenen Bruderschaften bestanden z.T. noch im 20. Jh.

Aber Škofja Loka wurde auch immer wieder von Katastrophen heimgesucht: Das große **Erdbeben** von 1511 zerstörte Teile der Stadt und in den folgenden Jahrhunderten richteten zwei Großbrände schwere Verwüstungen an. Außerdem wurde Škofja Loka während der Erbfolgekriege der Grafen von Celje besetzt (1457) und war den Angriffen der Türken ausgesetzt. Weder die Burg noch die Stadtmauer konnten den Ort immer ausreichend schützen und Kämpfe innerhalb der Mauern zerstörten ganze Stadtteile.

Kriege und Katastrophen

Burg von Škofja Loka

Weithin sichtbares Wahrzeichen der Stadt ist die **Burg von Škofja Loka**, die direkt über der Altstadt thront. Gebaut wurde sie Anfang des 13. Jh. oder früher von den Bischöfen von Freising als Sitz ihres Stellvertreters und Residenz für Besuche des amtierenden Bischofs. Zuvor wurde die Stadt durch eine Befestigung auf dem **Hügel Krancelj**, südwestlich von Škofja Loka, geschützt, von der nur noch Ruinen übrig sind.

Heute beherbergt die Burg das **Stadtmuseum** (*Loški Muzej*), dessen volkskundliche Sammlung als die beste in Slowenien gilt. In der umfangreichen Ausstellung, werden Exponate zur Geschichte der Stadt und des Zunftwesens, religiöse Gemälde und Skulpturen sowie eine Sammlung ausgestopfter Tiere gezeigt. Für die Präsentation würde man sich allerdings ein etwas strafferes Konzept wünschen: Die Stücke werden wahllos und größtenteils ohne Erklärungen ausgestellt. Herausragend sind in der Burg-Kapelle die „goldenen Altäre" aus der Wallfahrtskirche Sveta Lucija in dem Dorf Dražgoše, das im Zweiten Weltkrieg fast völlig zerstört wurde. Die Aussicht und die Architektur der großen Burganlage machen einen Ausflug auf den Hügel lohnenswert.

volkskundliche Ausstellung

Mit der Burg verbunden sind das **Ursulinen-Kloster** und die **„Nonnenkirche"** (Kirche Maria Immakulata, in der Altstadt gleich hinter der Kapuziner-Brücke). Der ursprüngliche Kirchenbau stammt von 1358, das Gebäude wurde aber nach dem Brand im Jahre 1669 barockisiert. Die Malereien kamen erst im 19. Jh. dazu.

Sehenswertes in der Altstadt

Den schönsten Zugang zur Altstadt bietet der Weg über die malerische **Kapuziner-Brücke** im N (die modernen Betongebäude dahinter sollte man ignorieren). Die steinerne Brücke, eine der ältesten Bogen-Brücken in Europa, wurde Mitte des 14. Jh. von Bischof *Leopold* gestiftet, der aber das Geländer einsparte.

Das sollte sich rächen: *Leopolds* Pferd strauchelte beim Überqueren der Brücke, Ross und Reiter stürzten in die Fluten des Flusses und der Bischof ertrank. Erst bei einer Renovierung im Jahre 1888 wurde das heutige Geländer aus Eisen angebracht und übrigens auch die Statue des heiligen Johann Nepomuk. In deren Sockel ist das Stadtsiegel eingraviert. Ihren Namen verdankt die Brücke dem nahen **Kapuziner-Kloster** aus dem 18. Jh. (außerhalb der Altstadt gegenüber dem Einkaufszentrum), das heute v.a. für seine Bibliothek berühmt ist. Neben wertvollen Inkunabeln befindet sich in der Sammlung ein Manuskript von 1721 mit dem Text des ältesten Dramas in slowenischer Sprache, der „Passion von Škofja Loka" (*škofjeloški pasijon*), ge-schrieben von Pater *Romuald Marušič*.

Nepomuk-Statue

Statue des heiligen Johann Nepomuk in Škofja Loka

• Mestni trg

Zentrum der Altstadt ist der Platz **Mestni Trg**, um den herum sich meist gotische Häuser aus dem 16. Jh. gruppieren. Viele sind mit Fresken verziert, die Škofja Loka den Spitznamen „bemaltes Loka" einbrachten. Die Bürgerhäuser bilden ein stimmiges Ensemble mittelalterlicher Baukunst, das seinesgleichen sucht. Auf Grund der Umbauten nach den verschiedenen Zerstörungen weisen viele Häuser Elemente mehrerer Architekturstile auf. Zentraler Blickfang ist die barocke **Pest-** oder **Marien-Säule**, 1751 von den Bürgern der Stadt aus Dankbarkeit dafür gestiftet, dass die Seuche sie verschonte. Gegenüber der Säule sticht das ehemalige **Rathaus** (Haus Nr. 35) heraus, der Innenhof mit Renaissance-Arkaden lohnt einen Blick.

Haus mit Fresken in Škofja Loka

Weitere bemerkenswerte Gebäude sind das zwei Häuser weiter rechts gelegene Alte Pfarrhaus, das Žigon-Haus, in dem heute die Stadtverwaltung untergebracht ist, und das **Martin-Haus** (Nr. 26) am Südende des Mestni Trg, das etwa im 17. Jh. in die Stadtmauer hineingebaut wurde. Am Nordende des Mestni Trg

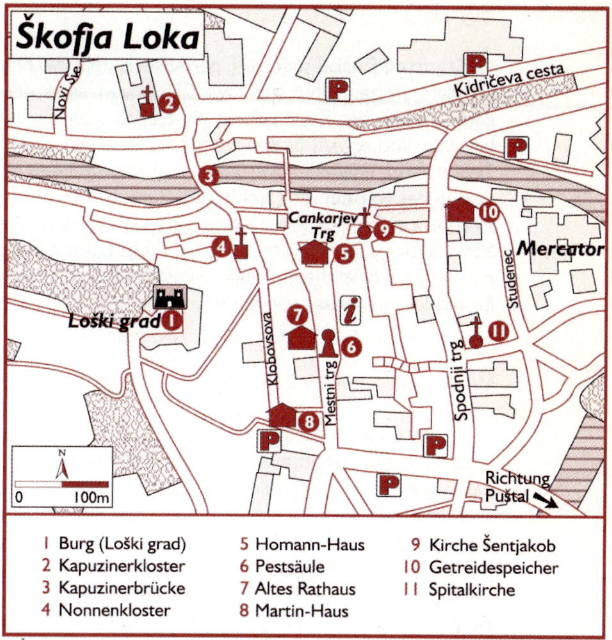

© igraphic

liegt das palaisartige **Homan-Haus** zwischen Cankarjev Trg und Mestni Trg, eines der am reichsten verzierten Gebäude der Stadt. Es entstand nach dem Erdbeben von 1511 aus drei Gebäuden und weist neben dem dominierenden gotischen Stil auch Renaissance-Elemente auf. Nördlich des Mestni Trg befindet sich der kleinere Cankarjev Trg mit der Pfarrkirche **Šentjakob** (hl. Jakob). Die dreischiffige gotische Hallenkirche wurde 1471 auf einem älteren Vorgängerbau errichtet, Turm und Presbyterium stammen von 1532. Das Innere lohnt einen Blick, nicht nur wegen der wuchtigen Renaissance-Altäre aus schwarzem Marmor (Ende 17. Jh.): Ljubljanas Architekt *Jože Plečnik* gestaltete die wuchtigen Leuchter und das Baptisterium.

Im Osten der Altstadt

Rechts an der Pfarrkirche vorbei durch einen Bogengang (das Gebäude war eine Schule) führt eine schmale Gasse auf den Spodnji Trg, eher eine Straße als ein Platz. Hält man sich zunächst links (nördlich), stößt man auf den sehr schön renovierten alten **Getreidespeicher** (*Kašča*) der Stadt. Das Gebäude war wie das Martin-Haus Teil der Stadtbefestigung und überstand das Erdbeben von 1511. In dem Speicher wurden alle Abgaben aufbewahrt, die die Bauern in Naturalien zu leisten hatten, und es gab einen eigens eingesetzten Verwalter.

Heute ist in dem Speicher eine **Galerie** mit Werken des Malers *France Mihelič* (1907-1998) untergebracht, außerdem eine Vinothek. Der **Spodnji trg** selbst hebt sich deutlich vom reichen Zentrum ab: Die Häuser sind meist nur zweistöckig und weit weniger aufwändig dekoriert und ausgestattet als die reichen Bürgerhäuser am Mestni trg. Hier lebten die ärmeren Einwohner Škofja Lokas und hier stand auch das **Armenhaus** mit der zugehörigen **Spitalkirche**, wo die Bettler und Krüppel der Stadt eine Zuflucht fanden.

Vinothek

Puštal

Im **Stadtteil Puštal** südöstlich der Altstadt steht das **Nacetova Hiša** (Nace Haus), mit dem stolzen Alter von etwa 250 Jahren eines der ältesten noch erhaltenen Bauernhäuser der Region. Es ist ein typisch slowenisches Gehöft mit original alter Innenausstattung. Am besten zu Fuß zu erreichen über die große Holzbrücke, den **Teufelsstieg** (*Hudičeva brv*), die eine Sehenswürdigkeit an sich ist. In Puštal ist außerdem in der **Kapelle des Schlosses Puštalski Grad** mit der „Kreuzabnahme" ein **Fresko** von *Giulio Quaglio* aus dem Jahre 1705 zu sehen. Außerdem lohnt der Stadtteil **Stara Lok**a, eigentlich der ältere Teil Škofja Lokas einen Spaziergang. Stara Loka hat ein eigenes Schlösschen, in dem ein Postmuseum untergebracht ist, das allerdings eher für Kinder interessant sein dürfte.

Teufelsstieg

Wallfahrtskirche in Crngrob

In der direkten Umgebung von Škofja Loka liegt die **Kirche Maria Verkündigung** in dem Dorf **Crngrob**, eine der schönsten gotischen Wallfahrtskirchen in Slowenien. Der erste Kirchenbau an der Stelle war romanisch und wird auf ca. 1250 datiert. Es sind einmalige gotische Fresken zu sehen: An der Fassade unter den Arkaden beschreibt der Zyklus „**Sveta Nedelja**" („Heiliger Sonntag") die Pflichten guter Christen am Tag des Herrn, als da sind: der Kirchenbesuch, das Gebet und Spenden an die Armen und Kranken. Aber auch der Weg zur Verdammnis durch Glücksspiel, Trank sowie unbotmäßige Streitereien und Kämpfe wird gezeigt. Die Verdammnis selbst ist als Dämon, der die Seelen frisst, anschaulich illustriert. Die Malereien stammen von 1470 aus der Werkstatt von *Johannes von Laibaco (Johannes von Ljubljana)*. Auf diese Zeit wird auch das Christophorus-Fresko auf dem Glockenturm datiert. Die Arkaden selbst wurden erst im 19. Jh. an den Bau angefügt. Auch das Innere ist mit Fresken ausgeschmückt, darunter ein **Marienzyklus** aus dem 14. Jh. im Nordschiff, sehenswert sind außerdem die Orgel und der Altar von *Jurij Skarnos* aus dem Jahre 1652, der größte vergoldete Altar in Slowenien. Der Knochen, der über dem Martinsaltar hängt, wurde in der volkstümlichen Überlieferung als „**Knochen eines Heidenmädchens**" bezeichnet. Er stammt von einem Wal. Die Kirche ist nicht immer geöffnet, in der Hochsaison lösen sich die Besucher aber ab. Wer trotzdem vor verschlossener Tür steht, kann den Schlüssel im Haus Nr. 10 gleich nebenan bekommen. Zu erreichen ist Crngrob entweder über die 210 Richtung Kranj (ca. 4 km) oder in einem etwa einstündigen Spaziergang über Felder und durch ein kleines Wäldchen von Stara Loka aus. Neben der Kirche liegt ein Restaurant.

Die Wallfahrtskirche in Crngrob

In der weiteren Umgebung

Südwestlich von Škofja Loka liegt das ruhige **Poljanska dolina** (Poljane-Tal), eine liebliche Hügellandschaft mit grünen Wiesen. Berühmtheit erlangte das Tal durch den Roman „Die Chronik von Visoko" des Schriftstellers *Ivan Tavčar*, der den Frühling als die schönste Jahreszeit im Tal pries, wenn die Wiesen in ihrer Blütenpracht leuchten. Das Gebiet ist ideal für leichte Wanderungen und für Mountainbike-Touren.

malerisches Tal

Hinweis zur Route

Aus dem Poljane-Tal ist die Weiterfahrt über Žiri nach Idrija möglich, allerdings muss im letzten Viertel eine kurvenreiche Passstraße überwunden werden, die nicht in gutem Zustand ist (Schlaglöcher, Abbruchkanten). Die Straße wird in Abschnitten repariert und aus diesem Grund immer wieder gesperrt.

Wer diese Strecke nach Idrija nehmen möchte, sollte genügend Zeit mitbringen, um eventuell zurück nach Žiri und dann in einem Bogen über Cerkno zu fahren. Auf dieser Strecke sind zwar auch etwa 10-prozentige Steigungen zu überwinden, aber die Straße ist besser! Es ist die schnellste Verbindung von Škofja Loka ins Soča-Tal.

Kranj

(i) S. 125

Auf etwas mehr als halbem Wege zwischen Ljubljana und Bled liegt **Kranj** (deutsch Krain), die viertgrößte Stadt Sloweniens und das Wirtschaftszentrum der Gorenjska. Von den meisten Urlaubern wird die Stadt lediglich gestreift: Hier beginnt die Autobahn nach Ljubljana und in den Süden. Und wer der Landstraße 211 folgt, wird durch den unschönen Industriegürtel der 45.000-Einwohner-Stadt geleitet, der nicht zu einem Besuch einlädt.

Doch Kranj hat einen reizenden mittelalterlichen **Altstadtkern**, der unter Denkmalschutz steht. Kranj ist urbaner als Škofja Loka, braucht den Vergleich aber nicht zu scheuen.

Noch ist Kranj hauptsächlich als Industrie- und Messestandort bekannt, aber in der Altstadt ist bereits kräftig renoviert worden und die Stadt hält sich bereit, um sich bei Besuchern bekannter zu machen.

Blick auf Kranj

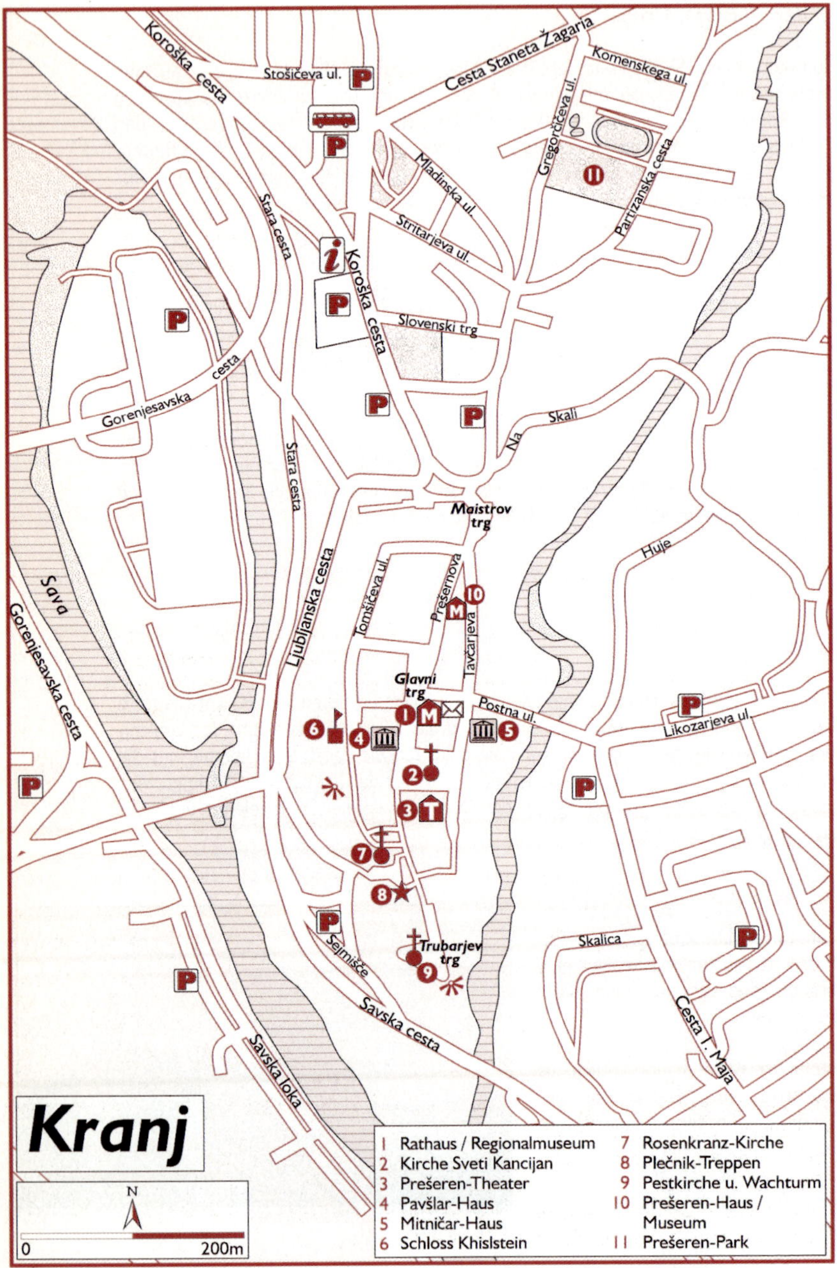
Kranj
Koroška cesta
Stošičeva ul.
Cesta Staneta Žagarja
Komenskega ul.
Gregorčičeva ul.
Partizanska cesta
Mladinska ul.
Stritarjeva ul.
Stara cesta
Slovenski trg
Gorenjesavska cesta
Na Skali
Maistrov trg
Huje
Sava
Ljubljanska cesta
Tomšičeva ul.
Prešernova
Tavčarjeva
Glavni trg
Postna ul.
Likozarjeva ul.
Skalica
Trubarjev trg
Sejmišče
Savska cesta
Savska loka
Cesta 1. Maja
N
0
200m
1 Rathaus / Regionalmuseum
2 Kirche Sveti Kancijan
3 Prešeren-Theater
4 Pavšlar-Haus
5 Mitničar-Haus
6 Schloss Khislstein
7 Rosenkranz-Kirche
8 Plečnik-Treppen
9 Pestkirche u. Wachturm
10 Prešeren-Haus / Museum
11 Prešeren-Park

Geschichte

Auf dem Felsrücken, auf dem heute die Altstadt liegt, gründeten bereits die Römer die Siedlung **Carnium**. Eine römische Straße zwischen Emona (Ljubljana) und Virunum (bei Klagenfurt) verlief durch den Ort. Reste einer Verteidigungsmauer wurden ins 1. und 6. Jh. datiert, so dass in Kranj seit der Spätantike eine Befestigung nachgewiesen ist. Im Zentrum der Altstadt wurde ein slawischer Friedhof aus dem 9. Jh. gefunden. Als Krainburg wurde die Stadt im 10. Jh. **Sitz der Markgrafen** und damit Hauptort der Marcha Craina. Erstmals schriftlich erwähnt wird Kranj im Jahre 1060, als der Ort zum Bistum Brixen gehörte. Mitte des 13. Jh. wurden Kranj die **Stadtrechte** zugesprochen und schließlich 1493 durch Kaiser *Friedrich III.* das Messerecht. Zu der Zeit war Kranj bereits durch seinen Anteil am **Eisenerzabbau** in der Gegend zu einem prosperierenden Handelszentrum geworden. Die Bürgerhäuser zeugen noch heute vom einstigen Reichtum der Handelsstadt.

Marcha Craina

Die verkehrstechnisch günstige Lage und der Ausbau als Industriestandort (v.a. Textilien) bescherte Kranj nach dem Ersten Weltkrieg erneut **wirtschaftlichen Aufschwung**, der erst mit dem Ende Jugoslawiens gestoppt wurde. Inzwischen macht die Nähe zum Flughafen Brnik die Stadt wieder zu einem wichtigen Messestandort.

Glavni trg mit altem Rathaus

Die Sehenswürdigkeiten liegen fast alle entlang der beiden Hauptstraßen Prešernova und Cankarjeva ulica, die sich wie eine Hauptachse über zwei Plätze, vom Mestni trg im Norden über den Glavni trg bis zum Trubarjev trg im Süden, ziehen. Mittelpunkt der Altstadt ist der **Glavni trg**, hier steht das ehemalige **Rathaus** (*Mestna hiša*) aus dem 16. Jh., das später mit dem benachbarten Renaissance-Palais (etwa 17. Jh.) verbunden wurde. Im Hof des Rathauses ist eine gotische Säulenhalle zu sehen. In dem Gebäude selbst ist das **Regionalmuseum** untergebracht, das sowohl archäologische Funde als auch volkskundliche Exponate zeigt; bemerkenswert sind außerdem eine Renaissance-Deckentäfelung und mit reichen Intarsien verzierte Türportale. Im Eingangsbereich des Museums werden in situ un- ter Glas einige **slawische Gräber** gezeigt, Teile eines Gräberfeldes aus dem 9. und 10. Jh., das sich bis zur Kirche Sv. Kancijan hinzieht. Außerdem ist in dem Gebäude eine Dau - erausstellung mit Skulpturen des Bildhauers *Lojze Dolinar* (1893-1970) untergebracht.

Museum

In der Altstadt von Kranj

Die Mischung aus Volkskunde, Archäologie und moderner Kunst macht das Museum insgesamt sehr sehenswert.

Dominierendes Gebäude auf dem Glavni Trg ist die Kirche **Sveti**

Mitnica-Haus, heute ein Café

Kancijan (Hl. Kanzian), deren Bau um 1400 auf einer älteren Vorgängerkirche begonnen wurde. Das Tympanon auf dem Portal zeigt Christus auf dem Ölberg, im Inneren ist das Sternrippengewölbe mit schönen Schlusssteinen und Fresken (Mitte des 15. Jh.) bemerkenswert. Den modernen Altar gestaltete der Bildhauer *Ivan Vurnik*.

An der Nordseite der Kirche sind in einem unterirdischen Raum neben den Überresten eines **spätantiken Presbyteriums** weitere slawische Gräber zu sehen. Im Süden der Kirche befindet sich ein kleines Lapidarium mit römischen und mittelalterlichen Grabsteinen. Neben der Kirche steht das Anfang der 1950er Jahre von den slowenischen Bildhauern *Frančišek Smerdu* und *Peter Loboda* gestaltete, überlebensgroße **Prešeren-Monument**, das den Dichter mit wehendem Haar in heroischer Pose zeigt. Neben der Bronze-Statue liegt das Prešeren-Theater mit von *Jože Plečnik* gestalteten Arkaden. Am Glavni Trg stehen weitere **gotische** und **Renaissance-Häuser**, die dem Platz sein einmaliges Flair verleihen. Herausragend ist das **Pavšlar-Haus** (gegenüber dem Rathaus), eigentlich drei Gebäude aus dem 15. Jh., die durch Arkaden-Gänge (im Hof zu sehen) miteinander verbunden wurden. Die Fresken zeigen verschiedene Heilige, die ältesten stammen von etwa 1526. Sehenswert ist auch das ehemalige **Zollhaus** (*Mitniča-Hiša*) östlich des Glavni Trg hinter dem Rathaus aus dem 16. Jh., in dem heute ein Café betrieben wird.

Südlich des Glavni Trg

Folgt man der Cankarjeva ulica südlich des Glavni Trg, trifft man nach einigen Metern auf die hübsche gotische **Rosenkranz-Kirche** (*Roženvenska cerkev*) aus dem 16. Jh. Von der ursprünglichen Ausstattung soll nichts erhalten geblieben sein, die Kirche ist nicht zugänglich. Interessanter ist gleich daneben ein von *Plečnik* gestalteter **Treppenaufgang mit Arkaden** und einem **Brunnen**. Wenn man die Stufen hinabsteigt und dann wieder zur Stadt hinaufblickt, wird die Intention des Architekten klar: Das Ensemble wurde mit einer ebenfalls umgestalteten Hausfassade als ein stimmiger Aufgang zur Stadt geplant. Die Cankarjeva mündet schließlich in den Trubarjev trg und den **Pungert**, das äußerste Ende der Altstadt. Hier stehen die so genannte **Pest-Kirche** und der letzte vollständig erhaltene **Wachturm** der Stadtbefestigung. Die Kirche wurde um 1470 erbaut, während in Kranj die Pest wütete, und den Schutzheiligen gegen die Krankheit (Fabian, Sebastian und Rok) geweiht. Ein Altarbild des österreichischen Malers *Johann Kremser-Schmidt* (1718-1801) zeigt die drei Heiligen. Heute beheimatet die Pestkirche die serbisch-orthodoxe Gemeinde und ist nur während der Messzeiten (i.d.R. 18 Uhr) geöffnet. Für Besichtigungen zu anderen Zeiten hilft das TIC weiter. Der dreistöckige **Wachturm** hinter der Kirche thront über dem Zusammenfluss von Sava und Kroka, allerdings erstreckt sich unterhalb der Altstadt auch der sprichwörtliche

Pestkirche und Wachturm

Industriegürtel der Stadt, der Ausblick ist nicht unbedingt malerisch. Der Turm stammt aus dem 16. Jh. und beherbergte u.a. ein Gefängnis. Eine umfassende Renovierung ist geplant.

INFO

Die Stadt Prešerens

Kranj nennt sich selbst die Stadt *France Prešerens* – mit einigem Grund: Der Dichter verbrachte hier seine letzten Lebensjahre und ist auch in Kranj begraben. In seinem letzten **Wohnhaus** in der Prešernova ulica 7, einem etwas unscheinbaren Gebäude nahe dem Maistrov Trg, ist *Prešeren* zu Ehren ein **Museum** eingerichtet. Ausgestellt sind die Original-Möbel im Arbeits- und Schlafzimmer (hier starb *Prešeren*), außerdem Manuskripte, Erstausgaben sowie Faksimile, die allerdings nur wirkliche Fans und Slowenisch sprechende Besucher begeistern dürften. Schön ist eine im Erdgeschoss und Keller untergebrachte Galerie, die wechselnde Kunstausstellungen zeigt.

Das Grabmal Prešerens in Kranj

Das **Grab** *Prešerens* schließlich liegt in einem Park (*Prešernov gaj*) nördlich der Altstadt (vom Maistrov Trg knapp 10 min. zu Fuß an der Gregorčičeva), in dem auch anderen slowenischen Größen Denkmäler errichtet wurden. U.a. ist hier auch der Dichter *Simon Jenko* (1835-1869) begraben.

Schloss Khislstein

In der Tomšičeva ulica, einer Wohnstraße, die parallel zur Prešernova verläuft, liegt das **Schloss Khislstein** und ein restaurierter Teil der **Stadtbefestigung**. Die Mauern sollten im Mittelalter den Sava-Übergang sichern. Die Befestigungsanlage wurde während der türkischen Invasionen im 15. Jh. stark ausgebaut, das Schloss jedoch hat seinen trutzigen Charakter durch zahlreiche Umbauten verloren. Die heutige Renaissance-Gestalt erhielt es im 16. Jh. durch den damaligen Besitzer *Janž Khisl*, der ihm auch den Namen verlieh. Heute sind in der Burg Kulturinstitutionen, Künstlerateliers sowie ein Puppentheater untergebracht.

Stadtmauer

Schloss Brdo

5 km nordöstlich von Kranj in Predoslje bei Kokrica liegt das **Schloss Brdo**, heute ein Hotel und bekannt als Unterkunft für offizielle Staatsgäste (2001 trafen sich hier US-Präsident *George W. Bush* und der russische Präsident *Wladimir Putin*). Wenn kein

Staatsbesuch ansteht, sind seine Pforten auch für gut betuchte „normale" Übernachtungsgäste und Tagesbesucher geöffnet. Das Schloss stammt aus dem 16. Jh. und war lange im Besitz der Kunst liebenden Familie *Zois*, die eine große Bibliothek zusammentrug. Wertvollstes Stück daraus ist eine Bibel in der Übersetzung des Refomators *Jurij Dalmatin* (1547-1589). Einen Besuch kann man auf dem Rückweg von Kranj etwa nach Bled oder Ljubljana einplanen oder auch einen ganzen Tag in der schönen Parkanlage verbringen. Für Tagesbesucher gibt es die Möglichkeit zu reiten und zu angeln.

Hinweis zur Route

Nördlich von Kranj, führt die 210 in die Kamniker Alpen und dann über den Seebergsattel nach Österreich. Seit 2001 ist am Paulitsch-Pass ein Grenzübergang geöffnet worden, der es möglich macht, über diesen Abstecher nach Österreich in das ***Logar-Tal*** *zu fahren. Zwar muss man zwei kurvenreiche Passstraßen hinauffahren, aber die Strecke ist landschaftlich schön.*

Kamnik

(i) S. 125

Die hübsche kleine Stadt **Kamnik** (deutsch Stein) am Südrand der Kamniker-Savinjer Alpen (*Kamniško-Savinjske alpe*) wie auch die Bergregion selbst sind ein beliebtes Ausflugsziel der Slowenen, werden von auswärtigen Gästen aber wenig besucht, da die Stadt etwas abseits der Hauptrouten liegt. Spektakuläre Sehenswürdigkeiten fehlen, aber das Städtchen hat einen hübschen alten Kern, der sehr sauber und aufgeräumt wirkt.

Kamnik ist ein lohnender Tagesausflug von Ljubljana (23 km), aber auch von Škofja Loka oder Bled aus oder kann als Stopp auf der Durchfahrt in das Wander- und Wintersportgebiet in den Kamniker Alpen bzw. nach Kamniška Bistrica besucht werden.

Geschichte

Wie Kranj und Ljubljana lag auch Kamnik während des Mittelalters an einer wichtigen Straße, die den Donauraum mit der Adria verband, und tatsächlich standen die Städte in Konkurrenz um die wirtschaftliche Vorherrschaft in der Region.

altes Handwerkszentrum

Erstmals erwähnt wird Kamnik 1076, und spätestens seit dem 13. Jh. entwickelte sich der Ort zu einer prosperierenden **Handwerkerstadt** mit einer eigenen Münze.

Der wirtschaftliche Niedergang Kamniks begann im 17. Jh., als die Handelsverbindung in die Koroška und die Štajerska nicht länger über Kamnik, sondern östlich von Ljubljana über Trojane lief. Erst Ende des 19. Jh., mit der Eisenbahnverbindung

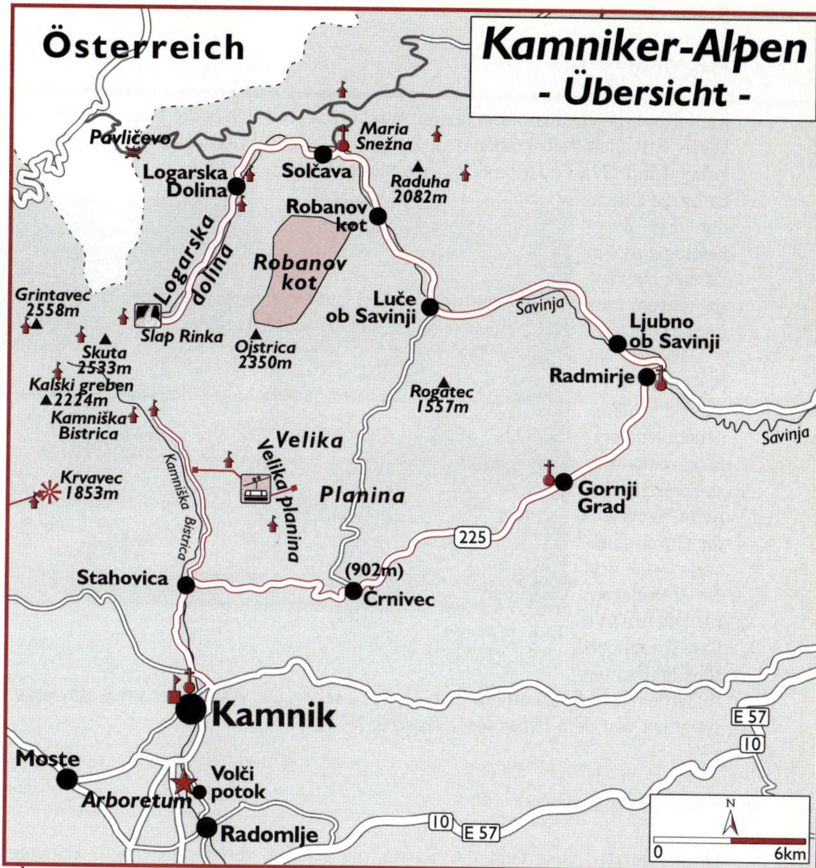

nach Ljubljana, erhielt Kamnik wieder einige Bedeutung, da in der Gegend einige Thermalbäder lagen, die aber nach Zerstörungen im Ersten Weltkrieg keine Rolle mehr spielten.

Nach dem Zweiten Weltkrieg entwickelte sich um die Stadt herum ein kleines Industriezentrum, in dem v.a. Textilien und Möbel hergestellt wurden. Von den zwei größeren Straßen, die im Wesentlichen Kamniks Altstadt ausmachen, ist eine für den Autoverkehr gesperrt.

Textilindustrie

Wer aus Richtung Ljubljana kommt, parkt am besten beim Franziskaner-Kloster (von der Hauptstraße über die Brücke, in der Stadt im Zentrum am Glavni Trg rechts und gleich wieder links). Die Sehenswürdigkeiten sind alle gut zu Fuß zu erreichen, bis zum **Schloss Zaprice** sind es vom Franziskaner-Kloster etwa 1,5 km zu gehen.

Sehenswertes

• Mali Grad

Kamnik wurde einst von drei Burgen geschützt, von denen heute zwei z.T. in Ruinen liegen. Fast unmittelbar über dem Zentrum südlich des Glavni Trg liegt auf einem Felsen **Mali Grad** („*kleine Burg*"), die teilweise restauriert ist. Es ist die älteste der drei Burgbefestigungen in Kamnik mit Fundamenten aus dem 11. Jh.

Blick auf Kamnik

romanische Kapelle

Neben der Burg steht die außerordentlich sorgfältig renovierte romanische **Kapelle Sveti Eligij**. Durch Glasböden kann man die freigelegten Fundamente des Vorgängerbaus betrachten. Außerdem sind **Fresken** aus dem 15. Jh. zu sehen. Die Wandbilder im Presbyterium stammen von dem Maler *Janez Potočnik* (1749-1834).

• Sammlung Sadnikar

Unterhalb der Burg liegt die **Šutna**, die schöne, verkehrsberuhigte Hauptgeschäftsstraße Kamniks mit barocken und neoklassizistischen Häusern.

Privatsammlung

Eine Besonderheit sind die eisernen Schilder an den Häusern, mit Symbolen für die Geschäfte. Im Haus Nr. 33, ziemlich am südöstlichen Ende der Straße, ist ein privates Museum untergebracht, die **Sammlung Sadnikar**. Sie geht zurück auf den wohlhabenden Tierarzt und Maler *Josip Nikolaj Sadnikar* (1863-1952), der ein Sammelsurium an Antiquitäten, Kunstwerken und sakralen Gegenständen aus aller Welt zusammentrug.

Die Sammlung ist in seinem ehemaligen Wohnhaus untergebracht und bildet ein höchst sehenswertes Kuriositätenkabinett. Es mögen wertvolle Stücke darunter sein, aber v.a. die skurrile, weil alle Kulturen und Zeiten wild durcheinander mischende Präsentation macht den Charme dieses ersten Privatmuseums Sloweniens (seit 1893) aus.

Burg Zaprice

Die **Burg Zaprice** liegt am Südost-Ende der Šutna (rechts den Hügel hinauf), sie stammt aus dem 16. Jh. wirkt nach vielen Umbauten eher schlossartig. In der Burg ist das **Museum von Kamnik** zur Stadtgeschichte untergebracht, das dringend einer Renovierung und Neukonzeption bedarf. Außerdem sind Möbel aus dem 18. Jh. ausgestellt. Auf dem Hügel vor dem Schlosstor stehen einige alte Getreidespeicher aus den Kamniker Alpen, die als volkskundlicher Teil des Museums gedacht sind. Um die dritte der Kamniker Burgen bzw. deren Ruine, **Stari Grad** (alte Burg), zu besichtigen, muss man die eigentliche Stadt Richtung Osten über die Brücke verlassen und zu Fuß den Berg Krniška gora (585 m) erklimmen. Der Weg ist nicht weit (ca. 20 min Fußmarsch), aber recht steil. Dafür ist die Aussicht bis nach Ljubljana und auf die Alpen grandios. Die Burg stammt aus dem 13. Jh. und ist damit jünger als Mali Grad.

In der Altstadt von Kamnik

INFO

Die geizige Gräfin

Um die Burg Mali Grad rankt sich eine **Legende**: Die Bürger der Stadt baten die Gräfin *Veronika* um eine Spende für einen Kirchenbau. Die Gräfin reagierte höchst unchristlich und wurde wütend, dass man es wagte, sie „anzubetteln". In ihrer Rage soll *Veronika* ihre Faust in das Burgtor gerammt haben, heute ist der Abdruck ihrer Hand rechts neben dem Eingangsportal zu sehen. Der Geiz der Gräfin hatte Folgen: Von der Hüfte abwärts wurde sie in eine Schlange verwandelt und fand in dieser Gestalt Eingang in das Stadtsiegel.

Kloster

Für Bibliophile bietet sich ein Besuch des **Franziskaner-Klosters** am Nordwest-Ende des Glavni Trg an. Die Bibliothek des Klosters, das seit 1492 besteht, enthält neben Handschriften und Inkunabeln eine Original-Kopie der Bibelübersetzung von *Jurij Dalmatin*. Im Kloster leben heute noch Mönche, die das Gebäude Gruppen von mindestens fünf Personen zugänglich machen. Neben dem Kloster liegt die Jakobs-Kirche mit einer von *Jože Plečnik* gestalteten Kapelle. Bibliothek

Galerie

Am Glavni trg 2 liegt eine dem Maler *Miha Maleš* gewidmete **Galerie**, die Bilder und Grafiken ausstellt. Von *Plečnik* stammt das auffällige orange- und beigefarbene

Haus mit der großen Loggia (heute ein Café) am Glavni trg. Fans des Architekten sollten unbedingt den Ort **Stranje**, knapp 5 km nördlich von Kamnik, besuchen. Die dortige Kirche erfuhr in den 1950er Jahren durch *Plečnik* eine völlige Umgestaltung des Innenraums und der Fassade.

Arboretum

Knapp 5 km südlich von Kamnik in Richtung Radomlje liegt in dem Ort Volčji potok ein außerordentlich schönes Arboretum, in dem mehr als 4.000 verschiedene Pflanzen-, Baum- und Blumenarten aus aller Welt zu bewundern sind.

Garten

Der 88 Hektar umfassende Garten wurde im 19. Jh. herzförmig angelegt. Natürlich ist die beste Zeit für einen Besuch das Frühjahr, wenn alles blüht, besonders aber auch während der Blumenausstellung Ende April und Anfang Mai. Heute befindet sich gleich bei dem Aboretum ein Golfplatz.

Velika Planina

(i) S. 125

Von Kamnik aus führt eine Straße nach N und folgt dem Lauf des Flüsschens **Kamniška Bistrica** bis zu dem gleichnamigen Ort. Auf etwas mehr als halber Strecke liegt die Seilbahnstation, die zur Hochebene **Velika Planina** („große Alm") führt.

Ovale Almhütten auf der Velika Planina

Man sollte unbedingt Zeit für dieses landschaftlich besonders reizvolle Ausflugsziel einplanen. Mit einer Gondel können Besucher aus dem engen Tal auf 1.418 m hinauffahren, und bereits während der 6-minütigen Fahrt eröffnet sich ein atemberaubender Rundblick auf die schneebedeckten Gipfel der **Kamniker-Savinjer Alpen**.

Sessellifte fahren dann noch einmal bis auf eine Höhe von 1.666 m. Auf der Velika Planina erwartet den Besucher eine ungewöhnliche, felsige Almlandschaft mit sattgrünen Wiesen, auf denen von Juni bis September Kühe grasen. Wahrzeichen der Hochebene sind **ovale Hütten** mit einem konischen Flachdach, die dicht gedrängt am Hang stehen und deren Zahl mit über 500 angegeben wird. Bis heute verbringen viele Almwirte den Sommer in diesen Schutzhütten. Es wird spekuliert, dass die ungewöhnliche Form der Hütten bis auf die Bronzezeit zurückgehen könnte, was allerdings eine außerordentlich lange Kontinuität in Form und Architektur voraussetzt. Leider blieb die Velika Planina im Zweiten Weltkrieg nicht verschont: Die Wehrmacht brannte die Hütten nieder. Die damals zerstörten Hütten stammten etwa vom Anfang des 20. Jh., viele der heutigen Bauten sind nach 1945 entstanden. Außerdem steht auf der Alm die Kapelle Marija Snežna, ebenfalls ganz aus Holz.

Almhütten

Viele der Alm-Hütten werden heute als Ferienhäuschen genutzt und im Sommer kann es besonders an den Wochenenden voll werden. Trotz dieser touristischen Entwicklung sind die Strukturen intakt: Die Herden grasen friedlich und man kann sogar Milcherzeugnisse wie Käse, Quark und Sauermilch direkt vom Bauern kaufen.
Für eine **Rund-Wanderung** von der Bergstation der Gondel über die **Mala Planina** (1569 m) im Süden und zurück zur Gondelstation muss man mindestens einen halben Tag einplanen. Für längere Touren oder Aufenthalte auf der Alm bieten drei Berg-Hütten Übernachtungsmöglichkeiten an.

Wanderung

Auf die Alm führt auch ein Wanderweg aus dem Tal von Stahovica aus, zu schaffen in gut drei Stunden. Der Weg führt an der sehenswerten **Wallfahrtskirche Sveti Primož** oberhalb des Dorfes Črna vorbei, die mit schönen Fresken aus dem 16. Jh. ausgeschmückt ist. Wer die Alm im Sommer besucht, sollte die Höhe nicht unterschätzen: Auch wenn es im Tal sehr heiß ist, kann auf dem ungeschützten Plateau der Velika Planina ein kühler Wind gehen. Warme Kleidung mitnehmen!

Kamniška Bistrica

(i) S. 125

Folgt man der Straße weiter nach N, erreicht man nach weiteren 3 km das Ende des Talkessels und die Hütte Kamniška Bistrica, die ein idealer Ausgangspunkt für mehrtägige Wanderungen in die Kamniker-Savinjer Alpen ist. Von hier aus sind Wanderungen ins **Logar-Tal** (*Logarska dolina*) möglich. Weitere Wanderungen führen auf die Gipfel **Grintovec** (2.558 m), **Brana** (2.251 m) und **Planjava** (2.394 m).

Flusstal

Allerdings sind die Wanderungen durchaus anspruchsvoll (geführte Touren organisiert der Alpenverein in Kamnik). Kürzere Tageswanderungen führen über die umliegenden Bergsättel (Kokrsko sedlo, 1.791 m; Kamniško sedlo, 1.903 m).

Wer kein ausgesprochener Wanderfreund ist, kann auch nur den kleinen See an der Berghütte, die Quelle der Kamniška Bistrica oder den 20 m hohen Wasserfall des Flusses „besichtigen". Die Fahrt durch das schöne Tal ist auf jeden Fall sehr lohnenswert.

Hinweis zur Route

Im Talkessel von Kamniška Bistrica endet die Straße, man muss also die letzten 8 km nach Stahovica auf jeden Fall zurückfahren, um das Tal zu verlassen, dort biegt eine Straße über den landschaftlich schönen Črn-Pass ab. Wer schnell in Richtung Celje-Maribor weiterfahren möchte, sollte nach Kamnik und Domžale zurückfahren und die Hauptstraße 10 nach Osten nehmen.

Von Kamnik ins Logar-Tal

In Stahovica biegt die 225 nach Osten ab, über die auf kürzestem Wege über den **Črn-Pass** (902 m) das **Obere Savinja**- und das **Logar-Tal** erreicht werden kann. Die Strecke ist landschaftlich sehr schön und bietet phantastische Ausblicke, wenn man den Pass überwunden hat. Im ersten größeren Ort **Gornji Grad** fällt die mächtige barocke **Domkirche** auf (1756), die den Dom in Ljubljana zum Vorbild hat. In der Kirche sind Altargemälde von *Johann Kremser-Schmidt* aus dem 18. Jh. einen Blick wert. Gornji Grad war einst der Sitz des einzigen Benediktinerklosters Sloweniens, der große Klosterkomplex wurde im Zweiten Weltkrieg zerstört. Der Turm hinter der Kirche war Teil der Klosterbefestigung.

mächtige Domkirche

Oberes Savinja-Tal und Logar-Tal

S. 125

Von Gornji Grad kommend biegt man kurz hinter dem Ort Radmirje auf die 428 nach N und folgt nun dem Lauf des Flusses Savinja ins **Obere Savinja-Tal** (*Zgornja Savinjska dolina*).

Im Logar-Tal

Die Gegend ist geschichtsträchtig: Bereits in der Steinzeit besiedelt (Funde in einer Höhle unterhalb des Berges Olševa), errichteten auch die Römer Lager um

Mozirje, von denen allerdings nichts mehr übrig ist. Im Mittelalter prosperierte die Region durch den Handel mit Holz, das über die Savinja nach Celje geflößt wurde. Noch bis zum Zweiten Weltkrieg waren hier etwa 200 Sägemühlen in Betrieb. Heute ist das Tal für Kajak- und Kanufahrten beliebt, aber es gibt noch keine ausgesprochene „Sportindustrie" wie im Soča-Tal. Ein kleines Sportzentrum liegt östlich von Radmirje an der Straße nach Celje, der Einstieg für Kanu-Touren ist bei Rogovilec. Bei Lubno verengt sich das Tal immer mehr und die Straße windet sich in engen Kurven durch das Flusstal und die beiden Dörfer Luče und Solčava. Man hat das Gefühl, in eine gottverlassene Gegend zu kommen: Es gibt kaum Häuser, die Felswände scheinen sich zu berühren und die Straße ist auch nicht im besten Zustand. Neben interessanten Felsformationen gibt es ein paar Highlights: **Robanov kot** ist ein wundervolles, ursprüngliches Alpental, hier liegen einige Bauernhöfe, die Übernachtungen anbieten, und ein Wandergebiet. Robanov kot ist der richtige Ort für einen naturnahen Aufenthalt ohne jede Hektik. Nord-östlich davon liegt die Eishöhle **Snežna jama** („Schneehöhle"), eine 600 m lange, sehr kalte Höhle, in der das Wasser auch im Sommer gefroren ist. Bei **Solčava** beginnt ein nur teilweise asphaltierter **Panoramaweg** (vor der Brücke rechts), eine wunderschöne Strecke, die man alternativ der Straße durch das Savinja-Tal bis zur Einfahrt ins Logar-Tal nehmen kann. Der Weg ist auch eine schöne Mountain-bike- oder Wanderstrecke, an der ein Bauernhof liegt, an dem man einen Imbiss zu sich nehmen kann.

Felsformation und Eishöhle

Wanderungen im Oberen Savinja-Tal

Im Tal selbst kann man verschiedenen leichten Wanderwegen folgen, ein knapp dreistündiger Spaziergang führt als Naturlehrpfad auch an Holzfällerhütten und Köhlerhütten vorüber. Vom **Rinka-Wasserfall** führt eine gut einstündige Wanderung zur Hütte Frischaufov dom. Längere Touren sind im Hochgebirge möglich, eine zweitägige Wanderung führt vom Rinka-Wasserfall über die Gipfel **Turska Gora** (2.251 m) und **Brana** (2.252 m), z.T. über gesicherte Klettersteige. Der slowenische Bergwanderweg führt im Savinja-Tal über den Gipfel der Raduha und südlich oberhalb des Logar-Tals entlang.
Eine Traversierung vom Logar-Tal nach **Kamniška Bistrica** oder **Zgornje Jezersko** ist möglich, aber recht anspruchsvoll.
Schön sind die Moutainbike-Strecken, von Luče aus führt ein gut ausgebauter Weg in das Gebiet östlich der Raduha (2.062 m).

Logar-Tal

Das schmale **Logar-Tal** (*Logarska dolina*) ist das größte **Gletschertal** in den Kamniker-Savinjer Alpen, es gilt als eines der schönsten Alpentäler und ist ein beliebtes Wochenendziel der Einheimischen. Es ist bis zu 500 m breit und 9 km lang, die Ebene ist eine Grasfläche, auf der Almwirtschaft betrieben wird, die Hänge sind bewaldet und gehen in eine hochalpine Landschaft über.

Im Tal ist man um einen **umweltfreundlichen Tourismus** und auch eine gewisse Exklusivität bemüht. Erst seit den 1930er Jahren führt eine Straße durch das Tal auf die Hauptattraktion, den **Rinka-Wasserfall** zu, der zugleich die Quelle der Savinja ist. Auto- und Motorradfahrer müssen eine „Eintrittsgebühr" entrichten. Im Tal gibt es nur ein größeres Hotel, eine Pension und einige Bauernhöfe sowie einen Campingplatz. Neben dem 90 m hohen Rinka-Wasserfall sind weitere kleinere Wasserfälle und die Klemenča-Höhle schöne Ziele für Spaziergänge und Wanderungen. Das Tal ist auch wunderbar zum Radfahren und Reiten, im Winter gibt es Langlaufmöglichkeiten (15 km). Wer es noch ruhiger mag: Parallel zum Logar-Tal liegt das noch abgeschiedenere Gletschertal Matkov kot.

Wasserfall

Hinweis zur Route

Das Obere Savinja-Tal war lange eine „Sackgasse", seit 2001 kann man aber über den Pavličevo sedlo (Paulitsch-Sattel, 1339 m) nach Österreich fahren. Von dort ist die Verbindung über den Seebergsattel (1218 m) zurück nach Slowenien und nach Kranj möglich.

Bled

S. 125

Die Insel von Bled

Der idyllische Ort Bled und der gleichnamige See liegen nur vier Kilometer abseits der Strecke Salzburg – Ljubljana an der Hauptstraße 209. Diese günstige Lage entlang einer der Hauptrouten durch Slowenien sowie sein mildes Klima ließen die Region schon früh eine touristische Blütezeit erleben: Ende des 19. Jahrhunderts war Bled ein **mondäner Kurort**.

Geschützt durch die Alpen, die kalte Winde abhalten, heizt sich das Wasser des 2 Kilometer langen und 31 Meter tiefen Sees im Sommer bis zu 24 Grad auf und ist noch im September zum Baden geeignet. Auch heute schließt der Ort wieder an die Tradition der K.u.K.-Zeit an: Die einmalig schöne Lage und seine ehemals hochherrschaftlichen Villen, in denen heute Hotels untergebracht sind, verleihen dem

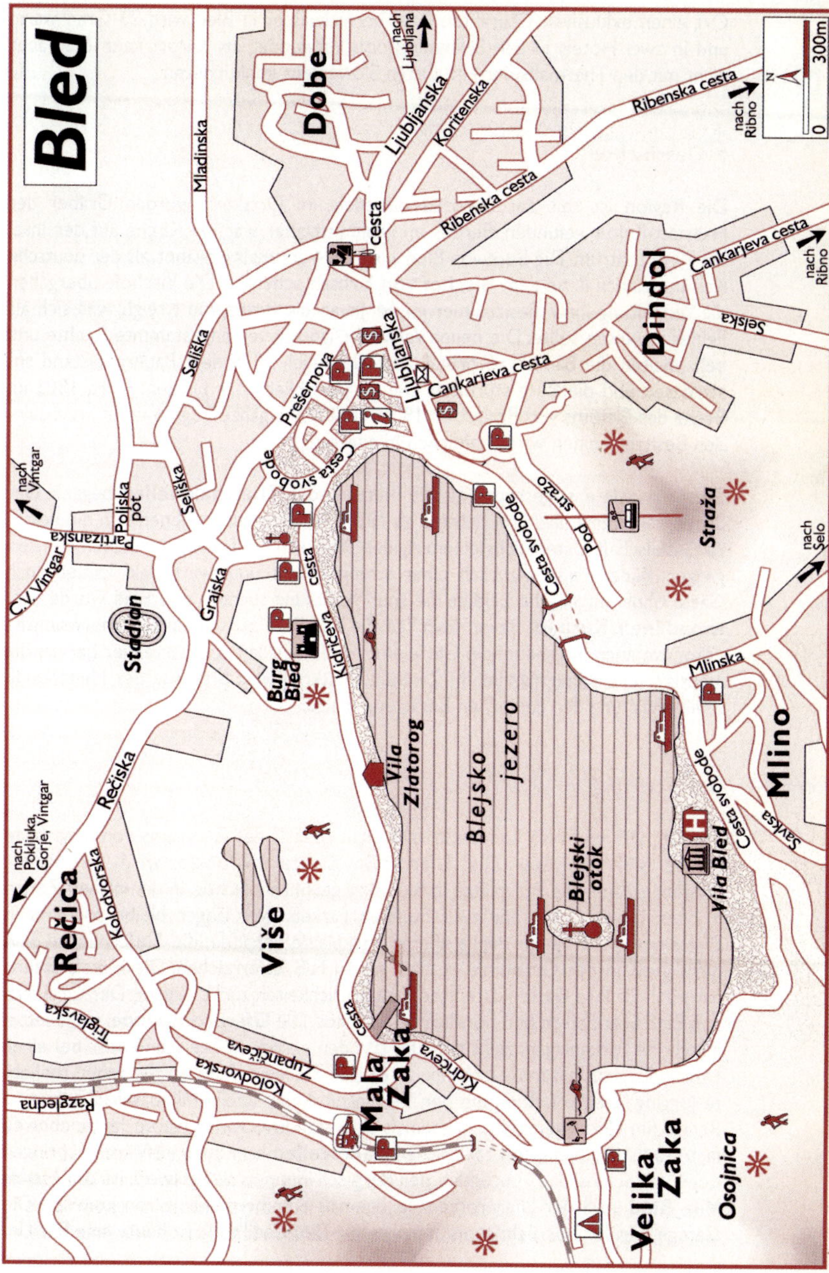
Bled
Dobe
nach Ljubljana
Ljubljanska cesta
Koritenska
Ribenska cesta
Ribenska cesta
nach Ribno
0
300m
Mladinska
Dindol
Cankarjeva cesta
nach Ribno
Selska
Cankarjeva cesta
Prešernova
Ljubljanska
Cesta svobode
Seliška
Seliška
Poljska pot
Partizanska
nach Vintgar
C.V. Vintgar
Grajska
Stadion
Burg Bled
Kidričeva cesta
Pod stražo
Cesta svobode
Straža
nach Selo
Mlinska
Mlino
Vila Zlatorog
Blejsko jezero
Blejski otok
Vila Bled
Cesta svobode
Savska
Rečiška
nach Pokljuka, Gorje, Vintgar
Rečica
Kolodvorska
Više
Triglavska
Župančičeva
Kolodvorska
Razgledna
cesta
Mala Zaka
Kidričeva
Velika Zaka
Osojnica

Ort einen exklusiven Charakter. Das Thermalwasser in Bled wird 23 Grad warm und in zwei Hotels in den Swimmingpools verwendet, als Kurort kann Bled aber nicht mit den Thermalbädern im Osten Sloweniens konkurrieren.

Geschichte

Die Region ist seit der Steinzeit besiedelt, im Ortskern wurden Gräber der Hallstatt-Kultur gefunden. Bereits im Frühmittelalter war die Kirche auf der Insel ein Pilgerzentrum. Die Burg von Bled wird 1004 erstmals erwähnt, als der deutsche Kaiser *Heinrich II.* sie dem **Bischof von Brixen** schenkte. Die Bischöfe übergaben die Verwaltung ihrer Besitztümer im 14. Jh. an die Ritter von Kreigh, was sich als Fehler erweisen sollte. Die neuen Verwalter ignorierten angestammte Rechte und behandelten die Bauern so brutal, dass diese sich 1515 dem Bauernaufstand anschlossen und die Burg stürmten. Die Gegend blieb aber bis zum Jahre 1803 im Besitz des Bistums von Brixen. Im 19. Jh. erlebte die ganze Region unter wechselnden Besitzern einen wirtschaftlichen Niedergang.

Kurtourismus

Dieser wurde erst gestoppt, als die Nutzung der **Thermalquellen** begann. Der Schweizer Arzt *Arnold Rikli* richtete ab 1885 Heilbäder ein, in denen sich die bessere Gesellschaft Österreichs einem rigiden Tagesplan mit frühem Aufstehen, Spaziergängen, Bädern und natürlich einer strengen Diät unterwarf. Bald kamen auch Gäste ohne chronische Leiden, die „nur" Erholung suchten und Bled wurde zum **mondänen Kurbad**. Bevor *Josip Tito* die Vila Bled zu seinem Sommerwohnsitz erkor, wo auch internationale Gäste empfangen wurden, residierte hier bereits die jugoslawische Königsfamilie. Im Zweiten Weltkrieg war Bled Sitz der Militär- und Zivilverwaltung der deutschen Besatzungsmacht.

Orientierung

Parkmöglichkeiten

Auf der 209 von NO kommend, trifft man südlich des Zentrums von Bled beim Casino auf den See. Die Uferstraße **Cesta svobode** wird im N zur Fußgängerzone. Die Parkplätze in Bled sind gebührenpflichtig, in den blauen Zonen in Seenähe darf man nur zwei Stunden parken. Wer länger bleibt, sollte beim Ortseingang auf einem der größeren Parkplätze anhalten; die Entfernungen sind nicht groß, in der Ortsmitte ist alles gut zu Fuß zu erreichen. Die Hotels stellen natürlich für ihre Gäste kostenlose Parkmöglichkeiten zur Verfügung. Der Ortskern von Bled liegt östlich und nördlich des Casinos. Die **Uferpromenade**, eingebettet in schöne Parkanlagen, zieht sich um fast den gesamten See (ca. 6 km), bei einer Umrundung zu Fuß muss man nur an einigen Stellen auf der Straße gehen (beliebte Jogging-Strecke!). Rund um den See liegen die Ortsteile Mlino, Velika Zaka und Rečica (im Uhrzeigersinn), die ehemals eigenständige Dörfer waren, heute aber de facto Ortsteile bilden. An zahlreichen **Badestellen** kann man ins Wasser springen oder im „Schlossbad" unterhalb der Burg schwimmen. Sehenswert ist das **Hotel Vila Bled** im S der Uferpromenade, ehemals Sommerresidenz von *Josip Tito*. Die Garage, berühmt-berüchtigt als Stellplatz für *Titos* Cadillac(!), ist heute eine Bar. Um die Postkartenansicht der Insel und der Burg aus der Vogelperspektive zu fotografieren, muss man den einstündigen Anstieg zur 756 m hohen **Osojnica** auf sich nehmen (Waldweg westlich hinter der Vila Bled).

Burg von Bled

Die **Bleder Burg** (*Blejski grad*) thront in 139 m Höhe auf einem Felsen über dem See. Von dem ursprünglich romanischen Bau sind nur noch der Mauerring und der östliche Turm erhalten. Im 16. und 17. Jahrhundert zerstörten Erdbeben Teile der Burg. Trotzdem blieb der trutzig-wehrhafte Charakter erhalten. Die Anlage besteht aus den ehemaligen Wirtschaftsgebäuden im unteren Teil und dem darüber liegenden Wohnbereich. Die Wehrgänge wurden bei der Renovierung 1961 rekonstruiert.

Sehenswert ist die **gotische Kapelle** aus dem 16. Jahrhundert, die den beiden Heiligen *Albuin und Ingenuin* geweiht ist. Der Innenraum ist ganz mit Fresken verziert, die im 18. Jh. hinzugefügt wurden. Ebenfalls in den Burgkomplex integriert ist ein schön renoviertes **Museum**, das über die Geschichte Bleds informiert: Ausgestellt sind Fundstücke aus der Stein- und Eisenzeit sowie Schmuck aus frühmittelalterlichen slawischen Gräbern. Die weitere Ausstellung zeigt Gemälde und Mobiliar von der Gotik bis zum 19. Jahrhundert. Die Gemeinde bemüht sich, die Gebäude auch anderweitig zu nutzen und das Besucherinteresse zu wecken: In den alten Mauern sind ein **Weinkeller**, eine **Kräutergalerie** und eine **Schau-Druckerei** untergebracht, in denen die Produkte auch verkauft werden. Die Vinothek wurde für die Präsentation bereits prämiert, man kann eine eigene Weinflasche abfüllen und verkorken.

Burg-Museum

Auf der Burg von Bled

Zu erreichen ist die Burg in einem knapp halbstündigen Spaziergang von der Uferpromenade aus: Hinter der Kirche **Sveti Martin** führt ein Weg den Burgberg hinauf oder man folgt der Uferpromenade im N in westlicher Richtung. Etwa bei der Vila Zlatorog beginnt ein zweiter Weg den Berg hinauf. Der teilweise steile Aufstieg kann auch mit einer Pferdekutsche (an der Promenade zu mieten) oder mit dem Auto zurückgelegt werden, dann fährt man in einem Bogen über die Straße vom Nordosten an die Burg heran.

Insel von Bled

Die Insel von Bled (Blejski otok) mit der **Barockkirche Mariä Himmelfahrt** gilt als eines der meistfotografierten Motive Sloweniens, die malerische Lage mitten im

Blau des Sees vor dem Alpenpanorama ist einmalig. Auf die Insel fahren die charakteristischen **Pletna-Boote**, entweder stilecht von Ruderern angetrieben oder als Elektroboote. Wer es sportlicher mag, mietet sich ein Ruder- oder Tretboot oder schwimmt hinüber (kein Einlass in die Kirche in Badekleidung!). Die exponierte Lage der Insel machte bereits auf die ersten slawischen Einwanderer Eindruck: Ausgrabungen haben bewiesen, dass die Insel spätestens seit dem 7. Jh. n. Chr. besiedelt und dort eine **Kultstätte** errichtet wurde. Seit dem 9. Jahrhundert ist eine christliche Kirche belegt. Die heutige **Barockkirche** aus dem 17. Jh. steht auf den Fundamenten eines romanischen Baus von 1142. Ebenfalls im 17. Jahrhundert kam die **Treppe** hinzu, deren 99 Stufen zur Kirche hinauf führen. Ältestes Stück in der Kirche ist eine **Madonnenstatue** aus Holz von 1465. Bemerkenswert sind außerdem die Reste gotischer Fresken im Presbyterium. Der barocke Hauptaltar stammt aus dem Jahre 1747, rechts und links der Madonna sind Kaiser *Heinrich II.* und seine Frau *Kunigunde* abgebildet. Um die Glocke der Kirche rankt sich eine **Legende**: Die erste Glocke soll von einer reichen Witwe gestiftet worden sein, nachdem ihr Mann von Räubern ermordet wurde. Beim Transport auf die Insel versank das Boot mit der Glocke, die man fortan in mondklaren Nächten vom Seeboden aus läuten hören kann. Die Witwe trat in Rom einem Kloster bei, und der Papst selbst schenkte der Kirche die neue Glocke. Sie zu läuten soll Verliebten Glück bringen.

Glockenlegende

INFO Von Heiden und Christen

Der slowenische Nationaldichter *France Prešeren* wies der Insel in seinem 1836 erschienenen Epos „Die Taufe bei der Savica" („*Krst pri Savici*") eine für die **Christianisierung** der Slawen entscheidende Rolle zu: In dem Gedicht hüten der slawische Priester *Staroslav* und seine Tochter *Bogomila* den Tempel der Fruchtbarkeitsgöttin Živa auf der Bleder Insel. Als die Christen die Insel erobern, wird das Heiligtum zerstört. *Staroslav* und *Bogomila* treten zum Christentum über und bleiben auf der Insel, auf der nun eine christliche Kirche errichtet wird. *Bogomilas* Bräutigam, der slawische Fürst *Črtomir*, kämpft jedoch gegen die Christianisierung seines Volkes. *Bogomila* bringt ihn dazu, seinen Widerstand aufzugeben: Aus Liebe zu ihr lässt sich *Črtomir* am Savica-Wasserfall taufen und wirkt später als Missionar unter den Slawen.

Bemerkenswert ist, dass zu Lebzeiten *Prešerens* die Überreste der frühen slawischen Kultstätte auf der Bleder Insel noch nicht entdeckt waren (sie wurden erst Mitte des 20. Jh. in der Kirche gefunden). Dadurch erhöhte sich das Ansehen des in Slowenien ohnehin verehrten Dichters weiter, ihm werden häufig „visionäre Züge" zugesprochen.

Fahrt mit dem historischen Dampfzug

Einen schönen Tagesausflug kann man von Bled aus mit einem historischen Dampfzug unternehmen: Der Zug fährt um 9.30 Uhr in Bled ab, durch das **Tal von Bohinj** und eine tunnelreiche Strecke, deren Bau um 1900 eine technische

Meisterleistung darstellte, und erreicht um 10.30 Uhr **Most na Soči** im S der Julischen Alpen. Dort kann man den Tag mit Spaziergängen oder Radtouren am See verbringen (die Mitnahme von Fahrrädern im Zug ist möglich). Die Rückfahrt beginnt um 17.30 Uhr. Recht üblich ist es, die Fahrt mit einem Besichtigungsprogramm zu buchen, das Busfahrten nach **Tolmin** und **Kobarid** (Besuch des Kobarid-Museums) sowie ein Mittagessen einschließt.

Ausflüge und Wanderungen

Nur 4 km nordwestlich von Bled liegt die spektakuläre **Vintgar-Klamm**, durch die der Fluss Radovna rauscht. Die 1.600 m lange und bis zu 300 m tiefe Schlucht wurde bereits Ende des 19. Jh. erschlossen und ist bis heute eines der **beliebtesten Ausflugsziele** in der Umgebung von Bled. Brücken und Holzstege führen durch die enge Schlucht, über Stromschnellen und kleine Wasserfälle. Die Schlucht endet an dem **Wasserfall Šum**, mit 16 m der höchste Fluss-Fall Sloweniens. Die Vintgar-Schlucht ist mit dem Auto über Spodje Gorje zu erreichen oder zu Fuß von Bled aus in einem gut einstündigen Fußmarsch über Podhom (ausgeschildert). Spaziergänger können den Rückweg vom Wasserfall Šum an der Kirche Sveti Katharina vorbei nehmen, ca. 1,5 Stunden. Schön ist eine Fahrt durch das **Pokljuka-Gebirge** bis nach Rudno polje (22 km von Bled); hier liegt ein schneesicheres Skigebiet. Eine weitere Schlucht, die **Pokljuka-Klamm**, liegt gut 7 km von Bled entfernt. Die Klamm führt kein Wasser und ist mit einer Tiefe von 40 m weniger spektakulär als die Vintgar-Schlucht. Reizvoll sind aber einige schmale Naturbrücken über die Klamm sowie eine Höhle, in die durch mehrere Durchbrüche im Felsen Licht einfällt. Die Gegend ist auch ideal für Mountainbike-Fahrer oder für „normale" Radtouren. Eine leichte Tageswanderung führt von Rudno polje auf den **Viševnik** (2.050 m, Hin- und Rückweg ca. 4-5 Stunden), von wo aus man den Gipfel des **Triglav** sieht. Rudno polje ist ein beliebter Ausgangspunkt für Triglav-Besteigungen, vom Parkplatz aus kann der Gipfel inklusive Rückweg in zwei Tagen gemacht werden (siehe Triglav-Besteigung Seite 273). Beliebt ist auch eine Wanderung von Rudno polje über das Tal der Triglav-Seen zum Bohinjsko jezero.

Wintersport

Um Bled stehen 15 km **Langlauf-Loipen** zur Verfügung. Eine kurze Ski-Abfahrt ist vom Straža Bled (634 m) möglich, hier gibt es einen Sessellift. Anspruchsvolle **Skitouren** kann man im Pokljuka-Gebirge nördlich des Ortes machen, es gibt auch einige Schlepplifte, das Gebiet ist aber nur für Anfänger geeignet. Die Eislaufhalle in Bled ist von Juli bis März an den Wochenenden und an Feiertagen geöffnet, wenn der See zufriert, kann man auch darauf Schlittschuh fahren.

Hinweis zur Route

Die Straße durch das Pokljuka-Gebirge ist besonders im unteren Teil serpentinenreich und weist einige Schäden auf. Es besteht die Möglichkeit, kurz hinter der Ansiedlung Mrzli Studenec über eine Nebenstrecke nach Jereka in das obere Tal von Bohinj herüberzufahren, vorbei an einigen schönen, sehr einsam gelegenen Almen, allerdings ist die Straße streckenweise nicht asphaltiert.

Vrba

Das Geburtshaus von Nationaldichter France Pešeren in Vrba

Prešeren-Geburtshaus

Das Dorf **Vrba** (zu Žirovnica zugehörig) liegt knapp 6 km nordöstlich von Bled und ist als Geburtsort des Nationaldichters *France Prešeren* (1800-1849) bekannt. Eine Bronzebüste vor dem Ortseingang erinnert an den Poeten. Einzige Sehenswürdigkeit des Dorfes ist das **Geburtshaus** *Prešerens*, das Haus Nr. 2, das aus dem 16. Jh. stammt und in dem bereits 1939 ein Museum eingerichtet wurde. Eines der wichtigsten Ausstellungsstücke zu Leben und Werk des in Slowenien hoch verehrten Dichters ist seine Wiege!

Begunje

ⓘ S. 125

Von Vrba aus bietet sich die Weiterfahrt durch das Dorf hindurch und dann wieder nach Südosten auf einer Nebenstrecke parallel zur 211 nach **Begunje** (6 km von Vrba aus) an. Das lang gestreckte Dorf ist Volksmusik-Fans als Ursprung der „Original Oberkrainer" bekannt, der Brüder Avsenik. Im gleichnamigen Gasthaus erinnert eine kleine „Galerija" an die Musiker.

In Begunje ist außerdem das **Schloss Katzenstein** (16. Jh.) zu besichtigen, das vor dem Zweiten Weltkrieg als Frauengefängnis diente. Während der deutschen Besatzung 1941-45 benutzte auch die **Gestapo** das Schloss als **Kerker**, in dem mehr als 12.000 slowenische Geiseln festgehalten, gefoltert und getötet wurden.

Das **Muzej talcev** (= Geisel-Museum) wurde in ehemaligen Gefängniszellen zum Gedenken an die Männer, Frauen und Kinder eingerichtet, die hier ihr Leben ließen. Ausgestellt sind hauptsächlich schriftliche Dokumente, einige Zellen sind rekonstruiert worden. Interessanter ist ein Blick in die Kirche **Sveti Peter** auf einem Hügel über der Stadt: Die Fresken an den Innen- und Außenwänden stammen von dem Maler *Jernej von Loka* aus dem 16. Jh.

malerische Burgruine

Folgt man der Straße durch das lang gestreckte Dorf hindurch, trifft man beim nördlichen Ortsausgang auf die spektakuläre Ruine der **Burg Kamen**, die auf einem Hügel über dem Dorf thront. Allein die Lage am Eingang zum **Draga-Tal** lohnt einen Stopp. Obwohl viele Mauern und Gebäude in dem großen Komplex halb abgerissen sind, ist ein Gang durch die Anlage sehr empfehlenswert.

Von den oberen Türmen und Mauerringen hat man einen schönen Blick auf die Ebene und die dahinter liegenden Alpen. Im Sommer finden auf **Grad Kamen**, einst im Besitz der Familie Lamberg, Ritterspiele statt. Beim Eingang sind zwei Räume im Mauerring als kleines Bauernmuseum hergerichtet worden. Über die 211 kommt man zurück nach Bled.

Radovljica

ⓘ S. 125

Das Städtchen Radovljica bietet sich als Tagesausflug von Bled aus an (das „v" im Namen wird wie ein „u" gesprochen, deutsch heißt es Radmannsdorf). Radovljica ist wegen des **Bienenzucht-Museums** (*Čebelarski Muzej*) bekannt, aber auch der unverbaute mittelalterliche **Stadtkern** mit spätgotischen und Renaissance-Häusern macht die Stadt sehr sehenswert. Die Altstadt liegt malerisch auf einer eiszeitlichen Schwemmterrasse, die zu drei Seiten steil abbricht und den Blick auf das **Sava-Tal** freigibt (bei Radovljica fließen Sava Dolinka und Sava Bohinjka zusammen). Nordwestlich vom Altstadtkern setzt sich das Städtchen auch in der Senke mit Bauernhöfen fort und man kann die mittelalterliche Besied-lungsstruktur nachempfinden.

schöne Altstadt

Radovljica wird um 1050 erstmals urkundlich erwähnt, erhielt 1333 die Marktrechte und wurde Ende des 15. Jh. zur Stadt erhoben. Zumindest unter Slowenen bekannt ist die Stadt auch als Geburtsort des Dramatikers *Anton Tomaž Linhart*, der als Begründer des slowenischen Theaters gilt. Ein Denkmal und ein Gedenkzimmer im Thurn-Palast erinnern an den größten Sohn der Stadt.

Der Barockpalast Thurn in Radovljica

Alle Sehenswürdigkeiten liegen in der Altstadt an dem schmalen Hauptplatz **Linhartov trg**: Der dominierende **Barock-Palast Thurn** stammt aus dem 16. Jh., die Fassade wurde Anfang des 18. Jh. umgestaltet. Im ersten Stock ist das schön gestaltete **Bienenzucht-Museum** eingerichtet. Auch wer kein Bienen-Fan ist, sollte hier auf einen kurzen Stopp vorbeischauen: Die Imkerei bildet einen wesentlichen Bestandteil der slowenischen Agrar-Geschichte und auch heute noch wird von vielen Bauern Honig produziert. In ganz Slowenien wird der Besucher immer wieder den bunt bemalten **Vorsatztafeln für Bienenstöcke** begegnen, von denen das Museum eine reichhaltige Sammlung besitzt (die nur von der im Nationalmuse-um in Ljubljana noch übertroffen wird). Die Motive auf den Bienenstock-Brettchen zeigen das bäuerliche Alltagsleben, aber auch Heilige oder historische Ereignisse, alle in bunten Farben, die die

Bienenzucht-Museum

Bienen an den Stock heranlocken sollen. Bemerkenswert sind außerdem als Figuren gestaltete Bienenstöcke (häufig Soldaten), von denen manche fast lebensgroß sind. Das Museum in Radovljica zeigt die historischen Höhepunkte der für Slowenien wichtigen Bienenzucht und führt unterhaltsam durch die Geschichte der Honigproduktion.

Renaissance-Haus

Weniger spektakulär, aber auf Grund seiner Architektur (und sorgfältigen Renovierung) durchaus sehenswert ist das **Šivec-Haus**, gleich schräg gegenüber dem Barock-Palast gelegen. Gebaut im 16. Jh. von einem reichen Händler, ist das spätgotische Haus ein gutes Beispiel für die bürgerliche Wohnkultur in Slowenien. Im Erdgeschoss befanden sich die Wirtschafts- und Lagerräume, im ersten Stock die Wohnräume der Familie. Das Prunkstück bildet das so genannte **Hochzeitszimmer**, ein getäfelter Repräsentationsraum, der mit alten Möbeln ausgestattet ist. Der Bau wurde von seinen Besitzern ständig erweitert, wodurch einige interessante Anbauten entstanden. Im Erdgeschoss des Šivec-Hauses ist heute eine **Galerie** untergebracht, die Werke namhafter slowenischer Künstler zeigt. Die Präsentation moderner Kunst in einem der ältesten Stadt-Gebäude Sloweniens ist besonders gelungen.
Schließlich ist die **Kirche** (Ende 15. Jh.) am Ende des **Linhartov trg** einen Blick wert: Im Innern dominiert ein marmorner **Hochaltar** von *Lodovico Bombasi*. Bemerkenswert ist außerdem ein Gemälde des Malers *Janez Šubic* von 1871, auf dem Petrus aus den Händen von Christus den Schlüssel zum Himmelreich erhält. Direkt daneben steht das ehemalige **Pfarrhaus**, ein schönes Gebäude-Ensemble mit einem spätgotischen Arkadenhof (16. Jh.) und einer Taverne aus dem 15. Jh.

Kropa

Von Radovljica aus bietet sich die Weiterfahrt in das 11 km entfernte Schmiede-Dörfchen **Kropa** an, das versteckt in einem Tal des **Jelovica-Gebirges** am Flüsschen Kroparica liegt. Hier findet man mittelalterlich anmutende Dorf-Idylle, von den Touristenströmen noch weitgehend unentdeckt. Kropa war, wie viele Orte in der Gorenjska, vom 15. bis zum 19. Jh. ein wichtiges **Eisenverhüttungszentrum**, bis die Industrialisierung den Erzabbau unwirtschaftlich machte. Die Verhüttung in der Gegend ist wahrscheinlich noch sehr viel älter: In Kropa wurde der älteste Schmelzofen Sloweniens aus dem 13. Jh. gefunden.

Das Schmiededorf Kropa

Heute erinnert ein kleines **Schmiedemuseum** (*Kovaški muzej*) an diese Vergangenheit und zeigt sehr anschaulich die Verarbeitung vom Eisenerz bis zum fertigen Nagel. In Kropa gibt es ein sehr gutes Restaurant (Pri Kovač).

Bohinjska Bistrica

ⓘ S. 125

Von Bled führt die 209 im Osten in die beiden Täler von Bohinj, eine wildromantische Urlaubsregion. **Bohinjska Bistrica** (2.000 Einwohner), das Verwaltungszentrum der Region, liegt 24 Kilometer von Bled entfernt. Einzige Sehenswürdigkeit ist das kleine **Tomaž-Godec-Museum** (*Muzej Tomaža Godca*), das über die Besiedlungsgeschichte Bohinjs und die Geschichte während der beiden Weltkriege informiert.

Heimatmuseum

Das Museum ist nach seinem letzten Besitzer, dem Lederfabrikanten und Politiker *Tomaž Godec*, benannt, der 1939 an der Gründung der kommunistischen Partei Jugoslawiens beteiligt war und 1942 als Partisan erschossen wurde. *Josip Tito* höchstpersönlich eröffnete das Museum 1979.

Hinweis zur Route

Von Bohinjska Bistrica aus ist die Fahrt nach S über das Tal der Selščica (Selška dolina) nach Škofja Loka oder über Kropa nach Radovljica möglich. Allerdings sind Steigungen von bis zu 12 Prozent zu überwinden und die Straße ist nicht vollständig asphaltiert (Schotterpiste). Der Weg führt durch ein abgelegenes, unwirtlich wirkendes Waldgebiet.

Bohinj

ⓘ S. 125

Der Name Bohinj bezeichnet das Tal des Flusses Sava Bohinjka und die darin verstreut liegenden Siedlungen (unteres Bohinjer-Tal) sowie die Region zwischen den Dörfern Stara Fužina und Jereka (oberes Bohinjer-Tal), die als Bohinjsko jezero zu einer Verwaltungseinheit zusammengefasst wird.

Die Region blickt auf eine lange **Tradition der Eisenverhüttung** zurück: Die Erzvorkommen der umliegenden Berge wurden bereits in der Spätantike ausgebeutet, eine Handelsstraße verband die Gegend mit dem Soča-Tal und der Adria.

Erzlagerstätten

Auch im Mittelalter unter der Herrschaft des Bistums von Brixen prosperierte Bohinj: Der Platz um die Kirche in **Ribčev laz** war ein überregional bekannter Marktplatz, der viele Besucher anzog, bis er von Kaiser *Friedrich III.* 1451 verboten wurde, angeblich war das Treiben zu bunt geworden.

Im 18. Jh. erreichten Eisengießerei und Holzkohleherstellung ihren Höhepunkt. Im 19. Jh. kam aber bereits der Niedergang, als die Erzlager weitgehend erschöpft waren und die Bohinjer Eisengießer nicht mehr mit der industriellen Produktion konkurrieren konnten. Die Region wurde auf die Landwirtschaft, v.a. die Almwirtschaft, zurückgeworfen, bis um 1900 der Bau der Eisenbahn und der damit einsetzende Tourismus neuen Aufschwung brachte.

See von Bohinj

Gletscher-see

6 km östlich von Bohinjska Bistrica wird der **See von Bohinj** (*Bohinjske jezero*, deutsch Wocheiner See) erreicht. Mit 4,3 km Länge und 1,2 km Breite sowie bis zu 41 m Tiefe der größte permanente See Sloweniens (nur der See von Cerknica ist größer, wenn er im Winter Wasser führt). Der See wird im Westen von dem Gebirgsfluss Savica gespeist, im Osten fließt die Sava Bohinjka aus ihm ab. Im Vergleich zu Bled ist die Gegend ruhig und ursprünglich, außer in Ribčev laz und in Ukanc liegen keine Häuser oder Hotels in Ufernähe, doch werden in der Region eine große Anzahl von Privatzimmern und Ferienwohnungen vermietet.

Der See ist mit maximal 20 Grad im Sommer kühler als der von Bled, morgens hängt Nebel über dem türkisfarbenen Wasser. Zugang bieten meist im Schatten von Bäumen verborgene **Badestellen**, in **Ribčev laz**, bei **Ukanc** und auf der abgeschiedenen Nordseite des Sees liegen etwas größere Kiesstrände.

Am See von Bohinj

Das Nordufer erreicht man über einen kleinen Fußweg, der in Ribčev laz beginnt und in Ukanc endet, oder per Ruderboot.

Eine Wanderung um den See dauert etwa drei Stunden (13 km), führt aber im Süden dicht an der 209 entlang.

Ribčev laz

Die Straße erreicht den See bei dem Dorf **Ribčev laz,** dem touristischen Zentrum der Region. Beim Ortseingang befinden sich die Touristeninformation, die Zimmer vermittelt, sowie gute Einkaufsmöglichkeiten, außerdem ein großer Parkplatz.

Triglav-Bezwinger

Gegenüber auf der anderen Straßenseite erinnert ein **Denkmal** an die „vier beherzten Männer", die Erstbesteiger des **Triglav**, dessen Gipfel man bei klarem Wetter im Hintergrund ausmachen kann (die vier Figuren blicken in die Richtung des Berges). Initiiert und finanziert wurde die Expedition von dem Eisen-Magnaten Baron *Žigan Zois*, der bereits Anfang des 19. Jh. das touristische Potenzial der Region erkannte.
Ein weiteres Denkmal in Ribčev laz ist dem legendären **Zlatorog** gewidmet. Folgt man der 209 wenige Meter in Richtung Ukanc steht direkt am See ein Steinbock

aus Bronze. Der Zlatorog von Bohinj hat einen viel fotografierten, weitaus berühmteren Verwandten am Jasna-See in Kranjska Gora (siehe Zlatorog-Legende Seite 282).

Altar in der Kirche von Ribčev laz

Rechts hinter dem kleinen Zentrum mit der Touristeninformation führt eine malerische alte Steinbrücke über die Sava Bohinjka. Hinter der Brücke liegt die kleine **Kirche Sveti Janez Krstnik** (Johannes der Täufer), die häufig zusammen mit der Kirche in Hrastovlje als die schönste in Slowenien genannt wird.

Der Kirchenvorplatz war im Mittelalter ein weithin bekannter Marktplatz. An der Außenwand sind Reste eines riesigen **Christophorus-Freskos** aus dem 14. Jh. erhalten. Die Darstellung hängt mit dem im Mittelalter verbreiteten Glauben zusammen, dass man nicht an einem Tag sterben kann, an dem man ein Bild des Schutzherrn der Reisenden gesehen hat.

Das gotische **Presbyterium** der Kirche wird auf 1440 datiert, die romanischen Teile sind älter. Der Innenraum der Kirche ist reich mit **Fresken** geschmückt, die aus dem 15. und 16. Jh. stammen. Bemerkenswert ist die Darstellung von Engeln mit übergroßen Zähnen und außerdem ein Bild der Opferszene, in der Kain und Abel Gott ihre Opfer darbieten. Auf der Schulter von Kain sitzt ein weißer Teufel, eine äußerst seltene Darstellung.

gotische Fresken

Außerdem sind Männer mit einem deutlichen Kropf abgebildet, möglicherweise standen Einheimische aus der jodarmen Gegend von Bohinj Modell. In dem recht engen Kirchenraum mit den reichen Malereien herrscht eine einmalige sakrale Atmosphäre, die einen Besuch sehr lohnenswert macht.

Ukanc

Folgt man bei Ribčev laz der 209 so fährt man die gesamte Südseite des Sees ab und trifft an seinem Ende auf die Siedlung **Ukanc**, die kein eigentliches Zentrum hat. Ein Supermarkt, einige Privathäuser, ein Campingplatz und das Hotel Zlatorog liegen in einer Sackgasse. Ukanc ist ein Ruhepol am Ende des Sees, Trubel entsteht hier nur, wenn Reisebusse ankommen, deren Passagiere mit der Seilbahn auf den Berg Vogel (1.922 m) fahren.
Hier ist außerdem ein guter **Ausgangspunkt für Wanderungen** in den Triglav-Nationalpark; hübsche kleine Kiesstrände beim Campingplatz und beim Hotel Zlatorog laden zum Baden ein.

Hinter dem Hotel Zlatorog und damit auch am Ende der Straße führt eine hübsche Holzbrücke über die Savica, die an dieser Stelle eine außerordentlich intensive türkise Farbe annimmt. Folgt man dem Weg hinter der Brücke, erreicht man

legendärer Wasserfall

nach etwa einstündigem Spaziergang den **Savica-Wasserfall** (*Slap savica*), der eindrucksvoll aus einer 50 Meter hohen Felswand entspringt und dann in den Bohinjer-See abfließt. Der Wasserfall ist einer der Schauplätze des bereits erwähnten Epos von *France Prešeren* (siehe Seite 260): Der slawische Fürst Črtomir lässt sich hier taufen, womit die Slawen/Slowenen in die christliche Gemeinschaft aufgenommen werden.

Alternativ kann man mit dem Auto auf der 209 links am Campingplatz von Ukanc vorbeifahren (vom See weg) und bis zum Ende der Straße zur *Koča pri Savici.* Dort beginnt ein Wanderweg und nach etwa 20 min. steht man am Fuß des Wasserfalles. Bei der Hütte endet die Straße und um das Tal zu verlassen, muss man entlang des Sees zurück nach Ribčev laz fahren. Eine schöne alternative Route zurück nach Bled führt nördlich der 209 durch das obere Tal von Bohinj über die Dörfer Stara Fužina und Studor.

Stara Fužina

Hinter der Brücke in Ribčev laz beginnt die Nebenstrecke, die den See verlässt und nach knapp 2 km das ehemalige Schmiededorf **Stara Fužina** (= Alter Hammer) erreicht.

Sehenswert ist das aufwändig gestaltete **Sennereimuseum** (*Plansarski muzej*), das anschaulich über die Almwirtschaft und die Käseherstellung informiert (das Gebäude ist eine ehemalige Käserei). Bei dem Museum ist ein Café eingerichtet, in dem traditionelle bäuerliche Gerichte serviert werden. Die Straße führt hinter Stara Fužina in einem Bogen nördlich der 209 durch das obere Tal von Bohinj und zurück nach Bohinjska Bistrica.

idyllisches Bauerndorf

Neben der lohnenswerten Fahrt durch das schöne Tal ist auf dieser Strecke vor allem das 2 km hinter Stara Fužina gelegene **Dorf Studor** sehenswert, das fast nur aus alten Bauernhöfen besteht, ohne dass moderne Gebäude die Idylle stören.

Kozolec in Stara Fužina

In Studor sind mitten im Dorf in prächtigen Ausführungen die charakteristischen *kozolci* zu sehen, **Heuharfen**, die die Ernte in dem regenreichen Tal vor Nässe schützten.
Einer der alten Höfe in Studor beherbergt das **Oplen-Haus** (*Oplenova Hiša*), ein sorgfältig hergerichtetes Bauernmuseum, in dem eine Schwarzküche eingerichtet ist.

Wanderungen im Tal von Bohinj

An der *Koča pri Savici* beginnt ein Weg in das **Tal der Triglav-Seen** (oder „Tal der sieben Seen"), eine der schönsten Wanderrouten im östlichen Teil des Triglav-Nationalparks. Bis zum ersten See, dem *Črno jezero* (1.330 m), sind es gut zwei Stunden. Das Tal ist berühmt für seine **Blumenpracht** im Frühling und die **Feuersalamander**, die man besonders nach Regenfällen beobachten kann. Wer nur eine kürzere Wanderung von etwa vier Stunden machen möchte, für den ist die idyllisch an einem der Seen gelegene *Koča pri Triglavskih jezeri* (1.685 m) ein ideales Ziel. Kurz hinter der Hütte liegt die Baumgrenze und der Weg führt durch eine immer unwirtlicher werdende hochalpine Landschaft. Die Wanderung ist insgesamt leicht zu bewältigen, lediglich im ersten Teil, etwa eine Stunde nach dem **Savica-Wasserfall**, muss ein Klettersteig überwunden werden, für den man gute körperliche Kondition und etwas Klettergeschick mitbringen sollte. Auch eine Besteigung des Triglav selbst ist über diese Route möglich, geübte Bergsteiger schaffen den Aufstieg auf den Triglav auf diesem Weg in zwei Tagen.

Südlich des Bohinjer Sees liegt der **Berg Vogel** (1.922 m), dessen Gipfel vom Tal aus in gut fünf Stunden erreicht werden kann. In Ukanc (auf der 209 vor dem Campingplatz links) liegt eine **Seilbahnstation**, von der aus man mit einer Gondel bis auf 1.540 m zum Skihotel Vogel hinauffährt. Von dort sind es noch ca. zwei Stunden bis zum Gipfel. Für eine weitere Verkürzung des Aufstiegs nimmt man den Sessellift auf die Šija (1.800 m) und wandert von dort in einer knappen Stunde auf den Vogel. Das Gebiet ist wegen seiner guten Aussicht auf die Julischen Alpen bekannt, kann aber in puncto Landschaft nicht mit dem Tal der sieben Seen oder anderen Gebieten im Triglav-Nationalpark konkurrieren, was auch an den Liftanlagen liegt, die die Berghänge zerfurchen.

Triglav-Nationalpark und Umgebung

(i) S. 125

Der Triglav-Nationalpark (*Triglavski Narodni Park*, TNP) liegt im NW des Landes an der Grenze zu Italien und ist knapp 85.000 Hektar groß. Namensgeber ist der höchste Berg, der **Triglav** (2.864 m), weitere hohe Gipfel sind **Kanjavec** (2.568 m), **Škrlatica** (2.740 m), **Špik** (2.472 m), **Jalovec** (2.643 m) und **Mangrt** (2.678 m). In dem Gebiet entspringen drei Flüsse, die Soča im W, die Sava Bohinjka im O und die Sava Dolinka im N. Die Alpen sind eine Wasserscheide, die Soča fließt nach S in die Adria, die anderen beiden Flüsse nach W in die Donau. *Naturschutzgebiet*

Der **Naturschutz** hat in der Gegend eine lange Tradition: Schon im 19. Jh. setzten sich Wissenschaftler und Bergsteiger für den Schutz der Bergregionen ein. 1908 wurde die Einrichtung eines Schutzgebietes angeregt und schließlich 1924 im Bereich der Triglav-Seen umgesetzt. Seit 1961 gibt es den TNP unter diesem Namen, seit 1981 umfasst er zwei Drittel der Julischen Alpen, etwa ein Drittel des Gebirges liegt in Italien.

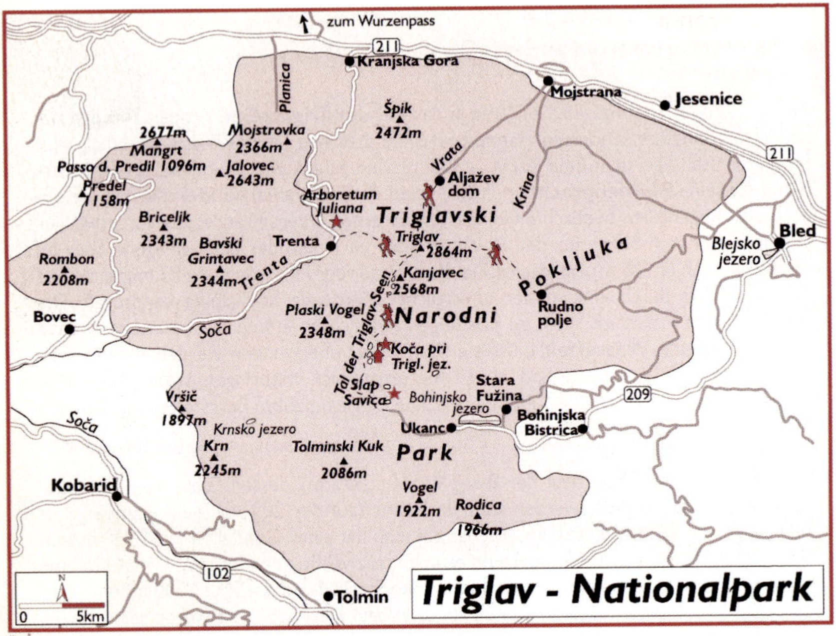

Ihren besonderen Reiz erhalten die Julischen Alpen durch das „Grundmaterial" **Kalkstein**, in dem durch Erosion zerklüftete Ausformungen und auch die vielen Höhlen entstehen (wie im Karst). Ausnahmen sind z.B. das Triglav-Massiv, das aus härterem Kalkstein (Cordevolkalk) besteht und glattere Wände hat. Da das Wasser schnell versickert, gibt es vergleichsweise wenig Seen und Bäche. Der Nationalpark ist mit einem schönen **Mischwald** bedeckt. Die Baumgrenze liegt bei 1.600 bis 1.900 m, in den oberen Lagen dominieren Lärchen und Fichten, doch auch die Buchen steigen in den Juliern sehr hoch. Die prächtige Flora kennt viele Endemiten, darunter v.a. die Zois-Glockenblume und den Julischen Mohn. Ferner sind Klee-,

!

Ein paar Regeln

Im Triglav Nationalpark sind Camping, offenes Feuer und das Pflücken von geschützten Blumen und Pflanzen verboten, die Pfade sind nicht für Mountainbike-Fahrer freigegeben und Übernachtungen nur in den Berg- oder in Almhütten erlaubt.

Mitten durch das Gebiet führt eine Asphaltstraße über den Vršić-Pass, ansonsten ist der Autoverkehr streng reglementiert, bei den Berghütten in den Tälern gibt es ausgewiesene Parkplätze.

Enzian- und Rosenarten verbreitet, die Alpenwiesen blühen im Frühling in leuchtender Pracht.
Ebenso reichhaltig ist die **Tierwelt**: Seltene Schmetterlingsarten wie der Apollo, der bis zu 7 Zentimeter groß werden kann, finden auf den blumenreichen Wiesen einen idealen Lebensraum.

Schilder markieren den Eingang in den TNP

Skorpione, Spinnen und der vom Aussterben bedrohte Bockkäfer leben in Felsspalten und Geröllhalden. Kreuzottern und verschiedene Salamanderarten, darunter der submediterrane Smaragdsalamander, sind verbreitet. In den Gewässern leben Fischotter, natürlich die Soča-Forelle, aber auch Krebse. Neben vielen Singvögelarten sind Steinadler, Falken, Habichte und Bussarde verbreitet, außerdem Schneehühner und der seltene Auerhahn.

Tiere

Mit etwas Glück kann man Marder, Murmeltiere und Gemsen beobachten. Das mythische Tier der Julischen Alpen, der Steinbock, wurde im 18. Jh. ausgerottet, ist inzwischen aber erfolgreich wieder angesiedelt worden: Zlatorog klettert also wieder durch die Bergwelt.

Nationalheiligtum Triglav

Der höchste Berg Sloweniens ist Namensgeber und **Herz des Nationalparks** und wird in Slowenien als eine Art Nationalheiligtum verehrt. Triglav wird meist mit „Dreikopf" übersetzt, das „v" in Triglav wird wie ein „u" gesprochen. Der Name kommt von einer slawischen Gottheit mit drei Gesichtern, die über den Himmel, die Erde und die Unterwelt herrscht. Allerdings waren es nicht die alten Slawen, die dem Berg den Namen gaben, er erhielt ihn erst im 18. Jh. aus nationalromantischen Gründen. Die **Erstbesteigung** gelang der „Vierergruppe", einem österreichischen Bergsteiger und seinen slowenischen Führern, am 26. August 1778. Ihr Denkmal steht in Ribčev laz beim See von Bohinj.

höchster Gipfel

Der Triglav – das wolkenverhangene Gipfelmassiv

Finanziert wurde das Unternehmen von dem Philantropen Baron *Žigan Zois*, der sich auch um andere nationale Projekte verdient machte. Jeder Slowene sollte einmal im Leben auf den

Gipfel des Triglav steigen, eine Tradition zur Bestätigung des „Slowenentums", die sich im 19. Jh. entwickelte und bis heute gepflegt wird – und die nicht ungefährlich ist: Das Gipfelmassiv ist eine schwierige **Kletterpartie** – selbst für geübte Bergsteiger mit guter Kondition! Im Sommer schiebt sich ein schier endloser Strom von Wanderern auf den Triglav, was leicht dazu führt, dass man seine Fähigkeiten überschätzt und sich einreiht. Es kommt zum Stau auf dem schmalen Gipfelgrat und die Gefahr für Kletterer steigt durch herabfallende Steine, die von oben losgetreten werden.

Tal der Triglav-Seen

Wer sich unsicher ist: Auch die tiefer liegenden Täler und Almen sind reizvoll! Eine der schönsten Wanderungen im Triglav-Nationalpark führt durch das Tal der Triglav-Seen (auch Tal der sieben Seen). Im Frühling kann man hier die Wanderung der Feuersalamander beobachten, im Herbst machen die bunten Laubwälder die Tour sehr reizvoll.

Der slowenische Alpenverein gibt je für den Ost- und Westteil des Triglav-Nationalparks eine **Wanderkarte** im Maßstab 1:50.000 heraus, auf der alle Wege verzeichnet sind, außerdem eine Karte im Maßstab 1:25.000 (*Planinska karta Triglav*).

Triglav-Besteigung

S. 125

Eine Besteigung des Triglav ist von Mitte Juni bis Ende Oktober möglich. Juni und Juli sind recht regenreich, August, September und Oktober sind die „schönsten" Monate für einen Gipfelsturm. Ende Juli kann in Gipfelnähe noch Schnee liegen. Regenkleidung und warme Sachen gehören aber zu jeder Zeit ins Gepäck und selbstverständlich braucht man gute, klettergeeignete Wanderschuhe!

Ein Wanderstock ist sehr zu empfehlen und in den Klettersteigen in Gipfelnähe sollte man einen Helm tragen, hier besteht das Risiko, von herabfallenden Steinen getroffen zu werden. Man sollte genügend Wasser mitnehmen, das Gebiet ist nicht sehr wasserreich.

Auf dem Weg zum Gipfel – die Tržaška koča

Insgesamt führen etwa 20 verschiedene Routen aus den Tälern auf den Gipfel. Beliebteste Ausgangspunkte sind **Bohinj** und **Rudno polje** im Osten des Nationalparks. Die Routen aus dem Westen, über das Trenta-Tal, dauern länger, sind aber auch ruhiger. Schwierig ist der Aufstieg über die zerklüftete Nordwand, die erst 1906 zum ersten Mal bezwungen wurde.

Die kürzeste Route auf den Triglav startet in **Rudno polje** (1.340 m) am Pokljuka-Plateau und führt im Schatten des Viļevnik (2.050 m) und um den Tosc (2.275) herum auf den Gipfel. Sehr geübte Wanderer schaffen die Tour in einem Tag (gut 10 Stunden), realistischer und entspannter sind zwei Tage mit einer Übernachtung in der Hütte Dom Planika pod Triglavom (2.401 m) oder alternativ in der Hütte Dom Kredarici (2.515 m). Es ist eine beliebte „schnelle" Wochenendroute.

Von **Bohinj** aus führt eine sehr schöne Route am **Savica-Wasserfall** vorbei, durch das Tal der **Triglav-Seen** und über das Hochplateau **Hribarice**. Man sollte drei Tage für diese Tour einplanen, die erste Übernachtung in der idyllischen **Koča pri Triglavskih** jezeri (1.685 m), die zweite in der Tržaška koča (2.151 m), die in einer unwirtlichen Berglandschaft zwei Stunden vom Gipfel entfernt liegt.

Wer nach dem Gipfelsturm auf der anderen Seite absteigen will, kann in der Hütte **Triglavski dom na Kredarici** (2.515 m) übernachten, der höchst gelegenen Berghütte in Slowenien, gleich nordöstlich des Gipfelmassivs (alternativ in der Dom Planika, der Ab-stieg ist etwas anstrengender). Der Abstieg kann dann über das Mostnica-Tal nach Stara Fužina am See von Bohinj erfolgen.

Von **Mojstrana** im Vrata-Tal aus führt die herausfordernste Route auf den Triglav, die wirklich nur sehr erfahrenen Kletterern empfohlen werden kann! Ausgangspunkt ist die Hütte Aljažev dom v Vratih, die über eine unbefestigte Straße auch mit dem Auto zu erreichen ist, sonst in etwa drei Stunden Wanderung von Mojstrana aus.

Über einen größtenteils mit Eisen gesicherten Klettersteig, die **Tominšek-Route**, geht es entweder zur Hütte Triglavski dom na Kredarici oder alternativ zur Dom Valentina Stanića (2.332 m). Von dort sind es ca. zwei Stunden bis zum Gipfel (von der Stanića-Hütte aus knapp drei Stunden). Sehr empfehlenswert ist es, für den Abstieg eine leichtere Route über das Tal der Triglav-Seen oder das Mostnica-Tal zu wählen und darum bis zu drei Tage einzuplanen.

Im **Trenta-Tal** beginnt die Triglav-Route bei dem Weiler Na Logu (620 m). Ein steiler, etwas eintöniger Zickzack-Aufstieg führt in gut fünf Stunden durch das Zadnjica-Tal und auf den Dolič-Sattel zur Hütte Tržaška koča na Doliću (2.151 m), wo man eine Übernachtung einplanen sollte.

Der Gipfel kann von hier aus in zwei Stunden erreicht werden. Die Tour kann in zwei Tagen gemacht werden, wer es entspannter mag, nimmt sich einen extra Tag und macht eine Rundwanderung über das **Hribarice-Plateau**. Diese unwirtliche, verkarstete Hoch-ebene war übrigens das legendäre Alpenparadies der weisen Feen, die über den Steinbock Zlatorog wachten.

Der Aufstieg ist über lange Strecken nicht sehr schwierig, in 2.500 m Höhe erfolgt aber über alle Routen der Einstieg in das Gipfelmassiv, entweder vom O oder vom SW aus, von da an geht es bis zum Gipfelgrat über gesicherte Klettersteige. Die Triglav-Besteigung ist nicht zu empfehlen, wenn man keine Klettererfahrung besitzt!

Perle der Alpen: Über den Vršič-Pass ins Soča-Tal

Redaktions-Tipps

• Die **Tolminka-Klamm**, eine sehr enge, tiefe Schlucht bei Tolmin, beeindruckt auch nach einer Fahrt durch die Naturwunder des Trenta-Tals. Der Fluss Tolminka hat eine wundervolle, intensive, türkisblaue Farbe. (S. 289)

• Das **Museum in Kobarid** über die Soča-Front im Ers - ten Weltkrieg zeigt den Schrecken des Krieges. In der Um- gebung sind noch viele Reste aus der Kriegszeit erhalten, stumme Zeugen einer Tragöde in einer wunderschönen Landschaft. (S. 285)

• Die **Soča** ist für die schmackhaften **Forellen** bekannt, die mit viel Knoblauch serviert werden. Am besten frisch in einem Restaurant im Soča-Tal, einen hervorragenden Ruf hat das Martinov hram in Bovec.

Kranjska Gora

(i) S. 125

Kranjska Gora (deutsch Kronau) liegt zwischen den Karawanken und den Julischen Alpen, direkt an der österreichischen und der italienischen Grenze, und beide Nachbarländer haben auf Sprache der Einwohner und die Architektur ihrer Häuser starken Einfluss genommen.
Die besten Liftanlagen Sloweniens, die z.T. im Ort beginnen, machen Kranjska Gora zu einem beliebten **Wintersportort**, dessen Umgebung aber auch im Sommer viele Sportmöglichkeiten bietet. Nicht zuletzt sollten die zwei Spielcasinos erwähnt werden.

Kranjska Gora, was übersetzt „Krainer Berg" bedeutet, ist das Tor zur malerischen Route über den Vršič-Pass ins Soča-Tal.

© igraphic

Kranjska Gora wird zwar schon 1326 erstmals schriftlich erwähnt und mindestens seit dieser Zeit siedelten Schafhirten in dem Tal der Sava Dolinka, doch die eigentliche Entwicklung des Ortes begann erst Ende des 19. Jh., mit dem Bau der Eisenbahn zwischen Tarvisio in Italien und Ljubljana sowie der zunehmenden Bedeutung des Skisports nach dem Ersten

Weltkrieg. Bedeutsam war dabei v.a. der Bau der **Skisprungschanze** 1934 im Planica-Tal westlich von Kranjska Gora, auf der 1936 dem Österreicher *Sepp Bradl* der erste Sprung über 100 m gelang. 1997 sprang der Norweger *Lasse Ottesen* auf der Schanze mit 212 m mehr als doppelt so weit.

In Kranjska Gora

Der für Autos gesperrte Ortskern besteht aus hübschen Kärntner Bauernhäusern, die modernen Gebäude liegen eher am Rand der Ortschaft. Hauptsehenswürdigkeit ist die Natur in der Umgebung, doch einen Besuch sollte man dem **Bauernmuseum**, dem **Liznjekova hiša**, abstatten. Das etwa 300-jährige Haus gehörte einer außerordentlich wohlhabenden Familie und stellt ein idealtypisches Bauernhaus dar, seine Größe und Ausstattung sind sicher nicht repräsentativ für die Lebensbedingungen der durchschnittlichen Bauern in dem Tal. Die Architektur mit einer Bogentür und Holzbalkonen ist dagegen der für die Gegend typische Stil.

schönes Bauernhaus

Außerdem sei kunsthistorisch Interessierten ein Blick in die **Kirche Mariä Himmelfahrt** (*Device Marije Vnebovzete*) empfohlen, die ein ungewöhnliches Rippengewölbe besitzt.

Zu Kranjska Gora gehört der 2 km hinter dem Ort Richtung Vršič gelegene **Jasna-See**, in dem man im Sommer baden kann. Vor allem steht hier aber das berühmte **Denkmal des Zlatorog**, bekannt als Postkartenmotiv und als eines der Wahrzeichen Sloweniens (s. Infokasten S. 282). Am See liegen einige Hotels und Restaurants und da hier jeder zu einem Fotostopp mit Zlatorog und Hochgebirge im Hintergrund anhält, herrscht tagsüber ein ziemlicher Rummel.

Jasna-See

INFO Die Kekec-Legende

Kranjska Gora ist der Geburtsort des Schriftstellers *Josip Vandot* (1884-1944), der die **Kekec-Legende** in Slowenien berühmt machte: In der Kindergeschichte kämpft der Schäferjunge Kekec, gemeinsam mit seiner Freundin Mojca, gegen den Bösewicht Bedanec.
Der ist ein Furcht erregender Wilderer mit einem langen, zotteligen Bart, der die Kinder zu entführen versucht. Kekec und Mojca können das mit Hilfe ihres Hundes Volkec aber verhindern.

Die Legende wurde auch verfilmt und ist bis heute als Kindergeschichte populär. Neben der Touristeninformation in Kranjska Gora steht eine Statue des Kekec.

In der Umgebung

Westlich von Kranjska Gora erreicht man nach nur 6 km die italienische Grenze, dazwischen liegen die hübschen, ruhigen Dörfer Rateče und Podkoren, in denen auch Übernachtungsmöglichkeiten angeboten werden. Das verschlafene Podkoren ist der erste slowenische Ort, den man erreicht, wenn man über den Wurzenpass nach Slowenien kommt. In Rateče lohnt die **Kirche Sveti Tomaž** (St. Thomas) mit einigen schönen **Fresken** und einem romanischen Kirchturm (14. Jh.) einen Blick. Bei Rateče führt eine Nebenstraße in das enge, imposante **Planica-Tal**, ein so genanntes Trog-Tal, das von bis zu 2.300 m hohen Bergen eingefasst ist. Hier sind die erwähnten Skisprungschanzen zu finden, das Tal eignet sich für Wanderungen und im Winter werden Loipen für Skilangläufer gezogen. Zwischen Rateče und Podkoren liegt das **Moorgebiet Zelenci**, durch das befestigte Wege an einen kleinen See führen, dessen tief-türkise Färbung und reiche Vegetation mit u.a. Zypressenkraut, Sumpffingerkraut und Moosbeeren sehenswert ist. Außerdem nisten in dem Gebiet viele Tier- und Vogelarten, mit etwas Glück kann man Kröten und Frösche beobachten. Das Moor ist zugleich Abfluss der Nadiža-Quelle, die im Planica-Tal entspringt, und die Quelle der Sava Dolinka. Der Zugang zu dem Moorgebiet liegt neben einem Kiosk-Cafe mit Parkplatz an der Hauptstraße 211.

Kirche in Rateče

• Gozd Martuljek

Wasserfälle

Östlich von Kranjska Gora liegt der Ort **Gozd Martuljek** mit einem größeren Hotel am Ortsende. Von dem Dorf hat man einen atemberaubenden Ausblick auf die Martuljek oder Špik-Gruppe, die sich wie ein Hintergrundgemälde schroff und steil nach Süden hin erhebt. Vor allem aber ist es der Ausgangspunkt für eine Wanderung zu den beiden **Martuljek-Wasserfällen**. Der erste Wasserfall ist in einer überwiegend leichten, 45-minütigen Wanderung durch das Martuljek-Bett und eine Klamm zu erreichen, zum zweiten, größeren Fall braucht man etwa zwei weitere Stunden, der Weg wird schwieriger. Die Wanderung beginnt hinter der Pension Špik, die an der 211 liegt. Ein leicht zu übersehenes Schild weist auf eine Einfahrt hin, die kleine Straße endet nach ca. 400 m auf einem Parkplatz am Flussbett des Martuljek, von da geht es zu Fuß weiter.

Nördlich von Gozd Martuljek, am Hang der Karawanken, liegt zwischen grünen Almwiesen der malerische **Weiler Srednji vrh**, bestehend aus einigen sehr alten Bauernhäusern, deren Fundamente bis ins 16. Jh. (!) zurückgehen. Srednji vrh liegt auf 960 m und ist gut in einer zweistündigen leichten Wanderung von Kranjska

Gora aus zu erreichen, kann aber auch mit dem Auto angefahren werden (der phantastische Ausblick auf die Julischen Alpen lohnt die Fahrt!). Auf dem Weg liegt der ebenfalls sehr pittoreske **Jerman-Wasserfall**.

• Mojstrana und Vrata-Tal

26 km östlich von Kranjska Gora liegt am Zusammenfluss von Sava Dolinka und Bistrica das Dorf Mojstrana an der Einfahrt zum malerisch-verwunschenen Vrata-Tal, dem größten Gletscher-Tal im Norden der Julischen Alpen. In dem Dorf kann das **Triglav-Museum** (*Triglavski muzejska zbirka*) besichtigt werden, das vom Alpenverein betrieben wird und hauptsächlich historische Fotos und Dokumente zum Alpinismus in Slowenien ausstellt. Das Museum hat schon bessere Zeiten gesehen!

idyllisches Tal

Berghütte Aljažev dom im Vrata-Tal

Lohnenswert ist dagegen die Fahrt in das Vrata-Tal. Etwa 4 km hinter Mojstrana liegen oberhalb der Straße die recht spektakulären **Peričnik-Wasserfälle**, die aus 52 m und 16 m Höhe über die Felswand fallen (Parkplätze an der Straße, dann etwa 200 m durch den Wald).

Am Ende des Tals, von der Hütte Aljažev dom, gibt es den **besten Blick auf den Triglav-Gipfel**, man glaubt ihn fast mit der Hand greifen zu können. Eine Besteigung durch die schroffe Nordwand (ca. 7 h) ist sehr anspruchsvoll und kann nur klettererfahrenen Bergsteigern mit guter Ausrüstung empfohlen werden.

Blick auf den Triglav

Bei der Hütte stehen eine kleine Kapelle und ein Kletterfelsen, eigentlich ein Denkmal für die im Zweiten Weltkrieg gefallenen Bergsteiger, der mit Eisen gespickt ist, hier kann man ausprobieren, was einen beim Gipfelsturm erwarten würde. Aljažev dom liegt malerisch zwischen bunten Alpenwiesen und ist ein gutes Ziel für eine Wanderung von Mojstrana aus durch das Tal der Bistrica.

Die Hütte ist übrigens nach einem Pfarrer aus der Gegend, *Jozip Aljaž*, benannt, der bereits 1896 für die Errichtung einer ersten Schutzhütte im Vrata-Tal sorgte. *Aljaž* machte sich sehr um den slowenischen Alpinismus verdient: Er stellte den charakteristischen Turm auf dem Triglav auf, der heute als Beweis für den erfolgreichen Gipfelsturm aller Triglav-Bezwinger viel fotografiert wird.

schöne Berghütte

Mit der Aktion sollten slowenische Ansprüche auf die Julischen Alpen untermauert werden, in dem Gebiet wetteiferten einst der Slowenische und der Deutsch-österreichische Alpenverein um die verschiedenen Routen.

Wandern in und um Kranjska Gora

Im gesamten Gebiet zwischen Rateče und Mojstrana liegen leichte bis anspruchsvolle Routen, die man als Tagestouren oder mehrtägige Wanderungen planen kann. Der Tourismusverband gibt die Wanderkarte Kranjska Gora im Maßstab 1:30.000 heraus, der Alpenverein eine Teilkarte für den Ostteil der Julischen Alpen im Maßstab 1:50.000 (im TIC und in fast jedem Sportgeschäft erhältlich). Auf der Karte sind auch Schwierigkeits-grad und Dauer der Touren verzeichnet. Tageswanderungen von Kranjska Gora aus führen durch das **Planica-Tal** zur Hütte Dom Tamar (1.108 m, gut 3 Stunden) oder über Gozd Martuljek zum zweiten Martuljek-Wasserfall (ca. 3,5 Stunden), auf dieser Route ist auch die Alm (Planina) Martuljek ein sehr schönes Ziel.

Der **Vršič-Pass** kann von Kranjska Gora aus in 3,5 Stunden erreicht werden, der Weg führt aber über lange Strecken an der Straße entlang. Der Norden der Julischen Alpen ist ein schroffes, steiles Gebirgsmassiv mit teilweise schwierigen Klettersteigen. Die meisten Routen sind sehr gut markiert, trotzdem sollte man keine Risiken eingehen und sich allein ins Hochgebirge wagen! Besonders das Špik-Massiv ist schroff und nur geübte Kletterer sollten hier tief in die Berge vordringen. Wer außerhalb der Hüttensaison unterwegs ist (ab Oktober) muss seine eigene Verpflegung mitbringen, gerade in den tieferen Lagen sind viele Hütten aber auch ganzjährig geöffnet (siehe auch ‚Regionale Reisetipps').
Die Umgebung von Kranjska Gora ist für **Radtouren** geeignet, mit dem Mountainbike kann man z.B. über Gozd Martuljek und Srednji vrh an den Südhängen der Karawanken fahren.

• Vršič-Pass

Von Kranjska Gora aus führt nur eine Straße (206) nach Süden und auf den 1.611 m hohen **Vršič-Pass**. Die Passstraße windet sich in engen Serpentinen, die 5 km hinter Kranjska Gora beginnen, auf einer Strecke von nur 7 km bis zum Pass und überwinden dabei einen Höhenunterschied von 801 m.

beeindruckende Passstraße

Die Strecke ist ein absolutes Highlight eines Slowenien-Besuchs, sie ist bei Motorradfahrern sehr beliebt und die ultimative Herausforderung für Radfahrer (schon mit dem Auto sind die Steigungen nicht immer leicht zu nehmen, tief liegende Fahrzeuge schleifen in den Kurven über den Asphalt). Die Straße wurde während des Ersten Weltkriegs von russischen Kriegsgefangenen errichtet, um die Versorgung der österreichisch-ungarischen Truppen an der Isonzo-Front (Soča) im Süden zu gewährleisten.

Der erste Wasserfall bei Gozd Martuljek

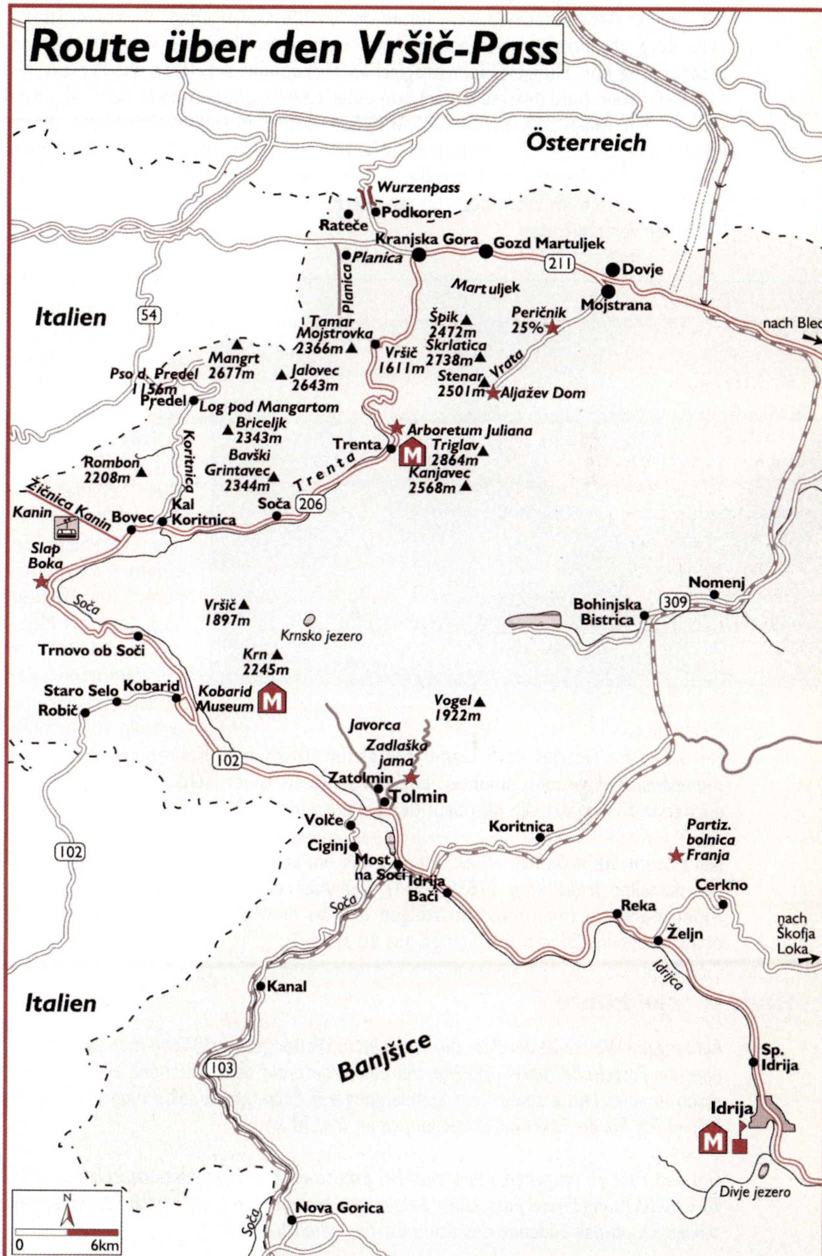
Route über den Vršič-Pass
Österreich
Wurzenpass
Podkoren
Rateče
Kranjska Gora
Gozd Martuljek
Planica
Planica
211
Dovje
Martuljek
Mojstrana
Italien
54
Tamar
Mojstrovka
2366m
Špik
2472m
Peričnik
25%
nach Bled
Mangrt
2677m
Pso d. Predel
1156m
Predel
Jalovec
2643m
Vršič
1611m
Škrlatica
2738m
Stenar
2501m
Vrata
Aljažev Dom
Log pod Mangartom
Briceljk
2343m
Koritnica
Arboretum Juliana
Trenta
Triglav
2864m
Kanjavec
2568m
Rombon
2208m
Bavški
Grintavec
2344m
Trenta
Žičnica Kanin
Kanin
Soča
206
Kal
Koritnica
Bovec
Slap
Boka
Soča
Vršič
1897m
Krnsko jezero
Nomenj
309
Bohinjska
Bistrica
Trnovo ob Soči
Krn
2245m
Staro Selo
Kobarid
Robič
Kobarid
Museum
Vogel
1922m
Javorca
Zadlaška
jama
102
Zatolmin
Tolmin
Volče
Koritnica
Partiz.
bolnica
Franja
102
Ciginj
Most
na Soči
Idrija
Bači
Soča
Cerkno
Reka
Željn
nach
Škofja
Loka
Idrijca
Kanal
Italien
Banjšice
103
Sp.
Idrija
Idrija
Divje jezero
N
0
6km
Nova Gorica
Soča

© igraphic

Die harten Arbeitsbedingungen, unter denen die Gefangenen die steile Straße dem Berg abtrotzen mussten, kann man sich vorstellen, und viele starben an Erschöpfung und Hunger. Einen tragischen Höhepunkt erreichte das Projekt, als

Lawine

110 Gefangene (und ihre Aufseher) von einer Lawine erfasst und in den Tod gerissen wurden. Ihnen zu Gedenken (und in Erinnerung an viele weitere Tote, deren Zahl einige Quellen auf bis zu meherere Tausend schätzen) ist kurz hinter dem Mihov dom die **Russische Kapelle** aus Holz errichtet worden, die oberhalb der Straße malerisch im Wald liegt. Unter der Pyramide neben der Kapelle liegt das Grab der Verschütteten.

Straße am Vršič-Pass

Die Passstraße windet sich in immer engeren Kurven und an mehreren Berghütten vorbei auf den **Vršič-Sattel in 1.611 m Höhe**.

Hier befindet sich ein gebührenpflichtiger Parkplatz bei einem Aussichtspunkt (im Westen liegt der Mala Mojstrovka, 2.332m, und im Südosten der Prisank, 2.547 m) und ein Stück dahinter die Hütte Tičarjev dom. Dann geht es für 10 km in 24 Kehren genauso erbarmungslos steil wieder hinunter. Die Serpentinen laufen schließlich in eine lang gezogene Kurve aus, die den Lauf der Soča kreuzt.

Kurz davor steht östlich abseits der Straße ein Denkmal für den Bergsteiger und Schriftsteller *Julius Kugy* (1858-1944), der mehrere Bücher über die Julischen Alpen verfasste (man muss aussteigen und zu dem Denkmal laufen, es ist aber etwas tiefer im Tal von der Straße aus zu sehen).

Hinweis zur Route

Achtung: Im Winter ist der Pass bei schlechtem Wetter gesperrt. Wenn man „gemütlich" über die Passstraße fahren möchte, mit einer Pause auf dem Sattel und einem Mittagessen in einer Hütte sowie dem Spaziergang zur Soča-Quelle, sollte man einen guten halben Tag für die Fahrt bis Bovec einplanen (ca. 50 km).

Um den Pass zu umgehen, fährt man bei Rateče über die Grenze nach Italien und bei Tarvisio Richtung Predel-Pass. Über diesen Pass kommt man wieder nach Slowenien und schließlich an das Südende des Koritnica-Tals nördlich von Bovec.

Trenta-Tal (Oberes Soča-Tal)

ⓘ S. 125

Die **Soča** (italienisch Isonzo) entspringt südlich des Vršič-Passes aus einem unterirdischen See und windet sich durch die Alpen gen Süden, um dann bei Monfalcone als Isonzo in die Adria zu fließen. Der Fluss wurde durch die so genannte **Isonzo-Front** während des Ersten Weltkriegs berühmt, als sich die italienische und österreichisch-ungarische Armee entlang des Flusses einen mörderischen Stellungskrieg lieferten. Abgesehen von dieser tragischen Geschichte ist der Fluss aber ein Juwel der Alpen: Seine intensive türkise Färbung wirkt geradezu unwirklich und unterstreicht das Märchenhafte der noch weitgehend unberührten Gebirgsregion. Bei einer Fahrt entlang des Flusses wird man immer auf malerische Hängebrücken stoßen, wird immer wieder anhalten und über die Farbe staunen, die Wissenschaftlern Rätsel aufgibt: Auch nach verschiedenen Wassertests konnte nicht geklärt werden, was die Soča tief-türkis macht.

Kletterpartie an der Soča-Quelle

Die **Quelle der Soča** (*Izvir Soče*) liegt ca. 2,5 km westlich der Vršič-Passstraße in einem Seitental. Eine kleine Nebenstraße (Einfahrt ca. 200 m hinter dem Kugy-Denkmal) führt bis zu einer Berghütte (*Koča pri izviru Soče*), von dort sind es etwa 15 Minuten zu Fuß. Das letzte Stück bis zur eigentlichen Quelle ist allerdings eine Kletterpartie um einen Felsen herum, für die man gutes Schuhwerk und Schwindelfreiheit braucht. An verschiedenen Stellen sammelt sich das Wasser in kleinen Becken, in denen man baden kann (Vorsicht ist auch auf den glatten, nassen Steinen im Flussbett geboten).

Soča-Quelle

Die Straße folgt nun dem Lauf der Soča, deren türkises Wasser sich durch das teilweise sehr enge **Trenta-Tal** (das obere Soča-Tal) windet. Die Trenta ist ein noch weitgehend unberührtes Bergtal, dessen Bewohner traditionell von der Almwirtschaft lebten und im 16. Jh. durch Erzabbau einen bescheidenen Aufschwung erfuhren, der aber nur etwa 200 Jahre andauerte.

Der Name Trenta soll von italienischen Einwanderern aus Tirol stammen, die zum Erzabbau in das Tal kamen. Ein Zeugnis dieser Zeit ist die **barocke Bergmannskapelle** (*Lavretanske matere Božje*, Kirche der Lauretanischen Muttergottes) in Pri Cerkvi. In der um 1650 erbauten Kapelle ist eine schöne schwarze Madonna mit Kind zu sehen. Erst 1906, mit dem Entstehen des modernen Bergtourismus, rückten die Trenta-Bewohner mit dem Bau einer Straße durch das Tal näher an den Rest der Welt heran (leider kam dann auch bald der Erste Weltkrieg, in dem das Tal und der Vršič-Pass ja eine bedeutende strategische Rolle spielten, und damit heftige

einsames Bergtal

Kämpfe in die friedliche Region). Bis heute hat sich hier eine märchenhaft anmutende Alpenlandschaft mit reicher Vegetation, winzigen Dörfern und alten Gehöften erhalten.

INFO Zlatorog – Die Legende vom goldenen Horn

Eine volkstümliche Überlieferung berichtet von einem weißen, unsterblichen Steinbock, der in den Julischen Alpen unter dem Schutz von weisen Feen lebte. Seine Hörner waren aus purem Gold, weshalb man ihn Zlatorog, goldenes Horn, nannte. Die Hörner waren der Schlüssel zu einem sagenhaften Schatz, verborgen im Berg Bogatin.

Zlatorog hatte magische Fähigkeiten: Wenn er verletzt wurde, wuchs dort, wo sein Blut hintropfte, eine der seltenen Triglav-Rosen, die alle Krankheiten heilten. Wer ihm zu nahe kam oder eine der Rosen pflücken wollte, der stürzte ins Verderben. Ein junger Jäger aus dem Soča-Tal stand unter dem besonderen Schutz der Feen.

Zlatorog-Denkmal am Jasna-See

Doch eines Tages, aus gekränkter Liebe, machte er sich auf, das Goldhorn zu erlegen, um mit Hilfe des Schatzes seine Angebetete zurückzugewinnen. Er schoss auf Zlatorog, der verwundet vor ihm liegen blieb. Doch als der Jäger sich dem Tier näherte, blendete ihn die Sonne auf den goldenen Hörnern und der Steinbock stieß ihn in eine tiefe Schlucht. Nach diesem Verrat durch ihren Schützling verließen die Feen ihr Reich und ihre blühenden Alpenwiesen verwandelten sich in eine Einöde. Und auch Zlatorog wurde nie mehr im Triglav-Gebirge gesehen.

Arboretum Alpinum Juliana

Botanischer Garten

Der ganze Reichtum der alpinen Vegetation lässt sich im **Arboretum Alpinum Juliana** bewundern, einem botanischen Garten, der Ende der 1920er Jahre von dem Triester Unternehmer und Botaniker *Albert Bois de Chesne* angelegt wurde. Der Garten schmiegt sich an einen steilen Hang, auf dem auf knapp 2.600 qm etwa 1.000 verschiedene alpine Pflanzenarten wachsen. Die meisten davon stammen aus den slowenischen Alpen und dem Karst, als herausragendste sind Edelweiß, Zois-Glockenblume, Feuerlilien, Alpen-Mannstreu und Enzian-Arten zu nennen. Links neben dem Eingang wachsen auch „fremde" Arten, die nicht in Slowenien vorkommen. Wer hier tiefer einsteigen will, dem sei das sehr informative Büchlein über die Pflanzenarten empfohlen, das am Eingang verkauft wird. Der Garten wird heute von

Im Trenta-Tal

Jože Završnik und seiner Frau *Marija* gepflegt. *Marija Završnik* ist eine Ur-Enkelin des Bergführers *Anton Tožbar*, der *Julius Kugy* durch die Berge leitete und als „Bärentöter" lokale Berühmtheit erlangte. Der Besuch des Gartens ist natürlich im Frühling, im Mai und Juni, am schönsten, wenn die meisten Pflanzen blühen. Aus dem Soča-Tal ziehen übrigens mediterrane Klimaeinflüsse bis ins Trenta-Tal hinauf, die den alpinen Pflanzen nicht unbedingt gut tun, so dass sie viel Pflege brauchen.

Trenta

Das Dorf **Trenta** ist das Zentrum des gleichnamigen Tals, hier liegt das schön gestaltete **Dom Trenta**, ein Museum, Kultur-, Seminar- und Informationszentrum zum Triglav-Nationalpark. Das Museum informiert mit Schautafeln, geologischen Exponaten und einer kleinen volkskundlichen Ausstellung über den Triglav-Nationalpark und das Trenta-Tal. Besonders eindrucksvoll ist ein Videofilm mit Unterwasseraufnahmen aus der Soča. Im Zentrum werden auch Ferienwohnungen angeboten. Schließlich passiert man die Ortschaft Soča und kommt dann, kurz nach dem Zusammenfluss von Soča und Koritnica nach Bovec, der ersten größeren Ortschaft seit Kranjska Gora (die außerhalb des Triglav-Nationalparks liegt).

Trenta-Museum

Bovec

ⓘ S. 125

Der Ort Bovec (deutsch: Flitsch oder Pletz, italienisch: Plezzo), auf 460 m Höhe in einem Tal gelegen, das nach der Enge der Trenta weitläufig wirkt, hat sich v.a. als Basis für Rafting- und Kajak-Touren auf der Soča einen Namen gemacht.

Rafting-Center

Bei Bovec teilt sich die Straße und führt durch das Tal der Koritnica zum Predel-Pass, der ehemals einzigen Verbindung zwischen Nord- und Süd-Alpen. Diese strategische Lage wirkte sich im Ersten Weltkrieg ungünstig aus, die Front verlief quasi durch Bovec, das von allen Bewohnern verlassen und weitgehend zerstört wurde.

Die enge Soča-Schlucht

Festung Kluže

Ein lohnenswerter Ausflug von Bovec aus führt in das nordöstlich gelegene Tal des Flüsschens Koritnica, ein abgelegenes, malerisches Tal, das an der italienischen Grenze am Predel-Pass endet. Etwa 2 km nach der Abzweigung von der 206 liegt über einem engen, tiefen Abschnitt der Schlucht die **Festung Kluže**. Die trutzige Burg wurde Anfang des 17. Jh. ausgebaut und 1883 renoviert und umgestaltet. Die Anlage steht an strategischer Stelle am südlichen Zugang zum Predel-Pass und schützte für Jahrhunderte die Einfahrt in das Becken von Bovec und damit das ganze südliche Soča-Tal. Belegt ist auch ein hölzerner Vorgängerbau aus dem 15. Jh., der offenbar von den Venezianern errichtet wurde, um die Türken abzuwehren. Im Ersten Weltkrieg wurde die Festung fast völlig zerstört, nur die unteren Stockwerke stehen noch. In der Festung ist eine kleine Ausstellung mit Uniformen aus dem Ersten Weltkrieg eingerichtet. Folgt man der Straße Richtung Predel-Pass, erreicht man kurz vor der Grenze den außerordentlich hübschen Ort **Log pod Mangrtom** (bestehend aus eigentlich zwei Dörfern: Spodnji Log und Gornji Log). Am Rande der kleinen Alpenhäuser liegt ein gepflegter Soldatenfriedhof aus dem Ersten Weltkrieg, der inmitten einer sonst perfekten Idylle an die schreckliche Vergangenheit der Region erinnert.

Wanderungen in der Umgebung von Bovec

Bovec ist in erster Linie Rafting- und Kajak-Zentrum, aber auch eine perfekte Gegend für Wanderungen oder leichte Spaziergänge (Karte im Maßstab 1:25.000 bei der Touristeninfomation): Etwa 5 km südlich von Bovec liegt der **Wasserfall Boka**, mit beeindruckenden 106 m einer der höchsten Fälle in Slowenien. Der Wasserfall ist in einer etwa 45-minütigen, teilweise steilen Wanderung zu erreichen, die kurz hinter dem Weiler Zvikar auf einem Parkplatz beginnt (der Weg ist ausgeschildert).

Schön ist die **Fahrt mit der Gondelbahn auf den Kanin** (2.587 m, Gondelstation knapp 600 m südwestlich von Bovec Richtung Kobarid). Die Bahn fährt auf 2.200 m, der Aufstieg auf den Gipfel dauert von dort aus 3 Stunden, aber es sind einige schwierige Kletterstellen zu überwinden. Etwas leichter ist eine Wanderung auf den **Presteljenik** (2.499 m), von dem man einen wunderbaren Blick sowohl auf die Alpen als auch das Meer hat. Weitere Ziele sind der **Rombon** (2.208 m) in gut 4 Stunden von Bovec aus zu erreichen und der **Mangart Sattel** (*Mangrtsko sedlo*, knapp 2.200 m). Kurz vor dem Predel-Pass biegt eine Straße nach Nordosten in die Berge, die zur Mangart Hütte (*Mangartska Koča*) führt (es ist die höchstgelegene Straße Sloweniens). Etwas parallell zur Straße verläuft ein Wanderweg. Den Mangart-Gipfel (2.679 m) sollten nur erfahrene Kletterer angehen!

Kobarid

(i) S. 125

Kobarid (deutsch Karfreit) lag im Ersten Weltkrieg wie Bovec an der Frontlinie und die Stadt, deren Besiedlung bis ins frühe Mittelalter zurückreicht, wurde so gut wie völlig zerstört.

Hängebrücke über der Soča

Traurige Berühmtheit erlangte Kobarid als Schauplatz der größten Gebirgsschlacht des Ersten Weltkriegs, als der österreichischen Armee nach jahrelangem Stellungskrieg der Durchbruch gegen die italienischen Truppen gelang (siehe Infokasten „Die Soča-Front").

Kobarid wurde recht ansprechend wieder aufgebaut, heute leben hier etwa 1.500 Menschen, die in kleineren Industriebetrieben (Elektro- und Metallindustrie) Arbeit finden. Der Fremdenverkehr gewinnt an Bedeutung.

Kobarid Museum

Hauptsehenswürdigkeit ist das **Kobarid-Museum**, das 1990 eröffnet wurde und in einer anschaulichen und modernen Ausstellung über den Stellungskrieg in den Alpen informiert.

Neben Waffen und Ausrüstung der Soldaten ist vor allem Bildmaterial ausgestellt, das einen bleibenden Eindruck von der Grausamkeit und Härte der Gebirgsschlachten vermittelt. Sehr anschaulich sind die Modelle und Karten, auf denen die gesamte Isonzo-Front und die über die Jahre nur um Meter verschobenen Stellungen der Kriegsparteien eingezeichnet sind.

Das Museum in Kobarid

Das Museum versteht sich weniger als Kriegs- denn als Friedensmuseum und ist ein eindrucksvolles Mahnmal gegen die Kriegführung unter unmenschlichen Bedingungen.

INFO Die Soča-Front

Seit der Antike ein strategisch wichtiger Verkehrsweg zwischen dem Friaul und den nördlichen Alpen, wurde das Soča-Tal im Ersten Weltkrieg zu einer der am härtesten **umkämpften Frontlinien** Europas: Österreich hatte die Grenze bereits vor Kriegseintritt Italiens im Jahre 1915 mit Bunkern und Stacheldrahtwällen gesichert.

Schützengraben aus dem Ersten Weltkrieg - durch den Fels geschnitten

Trotzdem war die erste Offensive der italienischen Armee erfolgreich, die Kobarid und den Krn erobern konnte. 10 weitere Angriffe der Italiener in den nächsten zwei Jahren scheiterten jedoch, obwohl ihre Armee den österreichisch-ungarischen Truppen als überlegen galt. Ein monatelanger, aufreibender **Stellungskrieg** begann, in dem sich beide Seiten regelrecht in die Berge hineingruben und versuchten, die Stellungen des Gegners zu beschießen und zu sprengen. Die Verluste v.a. auf italienischer Seite waren immens. Eine immer wieder angewandte Strategie: Die österreichischen Stellungen mit stundenlangem Trommelfeuer belegen und dann die Truppen in einem Angriff die Berge hinauf stürmen zu lassen. Die italienischen Soldaten liefen aber nur in das österreichische Geschützfeuer.

Am 24. Oktober 1917, offenbar um einem entscheidenden Angriff der Italiener zuvorzukommen, begann die österreichische Armee zwischen Trnovo und Kobarid mit einem Dauer-Bombardement und unter Einsatz von Giftgas ihre erste **Offensive** (der inzwischen zwölfte Angriff an dieser Front). Die Kämpfe dauerten insgesamt 17 Tage und entwickelten sich zur furchtbarsten Schlacht des Ersten Weltkriegs. Mit ungeheurem Materialaufwand und unter Beteiligung deutscher, ungarischer und slowenischer Truppen gelang es der K.u.k.-Armee, die italienischen Truppen zurückzuschlagen. Die Front verlagerte sich ins Friaul (in die Piave-Gegend), wo die Kämpfe bis zum Kriegsende anhielten.

Eine Stellung (Kavarne) aus dem Ersten Weltkrieg

Der Gebirgskampf ging als **„Schlacht am Isonzo"** in die Geschichtsbücher ein, es wird geschätzt, dass die zweijährigen Kämpfe an der 80 km langen Front etwa 1 Million Menschen das Leben kosteten, wenn man die Verluste beider Kriegsparteien und unter der Zivilbevölkerung dazurechnet. Eine bekannte literarische Aufarbeitung der Ereignisse an dieser Front ist *Ernest Hemingways* „A Farewell to Arms" (dt.

„In einem anderen Land"), *Hemingway* fuhr als sehr junger Mann im Frontbereich um Gorica/Gorizia Sanitätswagen für die italienische Armee und wurde dort verwundet (er war selbst nicht aktiv am Kampf beteiligt). Ein prominenter Befehlshaber war der spätere „Wüstenfuchs" *Erwin Rommel*, der mit dem Buch „Infanterie greift an" Berichte aus den Bunkern über der Soča veröffentlichte.

Historischer Wanderweg

Ich konnte durch die Wälder hinunterblicken und konnte weit unten die von der Sonne beschienene Flusslinie, die die beiden Armeen voneinander trennte, sehen. Wir fuhren auf der unebenen neuen Militärstraße weiter, die am Grat entlanglief, und ich sah im Norden die beiden Bergketten, bis zur Schneegrenze grün und dunkel und dann weiß und strahlend in der Sonne liegen.

Ernest Hemingway, In einem anderen Land

Beim Museum beginnt ein **historischer Rund-Wanderweg** (*Kobariška Zgodovinska Pot*), der an insgesamt neun Orten vorbeiführt, die eine zentrale Rolle in der Geschichte Kobarids gespielt haben (das Museum ist die erste Station). Der Gebirgskrieg steht auch hier im Mittelpunkt: Auf dem Hügel Gradič steht das **italienische Beinhaus**, das um eine Kirche aus dem 17. Jh. herum errichtet wurde. Hier wurden 1938 die Überreste von mehr als 8000 Soldaten, die meisten davon Italiener, die im Ersten Weltkrieg bei Kobarid fielen, bestattet. Auf dem Hügel lag einst eine **römische Siedlung**, deren Überreste beim Bau des Beinhauses allerdings zerstört wurden. Die Funde, die bei Grabungen gemacht wurden, sind heute z.T. im Kobarid-Museum ausgestellt, bemerkenswert sind 28 Bronzestatuetten. Anhand dieser Funde wurde die Siedlung in das 2. Jh. v. Chr. bis in das 4. Jh. n. Chr. datiert. Hinter dem Beinhaus führt der Fußpfad für etwas mehr als 2 km durch Waldgebiet und erreicht dann die antike Befestigung auf dem Tonocov Hügel. Der Hügel wurde bereits seit der Steinzeit bewohnt und war vom 4. bis 6. Jh. n. Chr. stark besiedelt und befestigt. Außer den Fundamenten eines frühchristlichen Baptisteriums ist nicht viel zu sehen, archäologisch interessant sind aber die Topographie des Hügels und die Lage der Siedlung an dieser strategisch günstigen Stelle. Man hat außerdem einen schönen Ausblick.

Das italienische Beinhaus in Kobarid

Der Rundweg kreuzt die Hauptstraße 102 und führt steil ins Tal der Soča hinab, vorbei an Resten **italienischer Stellungen** (Kavarnen) aus dem Ersten Weltkrieg, die z.T. in die Felsen gesprengt wurden. Der Weg trifft an der Stelle auf die Soča, wo sich ihr Lauf noch einmal stark verengt, bevor der Fluss sich hinter Kobarid ins offene Becken von Tolmin ergießt. Eine neue Holzbrücke führt über die Schlucht. Nächste Station ist der hübsche **Wasserfall**

von Kozjak (*Slap Kozjak*), der etwas abseits des eigentlichen Rundwegs liegt. Man muss ein Stück zurückgehen und trifft dann wieder auf den Weg, der nun auf der östlichen Seite oberhalb der Soča und erneut an italienischen Stellungen vorbeiführt. Nach einigen Hundert Metern durch den Wald steigt man zum Fluss hinab und überquert die Soča über die **Napoleon-Brücke**. Die Bogenbrücke, über die napoleonische Truppen in Richtung Predel-Pass marschierten, ist über eine der engsten Stellen der Soča gebaut. Allerdings handelt es sich nicht mehr um die Original-Brücke von 1750, denn diese wurde 1915 von österreichischen Truppen gesprengt, um die italienische Armee am Vormarsch zu hindern. Die Brücke wurde nach dem Ersten Weltkrieg rekonstruiert. Wer keine Zeit hat, den Wanderweg zu machen, kann auch mit dem Auto dicht an alle beschriebenen Stationen heranfahren und dann ein Stück laufen. Im Kobarid-Museum bekommt man einen Flyer, auf dem der Rundwanderweg und v.a. Parkplät-ze in der Nähe der einzelnen Stationen eingezeichnet sind. Lediglich zum Kozjak-Wasserfall muss man ca. 20 min. laufen.

Napoleon-Brücke

Hinweis zur Route

Bei Kobarid zweigt die Hauptstraße 102 in Richtung italienische Grenze ab (Grenzübergang Robič), hier ist eine günstige Verbindung nach Udine bzw. ins Friaul.

Tolmin

(i) S. 125

Bei Kobarid endet der Lauf der oberen Soča und die Landschaft öffnet sich allmählich in das Becken von Tolmin. Einst war das Becken ein See, mit dem Rückgang der Eiszeit wurden jedoch immer mehr Geröllmassen aus den Bergen hierher transportiert und das Becken langsam verfüllt. Die Soča ist hier nicht mehr der reißende Gebirgsstrom, sondern wird breiter und langsamer, mit je nach Wasserstand breiten Kiesstränden. So wie das Klima milder wird, sind auch in der Stadt Tolmin mediterrane Einflüsse sichtbar. Der knapp 4000 Einwohner zählende Ort lag an der wichtigen Verbindung zwischen dem Friaul und der Kranjer Gegend und war bereits seit dem Mittelalter durch eine Burg geschützt, von der heute nur noch Ruinen auf dem Hügel Kozlov rob nordwestlich der Stadt übrig sind.

Becken von Tolmin

Die Besiedlungsgeschichte der Gegend geht allerdings noch viel weiter zurück, wie der Fund bronze- und eisenzeitlicher Siedlungen bei Most na Soči (südlich von Tolmin) und eines slawischen Gräberfeldes in Tolmin selbst zeigen. 1713 war die Stadt Schauplatz des letzten großen Bauernaufstandes in Slowenien, der sich gegen die damaligen Herren von Tolmin, die Grafen von Coronini richtete. Die strategisch wichtige Lage erwies sich während des Ersten Weltkriegs als verhängnisvoll, die Stadt wurde stark zerstört. Zu Italien gehörig, waren seine Bewohner zwischen den beiden Weltkriegen starken Repressionen durch das faschistische Italien ausgesetzt, das slowenische Schulen schloss und Sprache und Kultur zu verdrängen suchte. Erneute Zerstörungen erlitt Tolmin während eines Erdbebens, das 1976 die gesamte Region erschütterte.

Im **Museum von Tolmin** wird eine archäologische und volkskundliche Ausstellung gezeigt, allerdings sind die meisten Funde aus den Siedlungen bei Most na Soči nicht hier zu sehen, sondern werden in Museen in Nova Gorica und in Triest ausgestellt. Aber in der Umgebung Tolmins lohnen einige spektakuläre Naturdenkmäler einen Besuch, außerdem hat auch hier der Erste Weltkrieg seine Spuren hinterlassen.

In der Umgebung

Nordöstlich der Stadt liegen die berühmte **Dante-Höhle** (*Dantejeva jama*) und die **Klamm der Tolminka** (*Tolminska Korita*). *Dante Alighieri* soll die Gegend 1319 während seines Besuches beim Patriarchen von Aquileia besichtigt haben und von der Höhle für das Inferno in seiner „Göttlichen Komödie" inspiriert worden sein. Die 600 m lange Höhle, die eigentlich *Zadlaška jama* heißt und auf vielen Karten noch so genannt wird, ist tatsächlich recht beeindruckend, doch noch wildromantisch-verwunschener ist ein Gang durch die enge **Tolminka-Klamm**, am Zusammenfluss von Tolminka und Zadlaščica. Das Wasser hat auch hier eine intensive, türkisblaue Färbung, die Felswände rücken eng zusammen und wenn der Wasserstand hoch ist, ziehen Wolken von feinem Wassernebel durch die Schlucht, über die schwankende Hängebrücken führen. Um die Höhle und die Klamm zu erreichen, fährt man von Tolmin Richtung Zatolmin und biegt vor dem Ortseingang nach Osten (rechts) ab. Nördlich von Zatolmin liegt auf dem Berg Javorca (571 m) die **Heiliggeist-Kirche** (*Sveti Duh*). Sie wurde 1916 von Soldaten einer österreichisch-ungarischen Gebirgsbrigade in Erinnerung an ihre in dieser Gegend gefallenen Kameraden gebaut. Die Holzkirche ist auf einem steinernen Fundament errichtet, bemerkenswert ist aber v.a. der **Innenraum**: Die ungewöhnliche Jugendstil-Ausstattung wurde z.T. von der Wiener Akademie für Kunst und Gewerbe gestaltet, außerdem sind alle Wappen des österreichisch-ungarischen Reiches als Fresken zu sehen. An den Wänden hängen Holztafeln, auf denen die Namen der in den Schlachten bei Tolmin gefallenen Soldaten eingebrannt sind.

Dante-Höhle

Unmittelbar südlich von Tolmin an der Soča liegt ein weiteres Zeugnis des Krieges, das **Deutsche Beinhaus**. In dem 1938 mit Steinen aus Deutschland errichteten Gebäude sind die Überreste von 960 deutschen Soldaten bestattet. Für die eisernen Torflügel wurden österreichische und italienische Gewehrläufe zusammengeschmiedet.

Die Tolminka-Klamm

Wanderungen in der Umgebung von Tolmin

Tolmin kann als Standort für kürzere Wanderungen in der Umgebung, aber auch für Touren in den Triglav-Nationalpark genutzt werden. Im TIC in Tolmin bekommt man eine Wanderkarte im Maßstab 1:50.000, auf der auch Mountainbike-Strecken eingezeichnet sind. Eine eher leichte Wanderung führt über die Alm Polog auf der Javorca an die **Quellen der Tolminka** (*Izviri Tolminke*), bis Polog ist die Anfahrt mit dem Auto möglich, dann etwa eine Stunde Fußmarsch. Auf dem Weg liegt die Höhle Poloǰka jama, die allerdings nicht zugänglich ist.
Die Alm Razor (*Planina Razor*) ist Ausgangspunkt für Wanderungen sowohl auf den Krn (2.244 m, ca. 8 h) als auch auf den Vogel (1.922 m, ca. 2 h). Mit dem Auto ist die Anfahrt über Tolminske Ravne bis zur Alm Razor möglich.

Most na Soči

Zwischen Tolmin und dem 6 km südlich gelegenen Ort Most na Soči erstreckt sich ein Stausee, der 1938 entstand, als hier ein Wasserkraftwerk errichtet wurde. Der See ist heute ein beliebtes Ausflugsziel, das zu Bootsfahrten und Wanderungen einlädt. Hier endet auch die Fahrt mit dem historischen Dampfzug aus Bled/Bohinj. Der Ort selbst liegt am Zusammenfluss von Soča und Idrijca. Die verkehrsgünstige Lage Most na Sočis zwischen dem Friaul und der Gorenjska hat früh Siedler in das Gebiet gelockt: Eine **bronzezeitliche Siedlung** wurde in die Zeit zwischen 1300 und 1100 v. Chr. datiert. Archäologisch noch wichtiger ist eine **eisenzeitliche Siedlung** (ca. 8. bis 4. Jh. v. Chr.), deren Ausmaße über das heutige Dorf hinausgingen und die geradezu urbanen Charakter gehabt haben soll: Es konnten 35 Häuser und Werkstätten nachgewiesen werden, außerdem wurden ein zu der eisenzeitlichen Siedlung gehöriges Gräberfeld (mit mehr als 7000 Bestattungen) und Reste römischer Gebäude gefunden. Der Fundort gab der St.-Lucia-Kultur ihren Namen, nach dem ursprünglichen Dorfnamen Sveta Lucija. Ausgrabungen wurden bereits Ende des 19. Jh. durchgeführt und die Funde landeten damals in Triest und in Wien. Weitere Exponate sind in Nova Gorica zu sehen (das dortige Museum nahm Anfang der 1970er Jahre Grabungen vor) und einige Stücke auch im Museum von Tolmin. Im Ort selbst sind die Reste eisenzeitlicher und römischer Gebäude konserviert worden, zu sehen bei der Schule gegenüber der Kirche Sveta Lucija und östlich davon hinter den Sportanlagen.

archäologische Ausgrabungen

Folgt man hinter Most na Soči der Straße ins Tal der Idrijca, trifft man bei dem Weiler Reka auf einen weiteren archäologischen Fundplatz: In einer Höhle südlich der Straße wurden 1978 Spuren **paläolithischer Besiedlung** entdeckt, die Funde sind zwischen 30.000 und 80.000 Jahre alt. Wichtigstes Stück ist ein **durchlöcherter Knochen**, bei dem es sich um eine **Flöte** handeln könnte. Es wäre das älteste Musikinstrument Europas. Die Höhle Divje babe I kann besichtigt werden, aber es ist nicht viel zu sehen. Ein Schild an der Straße weist den Weg, man fährt bis zum letzten Hof in Na Logu, Reka 17, dort verwahrt Ivan Šturm den Schlüssel und führt Besucher in die Höhle.

das älteste Musikinstrument

Hinweis zur Route

Die Weiterfahrt durch das abgelegene Tal der Idrijca ist schön, aber sehr kurvenreich, auch einige Steigungen sind zu überwinden. Wenn reger Verkehr herrscht, kann man für die 42 km bis Idrija schon mal eine gute Stunde brauchen. Erst bei Godovič hören die engen Kurven auf. Ähnlich verhält es sich allerdings auch mit der Alternativ-Route über die 103, die bei Tolmin nach Nova Gorica abbiegt.

Cerkno

(i) S. 125

Folgt man dem Tal der Idrijca, die sich in vielen Kurven durch eine schwer zugängliche Hügellandschaft windet, erreicht man die immer noch abgeschiedenen Orte Cerkno und Idrija, die heute zur Provinz Primorska gehören, historisch aber zur Krainer Gegend. Das Gebiet bot im Zweiten Weltkrieg den Partisanen optimale Rückzugsmöglichkeiten, an die einige Denkmäler erinnern.

In Cerkno selbst ist das **Cerkljanski Muzej** (Cerkno-Museum) zu besichtigen, dessen stark renovierungsbedürftige Ausstellung hauptsächlich Dokumente und Fotos präsentiert (Beschrif-tungen leider nur auf slowenisch).

Faschingstradition

Außerdem wird eine Sammlung von **Laufarjia-Masken** ausgestellt. **Laufarija** ist eine regionale Karnevalstradition, bei der der Winter durch die Figur Pust symbolisiert wird. Der Pust, der eine Maske mit Hörnern trägt, wird von jungen Männern durchs Dorf getrieben, geprügelt und schließlich symbolisch hingerichtet. Die Teilnehmer tragen typische Kostüme, an die traditionell Blätter und Äste genäht werden. Der Ursprung dieser Tradition liegt wahrscheinlich in Südtirol, der Name Laufarija wird auf das deutsche Wort „Lauferei" zurückgeführt. Das Fest wird i.d.R. am Sonntag vor Rosenmontag gefeiert.

Bolnišnica Franja (Partisanen-Krankenhaus Franja)

Die Ärztin Franja Bojc-Bidovec

Ein sehr sehenswertes Zeugnis des Zweiten Weltkriegs in der Region ist das **Partisanen-Krankenhaus Franja** (*Bolnišnica Franja*) in der Nähe von Cerkno. Während des Krieges wurden in einer engen Klamm Baracken gebaut, in denen ein vollständiges Krankenhaus mit OP, Röntgenraum, Küche, Krankenbaracken und einem eigenen kleinen Wasserkraftwerk untergebracht wurde. 1943 eingerichtet, gelang es den Partisanen, die genaue Lage lange Zeit geheim zu halten und zwei Angriffen der deutschen Wehrmacht zu widerstehen. Das Hospital ist nach der Ärztin *Franja Bojc-Bidovec* benannt, die es mit kurzer Unterbrechung bis zum Kriegsende leitete. Die Schlucht bot bis zu 100 schwer verletzten Patienten gleichzeitig Zuflucht, über 500 Verwundete wurden hier behandelt.

versteckte Schlucht

Wer das sorgfältig restaurierte Lager besucht, wird verstehen, warum es nicht eingenommen wurde: Die enge Klamm bot einen idealen Rückzugsraum, in die Felsen wurden Höhlen gesprengt, die auch einem Bombardement standhielten. Wer sich vom Parkplatz aus der Schlucht nähert, kann nicht einmal die Tiefe der Schlucht erahnen, die gesamte Ausdehnung der Klamm erschließt sich erst, wenn man tatsächlich weiter in sie vordringt. Die versteckten Baracken zwischen den Felswänden sind allein ihrer Lage wegen einen Besuch wert.

Um das Krankenhaus zu erreichen, muss man die 102 Richtung Cerkno verlassen und durch den Ort hindurch fahren, der weitere Weg in die Schlucht ca. 4 km nördlich der Kleinstadt ist ausgeschildert.

Idrija

ⓘ S. 125

Das Städtchen Idrija liegt in einer abgeschiedenen Region Sloweniens, die in alle Himmelsrichtungen von einer schwer zugänglichen Hügellandschaft begrenzt wird. Diese hat bisher den Massentourismus abgehalten, allerdings auch dazu geführt, dass der Ort häufig „vergessen" wird. Dabei blickt die Stadt auf eine reiche Geschichte zurück: Bekannt war Idrija für seine Quecksilberminen, für seine außergewöhnlich **schönen Erzeugnisse aus Spitze** und für die **Žlikrofi**, Maultaschen (oder österreichisch Schlickkrapfen), gefüllt mit einer Mischung aus Zwiebeln, Gehacktem und Kartoffeln.

alte Bergbau-Stadt

Die Legende erzählt, dass das **Quecksilber** 1490 von einem Handwerker aus der Region entdeckt wurde, als der Mann seine Holzprodukte an einer Quelle auf ihre Wasserfestigkeit prüfte (in einer anderen Version schöpfte er aus einem Brunnen). In den Gefäßen sammelte sich das Metall, das aber erst von Marktbesuchern im damaligen Loka als Quecksilber erkannt wurde.

Die Ausbeutung der Quecksilbervorkommen begann im Jahre 1500, als die erste Mine öffnete. Die Qualität des Quecksilbers erwies sich als überragend und die Ausbeute war überaus ertragreich. Ein unvergleichlicher **Boom** begann: Die hohen Löhne, die für Minenarbeiter gezahlt wurden, zogen Bergleute aus dem Habsburgerreich und den deutschen Gebieten an, die immer tiefere Tunnel in die Hügel trieben.

Bis zum 18. Jh. wurde in Idrija 13 Prozent des weltweiten Quecksilber-Abbaus betrieben, gebraucht wurde das Metall v.a. zur Trennung anderer Metallverbindungen, zu medizinischen Zwecken (als Mittel gegen Syphilis) und nicht zuletzt zur Herstellung von Spiegeln.

Die Burg von Idrija

Allerdings hatte die Arbeit auch eine Schattenseite: Die giftigen Quecksilberdämpfe führen in relativ kurzer Zeit zur **Schädigung des Nervensystems** (Fachausdruck: Mercurialismus), nervöse Unruhe, Konzentrationsschwäche und Gedächtnisverlust sind die Folgen. Viele der Arbeiter in Idrija hielten nur wenige Jahre in den Minen durch. Als Folge davon siedelten sich wiederum Ärzte in Idrija an und bis zum Ende des 18. Jh. wurde das Gesundheitssystem vorbildlich entwickelt. Eine Stadt mit einer bürgerlichen Schicht und einem reichen Kulturleben entstand, 1769 wurde in Idrija das erste slowenische Theater gegründet, außerdem gab es eine technische Fachschule.

Quecksilbervergiftung

Die letzte Quecksilbermine schloss erst 1999, doch bereits seit den 1970er Jahren war der Abbau stark zurückgegangen, da der Quecksilbergehalt der neu erschlossenen Erzlager das Schürfen nicht mehr lohnte. Seitdem hat die Stadt mit einer typischen Bergbau-Hinterlassenschaft zu kämpfen: Ein **Tunnelsystem** von geschätzten 700 km zieht sich unter der Stadt entlang, die tiefsten Schächte sollen bis zu 32 m unter dem Meerespiegel liegen. Nicht nur dass die Tunnel Gebäude zum Absinken bringen könnten, darüber hinaus liegt Idrija auf einer tektonischen Verwerfung und war bereits bei dem verheerenden Erdbeben von 1511, das auch Škofja Loka zerstörte, betroffen. Einige der Tunnel sind bereits verfüllt, doch das gesamte Schachtsystem aufzufüllen, fordert natürlich hohen Aufwand und Kosten.

Mestni Muzej (Stadtmuseum)

Das sehenswerte Museum ist im Schloss Gewerkenegg untergebracht, das Anfang des 16. Jh. als Verwaltungssitz der Minengesellschaften und v.a. zur Abwehr der türkischen Invasion gebaut wurde (es wird daher auch Rudniški Grad genannt, was man mit „Minen-Burg" übersetzen könnte). Die Ausstellung informiert sehr anschaulich über den Quecksilberabbau (das Metall wird bei Temperaturen zwischen 400 bis 700 Grad Celsius aus zinnoberhaltigen Erzen ausgeschmolzen) und die Stadtgeschichte. Bemerkenswert ist ein den engen Bergwerks-Schächten nachempfundener Turm, den man hinabsteigen kann. Eine ethnografische Ausstellung zeigt außerdem

Der Innenhof der Burg von Idrija

eine typische Bergarbeiterwohnung. Das Museum wurde zusammen mit dem Antoniusstollen 1997 mit einem italienischen Preis als das „beste technische Museum in Europa" ausgezeichnet.

Erzeugnisse aus Spitze

Idrija ist berühmt für seine **Klöppel-Tradition**, noch heute zählen die Spitzen aus der Gegend zu den feinsten der Welt. In einem der Räume des Museums sind besondere Stücke aus Spitze ausgestellt, darunter ein 3 x 1,80 m großes Tischtuch, das für *Titos* Frau angefertigt wurde. Es wird angenommen, das Frauen aus Deutschland, deren Männer als Minenarbeiter nach Idrija kamen, das Klöppel-Handwerk in die Region brachten, was aber nicht gesichert ist. In der Stadt gibt es jedenfalls heute noch eine Klöppelschule, die zumindest bis zur letzten Generation noch regelmäßig von Mädchen aus Idrija besucht wurde. Die Tradition nimmt aber ab, der Unterricht ist kein Pflichtfach mehr, dafür jetzt offen auch für Jungen (was auch genutzt wird). Die Kinder lernen an zwei bis drei Tagen in der Woche nachmittags über einen Zeitraum von sieben Jahren die verschiedenen Knüpftechniken. Spitze ist ein beliebtes Souvenir, das in vielen Geschäften in der Stadt verkauft wird.

Antonijev Rov (Antoniusstollen)

Zweites Highlight in Idrija ist ein Besuch im **Antoniusstollen** aus dem Jahre 1500. Der Schacht wurde 1994 renoviert und für Besucher zugänglich gemacht und führt in das erste Schachtsystem Idrijas, das bis zu 400 m tief liegt. Eine Führung in das Bergwerk dauert etwa 1,5 Stunden, die frühmorgendliche Fahrt der Bergleute in die Mine wird nachgestellt, am Eingang werden Helme und typische Bergmanns-Mäntel verteilt, es folgt ein Gang durch die Schächte. Außerdem wird ein Film über die Arbeits- und Lebensbedingungen der Bergleute sowie die Stadtgeschichte gezeigt. Eine Besonderheit, die man auf der Tour zu sehen bekommt, ist eine unterirdische Kapelle aus dem 18. Jh. Wer sich für die technische Seite des Bergbaus interessiert, dem sei außerdem der Besuch des **Franziskusstollens** (*Frančiške Rov*) empfohlen, der bis 1999 in Betrieb war. In dem Gebäude ist ein Museum eingerichtet, in dem alte Bergwerksmaschinen (Pumpen, Dampfkessel u.v.a.) gezeigt werden. Besichtigungen werden über die Touristeninformation arrangiert.

In Idrija

Weitere Sehenswürdigkeiten

Im alten Zentrum Idrijas stehen einige schöne neoklassizistische Gebäude, die herausragendsten sind das **Rathaus** (1898) am Mestni Trg und die **Klöppelschule** (*āipkarska Šola*) im alten Schulgebäude (*Stara Šola*) westlich davon. Der Klöppel-Unterricht findet an Wochentagen zwischen 12 und 16 Uhr statt, in dieser Zeit sind Besucher willkommen, man kann den Schülern zuschauen. Nördlich des

Mestni Trg liegt eine Kirche aus dem Jahre 1500 an genau der Stelle, an der das erste Quecksilber gefunden worden sein soll. Schräg gegenüber des Antoniusstollen, am Trg Svetega Ahacija, liegt der alte **Getreidespeicher** der Stadt, in dem auch die Bergleute, die z.T. in Naturalien bezahlt wurden, ihre Vorräte einlagerten. Im Osten des Platzes liegt das **Maria-Theresia-Theater**, das älteste Theater Sloweniens. Außerdem sind viele der typischen alten Bergmannshäuser zu sehen, meist vierstöckige Gebäude mit vielen Fenstern, die ein wenig Bunker-artig wirken. In einem Haus wohnten mehrere Familien. Ein gutes Beispiel für diese Architektur findet sich hinter dem Schacht Frančiška im gleichnamigen Stadtteil nordöstlich vom Mestni Trg, dieser Stollen war der letzte, der geschlossen wurde.

In der Umgebung

Knapp 2 km südlich von Idrija kann man den **Kamšt**, eine alte Pumpe, besichtigen, mit der das Wasser aus den Bergwerksschächten geholt wurde. Ein Superlativ: Die Pumpe wird von dem größten Wasserrad aus Holz in Europa angetrieben. Man erreicht die Pumpe über die Vodnikova ulica östlich des Zentrums (Einfahrt gegenüber vom Kompas-Reisebüro).

alte Pumpe

Ebenfalls südlich der Stadt (ca. 3,5 km vom Zentrum) liegt an einem Seitenkanal der Idrijca der **Divje jezero**, der „wilde See", ein sehenswertes Naturdenkmal: Der kleine See hat eine ungewöhnlich intensive grüne Farbe und wird von einer unterirdischen Quelle gespeist, die mehr als 80 m unter der Oberfläche angenommen wird (in den letzten Jahren sind drei Taucher bei der Suche nach der Quelle umgekommen). Das Wasser wird nicht mehr als 10 Grad warm, ist also nicht zum Baden geeignet. Der See fließt über den Fluss Jezernica in die Idrijca ab und bildet mit 55 m Länge den kleinsten Fluss in Slowenien. Die Wasserpumpe und der Wilde See sind auch über einen Wanderweg (*Pot ob Rakah*) entlang der Idrijca zu erreichen.

Wer Zeit hat, kann dem Flusslauf der Idrijca bis zum Zusammenfluss mit der Belca folgen und sich die **Klavže**, künstliche Stauwehre, ansehen, die errichtet wurden, um den Wasserstand der Flüsse zu regulieren und das Flößen von Holz zu erleichtern (voller Stolz auch als „slowenische Pyramiden" bezeichnet). Allerdings muss man der kurvenreichen, teilweise schlecht befestigten Straße für 15 km folgen, bevor man auf die ersten *Klavže* trifft.

slowenische Pyramiden

Westlich von Idrija liegt auf einem Plateau in ca. 1000 m Höhe das Dorf Vojsko, in dessen Nähe die Partisanen im Zweiten Weltkrieg eine **Druckerei** betrieben. Die Druckerei (*Partizanska tiskarna Slovenija*) kann heute besichtigt werden, ist aber weit weniger spektakulär als das Partisanen-Krankenhaus Franja.

Hinweis zur Route

Hinter Idrija führt die 102 in Richtung Planina/Rakek und zur Autobahn (A1). Etwa bei der Ortschaft Godovic wird die Voralpenlandschaft weiter und das Karstgebiet beginnt, hier zweigt eine Straße nach Ajdovščina und ins Vipava-Tal ab.

Der Karst – von Höhlen und Pferden

Weite Teile im Süden Sloweniens (und auch der Alpenregionen) sind geologisch Karstlandschaften, doch an der Grenze zur Küste liegen die spektakulären Karstabbrüche des Brniki- und Nanos-Plateaus. Im Karst liegen zwei der bekanntesten Sehenswürdigkeiten Sloweniens, die Tropfsteinhöhle von Postojna und das Gestüt Lipica, doch weite Teile der Region sind touristisch kaum entwickelt. Im O liegen bewaldete Hügel, im W zur Küste hin wird der Karst (Kras) kahl: Die Römer und später die Venezianer brauchten Holz für ihre Schiffe und haben die Wälder abholzen lassen.

Kalkfelsen

Im Karst tritt immer wieder der weiße **Kalkfelsen** zutage und im Vipavatal kann man die sehr beeindruckende Abbruchkante des Karstplateaus Nanos sehen. Genauso spannend ist die „Unterwelt": Unter dem Karst liegen einige der beeindruckendsten **Tropfsteinhöhlen** der Welt. Die Höhle von Postojna ist weltbekannt für ihre zauberhaften Formationen, doch fast noch spektakulärer sind die Höhlen von Škocjan mit einem unterirdischen Fluss-Canyon.

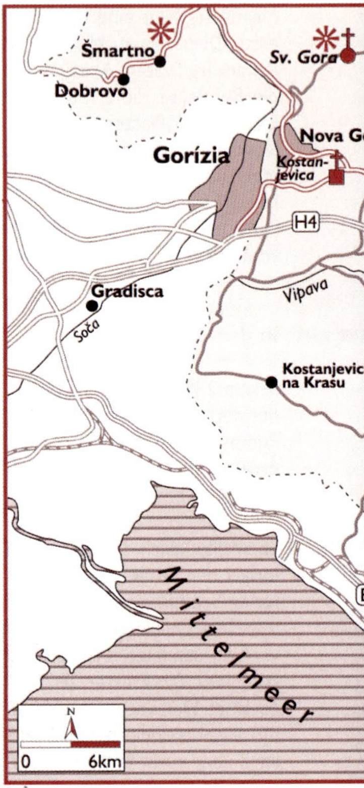

Relativ unbekannt sind dagegen die Karstdörfer südlich des Vipavatals, kleine mittelalterliche Orte, teils wildromantisch verfallen und mit sehr viel Flair. Hier liegt ein großes Weinbaugebiet Sloweniens, in dem die Rotweine Teran und Refošk angebaut werden. Man sollte unbedingt den edlen Karst-Schinken mit einem dieser guten Tropfen genießen.

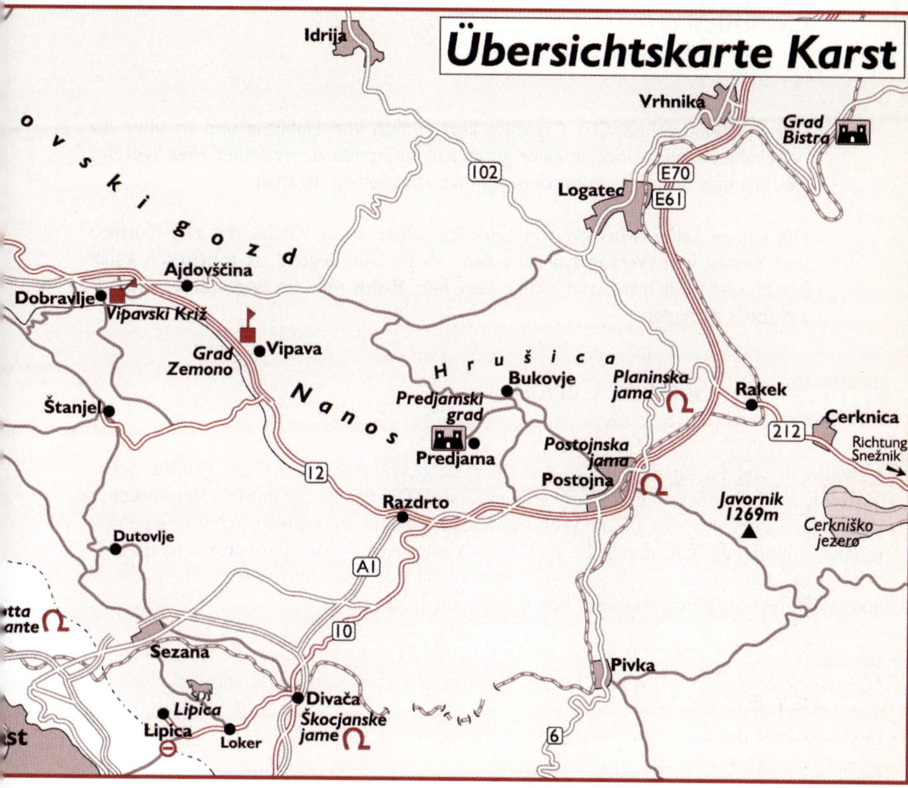

Redaktions-Tipps

• Die **Predjama**-Burg ist halb in eine Höhle hineingebaut und eine der sehenswertesten Burgen Sloweniens. Man kann eine Besichtigung an einen Besuch der Höhle von Postojna anschließen. (S. 303)

• Der **See von Cerknica** wird von Besuchern häufig übersehen. In der landschaftlich schönen Umgebung kann man Wandern und Rad fahren, ohne allzuviel anderen Touristen zu begegnen. (S. 298)

• Unter den Karst-Dörfern ist **Štanjel**, zwischen schön renoviert und reizvollem Verfall schwankend, herausragend. (S. 308)

Cerknica

S. 125

Der 3.500-Einwohner-Ort Cerknica liegt südlich von Ljubljana und ist über die Autobahn, Abfahrt Unec, in einer guten halben Stunde zu erreichen. Hier liegt der gleichnamige See, der ein besonderes Naturphänomen darstellt.

Die einzige Sehenswürdigkeit in Cerknica selbst ist die Kirche, mit zwei Türmen und Resten von Wehranlagen aus dem 15. Jh. Die Gegend ist touristisch kaum erschlossen und man kann sicher sein, hier **Ruhe** und ein ungestörtes **Naturerlebnis** zu finden.

INFO Der See von Cerknica

Südwestlich von Postojna liegt der See Cerknica (*Cerkniško jezero*), der **größte See Sloweniens** – zumindest in den feuchten Jahreszeiten. Der See ist „temporär": Bei starken Regenfällen kann er bis zu 40 km^2 groß werden, im Sommer verwandelt sich die Gegend in eine Sumpflandschaft, durch die die Mücken schwirren. Über dieses ungewöhnliche Naturphänomen wunderte sich schon der griechische Historiker *Strabo* im 1. Jh. v. Chr. und der Universalgelehrte *Valvasor* beschrieb es im 17. Jh.

Die Ebene, in der der See sich bildet, ist ein Karst-Feld (*polje*) unter dem die Höhlen- und Gängesysteme eingebrochen sind. In den regenreichen Monaten im Frühjahr und Herbst sammelt sich in der Ebene das Wasser der verschiedenen Flüsse aus den umliegenden Hügeln und bringt das unterirdische System von Hohlräumen zum **Überlaufen**. Der See kann bei heftigen Regenfällen innerhalb kurzer Zeit, z.B. nur an einem einzigen Tag, entstehen, dann sprudelt das Wasser wie aus unterirdischen Quellen aus dem Boden. Er ist nie besonders tief, da das Wasser sich in alle Richtungen ausbreitet und wenn es zurückgeht, kann man im flachen Wasser die Fische einsammeln. Im Sommer lassen die Bauern ihre Schafe auf der Fläche weiden.

Im Sommer wird der See von Cerknica zur Sumpflandschaft

Wenn der See viel Wasser führt, sind Bootsfahrten möglich, man kann schwimmen und angeln. Die Gegend ist geeignet für leichte Wanderungen und Spaziergänge. Ein Wanderweg führt in zwei Tagen durch die bewaldete Berglandschaft um den See. Der „Hausberg" von Cerknica, der Slivnica (1114 m), kann in einer gut einstündigen Wanderung bestiegen werden. *Wanderung*

6 km westlich des Ortes Cerknica liegt in einem Naturschutzgebiet die malerische Schlucht **Rakov Škocjan**, in der zwei Naturbrücken zu bewundern sind. Die Schlucht ist entstanden, als das unterirdische Flussbett des Rak einstürzte. Durch die Schlucht und auf den südlich gelegenen Berg Veliki Javornik (1.269 m) führen mehrere ausgeschilderte Wanderwege.

Križna jama (Höhle von Križna)

Etwa 12 km südlich von Cerknica liegt eine weitere Karst-Höhle, die Križna jama. Die 8,5 km lange Höhle ist bekannt für ihre 22 **Unterwasserseen**, über die man mit Gummibooten fahren kann, außerdem gibt es schöne Stalagmiten zu sehen. Die Križna jama ist eine spektakuläre Wasserhöhle, deren Besuch sich Höhlen-Interressierte nicht entgehen lassen sollten. Besichtigung nur nach Voranmeldung (siehe ‚Regionale Reisetipps'), die Höhle hat kein elektrisches Licht und warme Kleidung ist notwendig. *Unterwasserseen*

Schloss von Snežnik

Das Schloss von Snežnik (deutsch: Schneeberg) liegt in isolierter Lage im Südosten von Cerknica bei dem Dorf Kozarišče, gewissermaßen am Rande der Wildnis. Es ist eines der am besten erhaltenen Schlösser Sloweniens und hat noch die **Original-Ausstattung** aus dem 19. Jh., die der Verwalter während des Zweiten Weltkriegs gegen Plünderer verteidigt haben soll.

Schriftlich erwähnt wurde das Schloss erstmals 1269 als Besitz der Herren von Schneeberg, die ihm ihren Namen gaben. Das Schloss wechselte im Laufe der Jahrhunderte immer wieder die Besitzer, die diverse Aus- und Umbauten vornahmen.

Zuletzt gehörte es den deutschen Fürsten Schönburg-Waldenburg, die es als Sommerresidenz nutzten. Aus dem Besitz dieser Familie stammt die Einrichtung, darunter auch die kleine ägyptische Sammlung. Das Schloss gibt eine Idee davon, wie reich ausgestattet auch andere slowenische Schlösser einst gewesen sein müssen... *Antiquitäten*

Im Schloss wird außerdem eine Kunstausstellung gezeigt. In einem Nebengebäude ist ein **Siebenschläfer-Museum** eingerichtet. In der Region hat die Bevölkerung eine besondere Beziehung zu diesem Nagetier: Es wird gejagt und gegessen. In der volkstümlichen Überlieferung wird der Siebenschläfer vom Teufel selbst gezüchtet, weshalb man ihm umso eifriger nachstellen muss.

Postojna

S. 125

Adelsberger Grotte

Der Ort Postojna (deutsch: Adelsberg) ist zwar schon seit Anfang des 13. Jh. belegt und heute das Verwaltungszentrum der Region, er wäre aber nicht weiter bemerkenswert, wenn sich hier nicht die **zweitgrößte Tropfsteinhöhle Europas** befände – eine außergewöhnliche Parallelwelt unter dem Karst. Entsprechend dreht sich in Postojna alles um die Besichtigung der Höhle, die auch unter dem deutschen Namen Adelsberger Grotte bekannt ist. Im Sommer staut sich der Verkehr bis auf die Autobahn und die Besucher werden in großen Gruppen im Stundentakt abgefertigt.

Zweiter Anziehungspunkt der Gegend ist die **Höhlenburg Predjama**, die knapp 9 km nördlich von Postojna liegt und deren Besichtigung man unbedingt anschließen sollte. In Postojna ist ein kleines Museum eingerichtet, neben den üblichen volkskundlichen Exponaten kleiner Museen werden hier auch einige geologische und höhlenkundliche Tafeln ausgestellt – es ist weder gepflegt noch besonders informativ und man sollte keine Zeit mit einem Besuch verschwenden.

Geschichte der Höhle von Postojna und ihrer Erforschung

Die Höhle von Postojna (*Postojnska jama*) ist eigentlich ein System von unterirdischen Gängen, Räumen und Hallen, das insgesamt 21 km lang ist. Es wurde im Laufe von 1-2 Millionen Jahren, also im Quartär, von dem **Fluss Pivka** geformt, der bei Postojna im Karst verschwindet, als Unica bei Planina auftaucht, abermals unterirdisch weiterfließt und schließlich zum Hauptstadtfluss Ljubljanica wird. In der Höhle selbst wurden archäologische Funde gemacht, die Region war im Paläolithikum besiedelt. Auch im Mittelalter war zumindest der Höhleneingang bekannt, wie Inschriften am Eingang beweisen, systematisch erforscht wurde sie aber erst Anfang des 19. Jh.

zufällige Entdeckung

Die **Entdeckung** der tieferen Teile der Höhle soll durch Zufall geschehen sein, als man sich im Frühjahr 1818 auf den Besuch von Kaiser *Franz I.* vorbereitete. Bereits im Jahr darauf fand die erste organisierte Tour durch die Höhle statt, unter den Besuchern war auch der österreichische Erzherzog Ferdinand.

Den größten Teil des 19. Jh. kletterten die Touristen zu Fuß in das von Fackeln beleuchtete Höhleninnere, 1872 wurde ein Schienenweg fertig, auf dem zunächst Arbeiter Wagons mit Besuchern schoben! 1884 installierte man eine elektrische **Innenbeleuchtung**, ab 1914 zog eine motorbetriebene Lokomotive die Wagons. Im Zweiten Weltkrieg wurde einer der Räume im vorderen Teil der Höhle von der Wehrmacht als Benzinlager benutzt, 1944 drangen Partisanen durch eine der Nebenhöhlen dahin vor und steckten es in Brand. Die Rußspuren sind noch zu sehen, dieser Teil der Höhle hat keine Tropfsteine mehr. Die heutige Rundstrecke mit elektrischer Zugmaschine gibt es seit 1964.

INFO Karst und Tropfsteinhöhlen

Der Boden im Karstgebiet besteht aus löslichem **Kalkstein**, in dem das Regen- und Flusswasser versickert und Hohlräume auswäscht. Im Laufe von Millionen von Jahren wurden so die großen Höhlensysteme von Postojna und Škocjan ausgewaschen. Die Oberfläche im Karst ist dagegen verwittert und trocken, außer wenn sich die unterirdischen Hohlräume nach heftigen Regenfällen mit Wasser füllen und überlaufen wie beim Cerknica-See. Die Höhlen können einbrechen und bilden Krater oder weitläufige Senken bzw. Felder (*polje*), besonders schön am Eingang der Škocjan-Höhle zu sehen. Die Postojna-Höhle ist heute trocken, der Fluss Pivka verläuft in einer unteren Ebene, die Škocjan-Höhle dagegen kann immer noch überflutet werden.

Das ständig nachsickernde Regenwasser löst auf seinem Weg in die unterirdischen Höhlen Kalk aus dem Boden. Dieser bleibt bei der Verdunstung des Wassers entweder an der Decke hängen, wodurch **Stalaktiten** entstehen, oder bildet auf dem Boden **Stalagmiten**. In den Karsthöhlen werden mehrere Generationen von Tropfsteinen ausgemacht, einige Tropfsteine sind bis zu 80.000 Jahre alt, andere 50.000 bis 30.000 Jahre, die jüngeren "nur" 10.000 Jahre. Stalaktiten können durch ihr eigenes Gewicht abfallen, wenn sie nicht mit Stalagmiten zusammenwachsen. Besonders schön sind schräg gewachsene Stalaktiten, die wie Vorhänge wirken. Sie entstehen, wenn ein leichter Luftzug durch die Höhle fährt. Ein Tropfstein benötigt für einen Millimeter Wachstum zwischen 10 und 30 Jahren, in den Höhlen von Postojna wachsen die Tropfsteine auf Grund der günstigen klimatischen Verhältnisse recht „schnell" (ca. 1 mm in 10 Jahren).

Besichtigung der Höhle

Im Sommer besuchen täglich mehrere Tausend Menschen die Höhle von Postojna, aber lassen Sie sich von dem Gefühl, „abgefertigt" zu werden, nicht schrecken: Die Tropfstein-Formationen sind es wert. Eine Besichtigung dauert 1,5 Stunden, an den Sommerwochenenden sollte man aber Wartezeit einplanen. Ein kleiner **Elektro-Zug** bringt die Besuchergruppen 4 km in das Höhlensystem hinein und schon auf dieser Fahrt sieht man beleuchtete Nischen mit bizarren Formationen. Die Besucher werden dann nach Sprachen aufgeteilt und für etwa 1,7 km durch das Höhlensystem geführt. Die Temperatur im Inneren liegt konstant bei etwa 8 Grad, man sollte also einen Pullover mitnehmen, die Luftfeuchtigkeit erreicht bis zu 95 Prozent, auch Regenkleidung ist nicht falsch. Bequemes Schuhwerk ist von Vorteil, die Wege sind zwar eingeebnet und betoniert, können aber glatt sein.

warme Kleidung

! Tropfsteine sind empfindlich!

Bitte halten Sie sich an das Blitzlicht-Verbot! Das Licht schadet den empfindlichen Tropfsteinen! Bedenken Sie, dass 1 Millimeter Tropfstein zehn Jahre und mehr braucht, um zu entstehen, Blitzlicht trägt nicht zum Erhalt dieser Naturwunder bei! Und auch die lichtempfindlichen Grottenolme mögen Blitzlichtgewitter gar nicht!

Die Besichtigungstour beginnt

Die Führung geht durch verschiedene Räume, Hallen und Stollen, in denen die **beeindruckenden Formationen** zu sehen sind: Die Decken sind übersät mit Stalaktiten, die wie riesige, spitze Nadeln herabhängen, auf dem Boden bilden die Stalagmiten plumpere, aber ebenso bizarre Skulpturen, wieder andere sind zu schlanken Säulen zusammengewachsen. Man sieht fein ziselierte Formen, als Spaghetti bezeichnet, breite Sockel, unförmige Gruppen und schräg gewachsene Baldachine, die wie Vorhänge von den Decken herabzufallen scheinen – einige Figuren und Formen haben Namen, aber man lasse seiner Phantasie freien Lauf. Diese unterirdische Welt präsentiert sich nicht nur in Weiß: durch den hohen Eisengehalt des Wassers changieren die **Farben** von hellem Orange bis zu dunklem Rostrot und Brauntönen, was die Schönheit der Tropfsteine unterstreicht.

Wahrzeichen

Wichtige Stationen der Führung sind die Halle **Velika Gora** (hoher Berg), die **Russische Brücke**, die 1916 von russischen Kriegsgefangenen gebaut wurde, die **Schönen Höhlen**, ein langer Gang mit wundervollen Tropfstein-Gebilden, und die **Winterhalle**, in der das Wahrzeichen der Höhle steht, der **Brillant**, ein Stalagmit, dessen Form an einen Edelstein erinnert. Endstation ist im **Konzertsaal**, einer riesigen Halle, die bis zu 10.000 Personen fasst und eine hervorragende Akustik hat. Hier finden tatsächlich Konzerte statt, zu Weihnachten werden hier von Darstellern „lebende Krippenbilder" präsentiert. In diesem Saal werden in großen Becken Grottenolme gehalten. Die lichtempfindlichen Tiere werden etwa alle 4 Wochen ausgewechselt.

Weitere Höhlen in der Umgebung

Einige weitere Höhlen, die zum selben System wie die große Höhle von Postojna gehören, sind zugänglich: Die **Otoška jama** (Insel-Höhle) liegt etwa 3 km nordwestlich der Postojna-Höhle (Fußweg, ca. eine halbe Stunde), sie ist weit weniger gut erschlossen, hat sehr schöne Tropfstein-Formationen, aber keine elektrische Innenbeleuchtung (Taschenlampe mitnehmen). Die **Pivka jama** und die **Črna jama** (Schwarze Höhle) sind miteinander durch einen Tunnel verbunden, der Einstieg erfolgt über Treppen bei der Pivka-Höhle etwa 5 km nördlich von Postojna

INFO „Menschenfisch und Drachenjunges": Der Grottenolm

Man nahm lange an, dass es in den Karsthöhlen zu dunkel und feucht sei, als dass Lebewesen existieren könnten. Im Dunkel gibt es aber durchaus Leben, beispielsweise sind viele Höhlen ideale Nistplätze für Fledermäuse und 1831 wurde die Käferart Drobnovratik (*Leptodirus hohenwarti*) entdeckt. Bekanntestes „Höhlentier" aber ist der Grottenolm (*Proteus anguinus*), eine nackte, bleiche **Amphibie**, die wie ein weißer Salamander aussieht und nur in der Karstregion in Slowenien, Italien und auf dem Balkan vorkommt. Die Grottenolme werden bis zu 30 cm lang und mit Augen geboren, die aber langsam verkümmern. Die Tiere haben einerseits Kiemen (rot und seitlich am Kopf) und können sich im Wasser mit ihrem Schwanz gut fortbewegen, andererseits haben sie Lungen und Füße und können außerhalb des Wassers überleben. Sie kommen zwei Jahre und mehr ohne Nahrung aus, sind lichtempfindlich und können schwache elektrische Felder wahrnehmen, durch die sie sich im Wasser orientieren.

Die einheimische Bevölkerung bezeichnete die Grottenolme furchtsam als „Drachenjunge", was *Janez Vajkard Valvasor* in seinen Büchern beschreibt. Der slowenische Name *človeška ribica* bedeutet in der Übersetzung „menschlicher Fisch", seine nackte Haut brachte dem Grottenolm diese Bezeichnung ein. 1768 wurde das Tier wissenschaftlich beschrieben und erhielt seinen lateinischen Namen **Proteus anguinus** (von Proteus, einem weisen Meergreis der griechischen Mythologie, und dem lateinischen Begriff für „Schlange"). Der Wissenschaft geben die Tiere bis heute Rätsel auf: Bisher wurde keine verwandtschaftliche Beziehung zu anderen Amphibien nachgewiesen, es ist auch noch unklar, wie die Grottenolme sich fortpflanzen (in Gefangenschaft paaren sie sich nicht). Es wird aber angenommen, dass sie Eier legen. In Slowenien sind die Olme geschützt, ihre Ausfuhr ist verboten. Die Stadt Postojna machte ihre besondere Beziehung zu den Tieren deutlich, indem sie den Grottenolm in ihr Wappen aufnahm.

(beim Campingplatz Pivka jama). Eine Besichtigungstour folgt dem unterirdischen Lauf des Flusses Pivka, die Črna jama ist für ihren schwarzen Kalksinter bekannt. Ca. 12 km nördlich von Postojna liegt die **Planinska jama** (Höhle von Planina) bei dem gleichnamigen Ort. Sie eine der wasserreichsten Höhlen Sloweniens, hier treffen die Flüsse Pivka und Rak aufeinander. Bei hohem Wasserstand sind nur Teile der Höhle zugänglich.

Predjamski Grad (Burg von Predjama)

Die „**Höhlenburg von Predjama**" liegt 9 km nördlich von Postojna und ist eine der spektakulärsten Burgen Sloweniens. Die Burg drängt sich auf einer schmalen Klippe 123 m über dem Boden an den Felsen und hinter ihr öffnet sich eine natürliche Höhle, mit einem etwa 6,5 km langen Gängesystem. Das Gebäude stammt aus dem 16. Jh., am Höhleneingang konnten Reste von Vorgängerbauten ins 13. Jh. datiert werden.

Höhlenburg

Die Burg von Predjama

Durch das sich anschließende Höhlensystem konnte die Burg bei Belagerungen versorgt werden. Wahrscheinlich hat mehr als ein Burgherr davon Gebrauch gemacht, überliefert ist jedenfalls die Geschichte des **Raubritters** *Erasmus Lueger*, der im 15. Jh. über die Region gebot.

Belagerung und Verrat

Erasmus, eine Art slowenischer *Robin Hood*, machte die Gegend unsicher und unterstützte den ungarischen König *Matthias Corvinus* gegen Österreich. Das provozierte schließlich 1483 einen Angriff und eine monatelange **Belagerung** der Burg durch die Österreicher. Doch *Erasmus*, der sich durch den geheimen Höhlenzugang versorgte, konnte nicht ausgehungert werden und soll die Belagerer von den Zinnen der Burg aus mit allerlei Leckereien beworfen haben.

Schließlich war es Verrat, der *Erasmus* zum Verhängnis wurde: Einer seiner Getreuen markierte die Lage des „stillen Örtchens" der Burg mit einer Fahne und verriet offenbar auch den Zeitpunkt, zu dem der Ritter diesen aufsuchte. Die Österreicher gaben einen gezielten Kanonenschuss ab – die Kugel traf *Erasmus* bei der Verrichtung des privatesten aller Geschäfte.

Im Innern der Burg gibt es nicht viel zu sehen, am Fels klebend ist sie viel schmaler, als ihre Höhe von 4 Stockwerken vermuten lässt. Die Räume sind zwar ganz hübsch mit lebensgroßen Tonfiguren und wenigen Möbelstücken hergerichtet, aber sonst leer. Die Architektur und die Lage der Burg sind einmalig, es gibt eine Zugbrücke und einen Kerker, alles ist mit dem Felsen verbaut, und der Ausblick über das Tal ist wunderschön.
Die **Erasmus-Höhle** hinter der Burg ist nur teilweise zugänglich, aber schon der Eingangsbereich ist sehr eindrucksvoll. Für eine längere Führung ist eine Voranmeldung erforderlich.

Hinweis zur Route

Predjama liegt am Ende einer Landstraße, um weiter nach Süden zu fahren, muss man entweder zurück nach Postojna oder fährt über das Dorf Landol auf die Hauptstraße 409. Nächste Autobahnauffahrt ist dann erst Razdrto, die Strecke ist landschaftlich aber auch sehr reizvoll.

Škocjanske jame

S. 125

Wer glaubt, das Höhlenerlebnis in Postojna sei nicht zu übertreffen, wird beim Besuch der Škocjanske jame (Höhlen von Škocjan) eines Besseren belehrt: Postojna ist eine Märchenwelt in weiß und rot, aber die Škocjanske jame sind eine **wilde, ursprüngliche Unterwelt**, durch die sich ein reißender Fluss wälzt. Die Landschaft erhält durch spektakuläre Einsturzkessel am natürlichen Höhleneingang einen besonderen Reiz. Die Unesco hat den Höhlen 1986 den Titel eines Weltnaturerbes verliehen.

wildromantische Unterwelt

Das Höhlensystem ist 5 km lang und 250 m tief und wurde von dem Fluss Reka in den Fels gegraben. Etwas mehr als 2 km sind zugänglich, der Einstieg in die Höhle liegt in dem Einsturzkessel Globočak. Man steigt durch einen künstlichen Tunnel in die Höhle ein und folgt im Wesentlichen dem Verlauf des unterirdischen Canyons flussaufwärts. Teilweise geht es auf schmalen Galerien entlang, die in die Wände des Flussbetts geschlagen wurden, man sollte unbedingt **gutes Schuhwerk** tragen! Die Temperatur ist mit konstanten 13 Grad wärmer als in den Postojna-Höhlen, trotzdem ist wärmere Kleidung angeraten.

Blick auf Škocjan

In den ersten Hallen (*Tihe jame*, stille Höhlen) sind schöne Tropfsteine zu sehen, der Höhepunkt der Tour beginnt jedoch beim Eintritt in den zweiten Teil, die Rauschenden Höhlen, wo die Reka alles übertönen kann. Der Eintritt in die so genannte **Müller-Halle** ist atemberaubend: Hier liegt ein unterirdischer Fluss-Canyon, 300 m lang und mit bis zu 100 m hohen Wänden. Die Ausmaße der Halle verschwinden im Dunkel und in der Gischt des Flusses. Die Reka kann bei starken Regenfällen plötzlich anschwellen und der Canyon füllt sich dann sehr schnell. Wenn sich der Abfluss der Höhle beim so genannten Toten See verstopft, wird die gesamte Höhle geflutet, was zuletzt 1965 passierte. Der Weg windet sich an den Wänden entlang in die Unterwelt, oft verglichen mit dem Abstieg in den Hades.

Fluss-Canyon

45 m über dem Fluss wird die schmale **Hanke-Brücke** (gebaut 1933) überquert, von hier aus sind die Reste eines alten Weges und einer alten Brücke zu sehen, die 20 m höher lagen. Der Weg wird durch einige weitere Säle fortgesetzt und endet in der Schmidl-Halle bei einer natürlichen Brücke. Hier liegt der natürliche Höhleneingang in dem Einsturzkessel Velika dolina (Großes Tal), man befindet sich nun 180 m unter dem Eingangsbereich und fährt mit einem Fahrstuhl wieder auf dieses Niveau hinauf.

Spaziergang

Auf dem Weg zurück zum Kassenbereich sollte man sich die Zeit für einen kurzen Abstecher zu einem **Aussichtspunkt** (*Razgledišče/Belvedere*, beschildert) nehmen. Von dort aus hat man einen wunderbaren Ausblick auf das Einsturztal und auf das Dorf Žkocjan mit der Kirche Sveti Škocjan (heiliger Kanzanius), das am Rande des Kessels liegt. Der Heilige ist der Namensgeber der Höhle. Vor den Treppen zur Kasse führt links ein Weg um den Kessel herum in das Dorf, ein schöner Spaziergang. Das Dorf selbst ist halb verfallen, man hat einen schönen Rundblick über die Ebene. Zwei kleine Häuser im Dorf sind als ethnografisches und als Bauernmuseum hergerichtet worden, der Besuch ist im Preis für die Höhlenbesichtigung inbegriffen, allerdings gibt es nicht viel zu sehen.

Der Fluss Reka bei den Höhlen von Škocjan

Weitere Höhlen in der Umgebung

Südwestlich des Ortes Divača liegen zwei kleinere Tropfstein-Höhlen: Die Divaška jama (672 m), 3 km von Divača entfernt, kann nur nach Voranmeldung besichtigt werden. Informationen dazu gibt es bei den Škocjanske jame oder beim Gestüt in Lipica. Die Jama Vilenica (Vilenica-Höhle) war die erste touristisch erschlossene Höhle in Slowenien. Führungen finden nur sonntags um 15 Uhr statt.

Lipica

(i) S. 125

Das weltberühmte Gestüt, Ursprung der **Lipizzaner-Pferde** der Wiener Hofreitschule, liegt am Rande Sloweniens nicht weit von der italienischen Grenze in der Nähe des Dorfes Lipica (italienisch Lipizza).

Das Gelände des Gestüts ist mehr als 300 Hektar groß und liegt malerisch unter Linden, die anmutige Landschaft ist dem Wert der kostbaren Tiere angemessen. Um das Gestüt hat sich allerdings ein reges touristisches Leben entwickelt, hier liegen einige Hotels, ein Golfplatz und ein Casino, das beliebter Anlaufpunkt für Touristen aus Italien ist. Das Gestüt kann besichtigt werden, was aber nur für eingefleischte Pferde-Fans interessant ist.

Dressur-Vorführung

Dagegen lohnt sich ein Besuch der **Dressur-Vorführung** sehr. In den warmen Monaten grasen die Tiere tagsüber auf den Weiden um das Gestüt, wo man einen Blick auf sie erhaschen kann, sie werden am späten Nachmittag in die Ställe zurückgebracht. Natürlich kann man reiten, auf den Lipizzanern aber nur erfahrene Reiter.

Bei der Anfahrt über **Lokev** sollte man einen kurzen Stopp in diesem typischen Karst-Dorf einlegen, wo man hervorragenden Karstschinken bekommt. Außerdem kann man ein privates Militärmuseum besichtigen.

Geschichte des Gestüts

Durch hartes Training zum Dressurpferd

1580 gründete der österreichische Erzherzog Karl das Gestüt, um hier Pferde für die **Spanische Hofreitschule** in Wien zu züchten, die es damals seit acht Jahren gab. Die Tiere sollten wendig und elegant sein, um eine gute Figur bei Paraden zu machen, aber auch schnell, stark und ausdauernd für militärische Einsätze. Das Karst-Klima mit einerseits milden Temperaturen, aber auch der „harten" Bora bot ideale Voraussetzungen. Schon die Römer hatten die robusten einheimischen Tiere vor ihre Streitwagen gespannt, diese wurden nun mit einer andalusischen Pferderasse zusammengebracht.

weiße Pferde

Erst Ende des 18. Jh. kamen weiße **Araberpferde** in die Zucht und die Lipizzaner erhielten ihre charakteristische schneeweiße Farbe. Nach dem Ersten Weltkrieg, als die Italiener die Küstenprovinz übernahmen, wurden die Pferde nach Ungarn und dann nach Österreich gebracht. In Piber in der Steiermark wurde mit einem Teil der Pferde eine neue Zucht aufgebaut, die restlichen Tiere kamen zurück nach Lipica. 1943 brachten die Nazis mehr als 200 Pferde ins Sudetenland, von denen nach Kriegsende nur 11 zurückgebracht wurden.

Es reichte für den Wiederaufbau und heute werden 200 Tiere in Lipica gehalten. Allerdings werden auch in anderen Ländern Lipizzaner gezüchtet, z.B. in Kroatien, Ungarn und den USA.

Lipica erreicht man am schnellsten über die Landstraße 205 (Autobahnabfahrt Divača) und das Dorf Lokev. In der Nähe von Lipica liegt der gleichnamige Grenzübergang nach Italien, eine gute Verbindung über Basovizza nach Triest. Zur Fortsetzung der Route nach Štanjel und ins Vipava-Tal fährt man am besten über Sežana.

INFO Weiße Tänzer – Wissenswertes über Lipizzaner

Lipizzaner bei der Vorführung

Die Lipizzaner gehören heute zu den besten und teuersten Reitpferden der Welt. Die eleganten, makellos weißen Tiere werden besonders von **Dressurreitern** geschätzt, sie gelten als intelligent und robust und sind gleichzeitig elegant und wendig. Die Pferde in Lipica haben Stammbäume, die teilweise bis ins 18. Jh. zurückreichen. Ihre weiße Farbe bekommen die Tiere erst im Alter von 5 bis 6 Jahren, gewissermaßen eine Alterserscheinung, vorher sind sie grau oder braun.

Ihr Training beginnt im Alter von drei Jahren und nach vier Jahren haben sie das Können erreicht, das man in den Vorführungen des Gestüts bewundern kann, wenn die Lipizzaner zu Wiener-Walzer-Klängen „tanzen". Höhepunkt der Show ist die **Kapriole**, ein Sprung, bei dem die Pferde scheinbar durch die Luft schweben. Lipizzaner werden etwa 1,5 m groß und bis zu 30 Jahre alt, sie zeichnen sich durch einen langen Rücken und einen kurzen, eher dicken Hals aus – ein Erbe ihrer robusten Karst-Vorfahren. Die Pferde der Wiener Hofreitschule kommen heute vom Piber-Gestüt in Österreich, mit dem sich Lipica um die Verwendung des Namens Lipizzaner streitet.

Štanjel und das Vipava-Tal

ⓘ S. 125

Das Dorf **Štanjel** (italienisch San Daniele) liegt eindrucksvoll auf einem Hügel und steht in der Tradition der Burgdorfbefestigungen die auch im kroatischen Istrien zu finden sind. Štanjel ist ein guter Ausgangspunkt, um die zahlreichen umliegenden Weingüter des Vipava-Tals zu „erforschen". Erste Befestigungen auf dem Hügel stammen aus dem 12. Jh. (Burgruine), die Steinmauer wurde im 16. Jh. als Schutz gegen die Türken gebaut, auch das Schloss entstand in dieser Zeit.

Maks Fabiani

Interessant ist die neuere Geschichte: *Maks Fabiani*, der Architekt, der Ljubljana nach dem Erdbeben 1895 wieder aufbaute, stammte aus dem Nachbardorf Kobdilj.

Nach dem Ersten Weltkrieg nahm er sich Štanjels an: Er plante, aus den **grauen Karsthäusern**, von denen viele leer standen, moderne, luxuriöse Häuser zu machen und dabei die traditionelle Bauweise zu erhalten. Bis zum Zweiten Weltkrieg gestaltete er einen Teil des Dorfes um und legte den großen **Park** im

Süden der Wehrmauer an (der Park wird nach dem Finanzier „Ferrari-Park", manchmal aber auch „Fabiani-Park" genannt). Im Zweiten Weltkrieg lieferten sich **Nazis und Partisanen** in Štanjel heftige Kämpfe, wobei der Ort stark zerstört wurde und leider auch *Fabianis* Pläne verbrannten. Der Architekt starb 1962 und wurde auf dem Nachbarhügel bestattet, ohne den Ort wieder aufgebaut zu haben. Štanjel war jahrzehntelang weitgehend verlassen, im Tal entstand die neue Siedlung und heute leben gerade mal 40 Menschen hinter den alten Wehrmauern. Große Teile des Ortes sind immer noch verfallen. Das teilweise renovierte Schloss wird für Kulturveranstaltungen genutzt, darin ist eine Galerie des Malers *Lojze Spacal* eingerichtet. Ferner kann man in Štanjel ein typisches **Karsthaus** (*Kraški hiša*) besichtigen, es ist als Bauernmuseum hergerichtet. Sehr schön renoviert ist der Eingangsturm im Osten des Ortes von dem man einen phantastischen Rundblick hat. Im Turm ist eine Verkaufsgalerie eingerichtet, von der Präsentation her eine der ungewöhnlichsten Galerien in Slowenien.

Das Wahrzeichen Štanjels ist der Turm

Weitere Karstdörfer

In der Umgebung von Štanjel liegen weitere reizvolle Karstdörfer wie z.B. Kobjeglava, Komen, Dornberk, Tomaj oder Dolenja vas. Eines der reizvollsten ist das südwestlich von Ajdovščina gelegene wildromantische Dorf **Vipavski Križ**, ein Burgdorf auf einem Hügel, mit einem Schloss und einem alten Kloster, das heute so gut wie verlassen ist. Ein lohnendes Ziel ist auch die **Burg Rihemberk** bei Branik nordwestlich von Štanjel, die als die älteste Burg in der Primorska gilt (1230 erstmals erwähnt). Der gotische Turm mit Zinnen macht sie zu einem eindrucksvollen Wehrbau. Die Einwohner von Branik wurden 1944 als Vergeltung für einen Partisanenangriff von der Wehrmacht in Konzentrationslager verschleppt und ihr Dorf niedergebrannt, ein Schicksal das auch andere Karstdörfer wie Komen und Kostanjevica na Krasu erlitten.

verlassenes Dorf

In Štanjel

Vipava und Ajdovščina

Nordöstlich von Štanjel liegt im Schatten des beeindruckenden Nanos-Hochplateaus der Ort **Vipava**, der dem Tal seinen Namen gibt. In Vipava steht das barocke Stammschloss der Grafen Lanthieri, denen im 19. Jh. große Ländereien in der Gegend gehörten. Interessanter ist aber deren Sommerresidenz Schloss Zemono, eigentlich eher eine Villa im römischen Stil, die kurz hinter Vipava Richtung Nova Gorica liegt. Das Schloss ist sorgfältig restauriert und hat schöne Wandmalereien, v.a. aber beherbergt es ein Restaurant, das als eines der besten Sloweniens gilt. Es ist für Hochzeitsfeiern außerordentlich beliebt.

Schloss Zemono

Südlich des Ortes liegt eine der größten slowenischen Weinkellereien, mit einem über 100 Jahre alten Weinkeller. Man kann Wein probieren, es gibt ein Restaurant und natürlich wird der Wein auch verkauft.

Das Vipava-Tal und das Nanos-Plateau

Ajdovščina

Ajdovščina ist mit 6.500 Einwohnern der größte Ort des Vipava-Tals und hat historisch einige Bedeutung: hier stand ein spätrömisches Kastell, das Teil des Italischen Limes von Rijeka bis nach Kärnten war.

Südöstlich von Ajdovščina kam es 394 zu einer bedeutenden **Schlacht** zwischen dem oströmischen Kaiser *Theodosius* und seinem weströmischen Rivalen *Eugenius*. *Theodosius* konnte den Kampf für sich entscheiden und besiegelte damit den Zerfall des Römischen Reiches in eine östliche und westliche Hälfte. Angeblich soll die heftig wehende Bora ihm zum entscheidenden Vorteil verholfen haben.

Heute kann man die römischen Ruinen im Ort besichtigen, darunter einen Teil der Stadtmauer und einen Turm. Kunstinteressierte können einen Blick in die Galerie Pilon werfen, die dem Maler, Grafiker und Fotografen *Veno Pilon* (1896-1970) gewidmet ist.
In Ajdovščina wurde übrigens nach Ende des Zweiten Weltkriegs im Mai 1945 die erste slowenische Regierung ernannt.

Achtung Wind!

Auf diesem Streckenabschnitt ist im Spätsommer und Herbst Vorsicht vor der burja (Bora) angesagt: Der Wind weht manchmal mit Stärken von 180 km/h über den Nanos und kann Autofahrern im Tal gefährlich werden!

Wanderung

Von Radzrto südöstlich von Vipava und auf halbem Weg nach Postojna führt eine ca. dreistündige, leichte Wanderung auf den Gipfel des Pleša (1.262 m), der Teil des Nanos-Plateaus ist. Man hat einen phantastischen Ausblick über das Tal, auf dem Gipfel gibt es eine Berghütte.

Nova Gorica

ⓘ S. 125

Weinbauern bringen ihre Ernte zum Pressen

Nova Gorica an der Soča ist eine **zweigeteilte Stadt**: Nach dem Zweiten Weltkrieg fiel Gorica (italienisch Gorizia, deutsch Görz) an Italien und auf slowenischer Seite wurde eine neue Stadt gegründet, die heute mit etwa 70.000 Einwohnern die drittgrößte Sloweniens ist. Der historische Teil liegt im italienischen Gorizia, in Nova Gorica dominieren leider hässliche Wohnsiedlungen. Die Stadt liegt an der **Soča**, die hier zum Isonzo wird, zwischen Alpenvorläufern und friaulischer Ebene. Die Soča fließt im im Norden der Stadt zwischen den markanten Hügeln Sabotin und Skalnica hindurch, wie durch ein Tor in Richtung Süden.

Tor nach Süden

In Nova Gorica herrscht mediterranes Klima, die Adria ist etwa 30 km entfernt, doch in den Bergen nordwestlich der Stadt liegt im Winter Schnee. Gorizia war während des Ersten Weltkriegs stark umkämpft (Isonzo-Schlachten), ein Teil des Romans „In einem fernen Land" von *Ernest Hemingway* spielt in der Gegend. Nova Gorica ist bei italienischen Touristen beliebt, die zwei moderne Spielcasinos in den Ort ziehen. Wer nicht gerade sein Glück in der Spielbank versucht, wird der Stadt selbst wenig abgewinnen können, doch in der direkten Umgebung liegen einige Sehenswürdigkeiten.

Sehenswertes

Das **Franziskanerkloster Kostanjevica**, südlich des Ortes auf einem Hügel gelegen, wird wegen der Gruft des vorletzten französischen Königs *Karl X.* besucht. Der Bourbone floh nach der Julirevolution 1830 nach Gorizia und starb hier sechs Jahre später an der Cholera. Auch sein Sohn *Karl XI.* ist in der Gruft beigesetzt. Das Kloster selbst wurde 1625 gegründet, aber im Ersten Weltkrieg zerstört und

Bourbonen-Gruft

Gorica-Museum

danach wieder aufgebaut. Das **Renaissanceschloss Kromberk** liegt knapp 3 km östlich von Nova Goricas bei der gleichnamigen Siedlung. Es beherbergt das sehenswerte **Goriški muzej** (Gorica-Museum), in dem die archäologischen Funde aus der eisenzeitlichen Siedlung bei Most na Soči gezeigt werden. Außerdem werden Möbel und Bilder aus dem 19. Jh. sowie Arbeiten neuzeitlicher Künstler aus der Gegend gezeigt. Das Restaurant im Schloss hat einen ausgezeichneten Ruf.

Wallfahrtskirche auf der Sveta Gora

Marien-Erscheinung

Spektakulär gelegen ist die **Wallfahrtskirche** auf dem Hügel Skalnica, der Sveta Gora (heiliger Berg) genannt wird. Die Kirche hat eine bewegte Geschichte: Der Überlieferung nach wurde sie Mitte des 16. Jh. gebaut, nachdem ein einfaches Hirtenmädchen aus dem Dorf Grgar **Marien-Erscheinungen** hatte. Zunächst nahm niemand das Mädchen ernst und sie wurde sogar eingesperrt. Als sie aber immer wieder fliehen konnte, hielt man das für ein Wunder und auf dem Berg entwickelte sich eine Pilgerstätte. 1541 wurde mit dem Kirchenbau begonnen und man fand eine Tafel mit einem Ave Maria, möglicherweise aus einer Vorgängerkirche, die den Türkenangriffen zum Opfer fiel. Auf Befehl des österreichischen Kaisers *Joseph II.* wurde die Kirche 1786 abgerissen, aber schon 1793 wieder aufgebaut. Im Ersten Weltkrieg wurde sie bei den heftigen Kämpfen um die Soča-Front erneut **zerstört**, doch die wichtige Pilgerstätte blieb erhalten: 1927 entstand ein neuer imposanter Kirchenbau auf dem „heiligen Berg". Bis heute ist es eine beliebte Pilgerstätte, wie ein Blick in das Pilgerbuch in der hinteren Kapelle zeigt, wo Eintragungen von Wallfahrern aus allen Teilen der Welt gemacht werden. Neben der Kirche ist ein kleines, ziemlich verstaubtes Museum zur Isonzo-Front eingerichtet. Der Anfahrtsweg auf die 681 m hohe Sveta gora ist sehr steil und eine wunderbare Herausforderung für Radfahrer.

Rundfahrt durch die Brda

Nordwestlich von Nova Gorica an der Grenze zu Italien liegt die **Goriška Brda**, eine schöne Hügellandschaft, in der intensiver Wein- und Obstanbau betrieben wird. In der Region liegen einige sehenswerte Dörfer sowie Weingüter und Restaurants. Sehr gut erhalten ist das verwinkelte, mittelalterliche Dorf **Šmartno v Brdih**, das auf einem Hügel liegt, der wahrscheinlich schon zu römischer Zeit besiedelt war. In der Heiligkreuzkirche (*Sveti Križ*) von Kojsko ist ein sehr schöner gotischer Flügelaltar von 1515 zu sehen. In **Dobrovo** liegt ein schönes Schloss aus dem 17. Jh., in dem eine Galerie untergebracht ist, und außerdem ist der Ort für seine große Weinkellerei berühmt.

Hinweis zur Route

Von Nova Gorica hat man guten Anschluss nach Italien oder über die Hauptstraße 103 nach Tolmin und ins obere Soča-Tal. Triest ist über den Karst zu erreichen, der nächste internationale Grenzübergang liegt bei Fernetti, südwestlich von Sežana, oder man nimmt die Autobahn über Gradisca und Monfalcone.

Der Osten Sloweniens

Östlich von Ljubljana liegt der weniger bekannte Teil Sloweniens, abseits der Hauptroute, die die meisten Besucher von Bled an die Küste führt.

© graphic

Unbestrittener Höhepunkte einer Reise durch den Osten sind die Städte Maribor und Ptuj. Berühmt ist die Gegend aber auch für ihre Thermen, von denen manche bereits im Mittelalter als Heilquellen genutzt wurden. Im 19. Jh. entwickelte sich hier ein reger Kurtourismus, heute werden die klassizistischen Kuranlagen renoviert und erreichen internationalen Standard.

Das Pohorje-Gebirge ist ein schönes Mittelgebirge zum Wandern, Rad und Ski fahren. Durch die Region Štajerska, die „slowenische Steiermark", zieht sich die Autobahn zwischen Ljubljana und Maribor, die noch nicht ganz durchgehend fertig gestellt ist.
Durch diese schnelle Verbindung kann man Maribor oder Ptuj von Ljubljana aus als Tagesausflug besuchen (die Entfernungen in Slowenien sind ja insgesamt nicht sehr groß), doch der Osten lohnt eine eigene Reise.

Redaktions-Tipps

• Das **Lent-Festival**, ein internationales Musik-Festival, findet Ende Juni/Anfang Juli in Maribor statt, für zwei Wochen verwandelt sich die ganze Stadt in eine Bühne mit Folklore, Jazz und Performance-Darbietungen. (S. 328)

• Zwischen Celje und Maribor liegen hervorragende **Thermen**, in denen man sich einen geruhsamen Wellness-Tag gönnen kann. Unbedingt das Mineralwaser Donat Mg aus dem Kurort **Rogaška Slatina** probieren. (S. 322)

• Das Pohorje-Gebirge bietet zahllose Wanderwege, die weniger anstrengend sind als in den Julischen Alpen. In dem Mittelgebirge gibt es viele Mountainbike-Strecken. (S. 321)

• Das Kloster **Žiče** ist eine der eindrucksvollsten Ruinen des Landes mit einem schönen Klosterladen im alten Gemäuer. (S. 321)

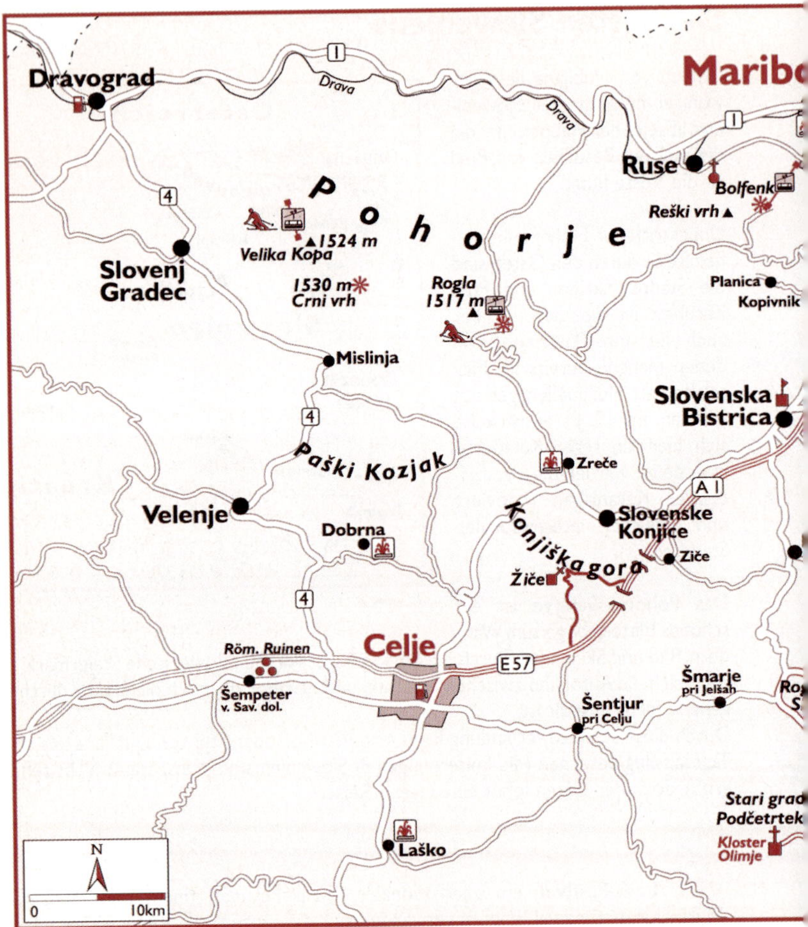

Celje

S. 125

Mit etwas über 40.000 Einwohnern ist Celje (deutsch Cilli) die **drittgrößte Stadt** Sloweniens, die zwar landschaftlich schön am Rande des Pohorje-Gebirges liegt, aber stark industrialisiert ist. Die Autobahn in den Osten des Landes und der Hafen machen es zu einer wichtigen Durchgangsstation. Celje ist historisch für Slowenien wichtig, hier hatten die Grafen von Cilli ein bedeutendes Machtzen-

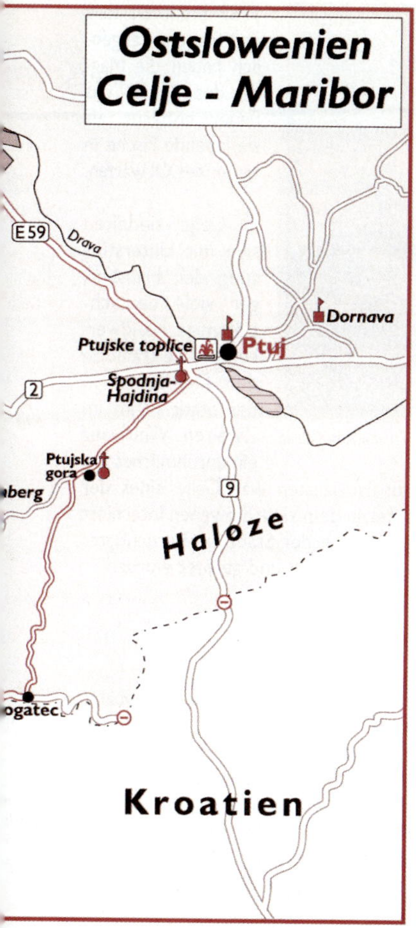

trum aufgebaut. Die Altstadt hat zwar durchaus Flair, kann dem Vergleich mit Ljubljana oder Maribor aber nicht standhalten.

Geschichte

Celje war bereits in vorrömischer Zeit von Illyrern und Kelten besiedelt, wie der keltische Name Celeia (oder Keleia) beweist. Die **Römer** übernahmen diese Bezeichnung und nannten den Ort 45 n. Chr. Claudia Celeia. Er lag an der wichtigen Verbindungsstraße zwischen Emona (Ljubl- jana) und Poetovio (Ptuj). Celeia wurde das Verwaltungszentrum der römischen Provinz Noricum. 452 plünderten die Hunnen die Stadt und brannten sie nieder, weitere kriegerische Völker folgten. Erst um das Jahr 1000 entstand eine neue Ansiedlung auf den Ruinen, 1122 wird die Stadt erstmals schriftlich erwähnt. Die große Zeit Celjes begann 1322 mit der Herrschaft der Freiherrn von Žovnek (deutsch Soneck), die 1342 zu den **Grafen von Cilli** (deutsch für Celje) erhoben wurden. Die Grafen bauten ihre Macht systematisch aus und brachten durch geschickte Heiratspolitik große Länderei-en in Slowenien und Kroatien unter ihre Herrschaft. Unter dem Grafen *Hermann II.*, der seine Tochter *Barbara* mit dem deutschen Kaiser und ungarischen König *Sigismund* verheiratete, wurden sie 1436 in den Reichsfürstenstand erhoben, d.h. sie unterstanden unmittelbar dem Kaiser.

römische Stadt

geschickte Machtpolitik

Wie weit das Fürstentum als „selbstständiges Reich" bezeichnet werden kann, ist umstritten, es gab jedenfalls ein eigenes Münzwesen. Bevor die Cilli eine unabhängige Macht innerhalb des Heiligen Römischen Reiches werden konnten, starb das Geschlecht aus: Der letzte Graf von Cilli, *Ulrich II.* wurde 1456 ermordet. Celje kam unter die Herrschaft der Habsburger. Damit war die Erfolgsgeschichte jedoch nicht beendet: Bereits 1451 erhielt der Ort das Stadtrecht und entwickelte sich zu einem wichtigen **Handelsplatz**. 1469 versuchten die Türken Celje zu erobern, scheiterten aber an der starken Befestigung, und auch im großen Bauernaufstand 1515 hielten die Mauern stand.

Blick auf Celje

1789 brannten Teile der Stadt ab, angeblich haben die Mägde des Spitals das Feuer entfacht, als sie lebende Fische in siedendes Öl warfen.

In Celje siedelten sich mit Unterstützung der Habsburger viele deutschstämmige Handwerker an. Die Tradition der Deutschen in der Stadt nahm im Zweiten Weltkrieg ein unrühmliches Ende: Bei der **Umsiedlungsaktion** der Nationalsozialisten war Celje eines der Zentren, hier wurde ein Sammellager eingerichtet, in dem viele Slowenen interniert wurden, bevor man sie deportierte. Außerdem war in der Stadt ein berüchtigtes Gefängnis eingerichtet, in dem viele Nazi-Gegner gefoltert und getötet wurden.

Orientierung

Celjes Altstadt wird im O begrenzt von der Ulica XIV. Divizije bzw. der Eisenbahn, im N von der Gregorčičeva ulica, im NW von der Jurčičeva ulica und im S von der Savinja. Außer der Burg auf dem Hügel östlich der Stadt liegen alle Sehenswürdigkeiten innerhalb dieses Kerns. Teile der Altstadt sind Fußgängerzone, das Zentrum bilden die Stanetova ulica mit dem Glavni trg und der Krekov trg, der auf den Bahnhof zuführt. Gute Parkmöglichkeiten liegen z.B. auf der Prešernova ulica gegenüber der Touristeninformation (gebührenpflichtiger Parkplatz). Die Sehenswürdigkeiten kann man in einem Stadtrundgang in etwas mehr als zwei Stunden „ablaufen", allerdings ohne Museumsbesichtigung.

Sehenswertes

Celjski dom

Guter Ausgangspunkt für einen Rundgang ist der Bahnhof, der 1846 gebaut wurde. Celje war ein wichtiger Zwischenstopp an der Eisenbahnstrecke Wien nach Triest. Gegenüber liegt der **Celjski dom**, ein imposantes neugotisches Gebäude das Anfang des 20. Jh. das Versammlungsgebäude der deutschstämmigen Einwohner war. Nördlich des Bahnhofs ist die **Maximilianskirche** (*Sveti Maksimiljan*) einen Abstecher wert. Die gotische Kirche aus dem 15. Jh. ist nach dem Bischof *Maximilian* benannt, der 283 n. Chr. von den Römern in Celje enthauptet worden sein soll. Gleich daneben steht eine kleine Kapelle aus derselben Epoche.

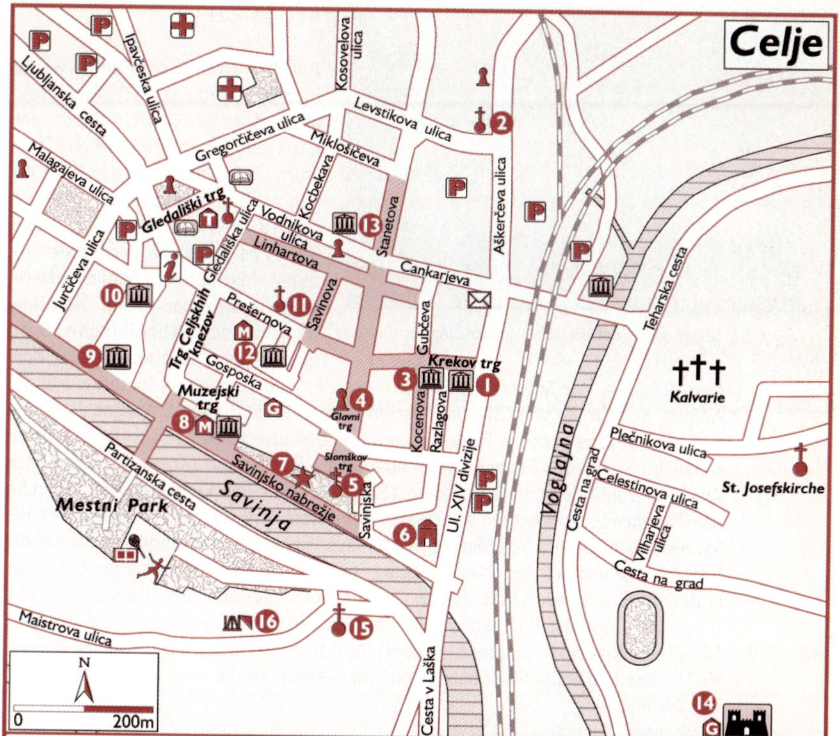

1 Celjski dom
2 Maximilianskirche
3 Hotel Europa
4 Pestsäule
5 Abteikirche Sv. Danijel
6 Wasserturm
7 Mittelalterliche Stadtbefestigung
8 Stara Grofija/Regionalmuseum
9 Unteres Schloss
10 Narodni dom
11 Marienkirche
12 Altes Rathaus/Museum für Neuere Geschichte
13 Banka Celje
14 Burg
15 Kapuzinerkirche
16 Herkulestempel

Östlich des Bahnhofs liegt am Krekov trg das älteste Hotel Celjes, das Evropa. Mittelalter-Interessierte machen vor dem Hotel links einen Abstecher in die Razlagova ulica, etwa 60 m in südlicher Richtung liegt zwischen mehrstöckigen Häusern ein alter **Verteidigungsturm**.

Ein anderer Abstecher führt nördlich des Krekov trg in die Gubčeva ulica, dort liegen im Keller eines Blumengeschäftes die Fundamente eines Baptisteriums aus dem 5. Jh. Die Ruinen sind sehr schön renoviert und in den Laden integriert.

Celjski dom – das deutsche Versammlungshaus in Celje

Glavni trg

Auf dem Krekov trg geht es weiter Richtung W bis zur Ecke Stanetova ulica, dort links nach S auf den Glavni trg, das mittelalterliche Zentrum Celjes. Rund um den Platz liegen schöne Gebäude aus dem 17. und 18. Jh. und in seiner Mitte steht die 1776 gestiftete **Pestsäule** mit einer Marienfigur. Südlich davon schließt sich der kleine Slomškov trg mit der **Abteikirche** Sveti Danijel (um 1306) an, eines der ältesten Gebäude der Stadt. Ursprünglich war der Bau romanisch, später wurde im Auftrag der Grafen von Cilli eine Marien-Kapelle im gotischen Stil angebaut. Darin sind eine schöne gotische Pieta, Fresken und Steinmetzarbeiten aus dem 15. Jh. zu sehen. Im Süden des Platzes zweigt eine kleine Seitengasse (Kocenova ulica) nach O ab, die zum Wasserturm aus dem 15. Jh. führt, der Teil der Stadtmauer war. Um den Rundgang fortzusetzen kehrt man zum Slomškov trg zurück und nimmt die Savinjska ulica nach S. Vom **Savinja-Ufer** aus hat man einen schönen Blick auf die Burg im SO und auf den Stadtteil **Breg** mit dem Stadtpark (Mestni park) auf der anderen Flussseite. Dort liegen im unteren Bereich die Kapuzinerkirche (*Kapucinska cerkev*), ein rekonstruierter römischer Herkulestempel und auf dem Hügel die Nikolaikirche (Sveti Miklavž). Nördlich des Ufers liegt in einer kleinen Parallelstraße die alte Stadtmauer. Folgt man dieser Straße nach W, kommt man auf den Muzejski trg.

Savinja-Kloster

Pestsäule auf dem Glavni trg

Regionalmuseum

Dominierendes Gebäude auf dem Muzejski trg ist die Stara Grofija (Alte Grafei), ein Renaissance-Palast mit einem imposanten Arkadengang (Anfang des 17. Jh.). In dem Palast ist das **Regionalmuseum** (*Pokrajinski muzej Celje*) untergebracht, das eine archäologische und volkskundliche Ausstellung zeigt sowie mehrere Räume mit Möbeln und Ausstattung unterschiedlicher Epochen. Etwas gruselige Exponate sind die Schädel der Grafen von Cilli, deren Gruft sich in der Marienkirche befindet. Eine numismatische Sammlung enthält antike Münzen und Geldstücke, die die Grafen prägen ließen. Glanzstück des Museums ist die **Celjer Decke**, ein Meisterwerk der Renaissance-Malerei, das Anfang des 17. Jh. entstand. Unter der Decke sind Leinwände mit illusionistischen Malereien gespannt, die den Raum perspektivisch erhöhen. Unter anderem sind antike Kampfszenen und die vier Jahreszeiten dargestellt.

Unteres Schloss und Nationalhalle

Nördlich des Muzejski trg liegen am Trg Celjskih knezov das **Untere Schloss** (oder Fürstenhof) und die Nationalhalle (*Narodni dom*). Das Schloss aus dem 14. Jh. war die Residenz der Grafen von Cilli, es ist stark renovierungsbedürftig. Darin ist die Galerie moderner Kunst untergebracht. Eine weitere Kunstgalerie ist nördlich davon in der Nationalhalle untergebracht, das Gebäude im Neorenaissance-Stil war Ende des 19. Jh. der zentrale Versammlungsort der slowenischen Einwohner Celjes.

Marienkirche und Altes Rathaus

Östlich des Trg Celjskih knezov in der Prešernova ulica liegt die **Marienkirche** aus dem 14. Jh.. Darin befindet sich die Gruft der Grafen von Cilli. Die Kirche gehörte zum Minoritenkloster, das 1808 aufgelöst wurde. Gegenüber liegt das alte Rathaus, das im 19. Jh. als Gefängnis benutzt wurde. Heute ist es das **Museum für Neuere Geschichte** mit der Gedenkstätte Stari pisker für die NS-Opfer: Die Nazis folterten und töteten hier fast 400 politische Gefangene. Dazu gehört auch ein Kindermuseum.

Die Banka Celje – von Architekt Jože Plečnik gestaltet

Plečnik-Fans sollten noch einen Abstecher zwei Straßen nach N machen: An der Ecke Stanetova und Vodnikova ulica liegt das von *Jože Plečnik* gestaltete Gebäude der **Banka Celje** mit typischer Säulenarchitektur (1929).

Stari grad (Alte Burg)

Ein Besuch auf dem Burgberg im Südosten Celjes lohnt sich v.a. wegen des wunderbaren Ausblicks über die Umgebung. Die Burg sieht vom Tal aus imposanter aus, als sie es tatsächlich ist. Ein schöner Spazierweg führt in knapp 30 min. auf den Hügel. Die Burg wurde im 12. Jh. errichtet und später von den Grafen von Cilli aus- und umgebaut. Als die Grafen im 15. Jh. ihre Residenz in das Untere Schloss verlegten, verfiel die Burg, teilweise wurden ihre Steine als Baumaterial wiederverwendet. Einige der Gebäude sind renoviert, so der 35 m hohe **Friderikov stolp** (Friedrichsturm). Auch die Celjer Burg wird für Kulturveranstaltungen genutzt.

Burgturm

In der Umgebung

Die römische Nekropole von Šempeter liegt 12 km westlich von Celje in der Nähe der Hauptstraße oder der Autobahn nach Ljubljana. In einer kleinen Parkanlage werden römische Grabsteine präsentiert, ein Grab ist noch in situ zu besichtigen.

Römisches Grabmal in Šempeter

Der Besuch ist ein bisschen enttäuschend: Die Steine mit den Porträts der Verstorbenen sind auf einer Rasenfläche aufgestellt, ohne dass ein Fundzusammenhang klar wird. Nördlich der Stadt liegt der idyllische See Šmartinsko jezero, der größte Stausee des Landes (1 km²) und auch zum Baden geeignet.
Ein schöner Halbtagesausflug führt in den Kurort **Laško** etwa 10 km südlich von Celje, wo man in der Therme entspannen kann. In Laško wird auch das gleichnamige Bier gebraut, die **Brauerei** kann besichtigt werden. Für Feinschmecker ist das exzellente Restaurant in der Burg Tabor ein lohnendes Ziel.

Etwa 25 km nördlich von Celje liegt **Velenje**, die wahrscheinlich hässlichste Stadt Sloweniens: Velenje wurde in den 1950er Jahren auf dem Reißbrett geplant und besteht aus Plattenbauten, die inzwischen heruntergekommen sind, Industrieanlagen ziehen sich durch die Stadt. Velenje hat aber auch eine schön renovierte Burg (*Velenjske grad*) aus dem 13. Jh., die im 16. Jh. im Renaissance-Stil renoviert wurde. Auf der Burg ist ein Museum eingerichtet, bemerkenswert sind eine Sammlung afrikanischer Masken sowie eine kleine Galerie mit moderner Kunst. Burgen-Fans (und nur solche sollten hierher fahren) werden die Ruine der zweiten Burg der Stadt, Šalek, interessant finden: Sie liegt im N der Stadt ziemlich spektakulär über einem Autobahntunnel.

Hinweis zur Route

Von Celje aus gibt es eine schnelle Verbindung in den S Sloweniens, auf der Hauptstraße 5 über Laško, Sevnica und Brestanica nach Krško und Brežice. Die hier vorgestellte Route durch den Osten Sloweniens führt zunächst nach Maribor und Ptuj und dann über eine Nebenstrecke (219) über Podčetrtek und Bizeljsko nach S.

Slovenske Konjice

(i) S. 125

Das Städtchen Slovenske Konjice liegt etwa 20 km östlich von Celje, der hübsche Ort wurde 1998 für seine schöne Ausstattung als **Blumenstadt** prämiert. Obwohl schon im 12. Jh. ein Markt in Slovenske Konjice abgehalten wurde, hat die Stadt keine großen Sehenswürdigkeiten zu bieten.

Blumenstadt

Auf der Hauptstraße Stari trg liegt die Stadtgalerie Riemer, in der Möbel und Gemälde aus dem 19. Jh. gezeigt werden. Das halb verfallene Schloss aus dem 17. Jh. am südwestlichen Ende der Hauptstraße beherbergt heute einen hübschen Kunsthandwerksladen, in dem die Produkte einer staatlich subventionierten Initiative verkauft werden, die Arbeitslose beschäftigt.

Kirchenruine beim Kloster Žice

Im SW von Slovenske Konjice liegt die beeindruckende Ruine des **Klosters Žiče** (*Žička kartuzija*). Das Kartäuserkloster wurde 1160 gegründet und 1782 aufgelöst, heute stehen nur noch einige Mauern und ein Teil der Kirche.

Allerdings gibt gerade dieser Zerfall dem Ort seine besondere Atmosphäre. In der Galerie einer der Außenmauern ist ein kleiner Laden mit typischen Klosterprodukten wie Kräutern, Tees und Ölen eingerichtet, außerdem liegt ein Restaurant neben dem Kloster. Um die Ruine zu erreichen, fährt man Richtung Žiče und nimmt dann die Abzweigung nach Špitalič pri Slovenske Konjice, die Straße führt etwas mehr als 9 km durch ein enges kurvenreiches Tal.

Das zentrale Pohorje-Gebirge

(i) S. 125

Das Pohorje-Gebirge ist ein Mittelgebirge mit Nadel- und Buchenwäldern, die aber zumindest in den Randbereichen stark abgeholzt wurden, so dass eine **lichte Waldlandschaft** mit saftigen Wiesen vorherrscht. Mit Gipfeln um die 1.500 m, höchster Berg ist der Črni vrh (1.543 m), ist das Pohorje nicht so spektakulär wie die Julischen Alpen. Aber man kann hier entspannende Wanderungen oder Mountainbike-Touren unternehmen, Reiten und im Winter Ski fahren. Das Pohorje ist eine sehr wasserreiche Gegend: Durch das vulkanische Gestein kann das Regenwasser nicht versickern und fließt in zahllosen kleinen Bächen in die Täler. In dem ganzen Gebiet gibt es historische Zeugnisse: Man stößt auf Einödbauernhöfe, Wallfahrtskirchen, Reste keltischer Siedlungen, Holzrutschen und Partisanendenkmäler.

Der Kurort **Zreče**, knapp 10 km nördlich von Slovenske Konjice, ist ein guter Ausgangspunkt für die Fahrt in das zentrale Pohorje (oder Zrečko Pohorje). Zreče hat eine familiengeeignete Therme mit Wellness-Einrichtungen, der Ort selbst ist nicht weiter bemerkenswert. Ein Sportzentrum mit Hallenbad, Tennis- und Badmintonplätzen u.ä. liegt 16 km nördlich von Zreče um den Gipfel **Rogla** (1517 m), hier beginnen die meisten Wanderwege, die man auch mit dem Mountainbike befahren kann. Lohnende Ziele sind der Črno jezero (schwarze See) und die Šumik-Wasserfälle. Eine Wanderkarte ist im TIC in Zreće oder im Sportzentrum Rogla erhältlich. Eine weitere Möglichkeit, die Wanderwege im Pohorje zu erreichen, ist über die Seilbahn im S Maribors. Andere Routen führen über Slovenj Gradec im O oder aus dem Drava-Tal im N ins Pohorje, von Maribor und Zreće aus hat man aber die besten Unterkunfts- und Sportmöglichkeiten.

Slovenska Bistrica

S. 125

Das kleine Industriestädtchen Slovenska Bistrica liegt 40 km südlich von Maribor. Seine große Zeit hatte der Ort im 18. Jh., als er an der Straße Wien-Triest lag. Mit dem Bau der Eisenbahn Mitte des 19. Jh. verlor Slovenska Bistrica seine Bedeutung, wie auch das 20 km südlicher gelegene Slovenske Konjice.

Slovenska Bistrica ist heute wenig bemerkenswert, der Ort wirkt sogar grau, wäre da nicht das Schloss Bistrica. Ursprünglich eine mittelalterliche Burg aus dem 14. Jh., wurde das Schloss immer mehr erweitert und ist heute eines der größten Barockschlösser Sloweniens – und fast völlig leer.

Das Schloss Bistrica

Die Gemeinde hat kein Geld, um das schöne Schloss zu renovieren oder mit Möbeln auszustatten. In den Räumen sind einige kleinere Ausstellungen untergebracht, die wie bessere Schulprojekte wirken (über die Römerstraße von Celje nach Ptuj, Fossiliensammlung).

Rittersaal

Sehenswert sind dagegen ein prächtiger **Rittersaal**, der runde Turm mit einer Sammlung von Petroleumlampen und die illusionistischen Decken- und Wandmalereien im gesamten Schloss (stellenweise sehr renovierungsbedürftig). Eine Besichtigung der großen, leeren Räume hat allerdings auch etwas für sich! Gegenüber dem Schloss liegt eine zwar wenig gepflegte Parkanlage, die aber eine außergewöhnlich schöne Buchenallee hat.

Thermen zwischen Celje, Maribor und Ptuj

Dobrna liegt nördlich von Celje am Rande des Höhenzuges Paški Kozjak (höchste Erhebung 1.273 m) und hat schöne Kurgebäude aus dem 19. Jh. Unschöne Ausnahme ist ein moderner Hotelkomplex. Man ist stolz auf den Kurpark und eine Kastanienallee, die um 1820 angelegt wurden, und dass Louis Bonaparte hier einst kurte. Der Kurort ist eher klein und beschaulich (3 Hotels), ideal für Ruhesuchende. Das Thermalwasser hat eine Temperatur von 36 Grad, Heilschlamm- und Fangopackungen gehören zum Programm. Behandelt werden rheumatische und orthopädische Erkrankungen, Nervenleiden und Psychoneurosen sowie Frauenleiden (z.B. Unfruchtbarkeit). Dobrna ist auch für einen ruhigen Wellness-Aufenthalt geeignet.

Zreče, am Rande des Pohorje-Gebirges gelegen, ist ein großes, neues Thermalbad und nicht unbedingt ruhig. Die Sportmöglichkeiten sind vielfältig (Tennis, Reiten, Tai Bo), inklusive Wandern und Wintersport auf der Rogla (1.517 m). Hier sind Familien für einen Wellness-Aufenthalt oder Sportler zur Rehabilitation nach Operationen richtig.

Das Thermalwasser ist 34 Grad warm und reich an Kalzium, Magnesium und Hydrogenkarbonat. Das Mittelgebirgsklima hat eine heilende Wirkung bei Atemwegserkrankungen, Allergien, Augen- und Hautkrankheiten.

In **Maribor** ist erst 1990 Thermalwasser (entdeckt worden und seitdem ist die Diagnose-orientierte „Terme Fontana" am westlichen Stadtrand entstanden. Es gibt Abteilungen für Physiatrie, Radiologie und Neurologie, wo ein Team von Fachärzten zur Verfügung steht. Die Anlage hat auch Anti-Stress und Abmagerungsprogramme, ist aber eher medizinisch orientiert. Wer sich mit einem luxuriösen Wellness-Programm verwöhnen möchte, ist besser im Habakuk-Hotel im Süden der Stadt aufgehoben: Hier gibt es einen großen Beauty-Bereich und Schwimmbecken mit Thermalwasser.

Trinkkur in Rogaška Slatina

Rogaška Slatina (siehe auch Seite 336), stilvoll und traditionsreich, ist einer der größten Kurbetriebe des Landes. Berühmt ist der Ort für sein Mineralwasser Donat Mg (Magnesium-haltig), Trinkkuren stehen an erster Stelle. Behandelt werden v.a. Verdauungs- und Stoffwechselerkrankungen (z.B. Diabetes). Im Angebot sind außerdem Physiotherapie und Kinesiotherapie, außerdem plastische Chirurgie. Große Teile der Kuranlagen sind renoviert, doch es wirkt noch etwas medizinisch kühl, in Zukunft soll mehr Gewicht auf Wellness- und Beauty-Angebote gelegt werden.

Die **Terme Olimia** liegt bei Podčetrtek in schöner Hügellandschaft am Rande des Regionalparks Kozjanske und hieß früher Atomske toplice. Olimia ist eine Art Familien-Gegenstück zum gesetzteren Rogaška Slatina: Um die Therme herum steht ein kleines Bungalow-Dorf, in der Nähe liegen ein Campingplatz und ein Aquapark sowie ein Sportzentrum. Das bis 37 Grad warme Thermalwasser ist gut bei rheumatischen Erkrankungen, Hautkrankheiten, Gefäßkrankheiten und es gibt Reha-Programme für Sportverletzungen. Thermo-, Hydro-, Mechano- und Bewegungstherapie werden angeboten, außerdem Lasertherapien und Biotron-Bestrahlungen. Die hübsche Therme ist auch für einen Wellness-Aufenthalt nett, es gibt ein Beauty-Center.

Auch **Ptuj** hat einen recht großen Thermenkomplex (Rheuma, Nervenkrankheiten, Reha-Bereich), der aber nur teilrenoviert ist. Die etwas abgenutzten Anlagen sollen aber auch modernisiert werden.

Maribor

ⓘ S. 125

Maribor (deutsch Marburg) liegt zwischen dem Pohorje-Gebirge im SW und den sanften Hügeln des Weinbaugebietes Slovenske gorice im NO. Die zweitgrößte slowenische Stadt (104.000 Einwohner) ist der wirtschaftliche und kulturelle Mittelpunkt Ostsloweniens und dank der zweiten Universität des Landes (nach Ljubljana) auch eine lebhafte **Studentenstadt**. Um die Innenstadt liegen Neubausiedlungen und ein Industriegürtel, dahinter erschließt sich eine schöne Altstadt. Maribor liegt an der Drava (deutsch Drau), die schon im Mittelalter ein wichtiger Verkehrsweg zwischen den Erzlagern in den Ostalpen und dem Donauraum war.

Geschichte

Die Gegend um Maribor ist seit der Steinzeit besiedelt und im Vorort Radvanje sind die Grundmauern einer römischen Villa rustica erhalten. Im 12. Jh. entstand auf dem Hügel Piramida nördlich der Innenstadt die **Marchburg**, die das Drava-Tal vor Angriffen der Ungarn schützen sollte. 1254 erhält die Siedlung Marburg/Maribor das Stadtrecht. In den folgenden Jahrhunderten wurde Maribor durch den Weinhandel reich, der **Flusshafen** (Pristan) im Lent-Viertel entwickelte sich zu einem wichtigen Umschlagplatz. Im 14. Jh. wurde die Stadt befestigt, vier der Stadttürme aus dieser Zeit sind noch erhalten.

Einkaufsstraße in Maribor

Angesichts der Türkenüberfälle verlängerte man die Stadtmauer Mitte des 16. Jh. und bezog auch den Hafen mit ein. Da hatte der wirtschaftliche Niedergang schon begonnen: Ptuj konkurrierte mit Maribor, immer wieder wüteten Großbrände in der Stadt und im 17. Jh. fielen ein Drittel der Einwohner mehreren Pestepidemien zum Opfer.

Eisenbahnbau

Der Aufschwung kam mit dem Bau der **Eisenbahn** Mitte des 19. Jh.: Maribor lag an der Strecke Wien – Triest und auch an der Verbindung nach Budapest. Bis zum

© graphic

Ersten Weltkrieg wurde die Stadt industrialisiert, v.a. Textil- und Metallbetriebe siedelten sich an. Die meisten Unternehmen waren aber in deutsch-österreichischer Hand, die Oberschicht Maribors sprach deutsch. 1918 verteidigte der Bürgermeister *Rudolf Maister* die Landesgrenze und verhinderte, dass Maribor an Österreich fiel. Der starke deutsche Einfluss blieb jedoch erhalten: Als die Nazis 1941 einmarschierten, wurden sie von der deutsch-sprachigen Bevölkerung unterstützt. Im Zweiten Weltkrieg bombardierten die Alliierten Maribor, da in der Stadt Rüstungsbetriebe angesiedelt waren. Nach 1950 entstanden im Süden Maribors Neubauviertel und Industrienanlagen, darunter das Auto- und Lastwagenwerk TAM.

INFO Die Nationalsozialisten in Maribor

In der Štajerska und in Maribor lebte Anfang des 20. Jh. die zahlenmäßig größte **deutsche Minderheit Sloweniens**. Sie empfingen die Nazis Anfang April 1941 mit Begeisterung und kollaborierten bei der Verfolgung gegnerischer Slowenen. Die Štajerska sollte, auf persönlichen Befehl *Himmlers*, als „Untersteiermark" germanisiert werden: Die Bevölkerung musste zwangsweise Deutsch lernen und dem „Steirischen Heimatbund" beitreten. Wer sich weigerte, wurde verhaftet, deportiert oder ermordet, darunter auch viele Geistliche. Aus Maribor wurden 4.434 Slowenen deportiert, mehr als 600 Gefangene wurden erschossen. In der Štajerska kämpften **Partisanen** gegen die Nazis, doch viele der Widerstandsgruppen wurden verraten.

Nach der Befreiung verdächtigte man auch viele Slowenen der Kollaboration (siehe auch Infokasten Seite 30). Die deutschstämmige Bevölkerung floh aus Maribor bzw. wurde vertrieben.

Sehenswertes

• Um den Grajski trg

Ein guter Ausgangspunkt für einen Rundgang ist der **Grajski trg**, der im Mittelalter am Stadtrand an einem der Tore lag, sich heute jedoch zum Mittelpunkt der Fußgängerzone entwickelt. In der Mitte steht die schöne Florianssäule aus dem 17. Jh. Im N wird der Platz von dem **Stadtschloss** (*Mestni grad*) begrenzt, der barocke Teil im S ist an eine Renaissance-Befestigung im N angebaut. Im Schloss ist das umfangreiche **Regionalmuseum** untergebracht (Eingang in der Grajska ulica): Die Sammlung ist eine bunte Mischung aus archäologischen und volkstümlichen Exponaten, sakralen Skulpturen, Möbeln und Gemälden. Bemerkenswert sind einige Skulpturen von *Jožef Straub* (1712-1756), die aus einer Kirche im Stadtteil Studenci stammen. Außerdem ist eine große Trachten- und Möbelsammlung im Schloss untergebracht. Sehenswert ist der **Festsaal** mit einer schönen Stuckdecke aus dem 17. Jh. und eine außerordentlich prächtige Rokokotreppe. In dem Saal gab *Franz Liszt* 1846 ein Konzert. Östlich des Grajska trg liegt der große Trg svobode (Platz der Freiheit), der auf dem zugeschütteten Stadtgraben entstanden ist. Unter dem Platz liegt einer der größten **Weinkeller** Europas, hier lagern auf 20.000 m² mehr als 5 Mio. Liter Wein bei 15 Grad Celsius. Der Weinkeller (*Vinska klet*) wurde 1857 eingerichtet und wird heute von der

Schloss und Museum

Stadtschloss mit Florianssäule

Firma Vinag betrieben, die am Trg svobode 3 auch einen Laden hat. Führungen durch den Weinkeller werden nur für Gruppen angeboten, aber auch interessierte Einzelpersonen können einen Besichtigungstermin vereinbaren (siehe ‚Regionale Reisetipps').

Slomškov trg

Der Platz westlich des Grajski trg ist am besten über die Slovenska ulica, Gosposka ulica und Ulica X. oktobra zu erreichen. Der Platz ist nach dem Bischof *Anton Martin Slomšek* (1800-1862) benannt, der auch als Politiker für die Nationalbewegung eine wichtige Rolle spielte. Sein Denkmal steht vor dem Dom. Die Säule mit der Laterne stammt aus dem Jahre 1517 und gehörte zur Friedhofsbeleuchtung. Die **Domkirche** Johannes der Täufer (*Stolna cerkev Sveti Janez Krstnik*) wurde im 13. Jh. als romanischer Bau errichtet und durch jahrhundertelange Umbauten stark verändert. Der Innenraum ist gotisch geprägt, der Glockenturm wurde im klassizistischen Stil umgebaut. Von der einst reichen Kirchenausstattung geben das gotische Presbyterium sowie das Chorgestühl noch eine Idee. Der Architekt *Jože Plečnik* gestaltete übrigens die Anlage mit den gestutzten Eichenbäumen vor der Kirche. *Domkirche*

Im W des Slomškov trg steht die **Universitätsbibliothek** von Maribor, der Neorenaissance-Bau ist spektakulär modernisiert worden und das Atrium mit Glasarchitektur lohnt einen Blick. Im N wird der Platz vom **Theater** begrenzt, das 1864 als Kasino im klassizistischen Stil entstand. Östlich des Platzes, in der Strossmayerjeva ulica 6 (fast an der Ecke Orožnova ulica) liegt Maribors Kunstgalerie (Umetnostna Galerija).

Glavni trg mit Rathaus und Pestsäule

Glavni trg

Südlich des Slomškov trg, über die Poštna ulica zu erreichen, liegt der mittelalterliche Marktplatz und das Herz der Stadt, der Glavni trg (Hauptplatz). Rund um den Platz stehen wunderschöne Renaissance- und Barockbauten, aber das eigentliche Highlight ist die prunkvolle **Pestsäule** in der Mitte. Auf der Säule steht eine Marienfigur, die von Heiligen umgeben ist, die Säule wurde 1743 von *Jožef Straub* entworfen. Dominiert wird der Glavni trg im N vom Rathaus (oder *Rotovž*, eigentlich eine Verballhornung des deutschen Wortes Rathaus), 1515 erbaut und 1565 im Renaissance-Stil umgestaltet (Hausnr. 4). Hinter dem Portal liegt der **Rotovški trg** (Rathausmarkt), ein Innenhof mit schönen Arkadengängen. Früher wurde hier der Heumarkt abgehalten. Im S des Glavni trg fällt der so genannte **Jesuitenkomplex** *Pestsäule* auf, ein ehemaliges Kollegium und Gymnasium, beide 1758 von den Jesuiten gegründet. Die beiden Gebäude umrahmen die Aloysiuskirche (*Alojzijeva cerkev*), die sie fast zu erdrücken scheinen. Im N des Glavni trg liegt die Fußgängerzone mit der Haupteinkaufsstraße Gosposka ulica.

• Lent-Viertel

Das alte Flößer-Viertel **Lent** liegt zwischen dem Glavni trg und der Drava im S. Am besten nimmt man von Glavni trg die kleine Gasse Mesarski prehod, ein mittelalterlich enges Sträßchen, das direkt auf den Fluss zuführt. In dem alten Hafen (Pristan), heute eine Uferpromenade zum Flanieren, landeten die Flöße aus dem Pohorje-Gebirge an. Das Holz, dem Maribor seinen Reichtum verdankt, wurde weiter zur Donau und ans Schwarze Meer geflößt. Mit dem Bau der Eisenbahn begann der Niedergang der Flößerei und das Lent-Viertel verfiel. Heute werden die Häuser renoviert und die Lent ist das Ausgeh-Viertel Maribors. Hier findet im Juni/Juli das internationale Musik- und Kulturfestival Lent statt.

Blick ins Lent-Viertel

Am Flussufer, westlich der Mesarski Prehod, steht die **Stara trta** (Alte Rebe). Der Weinstock wurde vor mehr als 400 Jahren hier gepflanzt, gilt als die älteste Weinrebe der Welt und produziert immer noch etwa 35 Liter Wein pro Jahr. Der Wein aus der Stara trta gilt als Kostbarkeit und wird u.a. an Staatsgäste verschenkt.

Folgt man dem Fluss weiter nach Westen, kommt man zum **Sodni stolp** (Gerichtsturm), der bereits 1310 gebaut und im 16. Jh. in die Stadtmauer einbezogen wurde. Dieser Teil des Lent-Viertels ist ziemlich verfallen und die Bausubstanz möglicherweise dauerhaft geschädigt.
Nordöstlich des Turmes liegen die beklagenswerten Reste eines Minoritenklosters.

Alte Brücke

Im O der Stara trta liegt die Dravska ulica, eine enge Gasse, die zur Brücke **Stari most** (1913) hinaufführt. Man sollte sich aber am Flussufer halten und unter der Brücke hindurchlaufen: Östlich davon liegen zwei weitere Türme der Stadtmauer. Augenfällig ist der in den Fluss gesetzte Wasserturm aus dem 16. Jh., der heute eine schöne Vinothek beherbergt.

Nördlich davon liegt der **Judenturm** (*Židovski stolp*, 15. Jh.), so genannt nach dem jüdischen Viertel. Neben dem Turm sind noch Reste der Synagoge zu sehen, die nach der Vertreibung der Juden aus Maribor (Ende des 15. Jh.) als Kirche genutzt wurde. In dem Turm befindet sich heute eine Kunstgalerie. Von der Drava führt eine Treppe zur Synagoge in die Židovska ulica (Judengasse) hinauf, die im W auf den Glavni trg mündet.

Nördlich der Innenstadt

Nördlich des Grajski trg liegt ein ruhiges **Villenviertel**, durch das man den Stadtpark (*Mestni park*) erreicht. Wer sich für den Partisanenkampf interessiert, kann in dem Museum der Befreiung vorbeischauen, das an der Ulica heroja Tomšiča in einem hochherschaftlichen Gebäude aus dem 19. Jh. untergebracht ist. Der Park selbst zieht sich an den Hängen des Hügels Mestni vrh hinauf, ein lohnendes Ziel für einen Spaziergang sind die drei Teiche (*Trije ribnikih*), einst Wasserreservoire der Stadt und heute in die Parkanlage integriert, südlich der Teiche liegt ein schönes Restaurant. *Villenviertel*

In der Umgebung

Südlich von Maribor, im Vorort Nova vas, liegen in einem modernen Wohngebiet die Fundamente einer römischen **Villa rustica**. Man muss schon ausgewiesenes archäologisches Interesse haben, um den fast planierten Mauerresten, um die herum akkurat Rasenflächen liegen, etwas abzugewinnen. Hübsch ist allerdings das neben liegende Restaurant, von dem aus man mit Blick auf das Pohorje-Gebirge speisen kann. Ebenfalls südlich von Maribor liegt das **Barockschloss Betnava** mit schönen Wandmalereien in einem hübschen Park. *Mariborsko Pohorje*

Lohnender ist aber ein Ausflug in das Gebirge: In dem dörflichen Vorort Zgornje Radvanje fährt eine **Seilbahn** auf 1020 m Höhe ins Mariborsko Pohorje (Mariborer Pohorje). Dort oben liegt die Wallfahrtkirche Sveti Bolfenk, die als Ausstellungsraum hergerichtet ist. Alternativ kann man zur Bergstation hochwandern (siehe Infokasten) oder über den Ort Pivola mit dem Auto hinauffahren.

Wandern und Ski fahren im Mariborsko Pohorje

Von der Talstation der Seilbahn führt ein etwa zweistündiger Wanderweg zur Bergstation, dort liegen einige Hotels und Pensionen sowie eine kleine Wallfahrtskirche aus dem 17. Jh. Mehrere Wanderwege und Mountainbike-Strecken führen durch das Gebirge, ist man einmal oben, sind nur noch Höhenunterschiede von etwa 500 m zu überwinden, die Strecken sind häufig eben und entsprechend leicht. Die Wege sind gut markiert, hier führt auch der slowenische Höhenwanderweg entlang, der in Maribor beginnt und von O nach W durch das Pohorje führt. Eine Überblickskarte ist im TIC in Maribor oder bei den Hotels erhältlich. Das Gebiet war übrigens im Zweiten Weltkrieg Schauplatz heftiger Kämpfe zwischen Partisanen und der Wehrmacht.

In diesem Teil des Pohorje liegt Sloweniens größtes **Skigebiet**, hier wird im Januar der Weltcup im Damen-Slalom ausgetragen. Neben der Gondel stehen drei Sessellifte und zwölf Schlepplifte zur Verfügung, manche davon sind sehr kurz. Höchste Abfahrt ist vom Žirgatov vrh (1.347 m), die meisten Abfahrten sind mittelschwer bis leicht. Eine **Langlaufpiste**, die von ca. 1.050 m auf 1.347 m führt, dürfte dagegen eher eine Herausforderung sein. Bei den Hotels werden Mountainbikes und Skier verliehen.

Ptuj

S. 125

älteste Stadt

Die **älteste Stadt** Sloweniens liegt 22 km südlich von Maribor am Ufer der Drava zwischen den hügeligen Weinbaugebieten Slovenske gorice im NW und Haloze im S. Mit etwa 19.000 Einwohnern ist Ptuj heute ein Provinznest, das aber historisch große Bedeutung hatte.

Die ganze **Altstadt** steht unter Denkmalschutz und ist eine der wichtigsten Sehenswürdigkeiten im Osten Sloweniens. Die Region um Ptuj war im Mittelalter das Grenzgebiet zu den Türken, das „Bollwerk Europas" und daher stark befestigt. Bis heute hat sich die alte Faschingstradition des Kurentenlaufs (*Kurentovanje*) erhalten, ein buntes Spektakel, das jedes Jahr viele Besucher anzieht. Das renovierungsbedürftige Thermalbad von Ptuj kann nur eingeschränkt empfohlen werden. In Ptuj spielt der Weinanbau eine wichtige Rolle, in der Region Haloze im S liegt ein wichtiges Anbaugebiet in einer wunderschönen Landschaft.

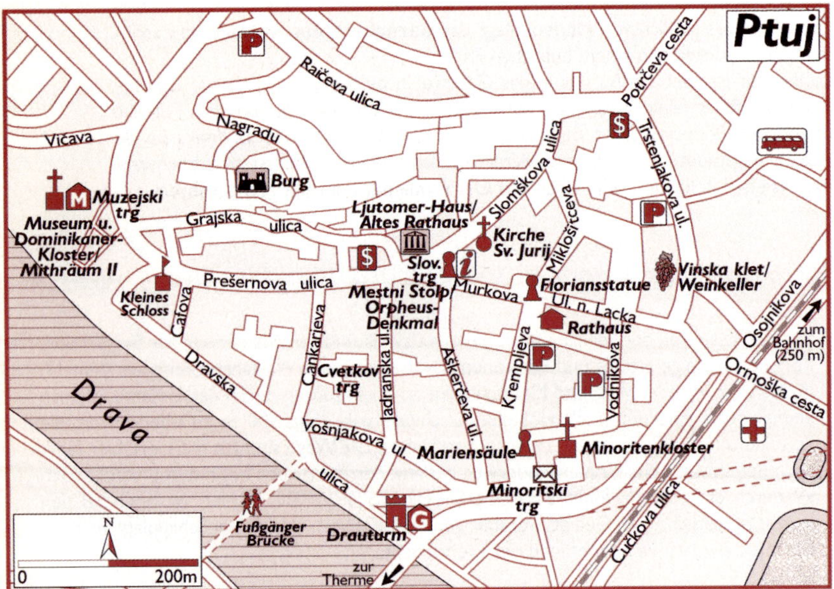

Geschichte

Ptuj ist seit etwa 1800 v. Chr. besiedelt, durch das Gebiet führte die Bernsteinstraße, auf der zwischen Baltikum und Adria Handel getrieben wurde. Als römische

Siedlung **Poetovio** wird es 69 n. Chr. erstmals schriftlich erwähnt und entwickelte sich in den folgenden Jahrhunderten aus einem Legionslager am südlichen Drava-Ufer zur größten römischen Stadt in Slowenien. Die Römer bauten eine große Steinbrücke über den Fluss und Poetovio wurde über ein Aquädukt mit Wasser aus dem Pohorje-Gebirge versorgt. Außerdem war die Stadt ein Zentrum des **Mithras-Kultes**.

Blick auf die Burg von Ptuj

Während der Völkerwanderungszeit wurde Ptuj zwar zerstört, blieb aber offenbar besiedelt, denn schon 853 wird es schriftlich erwähnt. Im Mittelalter musste die Stadt Angriffe durch die Ungarn überstehen, ab dem 12. Jh. wurde sie befestigt und der Handel auf der Drava brachte wirtschaftlichen Aufschwung.

Ptuj, das deutsche Pettau, konkurrierte im Mittelalter als **Handelsplatz** erfolgreich mit Maribor und die Dominikaner und die Minoriten gründeten Klöster in der Stadt. Die Grenzlage machte Ptuj strategisch wichtig und es wurde im 15. Jh. gegen die Angriffe der Türken stark befestigt (die Ungarn eroberten die Stadt auch noch einmal). Doch mit dem Ende der türkischen Angriffe im 17. Jh. verlor Ptuj immer mehr an Bedeutung. Als 1863 die Eisenbahnverbindung nach Ungarn durch Ptuj verlegt wurde, war es wenig mehr als eine ländliche Provinzstadt. Die Gegend ist bis heute vorwiegend vom Weinanbau geprägt.

Sehenswertes

• Minoritski trg und Mestni trg

Der Minoritski trg im S der Stadt ist fast eine Art Eingangstor nach Ptuj und ein guter Ausgangspunkt für einen Rundgang. Auf dem Platz steht eine Pestsäule aus dem 17. Jh. und im W liegt das **Minoritenkloster**, das im 13. Jh. gegründet wurde und bis heute besteht. Im Innenhof stand eine gotische Kirche, die durch Bombenangriffe im Zweiten Weltkrieg zerstört wurde, sie wird wieder aufgebaut. Sehenswert sind eine Decke mit Stuck und Malereien aus dem 17. Jh. im Refektorium sowie die Bibliothek des Klosters.

Minoritenkloster

Über die Krempljeva ulica im N kommt man auf den **Mestni trg** (Stadtplatz), der einst am Osttor der Stadt lag. Die Florianssäule von 1745 wurde errichtet, nachdem ein Brand fast die ganze Stadt zerstört hatte. Auffälligste Gebäude sind das neogotische Rathaus von 1907 im O, im W das Café Evropa mit Barockfassade aus dem 18. Jh. und gegenüber ein Bau mit einer Neorenaissance-Fassade, dessen ältes-te Teile (Erker, Portal) aus dem 16. Jh. stammen.

Einen kurzen Abstecher zwei Blocks nach O sollten Weinliebhaber machen: In der Trstenjakova ulica 6 liegt ein außerordentlich schöner **Weinkeller** (*Vinska klet*), der seit Ende des 19. Jh. betrieben wird. Nach Voranmeldung kann man die Gewölbe, in denen 4 Mio. Liter Wein lagern, besichtigen, im Sommer sind die Chancen gut, dass ständig jemand vor Ort ist und man sich einer Gruppe anschließen kann. Die Tour wird mit Geräusch- und Lichteffekten unterlegt, so dass der Besuch des Weinkellers ein besonders sinnliches Erlebnis wird. Dazu gehört auch eine Weinverkostung edler Tropfen aus dem Haloze und der Slovenske gorice, man sollte 1,5 Stunden für die Besichtigung einplanen.

Weinkeller

Zurück am Mestni trg kommt man über die Murkova ulica im W auf den Slovenski trg und ins eigentliche Herz von Ptuj.

Auf dem Mestni trg

• Slovenski trg

Dominiert wird der Platz vom **Mestni stolp** (Stadtturm) im W, der seit dem Mittelalter Teil der Stadtbefestigung war und im 16. Jh. sein heutiges Aussehen erhielt. In die Fassade sind römische Reliefsteine eingelassen. Vor dem Turm steht das so genannte Orpheus-Denkmal, ein römischer Grabstein aus dem 2. Jh., der im Mittelalter als Pranger diente. Hinter dem Turm liegt die **Kirche Sveti Jurij** (Heiliger Georg), deren Baugeschichte bis ins 12. Jh. zurück-reicht. Aus einer romanischen Kirche wurde im Laufe der Zeit ein gotisches Gebäude mit Barock-Elementen. In der Kirche sind Fresken, die z.T. ins 14. Jh. datieren, zu sehen, auch ein gotischer Flügelaltar mit Bildern von *Konrad Laib* ist einen Blick wert, außerdem eine Statue des Heiligen Georg aus dem 15. Jh.

Der Mestni stolp und das Orpheus-Denkmal

Schräg gegenüber der Kirche an der Nordseite des Slovenski trg stehen einige interessante Gebäude: Das **Pfarrhaus** (Nr. 10) mit Renaissance-Portal und Barockfassade, das ehemalige **Rathaus** (Nr. 6) mit einer barocken Fassade aus dem 18. Jh. und das **Ljutomer-Haus** (Nr. 5), ein schmales Bürgerhaus aus dem 16. Jh. mit einem schönen Laubengang. Vom Slovenski trg führt die Grajska ulica im N auf den Burghügel.

• Die Burg von Ptuj

Der Aufstieg zur **Burg** (*Ptujski grad*) ist der Höhepunkt einer Stadtbesichtigung, die Anlage beherbergt ein schönes

Museum und die Aussicht ist phantastisch. Der Hügel ist seit der Antike besiedelt, die Römer hatten hier eine Befestigung errichtet und auf dem so genannten Turnierplatz im W wurden slawische Gräber gefunden. Die Burgbefestigung auf dem Hügel wurde etwa ab dem 11. Jh. gebaut, in den folgenden Jahrhunderten kamen die weiteren Gebäudekomplexe dazu. Ältester Teil der Burg ist der Westturm. Man betritt die Burg durch das **Peruzzi-Portal**, ein Renaissance-Tor vom Ende des 16. Jh., das nach seinem italienischen Baumeister benannt wurde, und kommt in einen schönen, dreistöckigen Arkadenhof. Die gotische Grabplatte unter den Arkaden links stammt von *Friedrich IX.*, dem letzten Herrn von Pettau. Sie ist aus rotem Marmor und stand ursprünglich im Dominikanerkloster.

Innenhof der Burg von Ptuj

Das **Regionalmuseum** erstreckt sich über alle drei Stockwerke, im Erdgeschoss beginnt der Rundgang mit einer Waffensammlung. Glücklicherweise ist das Schloss nicht ausgeraubt worden und es sind Möbel, Wandteppiche, Öfen und Gemälde der Originalausstattung erhalten. Das meiste stammt aus dem Besitz der Familien Leslie und Herbertstein, denen das Schloss gehörte. Bemerkenswert ist eine Sammlung von Musikinstrumenten, die hübsch präsentiert wird: Wenn man durch die Räume geht, ertönen klassische Klänge. Prächtig sind ferner der **Rittersaal** und die „**Turquerie**", eine Sammlung von Porträts orientalischer Würdenträger in Kostümen. Die 49 Porträts sind die größte Sammlung dieser Art in Europa. Schließlich wird auch noch eine kleine Ausstellung mit lokalem Bezug gezeigt: Die Sammlung von Kurenten-Masken und Kostümen, den aufwändigen Masken die in Ptuj zum Fasching getragen werden, ist in Slowenien einmalig (siehe auch Seite 56). *Turquerie*

• Prešernova ulica

Über die Grajska ulica zurück auf dem Slovenski trg, wird der Rundgang nach W fortgesetzt, wo der Platz in die Prešernova ulica übergeht, die Hauptstraße der Altstadt und im Mittelalter der **Marktplatz Ptujs**. Die Prešernova ulica ist heute eine beschauliche Bummelstraße mit einigen Cafés. Das Haus Nr. 1, ein klassizistischer Bau, hat einen Erker mit einer Parlermaske, die um 1400 datiert wird. *Marktplatz*

Gegenüber liegt das älteste Gebäude von Ptuj, das **Bratonič-Haus** (Nr. 4), dessen älteste Teile aus dem 13. Jh. stammen. Der Erker und die Fenster datieren ins 15. Jh. Ziemlich am westlichen Ende der Straße steht das Kleine Schloss (*Mali grad*), das Teil der Stadtbefestigung war, mit einem Renaissance-Portal von 1600. Die Prešernova ulica endet am Dominikanerkloster auf dem Muzejski trg.

• Dominikanerkloster und Archäologische Sammlung

Das Dominikanerkloster

Am Muzejski trg liegt das **Dominikanerkloster** mit einer schönen Barockfassade. Das Kloster wurde 1226 gegründet und im Zuge der Josephinischen Reformen Ende des 18. Jh. aufgelöst. Das Kloster ist heute stark renovierungsbedürftig, es hat einen schönen Kreuzgang und Reste von Fresken aus dem 15. Jh., die leider sehr verblassen.

archäologisches Museum

Im Kloster wird die **Archäologische Sammlung** des Regionalmuseums gezeigt, die Ausstellung ist teilweise modernisiert. In der Krypta der ehemaligen Klosterkirche ist eine Rekonstruktion eines Mithräums (Mitrej II) untergebracht.

Bemerkenswert sind Reliefdarstellungen des Mithras, der Himmel und Erde auseinander stemmt und den Stier opfert. Ferner gibt es eine Altarplatte aus dem Mithräum IV, das den Sonnengott Sol zeigt. Im Refektorium des Klosters mit schönen Deckenmalereien ist außerdem eine Münzsammlung untergebracht.

• Südlich der Prešernova ulica

Vom Kloster kann man zur Burg hinauflaufen oder man geht ein Stück die Prešernova ulica zurück und nimmt eine der kleinen Seitengassen, Cankarjeva oder Jadranska ulica, nach S Richtung Flussufer. Hier liegt der neuere Teil der Stadt mit hübschen gotischen, Renaissance- oder Barockbauten, durch den ein kurzer Spaziergang lohnt. Am südlichen Ende der Jadranska ulica liegt ein **Wasserturm** (*Dravska stolþ*) von 1551, der als Teil der Stadtbefestigung von italienischen Baumeistern errichtet wurde. Darin ist eine Galerie mit grafischen Werken von *France Mihelič* untergebracht. Über die Dravska ulica kommt man zurück zum Minoritski trg.

In der Umgebung

Wallfahrtskirche

Unbedingt einen Abstecher wert ist die Marien-Kirche in **Ptujska Gora**, 13 km südwestlich von Ptuj, es ist die bedeutendste Wallfahrtskirche des Landes. Das Relief der berühmten **Schutzmantel-Madonna** am Hauptaltar ist eines der schönsten und kostbarsten Kunstwerke Sloweniens. Das Relief entstand um 1400, die Madonna mit Kind schützt mit anmutiger Geste die Gläubigen unter ihrem Mantel, der von Engeln gehalten wird. Bemerkenswert sind außerdem eine Statue des heiligen Jakob an einer Säule im Südschiff der Kirche sowie Fresken aus dem 15. Jh. Die dreischiffige Kirche selbst wurde im späten 14. Jh. gebaut und ist ein schönes Beispiel gotischer Sakralarchitektur.

INFO Der Mithras-Kult

Die Verehrung des Gottes Mithras ist ein Kult aus dem alten Persien, der durch Legionäre, Händler und Sklaven im 1. und 2. Jh. n. Chr. im Römischen Reich verbreitet wurde. Anfangs war der Mithras-Kult verboten, weshalb Mithräen außerhalb der Städte errichtet wurden, erst im 3. Jh. wurde er allgemein akzeptiert. Der **Mysterien-Kult** verpflichtete seine Anhänger zu absoluter Geheimhaltung, es durfte auch nichts schriftlich festgehalten werden, weshalb heute wenig über die Religion bekannt ist. Zentraler Ritus war das Opfer eines weißen Stieres: Mithras opfert das Tier und überwindet damit symbolisch das Böse. Das Blut des Stieres garantiert die Fruchtbarkeit des Landes, in manchen Darstellungen wachsen aus seinem Schwanz Ähren. Die Riten fanden in unterirdischen Gewölben oder Höhlen („Mithräen", slowenisch Mitrej) statt, charakteristisch sind ein vertiefter Mittelgang und eine Rinne, in der das Opfer-Blut abfließen konnte. Die Geburt des Mithras wurde am 25. Dezember gefeiert, ferner kannte der Mithras-Kult Weihegrade und eine Art Abendmahl – deutliche Parallelen zum Christentum, das sich zeitgleich ausbreitete.

Mithräum I in Spodnja Hajdina

In Ptuj sind **fünf Mithräen** gefunden worden, die nach dem Zeitpunkt ihres Auffindens nummeriert wurden. Sehenswert sind die Altarreliefs des Mithräums IV und die Rekonstruktion des Mithräums II im ehemaligen Dominikanerkloster. Römer-Interessierte sollten auch das Mithräum III in einer Seitenstraße der Mariborska cesta südlich der Drava besuchen. Das Mithräum I liegt ca. 2 km westlich von Ptuj im Vorort Spodnja Hajdina, dazu gehört eine schöne Mithras-Skulptur mit Stier, aber es könnte eine Renovierung gebrauchen. Alle Rekonstruktionen versuchen, den in die Erde vertieften Altarraum, in dem das Stieropfer dargebracht wurde, nachzuempfinden. Weitere Reliefs des Mithräums V sind in der Lobby des Hotels Mitra in der Prešernova ulica zu sehen, sie wurden dort gefunden.

Zwei Schlösser liegen in der Umgebung von Ptuj, die beide für ihre Ausstattung mit Malereien und Stuck berühmt sind: Schloss **Štatenberg** liegt 9 km westlich von Ptujska gora, ein Besuch kann gut an eine Besichtigung der Wallfahrtskirche angeschlossen werden. Allerdings ist das Schloss renovierungsbedürftig und angeblich wurde gerade ein Investor gefunden: Unbedingt vorher anrufen, ob es noch zur Besichtigung geöffnet ist! Gleiches gilt für Schloss **Dornava**, das als eines der schönsten Barockschlösser Sloweniens überhaupt gilt. Dornava liegt etwa 6 km östlich von Ptuj, bisher war eine Heilanstalt für Kinder darin untergebracht, doch nun laufen Renovierungsarbeiten. Danach soll das Schloss der Öffentlichkeit zugänglich gemacht werden.

Barock-Schloss

Im Haloze

Südlich von Ptuj liegt das Weinbaugebiet **Haloze**, ein Höhenzug, der wie eine grüne Buckelpiste aussieht. Hier kann man Radtouren unternehmen, z. B. entlang der Weinstraße. Hauptort des Haloze ist Cirkulane, aber es liegen weitere hübsche Bauernhöfe und Dörfchen in dem Gebiet.

Wenn man von Ptuj über Spuhlja ins Haloze fährt, kommt man an dem **Schloss Borl** vorbei, das in einmalig schöner Lage auf einem Hügel thront, als wolle es den Eingang in die Hügel bewachen. Das imposante Gebäude mit Arkaden im Innenhof verfällt und der ruinöse Zustand des Schlosses ist den Besuch schon fast wieder wert!

Rogaška Slatina

ⓘ S. 125

Rogaška Slatina liegt etwa 30 km östlich von Celje an der kroatischen Grenze und ist von Ptuj aus auf Nebenstrecken durch das Haloze oder über die Landstraße 219 über Slovenska Bistrica zu erreichen. Der älteste Kurort Sloweniens ist berühmt für das Magnesium-haltige Mineralwasser Donat Mg, das hier abgefüllt wird.

illustre Kurgäste

Bereits seit Anfang des 19. Jh. suchte hier der Wiener Hof Heilung, zu den Gästen sollen *Napoleon Bonaparte*, *Franz Liszt* und Kaiser *Franz Joseph* gehört haben. Der klassizistische Kurpavillon und einige Hotels zeugen vom Glanz der K.u.k-Zeit (es sind aber noch nicht alle renoviert).

Ein weiterer großer Name: Hauptstadtarchitekt *Jože Plečnik* gestaltete die Promenade und eine kleine Kapelle. Der Ausbau seit den 1960er Jahren hat Rogaška Slatina aber Bausünden beschert, einige Hotels und der Turm mit den Therapie-Einrichtungen sind unschön. Ansonsten hofft man, wieder an die alte Exklusivität anschließen zu können.

Bleikristall

Rogaška Slatina ist berühmt für sein Bleikristall, das in ganz Slowenien verkauft wird. 2 km südlich des Ortes liegen die Glasfabrik und -fachschule, wo eine Verkaufsstelle eingerichtet ist. Sehenswert ist der Kristallsaal des Hotels Zdraviliški dom, in dem *Franz Liszt* spielte und heute wieder Konzerte abgehalten werden. Im Ort ist außerdem ein kleines grafisches Museum eingerichtet und in Rogatec, 7 km südlich von Rogaška Slatina, kann ein Freilichtmuseum (Bauernhäuser) besichtigt werden. Die Umgebung lädt zu Spaziergängen ein und in einem Sportzentrum gibt es Tennisplätze.

Alte Villa in Rogaška Slatina

Podčetrtek

ⓘ S. 125

Das hübsche Dörfchen liegt zwischen der kroatischen Grenze und dem Kozjanske-Höhenzug, einem reizvollen Hügelgebiet, das sich nach S zieht. Hauptanziehungspunkt der Gegend sind die **Therme Olimia** und ein großer Aquapark, die etwa 1,5 km nördlich des Ortes liegen. Der im Deutschen so komplizierte Name Podčetrtek bedeutet wörtlich übersetzt „unter Donnerstag" und leitet sich von dem Markt und dem Gericht ab, dass hier immer donnerstags abgehalten wurde. *Thermalbad*

Hoch über dem Dorf thront eine **Burg**, doch schon von unten sind die leeren Fensteröffnungen zu erkennen: Das Gebäude verfällt. Ein Spaziergang auf den Hügel ist trotzdem ganz schön und dauert etwa 15 Minuten. Wen das Schild „Muzej" auf dem Weg dorthin anzieht: Hier stellt ein Privatsammler seine Errungenschaften aus, hauptsächlich volkskundliche Dinge wie Werkzeuge und Bauernmöbel, nach Voranmeldung kann man die Sammlung besichtigen.

Kloster Olimje

Das **Minoriten-Kloster** in Olimje, 3 km westlich von Podčetrtek gelegen, gehört durch seine auffällige grau-weiße Kassetten-Fassade zu den bekanntesten Gebäuden in Slowenien. Das Kloster war ursprünglich ein Renaissance-Schloss, das im 16. Jh. gebaut und erst etwa 100 Jahre später vom Paulinerorden umfunktioniert wurde. Die Brüder setzten links neben das Schloss eine Kirche, die sich architektonisch nicht ganz stimmig an das Hauptgebäude anfügt. Dafür ist das Innere der Kirche umso prächtiger ausgestattet: mit illusionistischer Deckenbemalung (1764), einem reich verzierten Hochaltar und einer Orgel. Glanzstück des Klosters aber ist die **alte Apotheke**, die 1765 in einem der Schlosstürme eingerichtet wurde und als eine der ältesten Apotheken in Europa gilt. Sie ist mit schönen Barock-Malereien geschmückt, die biblische Szenen zeigen, aber auch Themen aus der Medizin darstellen. Rechts neben dem Kloster liegt eine kleine Schokoladenfabrik und in einem netten Laden werden die süßen Erzeugnisse, darunter Pralinen, verkauft. *alte Apotheke*

Reiten und Golf

Olimje liegt zurückgesetzt von der Straße in einem schönen, kleinen Tal, etwas verstreut liegen hier ein Reitzentrum und ein Golfplatz sowie einige Pensionen, Restaurants und Bauernhöfe. Wer keine regelmäßigen Anwendungen in der Therme macht, sondern nur ab und zu die Wellness-Einrichtungen nutzen will, kann hier bequem wohnen. Die Gegend ist schön für Spaziergänge, Radtouren und Ausritte.

Kloster Olimje

In der Umgebung

Burg Podsreda

Podčetrtek und Olimje liegen am Rande des Kozjanske-Regionalparks, eines abgeschiedenen, spärlich besiedelten Naturschutzgebiets. Hauptattraktion der Gegend ist die **Burg Podsreda** (20 km südlich von Podčetrtek), die oberhalb des gleichnamigen Dorfes liegt und um das Jahr 1200 errichtet wurde. Sie ist eine der wenigen slowenischen Burgen, die nicht völlig umgebaut wurde und schon deshalb sehenswert. Der romanische Burgkern und eine Kapelle sind noch fast unverändert erhalten, was dem Komplex eine wahrhaft „burgartige" Atmosphäre gibt. Die Aussicht auf die schöne, hügelige Landschaft ist phantastisch. Auf der Burg ist ein kleines Glasmuseum eingerichtet und es werden Konzerte abgehalten. Nicht weit von Podsreda an der Straße Richtung Bizeljsko/Brežice liegt auf einem Hügel das **Schloss von Bizeljsko** (*Bizeljski grad*) auf dem ein Weinkeller eingerichtet ist. Das Schloss sollte besuchen, wer Geschmack an halb verfallenen Gebäuden bekommen hat: Hier liegt eine eindrucksvoll vermodernde Barock-Kapelle, in der Tauben nisten, sowie zwei eigentlich herrliche Stuck-Säle, in denen man fast durch die Bodenbretter bricht. Auf dem Hügel Svete Gore gegenüber dem Burghügel liegt eine Wallfahrtskirche, zu der man entweder über eine Treppe oder einen sehr steilen (und darum eindrucksvollen) Passionsweg gelangt. Hinter der Kirche steht eine kleine Kapelle mit den Resten von Fresken. Im Kozjanske-Park gibt es weitere Kultur- und Naturdenkmäler, die alle keine spektakulären „Sehenswürdigkeiten" darstellen, aber nette Ziele für z.B. Radtouren sind. Es sind alte Mühlen und kleine

Passionsweg

Die Burg von Podsreda

Wallfahrtkirchen zu sehen, die Reste einer frühgeschichtlichen Siedlung und mittelalterliche Pranger und Burgruinen. Die Region ist durchaus geschichtsträchtig: Hier verlief die schwer umkämpfte Grenze zwischen dem Habsburgerreich und Kroatien unter ungarischer Herrschaft (was die Burgen erklärt), später war sie der Schauplatz von Bauernaufständen. In Podsreda ist ein Informationszentrum über den Park eingerichtet, in dem man einen kleinen Reiseführer zu den einzelnen Orten bekommt (auch in Podčetrtek erhältlich). Übrigens stammte auch Diktator Tito hierher, er wurde in dem kroatischen Dorf Kumrovec nördlich von Bistrica ob Sotli geboren.

Kozjanske-park

Hinweis zur Route

Südlich von Podčetrtek führt die 219 über Bistrica ob Sotli und Bizeljsko nach Brežice (ca. 40 km), die Strecke ist teils kurvig und nicht überall gut ausgebaut (die Straße ist aber in gutem Zustand). Landschaftlich sehr schön ist die Fahrt über Podsreda, Brestanica und Krško nach Brežice (58 km).

Die Region Prlekija

(i) S. 125

Östlich von Ptuj und über die Hauptverbindungsstraße 2 gut zu erreichen, liegt an der kroatischen Grenze der Ort Ormož und 17 km nördlich davon Ljutomer. Dazwischen liegt in der Region Prlekija ein bekanntes **Weinbaugebiet** *Ljutomersko Ormoške gorice*, das als Weinstraße von Jeruzalem vermarktet wird, benannt nach dem gleichnamigen Dorf. Im Herbst stellen hier die Weinbauern die klopotci, die krach machenden Vogelscheuchen, in die Weinberge, um Vögel von den Trauben fern zu halten. In der Region werden hauptsächlich Riesling-Weine angebaut, auch die Eisweine sind sehr beliebt.

Weinstrasse von Jeruzalem

Auf vielen **Bauernhöfen** kann man Wein probieren und kaufen sowie einen Imbiss zu sich nehmen. Die Familienbetriebe arbeiten i.d.R. nach Voranmeldung, man sollte also unbedingt vorher anrufen. Eine genaue Adressenliste erhält man bei der Touristeninformation in Ljutomer oder auf den Ferienbauernhöfen der Region. Einen ausgezeichneten Ruf hat die Weinkellerei in Ormož, deren tiefe Gewölbe auch besichtigt werden können. In dem Ort Velika Nedelja westlich von Ormož gibt es außerdem ein Schloss mit einer volkskundlichen Ausstellung zu besichtigen, in Ljutomer ist ein Museum zur Stadtgeschichte eingerichtet.

Klopotec, die klappernde Vogelscheuche im Weinberg

Fahrt durch das Prekmurje

(i) S. 125

Pannonische Ebene

Nördlich von Ljutomer beginnt die Region Prekmurje („Übermurgebiet", oder auch Pomurje, „Gebiet an der Mur") und die **pannonische Tiefebene**. Die Landschaft ändert sich dramatisch:
Hier ist alles flach, Landschaft und Architektur weisen nach Ungarn. Nach N hin wird es dann wieder im Weinbaugebiet Goričko ein bisschen hügelig.

© graphic

Das Gebiet war lange regelrecht isoliert, da erst 1924 die erste Brücke über die Mura gebaut wurde, vorher war es nur mit **Fähren** zu erreichen. Bis heute ist die Gegend sehr ländlich, charakteristisch sind die L-förmigen Bauernhäuser, die auch in Ungarn verbreitet sind, und die Störche. Außerdem gibt es so genannte Winzerhäuschen, die eigentlich überirdische „Weinkeller" waren: Häuser, die zum Lagern des Rebensaftes errichtet wurden, heute sind nicht mehr viele erhalten.

An einer geplanten Autobahnstrecke zwischen Maribor und Murska Sobota wird gearbeitet, bis die Straße fertig ist, rollt der Lastverkehr nach Ungarn über die Landstraßen und wenn man Pech hat, tuckert man besonders auf der Hauptstraße 3 zwischen Maribor und Radenci hinter LKW her. Die Nebenstrecken sind dafür umso netter.

Verwaltungszentrum und der größte Ort im Prekmurje ist **Murska Sobota** (knapp 14.000 Einwohner), das aber eine moderne Betonstadt ist. Wer ein paar Tage bleiben will, sollte in den Kurorten Moravske toplice, Banovci, Radenci, Lendava oder auf ei-

Redaktions-Tipps

- Die von Sloweniens Star-Architekt Jože Plečnik gestaltete **Kirche in Bogojina** ist eines der eindrucksvollsten Bauwerke in dieser Region. (S. 342)
- Die schwarzgebrannte **Keramik**, die die Töpfer in Filovci verkaufen, ist im ganzen Land bekannt und begehrt. (S. 342)
- Die Mura und die Hügel des **Weinbaugebietes Goričko** sind ruhige Gebiete für Radtouren und noch weitgehend unentdeckt. (S. 344)

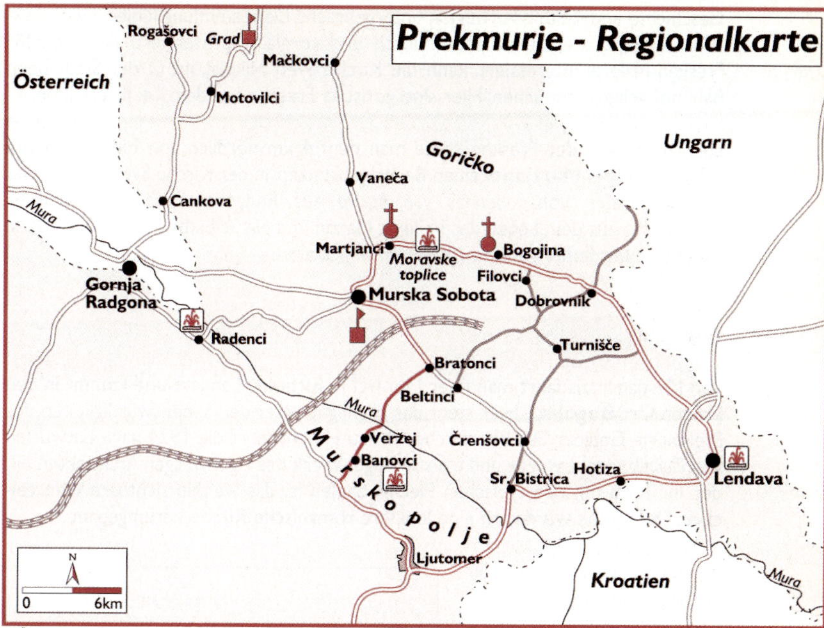

© graphic

nem Bauernhof wohnen. Die Gegend hat nur wenige Sehenswürdigkeiten, darunter ist allerdings auch die ziemlich spektakuläre, von *Jože Plečnik* gestaltete Kirche in Bogojina. Das Gebiet ist ideal für Spaziergänge, Radtouren und Ausflüge in das Weinbaugebiet Goričko.

Murska Sobota

Von Ljutomer kommend ist eine schöne Anfahrtsstrecke nach Murska Sobota über Križevci, Veržej und Bratonci. Bei Veržej liegt die Wassermühle Babič sehr malerisch auf der Mura, früher gab es hier noch mehr Mühlen.

Barockportal am Schloss von Murska Sobota

In Murska Sobota ist das **Renaissance-Schloss** sehenswert, das in einer schönen Parkanlage liegt. Es hat ein imposantes Barock-Portal und darin ist das **Museum** zur

Geschichte und Kultur der Region untergebracht. Der Sammlung fehlen zwar spektakuläre Exponate, sie ist aber hübsch und sorgfältig präsentiert. Wer sich für Fresken-Malerei interessiert, kann die Kirche Sveti Nikolaj, im O der Stadt beim Bahnhof gelegen, besuchen: Hier sind gotische Fresken aus dem 14. Jh. erhalten.

Museum

Ebenfalls wegen der Fresken sollte man dem 4 km nördlich von Murska Sobota gelegenen **Dorf Martjanci** einen Besuch abstatten: In der Kirche Sveti Martin sind Wandmalereien von *Johannes von Aquila* aus Radgona zu sehen, darunter Ausschnitte aus dem Leben des heiligen Martin und ein Selbstbildnis des Künstlers. Der Altar wurde übrigens von *Jože Plečnik* gestaltet.

Bogojina

Von Martjanci aus fährt man über Moravci in Richtung Lendava und kommt in den kleinen Ort **Bogojina**. Hier steht das Highlight unter den Sehenswürdigkeiten des Prekmurje-Gebiets: Die Pfarrkirche Christi Himmelfahrt die 1924 nach Entwürfen von *Plečnik* gebaut wurde und ein stimmiges Werk des eigenwilligen Architekten bildet. Ihr Turm mit den typischen Plečnik-Säulen ist das weithin sichtbare Wahrzeichen. Die Kirche wurde um eine kleinere romanische Kirche herumgebaut.

Plečnik-Kirche

Im Kircheninneren hat der Architekt der lokalen Töpfertradition ein Denkmal gesetzt und Keramikgefäße in die Gestaltung einbezogen.

Die Plečnik-Kirche in Bogojina

Diese Tradition wird noch in dem Dörfchen **Filovci**, ca. 3 km südlich von Bogojina, gepflegt. In mehreren Töpfer-Werkstätten kann man hier den Handwerkern über die Schulter sehen und natürlich auch Keramik erstehen. Die traditionelle und berühmte Töpferware der Region ist eine durch Ruß schwarzgebrannte Keramik, die man z.B. in Filovci bei der Familie Bojnec, Haus Nr. 29 bekommt, sonst ist sie selten.

Töpferdorf

In dem Ort **Turnišče** (etwa 6 km südlich von Filovci) sind in der kleinen Pfarrkirche Mariä Himmelfahrt wiederum gotische Fresken des Meisters Johannes von Aquila zu sehen.

Sie entstanden Ende des 14. Jh. und zeigen u.a. den Kampf des ungarischen Königs *Ladislaus des Heiligen* gegen die Nomadenvölker der Kumanen und Petschenegen, die im 10./11. Jh. nach Ungarn eindrangen. Auch diese Malereien gehören zu den vielen wertvollen Kunstschätzen, die in kleinen Provinzkirchen versteckt liegen.

Thermen im Prekmurje

Radenci (eigentlich noch zur Štajerska gehörig) ist bereits seit Ende des 19. Jh. ein berühmter Kurort, wovon die klassizistischen, aber teilweise noch renovierungsbedürftigen Gebäude zeugen. Aus Radenci stammt das Mineralwasser Radenska (Markenzeichen sind drei Herzen), das 1869 erstmals abgefüllt und als Heilwasser an den Wiener Hof und an den Papst in Rom geliefert wurde. In der großzügigen Therme werden Herz-Kreislauf-Beschwerden, Nierenkrankheiten und Rheuma behandelt, es gibt Tennisplätze. Berühmt sind die Kammermusik-Konzerte im Sommer. Radenci bewahrt sich seiner Tradition entsprechend eine gewisse Exklusivität, aber auch Familien kommen hierher.

Kuranlage in Radenci

Moravske toplice ist mit einem ausgeklügelten Wasserrutschen-System und großer Pool-Landschaft außerordentlich Familien-geeignet. Die Therme ist geeignet für aktive Wellness-Aufenthalte. Es werden Apartments in großer Zahl vermietet, bei der Therme liegt ein Campingplatz, es gibt auch einen Golfplatz. In Moravske toplice werden Venen-Leiden, Lungen-Erkrankungen und Rheuma behandelt. **Banovci** (bei Veržej) ist v.a. für seinen FKK-Campingplatz bekannt und bei jungen Leuten und Familien beliebt. In Banovci werden in erster Linie Sportverletzungen behandelt. Es gibt eine neue Apartment-Anlage, Tennisplätze und Beach-Volleyball. **Lendava** hat eine kleine, modernisierte Therme. Kuriert werden hier Rheuma-Erkrankungen, eine Besonderheit ist das fossile Wasser, das gut gegen Haut-Krankheiten ist und auch nach Verbrennungen angewendet wird.

Lendava

Hinter Turnišče (oder auf der Landstraße südlich von Dobrovnik) verliert die Landschaft von ihrem Reiz. Im Südosten liegt **Lendava**, eine lang gezogene Kleinstadt kurz vor der ungarischen Grenze. Die Lage im östlichsten „Zipfel" Sloweniens ist etwas abseits für Besucher, die aus dem Westen anreisen, dabei ist Lendava recht hübsch und liegt malerisch am Fuße von Weinbergen. Doch außer der Therme hat es keine großartigen Sehenswürdigkeiten zu bieten: Das Schloss beherbergt ein Museum mit archäologischen Funden aus der Gegend (Bronzezeit) und eine Galerie, doch man kommt eher hierher, um durch den Ort zu bummeln und die Landschaft wirken zu lassen. Von Lendava aus gelangt man über Hotiza, Ljutomer und Ormož zurück nach Ptuj, wo man die Route über Rogaška slatina und Podčetrtek nach Süden fortsetzen kann. Oder man kehrt nach Celje zurück und fährt über Laško und Sevnica nach Brežice.

Aktivitäten im Prekmurje

Das Prekmurje eignet sich gut für **Radtouren**, das Gebiet zwischen den Flüssen Mur und Ledava ist flach, im N liegen die sanften Hügel des Weinbaugebiets Goričko. Die Entfernungen sind nicht groß, man kann einen Teil der beschriebenen Rundfahrt (z.B. von Moravske toplice bis Turnišče, ca. 16 km) mit dem Rad fahren. Lohnende Ziele sind die kleinen Kirchen und Weingüter, auf denen man Weinproben machen kann und einen Imbiss bekommt (nach Anmeldung). Die Touristeninformation in Moravske toplice hat einen Führer zur „Weinstrasse Goričko" (mit Adressen), der auch akzeptable Teilkarten hat, an denen sich Radfahrer orientieren können. Sehr idyllisch für Spaziergänge und Fahrradfahrten ist auch das Mura-Gebiet, man kann den Fluss mit Fähren überqueren.

In Rakičan südöstlich von Murska Sobota, liegt ein **Reitzentrum**, das Ausritte arrangiert. Von Radenci aus ist auch das südlich gelegene Weinbaugebiet Slovenske gorice gut mit dem Rad zu erreichen.

Das Krka-Tal und die Bela Krajina

© graphic

Dieser Streckenabschnitt führt durch die Region **Dolenjska** (Unterkrain), und die Bela Krajina (Weiße Mark), die südöstlich an der kroatischen Grenze liegt. Die Route folgt dem Lauf der Krka flussaufwärts, die bei dem gleichnamigen Ort ca. 40 km östlich von Ljubljana entspringt und bei Brežice in die Sava mündet.

Atomkraftwerk

Im unteren Bereich ist das Flussgebiet flach, westlich von Novo mesto wird die Landschaft hügelig. Nördlich von Brežice liegt das Atomkraftwerk Krško, das das einzige AKW in Jugoslawien war und jetzt zu Slowenien gehört. Kroatien und Slowenien streiten sich um die Details der Nutzungsrechte. Historisch ist die Region von großer Bedeutung, hier lagen viele **bronze-** und **eisenzeitliche Siedlungen**, ein großer Teil der im Nationalmuseum in Ljubljana ausgestellten Funde stammt aus der Dolenjska, auch die Museen in Bežice und Novo mesto zeigen die archäologischen Fundstücke. Im Mittelalter war die Region als Schutz gegen die Türken und Ungarn stark befestigt Sehr sehenswert ist das ehemalige Kloster Kostanjevica na Krki, in dem heute ein bedeutendes Museum für moderne Kunst liegt. Die Krka ist ein beliebtes Kanu-Wandergebiet und die ganze Gegend schön für Radtouren. Durch das Gebiet führt die Schnellstraße zwischen Ljubljana und Zagreb, auf der man schnellen Anschluss in die Hauptstadt hat, schöner sind natürlich die Nebenstrecken.

Redaktions-Tipps

- Das **Schloss Kostanjevica** hat nicht nur ein imposantes Barockportal, sondern auch eine bedeutende Sammlung moderner Kunst, S. 348
- Das **Kloster in Pleterje** ist berühmt für seinen Birnenschnaps, den die Mönche brennen und verkaufen, S. 349
- Zwei der schönsten Hotels des Landes, das Hotel Otočec und das Golfhotel Mokrice, liegen auf dieser Route. Beide Hotels sind in umgebauten Schlössern untergebracht und die richtigen Orte für ein Luxus-Wochenende, S. 347, 349
- Eine Fahrt durch die dichten **Wälder des Kočevski rog** ist für Naturfreunde das Richtige: So muss Europa im Mittelalter ausgesehen haben. Hier leben bis zu 700 Bären, und auch wenn man die Tiere nicht zu Gesicht bekommen wird – man glaubt, gleich müsse Meister Petz um die Ecke biegen, S. 353

Brežice und Čatež

ⓘ S. 125

Brežice ist ein nettes Provinzstädtchen mit einer Altstadt, die hauptsächlich aus einer Straße besteht. Es liegt nahe der Mündung der Krka in die Sava und gehört eigentlich zum Posavje-Gebiet (Gebiet an der Sava). Die Region war bereits in der Bronzezeit besiedelt und der kleine Ort hatte im Mittelalter einige Bedeutung: Hier verlief eine Handelsstraße aus der Štajerska nach Kroatien, es war Verwaltungszentrum der Bischöfe von Salzburg und schließlich eine wichtige Grenzbefestigung gegen die Ungarn und die Türken.

Museum

Einzige Sehenswürdigkeit ist das **Burg-Schloss**, in dem das sehenswertes Posavje-Museum (*Posavski muzej*) untergebracht ist. Es gibt schöne bronzezeitliche und römische Fundstücke zu sehen, außerdem eine volkskundliche Sammlung. Höhepunkt der Besichtigung ist der **Rittersaal**, der über und über mit barocken Malereien dekoriert ist, hauptsächlich mit Szenen aus der griechischen Mythologie. Bemerkenswert sind Ausstellungen zum slowenisch-kroatischen Bauernaufstand von 1573 und zum **Partisanenkrieg** gegen die Nationalsozialisten. Leider sind die Beschriftungen nur auf slowenisch, aber unter den Dokumenten über

Der runde Turm ist das Wahrzeichen von Brežice

die NS-Besatzungszeit sind viele auf deutsch abgefasst und insgesamt entsteht hier ein beeindruckendes Zeugnis über die Härte des Krieges gegen die Zivilbevölkerung.Im Zweiten Weltkrieg war Brežice ein deutsch-nationales Zentrum, die Nazis siedelten hier Deutschstämmige u.a. aus Russland und vom Balkan an und deportierten die slowenische Bevölkerung. Die Partisanen hatten nicht weit von der Stadt, um den Kočevski rog im W, ihr Zentrum.
Knapp 2 km südlich von Brežice, auf der anderen Seite der Sava, liegt die **Therme Čatež**, etwa 30 km von der kroatischen Hauptstadt Zagreb entfernt, was sie zu einem beliebten Ziel für Wochenend-Besucher aus Kroatien macht. Bei der Therme liegen moderne Hotels und ein großes Schwimmbad. 7 km weiter Richtung kroati-

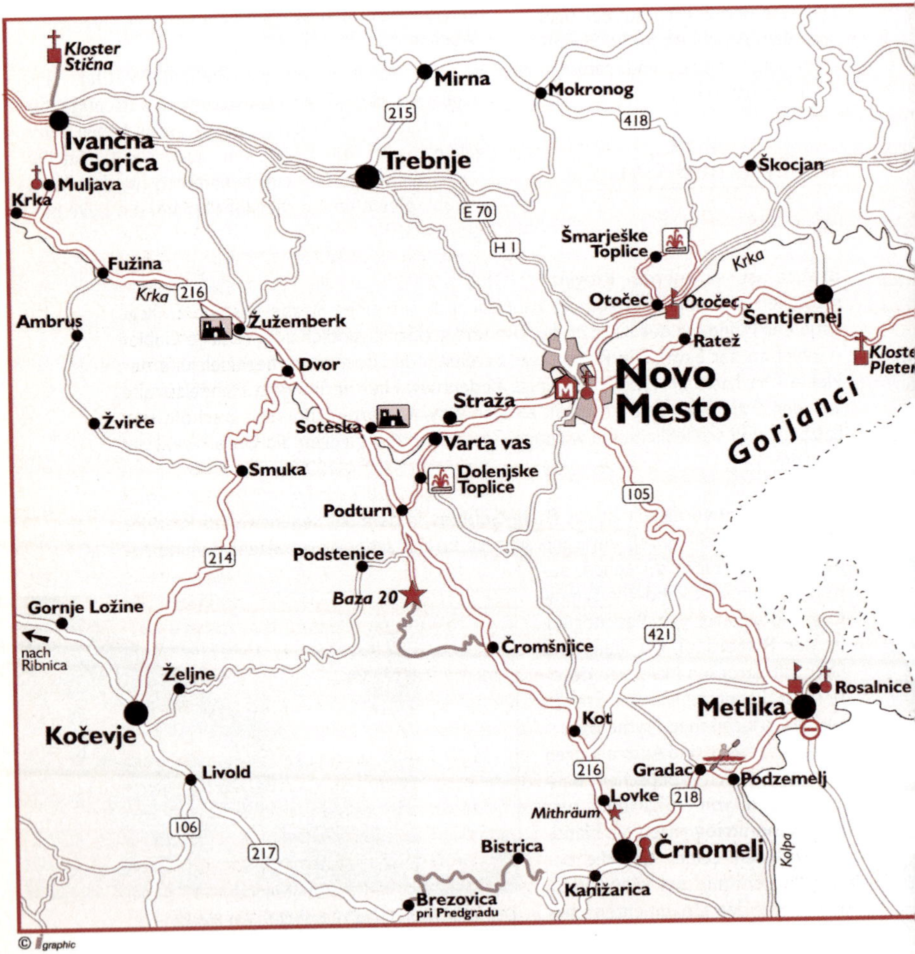

© graphic

sche Grenze liegt das wahrscheinlich schönste Hotel in Slowenien, das Golfhotel Mokrice in dem gleichnamigen Schloss. Um das Gebäude mit drei Rundtürmen zieht sich eine Park anlage mit vielen exotischen Bäumen, darin integriert ist der Golfplatz. Die Umgebung ist absolut idyllisch!

Innenhof des Schlosses Mokrice

Kostanjevica na Krki

ⓘ S. 125

Folgt man dem Lauf der Krka flussaufwärts, kommt man nach Konstanjevica na Krki, eine wahre „Perle des Krka-Tals". Der 750-Einwohner-Ort gilt als die kleinste und älteste „Stadt" Sloweniens und steht komplett unter **Denkmalschutz**: Bereits 1215 wurde hier eine eigene Münze mit dem deutschen Namen „Landestrost" (später Landstrass) geprägt und 1252 wird Konstanjevica erstmals als Stadt erwähnt. Die Stadt hatte als Grenzbefestigung gegen die Türken Bedeutung: Mitte des 16. Jh. wurde ein türkisches Heer vor der Stadt geschlagen. Kostanjevica liegt in einer Schleife der Krka, im Mittelalter wurden die Flussarme durch einen **Stichkanal** verbunden und die Stadt zur Insel. Heute führt eine Einbahnstraße einmal im Kreis um die Insel, die man nach beiden Seiten über eine Brücke verlassen kann. Wenn man bei Kostanjevica überhaupt von einem Zentrum sprechen kann, liegt es im SO der Insel am Kambičev trg und auf der gegenüber liegenden Flussseite. Im S setzt sich die Stadt mit einer weiteren Straße, der Ljubljanska cesta, fort, die zum Schloss führt.

Stadt auf einer Insel

Am Kambičev trg liegt eine kleine **gotische Kirche** mit Fresken des Malers *Jože Gorjup* von 1931. Auf der gegenüberliegenden Fluss-

Kunst-
zentrum

seite im S ist die **Galerie Jože Gorjup** mit weiteren Arbeiten dieses expressionistischen Malers eingerichtet, *Gorjup* stammte aus Kostanjevica. Das ehemalige Stadtschloss der Familie Spanheim aus dem 15. Jh., im S der Oražnova ulica, beherbergt den **Kunstsalon Lamut**, der nach dem Grafiker *Vladimir Lamut* benannt ist, hier werden wechselnde Ausstellungen gezeigt. Am NW-Ende der Straße liegt die Kirche Sveti Jakob, die v.a. wegen ihrer schönen romanischen **Portale** aus dem 13. Jh. sehenswert ist. Aus dem 14. Jh. stammt das Christophorus-Fresko an der Außenwand. Vom Nordende der Stadt führt die Ulica talcev zurück zum Kambičev trg, im Haus Nr. 20, in dem die Touristeninformation untergebracht ist, befand sich im 18. Jh. eine Apotheke.

Für Höhlen-Fans lohnt sich ein Abstecher 2 km südöstlich von Kostanjevica (beschildert) zur **Kostanjeviška jama**, einer kleinen Tropfstein-Höhle, mit einem See und einem einzigen zugänglichen Saal.

Schloss Kostanjevica

Die wichtigste Sehenswürdigkeit Kostanjevicas liegt knapp 2 km südwestlich der Stadt, man folgt den Schildern zur Galerie Božidar Jakac oder „Forma Viva". Das „Schloss" Kostanjevica ist eigentlich ein ehemaliges **Zisterzienserkloster**, das 1234 gegründet und im Zuge der Josephinischen Reformen 1786 aufgegeben wurde. Die meisten Gebäudeteile stammen aus dem 18. Jh.

Eingang zum Schloss Kostanjevica

Skulpturen-
park

Im Park um das Kloster herum ist ein **Forma-Viva-Park** mit Holz-Skulpturen angelegt. Berühmt ist das Eingangsportal des Klosters mit zwei Renaissance-Rundtürmen und barocken Malereien. Dahinter liegt eine Mischung aus wunderbar restaurierten Gebäudekomplexen und zerstörten Teilen, die nur notdürftig abgestützt werden: Das Kloster wurde zunächst im Zweiten Weltkrieg und dann erneut 1984 durch ein Erdbeben schwer beschädigt. Der prächtige dreistöckige Arkadeninnenhof ist der größte in Slowenien. Die schöne Kirche mit Barockfassade und gotischem Innenraum war eine ursprünglich romanische Anlage aus dem 13. Jh. und gehört heute mit zum Kunstmuseum.

Kunst-
galerie

Die sehr sehenswerte **Galerie Božidar Jakac** in den anderen Gebäudeteilen ist das bedeutendste Kunstmuseum im Süden Sloweniens. Es zeigt neben Arbeiten des namen gebenden impressionistischen Malers *Jakac* Werke der Brüder *France* und *Tone Kralj*, beide Expressionisten, und außerdem *Jože Gorjups*. Zu den beeindruckendsten Stücken der Ausstellung gehören die Bronze-Skulpturen *France Kraljs*. Ein kleinerer Teil des Museums zeigt alte Gemälde aus dem Kloster Pleterje.

Kloster Pleterje

Das Kloster Pleterje ist von Kostanjevica aus über die Dörfer Šentjernej und Šmarje zu erreichen. Der große Komplex wurde ab Anfang des 15. Jh errichtet und gegen die Überfälle der Türken schwer befestigt. Das Kloster wird heute von 60 Kartäusermönchen bewohnt, deren Gelübde ein Schweigegebot umfasst (Ausnahme ist der Gesang während der Messen). Das Kloster kann nicht besichtigt werden, reger Publikumsverkehr wäre nicht mit der angestrebten Einsamkeit der Mönche zu vereinen, was schade ist: Die immensen Ausmaße der Anlage kann man nicht auch nur annähernd erahnen, wenn man vor dem Hauptgebäude steht. Außerdem befinden sich im Kloster eine Bibliothek mit wertvollen Handschriften und eine Gemäldesammlung.

gotische Kirche

Für Besucher ist nur die **Dreifaltigskeitskirche** (*Svete Trojice*) zugänglich, die rechts des Hauptgebäudes an einem Seitenflügel liegt. Die gotische Kirche von 1420 allerdings lohnt die Fahrt: Das einschiffige Gebäude mit einem Kreuzrippengewölbe ist asketisch leer, eine halbe Wand (Lettner) trennt Kirchenchor vom -schiff und damit die Mönche von den „normalen" Gottesdienstbesuchern. In die Wände sind Resonanzgefäße eingemauert, die der Kirche eine besonders gute Akustik verleihen, und vom Band werden Gesänge der Mönche eingespielt. Insgesamt erhält die Kirche dadurch eine berührende sakrale Atmosphäre.

Das Kloster Pleterje

Birnenschnaps

Gruppen ab 5 Personen können sich eine **Multivisionsshow** über das Leben der Mönche vorführen lassen (Informationen im Büro im Hauptgebäude). Schließlich muss der **Klosterladen** (Hauptgebäude) erwähnt werden: Zwar ist die Präsentation etwas nüchtern, doch die Produkte aus Bienenwachs und die Weine haben einen hervorragenden Ruf. Berühmtestes Erzeugnis ist der Birnenschnaps (*hruška*) mit einer ganzen Frucht in der Flasche, der Schnaps ist in ganz Slowenien bekannt und beliebt. Die Flaschen werden auf die Bäume gesteckt und die Birnen wachsen in das Glas hinein.

Schloss Otočec

Von Pleterje fährt man über Šentjernej weiter in Richtung Novo mesto, am besten kehrt man über Maharovec zum Krka-Ufer zurück und folgt dem Fluss, parallel zur Schnellstraße auf einer Nebenstrecke. Auf diesem Weg passiert man das Schloss Otočec, ein **Wasserschloss** (oder eher eine kleine Burg) in der Krka, das zu

Luxus-Hotel

einem Luxushotel umgewandelt wurde. Das Gebäude ist eine romantisch-efeuumrankte Befestigungsanlage mit vier Türmen, die kleine Insel entstand durch einen Stichkanal. Wer sich nicht den Luxus der Schlossübernachtung leisten will und kann: In der Nähe gibt es günstigere Übernachtungsmöglichkeien auf einem Campingplatz und in Hotels, natürlich bei weitem nicht so schön.

Romantisches Luxushotel: Schloss Otočec

Novo mesto

S. 125

Novo mesto ist das Verwaltungszentrum der Region Dolenjska und die „Metropole des Südens". Die Altstadt liegt auf einem Hügel in einer Krka-Schleife und ist schön für einen Bummel, aber sie hat nicht so viel Charme wie die mittelalterlichen Städte im Norden Sloweniens.

Metropole des Südens

Das Unterkunftsangebot ist spärlich und nur zu empfehlen, wenn man unbedingt zentral wohnen möchte. Es ist schöner, in Otočec, auf einem Bauernhof in der Umgebung oder in den beiden Thermalbädern Smarješke toplice (östlich von Novo mesto) oder Dolenjske toplice (südwestlich der Stadt) Quartier zu nehmen.

Die Gegend von Novo mesto war ab 1000 v. Chr. ein bedeutendes hallstattzeitliches Zentrum: Aus der Region stammen reiche Bronze- und Eisenfunde aus Gräbern. Später lag hier an der Krka eine römische Siedlung. Im Mittelalter war Novo mesto ein wichtiges **Handelszentrum**, wofür die Lage zwischen Ljubljana und Zagreb es geradezu prädestinierte.

Die Kirche Sv. Nikolaj ist das Wahrzeichen von Novo mesto

Im 14. Jh. verlieh der habsburgische Erzherzog *Rudolf IV.* Novo mesto das Stadtrecht und taufte es Rudolfswert, was sich aber nicht durchgesetzt hat, die Bewohner blieben bei „Neustadt". Im 15. und 16. Jh. war es Verwaltungssitz der so genannten **Militärgrenze** (*Vojina krajina*) gegen die Türken, doch als diese 1579

Thermen in der Dolenjska

Čatež (bei Brežice) wird viel von kroatischen Gästen besucht, dazu gehören die Golf-Gäste des Schlosshotels Mokrice ebenso wie die Bewohner des angeschlossenen Campingplatzes. Die Therme ist größtenteils modernisiert, die Anlage eignet sich auch für einen Wellness-Aufenthalt (römisches Bad, Shiatsu, „Managerprogramme"). Neben der Therme liegt ein sehr großes Freibad, in dem Kinder viel Spaß haben. Hier gibt es trotzdem „ernsthaften Kurbetrieb": Das Thermalwasser hat Temperaturen bis zu 63 Grad, im medizinischen Bereich werden Nervenerkrankungen, entzündliche und rheumatische Erkrankungen, die nach Verletzungen oder Operationen auftreten, sowie Wirbelsäulenentzündungen behandelt.

Dolenjske toplice liegt eingebettet in eine schöne Hügellandschaft westlich von Novo mesto. Der Kurort eifert mit Rogaška Slatina um den Rang des ältesten Thermalbads in Slowenien, hier kurte jedenfalls schon Ende des 17. Jh. die Aristokratie.

Kurhotel in Čatež

Einige klassizistische Gebäude erinnern an die große Zeit Dolenjske toplices Anfang des 20. Jh., heute ist der Ort sehr ruhig, hat eine modernisierte Therme und eignet sich für einen Kuraufenthalt mit leichtem Sportprogramm (Fahrradverleih, Tennis, Schwimmen). Das Thermalwasser ist 36 Grad warm und reich an Kalzium, Magnesium und Hydrokarbonaten. Behandelt wer- den rheumatische Erkrankungen, Rückenschmerzen und es gibt post-operative Reha-Programme (Bewegungsapparat und Osteoporose).

Šmarješke toplice ist ein neuerer Kurort mit einer vergleichsweise kleinen Therme, nördlich der Krka in einem landschaftlich sehr schönen Gebiet gelegen. Die Therme eignet sich auch gut für einen Wellness-Aufenthalt (so genanntes „Vitarium" mit Entschlackungs-, Antistress- und Abnehm-Programmen). Das Thermalwasser ist 32 Grad warm, reich an Kalzium, Magnesium und Kalium, behandelt werden Herz- und Gefäßerkrankungen, Erkrankungen des Bewegungsapparates, Sportverletzungen und psychosomatische Krankheiten.

verlegt wurde (nach Karlovac in Kroatien), versank Novo mesto in Bedeutungslosigkeit. Nach dem Ersten Weltkrieg wurde Industrie angesiedelt und heute ist Novo mesto das Wirtschaftszentrum der Region Dolenjska mit wichtigen Betrieben wie der Autofabrik Revoz und einem Pharmazie-Unternehmen.

Sehenswertes

Novo mesto hat zwei wichtige Sehenswürdigkeiten, die Kirche Sveti Nikolaj und das Regionalmuseum Dolenjski muzej. Die Kirche liegt auf dem höchsten Punkt der Stadt und hat eine gewölbte Krypta, die wegen des abfallenden Geländes so gebaut werden musste. Das **Altarbild** des heiligen Nikolaus ist der ganze Stolz der Stadt, es wird dem italienischen Maler *Jacopo Tintoretto* (1518-1594) zugeschrieben. Das mächtige Gebäude nördlich der Kirche (links, wenn man mit Blick auf die Kirche davorsteht) ist die Propstei, wo auch der Schlüssel zur Kirche verwahrt wird.

Tintoretto

Um die Ecke in der Muzejska ulica liegt das Regionalmuseum **Dolenjski muzej**, dessen Besuch allen an Archäologie Interessierten wärmstens empfohlen sei. In dem Museum werden die reichen archäologischen Zeugnisse der Region gezeigt, darunter Bronze-Waffen und -Gefäße, Schmuck und Keramik aus illyrisch-keltischer Zeit und römische Funde (ein Teil der Funde aus Hallstatt-Gräberfeldern in der Dolenjska ist im Nationalmuseum in Ljubljana zu sehen). Außerdem sind im Museum sakrale und weltliche Kunst vom 16. Jh. an, eine Ausstellung zum Partisanenkampf und eine sehr schöne volkskundliche Sammlung zu sehen.

Das alte Rathaus in Novo mesto

Die grafische Abteilung gibt einen Überblick über die Arbeiten der Grafik-Biennale, die alle zwei Jahre in Novo mesto abgehalten wird. Zu dem Museum gehört das **Božidar-Jakac-Haus**, in dem der wichtige slowenische Maler geboren wurde (Richtung Glavni trg, dann rechts in die Seitengasse Sokolska ulica abbiegen). Der weit gereiste *Jakac* malte in den 1920er Jahren Stadtansichten auf der ganzen Welt, doch besonders berühmt sind die Bilder seiner Heimatstadt. In seinem Geburtshaus werden mehr als 800 seiner Werke (Stadtansichten, Porträts, Grafiken) gezeigt, weitere Arbeiten von Jakac sind in dem schönen Kunstmuseum im ehemaligen Kloster Kostanjevica zu sehen.

Božidar-Jakac-Haus

Novo mestos Hauptplatz, der **Glavni trg** östlich des Stadthügels, lohnt einen kurzen Gang, er wird von einigen schönen Häusern mit Arkadengängen gesäumt, außerdem gibt es hier ein Café. Das Rathaus (Nr. 6) ist ein neogotisches Gebäude von 1905. Über die Jenkova ulica, wo das Haus Nr. 1, das ehemalige Gymnasium bemerkenswert ist, kommt man zur Franziskaner-Kirche mit einem angeschlossenen Kloster. Die Kirche hat eine neogotische Fassade, stammt aber aus dem 15. Jh., das Kloster bot einst vor den Türken geflüchteten Mönchen aus Bosnien Schutz. In der Kirche stehen einige Grabplatten, darunter die von Ivan Lenkovič, des Befehlshabers der Militärgrenze, der die Türken bei Kostanjevica na Krki schlug.

Franziskaner-kirche

In der Umgebung

• Baza 20

Südwestlich von Novo mesto liegt der abgeschiedene Höhenzug Kočevski rog, der im Zweiten Weltkrieg ein Zentrum der Partisanen war. Das dichte Waldgebiet ist bis heute schwer zugänglich (ohne asphaltierte Straßen), und voll von Karst-höhlen, die ideale Verstecke für *Titos* Partisanenarmee boten.

Partisanenlager

In den Wäldern wurden Krankenhäuser, Druckereien und Schulen eingerichtet, das inoffizielle **Partisanen-Hauptquartier** war die Baza 20 (Basis 20). Nach dem Zweiten Weltkrieg wurde die abgelegene Gegend Zeuge eines bis heute umstrittenen Kapitels slowenischer Geschichte: In den Wäldern wurden bis zu 11.000 Domobranci (Weißgardisten, siehe auch Infokasten S. 30), die z.T. mit den Deutschen kollaboriert hatten, hingerichtet. An den Orten der Massenerschießungen sind heute Gedenkstätten eingerichtet. Die Baza 20 kann besichtigt werden:

Einige der **Baracken** des Partisanenlagers sind erhalten, im kommunistischen Jugoslawien war es sogar ein viel besuchter Ausflugsort, heute ist die Anlage insgesamt jedoch renovierungsbedürftig. Von Novo mesto aus fährt man am besten über Dolenjske toplice und das Dorf Podturn.

Am nördlichen Ende von Podturn gibt es eine ausgeschilderte Abzweigung in Richtung Baza 20, dann geht es 7 km über eine Asphaltstraße bis zu einem großen Parkplatz, der eine Idee davon gibt, wie viele Reisebusse hier einst anhielten. Nach 10 m Fußmarsch erreicht man die Baracken.

Sport im Krka-Tal

Das Krka-Tal ist in erster Linie ein **Kanu- und Radsportgebiet**, es gibt auch Reitzentren. Entlang des Flusses liegen viele Kanu-/Kajak- und Fahrrad-Verleihstellen. Im oberen Krka-Tal, von der Quelle bis in die Gegend um Novo mesto, ist die Gegend hügelig, der Fluss bildet einige für Kajak-Fahrer interessante Stromschnellen und die Straße herausfordernde Steigungen für Radfahrer. Im unteren Krka-Tal zwischen Novo mesto und Brežice ist die Landschaft flach und der Fluss ruhiger. Die Gegend zwischen der Krka und dem Gorjanci-Höhenzug im Süden ist relativ wenig mit Autoverkehr belastet und daher schön für Radtouren.

Für kürzere **Wanderungen** und Spaziergänge bietet sich die Umgebung der Kurorte Šmarješke toplice und Dolenjske toplice besonders gut an. Karten der Umgebung sind bei den Touristeninformationen erhältlich. Auch in den Wäldern des Kočevski rog kann man wandern. Baza 20 ist ein schönes Ziel für eine Radtour (9 Prozent Steigung), für die anderen, nicht asphaltierten Strecken sollte man ein Mountainbike nehmen. Das Waldgebiet ist ziemlich dicht und dunkel, es gibt nur wenige Lichtungen.

Das obere Krka-Tal

(i) S. 125

Knapp 10 km westlich von Novo mesto bei Vavta vas beginnt der landschaftlich schönste Abschnitt des Krka-Tals, das sich etwas verengt.

Schwelle im Krka-Tal

Stromschnellen

Besonderen Reiz verleihen der Gegend zahlreiche **Tuffsteinschwellen**, über die die Krka sich in kleinen Wasserfällen und Stromschnellen ergießt. Diese Schwellen wachsen jedes Jahr um einige Zentimeter.

Dieser Abschnitt des Flusstales ist eine beliebte Rad- und Kanustrecke. Bei Soteska passiert man die Ruine eines Schlosses (direkt an der Straße), das im Zweiten Weltkrieg in Brand gesetzt wurde, damit die Nazis es nicht besetzen konnten. Bei dem Weiler Dvor lohnen malerische Stromschnellen einen Halt, ganz eindrucksvoll ist auch ein Schmelzofen, der Rest einer Ende des 18. Jh. gegründeten Eisengießerei.

Blick auf das Krka-Tal von Schloss Žužemberk

Eine etwas größere Ansiedlung ist **Žužemberk**, das von einer mächtigen Burg beherrscht wird. Auch diese Befestigung wurde im Zweiten Weltkrieg zerstört, aber eine Ringmauer mit Türmen ist renoviert worden und gibt der Burg ein imposantes Aussehen. Etwa 15 km nordwestlich von Žužemberk entspringt bei dem Ort Krka, der gleichnamige Fluss als Karstquelle, zu erreichen über den Weiler Gradiček.

Muljava

Im 4 km nördlich gelegenen Ort **Muljava** lohnt eine gotische Kirche aus dem 15. Jh. einen Stopp: Sie ist mit Fresken des Meisters *Johannes von Laibaco* geschmückt. Auch der frühbarocke, über und über mit Gold verzierte Hochaltar ist sehenswert. In Muljava wurde der Schriftsteller Josip Jurčič (1844-1881) geboren, der volkstümliche Motive in seine Dichtung aufnahm.

Sein Geburtshaus ist als ein kleines Museum eingerichtet, davor steht ein Bienenstock aus dem 19. Jh. mit den typischen bemalten Bienenstock-Brettchen.

Kloster Stična

Das Kloster Stična liegt knapp 3 km nördlich des Ortes Ivančna Gora und nördlich der Schnellstraße zwischen Ljubljana und Zagreb. Es ist das älteste Kloster in Slowenien und wurde 1132 von **Zisterziensern** gegründet. Der Zisterzienserorden war Ende des 11. Jh. in Frankreich gegründet worden, weitere Klöster wurden in Bayern und Österreich gegründet. Die Zisterzienser taten sich besonders als Bauern hervor. Stična wurde ein wichtiges Kirchenzentrum mit vielen Besitzungen im Südosten Sloweniens und v.a. auch ein Bildungsträger. Im 15. Jh. litten die Mönche unter den Angriffen der Türken und das Kloster wurde stark zerstört. Nach einer Blütezeit im 17. und 18. Jh. wurde es 1784 unter Kaiser *Joseph II.* aufgelöst und erst gut 100 Jahre später erneut von Zisterziensermönchen „wieder eröffnet". Der große Gebäudekomplex weist heute eine Mischung aus Stilelementen von der Romanik bis zum Barock auf, er enthält u.a. wertvolle Fresken, Gemälde und reiche Stuckdecken. Das Gebäude ist insgesamt in gutem Zustand und eine Besichtigung ist einer der Höhepunkte einer Slowenien-Reise. Man kann das Kloster mit einer Führung zu bestimmten Zeiten besichtigen (auch auf Deutsch) oder allein durch den Komplex streifen. Übrigens kann man im Kloster auch übernachten und es gibt einen kleinen Laden, in dem die Erzeugnisse wie Kräuter, Tees etc. verkauft werden.

Zisterzienserorden

• Rundgang

Die dreischiffige **Basilika** ist das dominierende Gebäude des Klosterkomplexes und auch eines der ältesten. Reste des ursprünglich romanischen Baus sind im Presbyterium und im Dachgeschoss (Fenster) zu erkennen. Die Bilder der Kreuzweg-Stationen des Malers *Fortunat Bergant* (1766) gehören zu den kostbarsten Besitztümern des Klosters. Im Süden der Kirche liegt der **Kreuzgang**, der als einer der schönsten Sloweniens gilt. Er hat ein gotisches Rippengewölbe, weist aber auch romanische Elemente auf, die Deckenbemalung mit biblischen Szenen wird der Schule des *Johannes von Laibaco* zugeschrieben. Im Westtrakt sind die Gewölbekonsolen mit Gesichtern verziert, die die menschlichen Schwächen symbolisieren sollen. Südlich des Kreuzgangs liegt das **Refektorium** mit einer schönen barocken Stuckdecke. Ein Stockwerk darüber befindet sich die Bibliothek, die einst sehr reich mit illustrierten Handschriften ausgestattet war. Die Manuskripte lagern jedoch seit der Schließung des Kloster im 18. Jh. in der Nationalbibliothek in Ljubljana, teilweise auch in Wien. Die Mönche haben aber begonnen, wieder eine neue Bibliothek aufzubauen. Westlich neben dem Refektorium liegt die **Neff-Abtei** (oder kleines Refektorium), die eine schöne Decke mit Blumenmustern hat. Im S des Innenhofes steht ein barockes Gebäude, in dem die Abt-Kapelle aus dem 18. Jh. einen Blick lohnt (Obergeschoss). Rechts neben dem Eingang ist in der alten **Prälatur**, einst das Verwaltungszentrum des Klosters, ein kleines Museum eingerichtet, das ein Sammelsurium von religiösen und historischen Gegenständen zeigt. Einige Faksimiles von Handschriften geben eine Idee vom einstigen Reichtum der Klosterbibliothek. Eine kleine Ausstellung ist dem Missionar *Frederick Baraga* aus dem Ort Trebnje gewidmet, der im 19. Jh. unter den amerikanischen Ojibwa-Indianern lebte. Den nördlichen Abschluss dieses Gebäudeteils bildet ein alter Turm, der im 16. Jh. als Befestigung

schöner Kreuzgang

Museum

gegen die Türken gebaut wurde. Er hat eine außergewöhnliche **Stuckdecke** von 1620, die Szenen der Passionsgeschichte und des Jüngsten Gerichts zeigt.

INFO Die Gottscheer

Im Kočevsko, der wasserarmen Gegend südöstlich von Ljubljana, war eine große deutsche Gemeinschaft ansässig, die Gottscheer. Die **deutschen Siedler** wurden im 14. Jh. aus Tirol und Kärnten ins Land geholt, um das wenig besiedelte Gebiet mit schlechten Karstböden urbar zu machen. Sie bildeten für 600 Jahre eine deutsche „Sprach- und Kulturinsel". Die Gegend blieb aber arm und landwirtschaftlich nicht sehr ertragreich, so dass die Bevölkerung nach Alternativen suchte.

Hausierer aus dem 19. Jh.

Im Jahre 1492 erhielten die Bewohner des Kočevsko das Recht, ihre Erzeugnisse im gesamten österreichischen Kaiserreich zu verkaufen und es entwickelte sich ein florierender **Hausiererhandel**, vor allem mit Holzprodukten, Korb- und Töpferwaren. Ende des 19. Jh. wanderte ein Teil der Bevölkerung des Kočevsko nach Amerika aus.

Im Zweiten Weltkrieg wurden viele der hier ansässigen Deutschen in die südliche Štajerska „ausgesiedelt" (das Kočevsko gehörte zur italienisch besetzten „Pronvincia di Lubiana", die deutschstämmige Bevölkerung aber sollte nach nationalsozialistischer Ideologie in den deutsch besetzten Gebieten, im „Großdeutschen Reich", siedeln).

Nach dem Krieg wurden die verbliebenen „Gottscheer" vertrieben und damit verschwand die deutschsprachige Minderheit aus dem Kočevsko. Viele der ehemaligen Gottscheer-Dörfer sind heute verlassen.

Kočevje und Ribnica

ⓘ S. 125

Die beiden Orte Kočevje und Ribnica liegen auf der Westseite des Kočevski rog und sind vom Krka-Tal aus über die 214 zu erreichen, die durch ein kaum besiedeltes Waldgebiet führt. **Kočevje** (deutsch Gottschee) ist eine graue kleine Stadt mit einem Regionalmuseum, das sich neben archäologischen und volkskundlichen

Exponaten mit der Geschichte der Deutschen im Kočevsko, den Gottscheern (siehe Infokasten) beschäftigt. Ein Ausflug nach **Ribnica** lohnt sich für Fans des Architekten *Jože Plečnik*, er gestaltete die Kirche Sveti Štefan. Außerdem sind in dem Ort ein im Zweiten Weltkrieg weitgehend zerstörtes Schloss mit einer volkskundlichen Sammlung sowie eine kleine Galerie im Miklova Hiša zu sehen.

Rundfahrt durch die Bela Krajina

ⓘ S. 125

Die Bela Krajina, „weiße Mark", liegt im Süden Sloweniens zwischen dem Kočevski rog und dem Žumberak-Höhenzug in Kroatien, es ist die abgelegenste Region des Landes. Während der Eisenzeit war sie aber bereits besiedelt (Hallstatt-Kultur) und auch die Römer errichteten hier Lager.

Im Mittelalter bildete die Region das Grenzgebiet zu den Ungarn (im heutigen Kroatien) und später verlief hier die befestigte **Militärgrenze** gegen die Türken. Mit Metlika und Črnomelj entwickelten sich im Mittelalter zwei konkurrierende Städte, wobei Črnomelj das Rennen machte: Die Stadt war besser befestigt und konnte den Überfällen der Türken und marodierender Uskoken (Balkanflüchtlingen, die ihrerseits vor den Türken geflohen waren) mehr entgegensetzen. Heute ist allerdings Metlika die etwas interessantere Stadt.

Militärgrenze

Mit der Verlegung der militärischen Grenze und damit der Truppen 1579 setzte der Niedergang der Bela Krajina ein. Ihren Namen hat die Region übrigens von den zahlreichen Birken, die hier wachsen.

Die Bela Krajina gilt als „ursprünglichste" Region Sloweniens, wo sich alte Volkstraditionen in Reinkultur erhalten haben, beispielsweise das Mitsommerfest **Jurjevanje** in Črnomelj, das früher auch in anderen Landesteilen verbreitet gewesen sein soll. Heute wirkt die Gegend immer noch sehr verschlafen und ist touristisch kaum entwickelt.
Einige interessante Sehenswürdigkeiten lohnen aber einen Tagesausflug von Novo mesto bzw. dem Krka-Tal aus, z.B. das Mithräum bei Črnomelj oder die drei Pfarrkirchen in der Nähe von Metlika: Die Umgebung ist hier fast interessanter als die Städte selbst. Bei Metlika liegt eine kleine Weinstraße und schließlich ist der Grenzfluss zu Kroatien, die Kolpa (kroatisch Kupa), ein beliebtes Kajak- und Kanu-Gebiet.

Metlika

Die Stadt war während des Zweiten Weltkriegs von der italienischen Armee besetzt und stark umkämpft, ein großer Teil der Altstadt wurde zerstört. Zentrum ist die Burg, in der das **Bela-Krajina-Museum** zur Stadt- und Regionalgeschichte untergebracht ist. Hier werden die archäologischen Funde der Gegend, darunter hallstattzeitliche Bronze-Eimer und Schmuck gezeigt, auch ein Weinmuseum und die volkskundliche Sammlung sind durchaus sehenswert – eine wichtige Tradition sind bemalte **Hühnereier** (die auch als Souvenir verkauft werden).

bemalte Hühnereier

Metlika ist stolz auf zwei berühmte Bürger, den Schriftsteller *Engelbert Gangl* und den Bildhauer *Alojz Gangl*, im Museum sind Gedenkzimmer für die Brüder eingerichtet. Neben dem Schloss befindet sich ein Feuerwehr-Museum: Metlika war der erste Ort in Slowenien, in dem eine professionelle Feuerwehr eingesetzt wurde. Südöstlich vom Schloss liegt der hübsche Mestni trg mit einem neogotischen Rathaus im N (Hausnr. 24), einer Kirche und der mächtigen Kommende, dem Amtssitz des Deutschritterordens, im S.

Rosalnice

Das Dorf knapp 3 km östlich von Metlika ist für seine **drei Kirchen** (Tri Fare – drei Pfarreien) berühmt, die in einer Reihe nebeneinander stehen. Die ersten Kirchen wurden bereits im 12. Jh. an dieser Stelle von den Deutschordensrittern erbaut, aber die heutigen Gebäude gehen auf das 14. und 15. Jh. zurück. Es sind bis heute Wallfahrtsstätten. Alle drei Kirchen haben gotische Elemente, sind aber barock ausgestattet.

drei Wallfahrtskirchen

Die drei Kirchen von Rosalnice

Die nördlichste Kirche der „Schmerzhaften Muttergottes" und die mittlere „Ecce homo" haben noch gotische Presbyterien, an der südlichsten Kirche, der „Muttergottes von Lourdes" geweiht, sind Reste eines gotischen Freskos zu erkennen. Interessanter als ihre Ausstattung ist das Ensemble von drei unmittelbar nebeneinander liegenden Kirchen.

Črnomelj

Črnomelj ist die „Hauptstadt" der Bela Krajina und die größere der beiden Städte der Region (5.500 Einwohner). Die Altstadt liegt am Zusammenfluss der Lahinja und der Dobličica in einer Flussschleife, die modernen Stadtteile liegen nördlich davon. Die Altstadt besteht aus einer Haupt- und zwei Parallelstraßen, die keine 200 m lang sind, man ist hier schnell durchgebummelt. Das Schloss im N am kleinen Platz Trg svobode hat Arkadengänge aus dem 16. Jh., es geht aber auf das 12. Jh. zurück.

In dem Gebäude ist ein kleines **Museum** zur Stadtgeschichte eingerichtet. Östlich davon liegt die Kommende, der Sitz der Deutschordensritter aus dem 17. Jh. In der schräg gegenüber liegenden Kirche sind einige römische Grabsteine eingemauert.

Mithräum

Eine interessantere römische Fundstätte liegt 4 km nordwestlich von Črnomelj an der Hauptstraße 216 Richtung Podturn/Dolenjske toplice: Bei dem Ort Rožanec liegt in einem Waldstück versteckt ein **Mithräum**, das durch seine Schlichtheit beeindruckt. Eigentlich ist es nur eine Erdvertiefung, an deren Rand einige mannshohe Felsblöcke stehen. In einen der Kalksteine ist ein Relief geschlagen worden, das den Gott Mithras bei der Opferung des Stieres zeigt (siehe Infokasten S. 335). Das Mithräum wird in das 2./3. Jh. n. Chr. datiert, und auch wenn es nicht viel zu sehen gibt, ist es ein archaisch anmutender und dadurch beeindruckender Ort. An der Straße stehen Hinweisschilder (*Mitrej*), dann muss man noch etwa 500 m einer teils nicht asphaltierten Straße folgen und eine Bahnlinie passieren, um zu dem Mithräum zu gelangen.

Mithräum

Kanu wandern auf der Kolpa und andere Aktivitäten

Die Kolpa, der Grenzfluss zu Kroatien, ist ein schönes **Kanu- und Kajak-Gebiet**. Zwischen Metlika und Srednji Radenci gibt es eine ganze Reihe von Campingplätzen, die mit Bootsverleihstellen für Paddler ausgerichtet sind. Zentren liegen in Metlika, Podzemelj, Adlešiči, Vinica und Srednji Radenci. Vinica gilt als ausgewiesenes Paddel-Zentrum der Kolpa. Bei dem Ort Stari trg in der Nähe von Srednji Radenci verengt sich der Flusslauf zu einem Fast-Canyon und etwa bis Vinica ist anspruchsvolleres Kajak fahren möglich. Im unteren Kolpa-Tal ist der Fluss ruhig und für Anfänger und Kinder geeignet, hier gibt es auch Badestellen und gute Angelmöglichkeiten.

Das Kolpa-Tal ist eine schöne Gegend für entspannende Spaziergänge auf Höhen um die 350 m sowie für Radtouren. Es gibt verschiedene lohnende Ziele in der Umgebung: Der **Landschaftspark Lahinja** am gleichnamigen Fluss, die Karstquelle des kurzen Flüsschens **Krupa** und das hübsche Dörfchen Semič am Rande eines Weinbaugebietes. Außerdem liegen hier viele Burgruinen und kleinere Wallfahrtskirchen. Eine Detailkarte der Gegend bekommt man bei den Touristeninformationen.

Hinweis zur Route

Bei Vinica liegt der internationale Grenzübergang Vinica-Pribanjci nach Kroatien. Von hier aus hat man Anschluss nach Karlovac (knapp 30 km) und nach Istrien über Rijeka (ca. 110 km, die Autobahnverbindung zwischen Karlovac und Rijeka ist noch nicht ganz fertig).

Die slowenische Adria

© graphic

Slowenien hat mit 47 km eine nur kurze Küstenlinie zwischen Italien und Kroatien, was von den meisten Slowenen sehr bedauert wird, denn sie lieben die schöne istrische Küste, die wieder eine beliebte Wochenend- und Urlaubsdestination geworden ist. Wer aus Ljubljana oder Postojna in Richtung Küste fährt, kommt über den schroffen, imposanten Karst-Abbruch Brkini plötzlich in eine sanfte Hügellandschaft, die mit Zypressen und Olivenbäumen **mediterran** anmutet. Die slowenische Küste beginnt in Ankaran mit einem Badeort und hört in Portorož auch mit einem solchen auf. Auch in allen Städten und in den immer schmaler werdenden ländlichen Gebieten da- zwischen kann man ins Wasser springen. Leider ist die **Wasserqualität** nicht die beste, zu nah liegen die großen Industriehäfen von Koper und Triest an den

Redaktions-Tipps

• **Izola** steht im Schatten seiner bekannteren Nachbarstadt Piran, doch das kleine Städtchen hat seinen ganz besonderen Charme, besonders im Sommer, wenn die Künstler hier ihre Werkstätten öffnen. (S. 369)

• In der Wehrkirche in Hrastovlje lohnt das **Totentanz-Fresko** aus dem 14. Jh. einen Besuch – die Kirche ist über und über mit Malereien geschmückt. (S. 368)

• Die **Therme in Portorož** ist eines der besten Thermalbäder in Slowenien, der Fango-Schlamm wird von den nahen Salinen von Sečovlje herantransportiert. Im schönen Wellness- und Beauty-Bereich kann man sich einen Entspannungstag gönnen. (S. 378)

- Die **Salinen von Sečovlje** mit einem Museum sind einen Besuch wert, am besten als Bootsausflug von Portorož aus. (S. 379)

• Verlassen Sie die Küste nicht, ohne im Restaurant **Pri Mari in Piran** gegessen zu haben! Hier stimmt alles: Der exzellente Karst-Schinken, die einfach-elegante Atmosphäre und die nette Bewirtung durch die Inhaber.

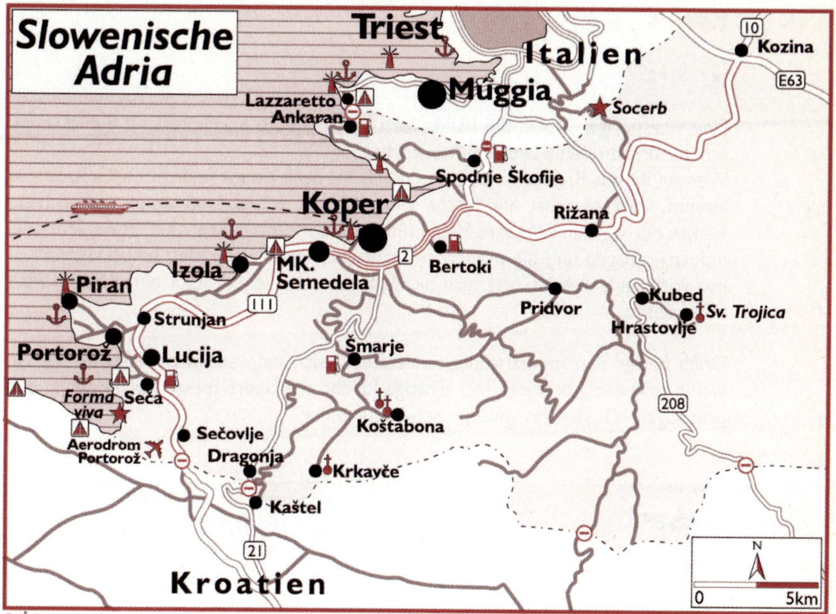

© graphic

Badestellen. Für einen längeren Badeurlaub, bei dem man naturbelassene Strände außerhalb von Städten sucht, ist die slowenische Küste nur bedingt geeignet. Hier sei die Weiterfahrt nach Kroatien empfohlen. (Längere Sandstrände wird man auch in Istrien vergebens suchen und erst weit südlich auf der Insel Rab antreffen.)

drei schöne Küstenstädte

Die drei alten Städte **Koper**, **Piran** und **Izola** sind jede für sich eine Perle istrischer Baukunst, mit starkem Einfluss des einst so mächtigen Venedig. Jede der Städte hat sich ihr ganz eigenes Flair erhalten. Koper, mit einem weiten Platz in der Mitte, wirkt geradezu großstädtisch, das kleinere Izola ist **mediterrane Idylle** pur und Piran schiebt sich elegant auf einer Landzunge ins Meer.
Die Slowenen selbst können sich nicht entscheiden, ob sie Izola oder Piran als Schönste ihrer Küstenstädte bezeichnen. Leider hat das von einem Industriegürtel umgebene Koper bei dieser Konkurrenz das Nachsehen – was schade ist, denn die Altstadt kann absolut mit den beiden anderen Orten mithalten. Entscheiden Sie selbst!

Letzter größerer Ort vor der kroatischen Grenze schließlich ist **Portorož**, der „Rosenhafen", der so gar nichts mit seinen Nachbarstädten gemeinsam hat und heute wieder an seine Tradition als Bade- und Kurort mit einem lebhaften Nachtleben anknüpft. Dann kommen nur noch die Salinen von Sečovlje und wer der Küstenstraße weiter nach Süden folgt, verlässt Slowenien und erreicht das kroatische Istrien.

Koper

(i) S. 125

Eine vierspurige Straße, die Istrska cesta, führt heute im Hinterland der slowenischen Adria an den Küstenstädten vorbei.
Wer auf ihr aus Richtung Ljubljana oder Triest nach Koper (italienisch: Capodistria) kommt, wird zunächst enttäuscht sein, vielleicht entsetzt, so wenig ansprechend wirken der weithin sichtbare Hafen (übrigens der einzige Seehafen Sloweniens), die Industrieanlagen und die modernen Stadtteile. Selbst wenn man schon fast an Koper vorbeigefahren ist, mag man nicht glauben, dass diese Stadt einen Stopp wert sein könnte.

Hafen

Doch hinter den Industrieanlagen versteckt sich eine **schöne Altstadt**, die ein wenig an Venedig erinnert. Der einstige Reichtum Kopers spiegelt sich noch in den prächtigen Häusern im venezianischen Stil wider.

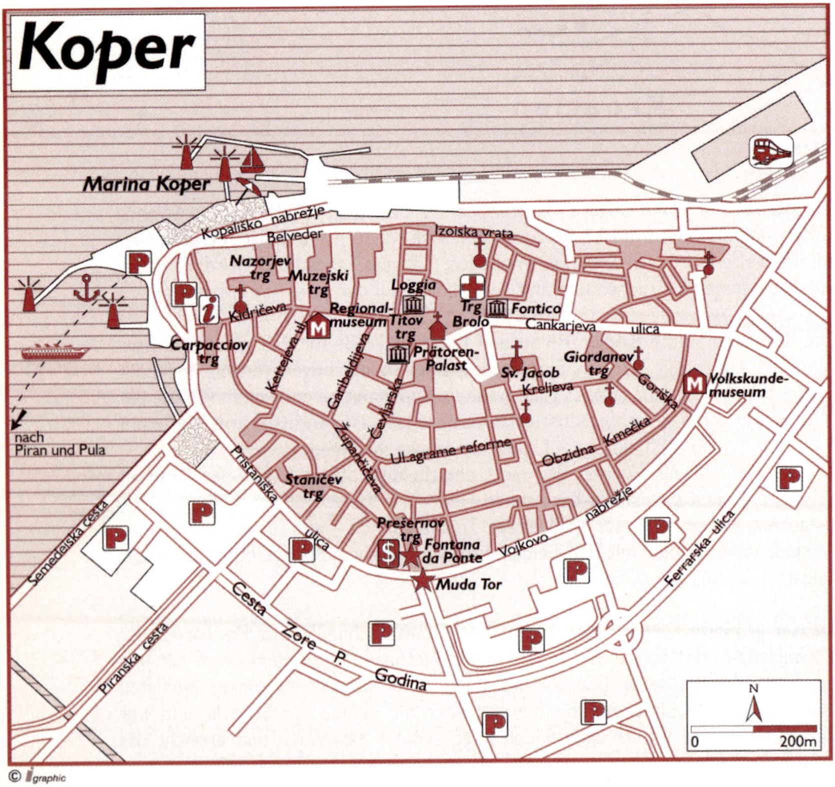

Orientierung

Der Karstabbruch nördlich von Koper

Von der Küstenstrasse zweigt die Ljubljanska cesta ab, die direkt auf das alte Zentrum zuführt. Die Straße endet vor dem ehemaligen Mauerring am *Mudina Vrata* (dem Muda-Tor). Nach links geht es zum Industriehafen, nach rechts zur Marina und dem Yachthafen.

Man kann nicht mit dem Auto in die Altstadt hineinfahren, ein großer Parkplatz befindet sich vor dem Shoppingcenter im S der Stadt (nur die vorderen Teile des Parkplatzes sind gebührenpflichtig). Die Altstadt von Koper ist zwar nicht klein, aber alles ist gut zu Fuß zu erreichen.

Geschichte

Die Region um Koper ist mindestens seit der Bronzezeit, etwa Mitte des 2. Jahrtausend v. Chr. besiedelt, als die Histrier mit dem Bau von **Höhensiedlungen** bzw. Burgen begannen. Seit dem 1. Jh. v. Chr. bestand eine griechische Siedlung **Aegida**, die als Handelsplatz unter römischer Herrschaft nicht unwichtig war, *Plinius der Ältere* erwähnt sie in seiner *Naturalis Historia* (1. Jh. n. Chr.) Die Römer errichteten eine **Siedlung Capris** (oder Caprae), der eigentliche Ursprung der späteren Stadt Koper. Der Name stammt angeblich von den Ziegen, die auf der Insel grasten. Capris lag in günstiger Verkehrslage zwischen Aquileia und Parentium (Poreč), das Umland war ideal für den Anbau von Olivenöl und Wein. Die Gegend prosperierte und in den Hügeln um Koper entstanden zahlreiche römische Landhäuser (*Villae rusticae*). In spätrömischer Zeit nahm die Bedeutung des Ortes als Teil des römischen Verteidigungssystems (*Claustra Alpinum Iuliarum*) zu. Die Insellage bot der istrischen Bevölkerung in der unsicheren Völkerwanderungszeit Schutz.

griechische Siedlung

Etwa seit dem 8. Jh. kamen **slawische Siedler** in das Gebiet. Sie siedelten sich auf dem Festland an und die romanisierten Einwohner zogen sich auf die Insel zurück. So entstand eine Zweiteilung der Bevölkerung, die noch für Jahrhunderte erhalten bleiben sollte. Ende des 10. Jh. nannten die Bischöfe von Aquileia die Siedlung **Caput Histriae** („Kopf Istriens") und bauten sie zur bedeutendsten Stadt in Istrien aus. Mit starken Befestigungsanlagen sollte es ein Gegengewicht zu dem

slawische Siedler

Der venezianische Löwe – Symbol der Oberhoheit Venedigs

starken Venedig bilden. Trotzdem musste sich Koper **1279** der militärischen Überlegenheit Venedigs beugen. Unter dem Schutz der **Serenissima** erlebte Koper zwar einen ungeheuren wirtschaftlichen Aufschwung, wurde aber auch in den Machtkampf zwischen Genua und Venedig hineingezogen. 1380 fielen die Genuesen in Koper ein und zerstörten große Teile der Stadt.

venezianische Herrschaft

Etwa mit Beginn des 15. Jh. begann die **Blütezeit Kopers**: Der Handel florierte, Salz, Fisch, Öl und Wein wurden bis nach Österreich geliefert. Händler, Handwerker und Bankiers aus italienischen Städten, v.a. aus Florenz, siedelten sich in Koper an. Im 15. und 16. Jh. herrschte **rege Bautätigkeit** und die heutige Struktur der Altstadt entstand. Strategisch war Koper durch seine Insellage bestens geschützt, nach Süden zum Festland hin versperrte die „Löwenburg" (Castel Leone) möglichen Invasoren den Weg. Die Burg wurde im Jahre 1819 abgerissen; Koper blieb bis 1827 eine Insel, als ein Damm aufgeschüttet und die Straße gebaut wurde, die es mit dem Festland verbindet.

Der **Niedergang der Stadt** begann mit einer Pestepidemie 1630/31. Die Konkurrenz zwischen Koper und Triest verschärfte sich, als Triest 1719 Freihafen wurde. Nach dem Sturz der Republik Venedig 1797 durch *Napoleon Bonaparte* kam Koper unter **österreichische Oberhoheit**, als Hafen wurde es völlig unbedeutend. Bis zum Ende des Ersten Weltkriegs blieb Koper bei Österreich und kam dann mit dem Vertrag von Rapallo wieder zu Italien.

Nach dem Zweiten Weltkrieg gehörte Koper zur „Zone B", auf die sowohl Italien als auch Jugoslawien Ansprüche erhoben. 1954 wurde Koper schließlich Jugoslawien zugeschlagen. **1957** begann der **Ausbau des Hafens**: das Hafenbecken wurde ausgebaggert und die Altstadt-Insel durch Trockenlegung an das Festland angeschlossen. Die Bevölkerung der Stadt wuchs sprunghaft an und die modernen Stadtteile entstanden. Heute ist Koper Sloweniens „Fenster zur Welt", der einzige Seehafen des Landes, eine wichtige Industriestadt und das Verwaltungszentrum der Küstenregion.

Sehenswertes

Einfachster Ausgangspunkt für einen Stadtrundgang ist der schöne **Carpacciov trg** gleich neben dem kleinen Yachthafen (in der Nähe eines großen Parkplatzes). Der Platz ist nach dem venezianischen Maler *Vittore Carpaccio* benannt, der dort mit seinem Sohn *Benedetto* in einem Haus aus dem 14. Jh. gewohnt haben soll. Auf dem Platz steht eine Statue der heiligen Justina, die an die siegreiche Schlacht von

Lepanto gegen die Türken erinnert, die Stadt Koper schickte eine Galeere in den Kampf. Links vom Platz in östlicher Richtung führt die Kidričeva ulica den Hügel hinauf und zunächst auf den Muzejski trg. Das sehenswerte **Regionalmuseum** ist in dem Palazzo Belgramoni-Tacco aus dem 17. Jh. (an der Kidričeva gelegen) untergebracht. Zu sehen sind Exponate aus der Geschichte Kopers, vom Neolithikum über die römische Besiedlung und die venezianische Epoche bis zu einer Ausstellung bürgerlicher Wohnkultur des 19. Jh. Auch der Palast selbst und sein Innenhof sind einen Besuch wert. Typische Architektur Kopers sind Gebäude im Stil der venezianischen Gotik, deren erster Stock auf hölzernen Konsolen hervorkragt. Etwas westlich vom Regionalmuseum liegt ein prächtiges Beispiel dieser Architektur mit bemalter Fassade.

Museum

• Am Titov trg

Folgt man der Kidričeva weiter den Hügel hinauf, erreicht man das Herz Kopers, den **Titov trg**, einen klassisch venezianischen Platz, dessen Gebäude größtenteils im 15. Jh. errichtet wurden und nach baulichen Veränderungen heute einen Zug durch die Zeit und die sie begleitenden architektonischen Stile darstellt. Dominiert wird der Platz vom **Prätoren-Palast** mit auffälliger Zinnenkrone im S. Der zuerst fertig gestellte gotische Flügel (1451/52) auf der linken Seite hebt sich deutlich von dem Renaissance-Stil des restlichen Gebäudes (1481) ab, im 17. Jh. kamen barocke Elemente dazu. Der Prätoren-Palast war Sitz des Bürgermeisters (*Podestas*), des Großen Rates und des Appellationsgerichtes, auf dem Giebel steht eine Justitia-Figur.

Prätoren-palast

Gegenüber im N des Titov trg steht die elegante venezianische **Loggia**, die ehemalige Versammlungshalle, ebenfalls Mitte des 15. Jh. erbaut und seit dem 19. Jh. ein Kaffeehaus. Zwischen Loggia und Prätoren-Palast im W stehen die **Palazzi Foresteria** und **Armeria**, in denen früher Behörden untergebracht waren. Im O schließlich wird der Platz von dem Dom (*Stolnica*) und dem romanischen Stadtturm (*Mestni Stolp*) begrenzt. Am und im **Dom** kann man die unterschiedlichen Baustile betrachten, die Koper prägten: Der untere Teil mit spitzen Arkaden ist noch ganz im gotischen Stil gestaltet,

Die Loggia in Koper

die erste Etage weist dagegen eine Renais- sance-Rosette auf und im Innenraum schließlich dominiert die barocke Ausstattung. Im Dom steht der Sarkophag des hl. Nazarius (14. Jh.), der Legende nach der erste Bischof der Stadt, auch das Altarbild von *Carpaccio* (1516) ist bemerkenswert. Gegenüber der Nordfassade steht die romanische **Rotunda**, einst das Baptisteri-um des Domes.

Die Fassade des Fontico am Trg Brolo

Östlich hinter dem Titov trg liegt mit dem Trg Brolo der zweite Platz im Zentrum Kopers.
Dominiert wird er vom barocken **Palazzo Brutti** im N, heute die Zentral-bibliothek. Im O steht der ehemalige Getreidespeicher, der **Fontico**, aus dem Jahre 1392. Seine Fassade ist reich mit heraldischen Symbolen verziert, er ist heute Sitz der Stadt-verwaltung. Südlich davon, etwas zurückgesetzt, liegt die Jakobs-Kirche, eine der ältesten gotischen Kirchen Kopers aus dem 14. Jh. Folgt man im N des Trg Brolo der Cankarjeva ulica weiter Richtung O, erreicht man nach wenigen Metern einen kleinen Platz mit einer Rotunde aus dem 11. Jh., der ältesten Taufkapelle Kopers.

• Čevljarska ulica und Muda-Tor

gotischer Palazzo

Der Stadtrundgang wird am Titov trg fortgesetzt: Durch das Tor im Prätorenpalast kommt man auf die **Čevljarska ulica**, die Schustergasse, eine wunderschöne mittelalterliche Straße. Einst war es eine geschäftige Handwerkerstraße mit vielen kleinen Läden, die aber in modernere Stadtviertel abwanderten. Viele Geschäfte stehen leer, doch mit dem zunehmenden Fremdenverkehr scheinen auch die Geschäftsleute von Koper die Altstadt wieder zu entdecken. Die Čevljarska ulica mündet auf den kleinen Gortanov trg, an dem mit dem **Almerigogna-Palast** eines der schönsten Häuser in diesem Teil der Stadt steht. Der gotische Palast aus dem 15. Jh. weist noch ziemlich ausgeblichene Spuren einer einst prächtigen Bemalung auf. Hält man sich nördlich des **Almerigogna**-Palastes auf der Župančičeva Richtung O, erreicht man den Prešernov trg mit dem berühmten **Fontana da Ponte**. Dieser Brunnen in Form einer Brücke wurde 1432 von vermögenden Bürgern Kopers gestiftet und 1666 im heutigen Barock-Stil umgestaltet. Einer der Stifter trug den Namen da Ponte, die Wappen auf dem Brunnen sind Familienwappen der weiteren Spender. Schließlich verlässt man Koper durch das

Stadttor

Muda-Tor (*Vrata Muda*) im Süden des Platzes und der Altstadt gelegen. Das Renaissance-Portal aus dem Jahre 1516 mit dem Sonnensymbol rechts und links über dem Torbogen ist das letzte noch erhaltene der einstmals zwölf Stadttore Kopers. Hier sind auch noch Reste der Stadtmauer zu sehen. Zu weiteren Spaziergängen durch die Stadt lädt das Viertel zwischen Prešernov trg, Gortanov

Baptisterium aus dem 11. Jh.

trg und Tomažičev trg ein, hier sind einige schöne Gebäude im venezianisch-gotischen Stil zu entdecken.
Herausragend ist das **Percauz-Haus** in der Valvasorjeva ulica, ein romanisch-gotisches Gebäude aus dem 13. Jh., in dem der Überlieferung zufolge das älteste Gericht der Stadt tagte. Ganz im Osten der Stadt befindet sich die wenig bemerkenswerte **Ethnografische Sammlung** der Stadt Koper, die Trachten, alte Handwerksgeräte und bürgerliche Einrichtungsgegenstände zeigt. Die Sammlung ist in einem gotischen Gebäude mit typisch vorkragender Fassade untergebracht.

Ankaran

(i) S. 125

Der kleine Badeort **Ankaran** (italienisch: Ancarano) liegt direkt nördlich gegenüber dem Hafen von Koper in der Nähe der italienischen Grenze und besteht im Wesentlichen aus einer nicht sehr hübschen Ferienhaussiedlung, einem Einkaufszentrum und zwei Campingplätzen. *Badeort*

Ankaran ist als **Badeort** bei Slowenen und Italienern beliebt und nicht die schlechteste Wahl, wenn man ein paar Tage an der slowenischen Küste bleiben möchte: Es liegt in einem Winkel an den dicht bewaldeten Karstabhängen und damit abseits der viel befahrenen Küstenstraße. Das heißt nicht, dass Ankaran selbst ruhig ist: Im Sommer wird es sehr voll (wie fast überall an der istrischen Küste)! Es gibt Bademöglichkeiten an betonierten Ufern und sogar den längsten Sandstrand Sloweniens, doch man muss es mögen, in unmittelbarer Sichtweite der Industrieanlagen von Koper ins Wasser zu steigen.

Die Qualität des Wassers ist auch hier nicht herausragend, aber es ist unbedingt badetauglich. Wer Ankaran als Basis für Ausflüge in die weiteren Küstenstädte nutzen möchte, muss die etwa zehn Kilometer Anfahrt über eine Landstraße bis zur Kreuzung Triest/Ljubljana in Kauf nehmen.

Der Industriehafen in Koper

Hinweis zur Route

Ankaran liegt nur knapp 4 Kilometer vor dem Grenzübergang Lazaret (italienisch: Lazzaretto), den man alternativ zu dem großen Grenzübergang bei Rabujez (italienisch: Rabuiese) nehmen kann, wenn man in Richtung Muggia oder Triest weiterfahren möchte.

Hrastovlje

Totentanz-fresko

Das Dörfchen **Hrastovlje** liegt geschützt am Rand des Karstabbruchs, etwa 25 km südwestlich von Koper, und verbirgt einen der bedeutendsten Kulturschätze Sloweniens: In der Wehrkirche Sv. Trojica (heilige Dreifaltigkeit) ist der „Totentanz" zu sehen, das berühmteste **Wand-Fresko** in Slowenien. Die romanische Kirche liegt auf einem kleinen Felsen am Dorfrand und ist von einer Wehrmauer mit zwei Türmen umgeben, die im 16. Jh. als Schutz gegen die Angriffe der Türken errichtet wurde. Die Kirche stammt aus dem 13. Jh. und gilt damit als eine der ältesten Kirchen in Slowenien. Der dreischiffige Innenraum erinnert entfernt an eine Basilika und ist vollständig mit Fresken bemalt, die bis auf einige Flecken unzerstört sind, darunter Szenen aus der Genesis und der Passionsgeschichte.

Die Malereien wurden erst Mitte des 20. Jh. entdeckt, sie stammen von dem Maler *Janez Kastav (Johannes von Kastua)* und wurden auf das Jahr 1490 datiert. Der berühmte **Totentanz** liegt an der Südseite: Der Tod führt Menschen aller Stände, Adelige und Bettler gleichermaßen, in sein Reich. Die Kirche von Hrastovlje wird oft mit der kleinen Kirche am See von Bohinj (in Ribčez laz) verglichen, die ähnlich reich mit Fresken ausgeschmückt ist. In beiden Gotteshäusern hat sich jedenfalls eine besondere sakrale Atmosphäre erhalten, was mit der Enge des Kirchenraumes zusammenhängen mag. Kirche und Fresken sind sehr schön renoviert.

Das Totentanz-Fresko in Hrastovlje

In der Nähe von Hrastovlje liegen weitere Festungen, die im Mittelalter den Handelsweg nach Norden schützen sollten: In **Zanigrad** (etwa 4 km hinter Hrastovlje Richtung Südosten) sind nur noch Ruinen zu sehen, dafür sei auf einige schöne Fresken in der Kirche Sveti Štefan hingewiesen. In dem Ort **Kubed** (liegt an der 208, von N kommend kurz hinter der Abzweigung nach Hrastovlje) sind noch ein Wehr- bzw. Glockenturm und Reste von Festungsmauern zu finden. Die

Gegend war bis in die jüngere Zeit Zeuge heftiger Kämpfe zwischen Partisanen und deutschen Soldaten: Kubed wurde im Zweiten Weltkrieg von der Wehrmacht zerstört.

Socerb

Die **Burg Socerb** liegt nordöstlich von Koper am Rand des Karstabbruchs in phantastischer Lage über der Adria. Die Burg stammt aus dem 13. Jh. und gehörte zu den Festungen und Wachtürmen, die den Handel mit der Region Krain sichern sollten. Das Gebiet war jahrhundertelang von Habsburgern und Venezianern umkämpft und den Angriffen der Türken ausgesetzt. Ende des 18. Jh. wurde die Burg durch einen Brand weitgehend zerstört (nach einem Blitzeinschlag) und erst 1924/25 von einem Triester Adligen wieder aufgebaut. *Burg Socerb*

Heute beherbergt die Burg ein sehr empfehlenswertes Restaurant, v.a. aber kommt man wegen der Aussicht hierher. Recht beeindruckend ist auch ein Blick in die „Heilige Höhle“, **Sveta jama**, in der der heilige *Servilus* (slowenisch: *Socerb*) einst Zuflucht gefunden haben soll. Südlich von Socerb liegt das Dörfchen Osp, über das man eine weitere Höhle, Osapska jama, erreicht (gut ausgeschildert). Mauerreste deuten auf eine einstige Befestigung hin, offenbar bot die Höhle einst den Menschen in der Umgebung Zuflucht.

Socerb ist kein tagesfüllender Ausflug, es bietet sich an, die Burg in Kombination mit dem Ort Hrastovlje zu besuchen. Wenn man von der Küste kommt, muss man allerdings 20 km durch das Rižana-Tal zum Karstrand hinauf, was häufig bedeutet, hinter LKW herzuschleichen.

Izola

ⓘ S. 125

Izola (italienisch: Isola) hat 11.000 Einwohner und ist damit kleiner als Koper und größer als Piran. Spektakuläre Sehenswürdigkeiten fehlen, aber Izola hat die vielleicht idyllischste Altstadt der Küste, die dem Ort einen ganz eigenen Reiz verleiht. Der wird auch von vielen Künstlern geschätzt: Maler und Bildhauer eröffnen hier im Sommer Ateliers und Werkstätten oder haben sich ganz in dem Ort niedergelassen. Die Stadt lädt zum Bummeln in den teils engen Gassen ein, in denen man sich von einem kleinen Laden zum nächsten treiben lassen kann. Im Juli und August öffnen die Künstler ihre Ateliers für Besucher, es besteht aber auch kein aufdringliches Überangebot! *Künstlerstadt*

Neben dem Fremdenverkehr lebt Izola hauptsächlich vom Fischfang bzw. der Fisch verarbeitenden Industrie, in der Stadt gibt es eine Konservenfabrik. Der moderne Yachthafen zieht immer mehr Skipper an. In der Stadt selbst (hinter dem Veliki trg) und östlich der Stadt liegen Kies- bzw. Schotterstrände, die nur im Notfall zum Baden gut sind.

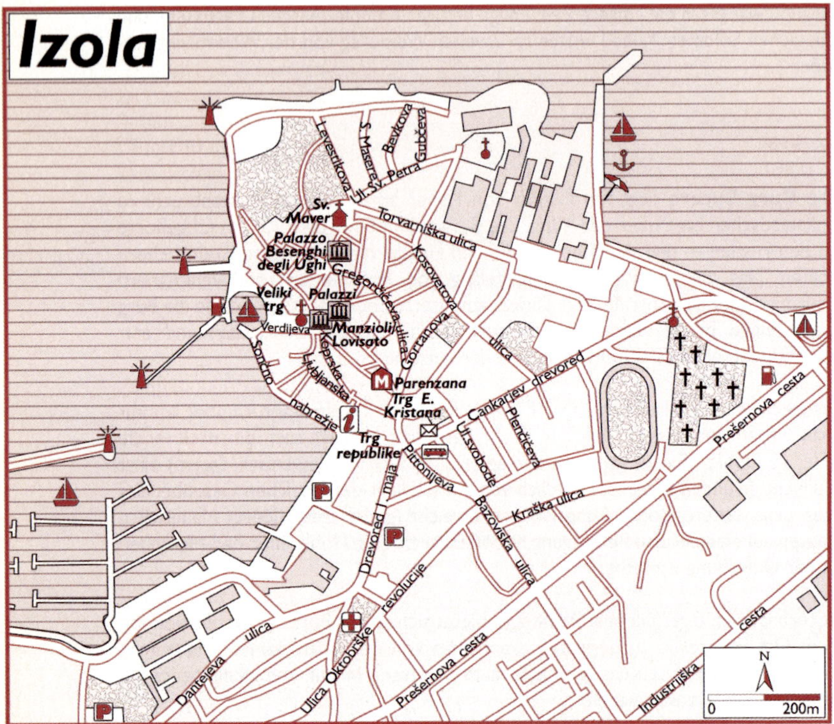

Blick auf Izola

In der Bucht Simonov zaliv westlich von Izola liegt die beste Bademöglichkeit: Teiweise betonierte „Strände" mit Grasflächen und einer großen Wasserrutsche.

Die Klippen, die man beim Blick in westlicher Richtung ausmacht, sind übrigens die größten Flysch-Klippen an der gesamten Adriaküste.

Geschichte

Izolas **Geschichte** beginnt mit den Römern: Diese gründeten den Hafen **Haliaetum**, dessen Überreste, darunter auch Mosaike, bei sehr starker Ebbe in der Bucht Simonov zaliv (Bucht des Simon) westlich der Stadt zu sehen sind (nicht sehr spektakulär). Slawische Einwanderer verdrängten etwa ab dem 8. Jh. die romanisierten Küstenbewohner in das Gebiet des heutigen Izola, das damals noch auf einer Insel lag (der italienische Name Isola bedeutet Insel). Ende des 10. Jh. kam es unter die Herrschaft des Bistums von Aquileia und, nach kurzer Selbstständigkeit, 1280 zu Venedig.

Hafen Haliaetum

Auch Izola florierte unter der Herrschaft Venedigs, erlangte aber nicht die überragende Bedeutung Kopers. Nach dem Sturz der Serenissima übernahmen die **Habsburger** die Stadt, mit dem Vertrag von Rappallo ging sie an Italien, und schließlich kam Izola zu Jugoslawien. Verheerend (zumindest für die Architektur Izolas) war die kurze französische Herrschaft während der napoleonischen Ära Anfang des 19. Jh.: Die Franzosen rissen die Stadtmauer und viele der alten Gebäude ab und füllten damit die Dämme, die Izola vom Festland trennten.

Sehenswertes

Mit dem Auto dürfen nur Anwohner in die Altstadt hineinfahren, man parkt am besten am Trg Republike (oder weiter weg in der Dantejeva ulica) und beginnt einen **Rundgang** an dem repräsentativen Platz zwischen Marina und Altstadt. Hier am Rande der Neubauviertel im S spielt sich heute das geschäftige Leben der Bewohner ab, hier liegen Cafés und Geschäfte sowie auf einem kleinen Platz gleich daneben der Markt (die Altstadt selbst ist vergleichsweise eine Oase der Ruhe). Schön ist ein Gang entlang der Wasserfront auf der Sončno nabrežja zum kreisrunden **alten Hafen** am Veliki trg (Großen Platz), der von einigen ziemlich heruntergekommenen Gebäuden eingerahmt wird. Netter und aufgeräumter präsentiert sich dagegen der Manziolijev trg gleich daneben, der gewissermaßen das historische Zentrum Izolas bildet und auf den fast alle Straßen der Altstadt münden. An der Ostseite gegenüber der Kirche stehen die beiden ältesten spätgotischen Wohngebäude der Stadt, der **Palazzo Manzioli** und der **Palazzo Lovisato** (beide 15. Jh.). Auf der Ljubljanska ulica und auf der Koprska ulica liegen die meisten der Kunst-Galerien und Ateliers sowie einige Geschäfte.

alter Hafen

Mediterranes Flair in Izola

Der **Rokoko-Palast Besenghi degli Ughi** in der Gregorčičeva ulica (Ecke Bruna ulica) gilt als das bekannteste Gebäude der Stadt.

Der Palazzo wurde zwischen 1775 und 1781 gebaut und ist reich mit Stuck verziert, er könnte allerdings eine Renovierung gebrauchen. Bemerkenswert sind auch die verschlungenen Eisen-Gitter an den Balkonen und vor den Fenstern. Gleich um die Ecke, die Bruna ulica Richtung NO und damit den kleinen Hügel hinauf, liegt die **Kirche Sveti Maver** (Hl. Mauro) aus dem 16. Jh. und der zugehörige Campanile.

Kirche in Izola

Eisenbahn-Museum

Izola hält noch eine ganz besondere Sehenswürdigkeit bereit, für die man allerdings passionierter Eisenbahn-Fan sein muss: Das **Museum Parenzana** zeigt eine der größten Sammlungen von Modelleisenbahnen (und dazugehörigen Landschaften) in Europa, die von dem privaten Sammler *Josip Mihelič* zusammengetragen wurde. Benannt ist das Museum nach der einst für ganz Istrien wichtigen Eisenbahn-Linie zwischen Triest und Poreč in Kroatien, auf der Mitte des 19. Jh. bis zum Zweiten Weltkrieg der Dampfzug Parenzana fuhr.

Strunjan

(i) S. 125

Steil-klippen

Westlich von Izola liegt auf den spektakulären Flysch-Klippen, bis zu 80 m hohe Steilklippen, die Halbinsel Strunjan (italienisch: Strugnano). Das Gebiet ist im Westen, nach Izola hin, weitgehend unverbautes Naturschutzgebiet. Im Osten wird es von einer Bucht und nicht mehr bewirtschafteten Salinen begrenzt, hier liegt auch der Ort Strunjan.

Entlang der Bucht liegen einige Hotels und Bungalow-Siedlungen, auch diese werden im Sommer voll, aber es ist wohl insgesamt der ruhigste Ort an der dicht besiedelten slowenischen Küste. Strunjan ist heute ein Heil- und Kurort in dem v.a. Rheuma, Hautkrankheiten und Erkrankungen der Atemwege behandelt werden. Außerdem gibt es ein Rehabilitationszentrum für Sportverletzungen.

Piran

(i) S. 125

Piran (italienisch: Pirano) wird häufig als die schönste der slowenischen Küstenstädte bezeichnet, seine Altstadt ist im Vergleich zu Koper und Izola unverbaut und unzerstört. Die Lage auf einer Landzunge, die sich weit ins Meer schiebt, gibt der Stadt schließlich ihren besonderen Charakter. Allerdings bleibt so eine schöne Stadt auch nicht allein: Piran ist im Sommer gut besucht. Parkplätze sind äußerst knapp in Piran und die Innenstadt ist für Anwohner reserviert. Besucher dürfen nur auf dem Hauptplatz Tartinijev trg (Tartini-Platz) für maximal 24 Stunden parken. Vor der Stadt (aus Richtung Portorož kommend) sind große, gebührenpflichtige Parkplätze eingerichtet.

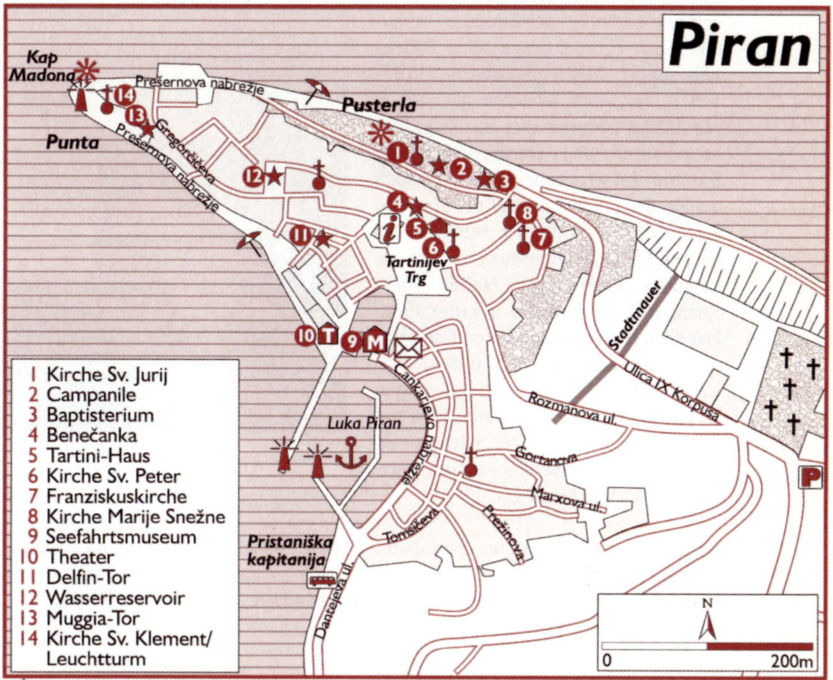

Geschichte

Der Name Piran wird von manchen Historikern auf das griechische Wort Pyros, Feuer, zurückgeführt. Der Ursprung der Stadt könnte ein **Leuchtfeuer** gewesen sein, das in der Antike auf der Landzunge brannte, um Schiffe sicher in die griechische Siedlung Aegida, das heutige Koper, zu geleiten. Allerdings fehlen dafür noch archäologische Belege.

Im 2. Jh. v. Chr. entstanden in der Umgebung von Piran einige Villae rusticae, die Gegend war aber nicht dicht besiedelt. Erst nach der Eroberung Aquileias durch die Hunnen 452 n. Chr. sollen sich Flüchtlinge aus dieser römischen Stadt in Piran angesiedelt haben. **Piranum** wird im 7. Jh. erstmals schriftlich erwähnt.

Im **Mittelalter** wechselten die Herren häufig, Piran gehörte zum fränkischen Reich, zu Italien, zu Bayern, zum Bistum Aquileia und kam schließlich 1283 unter venezianische Herrschaft. Zu der Zeit wurde die erste Stadtmauer gebaut, von der Landzunge Punta bis zum Hafen, in den darauf folgenden Jahrhunderten wurde sie ständig nach Südosten erweitert. Auch Piran erlangte seine **Blütezeit** unter den Venezianern (1283-1797): Der Stadt gehörten die Salinen von Lucija, Sečovlje und Strunjan. Der Löwenanteil der Erträge aus dem **Salzhandel** ging zwar an Venedig, doch die Piraner durften einen Anteil für den Eigenbedarf behalten. Sie schafften es, einen Überhang zu produzieren, den sie heimlich verkauften. Neben dem Salzhandel lebten die Piraner vom Handel mit Wein, Öl und vom Fischfang, Handelsbeziehungen bestanden nach Krain und Österreich, auch mit einigen Küstenstädten. Auch für Piran kam mit dem Ausbau Triests als wichtigstem Hafen an der Küste das Aus des wirtschaftlichen Wachstums.

Salzhandel

Die alte Stadtmauer von Piran

Auch die weiteren Stationen sind denen Kopers und Izolas ähnlich: Im 19. Jh. unter Herrschaft der Habsburger, von 1918 bis 1943 zu Italien gehörig, 1945 von der jugoslawischen Armee befreit und ab 1954 schließlich zu Jugoslawien gehörig.

Um den Tartinijev trg (Tartini-Platz)

altes Hafenbecken

Der nach dem größten Sohn der Stadt, dem Komponisten *Giuseppe Tartini*, benannte Platz ist heute das Herz der Stadt. Das war nicht immer so: Bis 1894 lag an dieser Stelle das **Hafenbecken** (*mandrač*), das offenbar hauptsächlich aus hygienischen Überlegungen zugeschüttet wurde. Die Stadtmauer endete vor dem Hafen, so dass der heutige Tartini-Platz außerhalb ihrer Befestigung lag. Stellt man sich die Stadt mit dem alten Hafen vor, wird die exponierte Lage der Landzunge Punta westlich des Platzes, noch deutlicher.

Flankiert wird der Tartini-Platz zum Hafen hin von zwei steinernen **Fahnensäulen** aus dem Jahre 1466, an denen die Fahnen Venedigs und Pirans gehisst wurden. Auf einer der Säulen sind an der Seitenfläche Längen- und Holzmaße eingeschnitzt, mit denen die Maße der Kaufleute kontrolliert wurden.

Der Platz wurde 1992 renoviert, in seiner Mitte steht ein **Bronzedenkmal** *Tartinis* von 1896. Sein Geburtshaus, das **Tartinijeva hiša** (Tartini-Haus), liegt im Nordosten des Platzes, neben der Kirche Sveti Peter (heiliger Petrus). Tartini erblickte hier am 8. April 1692 das Licht der Welt, wirkte später aber hauptsächlich in Padua, wo er 1770 auch starb. Der Komponist wurde als „Teufelsgeiger" berühmt, sein bekanntestes Werk, die Sonate „Teufelsthriller", gilt als eine der anspruchsvollsten Kompositionen für Geigen. Das Tartini-Haus gehört heute der italienischen Gemeinschaft. Es kann ein Gedenkzimmer besichtigt werden, das kein Museum im eigentlichen Sinne ist und nur Fans interessieren wird: Ausgestellt sind neben Tartinis Totenmaske und seiner Geige vor allem schriftliche Dokumente.

Guiseppe Tartini

Rechts neben dem Tartini-Haus liegt die Kirche Sveti Peter, in der der „**Gekreuzigte**" präsentiert wird, eine sorgfältig renovierte Holz-Plastik, die eigentlich aus dem Baptisterium auf dem Hügel stammt. Die bemalte Christus-Figur stammt aus der zweiten Hälfte des 14. Jh. und wird einem unbekannten venezianischen Meister zugeordnet. Das neoklassizistische Äußere der Kirche täuscht, das ursprüngliche Gebäude stammt aus dem Jahre 1272. Neben der Kirche führt rechts die Bolniška ulica den Hügel hinauf, beachtenswert ist in der Straße ein schönes Haus mit venezianischen Fensterverzierungen, das über einem Torbogen „hängt". Linker Hand in der Gasse liegt die kleine Kirche Maria Schnee (Marije Snežne, 15. Jh.), deren Ausstattung mit Ölgemälden aus dem 17. Jh. einen Blick wert sind.

Christus-Figur

Gegenüber liegen die **Franziskus-Kirche** und das dazugehörige Kloster. Der recht große Gebäudekomplex stammt aus dem 14. Jh., erfuhr aber einige Umbauten. Bemerkenswert sind der Kreuzgang des Klosters sowie in der Kirche ein feines Renaissance-Baldachin aus Stein (16. Jh.), ferner werden in einer kleinen Pinakothek Gemälde venezianischer Maler ausgestellt. Im Sommer finden im Innenhof des Klosters Konzerte statt.

Im selben Häuserblock wie das Tartini-Haus, auf der linken Seite liegt die **Benečanka** (Venezianerin), eines der schönsten und ältesten Gebäude in Piran. Das Haus im gotischen Stil wurde Mitte des 15. Jh. errichtet, bemerkenswert sind vor allem die feinen Verzierungen der Fensterbögen. Um die Inschrift über dem Löwen rankt sich

Die Benečanka, das bekannteste Gebäude in Piran

eine Legende: Ein reicher venezianischer Kaufmann liebte eine junge Piranerin, die auf Grund ihrer Liebesaffäre „ins Gerede kam". Daraufhin baute er ihr das prachtvolle Haus und ließ die Inschrift „Lassa pur dir" („Lass sie reden") anbringen.

Kunstgalerie

Im selben Gebäudekomplex rechts befindet sich die **Mestna Galerija**, die Stadtgalerie für moderne Kunst. Das große Palais im Wiener Stil im Nordwesten des Tartini-Platzes beherbergt heute die Stadtverwaltung Pirans. Erbaut wurde das Gemeindehaus 1877-79 vom Triester Architekten *Giovanni Righetti* an der Stelle eines Stadthauses aus dem 13. Jh. Im Atrium wurden alte Steinplatten des Vorgänger baus in die Fassade eingelassen.

An dem kleinen Hafenbecken liegen zwei Ausstellungen: Das wenig sehenswerte Aquarium im W und das außerordentlich schön renovierte **Seefahrtmuseum Sergej Mašera** östlich des Hafenbeckens. Die Ausstellung führt anschaulich durch die Geschichte der Seefahrt und Fischerei in diesem Teil des Mittelmeeres, wobei auch die österreichisch-ungarische Flotte berücksichtigt wird. Eine Abteilung ist der Salzgewinnung gewidmet. Sehenswert sind auch die Modelle alter venezianischer und österreichischer Schiffe.

Kirche Sveti Jurij und Aussichtspunkt

Auf dem höchsten Punkt der Stadt steht die Kirche Sveti Jurij (St. Georg), deren frei stehender Campanile neben der Leuchtturmspitze eines der Wahrzeichen Pirans ist. Die **Kirche** wurde 1344 eingeweiht, ihr heutiges Aussehen erhielt sie aber nach einer Renovierung im Jahr 1637. Sie ist mit prachtvollen **Gemälden** hauptsächlich venezianischer und holländischer Maler aus dem 17.-19. Jh. geschmückt. Bemerkenswert ist eine Plastik des Drachentöters Georg, des Stadtpatrons, im nördlichen Teil der Kirche. Eine zweite versilberte Georgs-Skulptur befindet sich in der Schatzkammer.

Campanile

Der **Campanile** aus dem Jahre 1608 ist dem Turm auf dem Markusplatz in Venedig nachempfunden, im Sommer kann man hinaufklettern. Dritter Bau auf der Anhöhe ist das achteckige **Baptisterium** (1650) mit barocker Ausschmückung und einem Taufbecken, das aus einem römischen Sarkophag aus dem 2. Jh. n. Chr. gearbeitet wurde. Auch wer nicht auf den Turm steigt, hat von dem Hügel aus einen wunderbaren Blick auf die Küste bis nach Triest und auf die grünen Hügel im Landesinneren. An klaren Tagen sind sogar die schneebedeckten Gipfel der Alpen zu sehen.
Der Anstieg zur Kirche ist recht steil, aber der Blick lohnt diese Anstrengung unbedingt!

Punta

Nordwestlich des Tartini-Platzes liegt der Stadtteil Punta, der eigentliche alte Kern Pirans. Bei einem Bummel durch die engen Gassen taucht man erst wirklich in die mittelalterlich-venezianische Stadt ein. An den Häusern sind viele hübsche Details

In der Altstadt von Piran

zu entdecken, immer wieder stößt man auf reich verzierte venezianische Fensterbögen und Portale oder in die Fassaden hineingearbeitete ältere Steine mit Inschriften und Wappen.
Eine der ältesten Straßen der Stadt ist die Obzidna ulica südlich hinter dem Gemeindepalais, die durch das gotische **Delfin-Tor** (*Dolfinova vrata*) aus dem 15. Jh. hindurchführt. Auf dem Tor ist das Stadtwappen mit den drei Delfinen zu sehen. Die Sträßchen führen auf den ehemaligen Mittelpunkt der Stadt, den Trg 1. maja (oder *Prvomajski trg*, „Platz des 1. Mai"; ursprünglich *Stari trg*, Alter Platz), zu, wo bis zum Beginn der venezianischen Herrschaft im 13. Jh. der Sitz der Stadtverwaltung lag. In der rechteckigen Anlage des Platzes ist noch die römische Bau-Tradition zu erkennen. In der Mitte liegt ein Wasserreservoir mit zwei Brunnen, das nach einer Dürre Mitte des 18. Jh. gebaut wurde. Im Osten des Platzes ist in der St.-Donato-Kirche aus dem 14. Jh. eine Galerie untergebracht.

Leuchtturm

Auf der Spitze der Halbinsel, dem **Kap Madona**, bilden eine kleine Festung mit einem Leuchtturm und die Kirche Sveti Klement den Abschluss der Landzunge. Die Festung schützt bereits seit dem Mittelalter die Meerseite Pirans. Das Gebiet um das Kap herum ist heute ein Naturreservat, hier gibt es Bademöglichkeiten und es ist als Tauchrevier recht beliebt. Um die Halbinsel herum zieht sich mit der Prešernova nabrežje eine breite Mole, auf der früher die Befestigungsmauern standen. Letzte Überbleibsel davon sind das **Muggia-Tor** mit einem kleinen Stück der Stadtmauer südlich des Leuchtturms.

Marčana

alte Stadtmauer

Das Stadtviertel im SO Pirans entstand im 15. Jh. Dieser Teil des Ortes kann nicht ganz mit dem Charme der Punta konkurrieren, aber auch hier gibt es an den Häuserfassaden viele historische Details zu entdecken. Hauptattraktion ist das ehemalige Stadttor Rašporska vrata und ein 200 m langes Stück der alten Stadtmauer (erbaut 1470-1534), das sich nach aufwändiger Restaurierung mit hohen gotischen Türmen recht majestätisch über die Landschaft erhebt. Am besten zu erreichen ist dieser Teil der Stadt zu Fuß über die Rozmanova ulica vom Tartinijev trg aus oder mit dem Wagen aus Richtung Fiesa über die *Ulica Korpusa* kommend.

Thermen und Wellness an der slowenischen Adria

Die **Terme Palace** in Portorož ist in Angebot und Ausstattung herausragend. Optimal ist ein Kuraufenthalt bei neurologischen Erkrankungen, Haut- und Atemswegserkrankungen, im Angebot ist natürlich Thalassotherapie. Ein Beauty-Center liegt in diskreter Abgrenzung zur medizinischen Rehabilitation, das Wellness-Angebot ist mit Massagen, Sauna, Bädern, Fitness etc. reichhaltig. Die Therme hält eine optimale Balance zwischen Medizin und Wellness.

Auf der Halbinsel **Strunjan** liegt ein Heilbad (*Zdravilišče*) an einem der ruhigsten Punkte, die man an der slowenischen Adria finden wird. Die modernisierte Anlage liegt in einem Kiefernwäldchen das bis zum Wasser reicht, kuriert werden hier Atemwegserkrankungen, Hautkrankheiten und Rheuma. Ideal für alle, die ein ruhiges Wellness-Ressort in direkter Nähe zum Meer suchen.

Koper hat mit dem Aquapark im Hotel Žusterna ebenfalls eine Wellness-Anlage (keine Kureinrichtung). Hier gibt es Schwimmbecken mit Meerwasser, diverse Wellness-Angebote wie Massagen, römisches Bad, Saunen und Fitness-Einrichtungen etc. Der Aquapark hat auch Angebote für Kinder (Mini-Club), er liegt aber in Sichtweite des Industriehafens – wenn auch auf der etwas angenehmeren Seite.

Portorož

(i) S. 125

quirliger Badeort

Portorož (italienisch: Portorose) ist der wichtigste **Badeort** an der slowenischen Küste, der Hotspot des Landes, wo man tagsüber in der Sonne brät und abends feiert. In der geschützten Bucht ist das Baden von Mai bis Oktober möglich, die Durchschnittstemperatur des Wassers liegt im Sommer über 20 Grad und das Sportangebot ist reichhaltig. Eine schöne Therme, die für ihre Thalassotherapie berühmt ist, zieht Kur- und Wellness-Gäste an. Im einstigen Nachbarort **Lucija**, der heute praktisch mit Portorož zusammengewachsen ist, liegt der größte Jachthafen Sloweniens. Die Einwohnerzahl von knapp über 3.000 wird im Juli und August durch die Besucher häufig verdreifacht (10.000 Betten in Portorož und Umgebung!).

Natürlich gedeihen in Portorož auch die **Schattenseiten** des modernen Tourismus: Unschöne Hotelkomplexe aus Beton, Leuchtreklamen und Sardinengefühl im Liegestuhl am Strand. Der „Rosenhafen" (die italienische Bedeutung von Portorož) ist laut, aber wer mediterranen Rummel mag, wird hier auf seine Kosten kommen.

Die **Orientierung** ist einfach: Das Zentrum zieht sich entlang der Uferstraße Obala, die durch eine niedrige Ladenzeile vom Strand getrennt ist. In der zweiten Reihe stehen die größeren Hotels, darunter viele mehrstöckige Bauten, und an den

Blick auf Portorož

Hang schmiegen sich kleinere Pensionen sowie Privathäuser, übrigens in sehr reichhaltiger Vegetation. Hauptverbindungsstraße zur Küstenstraße ist die Koprska cesta, die in einigen Serpentinen den Hang hinauf führt.

Südlich von Portorož liegt auf der ruhigen, unverbauten Landzunge Seča (italienisch: Sezza) der Skulpturenpark **Forma Viva** (einer von vier in Slowenien), der allerdings wenig gepflegt vor sich hin modert. Die etwa 100 Werke entstanden 1961 bei einem Workshop internationaler Künstler und offenbar hat man sich seitdem kaum um die Stein-Skulpturen gekümmert. Von dem Park aus bietet sich aber ein wunderbarer Ausblick über Portorož, die Landzunge lädt zu Spaziergängen ein.

Forma-Viva-Park

Geschichte

Portorož hat eine lange Tradition des **Gesundheitstourismus**: Bereits im Mittelalter sollen die Benediktiner die Heilkraft des Schlamms der nahen Salinen von Sečovlje genutzt haben. Zwischen Piran und Portorož stehen auf dem Gelände der Hotelanlage Bernardin die Reste eines ihrer Klöster, von denen es in der Gegend mehrere gab.

Der **moderne Tourismus** begann 1830 mit der Gründung eines Kurhotels für österreichisch-ungarische Militärangehörige. In der zweiten Hälfte des 19. Jh. begann ein regelrechter Boom: Nobelunterkünfte und eine Spielbank entstanden, das **Palace Hotel** galt am Vorabend des ersten Weltkriegs als das größte und vornehmste Hotel der östlichen Adria. Trotz jahrzehntelanger Vernachlässigung lässt das klassizistische Gebäude im Herzen von Portorož diesen einstigen Glanz noch heute erahnen. Den zweiten Boom erlebte Portorož ab 1970 als die meisten modernen Hotels entstanden, darunter der Bernardin-Komplex. Nach einer Flaute während des Balkan-Krieges werden heute wieder Rekordzahlen bei den Besuchern erreicht.

Palace-Hotel

Salinen von Sečovlje

Sečovlje (italienisch: Sicciole) ist der letzte Ort vor der kroatischen Grenze, die gleichnamige Salinen-Landschaft erstreckt sich über 10 km vom Grenzfluss Dragonja bis zur Seča-Halbinsel südlich von Portorož. Bis Ende der 1960er Jahre wurde hier auf traditionelle Art und Weise **Salz** gewonnen: Die Bucht wurde mit einem Netz von Kanälen und Schleusen überzogen, die das Meerwasser mit Hilfe der Gezeiten in Becken lenkten. Aus diesen pumpte man das Wasser ab bzw. ließ es verdunsten. Das übrig gebliebene Salz wurde eingesammelt und mit Booten aus dem **Kanalsystem** heraus transportiert, wozu drei größere Kanäle dienten.

Salzfelder

Die Arbeiter, die die Salinen bewirtschafteten, lebten während der Sommermonate auf den Salzfeldern in den heute verlassenen grauen Häuschen. Sie standen i.d.R. in einem Pachtver-hältnis zum Landbesitzer und bewirtschafteten neben ihrer Arbeit auf den Salzfeldern Höfe im Hinterland zwischen Piran und Sečovlje. Durch die Salinen-Arbeiter soll man bereits in der Antike auf die Heilkraft des salzhaltigen Schlamms aufmerksam geworden sein: Die Arbeiter litten nicht an Rheuma-Erkrankungen. Belegt sind Salzgewinnung und Anwendung der Heilmethoden etwa seit dem 13. Jh.

Die Salinen-Landschaft ist heute ein einzigartiges Naturschutzgebiet und in den ehemaligen Arbeiter-Häusern wurde ein ungewöhnliches Museum eingerichtet: Das **Salinen-Museum** (*Solinarski muzej*) informiert über die Geschichte der Salzgewinnung, zeigt Werkzeuge, eine rekonstruierte Pumpe und die Arbeitsbedingungen auf den Salzfeldern. Hauptattraktion allerdings bleibt die Landschaft, in der Fischreiher, Wildenten, Regenpfeifer und bis zu 150 andere Vogelarten nisten. Natürlich sind die Bedingungen ideal für die Entwicklung anspruchsloser Salzwasser-Pflanzen, so genannter Halophyten.

Die Salinen von Sečovlje

Hinweis zur Route

Um das Salinen-Museum zu besuchen, muss man Slowenien verlassen: Hinter dem slowenischen Grenzposten vor der Brücke über die Dragonja, aber noch vor der kroatischen Grenze führt eine nicht asphaltierte Straße (ca. 3 km) über einen Damm in das Salinengebiet hinein. Ausweispapiere nicht vergessen! Oder alternativ einen Bootsausflug von Portorož aus buchen.

In der Umgebung von Portorož

Das Land hinter der slowenischen Küste kann zwar nicht ganz mit den spektakulär gelegenen Burg-Dörfern auf der kroatischen Seite mithalten, aber in der **hügeligen Landschaft** finden sich nette kleine Orte, in denen man bei Winzern und auf Bauernhöfen typisch istrische Küche genießen kann. Viele der Dörfer gehen auf antike Ansiedlungen zurück, die von den ersten Siedlern, den Illyrern, auf Bergrücken angelegt wurden, auch Reste römischer Befestigungen wurden in den Hügeln entdeckt. Ihre Lage sowie die Wehrtürme in den Dörfern sprechen für sich: Die Siedlungen auf den Bergrücken waren leicht zu verteidigen und boten ihren Bewohnern einen relativen Schutz vor Angriffen.

Die Gegend kann bequem an einem guten halben Tag als Rundtour über die Dörfer Sveti Peter, Krakvče, Koštabona, Šmarje und Korte abgefahren werden und ist auch eine beliebte Mountainbike-Strecke, die hin und wieder recht herausfordernde Steigungen bietet. Kurz vor Sveti Peter in dem kleinen Ort Goreli ist ein hübsches **Bauernmuseum** eingerichtet, **Tonina hiša** (Tonas Haus), benannt nach der wohlhabenden Bäuerin *Tona Gorela*. Bemerkenswert ist hier vor allem eine **Ölmühle**, die zeigt, wie jahrhundertelang Olivenöl gepresst wurde. **Krkavče** liegt lang gestreckt auf einem Bergrücken und wurde teilweise direkt auf dem Felsen erbaut.

Bauernmuseum

Berühmt ist der etwa 100 m vor dem Dorf gelegene **Stein von Krkavče** (steht beim Friedhof auf freiem Feld), der das Relief eines Menschen zeigt. Möglicherweise handelt es sich um eine keltische Darstellung aus den ersten zwei Jahrhunderten vor Christi Geburt, die Datierung ist nicht gesichert. Die Dorfbewohner haben sich übrigens erfolgreich gegen den Abtransport des Steins ins Museum nach Ljubljana gewehrt! Als schönstes unter den slowenischen Berg-Dörfern gilt der Ort **Koštabona**, dessen Grundriss die Form eines Baumes hat, was man allerdings nur bei einem Blick aus einem Flugzeug richtig würdigen kann. Der Name Koštabona wird auf das lateinische Castrum Bonae und ein römisches Lager zurückgeführt, dass sich hier befunden haben soll. An der Stelle der Kirche Sveti Kozmo in Damjan (St. Cosmas und Damian, 15. Jh.) wird ein römischer Tempel vermutet. Wer einen Abstecher nach **Pomjan** macht, kann an der Kirche Sveta Marija glagolitische Inschriften bewundern (siehe Infokasten Seite 73). Über Šmarje und Korte kommt man zurück nach Portorož oder alternativ über Gazon nach Izola.

Koštabona

Triest

ⓘ S. 125

Triest erstreckt sich zwischen dem Karstabbruch im NO und dem Meer im SW, die 240.000-Einwohner-Stadt ist in den Hang hineingewachsen.

Ein **Tagesausflug** bietet sich aus den slowenischen Küstenstädten oder aus dem Karst, z.B. von Štanjel oder von Lipica aus an. Slowenien und Triest hatten, trotz Diskussionen über den Grenzverlauf, immer enge Beziehungen:

Redaktions-Tipps

- Von den Wehranlagen des **Kastells** aus hat man einen phantastischen Blick auf die Umgebung (S. 386)
- Bummel durch das ehemalige **jüdische Ghetto**, vorbei an Antiquitätengeschäften und einem Buch-Flohmarkt (S. 386)
- Eine Mußestunde in einem der stilvollen **Kaffeehäuser** von Triest einlegen, am schönsten ist das Caffé San Marco (S. 388)

© igraphic

Triest gehörte wie das Nachbarland zum Habsburgerreich und im 18. und 19. Jh. war die Stadt eine Hochburg des slowenischen Bürgertums. Auch heute sind die wirtschaftlichen Beziehungen eng. So wie auf slowenischer Seite viele Menschen italienisch sprechen, hat auch der italienische Karst viele slowenisch-sprachige Einwohner und zweisprachige Ortsschilder. In Triest selbst ist die slowenische Minderheit allerdings nicht besonders sichtbar.

Triest liegt in einem abgeschiedenen geografischen Winkel Italiens, den auch Italien-Fans leicht „vergessen".
Die Stadt hat keine „spektakulären" Sehenswürdigkeiten, eine Ausnahme ist vielleicht das Castello Miramare, aber die meisten Besucher sind von der Mischung aus österreichischem K.u.k-Flair und italienischer Lebensart begeistert. Immerhin verbrachte auch *James Joyce* einige Zeit in der Stadt. Man kann in Triest jedenfalls italienisches Großstadt-Flair inmitten herrlicher Palazzi genießen, ohne bislang von Touristenmassen erdrückt zu werden.

Orientierung

Blick auf Triest

Wer, aus Slowenien kommend, nach Triest fährt, landet schließlich auf dem Autobahnzubringer, der direkt auf die Via G. Carducci und den Bahnhof zuführt (man muss eigentlich nur geradeaus fahren). Vor dem Bahnhof an der Piazza Dalmazia sollte man einem mehrspurigen Abbieger in Richtung Hafen folgen und dort irgendwo einen Parkplatz suchen. Parkplätze sind zwar rar, aber in der Regel findet man eine Stellmöglichkeit, allerdings gebührenpflichtig innerhalb der blauen Linien. In Triest gibt es „lebende Parkuhren", Männer und Frauen, die mit leuchtenden Westen bekleidet, jeweils einen Straßenabschnitt kontrollieren und die Parkzeit auf die Sekunde genau abrechnen. Das hat den Vorteil, das der Platz bewacht wird, allerdings nicht nachts, wenn das Parken gratis ist. Die meisten Sehenswürdigkeiten in der Innenstadt sind zu Fuß relativ bequem zu erreichen.

Geschichte

Das Römische Theater

Triest ist seit römischer Zeit historisch belegt, doch bereits im 1. Jahrtausend vor Christus gab es Siedlungen einer venetischen Bevölkerung im Triestiner Karst und auch auf dem Hügel San Giusto. Fundamente von Trockenmauern aus dieser Zeit finden sich noch heute in der Gegend.

Im 2. Jh. bestand eine Ortschaft, die sich die Römer 50 v. Chr. als **Kolonie Tergesta** einverleibten. Das Amphittheater, Reste von Hafenanlagen und Tempeln zeugen von dem Wohl stand, den Triest unter römischer Herrschaft erreicht haben muss. Die Stadt wurde durch die Nähe des christlichen Zentrums Aquileia schon im 2. Jh. christianisiert. Als mit der Völkerwanderungszeit für Slowenien eine Welle der Zerstörung begann, wurde Triest einigermaßen verschont: Es lag abseits der „Marschlinie" über die Alpenpässe (anders als Aquileia, das von den Hunnen geplündert wurde).

Austriae Italiae

Im Mittelalter stand Triest unter fränkischer Herrschaft und war Teil der Grenzmark **Austriae Italiae** des Heiligen Römischen Reiches. Ende des 13. Jh. war es eine freie Stadt mit einem eigenen Großen Rat, aber die mächtigen Nachbarn wie beispielsweise das Herzogtum Kärnten oder die Grafen von Görz blickten begehrlich auf die Stadt. Schließlich war es Venedig, das Triest 1369 angriff, aber die Triestiner verbündeten sich mit Österreich und vertrieben die Venezianer.

In den folgenden Jahrhunderten stand Triest abwechselnd unter der Oberhoheit des Patriarchats von Aquileia und unter venezianischer Herrschaft, ab 1509 gehörte es schließlich zu Österreich.

Detail an der Kathedrale San Giusto

1719 wurde Triest zum **Freihafen** erklärt und sein Aufstieg als wichtiger Mittelmeerhafen Österreichs (neben Rijeka) begann. Die Salinen wurden trocken gelegt und die Neustadt nördlich des Hügels San Giusto angelegt. Die Stadt wuchs und es wurde eifrig Handel betrieben. Seine Blütezeit erreichte Triest im 19. Jh.: In den 1830er Jahren wurden die Versicherungsgesellschaft Assecurazioni Generali und die Reederei Lloyd Triestino gegründet und ab 1857 verband die Eisenbahn Triest mit Wien.

Zu dieser Zeit regten sich aber auch nationalpolitische Strömungen, die das Ende der Habsburgerherrschaft in Triest und eine **Vereinigung mit Italien** anstrebten. Diese kam nach dem Ersten Weltkrieg, aber nicht unbedingt zum Besten der Stadt: Triest gehörte nun als unbedeutender Hafen (neben z.B. Venedig) zu Italien und verlor die wichtige wirtschaftsstrategische Bedeutung, die es als österreichischer Hafen gehabt hatte. Im Zweiten Weltkrieg war Triest von den Nazis besetzt, die in der Stadt das einzige Konzentrations- und Vernichtungslager in Italien einrichteten. Bei Kriegsende besetzten *Titos* Partisanen Triest 40 Tage lang und versuchten, die Stadt für Jugoslawien einzunehmen. Ein von den Siegermächten ausgehandelter Vertrag schuf die Zonen A (Triest) und B (Istrien) als nominell unabhängige Territorien. Triest sollte unter Verwaltung einer alliierten Militärregierung stehen, Istrien unter jugoslawischer Verwaltung. Doch der Status blieb unsicher und 1954 kam Triest zu Italien und Istrien zu Jugoslawien.

Erst 1975 wurde die **Staatsgrenze** zwischen Italien und dem damaligen Jugoslawien endgültig vertraglich festgelegt. Seit 1965 ist Triest die Hauptstadt der italienischen Region Friaul/Julisch-Venetien.

Sehenswertes

• Hügel San Giusto

Historisches Herz der Stadt ist der Hügel San Giusto (*Colle di San Giusto*) mit der **Kathedrale** und dem Kastell. Hier oben lag einst das römische Forum und die Verbindung aus römischer Architektur und späteren Bauten ist hochinteressant.

Der Hügel ist auch mit dem Auto zu erreichen, aber Parkplätze sind hier oben knapp, ein Spaziergang aus der Stadt ist zwar steil, aber auch sehr schön, da man sich langsam über die Stadt „erhebt".

Die Kathedrale von San Giusto

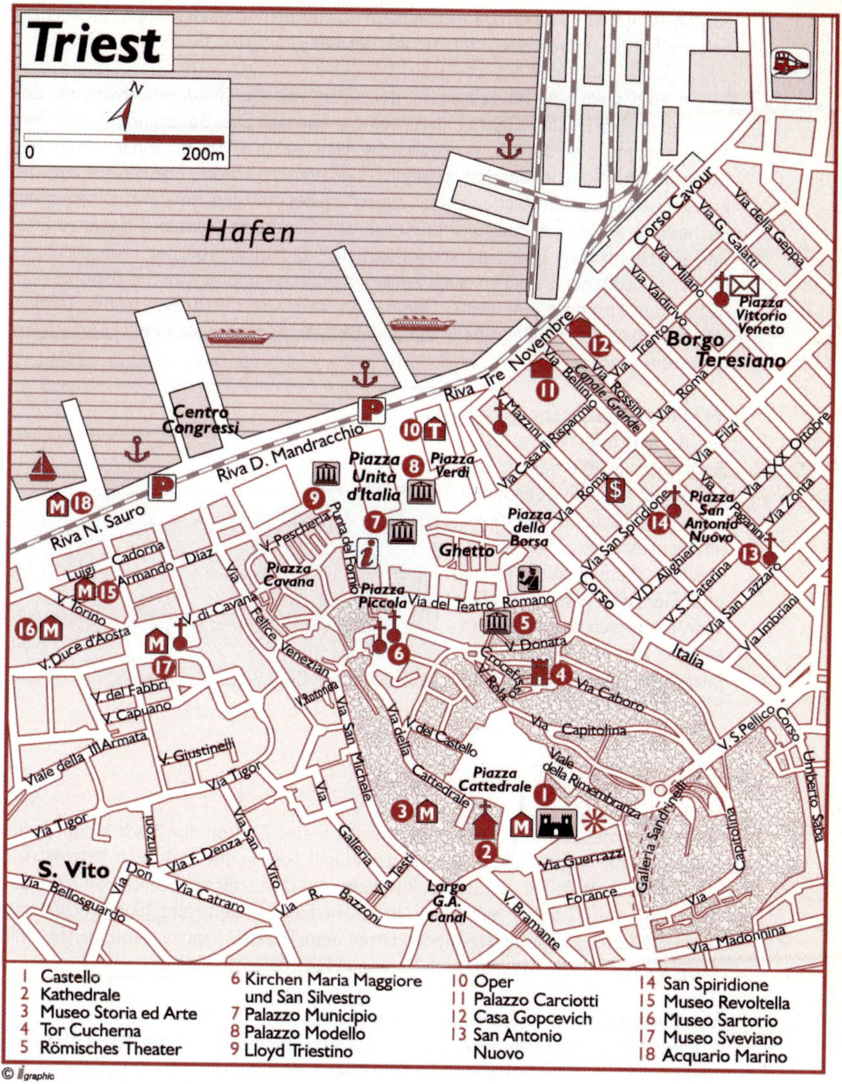

1 Castello
2 Kathedrale
3 Museo Storia ed Arte
4 Tor Cucherna
5 Römisches Theater
6 Kirchen Maria Maggiore und San Silvestro
7 Palazzo Municipio
8 Palazzo Modello
9 Lloyd Triestino
10 Oper
11 Palazzo Carciotti
12 Casa Gopcevich
13 San Antonio Nuovo
14 San Spiridione
15 Museo Revoltella
16 Museo Sartorio
17 Museo Sveviano
18 Acquario Marino

Die **Kathedrale** San Giusto ist ein beeindruckendes Gebäude, in dem Elemente vieler Jahrhunderte verbaut sind: Sie wurde Ende des 14. Jh. aus zwei kleineren Basiliken zusammengefügt, was an der asymmetrischen Fassade noch gut nachzuvollziehen ist. Die Portale werden von Grabstelen einer römischen Familie gebildet, die Büsten über dem Hauptportal stellen drei Triestiner Bischöfe dar. In der

Kirche ist v.a. ein Freskenzyklus aus dem 13. Jh. bemerkenswert, der im rechten Seitenschiff das Leben des Stadtpatrons, des heiligen Justus (San Giusto) zeigt.

Schön sind auch die **Mosaiken** in der Apsis mit der Madonna zwischen den Erzengeln Michael und Gabriel, darunter die Apostel. Das Bodenmosaik vor dem Altar stammt aus dem 5. Jh., wahrscheinlich gehörte es zu einer römischen Kulthalle. Im linken Seitenschiff schließlich sind weitere schöne Fresken aus dem 14. Jh. zu sehen, die einem *Giotto*-Schüler zugeschrieben werden. Im S, rechts neben der Kathedrale, liegen das Museum für Kunst und Geschiche (*Museo di Storia ed Arte*) und ein Lapidarium. Hier sind archäologische Fundstücke von der Frühgeschichte bis zum Mittelalter zu sehen, auch einige griechische und ägyptische Exponate. Im Lapidarium erinnert ein kleiner Tempel an den Kunsthistoriker *Johann Joachim Winckelmann*, der als Begründer der neueren Archäologie gilt und 1768 in Triest ermordet wurde.

Im N des Hügels steht schließlich das wuchtige **Castello di San Giusto**, mit dessen Bau Ende des 15. Jh. begonnen wurde. Im Kastell ist ein Museum eingerichtet, das hauptsächlich Waffen, auch Möbel und Gemälde zeigt. Der Besuch lohnt sich auf die Wehranlagen zu steigen und die phantastische Aussicht auf die Stadt zu genießen.

Das Kastell

Zwischen Hügel und Piazza Unità

römisches Theater

An der Nordseite des Hügels führen einige kleine Gassen zur Stadt hinunter, für Fußgänger der angenehmste Weg auf den Hügel oder in die Stadt. Hier liegt das Tor Cucherna, ehemals Teil der Stadtbefestigung, und man trifft schließlich von oben auf das **römische Theater** aus dem 1. Jh. n. Chr. Es ist in den Hang hineingebaut und lag in antiker Zeit direkt am Meer. Hinter dem Theater liegt ein Antiquarium mit Ausgrabungsfunden, das man nach Voranmeldung besichtigen kann.

Von der Via Donota aus lohnt ein kurzer Abstecher nach W, dort liegen die beiden Kirchen Santa Maria Maggiore und San Silvestro. Die große barocke Maria Maggiore und die kleine romanische San Silvestro bilden ein sehenswertes Ensemble.

Ghetto

Schräg gegenüber dem römischen Theater liegen die Chiesa del Rosario (Rosenkranzkirche) und das **Ghetto**, das ehemalige jüdische Viertel mit engen Gassen. Das Viertel wird vorbildlich renoviert und ist wegen seiner Antiquitätengeschäfte und Galerien berühmt. Vom Ghetto aus kommt man schließlich über die Via Malcanton auf die Piazza Unitą d'Italia.

Piazza Unità d'Italia

Der Palazzo del Municipio an der Piazza dell' Unità

Die großzügige **Piazza Unità d'Italia** ist der unbestrittene Mittelpunkt der Stadt. Flankiert wird sie von eleganten Palazzi, die von den Wiener Baumeistern entworfen wurden, die im 19. Jh. ganz Triest neu gestalteten (Teile der mittelalterlichen Stadt wurden damals abgerissen).

Im SO steht das Rathaus, der **Palazzo Municipio** aus dem Jahre 1875. Im O der Palazzo Modello, so genannt, weil ursprünglich der gesamte Platz in diesem Stil gestaltet werden sollte. Darin liegt eines der schönen Kaffeehäuser Triests, das Café degli Spegli, das Gebäude daneben ist das Casa Stratti. Im W begrenzen der Palazzo Pitteri, daneben das beste Hotel der Stadt, das Duchi D'Aosta, und der Hauptsitz der Lloyd Triestino zum Wasser hin die Piazza d'Unitą. In der Mitte des Platzes steht ein **Barock-Brunnen** aus dem 18. Jh. mit einer Ehrensäule für *Karl VI.*, der Triest seinen Status als Freihafen einräumte und damit den Grundstein für den folgenden Reichtum legte.

prächtige Palazzi

Weitere schöne Palazzi stehen auf der im O anschließenden Piazza Giuseppe Verdi, hier liegt das **Opernhaus** (*Teatro Lirico Giuseppe Verdi*), das die Scala in Mailand zum Vorbild hat. Über die Piazza della Borsa mit der neoklassizistischen Börse kommt man zum Corso d'Italia, einer der Hauptgeschäftsstraßen von Triest, dahinter liegt das Theresianische Viertel.

Theresianisches Viertel

Das Theresianische Viertel (*Borgo teresiano*) breitet sich nördlich des Hügels San Giusto aus, seine Straßen sind im Schachbrett-Muster im rechten Winkel angelegt Seinen Namen hat es von der österreichischen Kaiserin *Maria Theresia*, unter deren Herrschaft die Neugestaltung Triests begann. Das Viertel ist heute ein typisches Wohn- und Geschäftsviertel mit vielen kleinen Läden in den wuchtigen Häusern.

Mittelpunkt ist der **Canale Grande**, der teilweise als Fußgängerzone angelegt ist, an seinem Eingang steht der prächtige Palazzo Carciotti. Auf der anderen Kanalseite ist das eklezistische Casa Gopcevich mit einer Backsteinfassade aus roten und gelben Mäandern bemerkenswert.

Canale Grande

Am Ende des Kanals im SW liegt die Piazza San Antonio Nuovo, an deren Kopfende die größte Kirche Triests, die neoklassizistische **Chiesa Sant' Antonio Nuovo** von 1842 steht. Im S des Platzes steht die serbisch-orthodoxe Chiesa di San Spiridione, die innen reich mit Mosaiken ausgestattet und mit ihrer Weihrauch-verhangenen Atmosphäre einen Besuch wert ist.

Wer noch gut zu Fuß ist und italienische Straßenatmosphäre genießt, sollte hinter der Chiesa San Antonio Taumaturgo die Via G. Cardoni überqueren und einen Bummel über die **Viale XX Settembre** machen. In der Fußgängerstraße, auch „Aquädukt" genannt, reihen sich kleine Cafés aneinander, die einen Kontrast zu den eleganten Palazzi der Hafenfront bilden, dazwischen stehen Kioske. Im Haus Nr. 16 wurde der Schriftsteller *Italo Svevo* geboren. Eine Straße weiter nördlich in der Via Battisti liegt das Caffé San Marco, eines der schönsten Kaffeehäuser in Triest und bis heute Intellektuellen- und Künstlertreff. Entweder über den Canale Grande und die Hafenfront oder eine der Straßen des Theresianischen Viertels kehrt man zurück zur Piazza Unità d' Italia.

Triests „neue" Kathedrale: Sant' Antonio Nuovo

Ich liebte diesen Wein, wie man seine Erinnerungen liebt, und mißtraute ihm nicht, noch war ich überrascht, dass er, statt mir Heiterkeit und Vergessen zu schenken, den Zorn in meinem Herzen größer werden ließ.

Italo Svevo, Feuriger Wein

Museen

Museo Revoltella

Wichtigstes Museum in Triest ist das **Museo Revoltella** an der Piazza Venezia. In einem schönen Palazzo aus dem 19. Jh. ist zwischen prachtvoll ausgestatteten Räumen eine Gemäldegalerie eingerichtet. Außerdem wird in wechselnden Ausstellungen moderne Kunst gezeigt. Das Museum mit einem hübschen Café auf der Dachterrasse ist auch abends geöffnet.

Das Museo Sartorio ist eine Villa aus dem 18. Jh., die eine wunderbare klassizistische Innenausstattung aus dem 19. Jh. hat und zeigt, wie das Triestiner Bürgertum sich seine kleinen Paläste einrichtete. Fans von Italo Svevo sollten das liebevoll gestaltete **Museo Sveviano** an der Piazza Hortis besuchen.

Aquarium

Das Acquario Marino, das Aquarium von Triest, liegt am Wasser in der ehemaligen **Fischmarkthalle**. Das imposante Jugendstil-Gebäude soll zu einem Kulturzentrum umgestaltet werden, auch wenn man sich nicht für Fische interessiert, lohnt es sich, hier vorbeizuschlendern. Man kann mit Blick auf das Wasser und die imposante Hafenfront Kaffee trinken.
Triest hat außerdem ein interessantes Museum für orientalische Kunst gleich südwestlich der Piazza d'Unitá gelegen.

Etwas weiter weg, am südlichen Stadtende Richtung Muggia, liegt die **Risiera di San Sabba**, eine ehemalige Reismühle, die im Zweiten Weltkrieg von den Nazis zum einzigen Vernichtungslager in Italien umfunktioniert wurde. Etwa 5000 Menschen kamen hier um, heute ist es eine Gedenkstätte.

In der Umgebung

Schloss Miramare

Unbedingt einen Besuch wert und mit dem Auto leicht über die Küstenstraße zu erreichen ist das berühmte **Castello Miramare**. Das Schloss mit den charakteristischen verspielten Türmchen ließ *Maximilian von Österreich*, der Bruder von Kaiser *Franz Joseph I.*, 1856-60 erbauen. Es liegt in einmalig schöner Lage in der Bucht von Grignano und v. a. in einer wunderschönen Parkanlage (von *Maximilian* selbst entworfen), die allein den Besuch wert ist. Das Schloss mit Thronsaal und Bibliothek kann besichtigt werden. Auf dem Weg lohnt ein Stopp an der Riviera di Barcolo, dem „Strand" von Triest zwischen Miramare und der Innenstadt. In einer Parkanlage und entlang einer Promenade kann man spazieren gehen.

Grotta Gigante

Ebenso berühmt wie Miramare ist die **Grotta Gigante**, eine Karsthöhle, deren Haupthöhle die größte der Welt sein soll (107 m hoch und 130 m lang). Sie liegt im N oberhalb der Stadt und ist am besten über Opicina zu erreichen (ausgeschildert). Schön ist eine Straßenbahnfahrt nach Opicina (von der Piazza Oberdan aus), die Bahn wird an einen Zugwagen angehängt, um den steilen Karst zu überwinden. Die Fahrt ist wegen der Ausblicke auf die Karstabbruchkante beliebt, man hat auch Busanschluss zur Grotta Gigante. Ebenfalls nördlich von Triest liegt das Dörfchen Rupingrande mit dem **Casa Carsica**, einem typischen Karsthaus mit dicken Mauern und kleinen Fenstern aus grauem Stein. Es ist als Bauernmuseum hergerichtet. Alle zwei Jahre findet hier die Karsthochzeit statt (*Nozze Carsiche*), ein viertägiges Volksfest mit historischen Kostümen, das immer Ende August in „ungeraden" Jahren (z. B. 2003, 2005) gefeiert wird.

Istrien

ⓘ S. 125

Istrien (kroatisch *Istarska Županija*) bildet mit einer 242 km langen Küstenlinie, tief türkisblauem Wasser und guter touristischer Entwicklung die ideale Ergänzung als **Badegebiet** zu Slowenien. Hier kann man sich nach einer Bergwanderung noch ein paar Tage in die Sonne legen, von Bled und dem

Redaktions-Tipps

- Die **Basilika** in Poreč hat byzantinische Mosaiken, die auch nach 1.500 Jahren beeindrucken. (S.395)
- Das Bergdorf **Motovun** ist das schönste unter den istrischen Festungen. Hier gibt es die berühmten Trüffelspezialitäten. (S. 397)
- Die engen Gassen von **Rovinj** laden zu einem Bummel ein, Künstler haben hier ihre Ateliers. Anschließend in einem Fisch-Restaurant am Hafen essen. (S. 398)

© graphic

Triglav-Nationalpark aus dauert die Fahrt an die kroatische Grenze keine zwei Stunden. Das kroatische Istrien grenzt im N an Slowenien und wird im NO von dem Čičarija-Gebirge und der Kvarner Bucht begrenzt und ist im W und SO dem Meer zugewandt. Verwaltungssitz ist Pazin im Landesinneren, doch die größte Stadt ist Pula im S. Der N Istriens ist recht flach, der landschaftlich schönste Abschnitt beginnt südlich von Novigrad und der Tarski-Bucht (Tarski zaljev) und zieht sich bis nach Rovinj. Der S ist eher flach und auch etwas karger. Die istrische Küste ist felsig, entweder reichen die **Felsen** bis ins Meer hinein oder es gibt kleine Kiesstücke. Fast an der ganzen Küste gibt es Badestellen, häufig sind hinter den Felsen Liegeflächen mit Gras angelegt. Um ins Wasser zu kommen, sind Gummi-Sandalen empfehlenswert, auch eine Luftmatratze ist nicht falsch, wenn man sich zwischen den Felsen sonnen möchte. Es gibt immer wieder versteckte Badebuchten zwischen Felsen und Kiefernwäldchen, doch wirklich allein wird man nirgendwo sein.

Istrien ist bekannt für seine großen **Campingplätze** mit bis zu 8000 Plätzen, außerdem für seine FKK-Camps (mit Koversada bei Vrsar eröffnete 1961 das erste europäische Nudistencamp). Die riesigen Anlagen haben aber auch den Vorteil, dass sich der Besucherstrom etwas „verläuft".

Felsstrand in Istrien

Istrien hängt immer noch der Ruf eines Billig-Reisezieles mit Unterkünften in sozialistischen Bausünden an, doch die Preise sind in den letzten Jahren in die Höhe geschnellt. Zwar hat die Küste mit dem Erbe von unschönen Betonsiedlungen zu kämpfen, aber inzwischen gibt es auch individuell gestaltete Unterkünfte und luxuriöse Hotels. Das Sportangebot ist reichlich, besonders an der Riviera von Poreč kann man alle erdenklichen Fitnesseinrichtungen ausprobieren.

Die istrischen Städte waren einst schwer befestigt – Poreč

Das istrische **Hinterland** wird von den Badegästen an der Küste weitgehend ignoriert. Hier liegen in einer wunderbaren Hügellandschaft die malerischen Bergfestungen, die von der reichen Geschichte der Region zeugen. Das Hinterland ist wunderbar für Radtouren und Wanderungen, v. a. im Herbst, wenn die Temperaturen etwas sinken, hier gibt es viele kleine Dörfer zu entdecken. Auf den fruchtbaren Hügeln („Garten Kroatiens") wird Wein angebaut, man kann überall vino probieren und kaufen. Die Gegend ist außerden ein bekanntes Trüffelgebiet, es werden überall leckere Trüffel-Pasta und andere Trüffel-Spezialitäten angeboten. Viele Besucher erinnert Istrien an die Zeiten in der Toskana, bevor diese ein Mode-Reiseziel wurde. Bemerkenswert ist auch tatsächlich der italienische Einfluss auf Küche und Kultur. In naher Zukunft soll eine mautpflichtige Autobahn sich V-förmig durch Istrien ziehen, sie ist aber noch nicht fertig. Die schnellste Nord-Süd-Verbindung ist die Schnellstraße im Küstenhinterland von Buje nach Pula, die sehr gut ausgebaut ist. Landschaftlich ist diese Strecke sogar teilweise reizvoller als die überlastete Küstenstraße. Die Verbindungsstraßen zwischen Küste und Hinterland sind recht wenig befahren und auch für Radfahrer gut geeignet.

Geschichte

Venezianische Herrschaft

Besiedelt war das Gebiet mindestens seit 1000 v. Chr. von illyrischen Stämmen (Histrier), die auf den Hügeln im Inland siedelten. Im 2. Jh. kamen die **Römer**, die Istrien zu ihrer Kolonie Histra machten und Pula zu einem bedeutenden Zentrum. Nach byzantinischer und fränkischer Oberhoheit standen die meisten Städte im Mittelalter unter **venezianischer Herrschaft**. Sie wurden in die Kriege zwischen Venedig und seinem großen Konkurrenten Genua hineingezogen und z. T. zerstört, auch unter den Überfällen von Piraten und marodierenden Uskoken hatte Istrien zu leiden. Nach dem Niedergang Venedigs Ende des 18. Jh. kam Istrien zum Habsburgerreich. Nach dem Ersten Weltkrieg fiel es an Italien und gehörte nach dem Zweiten Weltkrieg zur Zone B, die 1954 endgültig Jugoslawien zugesprochen wurde.

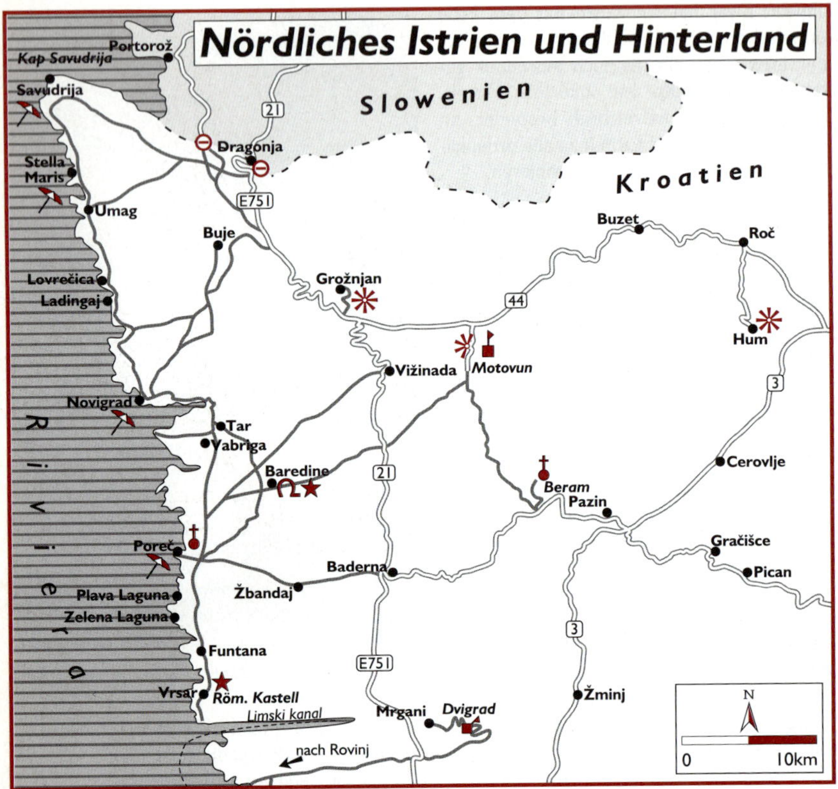

Umag und Savudrija

S. 125

Umag ist die erste größere Stadt an der Küste und leider nicht unbedingt die beste Empfehlung für Istrien. Das Städtchen selbst hat eine winzige, aber hübsche **Altstadt**, die im Sommer v.a. abends schlicht überquillt, so hoch ist das Besucheraufkommen.

Entlang einer schmalen Uferpromenade reihen sich die Restaurants aneinander und in der neueren Fußgängerzone vor der Altstadt kann man ausgiebig shoppen.

Rund um die Stadt gibt es eine ganz hübsche Mole, von der man ins Wasser springen kann. Großer Minuspunkt: Direkt gegenüber liegt eine riesige Fabrik, die das Badevergnügen rein ästhetisch schmälert. Das kleine Museum wird niemanden wirklich begeistern, manchmal gibt es hier aber schöne Sonderausstellungen.

Hauptplatz in Umag

Wer baden und nicht weit nach Süden fahren möchte, findet zwischen Umag und dem nördlich gelegenen Kap Savudrija viele Mammut-Ferienanlagen mit dem ganzen Charme der 1960er Jahre. Hier gibt es aber auch eine sehr große Anzahl von Privatzimmern (*sobe*). Ruhesuchende sollten das Kap Savudrija selbst ansteuern, die Südküste der Bucht von Portorož ist relativ wenig besiedelt. Kiefernbäume reichen malerisch bis an die Felsen, über die man ins Wasser klettert, es gibt auch einen FKK-Strand. Südlich von Umag, zwischen Lovrečica und Novigrad verliert die Küste ein wenig von ihrem Charme.

Novigrad

(i) S. 125

Novigrad ist die interessantere der beiden nördlichen Küstenstädte in Istrien. Die Altstadt mit mittelalterlichen und barocken Häusern ist recht gut renoviert, am Anfang der Hauptstraße Veliki trg liegt eine Kirche, die Basilika Pelagius, mit den Resten einer romanischen Krypta unter dem Hauptaltar.

Die Lage der **geschützten Bucht** nutzten schon die Griechen und Römer als Hafen. Novigrad hat eine ansprechende Uferpromenade mit einer kleinen Parkanlage, die in die ehemalige Stadtbefestigung integriert ist. Es gibt überall Bademöglichkeiten wobei der N geschützter ist. Der S der Stadt ist dem offenen Meer zugewandt, aber hier gibt es steinerne Becken im Wasser, um die Brandung zu brechen und Bademöglichkeiten zu schaffen.

Die Riviera von Poreč

Südlich von Novigrad beginnt mit der Tarski-Bucht die **Riviera von Poreč**, einer der schönsten Küstenabschnitte an der istrischen Westküste, mit vielen kleinen Landzungen, die geschützte Bademöglichkeiten bieten. Die Riviera erstreckt sich bis zum Limski-Kanal nördlich von Rovinj.

reiches Sport-angebot

Lanterna

Das Gebiet ist allerdings auch touristisch gut entwickelt, d. h. es reihen sich Hotels aneinander und es ist entsprechend voll. Dafür sind die Sportmöglichkeiten ausgezeichnet, man kann eigentlich jede erdenkliche Sportart ausüben. Südlich von Poreč liegen die meisten der großen Hotelkomplexe, im N ist es etwas ruhiger. Die Landzunge Lanterna mit einem großen Campingplatz ist relativ ruhig mit hübschen Badestellen. Der 2 km landeinwärts liegende Ort Tar-Vabriga, ein hübsches kleines Dörfchen nördlich der Landzunge, ist ideal, wenn man nicht in einer der großen Feriensiedlungen logieren möchte. Es gibt hier zahlreiche Übernachtungsmöglichkeiten, allerdings nicht direkt am Meer.

Poreč

(i) S. 125

Poreč ist eine Perle unter den Küstenstädten (die Stadt hat mehrere Tourismus-Preise gewonnen) mit der einer der Hauptsehenswürdigkeiten Istriens, der Euphrasius-Basilika. Die **Stadtanlage** geht auf die Römer zurück, die schon im 2. Jh. v. Chr. ein Castrum gründeten (Parentium) und die rechtwinkligen Straßen über die kleine Halbinsel zogen. Die Hauptachse ist die Decumanus, die heute auch die Haupteinkaufsstraße ist. Die Byzantiner herrschten vom 6. bis ins 8. Jh. in Poreč und hinterließen der Stadt die berühmte Basilika. Poreč fiel 1267 als erste der istrischen Städte an Venedig und gelangte damit auch ins Visier Genuas. Die Genuesen fielen 1334 in Poreč ein und raubten die Reliquie des heiligen Mauros, des Stadtheiligen.

Pest-epidemien

Im ausgehenden Mittelalter litt die Stadt unter den Überfällen von Uskoken und Türken, außerdem wüteten Pestepidemien, die die Einwohnerzahl bis auf 100 dezimiert haben sollen. Erst unter österreich-ungarischer Ägide kam der Aufschwung und bereits seit Mitte des 19. Jh. floriert Poreč als Tourismus-Ziel.

In Poreč

Poreč ist wunderbar für einen Bummel über die Decumanus und durch die kleineren Nebenstraßen, überall gibt es schöne Cafés und kleine Läden zwischen den alten Gebäuden, die größtenteils gut renoviert sind. Besonders schön ist die Uferpromenade, die in die mittelalterliche Stadtbefestigung integriert ist.

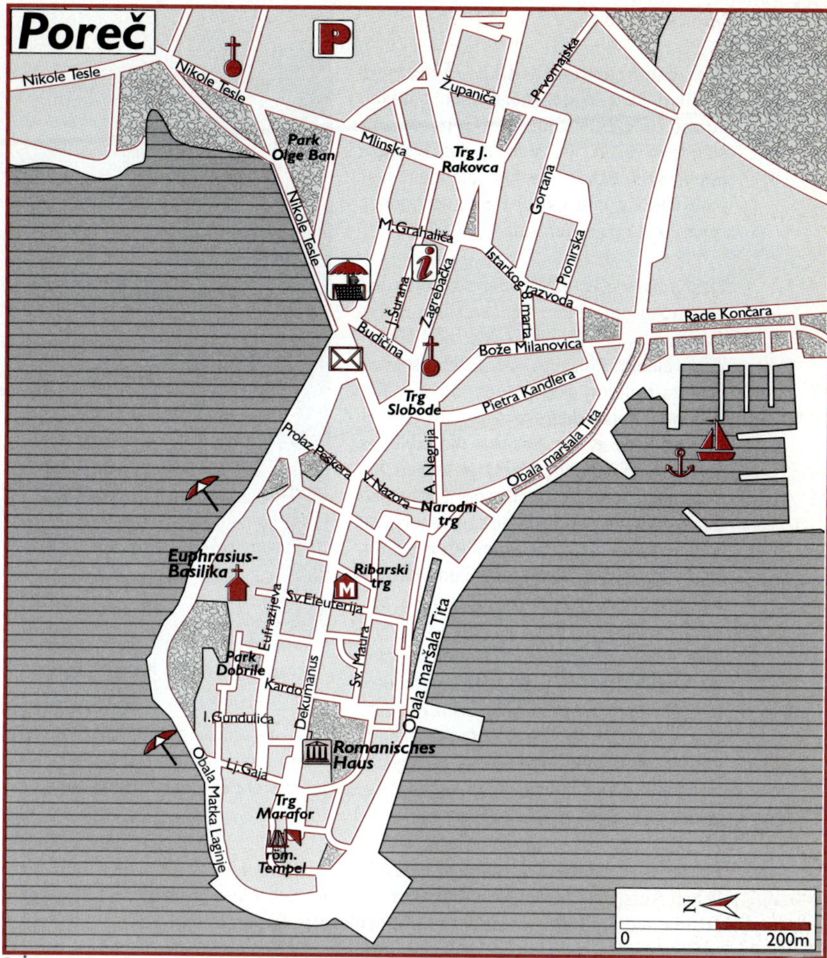

Die Bademöglichkeiten sind hier exzellent, die glatten, sauberen Steine der Mole bieten einen der besten Stadt-Badeplätze Istriens.

Im N der Altstadt ist es schöner, im S liegen mehrere Hotels und die Marina. Im Hochsommer wird Poreč abends sehr voll (wie fast alle anderen Küstenstädte auch) und auf den Straßen bauen Händler ihre Stände auf.

Sehenswertes

Eingang zur Euphrasius-Basilika in Poreč

Die **Euphrasius-Basilika** (*Eufrazijeva bazilika*) liegt in der nördlichen Parallelstraße zur Decumanus. Das Gebäude entstand im 6. Jh. im Auftrag des Bischofs Euphrasius, schon vorher standen hier eine Basilika und eine Kirche, von denen noch Reste zu sehen sind.

byzantinische Mosaiken

Das Gebäude ist ein großer Komplex mit einem Atrium, einem Baptisterium, einem Campanile, der Basilika selbst und außerdem einem Museum im Bischofspalast. Hauptattraktion sind jedoch die wundervollen *byzantinischen Mosaiken* aus dem 6. Jh. in der Apsis der Basilika, die biblische Szenen und istrische Märtyrer zeigen. Auf der linken Seite ist der Bischof Euphrasius mit einem Modell der Stadt zu sehen. Das Säulen-Baldachin über dem Altar (Ziborium) stammt aus dem 13. Jh. und hat San Marco in Venedig zum Vorbild.

Die Mosaiken im linken Seitenschiff stammen teilweise von den Vorgängerbauten der Kirche aus dem 4. und 5. Jh., nördlich davon schließt sich die Krypta des heiligen Mauro an (seit dem Raub durch die Genuesen ohne die Gebeine des Heiligen), hier sind einige sehr alte Fischmosaiken zu sehen (3. Jh.). Im südlichen, rechten Seitenschiff steht in einer Kapelle ein Chorgestühl aus dem 15. Jh.

Glockenturm

Ein Aufstieg auf den Glockenturm westlich der Basilika lohnt sich wegen der herrlichen Aussicht. Das im Bischofspalast eingerichtete Museum zeigt sakrale Gegenstände und die Reste römischer Grabdenkmäler, Säulen und Mosaiken, ein Besuch sei empfohlen, wenn man den Gesamteindruck des Gebäudekomplexes vervollständigen möchte.

Für eine genauere historische Einführung in die Stadtgeschichte sollte man das **Poreština-Museum** besuchen, das auf der Decumanus in einem schönen Barock-Palast untergebracht ist.

Am Westende der Straße auf dem Trg Marafor liegt das ehemalige Forum Romanun, das teilweise noch die Original-Pflastersteine aus der Antike hat. Westlich davon liegen die Reste zweier römischer Tempel. Südöstlich des Platzes, zur Decumanus hin, steht ein romanisches Haus mit einem schönen umlaufenden Holzbalkon.

Ausflüge ins Umland

Nicht weit von Poreč Richtung Nova vas liegt die Tropfsteinhöhle **Baredine**. Die Höhle kann sich nicht mit der von Postojna vergleichen, auch wenn die Besichtigungstouren ähnlich gut organisiert sind, doch man steigt 150 m tief in die Erde in einen engen Schacht hinab, was durchaus seinen Reiz hat. Absolut nichts für Leute mit Platzangst! Die Riviera von Poreč endet bei **Vrsar** am Limski Kanal. Das sehr alte Städtchen mit einem Kastell lohnt einen kurzen Stopp, die romanische Basilika ist die älteste in Istrien. Sehr gut zum Baden geeignet ist die vorgelagerte Landzunge Montraker, auf der der Campingplatz AC Turist liegt (Zugang über den Parkplatz des AC Turist). Auch südlich der Stadt gibt es Bademöglichkeiten. Südlich von Vrsar liegt das Nudistencamp Koversada, der erste, 1961 gegründete FKK-Campingplatz in Europa. Der **Limski-Kanal** (häufig auch als „Fjord" bezeichnet) ist eine tiefe Bucht die bei Vrsar beginnt und sich fast 10 km ins Landesinnere zieht. Sie entstand, als die Küste in der letzten Eiszeit absank und Meerwasser das Tal auffüllte. Der Kanal ist Naturschutzgebiet, in Vrsar, Rovinj oder Poreč werden Bootsausflüge organisiert und es gibt auch einige ausgeschilderte Aussichtspunkte. Baden ist aber verboten! Östlich des Kanals im Landesinneren liegt bei Kafanar die sehr malerische Burgruine **Dvigrad**, die im Jahre 1631 nach einer Pestepidemie von ihren Bewohnern verlassen wurde. Achtung, das Gelände ist nur teilweise gesichert!

Tropfsteinhöhle

Limski-Kanal

Grožnjan

ⓘ S. 125

Im Hinterland von Poreč liegen in wunderbar exponierter Lage auf Hügeln einige Dörfer, die von den Venezianern als Festungen ausgebaut wurden: Die schönsten sind Motovun und **Grožnjan**, beide sind lohnende Ziele für Halbtagesausflüge. Grožnjan ist als „Künstlerstadt" berühmt, es wurde in den 1960er Jahren von dem Bildhauer *Aleksander Rukavina* und Gleichgesinnten „entdeckt", die ihre Ateliers in den verfallenden Gebäuden einrichteten. Eine internationale Musikschule folgte und heute ist Grožnjan ein vorbildlich renoviertes Bergstädtchen, die pure Idylle. In der Stadt haben immer noch Künstler ihre Ateliers und Läden, man kann teilweise extravagantes Kunsthandwerk kaufen.

Idyllische alte Häuser in Grožnjan

Motovun

ⓘ S. 125

Motovun liegt etwa 15 km südlich von Grožnjan und gilt als das beste Beispiel für eine istrische Bergfestung. Die Lage und die Aussicht sind absout spektakulär, allein

Blick auf Motovun

sie lohnen die Fahrt. Motovun wirkt beinahe „ursprünglicher" als Grožnjan, die Stadt ist noch etwas unrenovierter und größer. In der Altstadt stehen gotische und romanische Gebäude, überall ist der Einfluss Venedigs spürbar: Am Eingangstor wird man von einem venezianischen Löwen begrüßt.

Sehr schön ist ein Rundgang um den **Mauerring** der Stadtbefestigung, man kann auch auf den Glockenturm steigen. Auch in Motovun haben sich einige Künstler angesiedelt, es gibt hier mehrere Kunsthandwerks- und Antiquitätengeschäfte. Gleich hinter dem Eingangstor liegt an ein Café angeschlossen eine kleine Kunstgalerie. Wer noch Zeit mitbringt, sollte die Fahrt durch das Hinterland mit einem Besuch in **Hum**, der „kleinsten Stadt der Welt", abschließen. Das malerische Dorf liegt etwa 25 km östlich von Motovun und ist über den ebenfalls sehr sehenswerten Ort Roč zu erreichen. Von Roč führt die „Glagoliter-Allee" nach Hum, eine Straße, an der den einzelnen Buchstaben der glagolitischen Schrift Denkmäler gesetzt sind (siehe Seite 73). Die Schrift, die einst für die Missionierung der Slawen entwickelt wurde, war in diesem Teil Kroatiens noch bis ins 20. Jh. hinein gebräuchlich und in Hum sind viele Inschriften erhalten. Hum besteht aus zwei Straßen mit teils trutzigen Häusern und einer Kirche, teilweise verfällt der Ort, teilweise sind die Häuser wunderschön renoviert. Es gibt ein Restaurant und eine Weinstube. Zwischen Hum und Motovun liegt eine weitere Festung, **Buzet**, die als **Trüffel-Stadt** berühmt ist. Buzets Lage auf einem Hügel ist zwar sehr beeindruckend, aber auf eine Fahrt hinauf kann man verzichten: Die Stadt ist teilweise verlassen, viele Gebäude verfallen. Nach einem Besuch in Motovun oder Grožnjan wirkt der Ort nur deprimierend.

Rovinj

(i) S. 125

Rovinj ist neben Poreč die zweite, besonders schöne Küstenstadt in Istrien, die aber eine ganz andere Atmosphäre hat. Die Stadt liegt auf einer ins Meer geschobenen Landzunge, die im Luftbild wie ein Ei aussieht, es war ehemals eine Insel. Erstmals erwähnt wird „Ruvignio" im 7. Jh., später bauten die Venezianer

Rovinj schiebt sich auf einer Landzunge ins Wasser

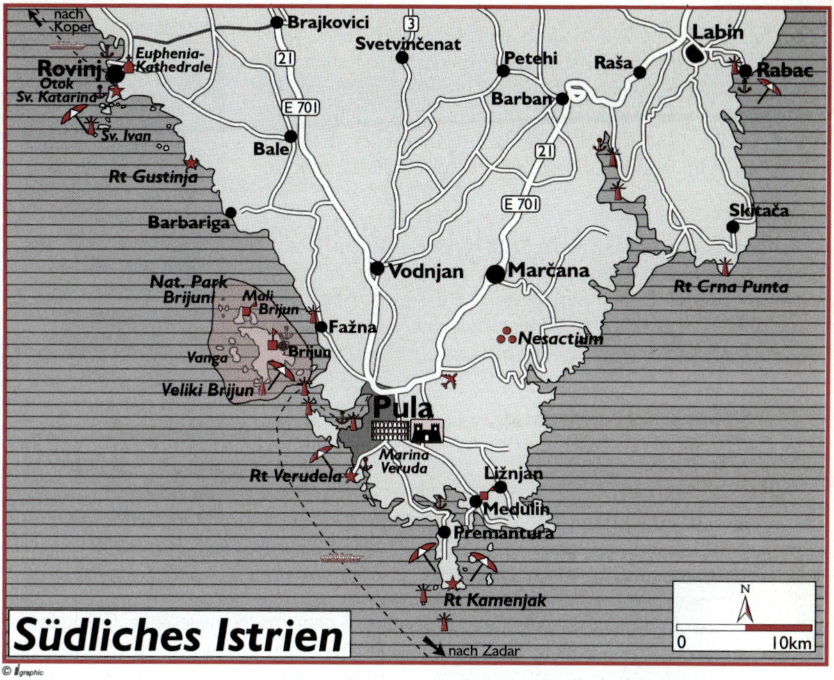

die Befestigungen stark aus und Rovinj wurde zum wichtigsten **Fischerhafen** in Istrien. Als die Bevölkerung sich im 16. und 17. Jh. stark vergrößerte wuchs die Stadt über die Insel hinaus. Anders als Poreč blieb Rovinj von der Pest verschont. Im 18. Jh. wurde es mit dem Festland verbunden.

Achtung!

Rovinj hat ziemlich glattes Pflaster, das auch in trockenem Zustand sehr rutschig sein kann. Für einen Bummel durch die steilen Altstadt-Gassen sind bequeme Schuhe mit gutem Profil von Vorteil!

INFO Der Weg der heiligen Euphemia nach Rovinj

Mit der Euphemia-Verehrung in Rovinj verbindet sich eine Legende: Die Märtyrerin Euphemia wurde im Jahre 304 von Kaiser Diokletian zu Tode gefoltert, weil sie ihrem christlichen Glauben nicht abschwören wollte. Ihre Gebeine wurden in einem Sarkophag in Konstantinopel bestattet und die Heiligenverehrung Euphemias begann.

Im Jahre 800, Ost- und Westrom stritten gerade darüber, ob die Verehrung von Reliquien und Bildern erlaubt sein sollte, verschwand der Sarkophag Euphemias aus Konstantinopel und tauchte in Rovinj wieder auf. Offenbar hatte die Heilige selbst entschieden, dass sie bei den Befürwortern der Reliquien-Verehrung im weströmischen Teil des Reiches besser aufgehoben war.

Seitdem wird Euphemia in der Stadt verehrt, an ihrem Todestag dem 16.9. wird die Kirche besonders schön geschmückt, die Gläubigen pilgern zum Sarkophag und die ganze Stadt feiert. Wer Mitte September in Istrien ist, sollte einen Besuch in Rovinj unbedingt für diesen Tag planen.

Statue der heiligen Euphemia in Rovinj

Sehenswertes

Rovinj – In der Künstlergasse Grisia

Rovinjs enge Gassen winden sich einen Hügel hinauf, auf dem das dominierende Gebäude der Stadt liegt, die **Euphemia-Kathedrale** (*Sv. Eufemija*). Die Barock-Kirche wurde 1736 gebaut und ist ein eindrucksvolles Denkmal für die Stadtpatronin.

Der Campanile ist 60 m hoch und stammt aus dem 17. Jh., auf seiner Spitze thront ein Kupfermodell der heiligen Euphemia. Vom Hügel aus hat man einen unvergleichlichen Blick über die Gegend. Im Inneren der Kathedrale ist besonders das Gemälde „Das letzte Abendmahl" von *Giovanni Contarini* bemerkenswert. Rechts hinter dem Altar steht der Sarkophag Euphemias, natürlich das Prunkstück der Kathedrale. Zweite Attraktion Rovinjs ist die „Künstlergasse" **Grisia**, die hinter der Kathedrale beginnt und sich recht steil und mit vielen Stufen den Hügel hinunterzieht. Auf der Straße reiht sich eine Laden-Werkstatt an die nächste, darunter sind Maler, Töpfer, Goldschmiede etc., die ihr Angebot verkaufen. Die Grisia ist eine bunte Mischung aus ernsthafter Kunst und billigem Kitsch: Einige der Läden bieten qua-

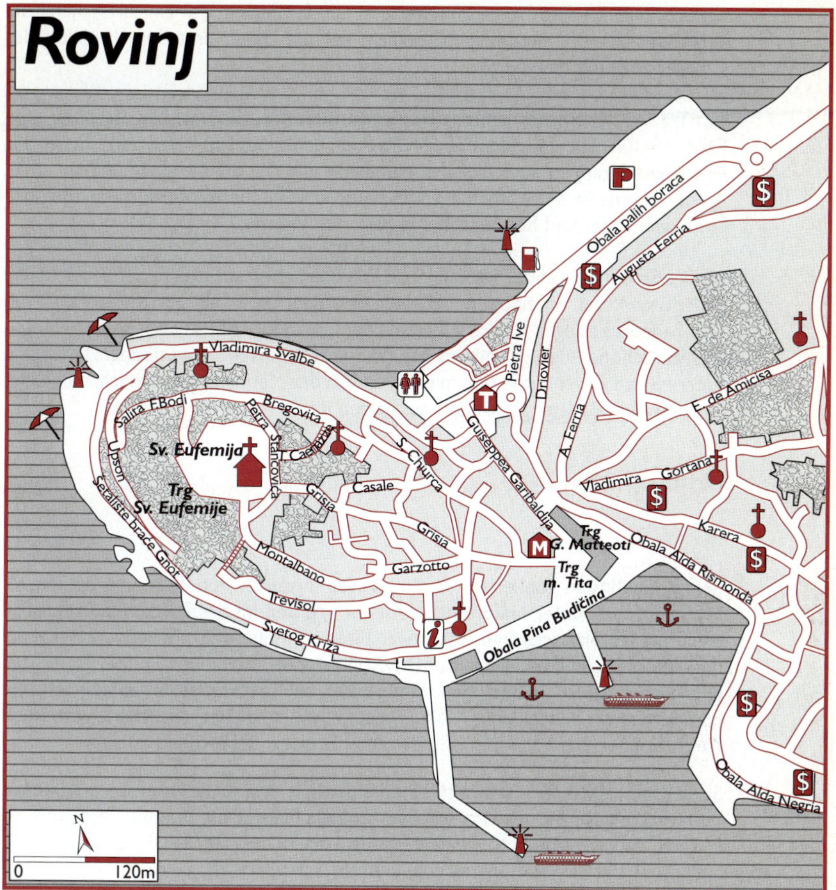

litätvolle Bilder an, manche schönes Kunsthandwerk und wieder andere haben standardisierte Billig-Souvenirs. Die Gasse ist malerisch und wunderbar zum Bummeln, man entdeckt immer wieder etwas Neues. Auch die Nebengassen lohnen einen Rundgang, hier sind viele schöne alte Gebäude zu sehen, häufig malerisch mit Blumen geschmückt.

Die Verlängerung der Grisia führt auf den Trg Tita, das eigentliche Zentrum Rovinjs. Hier verlässt (oder betritt) man die innere Stadt durch das **Balbi-Tor**, das 1680 anstelle eines älteren Stadttores errichtet wurde. Direkt über dem Rundbogen ist

Balbi-Tor

auf der Innenseite ein venezianischer und auf der Außenseite ein türkischer Kopf abgebildet. Den venezianischen Einfluss auf die Stadt unterstreicht auch der Glockenturm mit einem Löwen.

Am Trg Tita liegt außerdem das **Regionalmuseum**, das ein paar archäologische Exponate, Gemälde aus dem 15.-19 Jh. und auch moderne Kunst zeigt. Schön für einen Spaziergang ist auch die Uferpromenade, die sich um die gesamte Stadt zieht. An der Marina im S der Stadt legen bis heute viele Fischerboote an, hier findet man auch viele Cafés und Restaurants mit Blick aufs Wasser.

Badeplätze

An der Spitze der Landzunge kann man von den Felsen aus ins Wasser gelangen, die Badeplätze liegen an einem unbebauten Felsstück unterhalb der Kathedrale. Weitere Badeplätze liegen südlich außerhalb der Stadt, dort gibt es auch größere Hotelanlagen. Schöne Ausflüge kann man auf die vorgelagerten Inseln machen: Die Inseln Katarina und Crveni otok sind mit Fähren von der Marina aus zu erreichen und bieten sehr gute Bademöglichkeiten, auf beiden Inseln gibt es auch Hotels.

Brijuni-Inseln

ⓘ S. 125

Die Brijuni-Inseln (italienisch Brioni) liegen nördlich von Pula und stehen als **Nationalpark** unter Naturschutz. Auf der größten Insel Veli Brijun befinden sich exklusive Hotelanlagen und eine etwas bizarre Mischung aus Sehenswürdigkeiten, die eine spezielle Geschichte hat: Die Römer errichteten auf der Insel ein Kastell und Villae rusticae, die Byzantiner hinterließen ein Castrum, später entstanden eine Basilika und ein Benediktiner-Kloster. Pestepidemien und v. a. die Malaria vertrieben die Bewohner und Ende des 19. Jh. waren die Inseln unbewohnt.

Safari-Park

Schließlich kaufte der österreichische Industrielle *Paul Kupelwieser* die Inselgruppe und rottete mit Hilfe des Arztes *Robert Koch* die Malaria aus. Brijunis Geschichte als Luxus-Urlaubsort begann: *Kupelwieser* legte Parks an und ließ Hotels errichten, außerdem wurde Wild angesiedelt und ein Safaripark (!) angelegt. In Wien und anderen europäischen Hauptstädten war man begeistert und bald besuchten gekrönte Häupter die Inseln, darunter auch Kaiser *Wilhelm II.*

Im Zweiten Weltkrieg wurden die Inseln von den Alliierten bombardiert, da hier die Führungselite der Achsenmächte urlaubte. Schließlich machte *Tito* die Inseln zu seiner Sommerresidenz und sie waren nur Staatsgästen zugänglich. Der Tourismus bleibt auch heute exklusiv, allerdings aus Naturschutzgründen.

Inseltour

Man kann die Insel Veli Brijun (Großer Brijun) als **Tagestrip** besuchen: Organisierte Touren gehören zum Standard-Programm fast aller Reiseagenturen an der istrischen Westküste, die den Trip inklusive Transfer vom Hotel zur Fähre in Fažana anbieten. Oder man fährt auf eigene Faust nach Fažana und bucht dort ein Ticket, muss sich dann aber der Tour anschließen, um auf der Insel mit einer kleinen Touristenbahn herumzukommen.

Zu einer etwa 4-stündigen Inseltour gehört der Besuch einer kleinen Ausstellung, die Informationen über „Tito auf Brijuni" zeigt, eine Fahrt durch den Wild- und Safaripark (Zebras, Elefanten), die Besichtigung römischer Ruinen und schließlich kann man einen Blick auf eine von Titos Villen werfen.

Die Inseln haben wunderschöne Parkanlagen und wer hier die Natur genießen möchte, sollte für einige Tage in den (recht teuren) Hotels bleiben. Auch für Hotel-Gäste bleibt die Bewegungsfreiheit auf den Inseln aber eingeschränkt!

Pula

(i) S. 125

Pula ist mit knapp 60.000 Einwohnern die größte Stadt in Istrien. Es ist weit weniger touristisiert als Rovinj oder Poreč und hat einen „ursprünglicheren" Charme. Hier kann man immerhin kroatisches Alltagsleben mitbekommen, von dem sonst an der Küste nicht so viel zu spüren ist. Trotz der Größe Pulas dauert ein Rundgang entlang der Sehenswürdigkeiten nur etwa 2 Stunden inklusive Besichtigung des Amphitheaters.

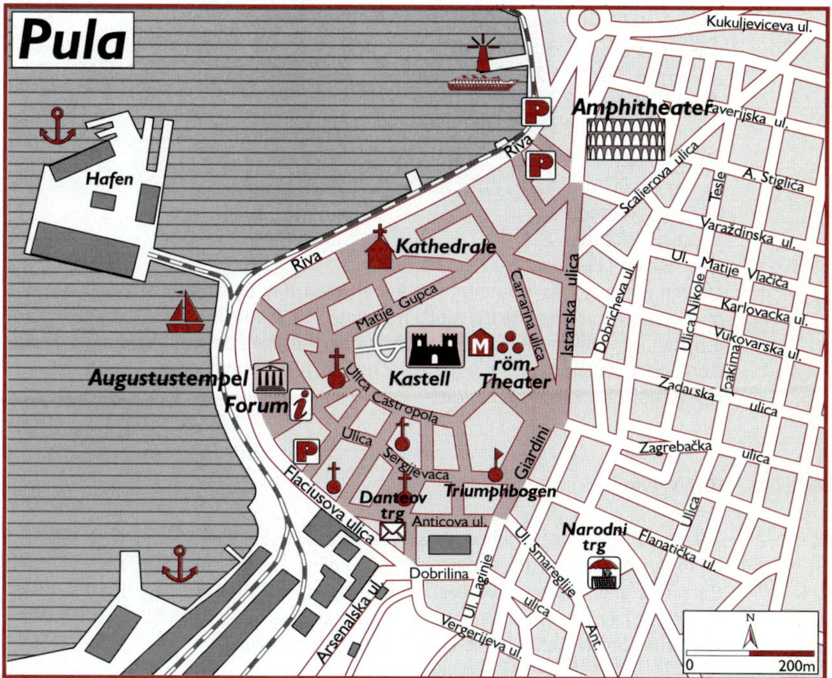

österreichischer Kriegshafen

Zu römischer Zeit war Pula ein Militärlager und Brückenkopf für die weitere Kolonisierung in der Region. Im Mittelalter erlebte die Stadt unter venezianischer Herrschaft zahlreiche Angriffe der Feinde Venedigs (Aquileia, Genua). Für Pula brachen erst Mitte des 19. Jh. gute Zeiten an, als die Habsburger beschlossen, es als **Kriegshafen** auszubauen.

Pula wurde 1876 an die Bahnlinie nach Wien angeschlossen. Nach dem Ersten Weltkrieg verlor Pula aber wieder an Bedeutung. Heute ist es aber das wirtschaftliche Zentrum und die „heimliche Hauptstadt" Istriens.

Amphitheater

Das römische Amphitheater im NO gerade außerhalb des einst befestigten Altstadtkerns, ist eines der **Wahrzeichen** Istriens und gehört zu den von der Unesco geschützten Bauwerken.

Das Theater wurde im 1. Jh. n. Chr. von Kaiser *Vespasian* erbaut, eine seiner Mätressen, die aus Pula stammte, soll ihn zu dem Bau überredet haben. Die beeindruckende Wand des Theaterrunds mit einer Höhe von 31 m ist fast durchgängig erhalten, obwohl in den späteren Jahrhunderten viel Material abgetragen wurde. Auch die Katakomben sind in gutem Zustand, hier ist ein liebevoll und informativ gestaltetes Museum eingerichtet.

Rundgang

archäologisches Museum

Vor dem Amphitheater führt die Istrska cesta auf eine kleine Parkanlage, Giardini, im N der Altstadt zu. Man sollte hier noch einen kleinen Schlenker nach W in die Carrarina ulica machen, wo das **Archäologische Museum** liegt. Ein Museumsbesuch ist nicht zu empfehlen, es sei denn, man interessiert sich für eine Sammlung von Säulenbruchstücken, ohne Erklärung oder Einordnung.

Im Museum werden die Funde aus Nesactium präsentiert, einer römischen Siedlung 12 km östlich von Pula und einer der wichtigsten archäologischen Fundplätze in Istrien. Auch diese Exponate hätten eine bessere Präsentation verdient – das Museum braucht dringend eine Neukonzeption. Sehenswert sind aber die römischen Reste um das Museum herum: Die Porta Gemina, das Doppeltor vor dem Museumsgelände aus dem 2. Jh., sowie das römische Theater hinter dem Gebäude.

Augustustempel auf dem Forum

Am Südende der Giardini steht der **Triumphbogen** der Sergier quasi als Eingangstor zur Altstadt. Er wurde um das Jahr 30 v. Chr. vom römischen Gouverneur *Salvia Sergius* erbaut und gehörte bis zum 19. Jh. zur Stadtmauer. Hinter dem Bogen beginnt die Sergijevaca ulica, eine Fußgängerzone und hübsche Einkaufsstraße, in der einige historische Gebäude mit interessanten Details stehen.

Die Kathedrale in Pula

Forum

Auf dieser Straße kommt man zum **Forum** (oder *Trg Republike*), das seit der Antike der zentrale Platz der Stadt war. Auf dem Platz dominiert der **Augustus-Tempel**, der in den Jahren 2 v. Chr. bis 4 n. Chr. erbaut und später als christliche Kirche benutzt wurde.

Kathedrale

Direkt daneben steht das Rathaus von 1296, das bis heute als Sitz der Stadtverwaltung dient. Vom Forum führt die Kandlerova in Richtung Amphitheater, im N der Gasse steht an einem kleinen Platz die **Kathedrale** Sv. Marija. Die dreischiffige Kirche wurde zwar mehrfach umgestaltet, aber das Gebäude geht auf das 5. Jh.

zurück und ist mit seiner schönen Atmosphäre und dem Lichteinfall unbedingt einen Blick wert. Im Boden sind Mosaike aus dem 5. und 6. Jh. erhalten und als Altarsockel dient ein Sarkophag aus dem 3. Jh.

Kastell

Festung

Das Kastell erreicht man über eine kleine Gasse südlich der Kathedrale. Der Besuch lohnt sich schon wegen der **Aussicht**, aber auch die starken Festungsanlagen sind sehenswert.

Der Hügel war schon in der Antike befestigt, die heute sichtbaren Bauten stammen aus dem 17. Jh. und damit aus venezianischer Zeit. Die Österreicher erweiterten die Festung noch einmal, das im Kastell eingerichtete kleine Museum informiert über die Geschichte des Hafenausbaus im 19. Jh.

Auf den Turm kann man übrigens hinaufsteigen. Über die Ulica Castropola und die Amfiteatarska ulica kommt man zurück zum Amphitheater.

Premantura

(i) S. 125

Naturschutzgebiet

Premantura ist ein ruhiger, hübscher Ort ca. 10 km südlich von Pula, es gibt hier einige Agenturen die Zimmer vermitteln und einige Restaurants, das wars. Premantura liegt v. a. am Eingang zum **Regionalpark Kamenjak**, einem Naturschutzgebiet, das die südlichste Spitze Istriens bildet. Man kann mit dem Auto in den Park hineinfahren (Piste), was aber gebührenpflichtig ist, Radfahrer und Fußgänger dagegen zahlen nichts. Das Gebiet ist nicht sehr groß, aber landschaftlich herrlich und es gibt überall versteckte kleine Badeplätze.

Premantura ist ein idealer Urlaubsort für alle, die Ruhe suchen, man kann zum Baden in den Regionalpark fahren, muss hier allerdings auf eine breiteres Sportangebot verzichten.

Rabac und Labin

(i) S. 125

Die Westküste Istriens ist touristisch kaum entwickelt, die einzige größere Feriensiedlung liegt in Rabac. Der Ort bildet zusammen mit dem landeinwärts liegenden Burgstädtchen Labin ein außergewöhnliches Ferienziel: **Rabac** ist eine Touristensiedlung mit großen Hotelanlagen und vielen kleinen Bungalows, die an den Hang gebaut sind. Das Sportangebot ist nicht so reichhaltig wie an der Ostküste, es gibt Tennis- und Beachvolleyball-Plätze, der Rest dreht sich um den Wassersport (Jet-Ski,

Paragliding, Bootsverleih). Baden ist überall an den felsigen Stränden um den Ort selbst möglich, nördlich davon liegen einige außergewöhnlich schöne und auch noch ruhige Badeplätze mit Kiesstränden.

Strand in Rabac

Labin, 4 km landeinwärts gelegen, ist eine malerische mittelalterliche Burgsiedlung mit schönen alten Häusern und viel Flair. Die Stadt erlebte im 19. Jh. einen Aufschwung, als in der Region **Kohle** entdeckt wurde, die Österreich beim Ausbau des Hafens von Pula benötigte. Labin entwickelte sich zu einem Bergbauzentrum und in der Ebene entstand die neuere Siedlung Podlabin. Tatsächlich wurde der Hügel auf dem die Bergfeste steht, so stark angegraben, dass Teile der Stadt einzustürzen drohen. Inzwischen hat der Tourismus den Bergbau als neuen Erwerbszweig abgelöst.

Bergbaustadt

Labin ist wunderbar für einen Bummel, das Städtchen wirkt trotz des Rummels in Rabac immer noch recht verschlafen. Es gibt ein liebevoll gestaltetes kleines Regionalmuseum und einen venezianischen Glockenturm zu sehen. Die Aussicht auf die Umgebung ist grandios.

Auch die Umgebung ist sehenswert: Labin ist ein guter Ausgangspunkt für das noch weitgehend unentdeckte Hinterland Richtung Pazin. Die Bergfestungen Pican und Gračišce sind nette Ziele für einen Tages- oder Halbtagesausflug und auch die Orte Barban und Žminj lohnen einen Besuch.

Hinweis zur Route

Von Labin aus hat man über Opatija (Kroatien) und Illirska Bistrica (Slowenien) Anschluss nach Ljubljana. Alternativ muss man durch das Landesinnere Istriens über Pazin, Buje und den Grenzübergang Dragonja zurückfahren.

5. Anhang

Kleine Sprachhilfe

Zur Aussprache

č	– ist ein gezischtes sch, wie in „tschechisch"
š	– ist ein sch, wie in „schön"
ž	– ist ein sch mit einem J-Laut, wie in „Genie"
c	– wird wie z gesprochen
z	– ist weich, wie z.B. in „Rose"
h	– wird wie ch gesprochen: lahko (= lachko)
v	– wird wie ein w gesprochen, vor Mitlauten und im Wortauslaut wie ein u (Triglav=Triglau, cerkev=zerkeu)

Kleines Sprachglossar

Guten Morgen	dobro jutro
Guten Tag	Dober dan
Guten Abend	Dober večer
Gute Nacht	Lahko noč
Auf Wiedersehen	Nasvidenje
Tschüß	Srečno
Willkommen	Dobrodošli
Danke	hvala
Bitte!	Prosim
Keine Ursache	Ni zakaj
Wie geht es Ihnen?	Kako ste kaj?
Danke, gut!	Hvala, dobro!
Entschuldigung	Oprostite
Ja	da
Nein	ne
Wie, bitte?	Kako, prosim?
Ich verstehe nicht	Ne razumem
Wo ist ... ?	Kje je ... ?

Heute	danes
Morgen	jutri
Gestern	včeraj
Der Morgen	jutro
Der Vormittag	dopoldan
Der Nachmittag	popoldan
Der Abend	večer
Die Nacht	noč

Besichtigung

Grad	Schloss, Burg
Stolp	Turm
Muzej	Museum
Cerkev	Kirche
Razstava	Ausstellung
Odprto	geöffnet
Zaprto	geschlossen
Nedelja zaprto	sonntags geschlossen
Ponedeljek zaprto	montags geschlossen
Mesto	Stadt
Trg	Platz, Markt
Vas	Dorf
Cesta, ulica	Straße oder Gasse
Nov	neu (novo mesto = Neustadt)
Star	alt (stari grad = alte Burg, Ruine)

In der Natur

Jama	Höhle
Planina	Alm
Dolina	Tal
Gora	Berg
Sedlo	Sattel
Vrh	Gipfel
Jezero	See
Otok	Insel
Reka	Fluss
Potok	Bach
Izvir	Quelle
Slap	Wasserfall

Soteska	Klamm
Vrt	Garten
Zahlen	
0	nič
1	ena
2	dva
3	tri
4	štiri
5	pet
6	šest
7	sedem
8	devet
9	deset
Notfall	
Polizei	policija
Apotheke	lekarna
Krankenhaus	bolnišnica, bolnica
Arzt	zdravnik
Zahnarzt	zobozdravnika

Ausgewählte Literatur zu Slowenien

• Sachbücher

- **Edgar Hösch**, Die Geschichte der Balkanländer (2002)
- **Vasja Klavora**, Blaukreuz. Die Isonzofront Flitsch/Bovec 1915-1917 (1993)
- **Viktor Meier**, Wie Jugoslawien verspielt wurde (1995)
- **Boris Paternu**, France Prešeren. Ein slowenischer Dichter 1800-1849 (1993)
- **Janko Prunk**, Slowenien - Ein Abriss seiner Geschichte (1996)

- **Petra Rehder**, Slowenien. Becksche Reihe Länder (1999)
- **Ivan Stopar**, Burgen und Schlösser in Slowenien (1991)
- **Werner Weidenfeld**, Mittel- und Osteuropa auf dem Weg in die Europäische Union (1996)

• Literatur

- **Bartol, Wladimir**, Alamut. Ein Roman aus dem alten Orient (2002)
- **Ivan Cankar**, Das Haus der Barmherzigkeit (1996)
- **Ivan Cankar**, Aus fremdem Leben (1997)
- **Europa erlesen.** Reihe im Wieser-Verlag, Klagenfurt, mit einer Auswahl von Gedichten und Prosa-Texten. Bände zu Ljubljana, Istrien, Karst, Triest (1990-1996)
- **Handke, Peter/Lisl Ponger**, Ein Wortland. Eine Reise durch Kärnten, Slowenien, Friaul, Istrien und Dalmatien, (1998)
- **Ernest Hemingway**, In einem anderen Land (2001)
- **Florjan Lipus**, Die Beseitigung meines Dorfes (1997)
- **Drago Jančar**, Nordlicht (1990)
- **Drago Jančar**, Der Galeot (1991)
- **Drago Jančar**, Rauschen im Kopf (2002)
- **Edvard Kocbek**, Aschenglut. Gedichte (1996)
- **Srečko Kosovel,** Gedichte Slowenisch – Deutsch (1992)
- **Olof, Klaus/Miloš Okuka**, Traumreisen und Grenzermessungen. Reisende aus fünf Jahrhunderten über Slowenien (1995)
- **Paul Parin**, Untrügliche Zeichen von Veränderung (1992)
- **Paul Parin**, Es ist Krieg und wir gehen hin. Bei den jugoslawischen Partisanen (1997)
- **Boris Pahor**, Nekropolis (2001)
- **France Prešeren**, Poesien. Eine Auswahl deutscher Übersetzungen (1998)
- **France Prešeren**, Sonetni venec/Sonettenkranz (1996)
- **Tomaž Salamun**, Wal. Gedichte, slowenisch/deutsch (1990)
- **Italo Svevo**, Mein Müßiggang. Erzählungen (1984)
- **Ivan Tavcar**, Die Chronik von Visoko (1996)
- **Tratnik, Suzana**, Unterm Strich. Erzählungen aus Slowenien (2002)

Stichwortverzeichnis

A

B

C

D

E

F

G

H

I